LES CÉVENNES

ET LA RÉGION DES CAUSSES

(LOZÈRE, AVEYRON, HÉRAULT, GARD, ARDÈCHE)

AUX LOZÉRIENS

JE DÉDIE CE LIVRE

Avec le vœu qu'il fasse quelque bien à leur beau département méconnu.

E.-A. MARTEL.

LES
CÉVENNES

ET LA RÉGION DES CAUSSES
(LOZÈRE, AVEYRON, HÉRAULT, GARD, ARDÈCHE)

Par E.-A. MARTEL

AVEC 148 GRAVURES

D'après les dessins de G. VUILLIER et les photographies de MM. CHABANON, d'ESPINASSOUS, GAUPILLAT, JULIEN, de MALAFOSSE, PARADAN, TRUTAT, VALLOT et VIOLET

DEUX CARTES (dont une en couleurs) et NEUF PLANS de Grottes et d'Avens.

OUVRAGE COURONNÉ PAR LA SOCIÉTÉ DE GÉOGRAPHIE DE PARIS
ET HONORÉ D'UNE SOUSCRIPTION DE M. LE MINISTRE DE L'INSTRUCTION PUBLIQUE

QUATRIÈME ÉDITION
Revue et corrigée.

PARIS
LIBRAIRIE CH. DELAGRAVE
15, RUE SOUFFLOT, 15

1893

CARTE des CAUSSES et des CÉVENNES dressée par E. A. MARTEL. Echelle. 320.000e

AU LECTEUR

En France, le pays que l'on visite le moins, c'est la France. Quand un promeneur ennemi de la routine revient du Jura, des Ardennes, de l'Auvergne ou des Cévennes, on lui demande, avec une sollicitude narquoise, s'il a pu se procurer partout, dans ces provinces perdues, le pain et le lit quotidiens!

Des Cévennes surtout on faisait un épouvantail.

Or voici que depuis une douzaine d'années, et grâce, il faut le reconnaître, à l'initiative du Club alpin français, les pauvres cantons du Quercy, du Gévaudan, du Rouergue, du Larzac, etc., font parler d'eux avec insistance; voici qu'ils se mettent, en dépit de la mode, à attirer les touristes par centaines vers des sites splendides, inconnus hier et célèbres demain, les gorges du Tarn et de ses affluents, de l'Hérault et de la Vis, les labyrinthes rocheux de Montpellier-le-Vieux, du Rajol, etc., — les cascades souterraines de Bramabiau, la grotte de Dargilan, etc.

C'est que ces cantons composent la curieuse région des *Causses*, les plateaux calcaires du Lot, de la Lozère, de l'Aveyron, du Gard et de l'Hérault. — Là, des vallées étranges n'ont guère plus de largeur que de profondeur; leurs falaises encaissantes mesurent 500 mètres de hauteur verticale; les roches sont pourpres, et les eaux translucides; des forêts d'arbres se montrent moins fournies que les forêts d'obélisques naturels taillés et sculptés par les déluges antiques à même la pierre du terrain; enfin l'on y voyage en barque sur les torrentueuses rivières quand les chemins n'ont pu trouver place au fond des trop étroits défilés!

Or tout cela, qui s'admire sans peine au flamboyant soleil du Midi, n'est pas cependant le côté le plus original de la contrée. Les paysages constituent le recto; le verso gît dans les entrailles du sol, loin du ciel bleu, et il dissimule des merveilles dont quelques-unes seulement se sont laissé entrevoir : grottes à stalactites immenses, longues de plusieurs kilomètres, avec des rivières souterraines imparcourues, des lacs intérieurs ignorés, revêtues d'un scintillant manteau de cristallisations, aussi belles que celles d'Autriche; tout un monde noir et caché qui se transforme en palais féerique à la lueur du magnésium, fantastique à visiter, palpitant à découvrir!

Aux amateurs de sites pittoresques et de paysages grandioses, aux promeneurs en quête d'excursions nouvelles, aux touristes, en un mot, ce livre s'adresse particulièrement.

Il va décrire une contrée non moins digne d'admiration que facile d'accès :

Admirable, en effet, puisqu'on n'a pas craint de mettre les accidents de ses vallées et de ses roches en parallèle avec les plus étranges scènes naturelles de l'Amérique du Nord, les cañons du Colorado entre autres;

Accessible, de plus, à toutes les bourses, puisqu'elle se place en France, entre Rodez et Montpellier, sous le nom de *pays des Causses et des Cévennes;*

Presque inconnue du public cependant, car il y a neuf ans à peine on ne comptait pas encore par dizaines les rares voyageurs qui venaient s'y extasier dans la belle saison, et aujourd'hui encore quelques centaines seulement s'y rendent annuellement.

Un peu moins ignorée, il est vrai, du monde savant, qui depuis un demi-siècle s'intéresse aux trouvailles archéologiques faites dans ses grottes et aux bizarreries géologiques et physiques révélées par son sol calcaire disloqué.

Mais tout ce que l'on sait de ce pays vraiment étrange, où il reste beaucoup à découvrir et à apprendre, est disséminé dans nombre de recueils scientifiques, pittoresques ou géographiques : bulletins de sociétés, annuaires de clubs, revues provinciales, mémoires d'académies, comptes rendus de séances, journaux locaux, etc. Dans cette foule de périodiques, le renseignement cherché est toujours difficile, parfois impossible à trouver.

Il importait donc d'élaborer un travail général condensant les matériaux épars et présentant le tableau fidèle des connaissances actuellement acquises.

C'est ce qu'a tenté l'auteur de ce volume, après avoir lui-même, pendant dix années, longuement et en détail arpenté, scruté, fouillé, exploré les plateaux, les ravins, les cavernes, les eaux souterraines des *Causses*.

Aussi les pages qui vont suivre offriront-elles la plus grande variété d'allure : les unes descriptives comme un récit de voyages, — les autres pratiques et pareilles à des Guides itinéraires, — beaucoup chargées de noms et de chiffres, ainsi qu'un cours de géographie ; — celles-ci anecdotiques pour les légendes et les faits historiques, — celles-là de pure science sur l'histoire naturelle, la géologie, la préhistoire ; — quelques-unes enfin se permettant l'usage, aussi discret que possible, du *moi*, afin de raconter les péripéties et d'exposer les résultats d'investigations toutes personnelles, — l'ensemble aspirant à la fois à donner une idée complète d'une région véritablement méconnue et à éviter l'âpreté d'un traité didactique.

Œuvre de vulgarisation, en somme, ce livre ne prétend point sortir d'une plume unique ; il ne tirera, au contraire, quelque relief que des emprunts faits, par voie de citations ou de gravures, aux nombreux spécialistes autorisés qui ont bien voulu les permettre. Ces obligeants collaborateurs sont de deux ordres différents : les uns, savants de la première heure, géographes, géologues, naturalistes, archéologues, qui dès longtemps ont étudié les merveilles des Causses, doivent être cités selon l'alphabet, tant leurs mérites divers sont égaux ; ils s'appellent : abbé Boissonnade, Cartailhac, abbé Cérès, G. Fabre, docteur Garrigou, Germer-Durand, Ivolas, A. Jeanjean, Lagrèze-Fossat, Louis de Malafosse, docteur Prunières, Onésime et Élisée Reclus, E. Trutat; les autres, photographes, dessinateurs, touristes, venus depuis 1879, se nomment : P. d'Albigny, Chabanon, Ph. Cheilley, G. d'Espinassous, Fabié, M. et G. Gaupillat, Girod, J. Jackson, Julien, L. de Launay, A. Lequeutre, W. Martin, M. Moyzen, J. Paradan, Th. Rivière, E. Rochat, J. Vallot, G. Vuillier.

A tous sont dus de vifs éloges pour leur zèle à révéler et à réhabiliter un des plus curieux recoins de la France; à tous il faut adresser de cordiaux et sincères remerciements pour l'affable et généreux empressement avec lequel ils ont fourni à l'auteur les meilleurs passages et les illustrations de son volume.

C'est là une dette de reconnaissance assurément bien douce à acquitter. Merci donc à tous ces amis ou confrères, et en route !

LES CÉVENNES

INTRODUCTION GÉOGRAPHIQUE

LES CAUSSES. — LES CAÑONS. — LA CARTE

Un splendide pays méconnu. — La réhabilitation de la Lozère. — Une découverte géographique. — Les Causses : formation et aspect. — Les cañons : Amérique et France. — Eaux souterraines et sources. — Les sept merveilles du sol français. — Les révélateurs. — La dolomie. — Trois comparaisons. — Le grand central français. — Pour les pauvres, s. v. p. — Coup d'œil sur la carte : les rivières, les villes, les montagnes. — Une erreur géographique : le Larzac et la ligne de partage des eaux. — Les voies d'accès. — Plan du livre.

En pleine France, au cœur des Cévennes, le Languedoc a, jusqu'à nos jours, dissimulé aux voyageurs des sites qui se rangent parmi les merveilles de la terre.

Ils sont juxtaposés, accumulés en quelque sorte, dans ce que l'on appelle le *pays des Causses.*

A part les géographes de profession et les habitants des Cévennes, peu de personnes savent au juste où et ce que sont les Causses.

Puisse le nombre en être augmenté par le livre que voici !

La région qu'il va décrire était, il y a dix ans, en grande partie *inconnue*; aujourd'hui encore elle reste *méconnue*, si invraisemblable que cela puisse paraître.

C'est à divers points de vue qu'elle mérite d'attirer l'attention : au point de vue patriotique d'abord, aux points de vue de la topographie pure, de la découverte géographique ensuite.

En outre, les savants y ont trouvé déjà et y trouveront encore d'intéressants sujets d'études ; enfin l'artiste et le promeneur s'avoueront à eux-mêmes, en la parcourant, que nulle part on ne saurait rencontrer des paysages plus curieux.

N'est-ce pas d'abord une paisible et salutaire application du patriotisme que de rechercher sur le sol natal quels sont les points injustement délaissés par la foule des visiteurs, et de faire de la réclame pour les compatriotes qui ont sous la main, dans les beautés naturelles de leur territoire, une source de fortune non exploitée ?

Les Suisses ont fait cela pour leurs chères et rudes montagnes, et ainsi ils ont amené jusque dans les cantons les plus reculés l'aisance et la prospérité générales.

Il fallait traiter de même un département français, la LOZÈRE, vis-à-vis duquel il y avait une grande injustice à réparer.

On lit, en effet, dans les géographies, que la Lozère est le plus pauvre des départements de France, et la statistique, parlant en chiffres, leur donne raison[1] : assurément les ressources économiques semblent lui avoir été refusées (car les produits des mines de plomb de Vialas s'écoulent vers le bassin du Rhône et enrichissent plutôt les populations du Gard); l'industrie, le commerce et l'agriculture n'y fleurissent guère (très montagneux, c'est peut-être celui dont l'altitude moyenne est la plus élevée [2]); les Hautes-Alpes et les Basses-Alpes sont seules moins peuplées[3]!... Mais ce que la statistique, la géologie, la géographie même, n'ont pas reconnu, ce que les simples promeneurs ont établi, c'est que la Lozère s'élève justement au premier rang par ses curiosités naturelles et scientifiques.

Sous le rapport de la topographie pure, une véritable *découverte géographique* a été faite en 1883 seulement dans les Causses : MONTPELLIER-LE-VIEUX.

Montpellier-le-Vieux est une espèce de ville de rochers d'apparence artificielle, construite, puis ruinée par le travail des eaux courantes et des météores, une sorte de Pompéia ou de Karnac gigantesque et naturelle.

Bien que situé à 12 kilomètres seulement à l'est de Millau (Aveyron), bien que couvrant une surface de 600 hectares, ce chaos de pierres avait échappé jusqu'en 1883 aux touristes et aux géographes et ne figure sur la carte de l'état-major français que depuis le mois de février 1889.

On s'en fera une faible idée en imaginant la triple combinaison des sites célèbres de la forêt de Fontainebleau, des falaises du pays de Caux et de la Suisse saxonne.

1. TABLEAU DES QUATRE DÉPARTEMENTS LES MOINS ET LES PLUS PEUPLÉS DE FRANCE (chiffres de 1888).

DÉPARTEMENTS	NOMBRE d'habitants par kilomètre carré	POPULATION en 1886	NOMBRE de communes	REVENUS ANNUELS	NOMBRE de communes possédant un octroi	PRODUITS ordinaires DES OCTROIS
Hautes-Alpes	22	122,924	189	640,956	8	212,810
Basses-Alpes	19	129,494	250	480,627	10	162,954
Lozère	27	141,264	197	140,596	2	51,535
Pyrénées-Orientales	51	211,187	231	964,606	22	573,718
Seine-Inférieure	138	833,386	759	12,373,390	25	7,921,098
Pas-de-Calais	129	853,526	903	5,645,048	29	3,453,421
Nord	294	1,670,184	665	19,564,320	70	11,803,450
Seine	6,185	2,961,089	75	238,886,433	40	142,308,622

Autres revenus de moins de 600,000 francs : Creuse, 448,443 ; Lot, 494,972 ; Corrèze, 591,456.

Autres revenus de plus de 5 millions : Seine-et-Oise, 5,185,789 ; Gironde, 9,950,249 ; Rhône, 12,425,963 ; Bouches-du-Rhône, 14,929,088.

Autre octroi de moins de 200,000 francs : Creuse, 131,926.

Autres octrois de plus de 3 millions : Loire, 3,061,035 ; Gironde, 5,186,276 ; Rhône, 8,570,000 ; Bouches-du-Rhône, 9,164,812.

(D'après la *Situation financière des communes en 1888*, publication du ministère de l'intérieur. Melun, 1888, in-8°, 692 p.)

2. Sur 197 communes, 136 sont à une altitude supérieure à 800 mètres, et 7 seulement plus basses que 400 mètres. Aussi (sauf au fond des vallons) le climat est-il extrême : hiver glacial, été brûlant.

3. Population de la Lozère : 1696, 150,000 ; — 1798, 132,502 ; — 1801, 126,503 ; — 1806, 141,322 ; — 1816, 143,247 ; — 1820, 133,934 ; — 1828, 138,778 ; — 1831, 140,347 ; — 1836, 141,733 ; — 1841, 140,789 ; — 1846, 143,331 ; — 1851, 144,705 ; — 1856, 140,819 ; — 1861, 137,367 ; — 1866, 137,263 ; — 1872, 135,190 ; — 1876, 138,319 ; — 1881, 143,565 ; — 1886, 141,264. (*Annuaire du Bureau des longitudes.*)

« Montpellier-le-Vieux n'a point été bâti comme fait l'homme, pierre sur pierre, par ajustement de blocs, mais comme le statuaire fait la statue, par enlèvement de substance. Le gel et le dégel, la foudre, le soleil, le vent, les pluies, ont taillé, vidé, limé la dolomie, par l'emport de ce que cette roche avait de plus mou ; les sels de fer ont coloré la masse résistante.

« Les âges ont ainsi sculpté cette ville sans hommes dans une solitude sans arbres, sinon quelques pins, des arbousiers, des églantiers, des buissons et festons de verdure. Ils ont entassé là toutes les architectures : dolmens, menhirs, avenues, obélisques, pylônes, cirques et colisées, maisons carrées, dédales et labyrinthes, arches triomphales, et surtout des châteaux militaires, des « cités de Carcassonne », avec murs d'enceinte, tours et tourelles, donjons, créneaux, préaux, poternes, meurtrières et mâchicoulis ; tout cela rugueux, raboteux, monstrueux, et pourtant régulier dans son dispersement et son irrégularité, car le même ouvrier, la nature, y travaille la même pierre[1]. »

Mais n'anticipons pas sur les explications détaillées, et voyons un peu dans quel pays nous allons voyager.

Les *Causses* sont ces grands plateaux calcaires qui forment, entre Mende, Rodez et Montpellier, le talus méridional du massif central français et la déclivité occidentale des Cévennes, et qui semblent s'appuyer à l'est sur les granits et les schistes du mont Lozère (1,702 m.) et de l'Aigoual (1,567 m.). Comme un golfe en forme de Z épais, ils pénètrent et divisent en deux portions les terrains schisteux des Cévennes méridionales. Espalion, Marvejols et Mende, c'est-à-dire le bassin du Lot, forment leur limite septentrionale ; sur Florac, l'Aigoual, le Vigan et l'Hérault, ils sont coupés à pic vers l'est ; le riant bassin de Lodève en est le portail méridional ; à l'ouest enfin, Saint-Affrique se place à l'angle inférieur, et Rodez à la pointe gauche supérieure du Z. Sur une carte géologique de France[2], cette disposition saute aux yeux. Les Causses couvrent donc une grande partie des départements français du Lot, de la Lozère, de l'Aveyron, du Gard et de l'Hérault. Leur nom, emblème de leur composition minéralogique, vient du latin *calx* (chaux), par l'intermédiaire du patois *caous*[3]. La géologie nous expliquera comment ces tables calcaires, presque horizontales, ont été formées jadis au fond des océans de la période secondaire, par les lentes accumulations de grains de sable et de débris organiques (squelettes et coquilles), épaisses de plus de 500 mètres ; au lendemain du dessèchement de ces mers, dites jurassiques, elles ne constituaient qu'une seule masse continue ; ensuite, l'action des pluies, le ruissellement et les érosions dessinant, creusant et approfondissant, à chaque siècle davantage, d'étroites vallées, ont, de haut en bas, tronçonné leurs strates superposées en une multitude de petits causses secondaires et en quatre causses principaux, les hauts causses, les *causses majeurs*, élevés de 800 à 1,200 mètres, et qui sont, du nord au sud : le *causse de Sauveterre*, le moins stérile de tous ; le *causse Méjean* ou *Méjan* (du milieu), le plus aride, élevé et isolé (320 kil. q.), rattaché à l'Aigoual par un isthme qui, en un certain point, n'a que 10 mètres de largeur ; le *causse Noir*, le plus petit, mais aussi

---

1. O. RECLUS, *la France et ses colonies*, t. Ier ; *en France*, p. 46. Paris, Hachette, 1887, in-8°.
2. *Carte géologique de France* au 1,000,000°, publiée par le ministère des travaux publics. Paris, Baudry, 1889, 4 feuilles, 9 fr. 50. — VASSEUR ET CARREZ, *Carte géologique de France* au 500,000°. Paris, Dagincourt, 1889, 48 feuilles, 200 francs. — DUFRÉNOY ET ÉLIE DE BEAUMONT, *Carte géologique de la France* au 2,000,000° et au 500,000°.
3. Les anciens actes disent *Caucium sive corona*.

le plus pittoresque; le *Larzac* enfin, le plus grand (plus de 1,000 kil. q.). Ces causses, « patrie disloquée des caussenards », sont de véritables déserts nus, tristes, monotones, sans eau, sans bois et presque sans habitants, plateaux uniques en France par leur configuration, leur aspect, leur climat[1].

Voici la page que leur consacre le maître par excellence ès géographie descriptive, Onésime Reclus, qu'aucun ouvrage sur une province quelconque de France ne saurait se dispenser de citer çà et là :

« Trop de soleil si le causse est bas, trop de neige s'il est élevé; toujours et partout le vent qui tord des bois chétifs; pour lac, une mare et pour rivière un casse-cou; de rocheuses prairies tondues par des moutons et des brebis à laine fine; des champs cailloutoux d'orge, d'avoine, de pommes de terre, rarement de blé; des vignes si l'altitude ne le défend pas; un sol rouge ou blanc qui part de roches, qui finit à des roches et que la roche transperce; des pierres ramassées une à une depuis tant et tant de siècles pour débarrasser ou pour enclore les domaines, pierres rangées en murs secs ou amoncelées en tas, presque en collines, comme des coins, des monticules de témoignage où des millions de passants auraient jeté leur caillou, en réprobation d'un meurtre, en souvenir d'une victime; des buis, des pins, des chênes, quelques arbustes, débris isolés de l'antique forêt; de nombreux dolmens qui rappellent des races disparues. Le caussenard seul peut aimer le causse; mais tout citoyen du monde admire les gorges de puissante profondeur qui coupent ou contournent cette gigantesque acropole.

« En descendant, par des sentiers de chèvres, du plateau dans les précipices de rebord, on quitte brusquement la blocaille altérée pour les prairies murmurantes; les horizons vastes, vagues et tristes, pour de joyeux petits coins du ciel et de la terre. En haut, sur la table de pierre, c'était le vent, le froid, la nudité, la pauvreté, la morosité, la laideur, le vide, car très peu de villages animent ces plateaux; en bas, dans les vergers, c'est la tiédeur, la gaieté, l'abondance. Le contraste inouï que certains cañons font avec leurs Causses est une des plus rares beautés de la belle France. »

En France est le premier traité de géographie qui ait estimé à leur vrai mérit les gorges séparatives des grands Causses: *Tarn* entre Sauveterre et Méjean, *Jonte* entre Méjean et Noir, *Dourbie* entre Noir et Larzac, *Vis* entre Larzac et Cévennes.

Comme le fait deviner l'inspection attentive de la carte de l'état-major français au 80,000° (feuilles de Sévérac, 208; Alais, 209; Saint-Affrique, 220; le Vigan, 221), ces gorges sont des fissures immenses, profondes de 400 à 600 mètres, larges en bas de 30 à 500 mètres, en haut de 800 mètres à 2 kilomètres, et au fond desquelles les rivières coulent au pied de deux murailles souvent perpendiculaires dans toute leur élévation.

Dans ces corridors, qui n'ont pas de rivaux en Europe, le voyageur, en quelque sorte jeté dans une crevasse, n'aperçoit qu'un ruban de ciel entre les roches dentelées du rebord des Causses, et voit les vautours planer sur lui comme sur une proie. On pourrait croire qu'il fait triste et sombre en bas de leurs fossés

---

[1]. Ce sont là les *grands causses,* car les environs de Rodez et le Quercy (département du Lot) possèdent d'autres plateaux calcaires identiques, hauts de 300 à 450 mètres, et où l'on connaît depuis longtemps les curieux sites de Salles-la-Source, Bozouls, Rocamadour; toutefois l'étude de leur sous-sol avec ses grottes et rivières souterraines inexplorées n'est pas encore achevée.

formidables : nullement ! La lumière tombant à pic y joue librement et les fait ressembler à des puits ensoleillés ; la végétation est vivace et fraîche au bord des rivières ; tantôt les parois des deux rives se rapprochent au point de ne laisser passage qu'au cours d'eau ; tantôt elles s'espacent, au contraire, faisant place aux champs de blé, aux vignes et aux vergers ; ainsi poussent de gaies oasis, contrastes saisissants avec le haut causse monotone (dont la traversée a attristé le voyageur pendant de longues heures) et les horreurs grandioses des défilés étroits, où les cours d'eau ne peuvent plus glisser que sous les éboulis du chaos. Et puis, quoi de plus pittoresque que ces villages et ces habitations perdus dans le fond des gorges ou cramponnés au haut d'un rocher, ces ruines de manoirs couronnant çà et là des falaises ou baignant leurs tours dans l'eau ? Enfin les formes capricieuses des rochers, les silhouettes bizarres et les profils cyclopéens découpés par les éléments dans les blocs calcaires, évoquent l'idée de ces constructions surhumaines que Gustave Doré faisait élever par ses géants ; la débauche des couleurs vives peintes sur les arbres, les eaux et les pierres, rappelle le pinceau du Titien ; à chaque détour de la rivière, un nouveau décor se déroule, que la plume, le crayon et la plaque sensible sont tous trois impuissants à rendre.

La gorge du Tarn est la plus belle. Pendant 53 kilomètres, d'Ispagnac (Lozère) à Peyreleau (Aveyron), la rivière ondule dans une étroite fente sinueuse, profonde de 500 mètres en moyenne, entre deux escarpements flamboyants comme un soleil couchant.

Les vallées de ce genre ont reçu des géologues un nom spécial : on les appelle des *cañons*. Comme cette expression, nouvellement introduite dans la langue française, n'est pas encore d'un usage courant, il importe de bien la définir. Ce sera une excellente occasion de parler un peu des grands cañons de l'Amérique du Nord.

Cañon est un mot espagnol signifiant tuyau, tube, canal : les vallées auxquelles on l'applique présentent deux caractères bien tranchés : profondeur très grande eu égard à la largeur, — et verticalité souvent absolue des flancs. De plus, elles s'ouvrent généralement dans les pays de plateaux, et leurs deux bords supérieurs se trouvent sensiblement au même niveau. Fort étroites, elles ne sont souvent guère plus larges au sommet qu'au fond ; deux lignes continues de falaises perpendiculaires ou de talus à fortes pentes les encaissent ; leur aspect est donc celui d'un couloir tortueux où un cours d'eau serpente au pied de deux murailles. Ces entailles, toujours pratiquées aux dépens des formations sédimentaires, tirent leur origine de deux principales causes, qui la plupart du temps ont combiné leurs effets : les mouvements de l'écorce terrestre et les érosions. Les fissures (*diaclases*), produites à une époque géologique reculée, soit par des éboulements ou des effondrements, soit par des contractions, soit par des tremblements de terre, soit enfin par des soulèvements du sol, — les *failles,* dues à des glissements de terrain, — ont donné naissance à des lignes de fracture, à des dénivellations de la surface originaire qui drainaient les eaux courantes et se transformaient en *thalwegs* (chemins de vallée) ; les torrents, encastrés entre les lèvres de ces fractures, ont ensuite lentement approfondi leurs lits par voie d'érosion ; et quand les couches de terrain soumises à l'action rongeuse des eaux se trouvaient, comme les grès, les calcaires, les basaltes, et autres roches dures ou compactes, disposées à la démolition par grosses masses, et non à la désagrégation fragmentaire, le sciage des flots les façonnait en *escarpements* (dolomies), en *pyramides* (grès), en *piliers* (basaltes) ou en *talus à gradins* (marnes jurassiques, calcaires oxfordiens, etc.). Quelquefois l'érosion seule a suffi pour creuser un cañon. A voir avec quelle lenteur l'approfondissement se continue de nos jours, on se demande, effrayé, combien il y a de siècles révolus depuis le début de ces gigantesques évidements ; il est vrai que jadis les eaux sauvages s'écoulaient en ondes incomparablement plus rapides et plus puissantes.

Au point de vue pittoresque, les cañons composent les tableaux les plus grandioses de la nature ; tous les voyageurs s'accordent à proclamer la magnificence des spectacles offerts par ces défilés étroits, souvent obscurs, où la lumière descend verticale, mystérieuse et tamisée ; où les couchers du soleil donnent des reflets fantastiques aux couleurs éclatantes des roches rougies, jaunies et noircies par les sels de fer, tandis que les promontoires des falaises, hautes de 500 à 2,000 mètres, et tailladées par les météores en minarets et châteaux forts, jouent le rôle de coulisses de théâtre et amènent à chaque coude un changement de scène saisissant ; car bien souvent aucune route n'a pu être tracée dans le fond de ces fossés immenses ; le cours d'eau seul, qui les a patiemment excavés, y trouve place, et c'est en barque, sur ses flots, que s'opère (merveilleux voyage) la descente de l'étrange vallée.

Les *montagnes Rocheuses* dans les Etats-Unis d'Amérique, ont presque le monopole des cañons et possèdent les plus grands du monde. Celui du moyen *Colorado* (Arizona), le plus remarquable de tous, n'a pas moins de 474 kilomètres de développement ; on le partage en *Marble Cañon* (cañon de marbre), de 104 kilomètres, et en *Great Cañon* (grand cañon proprement dit), de 370 kilomètres ; sa profondeur varie de 600 à 2,000 mètres, et sa largeur, au sommet des murailles, de 1 à 10 kilomètres ; au confluent du *petit Colorado* (r.g.), à la jonction du Marble et du Great Cañon, la distance verticale entre les rives du fleuve et les rebords du plateau est d'environ 2,250 mètres ; mais, en cet endroit, ni l'une ni l'autre des deux parois ne se dresse d'un seul jet au-dessus du torrent ; de gradins en gradins, une superposition d'abrupts rocheux et de talus à fortes pentes s'étage en retraits successifs, de telle sorte que l'écartement des deux lèvres de la fissure devient considérable, et que le cañon prend ici l'aspect d'un amphithéâtre plutôt que d'une galerie ; plus bas, au contraire, à la jonction de la vallée de Toroweap (r. dr.), deux vrais murs tout droits s'élèvent d'une seule venue à 900 mètres au-dessus du Colorado. A leur sommet, d'un bord à l'autre l'écartement n'est que de 1,000 mètres, et c'est ici que se trouve le plus resserré et relativement le plus profond de tous les cañons. Plusieurs affluents du Colorado (*Green River, Kanab, Rio Virgen*, etc.) mugissent, de même que le grand fleuve, au fond de rigoles semblables, entre 600 et 1,500 mètres en contre-bas des hauts plateaux ; c'est, en effet, une vaste région de plateaux montagneux (territoires de l'Utah et de l'Arizona) qui se trouve sillonnée par ces cañons géants ; le rabot des eaux courantes y a successivement entamé, par un abaissement constant du lit des rivières, les dépôts de toutes les périodes géologiques, depuis le tertiaire éocène jusqu'aux schistes primitifs. Le grand cañon du Colorado surtout doit sa splendeur à la dégradation des assises carbonifères et permiennes (dolomies roses, grès rutilants, etc). Au nord de cette région, dans le territoire du Wyoming, le parc national du *Yellowstone* montre aussi un grand cañon creusé dans les roches volcaniques, bordé de colonnades de basalte, profond de 300 mètres, large au sommet de 400 à 1,600 mètres, et long de 40 kilomètres.

Beaucoup d'autres gorges du même genre, mais de moindres dimensions, existent dans les montagnes Rocheuses (grand cañon du *Snake River* [140 à 230 m. de profondeur, 50 kil. de longueur], *Shoshone cañon* [250 m. et 20 kil.], *Lodore cañon* du Green River [636 à 914 m. et 32 kil.], etc.). Le cours supérieur du Colorado traverse huit ou neuf cañons longs de 24 à 240 kilomètres, etc. Les *gorges* du Caucase et des Alpes, les *barrancas* du Mexique, des Andes et des Pyrénées, les *cluses* du Jura, ne sauraient être comparées à ces vastes avenues, tant à cause de leurs proportions réduites que parce qu'une seule de leurs parois

Grand cañon du Colorado (coupe théorique au confluent du petit Colorado).
(Communiqué par le Club alpin.)

le plus souvent est taillée en mur, l'autre restant disposée en pente douce comme le penchant d'une montagne normale.

Mais la France possède aussi ses cañons dans les vallées du haut Tarn, de la Jonte, de la Dourbie, de la Vis, de l'Ardèche, moins creux, moins colossaux, moins sauvages que ceux de l'Arizona, plus verdoyants toutefois, plus gais, presque aussi surprenants par l'antithèse que leur gracieuse fraîcheur fait avec la désolation du causse chauve.

Et ce n'est pas le pittoresque seul, avons-nous dit, qui appelle l'attention sur

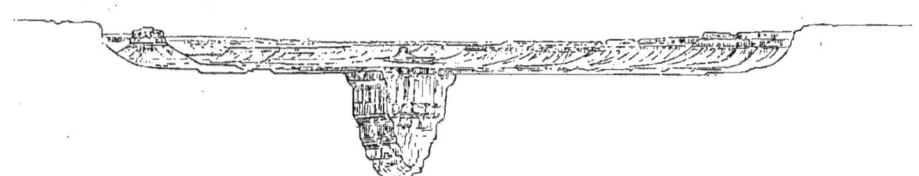

Grand cañon du Colorado (coupe théorique près de la vallée de Toroweap).
(Communiqué par le Club alpin.)

cette région : de très singuliers phénomènes géologiques s'y manifestent aux savants.

Une des particularités de la géographie physique des Causses, c'est leur régime hydrographique. Les grandes rivières n'ont pas d'affluents à ciel ouvert : les eaux des pluies sont absorbées à la surface des Causses par les gouffres ou *avens* (abîmes) ouverts dans le calcaire, entre 800 et 1,200 mètres d'altitude ; elles circulent dans les entrailles des plateaux, parmi les cavités et les conduits souterrains qui sillonnent la masse interne et la font ressembler à une éponge ; puis, au contact de nappes d'argile, elles ressortent au fond même des basses vallées, au niveau des rivières (entre 300 et 600 m. d'alt.), sous la forme de puissantes sources bleues et bouillonnantes ; ces sources s'écoulent en bruyants ruisseaux longs de 100 à 500 mètres au plus, mais qui font tourner de nombreux moulins.

On a constaté en de rares endroits la communication directe qui existe entre tel aven du haut plateau et telle source de la gorge inférieure, notamment au site extraordinaire de *Bramabiau*, près de Meyrueis, et à l'abîme du *Mas-Raynal* (*V.* chap. V et XI).

« Froids, tempérés ou chauds, suivant le plus ou le moins de surrection au-dessus du niveau des mers, les Causses varient beaucoup de climat; ils diffèrent peu de sécheresse et d'aridité, tout comme le Sahara de Transatlas. Ils sont un *pays de la soif*, surtout depuis que l'homme y a coupé toute forêt. Voici pourquoi :

« L'orage aux larges gouttes, la pluie fine, les ruisseaux de neige fondue, les sources joyeuses, ces inestimables dons du ciel, ne sont point pour le causse, qui est fissuré, criblé, cassé, craquelé, qui ne retient pas les eaux. Tout ce que lui confient les fontaines, tout ce que lui verse la nue, entre dans la rocaille, ici par de presque invisibles fissures, là par de larges gouffres ou par des portes de caverne, presque toujours par de petits trous; mais ces étroites ouvertures plongent sur des antres immenses[1].

« C'est bien loin, c'est bien bas, que l'onde engloutie se décide à reparaître ; elle sort d'une grotte, au fond des gorges, au pied de ces roches droites, symétriques, monumentales, qui portent le terre-plein du causse. Mais ce que le plateau n'a bu qu'en mille gorgées, la bouche de la caverne le rend souvent par un seul flot, les gouttes qui tombent du filtre s'unissant dans l'ombre en ruisseaux, puis en rivières. Aussi les sources du pied du causse sont-elles doublement des fontaines de Vaucluse, par l'abondance des eaux, par la hauteur et la sublimité des rocs de leurs *bouts du monde*. » (O. RECLUS.)

Pour posséder à boire, quand les *lavagnes*, ou *lavognes* (citernes ou mares rendues étanches au moyen d'une couche d'argile), sont vidées par la sécheresse, les femmes des caussenards font trois ou quatre heures de chemin, descendent le causse, le remontent, leur cruche sur la tête, afin de pourvoir le logis de quelques litres du bienfaisant liquide. Et le voyageur altéré par la marche ne peut pas toujours, même à prix d'argent, trouver dans la ferme isolée le simple verre d'eau qu'il mépriserait dans la vallée. Les bœufs et les vaches aussi se rendent parfois à la rivière, et lorsque, avec délice, ils y sont plongés jusqu'au poitrail, il faut bien des cris, jets de pierres et coups d'aiguillon pour leur faire délaisser l'abreuvoir. Quant aux brebis, la boisson administrée irrégulièrement gâte, dit-on, leur laine; conséquence pour elles : pas d'eau de tout l'été !

A cause de ce régime souterrain des affluents, les crues des rivières ne peuvent s'annoncer d'amont en aval, ainsi que dans les fleuves normaux des grandes plaines ; elles sont soudaines comme les orages qui les provoquent, et terribles ; de là ce dicton populaire :

> Qui passa lo Lot, lo Tarn et l'Aveiron
> N'es pas segur de torna en sa maison!

Il n'y a rien d'exagéré à dire que la région des Causses possède une des sept merveilles naturelles de la France. Dans notre beau pays, en effet, le cirque de

---

[1]. Nos recherches sur les avens de 1889 à 1892 ont prouvé au contraire qu'ils ne communiquaient pas tous avec de grandes cavernes. (*V.* chap. XXIII, et Annuaires du Club alpin de 1889 à 1892.)

Gavarnie, la rade de Toulon, les environs de Cannes et l'Esterel avec leurs vues sur la mer et les Alpes, l'amphithéâtre de la Bérarde en Oisans, le massif du mont Blanc et les falaises d'Etretat, peuvent seuls se comparer aux gorges du Tarn pour l'impression de stupeur admirative produite sur le spectateur.

Lodore cañon.
(Communiqué par M. Hœlzel, de Vienne.)

« J'ai, dit M. Lequeutre, visité à plusieurs reprises les clus de l'Aude, du Rébenti et de l'Aiguette, les cañons du versant méridional du massif calcaire des Pyrénées, et je n'ai rien vu de plus réellement beau que les gorges du Tarn. J'ai les comparaisons en horreur, et ceci n'en est point une, mais seulement une recherche dans mes souvenirs, et j'avoue ne pas comprendre comment ce défilé n'a pas une réputation européenne. »

Or, c'est quand les arrondissements de Mende et de Florac possèdent un tel chef-d'œuvre de la nature que l'on a relégué la Lozère au dernier rang des départements français, que l'on a voulu en faire un pays maudit du Ciel et évité par les hommes civilisés.

Cette idée fausse avait pris une si forte racine dans l'opinion publique, que géographes et touristes ignoraient, les uns comme les autres, la valeur pittoresque de la Lozère.

C'est cette valeur qu'il fallait porter à la connaissance de tous ; c'était, on le voit, un acte de patriotisme que de tenter la réhabilitation de la Lozère en révélant cette source méconnue de prospérité.

Dès 1834, le baron Taylor, Ch. Nodier et A. de Cailleux avaient bien compris cela, lorsque, dans un volume de leur magistral ouvrage, *Voyages pittoresques et romantiques dans l'ancienne France*, ils consacraient sept belles planches aux gorges du Tarn[1] ; mais, faute d'un texte suffisamment développé, leur appel ne fut pas écouté.

Eux-mêmes avaient sans doute été attirés de ce côté par l'*Annuaire de la Lozère* pour 1832, qui signalait déjà comme de grandes curiosités Castelbouc, Sainte-Enimie et le pas de Soucy, sur le Tarn.

En 1851, une publication aujourd'hui démodée, mais que l'on consulte encore avec fruit, le *Dictionnaire des communes* de Girault de Saint-Fargeau, prototype du dictionnaire de Joanne, et édité par Firmin Didot, indiquait aussi comme « sauvages et curieux » les abords de Sainte-Enimie et de Saint-Préjet. On n'y trouvait d'ailleurs pas plus de détails que dans quelques autres géographies descriptives mentionnant presque avec indifférence les « sites pittoresques des bords du Tarn ».

Pendant quarante ans, on ne compta que par unités les touristes qui se risquaient dans les cañons français. Citons MM. de Billy, général Coste, de Malafosse (1863) ; Mouillefarine (1864) ; de Gissac (1865) ; G. d'Espinassous (1872) ; au retour, ils vantaient dans leur cercle d'amis les magnificences ignorées : mais, ne faisant pas de publicité, ils demeurèrent impuissants à diriger la vogue vers elles.

A Mende, chacun disait merveille des gorges du Tarn ; il était difficile cependant de rencontrer quelqu'un qui les eût visitées ; on connaissait Ispagnac et Sainte-Enimie, rien de plus. MM. Onésime Reclus, dans son livre *France, Algérie, Colonies*, Ch. Gide et A. Lagrèze-Fossat[2], furent les premiers, à peu près en même temps, à mettre l'imprimerie sérieusement au service des gorges du Tarn.

Déjà les géologues les connaissaient pour les avoir traversées et y avoir relevé des coupes curieuses (Elie de Beaumont, Henri Lecoq, Emilien Dumas, etc.); mais il ne leur appartenait point de prêcher le côté purement pittoresque.

Enfin, en 1879, M. Lequeutre, du Club alpin français, s'en chargea ; ne connaissant rien des brèves descriptions déjà parues, et attiré vers le fossé du Tarn

---

1. *Voyages pittoresques et romantiques dans l'ancienne France* (Languedoc, 1er volume, 2me partie; planches 103, 104, 104 bis, 105, 105 bis, 106, 107). Paris, Firmin Didot, 1834, in-fol. — *V.* aussi : *Annuaire de la Lozère pour l'année 1843*, publié par Pécoul, libraire, *Cascade de Runes, le pas de Soucy, le Monument de Lanuéjols, les Grottes de Meyrueis, le Panorama du rocher de l'Aigle.* — *La France pittoresque*, par Abel Hugo, en 3 vol. gr. in-8º. — *Département de la Lozère, ancien Gévaudan.* Paris, 1835, cahier in-8º, avec carte et gravures.

2. Lagrèze-Fossat, *les Gorges du Tarn, du Rozier à la Malène.* (*Recueil de la Soc. des sciences*, etc., de Tarn-et-Garonne, 1870-1871, p. 357-370. Montauban, 1872, in-8º). — Ch. Gide, *Bulletin de la section du sud-ouest du Club alpin*, juillet 1878. Bordeaux.

par la seule inspection de la carte, il s'y rendit, s'émerveilla, communiqua son enthousiasme dans un compte rendu sincère, réussit en un mot à exciter la curiosité; c'est à lui que revient le mérite d'avoir définitivement attiré l'attention publique vers ces beaux pays méconnus.

Sur sa trace, divers membres du Club alpin français vulgarisèrent les Causses dans les *Annuaires* de cette Société. Puis, en 1883, M. Louis de Malafosse, l'un de ces précurseurs coupables seulement de n'avoir rien écrit, livra aux géographes

Monte-Cristallo [3,199 m.] (Tirol).
(Communiqué par le Club alpin.)

une remarquable monographie des gorges du Tarn éditée par la Société de géographie de Toulouse. La même année, il découvrait Montpellier-le-Vieux. Le cañon du Tarn avait enfin acquis la réputation méritée d'être une des merveilles de la France et de l'Europe.

Aujourd'hui c'est par centaines que les touristes défilent chaque été au pied des monuments naturels des Causses; Il faut que dans dix ans on les compte par milliers. Tous ceux qui reviennent de ce beau voyage rêvent de le recommencer et plaignent cordialement quiconque n'a pas eu la joie de le faire.

Au point de vue du sentiment de grandeur et d'étrangeté éprouvé par le voyageur, il n'y a que trois sites au monde plus remarquables que les gorges du Tarn : les *Alpes dolomitiques* du Tirol et de la Vénétie; le versant espagnol du mont Perdu (*vallée d'Arrasas*), dans les Pyrénées, et le *Grand Cañon du*

Colorado, aux États-Unis (Arizona). (*V.* p. 6.) On doit écarter, bien entendu, toute idée de ressemblance avec les régions glacées des grandes Alpes : il n'y a pas plus d'analogie entre le mont Blanc et les gorges du Tarn, entre le glacier d'Aletsch et le cañon du Colorado, qu'entre le Parthénon et Notre-Dame de Paris; ce sont deux ordres de beautés différentes, mais également admirables.

Ce qui donne à ces cluses leur splendeur particulière, leur originalité, ce sont les remparts dolomitiques[1] qui constituent la plus grande partie de leurs murailles : remparts tout découpés, par les météores atmosphériques (gelées, pluies, foudre et grêle), en créneaux, tourelles et donjons, soutenant les plateaux comme d'immenses cariatides, tout bariolés par les sels de fer des nuances les plus éclatantes du rouge, du jaune et de l'orangé; nulle part ailleurs que dans les formations dolomitiques on ne trouve de telles orgies de couleurs, des rocs aussi ruiniformes et des escarpements plus fantastiques.

Quand on veut expliquer ou décrire les silhouettes que présentent les aspérités de ces falaises déchiquetées, il faut continuellement se servir de termes empruntés à l'art des fortifications, et le vocabulaire en est bien vite épuisé.

Si l'on me permet de glisser ici la note rapide de l'impression personnelle, je dirai que j'ai vu la Lozère après avoir passé douze étés dans les Alpes et trois dans les Pyrénées, à courir les glaciers et les cimes neigeuses; je devais donc être blasé sur les spectacles de montagnes, et cependant les gorges du Tarn m'ont tellement émerveillé, que j'y suis retourné cinq ans de suite, et la cinquième fois avec plus de plaisir que la première.

Je ne voudrais pas faire de comparaisons : en voyage, c'est un système détestable, qui empêche de jouir du présent en détournant l'attention vers le passé; cependant, je dois dire que les gorges d'Ispagnac à Peyreleau m'ont étonné comme les Alpes dolomitiques. Il n'y a aucun parallèle à établir entre ces deux contrées, si ce n'est au point de vue de la géologie et de la coloration. Les murs roses et blancs du Sorapiss et de l'Antelao ont quatre fois la hauteur des falaises des Causses; les vallées d'Auronzo et de Cortina d'Ampezzo sont aussi larges, riantes et fertiles que le puits de Sainte-Énimie est resserré, sévère et nu; néanmoins, la même stupéfaction indicible envahit l'âme dans ces deux régions. J'ai vu la Malène après le Monte-Cristallo (*V.* la gravure), et j'ai été surpris quand même. Malgré la lecture des plus enthousiastes récits, la réalité a dépassé ce que mon imagination avait rêvé. Je voudrais maintenant connaître le Colorado, pour éprouver encore la même émotion admirative qu'à Schluderbach et Pougnadoires : je dis la même, et non une plus grande, car la nature n'a édifié nulle part de plus extraordinaires constructions.

Et des voyageurs qui avaient parcouru la terre entière, ou à peu près, ont daigné venir au Tarn après leur tour du monde. Qu'ont-ils pensé? Nous en citerons trois seulement.

M. Albert Tissandier, l'aéronaute bien connu, une fois revenu du *Marble cañon*, a voulu voir ceux de la Lozère, et en a dit : « C'est moins grandiose, plus gai, et admirable même après l'Amérique. »

M. Louis Rousselet, l'auteur de l'*Inde des rajahs*, a fort à propos traité de

---

1. On appelle *dolomie* une roche composée de chaux et de magnésie, qui se prête mieux que toute autre à la dégradation par les agents atmosphériques; la bizarrerie de ses découpures lui fait appliquer souvent, et avec justesse, l'épithète de *ruiniforme*. (*V.* chap. XXI.)

moutons de Panurge les Français qui s'obstinent à revoir chaque année la Suisse ou l'Italie et à ne pas visiter leur propre pays[1].

M. Edmond Cotteau enfin, ce touriste doué du don d'ubiquité, qui sait voir tout, si vite et si bien, n'a pas craint d'éprouver une déception dans le pays presque ignoré des Causses. L'épreuve était sérieuse : la Lozère en est sortie avec avantage et a obtenu les éloges du voyageur.

Ces trois autorités suffisent.

Et cependant les touristes n'affluent pas encore en troupes nombreuses.

Vallée d'Arrasas. — Dessin de F. Schrader.
(Communiqué par le Club alpin.)

Les difficultés d'accès, l'insuffisance des gîtes, et surtout la lenteur avec laquelle se forment et s'établissent les réputations les plus légitimes, sont, il ne faut pas en douter, les principales causes qui ont retardé un mouvement plus accentué.

Par bonheur, on a ouvert à l'exploitation (10 novembre 1888), entre Saint-Flour et Neussargues, le dernier tronçon du chemin de fer *Grand central français*, la plus courte route de Paris à Barcelone par Clermont-Ferrand, Arvant, le pont de Garabit, Marvejols, Sévérac, Millau, Béziers et Perpignan. Rien n'est plus propre à inaugurer pour les Cévennes une ère de prospérité.

1. *Journal de la Jeunesse* de 1887, 1er semestre : *Vacances de Pâques.*

Neussargues est tout près de Murat; le pont de Garabit attirera des visiteurs, que les beautés du Cantal retiendront; l'ingrat Aubrac sera traversé sans ennui au pied de la Margeride; le viaduc de la Crueize, les gorges de la Colagne et les vieilles tours de Marvejols rendront ce charmant petit chef-lieu très fréquenté; sur le parcours du Lot à Millau, les allures de Semmering et les travaux de Brenner d'une voie ferrée qui traverse le causse de Sauveterre à 818 mètres d'altitude, feront vite concurrence au chemin de fer de Clermont à Nîmes; en moins d'un jour, Millau sera atteint; la diligence d'Anduze (Gard) et la traversée du mont Lozère seront évitées; les ingénieurs auront rendu la région des Causses aisément accessible; les habitants, espérons-le, sauront, de leur côté, la rendre agréable à parcourir et à habiter! Ainsi seront révélées aux touristes de tous pays les magnificences du haut Tarn et de Montpellier-le-Vieux; ainsi sera consacrée la célébrité des Causses et du Gévaudan!

Après tout ce que la mode a fait jusqu'ici pour la Suisse, le littoral méditerranéen et les lacs d'Italie, il est temps vraiment qu'elle s'occupe un peu de la Lozère.

Je comprends que l'on soit plus pressé de visiter les glaciers des Alpes, les rives de Monaco, Bellagio, Lugano et les îles Borromées, que les rocs et les cañons des Cévennes. Mais quand vous connaîtrez ces deux pays étrangers, les seuls à peu près dont nos Parisiens moutonniers se permettent l'accès, n'y retournez pas sept à huit fois de suite par routine ou imitation : venez chez vous, visitez la France et débutez par les Causses. Certes, il n'y a pas dans la Lozère d'hôtel des Bergues ni de Schweizerhof; mais tous les hôtes du moins sont raisonnables et complaisants. Partout, dans les Cévennes, les auberges mêmes ont du bon vin, un ordinaire sain et bourgeois (truites, œufs et laitage au minimum), des tarifs modérés, et une affabilité qui remplace agréablement le luxe.

La pauvre région des Causses n'a que ses beautés pittoresques pour toute fortune! Que les voyageurs s'y rendent en foule : outre qu'ils y trouveront leur satisfaction personnelle, ils feront vraiment acte de charité en apportant un peu d'aisance dans ces pays grandioses qui en ont tant besoin et qui sont restés jusqu'à présent si injustement délaissés.

Et ce n'est pas aux dessins, aux photographies mêmes que l'on peut s'adresser pour acquérir une idée, fût-elle très vague, de leur magnificence. La plaque sensible est totalement incapable de faire comprendre la singularité de ces paysages : elle rend monotones et sans relief la brusquerie et la rectilignité des plans, qui sont, dans la nature, choses si saisissantes; quant au crayon, même le plus habile, il supprime la richesse de ces couleurs ardentes, inusitées pour nous, qui sommes habitués à ne voir que des roches aux teintes ternes.

Enfin cette débauche de nuances crues décourage le peintre, qui renonce à en essayer la reproduction, si bien que l'on ne se doutera jamais de ce que sont les Causses avant de les avoir admirés sur place!

Aucun voyage n'est instructif si l'on n'a, avant de se mettre en chemin, bien saisi les principaux traits géographiques du pays à parcourir. Voyons donc quelle est la position relative des villes, rivières et montagnes que nous allons visiter. Un coup d'œil jeté sur la carte nous l'apprendra.

Le pays des Causses est un important *lieu* hydrographique, où les pluies du ciel engendrent les sources à peu près mitoyennes du Tarn et du Lot, affluents de la Garonne; des Gardons, tributaires du fougueux Rhône; de l'Hérault et de l'Orb enfin, peu puissants, mais indépendants et fiers de leur rang de fleuve,

Vallée d'Arrasas (Cotatuero). — Dessin de F. Schrader.
(Communiqué par le Club alpin.)

grâce auquel ils s'inféodent d'eux-mêmes, et tout comme le Rhône, à la souveraine Méditerranée.

A grandes enjambées, suivons le cours de ces rivières; nommons les villes qu'elles baignent, indiquons les lignes de faîte qui les séparent, énumérons leurs cañons

Le *Lot* (prononcez *Lott*), ou plutôt l'*Olt*, naît à la montagne du Goulet (1,499 m.), par 1,300 mètres environ d'altitude, et adopte de suite la franche direction de l'ouest. Longé par la grande ligne routière qui joint Espalion au chemin de fer de Clermont à Nîmes (station de Villefort), il baigne le Bleymard, entre le mont Lozère au sud, le Goulet et le plateau du Palais du Roi au nord. A Mende, il a buté contre les calcaires et disjoint deux petits causses, ceux de Mende et de Changefège. Puis c'est le grand causse de Sauveterre, au sud, qui laisse ronger sa base par les flots du Lot, tandis que, sur la rive droite, des masses calcaires moins importantes (truc du Midi [*V.* chap. XVIII]) séparent Mende de Marvejols, l'Olt de la *Colagne*. Celle-ci, affluent de droite, draine à l'ouest les eaux de l'Aubrac, granitique et basaltique, à l'est celles de la Margeride, longue épine de terrain primitif qui fournit aussi, plus au nord, de gros contingents à l'Allier naissant. En aval du Monastier, la Colagne tombe au Lot, qui arrose ensuite Banassac et Saint-Laurent-d'Olt, sous le revers sud de l'Aubrac. Sur ce dernier village, le chemin de fer de Millau à Marvejols dégringole du plateau méridional, que la source et le haut vallon de l'Aveyron subdivisent à cette hauteur en deux parties : le causse de Sévérac, entre Aveyron et Lot, et le causse des Palanges-Lévezou, entre Aveyron et Tarn. Enfin de Saint-Geniez à Espalion les contreforts des monts d'Aubrac, tous orientés nord-est-sud-ouest, contraignent le Lot à de profonds et nombreux méandres.

Pont-de-Montvert, près des sources du *Tarn*, qui sourdent, vers 1,550 mètres d'altitude, au sud du roc Malpertus, demeure à l'écart entre les granits du mont Lozère et du Bougès; c'est cependant un important point de convergence pour les routes d'Alais à Mende. Au sortir de sa haute gorge schisteuse, le Tarn, négligeant Florac, semble pressé de gagner à Ispagnac son illustre cañon, le long duquel sont *étapées* Sainte-Enimie, la Malène, Saint-Préjet-du Tarn (les Vignes), comme englouties dans l'hiatus qui a séparé Sauveterre et Méjean.

Au double village de Peyreleau-le-Rozier, le Tarn recueille la *Jonte*, venue de l'Aigoual en passant par Meyrueis, puis aux pieds du Méjean et du Noir.

Mostuéjouls, Rivière, Compeyre et d'autres gros bourgs allongés en une rue presque continue jusqu'à Millau, entre les causses Noir et de Sévérac, ont un air de fête dans leur vallée élargie en riant bassin, heureux sans doute de n'être pas exilés dans l'étroitesse des cañons d'amont.

Le poète *Ausone* a dit que le Tarn roulait des paillettes d'or : *Auriferum postponet Gallia Tarnem;* Sidoine Apollinaire a admiré la transparence de ses eaux : *Piscem perspicua gerens in unda.*

La *Dourbie*, qui commence bien près de la Jonte, divise les deux derniers grands causses, le Noir et le Larzac; elle passe à Saint-Jean-du-Bruel, Nant, la Roque-Sainte-Marguerite, et reçoit à droite le *Trévesel* (grossi du *Bonheur-Bramabiau,* la rivière débaptisée sous terre) et la *Garenne.*

Après Millau, le Lévezou et le Larzac encagnonnent encore quelque peu le Tarn, que nous délaissons au confluent du *Cernon* (r. g.); beaucoup plus loin il reçoit, mais médiatement, par le *Dourdou,* la source larzacienne de la *Sorgues,* déjà grosse rivière à Saint-Affrique.

Le *Tarnon* fait, à l'est du Méjean, pendant à la Jonte au sud; il s'est encaissé entre les calcaires jurassiques et les crêtes zigzagueuses des vraies Cévennes, ramifiées de l'Aigoual au mont Lozère. Après avoir baigné Vébron et Florac et absorbé à droite la *Mimente,* il abdique en faveur du Tarn, qui n'est cependant, au seuil même du grand cañon, que la suite de son affluent, en direction tout au moins. Sautant sur le revers méditerranéen, nous voyons les pentes orientales du mont Lozère distiller autour de Villefort quelques torrents de montagnes (*Altier,* etc.) au profit du bassin de l'Ardèche. La *Cèze* aussi en sort pour courir au Rhône après avoir bu le torrent de *Luech,* aux bords duquel *Vialas* exploite ses célèbres mines de plomb; vers le sud-est, le *Gard* s'adjuge tous les Gardons des Cévennes qui viennent de Saint-Germain-de-Calberte, Barre-des-Cévennes, Saint-André-de-Valborgne et Saint-Jean-du-Gard.

L'Aigoual adresse plus franchement l'*Hérault* (Airau, Araruris) à la mer, droit au sud, par Valleraugue, et ce fleuve doit presque toutes ses eaux à ses deux tributaires de l'ouest. L'un, l'*Arre,* est la rivière du Vigan; l'autre, la *Vis,* tronçonne en petits causses secondaires l'immense Larzac, et n'a point de bourgs notables dans son étroit cañon gris, privé de flamboyantes dolomies, splendide quand même, à cause du brillant soleil du Midi, déjà souverain en cet angle des Causses.

A Ganges seulement l'Hérault est définitif; puis une gorge solitaire, presque sans maisons et sans route, se prolonge pendant 10 lieues jusqu'à Saint-Guilhem-le-Désert. Plus bas, Aniane confine à la Méditerranée et à Montpellier.

Le Larzac enfin donne à l'Hérault la *Lergue* (ou l'*Ergue*) de Lodève, et à Béziers son *Orb* modeste, mais fleuve pourtant.

Telles sont les principales artères par où s'opère la circulation des eaux de notre région.

Entre les océaniques et les méditerranéennes, les montagnes, pour la plupart schisteuses et granitiques, forment ce que l'on est convenu d'appeler en géographie la *ligne de faîte.* Nulle part cette dénomination ne se montre plus fautive qu'ici, car il est impossible, même sur la carte, d'établir l'existence continue d'une chaîne, d'une muraille séparative, uniforme d'aspect et de direction.

Et d'abord, c'est un plateau sans pics, long de 4 lieues, large de 2, dit le *Palais du Roi,* et le *causse de Montbel,* marécageux, froid, troué de gouffres nombreux, qui forme au nord-est de Mende l'un des principaux « toits » de France (1,198 à 1,440 m.)[1].

C'est l'agrafe qui attache ensemble : 1° le plateau central et l'Aubrac (par la Margeride) au nord-ouest; 2° les longues chaînes d'entre Rhône et Loire-Allier (par la forêt de Mercoire) au nord-est; 3° les *Cévennes* proprement dites (par la Lozère) au sud De deux bastions qui le flanquent à l'est, le *Maure-de-la-Gardille* (1,501 m., forêt de Mercoire) et la montagne du *Goulet* (1,499 m.), distants de 6 kilomètres et demi, descendent les premiers rameaux du Lot, de l'Allier et du Chassezac (tributaire de l'Ardèche). Le causse de Montbel est donc bien le toit à trois faces dont les gouttières se déversent dans trois des grands bassins de France, Garonne, Loire, Rhône.

Le Maure-de-la-Gardille s'abaisse vers l'est jusqu'au *col de la Bastide* (1,077 m.), sous lequel le chemin de fer de Clermont à Nîmes passe à 1,046^m,30 d'altitude, dans un tunnel de 893 mètres de longueur et qui sépare les Cévennes des montagnes de *Valgorge,* du *Tanargue* et du *Vivarais* : là est une croupe de 1,110 à 1,298 mètres d'altitude, maintenant l'Allier et le Chassezac

---

[1]. Le département même de la Lozère est le vrai « toit » des Cévennes, car il ne reçoit de cours d'eau d'aucun autre département. Les eaux en divergent dans tous les sens.

écartés de 2 et demie à 5 kilomètres; même, à la ferme *Prat-Ciaux*, une prairie marécageuse suinte à la fois vers les deux rivières.

Parallèles, et non perpendiculaires, aux thalwegs supérieurs du Lot et du Tarn, sont les trois grandes crêtes du *Goulet*, de la *Lozère* et du *Bougès* (1,424 m.); celle du milieu, la plus haute (1,702 m.) et la plus longue, contemplant les deux autres à sa droite et à sa gauche comme gardes du corps, fièrement dressée entre les deux plus grands affluents de la Garonne, nés à ses pieds, et semblant vouloir empêcher leur union par la projection vers l'ouest de l'immense table de Sauveterre : les trois montagnes séparées, en somme, plutôt que liées par des cols bas, où d'excellentes routes ne s'aperçoivent guère qu'elles franchissent la « grande ligne de partage des eaux d'Europe ».

De la montagne du Bougès à l'*Aigoual* se ramifient tortueusement les vraies Cévennes; elles n'atteignent nulle part 1,200 mètres d'altitude et s'abaissent souvent à moins de 1,000 mètres, au-dessous par conséquent du causse Méjean, dont le rempart (1,278 m.) les commande à gauche du Tarnon. C'est leur nom tout local qui a été donné à la longue suite de massifs juxtaposés du col de Naurouze au canal du Centre, de Castelnaudary à Chalon-sur-Saône. Dans ces Cévennes, qui n'ont de remarquable que l'abusive extension de leur nom, on peut parler de ligne de faîte, car une crête unique, longue de 28 kilomètres à vol d'oiseau et de 50 kilomètres sur le sol, flanquée de contreforts et contournée en une dizaine de directions, s'interpose franchement entre tous les Gardons d'une part, le Tarnon et la Mimente d'autre part. Plusieurs routes la couronnent, suspendues réellement sur deux versants opposés.

Autour de l'Aigoual (1,567 m.), grosse masse rayonnante, s'étoilent les hauts ravins du Tarnon, de la Jonte, du Trévesel (Dourbie) et de l'Hérault. Deux de ces rayons sont les isthmes étroits du *Perjuret* et de la *Croix-de-Fer*, vraies passerelles qui seules relient, de part et d'autre du cañon de la Jonte, les deux citadelles du Méjean et du Noir à l'Aigoual. Puis, au delà du col de la *Séreyrède* (1,320 ou 1,290 m.), vient un plateau de sources océaniques, l'*Espérou* (1,380 m.) et la montagne d'*Aulas* (1,422 m.), drainé par la Dourbie et coupé à pic sur l'Hérault, d'où la route de Valleraugue se livre à une véritable escalade en lacets. Ensuite quelques kilomètres de crêtes régulièrement perpendiculaires aux ravins : montagne du *Lingas* (1,440 m.) et *Saint-Guiral* (1,365 m.). Enfin, évanouissement de tout faîte en travers du Larzac. *C'est au point où les mauvaises cartes font franchir ce plateau par la fameuse « ligne de partage » que le Larzac central est le plus déprimé* (750 à 800 m.)

Le Larzac calcaire a même débordé au delà de Lodève et du Vigan par la montagne de la *Séranne* (943 m.), près Ganges, qui forme son bourrelet sud-oriental. Les strates jurassiques s'étendent jusqu'aux portes de Montpellier, où les dépôts tertiaires plus jeunes les recouvrent.

Puisque le Larzac est un causse, il n'a point d'eaux courantes; seules les sources de son pourtour optent, selon leur situation, pour l'Atlantique ou la Méditerranée, et c'est sous terre, dans leurs réservoirs internes, qu'il faudrait tracer la *ligne de partage* des géographies systématiques.

Vers le milieu du flanc sud-ouest du Larzac, un éperon rocheux, le *bois Guilhomard* (854 m.) fait abrupt sur le *col de Montpaon* (675 m.), entre l'Orb et la Sorgues, sous lequel un tunnel conduit le chemin de fer de Millau à Béziers.

D'ici, on a grand'peine à spécifier quelle est la croupe qui forme la résurgescence des Cévennes. Un seuil voisin tombe même à 667 mètres.

Seulement, à 18 kilomètres au sud-ouest, la montagne de Marcou (au nord-ouest de Bédarieux) remonte à 1,094 mètres; de son sommet à celui du Saint-Guiral, l'oiseau vole pendant plus de douze lieues et ne voit sous soi, au lieu d'une *chaîne de montagnes*, qu'un creux profond et une plaine haute : le creux est la vallée de l'Orb, la plaine est le Larzac.

Trop de géographie! s'écrie le lecteur. D'accord! Mais s'il vient de suivre attentivement sur la carte les deux précédentes pages, il aura *compris* le pays des Causses et rectifié dans son esprit une grosse erreur d'orographie.

Après le mont de Marcou, les sommités, de plus en plus confuses quant à la disposition et à la nomenclature, qui vont mourir à Naurouze (189 m.), ne dépassent nulle part 1,266 mètres.

« A l'orient de la source de l'Agout, du cirque de Plo-des-Brus, de la grandiose gorge granitique de l'Héric, plus que jamais la « Cévenne » se déchire. C'est le Caroux (1,093 m.), dominant l'Orb par des rocs de grand caractère : tout en raideur, il semble fort haut; les siècles l'ont mis à vif; il est tout en parois droites et lumineuses, en anfractuosités, en brèches, en « bouts du monde ». C'est le Marcou (1,094 m.), avec ses houillères de Graissessac et ses rochers de l'Olque, d'où le typhon des hauteurs jette en grande pluie d'impétueuses cascades. Ce sont les Garrigues, tranchées par l'Orb de Bédarieux, frôlées par l'Hérault de Saint-Guilhem, et dont le *kermès* ou *garrus*, chêne rabougri, voile mal la nudité. C'est l'Escandorgue avec ses dolomies, son cirque de Mourèze et ses restes d'antique volcanicité, qui, de butte de lave en butte de lave, descendent le fleuve Hérault jusqu'à la plage d'Agde et même jusque dans la mer, au noirâtre rocher de Brescou. » (O. Reclus.)

Comment accède-t-on aux merveilles des Causses? D'abord par trois voies de fer :

1° Ligne de Clermont à Nîmes (Paris-Lyon-Méditerranée).

Stations de Langogne (Lozère), sur l'Allier; — de Villefort (Lozère), sur un fluent du Chassezac; — de Genolhac et d'Alais (Gard).

Embranchements d'Anduze (Gard) et de Ganges (Hérault)—le Vigan (Gard).

2° Ligne de Rodez à Béziers (Cie du Midi).

Stations de Sévérac-le-Château, Aguessac et Millau (Aveyron).

Embranchement de Clermont-l'Hérault—Lodève (Hérault).

3° Ligne de Neussargues (Cantal) à Sévérac-le-Château (Cie du Midi) Stations de Saint-Flour, Garabit, Marvejols, la Canourgue.

Embranchement de Mende.

Puis, par de nombreuses routes prolongeant le chemin de fer :

De Langogne à Mende par Châteauneuf-de-Randon et le Palais du Roi;

De Villefort à Mende par le col de Tribes, entre le Goulet et la Lozère;

De Genolhac à Florac ou à Mende par Vialas, le col de Saint-Maurice, Pont-de-Montvert et le haut Tarn;

D'Alais à Florac par Saint-Germain-de-Calberte et Barre-des-Cévennes;

D'Anduze à Florac par Saint-Jean-du-Gard, Saint-André-de-Valborgne et le Pompidou;

(Ces deux dernières voies et leurs dépendances sillonnent les ravins des Gardons et suivent les crêtes des Cévennes propres.)

De Ganges à Meyrueis par la vallée de l'Hérault, Valleraugue, l'Esperou et Bramabiau ;
Du Vigan à l'Esperou (et à Meyrueis);
Du Vigan à Millau par l'Arre, Alzon, Nant et la Dourbie (ou le Larzac);
De Lodève à Millau par le Larzac;
D'Aguessac ou de Millau à Peyreleau par la vallée du Tarn.

Telles sont les voies de pénétration et les principaux points d'attaque de la région qui nous occupe.

Quant à l'ordre du volume, il est simplement géographique.

A tout seigneur, tout honneur; donc au cañon du Tarn, la maîtresse merveille, reviennent de droit les premiers chapitres ; les routes qui y conduisent ou qui le traversent provoquent naturellement la description des causses de Sauveterre et Méjean ; puis les environs de Peyreleau, Montpellier-le-Vieux, la vallée de la Jonte et ses grottes, nous conduiront à Bramabiau, la souterraine rivière qui a consenti en 1888 à se laisser traverser tout entière ; entre Millau et le Vigan, le causse Noir, les vallées de la Dourbie, du Trévesel, de l'Arre, se parcourent avant le grand Larzac, qui aboutit lui-même aux gorges de l'Hérault et de la Vis ; par ces dernières nous remonterons au nord, quittant les calcaires pour les granits, les Causses pour l'Aigoual, les Cévennes et les Gardons, la Lozère et les sources du Tarn. De Florac, la route du col de Montmirat nous conduira à Mende et en Gévaudan, et le plateau d'Aubrac terminera toute la promenade.

La science ensuite fera valoir ses droits au nom de la géologie, de la préhistoire, de l'archéologie et de l'histoire naturelle ; les fouilles du docteur Prunières et la grotte de Nabrigas demandent deux chapitres spéciaux. En appendice enfin, un rapide coup d'œil sera jeté sur le mont Mézenc, point culminant de toutes les Cévennes, et le bois de Païolive (Ardèche), cité naturelle de rochers, sœur cadette de Montpellier-le-Vieux. Et alors il ne restera plus au lecteur qu'à attendre ses prochaines vacances pour prendre un billet de chemin de fer à destination de Mende, Florac ou Millau, selon l'un des itinéraires présentés à la dernière page.

BIBLIOGRAPHIE

Ouvrages généraux sur les Cévennes et les Causses.

Mémoires de la Société d'agriculture, industrie, sciences et arts de la Lozère. Mende, impr. Ignon, 16 vol. in-8°, de 1827 à 1849.

Bulletin de la Société d'agriculture, industrie, sciences et arts de la Lozère, depuis 1850, in-8°.

Dès 1876, les Bulletins contiennent des documents relatifs à l'histoire du Gévaudan, savoir : 1° Les procès-verbaux des États particuliers du Gévaudan, de 1363 à 1790 ; — 2° Les procès-verbaux du Directoire du département, de 1790 à 1800 ; — 3° Divers documents antérieurs à 1790, principalement sur les confréries et corporations ; — 4° Documents touchant aux guerres religieuses des XVIe et XVIIe siècles, en cours d'impression.

Ces intéressantes publications ont été faites par les soins de M. F. ANDRÉ, archiviste départemental de la Lozère, membre de la Société d'agriculture.

Annuaires du département de la Lozère, depuis 1828. Les années 1839, 1840, 1841, 1842, 1848, n'ont pas paru.

Journal de la Lozère, in-8° (hebdomadaire), de 1803 à 1847, par J.-J.-M. IGNON, imprimeur. Ce journal fut transformé à cette époque en journal à grand format.

LES CAUSSES. — LES CAÑONS. — LA CARTE

Club alpin français, section de la Lozère et des Causses. Mende, impr. Privat; bulletin annuel depuis 1885, avec planches, in-8°.
Mémoires de la Société des lettres, sciences et arts de l'Aveyron. Rodez, depuis 1836, in-8°.
Bulletin de la Société d'études des sciences naturelles de Nimes. in-8°, depuis 1873.
Mémoires de l'Académie du Gard. Nîmes, chez Clavel-Ballivet, in-8°.
Mémoires de la Société scientifique et littéraire d'Alais, depuis 1868.
Mémoires de la Société languedocienne de géographie. Montpellier, in-8°.
Annuaire du Club alpin français. Paris, depuis 1874, in-8°.
Chroniques de Languedoc, revue mensuelle, par M. DE LA PIJARDIÈRE, archiviste de l'Hérault, de 1875 à 1879, gr. in-8° à 2 colonnes. Montpellier. Contiennent diverses pièces concernant l'histoire, le commerce et l'industrie de la Lozère, entre autres un *Journal de la guerre des Camisards,* par Mme DE MEREZ; les lettres du Grand Sceau des communes du Languedoc en 1688, etc. (publications non achevées). — V. t. Ier, 1875, p. 26, 118, 160, 164, 169, 172, 205, 228, 246; t. II, 1876, p. 176; t. III, 1877, p. 150; t. IV, 1878, p. 220, 266; t. V, 1879, p. 37, 75, 334, 328, 350.
Mémoires de la Société de géographie de Toulouse.
Revue des Pyrénées. Toulouse, in-8°, depuis 1889.
Mémoires de la Société archéologique du midi de la France. Toulouse, in-8°.
Nicolas DE LAMOIGNON DE BAVILLE, *Mémoires pour servir à l'histoire du Languedoc,* dressés en 1698 par ordre du roi pour l'instruction du duc de Bourgogne, imprimés conformément au manuscrit déposé à la Bibliothèque du roi, 1734, in-8°.
Ad. JOANNE, *Géographies départementales.* Paris, Hachette, in-12, grav. et cartes (Lozère, Hérault, Gard, Aveyron, Lot).
Travels with a donkey in the Cevennes, by Robert-Louis STEVENSON. London, Kegein-Paul, Paternoster square, in-8°, 1881. — Voyage à âne dans les Cévennes : le Monastier (Haute-Loire), le Mézenc, le lac du Bouchet, Pradelles, Langogne, forêt de Mercoire, Notre-Dame-des-Neiges, Chasserades, le Goulet, le Bleymard, le mont Lozère, Pont-de-Montvert, Florac, vallée de la Mimente, Saint-Germain-de-Calberte, Saint-Étienne-Vallée-Française, Saint-Jean-du-Gard, Alais.
Voyage dans les Cévennes et la Lozère, par le colonel Adolphe DU CHESNEL. Paris, 1827-1829, in-8°.
Tour du Monde, 1886, 2° semestre. Paris, Hachette.
Itinéraire général de la France, par Paul JOANNE, volume intitulé *les Cévennes,* avec 4 cartes et plans. Paris, Hachette, 1884, in-12.
Les Gorges du Tarn entre les grands Causses, par L. DE MALAFOSSE. Toulouse, 1883, in-8° (92 pages). — Extrait des *Mémoires de la Société de géographie de Toulouse,* in-8°, 2° édit., 1889.
Nouvelle topographie descriptive de la Lozère, ou nomenclature méthodique, exacte et raisonnée des rapports géographiques et statistiques, etc., des villes et bourgs composant les communes du département, et suivie d'un état du personnel, par DUBOIS. Valence, chez A.-F. Soland aîné, 1839, in-12.
Dictionnaire géographique de la Lozère, précédé d'une notice générale sur le département, par BOURET. Mende, chez Boyer, 1852, in-8°.
E. VALLÉE, *Note sur les principales voies de transport de la Lozère.* Paris, Hennuyer, 1870.
F.-A. PERNOT, *Sites et monuments du département de l'Aveyron.* 1837, pet. in-fol. et 30 vues.
A.-Alexis MONTEIL, *Description du département de l'Aveiron,* 2 vol. in-8°, an X (réimprimé à Villefranche en 1883).
Amant GALTIER, *Notice géographique sur l'Aveyron.* Rodez, Carrère, 1866, in-12.
Géographie générale du département de l'Hérault, publiée par la Société languedocienne de géographie (en préparation). Montpellier.
Eugène THOMAS, *Dictionnaire topographique du département de l'Hérault.* Paris, impr. impériale, 1865, in-4°.
ID., *Annuaire de l'Hérault,* Montpellier, in-32.
E. GERMER-DURAND, *Dictionnaire topographique du département du Gard.* Paris, impr. impériale, 1868, in-4°.
Annuaire du département du Gard. Nîmes, Clavel-Ballivet, in-12.
J. BRIEU, *Histoire du département de l'Hérault.* Lodève, 1861.
Tableau pittoresque, scientifique et moral de Nismes et de ses environs à 20 lieues à la ronde, par E. FROSSARD. (V. le supplément de 1838, pour Meyrueis, l'Aigoual et Bramabiau, avec figures.) Nismes, Bianquis-Gignoux, libraire-éditeur, 1834, 1835, 1838, 3 vol. in-8°.
MILLIN, *Voyage dans les départements du midi de la France.* Paris, impr. nationale, 1800, 5 vol. in-8°.
J. RENAUD DE VILBACK, *Voyage dans les départements du Languedoc (Hérault).* Paris, 1825, in-8°.
MAURICE BASTIÉ, *le Languedoc.* Albi, 1875.

CHAPITRE PREMIER

LE CAÑON DU TARN. — D'ISPAGNAC A SAINTE-ÉNIMIE.

Cañon du Tarn. — Portail et bassin d'Ispagnac. — Les carrabiniers. — Les exploits de Mathieu de Merle. — Le pape Urbain V. — Quézac et sa source. — Au bord du Tarn. — Prades. — Panorama et légende de Sainte-Énimie. — Fontaine de Burle. — Jardins suspendus.

Bien que le Tarn (prononcez *Tar*) vienne heurter les calcaires et longer leur base dès l'issue de sa haute fosse granitique, au confluent du Tarnon, soit à une demi-lieue en aval de Florac, son encañonnement ne commence véritablement que 12 kilomètres plus loin, après Ispagnac. « Là, dit O. Reclus, le cañon du Tarn s'ouvre entre la serre de Pailhos à gauche et la Boissière de Molines à droite : la serre de Pailhos (1,056 m.) est un fier bastion du causse Méjean; la Boissière de Molines ou Chaumette (1,046 m.) est un promontoire du causse de Sauveterre. La teinte de ces roches annonce qu'on a quitté le schiste lozérien, parfois noir jusqu'au lugubre, pour l'oolithe, la dolomie, pierres éclatantes, diversicolores, reposant ici sur le lias.

« Entre parois de 400, 500, 600 mètres, qui parfois montent de la rivière même, parfois de talus d'éboulements dont la vigne ou le jardin s'empare au détriment du maquis, jadis forêt de pins sylvestres, de chênes, de buis, de hêtres, le Tarn se plie et replie, merveilleusement pur, merveilleusement vert. Entré petit, presque intermittent, à demi mort pendant quatre à six mois sur douze, dans le profond couloir d'entre-causses, comme ces torrents de large grève dont le gravier brille au soleil, il en sort grand et vivant toute l'année sans avoir bu le moindre torrenticule ; mais des sources de fond l'avivent, et trente fontaines mêlent à son flot pur leur transparent cristal : à droite, elles s'échappent des entrailles du causse de Sauveterre; à gauche, elles fuient du causse Méjean, transpercé de cavernes [1].

« D'un causse à l'autre, de lèvre à lèvre, par-dessus les 1,200, les 1,500, les 1,800 pieds de profondeur d'abîme, il y a rarement 2,500 mètres, rarement aussi 2,000 : 1,500 mètres est presque partout la largeur du précipice entre les deux rebords de plateau, la largeur à fleur de Tarn n'étant parfois que l'étroite ampleur de ce Tarn lui-même.

« En deux ou trois endroits, l'écart est moindre, et l'on peut imaginer un pont dont la travée, certes la plus hardie du monde, mènerait en 1,000 mètres du fronton de Sauveterre au fronton de Méjean.

---

1. Que l'on note bien ce fait remarquable que, dans toute l'étendue de son cañon, pendant 53 kilomètres, *le Tarn ne recueille pas un seul affluent à ciel ouvert :* des trente sources qui le grossissent, trois seulement, le *Vigos*, *Burle* et les *Parayres* forment rivière pendant quelques centaines de mètres entre leur vasque d'origine et leur confluent avec le Tarn. Cela n'empêche pas beaucoup de cartes, même celle de l'état-major, de faire figurer des ruisseaux au fond des ravins toujours à sec. Cassini, plus exact, a eu soin de ne marquer que les trois fontaines sus-indiquées. Il y a vingt sources sur la rive droite (Sauveterre) et dix sur la gauche (Méjean), parce que le bassin de réception du Tarn a beaucoup plus d'étendue sous le causse de Sauveterre que sous le causse Méjean, moins grand, et drainé en outre par le Tarnon et la Jonte.

« Du pont ogival d'Ispagnac au pont du Rozier, le cañon du Tarn a 53 kilomètres. Ce serait bien la caverne la plus grandiose d'Europe, si quelque voûte, franchissant la fêlure, allait d'une oolithe à l'autre, de la dolomie de droite à la dolomie de gauche, et faisait des deux causses une seule et même neige en hiver.

« Mais, la voûte manquant, c'est, sous le soleil, un lumineux paysage.

« On n'y frissonne pas aux vents aigus du causse. On y vit loin du nord, éternellement abrité de lui, en serre chaude, avec le noyer, l'amandier, le figuier, le châtaignier, la vigne. Les rochers de Sauveterre tenant toujours debout, si ceux de Méjean chaviraient et que la mer montât jusque-là, Ispagnac, Prades, Sainte-Enimie, la Malène, seraient des villes tièdes au pied de la roche ardente.

« Cette chaleur, cette lumière, la joyeuse diversicoloritéc des roches, le Tarn si beau, les chastes fontaines, ainsi sourit cette gorge qui, de granit ou de schiste, serait lugubre, effroyable. Elle est gaie même dans les ruines titaniques de ses dolomies, murs, tours et clochers de deux cités surhumaines, comme si les causses dont elles sont le rebord étaient deux Babylones près de crouler de 500 à 600 mètres de haut... »

De semblables descriptions se doivent citer *in extenso;* quand, en pareille occurrence, il est impossible de mieux dire, rien ne sert de le tenter; la copie textuelle s'impose. Déclarons donc, une fois pour toutes, qu'avec la gracieuse autorisation de tous ceux qui ont écrit sur les Causses, nous userons largement de ce mode de rédaction.

A *Ispagnac* le voyageur pressé accourt ordinairement de Mende aussitôt débarqué du train, et par le travers du causse de Sauveterre. Son cheminement sur ce plateau relève d'un chapitre prochain. Disons seulement que la descente en lacets sur Ispagnac est de toute beauté; à chaque tournant le tableau se modifie : tantôt se profilent en l'air les murailles des deux causses, tantôt s'ouvre en bas le bassin d'Ispagnac, où la ville paraît blottie au pied du magnifique rocher rouge, crénelé comme une forteresse, de Chaumette, qui domine le Tarn de 546 mètres. En face, dans une forêt de noyers, se cache Quézac, entre la rivière et les falaises du Méjean.

D'autre part, l'arrivée par la vallée même, par la route de Florac, n'est pas moins grandiose : l'intercalation du promontoire de Chaumette entre deux éperons de la serre de Pailhos oblige le Tarn à décrire trois coudes successifs. Au trot rapide de la voiture, les trois caps deviennent des coulisses mobiles dont le dernier et brusque écartement ouvre à pleins battants le grandiose portail du cañon. Un monde nouveau semble surgir au delà du bassin d'Ispagnac! Monde étrange est, en effet, la gorge du Tarn, longue suite de tableaux éblouissants de couleurs, et spécialisés par les capricieuses dégradations des calcaires.

On ne sait vraiment laquelle de ces deux routes il convient de préférer à l'autre; par en haut ou par en bas, l'accès d'Ispagnac est également saisissant.

Protégé contre les vents du nord, le vallon d'Ispagnac a des cultures méridionales; la chaleur solaire, réfléchie par les chauves parois des falaises, le transforme en une vraie serre chaude; l'horticulture y est prospère : c'est la vallée de Tempé du Gévaudan. Au fond, dans les dépôts d'alluvions, s'étendent vergers et jardins; au-dessus, les talus des marnes portent les terrasses des vignobles; plus haut viennent les bois, puis, au sommet, la nudité des escarpements, le tout régulièrement étagé.

Pas même chef-lieu de canton, Ispagnac (r. d. du Tarn, 530 m. d'alt.) est cependant la plus grosse bourgade des bords du Tarn jusqu'à Millau (1,899 hab. pour la commune, 996 agglomérés); sa situation et la culture de la vigne ont fait sa fortune. Une colonie romaine y a existé[1].

La route d'Ispagnac à Mende, qui remonte vers le nord le grand ravin de Molines, est connue depuis plus de sept cents ans sous le nom de l'*Estrade* : au commencement du xviii° siècle, l'intendant *Lamoignon de Bâville* la fit refaire pour réduire les Camisards insurgés, et jusqu'à nos jours elle a été la seule voie un peu importante qui accédât au haut Tarn.

L'Estrade du causse de Sauveterre sert encore à une curieuse industrie, sur laquelle M. de Malafosse donne les détails suivants :

« Ispagnac, étant une sorte de jardin au milieu d'un pays à climat très rigoureux, voit arriver, depuis le commencement d'août jusqu'à la mi-octobre, un nombre très considérable de paysans de certains villages des hauts plateaux granitiques, qui viennent y chercher des fruits. On a nommé ces sortes de muletiers des *carrabiniers;* je mets deux *r,* car il ne faudrait pas les confondre avec des porteurs de carabine. Leur dénomination doit venir du verbe *carreja,* charrier.

« Menant avec eux un ou plusieurs mulets ou chevaux portant des hottes, ils partent, après chargement en poires, prunes, pommes et raisins (mais surtout en poires), pour des cantons très éloignés, jusqu'au cœur du Cantal. Ces fruits, meurtris ou poussiéreux, sont portés dans les foires et les marchés de villages où n'existent pas d'arbres fruitiers, et sont avidement recherchés par des paysans peu délicats...

« Cette industrie des carrabiniers étant le fait de gens peu fortunés, ils n'ont aucun orgueil pour les chevaux ou mulets employés. On ne peut se douter, à moins de l'avoir vu, du parti qu'un carrabinier doué d'un bon bras, et sachant convenablement crier et surtout jurer, peut tirer d'un cheval qui n'a que trois jambes, et d'un mulet d'un âge fantastique.

« Un vieux proverbe dit qu'un carrabinier qui connaît bien son métier doit savoir toujours se monter avec 30 francs. Il est vrai de dire que bien souvent la bête de 30 francs (le taux a augmenté dans ces derniers temps) meurt à la peine au milieu du chemin et compromet sa cargaison de poires, quelque solides qu'elles soient. Aussi ai-je vu plus d'un de ces industriels me dire qu'en leur métier on ferait fortune, si ce n'étaient les pertes de montures et les avaries de leur cargaison dans ces cas extrêmes! »

Du monastère de bénédictins fondé au moyen âge et supprimé en 1789, il ne subsiste que d'insignifiants débris; l'église même est totalement défigurée; elle date du xii° siècle et renfermait un autel votif gallo-romain transformé en support de bénitier et récemment brisé. Dans les rues tortueuses du bourg, on remarquera quelques maisons blasonnées du xvi° siècle plus ou moins détériorées, anciens hôtels des nobles de la région, que la douceur du climat attirait à Ispagnac en hiver.

---

1. Le *Bulletin de la Société d'agriculture de Mende* contient les procès-verbaux des États du Gévaudan, riches en détails historiques, et de nombreuses pièces de diverses archives, transcrites par MM. André, l'abbé Baldit, Roussel, sénateur, l'abbé Bosse et l'abbé Charbonnel. M. de Burdin a aussi publié en 1845 deux volumes de documents pour servir à l'histoire du Gévaudan.
En 1882, il a été imprimé un inventaire des pièces inédites contenues aux archives, et M. André a aussi publié de nombreux documents, provenant des minutes d'anciens notaires, qui vont jusqu'au xii° siècle.
V. enfin : *Ispagnac et son prieuré,* notices historiques par F. ANDRÉ, archiviste, en deux parties. — *Annuaire de la Lozère,* 1865 et 1866.

A cheval sur l'unique voie de communication ouverte entre Mende et les Cévennes, et commandant la route du causse, Ispagnac avait une grande importance stratégique; aussi était-elle, au moyen âge, entourée d'épaisses murailles flanquées de tours. En 1562, lorsque le baron d'Alais, avec ses calvinistes, vint piller la riche église collégiale de Sainte-Marie-de-Quézac, il n'osa attaquer Ispagnac. Dix-huit ans plus tard, et pendant les guerres de religion du règne de Henri III, *Mathieu de Merle,* habile et rapace chef de partisans protestants, tenait tout le Gévaudan sous la terreur de sa bande de soudards; maître de Mende (*V.* chap. XVIII), il voulut attaquer Ispagnac et l'investit; mais il dut attendre, pour l'emporter, l'arrivée d'un de ses compagnons d'armes, *Gondin,* qui avait reçu du prince de Condé Henri Ier un régiment à peu près organisé.

Parmi la longue chronique locale d'Ispagnac, le siège de Merle en 1580 est le seul épisode digne d'être narré, car il appartient aux annales de l'histoire de France, et tout le long du cañon on retrouve le souvenir des exploits du fameux capitaine calviniste, né à Uzès en 1548 et mort en 1590.

Voici d'ailleurs le récit même de Gondin [1] :

« Ledit prince de Condé... commande au sieur Gondin, maréchal de camp, de s'acheminer avec son régiment de huit enseignes du côté de Mende, pour aviser à ôter les forts que les catholiques tenaient entre les Cévennes et Mende. Etant arrivé ledit Gondin à Molines (fin de novembre 1580), près la ville d'Ispagnac, et ayant conféré avec aucuns gentilshommes desdits pays des Cévennes, Porquarès s'achemine à Meyrueis pour *faire marcher pouldres.* Merle va faire partir de Mende deux canons et une bâtarde qu'il avait fait faire, et une quantité de balles, en faisant fondre la grande cloche tant renommée (la Non-Pareille). Gondin alla bloquer la ville d'Ispagnac avec ses troupes et quelques compagnies du pays. Etant arrivés Porquarès et Merle dans quatre jours après, avec poudres, balles et lesdits canons, descendus à la descente de Molines, presque inaccessible, et la façon qui furent descendus, ayant attaché vingt paires de bœufs par derrière le canon pour le retenir qu'ils ne prissent la descente et tiré seulement par une paire au devant, logèrent le même soir les canons joignant des maisons du côté de Florac. Le jour suivant, de bon matin, commença la batterie. Sur le soir, on se loge sur une tour, faisant le coin de la ville, que le canon avait abattue, attendant le jour d'après pour faire élargir la brèche et donner l'assaut; mais, sur la minuit, les soldats de la garnison, en nombre de quatre-vingts à cent, prirent telle appréhension d'être forcés, qu'ils persuadèrent à M. de Lambradès, leur gouverneur, de déloger avec eux : ce qu'ils firent à l'instant, sortant en foule, passant la rivière du Tarn au gué, grimpant la montagne de Notre-Dame-de-Quézac, où aucuns furent tués, et pris prisonniers, les autres se sauvant sans armes à Quézac.

« Le jour suivant, Gondin avec son régiment et autres compagnies des Cévennes vont bloquer le château de Quézac; Porquarès et Merle font marcher le canon, qui fut mis en batterie sur le soir; ayant tiré environ deux cents coups de canon, n'était encore la brèche raisonnable. Deux soirs après, font un trou audit château par derrière, passant certaine garde du côté de la rivière du Tarn et se

---

1. Inséré dans les pièces fugitives du marquis d'Aubaïs, qui font partie de la collection Michaud et Poujoulat et qui ont été primitivement éditées comme suit : *Pièces fugitives pour servir à l'histoire de France,* par le marquis d'Aubaïs, 1759, 3 vol. in-8°. Le tome Ier contient : 1° *les Exploits de Mathieu de Merle, baron de Salavas,* par le capitaine Gondin ; 2° *le Voyage du duc de Joyeuse en Languedoc.*

sauvant la plupart par la montagne à Sainte-Erémie (Enimie), ayant à leur sortie laissé quelques soldats en garde qui se laissent surprendre. Merle laisse dans lesdites places quelques-uns des siens.

« Quelques jours après, lesdits sieurs ayant fait telle diligence que, bien qu'il ait fallu passer et repasser quatre fois à gué le canon à la rivière de Tarn, le plus souvent que le canon avait *une toise d'eau par-dessus* et les bœufs à la nage, ils mirent le canon devant Bedouès, près Florac. »

Merle saccagea Ispagnac et Quézac, sauf le château, qu'il conserva jusqu'au moment où il acquit, aux frais de la province de Gévaudan, les baronnies de *Lagorce* et de *Salavas* en Vivarais, puis il attaqua successivement tous les châteaux riverains du Tarn; mais celui de Prades, victorieusement défendu par un prieur guerrier, l'empêcha d'atteindre Sainte-Enimie. Enfin, incapable de faire remonter à ses canons les pentes de l'Estrade, il les scia à Quézac, quand il rentra à Mende en 1581. Alors il fit la paix pour 6,500 écus, 120 mulets et les deux baronnies sus-nommées[1]. — Merle était boiteux. Le duc de Montpensier écrivait un jour à un officier de la même trempe : « Avec Merle et vous tous j'attaquerais l'enfer, fût-il plein de cent mille diables. »

A quelques centaines de mètres en aval d'Ispagnac, et dans une presqu'île de la rive gauche du Tarn, véritable impasse murée au sud par les abrupts du causse Méjean, se trouve le célèbre lieu de pèlerinage de Notre-Dame de Quézac. Au moyen âge, pour éviter aux fidèles le passage à gué de la rivière, le pape Urbain V, après avoir érigé Quézac en collégiale, décréta, dans la seconde moitié du xive siècle, la construction d'un joli pont ogival. Ce pont, ruiné au bout de deux cents ans, lors des guerres de religion, fut rétabli sur le même modèle sous le règne de Louis XIII et existe encore (alt. 500 m.).

L'attention portée par un pape au village perdu de Quézac s'explique quand on sait qu'Urbain V (Guillaume de Grimoard) était né en Lozère, à *Grizac*, près Pont-de-Montvert, en 1309; il fut élu pape le 27 septembre 1362. C'est ce souverain pontife qui, cédant aux instances de Pétrarque et des Italiens, tenta vainement de fixer de nouveau le saint-siège à Rome, où il séjourna trois ans (1367-1370), pour revenir ensuite mourir à Avignon, le 19 décembre 1370[2].

En 1630, la population de Mende vint en procession solennelle demander à la Madone de Quézac de la délivrer de la peste.

A 500 mètres du pont, le village (647 hab. la comm., 205 aggl.) montre, comme Ispagnac, plusieurs maisons du xvie siècle; l'église, maladroitement agrandie, a perdu tout son caractère ogival, mais reste un lieu vénéré de pèlerinage et conserve un maître-autel digne d'attention[3].

Selon la croyance populaire, la Vierge noire de Quézac ne veut pas quitter son village; et chaque année, le jour de sa fête (15 septembre), quand on la conduit en procession, elle se fait si lourde, une fois parvenue au pont, que ses quatre ou six robustes porteurs renoncent à avancer et rebroussent chemin vers l'église.

---

1. *Le Capitaine Mathieu Merle, gentilhomme du Roy de Navarre*, par le comte A. DE PONTBRIANT. Paris, Alph. Picard, 1886, in-8°. — *Le Capitaine Mathieu Merle, son séjour à Mende et son départ*, par F. ANDRÉ, archiviste. *Annuaire de 1886*, p. 133.
2. *Vie du pape Urbain V*, par l'abbé ALBANÈS. Marseille, in-12, 1866. — *Vie du pape Urbain V*, par l'abbé J. CHARBONNEL. Paris, A. Bray, in-12, 1871.
3. *Notice sur l'église de Quézac*, par M. DE CHAPELAIN. (Congrès archéologique de France, en 1857.) — *Notice sur Notre-Dame de Quézac*, par l'abbé BOISSON, curé, 1837.

A peine a-t-on dépassé le pont de Quézac pour continuer à descendre le Tarn, que l'on aperçoit, dans la rivière et sur la partie généralement à sec de son gravier, une grosse tour ronde. Cette tour abrite une fontaine d'eau gazeuse sodique. La situation du lit du Tarn sur l'orifice de la source en rend l'usage difficile.

On a cherché à capter ces eaux et à régulariser leur débit ; mais la population s'y est toujours opposée, et en est venue à des voies de fait contre les concessionnaires.

Telle quelle, cette fontaine attire en septembre un certain nombre de malades, venant faire « une cure de raisin » et d'eau minérale.

Les habitants d'Ispagnac et de Quézac, qui tirent profit de ces « patients », tiennent leur eau pour une panacée universelle[1].

Trois cents mètres plus loin, au hameau de *Molines*, le Tarn reçoit son premier affluent, c'est-à-dire sa première source : le lecteur a sans doute retenu déjà que dans toute la traversée du cañon, d'Ispagnac au Rozier, le Tarn n'a d'autres tributaires que les sources de fond et les fontaines magnifiques qui sourdent au pied des murailles des deux causses. Aucun ravin, sauf à la fonte des neiges ou à la suite de forts orages, ne lui apporte une goutte d'eau, les pluies des plateaux s'infiltrant dans les couches de la roche jurassique et ne venant sortir que très bas au contact des argiles.

Cette première source s'appelle le *Vigos* (r. dr.) ou le ruisseau de Molines : d'après la tradition, elle aurait roulé jadis des paillettes d'or.

La carte de l'état-major, par un évident *lapsus* de copiste, dessine ici une vraie rivière dans le ravin de Molines, qui n'est qu'une longue crevasse aride. Celle de Cassini, plus exacte, note simplement et correctement la source.

A Molines, la route de Sainte-Enimie (terminée en août 1882 seulement) franchit le Vigos sur un pont ; puis, laissant à droite celle de Mende, elle s'insinue enfin dans le cañon. Pendant 16 kilomètres, elle va se maintenir sur la rive droite et côtoyer tous les méandres du Tarn, tantôt presque à son niveau, tantôt à 100 mètres au-dessus de ses grèves. Elle a remplacé l'ancien sentier qui, il y a moins de dix ans, assurait seul la communication entre les deux bourgs.

En heurtant le causse de Sauveterre à Molines, la rivière se jette brusquement sur la gauche, vers le sud, suivant un angle très aigu, et s'engage dans la colossale galerie qu'elle ne quittera qu'au Rozier, à 53 kilomètres de distance.

Comme une sentinelle, le pittoresque château de *Rocheblave*, plaqué contre le talus du causse, semble à droite garder cette entrée.

Haut bâtiment rectangulaire couronné de mâchicoulis et ajouré de fenêtres bien réparées par M. Germer-Durand, Rocheblave a tous les caractères d'une construction du xvie siècle. Mais des vestiges d'un château plus ancien se voient sur les rochers auxquels il est adossé.

Ce sont les restes du vieux castel de l'Aiguillette, du xiie siècle, et ces rochers, hauts de 50 mètres, menus comme des fuseaux, montrent sur leurs parties planes des ruines auxquelles on parvenait par une tour suivie d'escaliers et de ponts en bois.

Il est peu de colonnettes de pierre aussi fines que ces fuseaux.

Le château dépassé, on se trouve dans un véritable isolement : à droite sont

---

[1]. *Notice sur les eaux minérales de Quézac*, par COMANDRÉ, docteur-médecin ; *Bulletin de la Lozère*, 1861, p. 207.

des éboulements laids et tristes, malgré leurs vignes en terrasse et leurs bouquets d'arbres fruitiers; au-dessus, des broussailles ; plus haut, la muraille du fronton du causse. A gauche, au contraire, de grandes falaises, bordées de bois ou plongeant à pic dans la rivière, ont un aspect imposant. Sans cesse d'ailleurs le tableau se modifie.

Certes, l'œil est étonné par ces escarpements qui d'un seul bond se redressent tout à coup de 200 à 300 mètres. Mais, quelque grandiose que soit ce décor, on doit réserver son admiration pour les spectacles bien autrement beaux qui vont s'offrir plus loin; si l'on abusait des expressions admiratives, la langue française n'en offrirait bientôt plus pour les gorges du Détroit, le cirque des Baumes et le pas de Soucy.

De rares petites maisons dissimulées sous les noyers dans quelque anfractuosité donnent à peine signe de vie dans ce silencieux vestibule du cañon.

Après *Chambonnet*, un méandre aigu du Tarn produit le premier cirque, la première enceinte partout close de falaises que l'on rencontre ; à la pointe du méandre, il n'y a pas une habitation en vue ; la solitude est absolue, le doux bruit de la rivière encore discrète n'en trouble pas la gravité ; une seule chose jure dans cette sauvagerie : c'est le blanc ruban de la route, sans laquelle pourtant il serait si difficile de venir contempler cette première grande scène elle-même !

Plus loin, sur la rive gauche, la source *Pelatan* a forcé le moulin qui a voulu l'utiliser à s'asseoir sur un rocher à 20 mètres au-dessus du Tarn, position assez insolite pour une usine de ce genre.

La route monte et descend alternativement, puis la paroi du causse Méjean s'ouvre brusquement, et un petit vallon se creuse, tout fourré de noyers. Deux sources écumantes bondissent dans le Tarn (r. g.), sur lequel un pont apparaît en contre-bas. Ce pont (1884) dessert le village de *Montbrun* et un chemin de chars conduisant à Florac par le causse Méjean. Montbrun (422 hab. la comm., 241 aggl.), entouré de grands arbres, est un charmant coin, et lorsque, grimpant sur le plateau, on voit toute cette verdure joyeuse entourée d'escarpements flamboyant au soleil, c'est réellement beau.

« Le causse de Sauveterre (r. dr.) se prolonge tout à coup en un éperon tellement aigu que la route doit le franchir et abandonner le bord de l'eau. Mais lorsqu'on descend la pente opposée, l'on est bien récompensé de ce coup de collier. Nous entrons vraiment dans les grands spectacles, et les tableaux vont varier à chaque tournant, comme des changements de décors d'un théâtre de géants.

« La rive droite est toute verdoyante. Trois villages, Poujols, Blajoux et le Villaret, se perdent dans des massifs d'arbres fruitiers et un ruban de vignes luxuriantes qui s'étagent jusqu'au pied des grandes falaises. C'est un des coins les plus productifs des gorges du Tarn ; l'homme a conquis ces cultures sur un amas de roches brisées. Toutes ces falaises de la rive droite, qui dominent le fond de verdure de leurs masses rouges et grises, ont été tourmentées aux âges géologiques et montrent d'énormes plissements et des brisures, origine de ces grands éboulis.

« La rive gauche n'a pas de village à nous offrir et ne porte qu'un château ruiné ; mais quel site ! Le touriste, le peintre ou le savant s'arrêteront là, étonnés, avant de pouvoir démêler les détails d'un ensemble qui les saisit.

« Au premier plan, s'avançant vers l'eau, sur un gros roc qu'une convulsion géologique a jeté au centre de la vallée, est le château de Charbonnières, montrant ses tours et ses remparts éventrés, aux flancs desquels s'accrochent les arbustes et les herbes. » (L. de Malafosse.)

En plein flanc du causse Méjean, un affaissement de roches a, en effet, sur une longueur de 500 mètres, disloqué très curieusement la rive gauche du Tarn.

Le château de Charbonnières, en partie converti en ferme, doit remonter au XIIIe siècle. De 1580 à 1583, soixante des bandits de Merle s'y maintinrent effrontément, vivant de rapines et terrorisant les environs.

Une troupe de cinq cents arquebusiers et quatre-vingts cavaliers, chargée de les réduire, préféra transiger et laissa, en cours de siège, les soixante huguenots se retirer tranquillement avec les honneurs de la guerre.

Castelbouc. — Dessin de Vuillier, d'après nature.

Une fois Blajoux et le Villaret traversés, la rive gauche continue à solliciter le regard intrigué : et, de fait, il faut quitter route et véhicule (lequel trotte 2 kilomètres à vide jusqu'à Prades), pour descendre d'environ 100 mètres à travers les vignes et sous les cerisiers au bord du Tarn. En face, une vraie rivière s'échappe d'une grotte; à côté, une aiguille rocheuse haute de 60 mètres, ne se trouvant sans doute pas assez pointue, se couronne des ruines acérées d'un vieux château; sous l'aiguille, dans les anfractuosités de sa base, niche un village (160 hab.) dont presque toutes les maisons ont la falaise pour mur de fond.

Qu'est-ce que tout cela?

Castelbouc, un des plus bizarres recoins du cañon.

En 1588, le château, aujourd'hui inaccessible, fut démoli par ordre des états du Gévaudan : ce nid d'aigle surplombant un des *étroits* du Tarn avait sans doute trop longtemps permis à quelque hobereau insoumis de narguer son suzerain, ou servi d'antre aux routiers ravageurs !

L'énorme source en amont du village rend à elle seule le Tarn navigable pendant huit mois de l'année et marque le point de départ de la navigation en barque. Selon la légende, « là se trouve un four si grand et si vaste qu'avant qu'on en ait fait le tour le pain qu'on y met est déjà cuit, parce qu'il est creusé dans la caverne d'un rocher dont le circuit est de 3 ou 4 lieues[1]. » Il est assez difficile de trouver une relation quelconque entre cette description et la topographie de la localité.

En juillet 1888, nous avons exploré l'intérieur de la fontaine de Castelbouc.

Pour le service d'un gros moulin, la source a été barrée, et cette retenue forme un ravissant laquet de 15 à 20 mètres de diamètre, d'un bleu de turquoise accentué par la profondeur ; sur les deux tiers de son pourtour, ce bassin a pour margelle une falaise verticale ou surplombante, d'où pend en longues lianes un épais entrelacs de verdure ; les rameaux extrêmes des gros arbres fichés dans les fentes et des arbriseaux grimpeurs trempent et s'agitent dans l'onde claire et bruyante ; car une haute fissure, large de quelques mètres, divise l'escarpement à l'extrémité du petit lac et livre passage à un puissant courant. Si, à l'aide d'un léger bateau, on s'introduit dans cette fente, on la voit bientôt se voûter en caverne au-dessus d'une forte cascade : ici la vraie source sort de la terre, ou plutôt de la grotte, et son bruit se perçoit du moulin même, d'où cependant l'on ne voit pas la chute. Celle-ci s'escalade aisément, et, en arrière, le ruisseau souterrain auquel elle sert de déversoir coule torrentueusement dans une large galerie haute de 15 mètres, longue de 60 à 70 ; au bout de cette galerie, un bassin intérieur de 10 mètres de diamètre s'alimente par un orifice que nous trouvâmes entièrement obstrué par le courant. Nous avons renouvelé cette tentative le 11 septembre 1892, à la fin d'un été fort sec. La cascade ne coulait pas, et la source sortait d'une fissure rocheuse en dessous même du moulin. Mais le bassin intérieur était, comme en 1888, clos de toutes parts : c'est le sommet d'un impénétrable siphon.

Il ne suffit pas de traverser Castelbouc en suivant le Tarn : il importe de flâner une demi-heure dans le ravin qui, derrière le roc du château, entaille le causse Méjean jusqu'à son sommet. Plus jolies encore de ce côté se montrent la silhouette des ruines, la découpure de la falaise et la tapisserie de verdure qui s'y étale ; à droite et à gauche, par deux échappées, le regard enfile la galerie du cañon ; en face, le rempart du causse de Sauveterre se profile rouge sur le ciel bleu, à 460 mètres en l'air.

« Rien ne saurait rendre l'effet que produit ce nid de pierre, inondé d'un soleil magique... cet abri perdu où la nature a apporté plus que l'industrie, mais où la main de l'homme n'a eu qu'à se poser naïvement pour ramasser à un point central les lignes heurtées et rigides d'un paysage presque indigent et donner ainsi... l'expression riante de l'art aux traits de la morne aridité[2]. »

Puis, pour regagner la route et la voiture, un sentier charmant suit, pendant 1,500 mètres, la rive gauche de la rivière, sur les grèves de sable ensoleillées ou le long des berges, entre les peupliers, les buis arborescents et les saules : poétique

---

1. *Mémoires historiques sur le pays de Gévaudan*, par le P. LOUVRELEUL. 1 vol. in-8°, sans date, imprimé à Mende vers 1724. — 2° édit., Mende, Ignon, 1824, in-8°, p. 66.
2. MAYSTRE, *les Gorges du Tarn*, Écho des Alpes, 1882, n° 1.

lambeau de campagne plane, étonné de se trouver enfoui entre des escarpements si farouches. Avant Prades, une longue muraille de la rive droite répète avec une incroyable netteté jusqu'à sept syllabes consécutives : c'est un des plus remarquables échos de toute la gorge.

En face de Prades, on hèle une barque pour franchir le Tarn et atterrir au village. On a là une vue ravissante, et l'on suit au loin l'eau miroitante de la rivière sinueuse encaissée entre d'énormes éperons de rochers.

La margoule (poule d'eau) rase l'eau sous le couvert des branches basses; le martin-pêcheur rafraîchit d'un rapide plongeon les vives couleurs de sa livrée; la truite aux reflets d'argent saute après les insectes, et le rayonnant soleil du Midi dore comme d'une patine d'antiquité les fausses ruines suspendues 500 mètres plus haut!

Prades (448 hab. la comm., 247 aggl.), haut perché sur un roc massif, dégringole à la rivière en une ruelle que des rochers encaissent et que les orages changent en torrent.

En 1238, Eraclée, prieur de Sainte-Enimie, revendiqua le château de Prades comme poste avancé, défense nécessaire de son prieuré. Droit fut fait à sa requête. Sage concession, car le riche monastère de Sainte-Enimie n'échappa au pillage de Merle, en 1581, que grâce à l'héroïque défense de son prieur Fages, enfermé à Prades. Fages fut blessé d'une *arquebusade* au bras ; mais les huguenots ne purent passer outre. Le vieux et lourd château n'a plus rien d'intéressant.

Au pied du rocher se trouvent une belle source, un moulin et un barrage.

Les environs produisent du bon vin, et c'est merveille de voir avec quelle patience les cultivateurs soutiennent leurs vignes dans le talus raide des causses, au moyen de petits murs de pierres appelés *payssels*.

Encore 6 kilomètres de route pour atteindre Sainte-Enimie ; mais elle s'élève trop, cette route, et combien le parcours en bateau est supérieur en beauté! Les flancs du causse de Sauveterre deviennent sauvages comme ceux du causse Méjean. De gros rochers découpés se dressent à chaque contour. Les dolomies donnent là une idée de ce qu'elles offriront dans les parages de la Malène. Sur la gauche, le rocher des *Ecoutaz* ou des *Egoutals* doit son nom soit à un écho moins surprenant que celui de Prades, soit aux gouttes d'eau qui suintent de ses encorbellements. Puis la *Tiaulas*, grande falaise rouge plongée dans la rivière et taillée en plate-forme, est bien la halte la plus propice pour jouir du panorama subitement développé du cirque de Sainte-Enimie.

Si blasé que soit un touriste, l'entrée de cet abîme, qu'il débouche par la route de Prades ou qu'il arrive par celle du causse, lui donnera toujours une certaine émotion.

« Restons un instant à la Tiaulas : au premier plan, entourée de verdure, est une jolie nappe d'eau formée par un barrage, puis un large pont du XVII° siècle ; au-dessus, sur les pentes des deux rives, la petite ville de Sainte-Enimie. A gauche, un ravin couronné d'arbres, dans lequel grimpe la route de voitures du causse Méjean ; à droite, dominant le beau courant d'eau de la célèbre fontaine de Burle, se montre un grand bâtiment qui a remplacé l'antique monastère en partie détruit ; plus haut, plaqué contre une falaise rouge, le petit ermitage tout blanc de Sainte-Enimie, et plus près, une grande partie du grand ravin du Bac, escaladé par la route de voitures du causse de Sauveterre ; entre les deux causses, au milieu de vergers, de bouquets d'arbres, de vignes, le Tarn qui brille au soleil ;

au loin, en aval, les hauteurs qui font face à Pougnadoires ; en amont et tout près, les grandes roches façonnées en tours et en aiguilles de Prunet. Par le soleil, le site est charmant et magnifique ; par l'orage, il devient terrible ». (A. Lequeutre.)

Si la partie supérieure du cañon ne possédait pas le portail d'Ispagnac, Rocheblave et Castelbouc, un seul point devrait être adopté pour accéder au Tarn : la descente à Sainte-Enimie par la route de Mende et le ravin du Bac ; après la traversée du causse de Sauveterre, l'impression produite par cet à-pic est indéfinissable. On a vu, dans les meilleures voitures et sur cette voie excellente, des personnes réellement atteintes de vertige au contour des lacets qui les précipitaient vers le Tarn. Ce mot de Sidoine Apollinaire : « J'ai vu une ville dans un puits, » *sublimem vidi urbem in puteo*, s'applique très probablement à Sainte-Enimie. Et les réformateurs qui, en 1793, dénommaient Mont-Libre la place forte de Mont-Louis (Pyrénées-Orientales) étaient certes plus heureux dans leur correction en baptisant *Puits-Roc* la petite ville du Tarn. « Elle est située dans un endroit affreux... et l'on n'en peut approcher que par des chemins pratiqués au milieu des rochers. » (Piganiol de la Force, *Description de la France*, édit. de 1753.)

Il nous paraît intéressant de rapporter l'impression d'une voyageuse anglaise bien connue, qui, dans un livre tout récent, a consacré quelques chapitres au pays des Causses[1]. Il s'agit de l'arrivée par la route de Mende.

« La vue devient grandiose au delà de toute expression ; puis la magnificence atteint son paroxysme, alors que notre route commence à sombrer littéralement vers Sainte-Enimie, toujours invisible. Notre course doit dès lors se comparer à la descente en ballon du pays des nuages. En même temps, le prodigieux panorama des murailles sombres, superbement esquissées, se rétrécit. Il nous semble être parvenus à la limite du monde. Devant nous se lève le majestueux causse Méjean, rempart titanesque, aperçu ici pour la première fois ; alentour s'arrondissent de pli en pli les hauteurs du Sauveterre, les revers proches verts et brillants de plaques soleilleuses, les lointains d'un noir empourpré. C'est un étonnant spectacle ; — murs sur murs de puissant calcaire, semblables à une infranchissable barrière, se referment autour de nous, menaçant de dérober la vue du ciel même ; à nos pieds se creuse une passe montagneuse ou vallée, de plus en plus étroite, aux bancs de roche dressés verticalement.

« Enfin quand, de la vertigineuse hauteur, notre cocher nous fait baisser le regard, nous discernons les toits gris de Sainte-Enimie incrustés bien bas dans les compacts escarpements, — la petite ville gisant immédiatement sous nos pieds comme les rues environnant Saint-Paul vues de son dôme. Nous nous disons que jamais nous ne pourrons arriver là. Descendre ces falaises perpendiculaires semble un exploit inexécutable. Il ne s'agit pas de contempler la route à prendre, s'enroulant comme un ruban autour de la base verticale du Causse. Il faut la suivre. Nous sommes bien haut dans le monde inhabité, dans le pays des nuages ; il n'y a qu'à descendre de notre mieux ; aussi nous nous fions à notre bon conducteur et à ses solides chevaux, obligés de suivre au pas les contours aigus de la route. Et, tronçon par tronçon, sans savoir comment, l'horizontal zigzag est parcouru. Enfin nous sommes en bas. . . . .

« Comment décrire le pittoresque inimaginable de cette petite ville enchâssée

---

1. Mme Betham-Edwards, *the Roof of France (le Toit de France)*, voyage en Auvergne et aux Cévennes Londres, Bentley, 1889, pet. in-8°, 327 p.

dans ces escarpements resserrés, tombée comme un caillou au fond d'un abîme ceint de montagnes?

« Sainte-Énimie a grandi en terrasses, zigzaguant sur les pentes à pic du Causse, son gracieux clocher levé parmi les rangées de maisons blanches, avec leurs toits gris d'acier et surplombants, des balcons habillés de treilles, et des petits jardins suspendus perchés en l'air. De tous côtés hors de la ville se trouvent des vignes, dorées par la maturité, des plantations de pêchers et d'amandiers, tandis qu'au-dessus et au loin les murs gris du Causse arrêtent tous les rayons du soleil sauf ceux de midi.

« ... Le soir, le dernier éclat cramoisi du soleil couchant languit sur le sombre, grandiose causse Méjean. Tout le reste de la scène, les basses assises d'alentour sont dans une fraîche ombre grise ; tout argentée est l'atmosphère du tableau entier. Comme couleur, forme et composition, rien ne saurait être plus poétique. »

Sainte-Énimie est la capitale du cañon.

Elle s'est groupée autour d'une abbaye fondée au vi° siècle par la vierge Énimie, fille de Clotaire le Jeune. Ce monastère, transformé en couvent d'hommes par le bénédictin Dalmace, en 951, devint le plus puissant du Gévaudan ; son origine royale lui assura toujours le bénéfice d'une indépendance dont ses prieurs surent intelligemment profiter. En 1788, il fut sécularisé ; en 1793, il fut mis à sac. Pendant trois jours on brûla les archives dans la cour ! Que de trésors historiques à jamais perdus ! Il ne subsiste des anciennes constructions qu'une salle capitulaire ou réfectoire (xii° siècle) intéressante, deux grosses tours décoronnées et quelques débris du cloître, le tout occupé par une institution des frères des Écoles chrétiennes. Sur la voûte même du réfectoire on a établi une sorte de jardin d'où la vue est fort belle, car, tout en dominant le cours du Tarn, on s'y trouve au centre même du fond du grand *puits* de Sainte-Énimie.

A 150 mètres des anciens remparts du monastère, la fontaine de *Burle* (r. dr.), cause de la fondation de la ville, sort d'un bassin circulaire encombré de plantes aquatiques et qu'agite à peine un léger bouillonnement. Avant de se jeter dans la rivière, elle est utilisée pour l'irrigation des jardins.

Une autre source presque aussi considérable, nommée *le Coussac*, jaillit au ras même du Tarn. Les habitants du lieu disent que ce n'est qu'une branche de Burle et que les deux fontaines ont la même origine. La géologie semble s'accorder ici avec l'opinion populaire. Si ces deux sources ont réellement la même origine, c'est là le plus grand affluent que reçoive le Tarn dans ses gorges.

Sainte-Énimie avait 1,040 habitants en 1734, 1,194 en 1850, 1,063 en 1881, 1,032 en 1886 (la comm., 565 aggl.).

La petite ville paraît avoir été plus considérable aux siècles passés, si l'on en juge par divers restes de ses annales tronquées. Nous y voyons, entre autres faits, qu'en 1703 elle arma trois compagnies de volontaires pour aller combattre les Camisards, ce qui suppose évidemment plus de 1,200 âmes de population.

Cependant, d'après l'enquête de 1734, il n'y avait alors ni commerce ni industrie ; les productions se bornaient à « un peu de froment, seigle, orge et quelques légumes ; il y a aussi du vin, et très peu de foin ».

Ses habitants, très industrieux, ont métamorphosé en véritables jardins suspendus tous les rocs des alentours. Partout petites vignes et petits vergers profitent de la moindre plate-forme. Dans beaucoup de ces jardins minuscules, la terre végétale a été apportée sur la tête des propriétaires, pelletée par pelletée, dans des sacs. D'autres fois, entre des fissures, poussaient quelques herbes : on les a arrachées pour semer des amandes. La roche, nue il y a un siècle, a vu se développer ainsi une véritable forêt d'amandiers. D'après les statistiques officielles, c'est près de 1,000 hectolitres d'amandes que l'on récolte aujourd'hui dans cette grande conque rocheuse, semblable, au printemps, quand les pêchers et amandiers sont épanouis, à une immense corbeille de fleurs !

Cette récolte forme une des grandes ressources du pays.

Le très ancien pont de Sainte-Énimie a été rebâti en 1706. L'inondation terrible de 1875 l'a respecté, ainsi que celui de Quézac ; sur plus de 80 kilomètres, le Tarn emporta tous les autres.

C'est ici que la route de Mende à Meyrueis et au Vigan franchit la rivière avant de remonter sur le causse Méjean.

Le pont est à 480 mètres d'altitude ; le rebord du Sauveterre, à 973 et 943 mètres ; celui du Méjean, à 1,009, 1,022 et 1,097 mètres, soit 500 à 600 mètres de creux pour 1,500 à 2,400 mètres d'écartement au sommet.

CHAPITRE II

LE CAÑON DU TARN. — DE SAINTE-ÉNIMIE A LA MALÈNE

Navigation sur le Tarn. — Pentes du Tarn et du Rhône. — Les barques et leur manœuvre. — En bateau ou à pied ? — La citadelle du causse Méjean. — Saint-Chély. — Le lac souterrain de la Cénarète. — Baumes de Pougnadoires. — Pas de l'Escalette. — Château de la Caze. — Bassin de Hauterive. — La Malène.

La route de voitures venant de Florac s'arrête à Sainte-Énimie (1889) ; si l'on ne veut continuer à pied, le moyen de transport change, et c'est aux bateliers qu'il faut se confier pour la suite de l'excursion.

Le mode de locomotion ajoute dès lors beaucoup aux charmes du voyage ; aucune route carrossable n'a pu trouver place encore à côté de la rivière [1], et c'est en barque que l'on descend pendant 35 kilomètres, c'est-à-dire pendant un jour et demi, tantôt doucement flotté sur les *planiols* ou plaines d'eau profonde et calme, où le Tarn prend des airs de grand lac, tantôt rapidement entraîné par le courant sur le lit caillouteux des *ratchs* ou rapides.

Sainte-Énimie est à 480 mètres d'altitude, et le confluent de la Jonte à 385 mètres, soit 95 mètres de dénivellation et $2^m,71$ de pente par kilomètre. Aussi, dès 1644, un savant géographe trop peu connu, le sieur Coulon, écrivait-il : « Le Tarn descend des montagnes des Cévennes parmy les rochers et les préci-

---

[1]. Une route nationale du Rozier à Florac (route nationale n° 107 *bis* de Millau à Alais) par le cañon est votée et à l'étude depuis 1881 : en 1888, le premier coup de pioche de cette voie n'avait pas encore été donné ! Actuellement elle est en cours d'exécution.

pices du Gévodan, avec tant de bruit et de violence, qu'il ressemble plutôt à un torrent débordé qu'à une rivière, et porte plus de dommage que de profit. » (*Les Rivières de France.* Paris, 1644, 2 vol. in-8°.) Le Rhône s'abaisse de la même quantité entre l'Isère (107 m.) et la Durance (12 m.), mais sur 150 kilomètres de parcours, soit $0^m,63$ par kilomètre; d'Oberwald (1,370 m.), à 5 kilomètres de sa source (1,777 m.), jusqu'au lac de Genève (375 m.), sur 155 kilomètres de cours torrentiel dans le Valais, il a $6^m,40$ de pente; de Genève (375 m.) à Lyon (170 m.), $0^m,93$ seulement (220 kil.).

Les barques sont de simples bateaux de pêche, des *toues* à fond plat, avec un arrière carré et très haut; leur avant, moins large, est protégé sur les deux faces par une forte bande de fer. Elles ne peuvent changer de forme : la faible profondeur du Tarn s'y oppose. Le confortable en souffre bien quelque peu, car une rude planche posée sur les deux bords sert en principe de siège; on parvient cependant parfois à se procurer des chaises de paille. Il est juste d'ajouter que les propriétaires des barques s'occupent activement de les rendre moins primitives : un double fond à claire-voie protégera bientôt les pieds contre l'eau qui peut s'y introduire; des bancs à dossier avec coussins en grosse toile gonflés de paille ou de balle d'avoine permettront au touriste d'examiner sans fatigue le ravissant défilé des décors qui se développe devant lui; une couleur passée sur les barques réservées au transport des voyageurs leur donnera un peu de cet aspect riant qui ne peut nuire en rien au spectacle grandiose de la nature.

Entre Sainte-Énimie et les Vignes, les embarcations donnent place à six voyageurs; des Vignes au Rozier, à cinq au plus, car leurs dimensions sont restreintes par les difficultés de la navigation.

Les barques du Tarn assurent seules les transports agricoles. Mais leur nombre diminue, car, pour remonter, les malheureux propriétaires doivent tirer à la bricole le chargement de leurs récoltes. Aussi, dès qu'une vigne ou une châtaigneraie est accessible par un sentier, l'on substitue le mulet ou l'âne à la barque. Dans une section, très restreinte il est vrai (des Vignes aux Baumes-Basses), il y a même un cheval et une petite charrette.

La navigation se fait à la gaffe, munie d'une sorte de douille de fer, et à la perche; nulle part on ne se sert de la rame. Souvent, à la montée, un des bateliers est obligé de se mettre à l'eau et de haler le bateau, soit à la ligne, soit à la chaîne, tandis qu'un autre dirige avec la gaffe. Cela n'arrive d'ailleurs que lorsqu'il faut franchir les *ratchs* ou *rayols;* les *planiols* sont généralement trop profonds pour que les hommes puissent marcher dans la rivière.

Pour se promener sans danger sur le Tarn, alternativement lac sans rides et torrent furieux, il faut le connaître à fond. Beaucoup de ratchs ressemblent plus à des cascades qu'à des rapides[1]; quelques-uns ont de 1 à 2 mètres de chute sur une dizaine de longueur; d'autres sont coudés à angle droit et font ressac

---

1. « Si faciles à entamer que puissent être les roches d'un plateau, il arrive souvent qu'au milieu de strates de faible consistance il s'en trouve qui résistent efficacement à l'action des eaux courantes; de là des barrages, tantôt permanents, tantôt momentanés, en arrière desquels se concentre le travail mécanique de l'érosion et que la rivière franchit par des déversoirs, en attendant qu'elle puisse les entamer. Tel est encore aujourd'hui le cas du Colorado; sa pente est brisée non par des cascades, mais par une succession de rapides, dont chacun marque la traversée d'un affleurement de roches plus résistantes. On peut dire que, dans ce cours d'eau, il y a constamment alternative entre la condition de torrent et celle de rivière. » (DE LAPPARENT, *Traité de géologie*, 2e édit., p. 215.) — De même pour le Tarn.

en fortes lames mousseuses au pied de falaises à pic; les rocs de plusieurs mètres cubes qui les parsèment ne laissent parfois entre eux qu'un intervalle de 4 à 5 pieds, qu'il faut *viser* (le mot peint la chose) avec la plus grande justesse pour passer sur le dos d'un courant vertigineux, à travers les flocons d'écume. Et c'est merveille de voir avec quelle adresse les bateliers riverains du Tarn conduisent à deux leurs toues massives, souvent chargées de six voyageurs, parmi ces écueils redoutables, ou évitent d'être brisés par un remous contre la paroi d'un tournant. A la perche, ils manœuvrent, l'un à l'avant, l'autre à l'arrière, fièrement campés, debout, pieds nus, et solidaires dans leurs moindres mouvements; d'un moulinet continuel devant, derrière et sur les flancs, ils conjurent tous les obstacles, avec le coup d'œil et le sang-froid de praticiens consommés, avec cette aisance, cette sorte d'activité tranquille de ceux qui savent bien ce qu'ils ont à faire et qui ont le goût de leur métier! Leurs évolutions s'exécutent à brefs commandements : *Para! Para à dretch! De l'altra!* rapidement obéis. Comme indice des difficultés de cette navigation, on saura qu'il faut quatre fois moins de temps pour descendre le Tarn au fil de l'eau que pour remonter une barque vide à la cordelle, même avec l'aide d'un cheval ou d'un mulet.

On devine quel charme peut présenter, au sortir de ces émouvants passages, la traversée paisible d'un *planiol* comme celui, par exemple, de Hauterive, long de plus de 1 kilomètre, et qu'une digue d'aval rend uni comme une glace; il y a, dans certains planiols, 20 mètres de profondeur d'eau; au pied des rouges falaises de 1,500 pieds d'élévation, qui reflètent dans ce miroir leurs teintes fauves et leurs silhouettes fantastiques, ces repos du fougueux Tarn semblent des étangs enchantés.

Si l'on a des malles, aucune ne doit dépasser 40 kilogrammes; en effet, des barrages naturels ou artificiels forcent plusieurs fois à changer d'embarcation; au pas de Soucy, il est absolument nécessaire de parcourir environ 2 kilomètres à pied; le Tarn coule sous des éboulements qui ont comblé son lit; tout flottage même est impossible : on n'a pas la ressource de confier ses colis au fil de l'eau ; si l'on ne peut s'assurer le concours de la charrette susmentionnée, les bateliers doivent opérer le portage en règle jusqu'aux Vignes, et aucun ne saurait se charger de plus de 80 livres. Avis à ceux qui emportent en voyage toute leur garde-robe et leurs draps de lit!

Des Vignes au Rozier surtout, la navigation, sans être le moins du monde périlleuse, est difficile, et il importe de requérir de véritables bateliers. Le Tarn est encombré d'énormes blocs de rochers, cachés parfois sous l'eau; on compte vingt-cinq rapides sur un parcours de 10 kilomètres, et deux de ces rapides sont de petites cataractes qu'encaissent des roches espacées à peine de la largeur du bateau. Avec les *Gall* ou tels autres aussi expérimentés, cette audacieuse descente « à la canadienne » est un vrai plaisir; on a l'émotion du péril et l'on ne court en réalité aucun risque. Le seul danger est dans trop de précipitation. La perche, portant quelquefois à faux sur des rochers masqués par l'écume, s'engage en glissant dans une fissure, où elle reste fixée, et le maladroit batelier, sentant sous lui se dérober la barque, est pris en pleine poitrine par la barre et lancé à l'eau. Cet accident est assez fréquent pour les gens du pays qui ne font pas métier de pêcheur et ne connaissent pas rocher par rocher tous les tournants.

Le vieux Pierre Gall, dit Saint-Pierre, doit être le doyen des bateliers du Tarn ; à terre, avec sa casquette moulée sur la tête et laissant passer quelques mèches de cheveux frisés, avec sa barbe grise un peu inculte, sa taille légèrement courbée, il ne représente pas beaucoup ; à « son bord », au milieu des ratchs, il est superbe ; tout de suite on est pris de confiance ; on le sent maître de sa rivière ; pas un geste inutile, pas un faux mouvement ; un coup de gaffe, et l'obstacle est passé[1].

Au *Mas-de-la-Font*, à 3 kilomètres en amont du pont du Rozier, se rencontre le plus redoutable rapide de toute la rivière ; c'est presque une chute ; la barque doit passer entre deux blocs à fleur d'eau et franchir un fort ressac produit par une roche excavée.

« Tenez-vous bien, dit Pierre Gall, et ne bougez pas ! »
Et le bateau file comme une flèche entre les deux récifs.

On fait généralement débarquer les voyageurs à ce passage, et l'on a raison, car le moindre « à-coup » pourrait faire chavirer la barque.

Toutefois, quand l'eau n'est que moyennement haute et le véhicule pas trop chargé, on s'épargne le retard de ce transbordement ; à peine si deux ou trois petites lames, quelques *pochades* d'eau, embarquent. Dans mes cinq descentes du Tarn, je n'ai pris terre qu'une seule fois, et uniquement parce que la nuit close, à neuf heures du soir et sans lune, empêchait de voir les écueils.

Un fait suffit à démontrer que la prudence n'est pas ici à dédaigner.

« En 1880, raconte M. de Malafosse, huit Anglais et deux Anglaises descendaient le Tarn dans deux barques. Arrivés à ce rapide, que leurs bateliers connaissaient mal, la première barque plongea dans le ressac, mais passa néanmoins, après avoir eu ses passagers complètement mouillés. La seconde prit mal le courant et, malgré le coup de gaffe (trop tardif) de l'homme de l'avant, donna en plein sur le roc, s'ouvrit et coula à pic. Trois voyageurs et les deux pilotes furent roulés par le courant et jetés sur la berge ; mais deux des Anglais se trouvèrent pris dans le rentrant de la roche, et auraient péri sans l'aide de l'un des bateliers, qui plongea et réussit à les dégager et à les entraîner avec lui sans aucune suite grave. »

Si j'ai cité cet accident resté mémorable, c'est pour engager les voyageurs à ne pas se fier au premier venu.

Ailleurs, en 1881, une barque, menée par de simples riverains ne faisant pas le métier de pêcheurs, portait, au mois de juillet, dix personnes du causse de Sauveterre allant à une cérémonie de famille sur le causse Méjean. A cet endroit, un coup de barre mal donné, la frayeur de trois femmes, qui se portèrent à la fois sur un côté du bateau, le firent heurter contre le roc. Il embarqua un énorme paquet d'eau et coula au milieu du ratch. La violence du courant rejeta sur la grève les dix passagers, quittes de ce danger pour un bain et quelques meurtrissures. Les pêcheurs ne manquent pas de faire remarquer qu'aucun accident n'est arrivé, de mémoire d'homme, à un batelier attitré, et qu'il ne faut pas s'adresser au petit cultivateur possesseur d'une barque pour son exploitation agricole.

En raison des difficultés qu'ils rencontrent et du temps qu'ils perdent en remontant les barques à leur port d'attache, les mariniers du Tarn exigeaient, jusqu'en 1880, 100, 150 ou même 200 francs des touristes qui voulaient des-

---

1. Le père Gall n'exerce plus le métier de batelier (1882).

cendre de Sainte-Enimie au Rozier. Les protestations des voyageurs, devenus moins rares, l'intervention du Club alpin, la concurrence surtout, ont abaissé ces prix exorbitants à 70, puis 50, 48 et enfin 42 francs. A ce dernier taux, il faut reconnaître que le travail fourni mérite bien le salaire demandé [1].

La dépense n'en reste pas moins onéreuse pour le touriste isolé, qui paye autant que cinq ou six ensemble, toute la peine de la manœuvre étant dans le retour de la barque vide.

Il est vrai que des sentiers longent les bords du Tarn : un chemin bien entretenu, mais que certaines portions établies en escaliers rendent peu praticable aux bêtes de somme, suit constamment la rive droite, même de Sainte-Enimie à Saint-Chély (on n'est donc pas forcé de déranger le meunier de ce moulin pour franchir la rivière). Sur la rive gauche, la circulation est moins facile; elle est à peu près coupée en deux ou trois points.

L'inconvénient du parcours à pied, c'est que parfois on doit s'élever à plus de 100 mètres au-dessus du Tarn, et se priver de l'aspect des plus curieux défilés rocheux : Saint-Chély, l'Escalette, les Etroits, l'Ironselle. Aux Etroits notamment, la plus belle scène du cañon entier reste invisible du chemin, qui passe par-dessus les falaises inférieures. Et puis, en barque, dans la paresseuse traversée des calmes planiols (Hauterive, Montesquieu, la Croze), une rêveuse langueur vous berce irrésistiblement et vous tient sous un charme indicible, que vient rompre soudain et brutalement l'émouvant passage d'un ratch grondeur, violent contraste d'impressions vives et inoubliables! « Ce mode de locomotion a une vertu particulière : il est calmant au suprême degré; il détend les nerfs et repose les membres aussi bien que la tête [2]. »

Il est vrai que le piéton n'est pas distrait des beautés de la route par les difficultés de la navigation, difficultés très attrayantes, j'en conviens, mais qui empêchent parfois de regarder le magnifique cadre du tableau, tant ce sport nautique est attachant. A pied, au contraire, on goûte mieux le plaisir infini de la flânerie contemplative, et l'on se rend mieux compte de la bizarrerie des détails.

Aux gens pressés donc conseillons l'intégrale descente en barque : à ceux qui ont deux ou trois jours de plus à dépenser, disons de remonter ensuite le Tarn à pied; ajoutons, pour les promeneurs maîtres de leur temps et sans souci de la fatigue, que de Sainte-Enimie au Rozier, en suivant le bord de l'un des deux causses, à 900 mètres d'altitude moyenne, le spectacle est peut-être plus étrange encore ; du parapet de la géante circonvallation, le mince filet d'argent du Tarn semble, à 500 mètres dans l'abîme, la cunette ou rigole d'alimentation ménagée au fond du fossé pour assurer au besoin l'isolement et la défense de la citadelle du Méjean. Mais les siècles ont, à la base du mont Lozère, détruit les vannes du bassin de retenue, et jamais plus la contrescarpe du causse de Sauveterre ne verra l'eau s'élever jusqu'à sa crête pour submerger la prodigieuse tranchée.

Afin d'éviter les remous produits au contact des piles, c'est en aval du vieux pont de Sainte-Enimie que l'on met le pied en bateau.

Et tout de suite l'enchantement commence.

---

1. *V.* aux appendices les tarifs détaillés.
2. J. CAMBEFORT, *Une Semaine de vacances dans l'Aveyron et la Lozère* (*Bull. de la Soc. de géographie de Lyon*, 1889).

Sous l'ermitage, un ratch de début provoque de joyeuses exclamations de surprise chez ceux qui pour la première fois se confient ainsi au fil du Tarn ; puis ce « chemin qui marche » par excellence pénètre immédiatement dans une « rue » d'arbres et de falaises longue de 6 kilomètres, jusqu'à Saint-Chély.

Çà et là, de grandes roches s'avancent, servant de support à des vignes et à des vergers ; au loin se montre une colossale muraille rouge, qui fait coin et semble barrer le Tarn.

A pied, par la rive gauche, on quitte, au delà du pont de Sainte-Enimie, les lacets de la route de voitures de Mende à Meyrueis par les causses, pour suivre un chemin muletier qui monte et descend tour à tour en contournant de superbes escarpements. Ce chemin, bordé de haies, traverse des champs en terrasses. Les vignes, respectées jusqu'à présent par le phylloxera, donnent un excellent vin, qui supporte mal le transport et se conserve peu. Devant, un immense éperon de roches pourpres taillé à pic prolonge la muraille de la rive droite et s'avance brusquement dans la vallée, qui fléchit au sud. Une descente en lacets aigus tracés dans un étroit ravin rocheux conduit alors à Saint-Chély.

Mais par là on est trop haut juché au-dessus de la rivière : en bateau il faut se laisser *couler* jusqu'à Saint-Chély ; de bonne heure surtout, quand le soleil, peu élevé, projette en travers de la vallée les ombres allongées des créneaux du causse Méjean ou déverse ses flots de rayons par leurs larges embrasures ; quand la rosée diamante encore les pointes des feuilles ; quand les oiseaux folâtrent gaiement sur l'onde à peine plus fraîche que l'air matinal ; alors, c'est admirable de grandeur et de calme ! Sans mouvement, le Tarn vous pousse, tandis que ciel, arbres et rochers se déplacent automatiquement.

La nature marche autour de l'homme immobile. Est-ce donc le pays des fées, des *Mille et une nuits ?* Non ; c'est la Lozère.

A une demi-heure de Sainte-Enimie, sous la falaise de *Conroc* (r. dr.), la rivière a 10 mètres de profondeur. Une demi-heure plus loin, dans une oasis de verdure, sous un auvent de falaises, au bord de deux limpides sources, Saint-Chély-du-Tarn (r. g., 530 hab. la comm., 167 aggl.) se blottit bien à l'ombre des grands ormes de Sully, ses maisons au frais, sa rive au grand soleil du Tarn. La grève (r. g.) où l'on débarque est à l'entrée d'un portique de rochers, large de 30 mètres, haut de 60 : c'est le premier *étroit* du Tarn. Les deux sources y bondissent d'un saut en imposantes cascades hautes de 10 mètres. C'est charmant et très beau.

Quelque étrange que cela paraisse, Saint-Chély veut dire « Saint-Ilère ». Dans les anciens actes romans, il s'orthographiait ainsi : *Santch iler*. Le *ct* dans le roman devient souvent *ch*, prononcé *tch* dans ces contrées. L'inversion des voyelles est fréquente en patois : on fit *Santch-Élir.* En voulant le franciser, on a coupé l'ensemble comme l'on prononçait, *san-tchelir,* et de là Saint-Chély.

Ici le Tarn coule à 465 mètres au-dessus du niveau de la mer, et le causse Méjean s'élève à 1,072 mètres. Un cap du causse de Sauveterre est, sur la rive droite, peut-être le plus effilé de tout le cañon, et de l'amont, à quelques centaines de mètres de distance, l'on se demande vraiment si l'on va pouvoir passer et par quelle fente la rivière se glisse ?

Il faut faire halte à Saint-Chély pour voir non seulement la curieuse assiette du village et les magnifiques arbres qui l'ombragent, mais encore ses deux belles sources, captées par des moulins.

L'une forme, dès qu'elle voit le jour, une cristalline vasque bleue qui occupe presque toute la grande place et où un bateau peut évoluer à l'aise. Des châtaigniers et des ormes imposants y mirent leur feuillage, et les rochers du causse y reflètent leurs dentelures.

La deuxième source jaillit d'une grotte appelée la *Cénarète* ou *Sanaret,* où une chapelle de la Vierge et la cave du meunier Just Bernard se partagent la salle d'entrée, haute et large de 15 mètres. Au fond de cette salle et sous une arcade obscure, la source forme le déversoir d'une nappe d'eau souterraine dont personne encore n'avait dépassé le seuil étroit.

En juin 1888, et à l'aide d'un bateau démontable en toile imperméable (*V.* chap. IX), nous découvrîmes là un lac de 30 mètres de longueur, 5 de largeur et 6 de profondeur; de belles stalactites pendent à la voûte, élevée de 6 à 8 mètres. Nous avions espéré un moment que, plus heureux qu'à Castelbouc, nous réussirions ici à pénétrer sous le causse Méjean et à explorer les retenues cachées de ses sources. Mais au bout de l'obscur réservoir le plafond s'abaisse, et les parois se rapprochent au point que le courant sourd d'un boyau stalagmitique large de 40 centimètres, haut de 60, dont le magnésium même ne nous laisse pas apercevoir la fin : bien que les murs de la caverne parussent s'écarter sous l'eau de plus en plus, la profondeur et le peu de largeur à la surface auraient rendu fort dangereuse une tentative de pénétration à la nage. En trois heures de temps, sept cartouches de dynamite avancèrent le bateau de 2 mètres, après quoi le contremaître mineur qui nous assistait nous déclara tranquillement ce qui suit : « Messieurs, c'est un tunnel à percer ; il y en a pour quinze jours jusqu'au point où porte notre lumière, sans parler de ce qu'il peut y avoir au delà ! A vos ordres ! » Nous fîmes immédiatement volte-face.

Tel qu'il est cependant, le lac de la Cénarète est une curiosité digne de visite et facile d'accès. Depuis que Just Bernard l'a pourvu d'une barque, aucun touriste ne saurait passer indifférent à côté : le coup d'œil et l'effet de lumière sont vraiment jolis.

Une demi-heure de halte à Saint-Chély suffit pour tout voir.

A 300 mètres au sud de Saint-Chély et à 30 mètres au-dessus du Tarn (r. g.), la *grotte du Grand-Duc* vomit parfois un torrent à la suite de violents orages. Nous avons profité de la sécheresse pour l'explorer. Une grande ogive sert de porche à une galerie longue de 80 mètres, haute et large de 5 à 15 mètres. Au fond, et en plusieurs points des parois, débouchent des conduits cylindriques de 50 centimètres de diamètre moyen : avec mille peines et maintes contusions, nous pûmes ramper pendant 150 mètres à travers ces conduits, communiquant tous entre eux, coudés dans tous les sens, perpendiculaires ou horizontaux, et se terminant invariablement par de vrais tuyaux où le bras seul pouvait s'enfoncer. Assurément ces tuyaux rejoignent (leur direction l'indique) la rivière souterraine de la Cénarète et lui servent de trop-plein : ce sont les vaisseaux capillaires du calcaire ; et si les mystérieux courants de Castelbouc, de Saint-Chély, etc., s'alimentent par des canaux aussi ténus, il n'y a guère de chances de se glisser jamais sous le causse par de pareilles voies.

Toutefois le *facies* de la grotte du Grand-Duc peut n'être qu'une exception ; et comme les autres sources nous ont arrêtés, pour ainsi dire sur le seuil, il nous faut réserver toute opinion sur la nature de leurs réservoirs ; il faut attendre qu'une saison moins pluvieuse permette un effort plus utile et rende possible la pénétration. Jusque-là, on ne doit hasarder aucune hypothèse sur la manière dont les eaux se comportent à l'intérieur des dolomies inférieures qui servent de stylobate aux causses. (*V.* chap. XXIII.)

Comme un rideau d'entr'acte, le cap aigu de Saint-Chély intercepte, une fois doublé, toute vue sur le tableau des abords de Sainte-Énimie. Alors le deuxième acte commence, si beau que le souvenir du premier s'en trouve presque effacé.

A peine la barque a-t-elle dépassé les blanches cascades de Saint-Chély, que le

Le Tarn à Saint-Chély. — Phot. Chabanon.

paysagiste ne peut retenir un cri d'admiration. La rive gauche montre de grands rochers de dolomie blanche, où l'eau se brise sous des excavations. La rive droite laisse, par un angle brusque, le regard plonger dans un lointain où se profilent sur l'horizon les falaises grises du haut causse. En bas, une végétation luxuriante s'élève tant qu'un peu de terre revêt le flanc de la montagne, et l'eau s'étale largement sur les graviers bordés d'oseraies. Autant le fond du défilé était verdoyant entre Sainte-Énimie et Saint-Chély, autant ici il est d'abord aride et sauvage, mais de cette aridité ensoleillée du Midi qui sourit même dans sa tristesse. Les vagues du Tarn troublent seules le silence. Bientôt se montre, dans les grands arbres, un village adossé à un gigantesque mur de roches rouges trouées de cavernes. C'est *Pougnadoires*.

La scène est d'une simplicité extrême, d'une beauté puissante; ni la photographie ni même le dessin ne peuvent rendre complètement l'harmonie de ce site : il faut l'avoir vu.

Hélas! un grand désastre menace à bref délai ce pittoresque hameau. Une fissure s'est produite dans un des rocs qui le dominent et s'accentue de plus en plus. C'est en vain que les paysans ont tenté des travaux lilliputiens pour conjurer l'inévitable avalanche. Il viendra bientôt le jour où la moitié des maisons devra être abandonnée.

Un mauvais chemin de chars monte en zigzags sur le causse de Sauveterre jusqu'au village de *Cabrunas*, en dessous duquel il croise, vers 800 mètres d'altitude, la nouvelle route, non achevée, de Sainte-Enimie à la Canourgue par Laval-de-Tarn, évidée aux flancs des falaises et s'élevant de 350 mètres en 6 kilomètres de parcours (soit $0^m,058$ par m.).

Ici, deux sources : à gauche celle de la *Barque*, à droite celle du village même.

Un barrage force à changer de bateau et à traverser Pougnadoires. Dans les cavernes, partout où l'homme a pu grimper, il a appliqué aux trous de la roche des façades de maisons et des fenêtres et en a fait sa demeure. C'est étrange au possible. Plus haut nichent les corneilles et les craves, aux croassements rauques et aux vols noirs tournoyants. Sur les terrasses sont des noyers, des châtaigniers, des amandiers, çà et là des vignobles grands comme la main.

La navigation reprise, et à 500 mètres du hameau on voit, à 100 pieds au-dessus du chemin de la rive droite, la double ouverture en partie murée d'une haute grotte, jadis repaire du grand ours fossile des cavernes, plus tard refuge de l'homme de la pierre polie, maintenant habitation de citoyens français! Un fragment de toiture a complété l'auvent naturel de la roche; des parois de pierres sèches bouchent les interstices; pour plafond, la chaumière a le surplomb de la falaise; la fumée de l'âtre monte en spirale dans une fissure qu'elle noircit. Au fond lointain de l'antre très vaste, les récoltes séchées s'étalent comme en un grenier, les bêtes de l'étable bêlent ou grognent, et sous leur fumier, leur sabot ou leur groin, s'exhume parfois une grosse canine d'*ursus* quaternaire, ou une pointe de flèche en silex! C'est plus curieux, certes, que les demeures troglodytiques taillées aux bords du Loir dans la craie tuffeau de Touraine!

D'ici, un sentier monte et franchit par 22 degrés le fameux *pas de l'Escalette*, par-dessus le promontoire de ce nom, qui le prive de voir la rivière.

Pour le promeneur en bateau, au contraire, la surprise augmente à chaque coup de perche.

Un cap du causse Méjean ombrage un fourré impénétrable de hêtres. Ce maquis, d'où émergent quelques vieux arbres, est un débris des forêts de hêtres qui jadis disputaient aux chênes les terres des causses, et dont l'essence tend à disparaître en ces régions.

Sous l'Escalette, angle très aigu du Tarn, autre rideau d'interception comme à Saint-Chély; on sent que le décor va changer de nouveau; les arbres plongent presque dans l'eau et prolongent les rochers, comme pour dissimuler la manœuvre de la transformation; on se retourne rapidement, afin de contempler une dernière fois le cirque de Pougnadoires qui va disparaître; plus rapide encore, le portant glisse dans sa rainure et se referme derrière la barque; le changement de toile est opéré : le théâtre représente le *château de la Caze*.

Théâtral en effet est le premier aspect du manoir, que la nièce d'un prieur de Sainte-Énimie, *Soubeyrane Alamand,* fiancée du sire de Monclar, fit bâtir en 1489, à la place sans doute de quelque cabane (*la caso*) cachée au bord d'une source. Soubeyrane mourut très âgée, en 1563, laissant pour hériter de ses domaines la famille de Maillan(?) (*V.* ci-après.) L'un des alliés de cette famille, Bertrand de Mostuéjols, dit le capitaine la Caze, lutta vaillamment toute sa vie contre les huguenots ; non content d'arrêter Merle, il sut lui reprendre une grande partie du Gévaudan.

C'est sous les familles Mostuéjols et de Maillan réunies que la Caze, au xviie siècle, paraît avoir été orné et embelli. La tour du sud montre, sur de grands panneaux, les portraits des huit demoiselles de la Caze qui durent être les petites-

Lac souterrain de Saint-Chély. — Dessin de Vuillier, d'après un croquis de Th. Rivière.
(Communiqué par le Club alpin.)

filles du célèbre capitaine. Ces huit jeunes filles ont une légende brillante ; on en fait de belles et intrépides amazones, attirant à la Caze toute la noblesse élégante du Rouergue et du Gévaudan. D'anciens actes (depuis 1595) rapportent les mariages des Maillan avec les Mostuéjols. La peinture de la tour du sud est signée Prunier et datée de 1628.

Mais qu'importe la statistique de ces noms d'histoire en présence de la séduction du paysage?

Le château, entouré de massifs de grands arbres, semble appliqué contre les rochers de l'Escalette et s'avance à pic sur une terrasse qui borde le Tarn ; il a gardé ses tours et ses mâchicoulis. Dans la terrasse ont été taillés à la hache les fossés et les souterrains dont les déblais ont servi à l'édification des tours. Derrière, entre un amas de roches et une prairie, de magnifiques arbres ombragent une belle source, qui va plus bas tomber dans le Tarn. Tout cela serait délicieusement champêtre si les falaises pourpres du causse n'écrasaient pas magistralement le castel, si le bruit grondeur du ratch de l'Escalette n'ensauvageait pas un peu la scène, si les lierres, enfin, seuls maîtres de la Caze, ne donnaient pas à ses murs un farouche cachet de vétusté ! Que d'heures charmantes on passerait au bord de la source de la Caze, dans ce pré fleuri, sous ce dôme d'arbres touffus, à quelques pas de ce torrent navigable, au fond de ce cañon lumineux ! Etranges contrastes et impressionnantes antithèses de la nature !

Le château est un cube de pierres avec quatre tours aux angles et un petit donjon au-dessus de l'entrée. Sur la rivière, les fenêtres ont été affreusement mutilées. Un incendie survenu dans la nuit du 28 au 29 octobre 1847 consuma une partie de la tour du nord, mais les nombreuses voûtes qui s'élèvent jusqu'au quatrième étage en préservèrent l'ensemble.

Dans les *Voyages... de l'ancienne France* du baron Taylor (*V*. p. 10), trois grandes planches sont consacrées au château de la Caze ; quand parut cette publication, c'était une ravissante demeure, d'un cachet tout féodal ; Brascassat et Richard, les artistes qui la dessinèrent alors (vers 1830), durent être bien surpris de rencontrer pareille construction en ces gorges sauvages si peu fréquentées.

On ne peut s'empêcher d'envier le sort de ces heureux seigneurs de la Renaissance, qui, au milieu de leur époque si troublée, avaient pu trouver tranquille et charmant refuge au sein de l'admirable scène du cañon.

Aujourd'hui la Caze attend qu'un intelligent rêveur, curieux de fuir les hommes et d'oublier un peu la vie, vienne se créer ici la plus poétique et la plus majestueuse des retraites ; ou bien qu'une troupe rieuse veuille ressusciter au contraire la gaieté d'autrefois et en refaire un lieu de fêtes et de plaisirs champêtres.

Naguère, en effet, du petit embarcadère où l'on descend de la tour du sud par un escalier taillé dans le roc, s'élançaient de véritables flottilles de barques portant de joyeuses compagnies de pêcheurs et de dames en fraîches toilettes, qui ramenaient sur la rive les truites et les vandoises du Tarn. Ces parties sont restées dans la mémoire de tous les pêcheurs, et ils en parlent comme d'une des belles époques de leur séduisante rivière. Cette période n'a duré qu'une quinzaine d'années (1850-1864), et les tours de la Caze sont aujourd'hui inanimées !

La poésie de l'extérieur cadre mal avec le délabrement de l'intérieur : faute d'entretien, le manoir se dégrade de jour en jour. Les voûtes se fendent, les carrelages s'écaillent, les tuiles des toits se déchaussent, les lattes des parquets moisissent, et quelques vieux meubles sont en lambeaux et crevés comme les lambris et les plafonds. Dans l'aile brûlée on n'a jamais refait les planchers ; sur les marches vermoulues des escaliers, le pied heurte parfois un pauvre vieux volume ou quelque ustensile de vaisselle oublié par le dernier habitant. Une pièce du rez-de-chaussée cependant renferme une admirable cheminée de la Renaissance, de style italien, sculptée et peinte à profusion, rapportée en 1850 de Toscane par M. de Rozière : des amateurs en ont offert des prix fabuleux. Une autre salle (la chambre du Diable) a gardé des peintures grotesques et les portraits des huit fées. Tout le reste est presque en ruine. — Les rats et l'humidité rongent boiseries et plâtres ; les chauves-souris et la bise, auxquelles les carreaux brisés laissent leurs grandes entrées, bruissent seules dans cette maison morte : il serait urgent de la restaurer complètement. Les propriétaires, en 1890, paraissaient disposés d'ailleurs à ressusciter leur délicieux domaine.

Des fenêtres des hauts étages, néanmoins, on a peine à s'arracher au panorama splendide du cañon : on doit rejeter la tête en arrière pour distinguer en l'air les dents roses du causse qui mordent le ciel bleu ; à gauche, la rive boisée d'en face et les falaises de l'Escalette ; à droite, le bassin de Hauterive, éclatant de lumière et hardi de couleurs comme un paysage d'Orient ; en bas, les murs du castel plongeant dans un grand creux du Tarn ; à 100 pieds sous soi, l'on y voit scintiller, aussi brillantes que les cristaux de mica de l'aventurine, les truites qui

Château de la Caze. — Dessin de Vuillier, d'après nature.

folâtrent par 10 mètres de profondeur d'eau, paillettes chatoyantes librement suspendues dans la translucide émeraude du planiol !

Des communs, restés à peu près habitables, puis des champs et des vignes, s'étendent sur la rive droite au pied des falaises, dans lesquelles une grotte profonde, ouverte à 80 mètres au-dessus du sentier, a livré de nombreux ossements du grand ours et beaucoup d'objets préhistoriques à ceux qui l'ont fouillée à maintes reprises et vidée (docteur Prunières, etc.).

En aval de la Caze est une des plus belles plaines d'eau du Tarn, alimentée sur la rive droite par les deux sources de la *Tieure* et de *Clujade*, et longue de 1 kilomètre. Un canot à voiles pourrait y tirer d'amusantes bordées : la rivière atteint 100 mètres de large, et le château s'y reflète comme dans un miroir. Çà et là, incrustés dans les cannelures de la roche, des arbres descendent jusqu'à la rive et forment berceau sur les eaux profondes. Plus loin, à gauche, sur un piton de roches nues, se hérissent le donjon et les murailles éventrées du château de *Hauterive*.

Nouveau barrage et nouveau changement de barque. Le village de Hauterive a quelques vieilles maisons voûtées.

On rembarque, et le paysage devient plus grandiose : c'est que le cañon s'élargit par le bas en même temps qu'il se rétrécit par le haut. La perpendiculaire règne presque partout sur les pentes : après un coude brusque, nous passons à la cote 452, et la carte indique 921 sur le Sauveterre, 954 et 980 sur le Méjean ; des caps s'avancent de part et d'autre ; il n'y a plus que 1 kilomètre de discontinuité entre les crêtes des deux causses! D'un plateau à l'autre, les bergers peuvent s'entendre et causer ; s'ils veulent se toucher la main, trois heures de chemin leur sont nécessaires.

A pied, entre le barrage de Hauterive et la Malène on remarquera : la curieuse corniche horizontale empruntée par le sentier au bord et à quelques pieds au-dessus de la rivière ; — une aiguille verticale, mince, qui paraît se soutenir par miracle, — et l'ogivale ouverture de la grotte *del Drach* (dragon), qui bâille à 30 mètres plus haut que le chemin et qui est pourvue d'une source intermittente.

Sur 2 kilomètres, le Tarn devient rectiligne jusqu'au barrage de la Malène, dont quelques bruyants ratchs nous séparent seuls. Déjà s'aperçoit le pont, et bientôt le grand rocher pointu au pied duquel le village s'abrite contre le froid du nord.

A gauche, au-dessous des roches plissées du causse Méjean, naît une source énorme, la fontaine des Ardennes[1] : véritable rivière souterraine, la plus considérable du cañon depuis Burle, jamais unique, toujours au moins double, parce qu'elle entre en rivière à la fois comme source de fond et comme source de bord, souvent triple, décuple, « quand longue fut la pluie ou féconde en averses la brève tempête autour des avens du causse Méjean méridional ».

On aborde au moulin de la rive droite, qu'anime une quinzième source à 400 mètres en amont du pont, puis on monte au village.

La Malène (*Malena*, mauvais trou, 619 hab. la comm., 281 aggl.), au débouché d'une brèche du Sauveterre et en face d'une brèche du Méjean, fut de tous temps un des rares passages du cañon. On ne sait à quelle époque remonte sa fondation ; mais les chroniques des évêques de Mende disent qu'en 531 l'évêque des Gabales, saint Hilaire (qu'il ne faut pas confondre avec saint Ilère, postérieur d'un siècle), fut assiégé dans le *castrum* de la Malène par les troupes de Thierry Ier, venu dans ces parages à la suite de la guerre d'Auvergne. L'entente bientôt s'établit entre le roi des Francs et l'évêque, qui, après avoir assisté au concile de Clermont en 535, devint le conseiller de Théodebert, fils du roi d'Austrasie. Grégoire de Tours ne dit rien de tout cela. Le *castrum* se trouvait probablement à l'entrée du ravin du causse.

Plus tard, la famille de Montesquieu posséda le vieux château de la Malène, peut-être construit sur l'emplacement de l'antique forteresse, et elle fit élever

---

1. C'est sans doute une dérivation du mot *Arènes*, nom d'une famille propriétaire des terrains environnants en 1710.

au bord du Tarn le nouveau château, qu'elle habite encore. En 1793[1], ce château fut dévasté par l'incendie, et il ne reste des anciens bâtiments que les tours sans caractère et quelques voûtes ; le surplus a été refait.

A la même époque, lors de l'échauffourée royaliste d'Antoine Charrier (ancien notaire à Nasbinals-d'Aubrac et député du Gévaudan aux états généraux de 1789, qui voulut soulever le midi de la France au nom du roi), les troupes républicaines mirent le feu au village, et c'est, paraît-il, à la fumée huileuse d'une maison remplie de noix et adossée au rocher qu'il faut attribuer la singulière coloration noire de la falaise. L'incendie causa d'ailleurs peu de mal aux maisons, la plupart étant voûtées jusqu'au dernier étage.

Pour maintenir la Canourgue en communication avec le causse Méjean, Charrier avait établi un poste de trente chasseurs à la Malène ; ce poste, solidement embusqué derrière les rochers, empêcha d'abord les républicains d'enlever le bourg ; un stratagème le leur livra peu de jours après. L'un d'eux, dépêché vers le poste de la Malène comme étant un volontaire de Charrier, fit croire aux chasseurs que celui-ci approchait et leur ordonnait de le rejoindre en un point où flottait un drapeau blanc. Pris au piège du faux royaliste, les trente défenseurs de la Malène périrent dans l'embuscade préparée ; le village succomba, fut brûlé, et beaucoup de ses habitants montèrent sur l'échafaud, à Florac et à Mende. Charrier lui-même fut exécuté à Rodez le 17 juillet 1793.

L'église de la Malène, de style roman, est défigurée par le badigeon, comme presque toutes celles de cette région. Aux murs extérieurs, notamment à l'abside, quelques portions de l'appareil peuvent être dues à des constructeurs carlovingiens. Le monument n'en reste pas moins insignifiant ; à l'intérieur, un cénotaphe en marbre blanc a été élevé à la mémoire des habitants du village tués en 1793, et que l'on désigne communément sous le nom de « martyrs de Malène ».

En face de la Malène, sur la rive gauche du Tarn, une chapelle consacrée à Notre-Dame de Lourdes a été établie à l'entrée d'une grotte surmontée d'une grande statue de la Vierge. Un pèlerinage annuel y a lieu au mois de mai. De la plate-forme, la vue est magnifique. Il en est de même de la route de voitures qui monte sur le causse Méjean et qui conduit à Florac en coupant celle de Sainte-Énimie à Meyrueis. Cette route, rendue carrossable depuis assez peu d'années, permet aux nombreux pêcheurs du Tarn d'aller porter leur poisson sur le marché de Meyrueis.

Le pont, bâti vers 1860, a été emporté en 1875 et refait depuis.

On couche généralement à la Malène, pour s'engager le lendemain au matin dans la plus belle partie du cañon.

---

1. *V.* Ernest DAUDET, *Histoire des conspirations royalistes du Midi sous la Révolution*. Paris, Hachette, 1884, in-12 ; l'« *Infâme* » *Charrier*.

CHAPITRE III

LE CAÑON DU TARN. — DE LA MALÈNE AU ROZIER

Cap du Planiol. — Rocher Montesquieu. — La baronne de Montesquieu. — Le Détroit. — Le cirque des Baumes. — Perte du Tarn et pas de Soucy. — Légendes de l'Aiguille. — Sous la Roche Sourde. — Bassin des Vignes. — Le pic de Cinglegros. — Le roman de Peyreverde. — Les basaltes des Églazines.

« De Castelbouc à Sainte-Enimie et à Saint-Chély, la descente en barque est une belle et charmante promenade; de Saint-Chély à la Malène, c'est magnifique; mais de la Malène au pas de Soucy, c'est merveilleux.

« J'ai fait ce dernier trajet plusieurs fois : le matin, au milieu de la journée, au soleil couchant; j'ai remonté en barque jusqu'à la Malène, voyant ainsi cette merveille sous différents aspects; et pourtant, comme pour une autre merveille française, le cirque de Gavarnie, dont vingt fois j'ai franchi les murailles, loin d'être lassé, chaque fois j'ai été plus émerveillé, chaque fois mon désir de la parcourir à nouveau s'est accru.

« Si le temps est sombre et qu'il vous soit possible d'attendre, retardez votre départ et restez plutôt un jour à la Malène : vous pourrez d'ailleurs facilement utiliser cette journée en faisant une promenade sur l'un des causses. Pour bien voir la nature méridionale du cañon, il faut le soleil brillant, clair et joyeux, pailletant d'or les eaux vertes du Tarn, distribuant la lumière et l'ombre aux grandes roches et aux massifs de verdure ; il faut le ciel bleu se mirant dans la rivière et de ses reflets drapant de gaze miroitante d'un bleu vert les surplombs des roches rouges. » (A. Lequeutre.)

Le matin surtout, aux rayons obliques du soleil à peine éveillé, l'on admire les effets azurés de lumière parmi les buées tremblantes que l'évaporation de la rosée exhale.

Auprès du pont de la Malène, sur la rive gauche, jaillit la source appelée Galène. Elle correspond, dit la légende, à *l'aben de la Rouverette*, situé peu avant dans le causse et au bord de la route de Meyrueis. Bien que l'ouverture en fût très petite (2 m. de diamètre), il était très dangereux, et on y avait souvent perdu des bestiaux ; aussi s'est-on décidé à le voûter.

A peine la barque a-t-elle perdu de vue la Malène, que la gorge est barrée par le cap du Planiol; là s'élevait jadis un château fort réduit aujourd'hui à deux pans de murs. Depuis le commencement du xiii° siècle il a appartenu à la maison de Montesquieu, dont les cadets prenaient souvent le nom de ce fief. Ce n'était qu'une tour de défense ; néanmoins lorsque, en 1627, le duc de Rohan, après s'être emparé de Florac, voulut, à la tête des Cévenols, faire une pointe en Gévaudan, le sire de Montesquieu, fortement armé dans ses deux châteaux de la *Malène* et du *Planiol,* ne lui laissa pas franchir le Tarn; le chef des huguenots dut rétrograder, et les états votèrent des remerciements au baron de Montesquieu.

Autour de ce cap se récolte le meilleur vin de la Malène, réputé à juste titre dans tout le cañon du Tarn.

Un peu plus loin apparaissent le hameau de *l'Angle* et sa belle fontaine, puis celle de la *Sompte,* toutes deux à droite; au-dessus, sur un entablement de la falaise, une aire de vautours, abritée par une corniche.

La barque double le grand rocher de Montesquieu; sur près de 5 kilomètres, on voit tout à coup se profiler les à-pics des falaises, les roches isolées, les aiguilles, les entassements de chaos, les énormes éperons qui, de ressaut en ressaut, descendent des deux causses et viennent plonger dans le Tarn. C'est grandiose.

Aux planiols succèdent les chenaux balisés, les bancs de sable, les ratchs.

On entre dans les vraies gorges du Tarn, un des plus grands spectacles

Planiol de Montesquieu. — Phot. de Malafosse.
(Communiqué par le Club alpin.)

qu'offre la France. Le piton de Montesquieu est en forme de cône tronqué; la vaste plate-forme qui le termine portait jadis un fier château à 310 mètres en l'air.

Quelques murs ruinés s'aperçoivent à peine de la rive. C'est le berceau d'une famille puissante, dont les descendants, pendant plus de sept siècles, ont eu sur le Tarn de nombreux fiefs[1]. Le chef de cette maison abandonna son roc escarpé et bâtit la Malène à la fin du XVIe siècle. Le manoir de Montesquieu remonte au moins au XIIe siècle.

« Les bateliers feront toujours remarquer au voyageur une belle grotte située assez près de la plate-forme, grotte à laquelle on accédait du château par un mur dont se voient encore les restes. On l'appelait le souterrain du château. Ils ne manquent jamais de raconter l'histoire de la dernière baronne de Montesquieu, dont on fera peut-être dans cent ans d'ici une légende. En 1793, lors de l'incendie de la Malène, cette veuve était septuagénaire et aveugle. Malgré cela,

---

[1]. Il ne faut pas confondre cette famille avec les *Secondat* de Montesquieu, dont est sorti le célèbre philosophe. La famille des Montesquieu du Tarn étant tombée en quenouille, au XVIe siècle, obtint de transmettre son nom et ses armes à un gentilhomme du Vivarais nommé Brun. Depuis lors, on la désigna sous le nom de Brun de Montesquieu.

elle se fit porter dans ce souterrain du vieux château de sa famille par un berger et un domestique fidèle. Pendant plusieurs mois on lui apporta sa nourriture en cet endroit, malgré la difficulté de l'escalade. Une alerte ayant fait croire sa retraite découverte, le même berger la transporta alors à 2 kilomètres en aval, dans une grotte dont l'ouverture donnait sur l'eau, en sorte qu'en y montant avec une échelle aucune trace ne subsistait. La pauvre aveugle retirait l'échelle, qu'elle faisait ensuite glisser vers le berger lorsque celui-ci lui annonçait sa présence par un signal. Cette femme énergique survécut à neuf mois de réclusion dans ces profondeurs humides, et s'éteignit, plus que nonagénaire, dans la première moitié de ce siècle, après avoir vu périr avant elle, dans les circonstances les plus dramatiques, ses trois fils, ses brus et tous ses petits-enfants. Pour transmettre l'héritage des Montesquieu, qu'elle avait pu récupérer, elle fut obligée d'appeler auprès d'elle des parents éloignés, auxquels elle remit la Malène, le seul château resté debout dans ses anciennes possessions.

« Un peu au-dessous du piton de Montesquieu est une autre grotte tristement célèbre. Le batelier racontera au voyageur le massacre des prêtres cachés là en 93 ; mais nous n'attristerons pas notre voyage, à travers d'aussi grandes beautés de la nature, par de lugubres souvenirs. » (L. DE MALAFOSSE.)

En face du rocher Montesquieu on remarquera deux ruines opposées, jadis *burgs* ennemis, jusqu'à la destruction réciproque, comme le Chat et la Souris de Saint-Goar, aux bords du Rhin ; de poétiques et tristes légendes planent sur leurs débris : la Lozère aurait-elle eu aussi ses Montaigus et ses Capulets ?

Portée par le courant, la barque frôle presque une falaise de la rive droite, où s'ouvre à fleur d'eau le porche élevé d'une excavation grande comme une chapelle gothique ; la forme d'un rocher intérieur lui a fait donner le nom de grotte de la Momie. Les hautes eaux y pénètrent.

Un étrange effet de perspective fait croire que le Tarn va passer sous une voûte ; mais après quelques coups de gaffe s'ouvre une coupure verticale ; nous sommes au Détroit.

Le passage dit *le Détroit* ou *les Etroits* est le plus resserré du Tarn : les falaises y atteignent près de 400 mètres de hauteur, et se rapprochent tellement que la rivière occupe toute la largeur du défilé ; en 1875, pendant l'inondation, l'eau s'éleva entre elles de 20 mètres en quelques heures. Elles sont toutes percées de grottes où se réfugièrent, en 1793, les prêtres et les nobles pourchassés par la Révolution. La nouvelle route, encore plus que les sentiers actuels, devra s'élever bien au-dessus de ce couloir, qu'elle ne permettra pas d'admirer ; cette circonstance fait l'espoir des bateliers de la Malène, qui voient avec raison dans les Etroits une source de fortune future.

Le voyageur perdu dans le gouffre aperçoit, à 500 mètres au-dessus de sa tête, les aiguilles rocheuses du rebord des causses Méjean et de Sauveterre qui dardent dans le ciel bleu.

Là-haut, l'entre-bâillement des deux lèvres du cañon n'est que de 1,200 mètres. A la sortie du Détroit, l'œil embrasse dans toute son élévation ce passage, long de 600 mètres ; les deux parois de la gorge sont à peine coupées par quelques étroits talus, et se dressent, d'une seule venue, à 1,500 pieds de hauteur.

C'est un des trois plus beaux sites du Tarn.

« J'ai descendu et remonté l'Ardèche en bateau ; j'ai visité plusieurs fois les cluses célèbres des défilés de Saint-Georges et de Pierre-Lisse, dans la vallée de l'Aude, les foz ou cluses plus belles encore de la vallée de Roncal, dans les Pyrénées de la Navarre, et je n'ai rien vu d'aussi surprenant et d'aussi vraiment beau que le site des Etroits.

« Ici, la rivière est large, et c'est plaisir de voir refléter sur le miroir de ses eaux assombries les falaises, hautes de 100 mètres et plus, au-dessus desquelles parfois pyramident, de talus en ressaut, à 500 mètres de hauteur, les tours, les forteresses crénelées, les fines aiguilles, les grands bastions des deux causses. Dans toutes les fissures de la roche, sur tous les entablements, se dressent ou

Entrée du Détroit. — Dessin de Vuillier, d'après nature.

se penchent des pins, des arbustes, des plantes grimpantes; çà et là, entre les grands rochers, montent des traînées de verdure. Dans cette solitude, sonore comme une cathédrale, on éprouve une sorte de respect religieux; on se tait; pour un peu on se découvrirait la tête. Les Etroits sont là splendide préface du merveilleux cirque des Baumes. » (A. LEQUEUTRE.)

Comme pour reposer les yeux de ces paysages vraiment trop grandioses, les bords de la rivière sont, après le Détroit, semés d'une foule de jolis détails, de caprices rocheux des plus pittoresques : ici c'est une grande ogive comme la Manneporte d'Etretat; là, une grotte où le Tarn s'engouffre presque tout entier. Plus loin, une arcade calcaire (l'Escayou) rappelle par sa figure, sinon par ses dimensions, le fameux Prebischthor de la Suisse saxonne taillé dans les grès.

Ce n'est pas d'ailleurs la seule ressemblance de formes entre les bords de l'Elbe et ceux du Tarn. Mais combien les gorges de celui-ci sont plus imposantes!

La profondeur de la rivière atteint 20 mètres Au delà de l'îlot des Chèvres, gros bloc de rocher tombé de la muraille, qui semble taillée en tourelle, se montre à gauche le hameau de la *Croze* et sa jolie grève ensoleillée.

Milieu du Détroits. — Phot. C. Julien.

On peut y descendre (à 435 m. d'alt.) et prendre un sentier escarpé, très rude, conduisant, au milieu de bois et de rochers, à Saint-Préjet-du-Tarn, en face des Vignes. C'est un vrai casse-cou, mais les vues sont superbes.

Plus paisiblement, les barques continuent à passer en revue les files de rocs alignées sur les hauteurs. Certains ont reçu des noms dus à leurs formes accusées : ainsi la *Dame à l'Ombrelle*. Cette pseudo-dame de 30 mètres de hauteur porte, en effet, sur un prolongement imitant le bras replié, un pin parasol qui végète dans une fissure et qui figure plaisamment une petite ombrelle. Plus loin se groupe un assemblage bizarre, où une grande roche arrondie, surmontée d'un chapeau, s'entoure d'une série d'aiguilles dolomitiques à base évasée. Un touriste a baptisé cet ensemble du nom de *Cour de Louis XIV*. Avec une forte dose de bonne volonté seulement on peut distinguer le roi sous sa perruque et son chapeau, au milieu de dame en robes à queue et de magistrats en toge !

Dans ces parages se trouve le plus grand gouffre du Tarn depuis sa source jusqu'à Millau. Il produit un vaste remous, très lent, sans danger pour le bateau.

Sortie du Détroit. — Dessin de Vuillier, phot. Chabanon.
(Communiqué par le Club alpin.)

Deux ou trois poussées de perche font dépasser ce Maëlstrom en miniature, puis le voyageur se trouve de nouveau en proie à un violent accès d'admiration.

En effet, il pénètre dans le cirque des Baumes, colossal amphithéâtre où un coude du Tarn permet à la plaque photographique de saisir les deux rives à la fois ; les falaises se recourbent en sens contraire de part et d'autre, formant ainsi un véritable puits cylindrique, un abîme circulaire étroit et sombre ; ce qu'il faut remarquer, c'est le développement extraordinaire des escarpements inférieurs, qui dépassent en ce point 200 mètres de hauteur. Quand leurs faces rouges s'illuminent aux rayons du soleil couchant, quand le cirque entier ressemble alors à un brasier flamboyant, quand des nuages échevelés et empourprés chevauchent au-dessus du gouffre comme des panaches de fumée tordus par le vent, la fantasmagorie du lieu est presque effrayante.

Et cependant tout cela n'est pas triste ni monotone, grâce à la fraîche et puissante végétation vivifiée par les eaux du Tarn et les flots des sources abondantes.

La première fois que je visitai le cañon du Tarn (c'était à pied), j'arrivai là à la nuit tombante, les derniers feux du jour accentuant jusqu'au rouge-sang la teinte écarlate des crêtes ruiniformes ; un vol de vautours planait sur le gouffre ; les corneilles croassaient avec rage ; les hiboux hurlaient dans leurs trous, et le Tarn grondait sourdement dans *las cabas* ou tourbillons de son lit : l'écho renforçait de paroi en paroi toutes ces voix sinistres de la nature, rauques comme un orchestre de sabbat ! Aucun décor d'opéra n'a rien représenté de semblable, et je crois que, même en plein jour, abstraction faite de toute fantaisie imaginative, les Baumes du Tarn surprendront toujours les voyageurs les plus blasés.

C'est la *Wolfschlucht*, la *gorge du Loup* du Freischütz ! Deux sources y naissent, le *Lisson* et *Famounet* (r. dr.), presque sans murmure, comme si tant de majesté leur faisait peur.

« L'immense hémicycle des Baumes mesure, au fronton du causse de Sauveterre, 5 kilomètres de développement, et 3 kilomètres au niveau du Tarn. La couleur rouge y domine ; mais le blanc, le noir, le bleu, le gris, le jaune, y nuancent les parois, et des bouquets d'arbres, des broussailles, y mêlent des tons verts et des tons sombres. Du fond de ce grand cirque, qui autrefois contint un lac fermé au sud par la digue de rochers qui en s'écroulant forma le chaos du Pas-de-Soucy, du fond de ce cirque, dis-je, émergent de tous côtés des roches dolomitiques qui, d'échelon en échelon, s'élèvent à 500 mètres, jusqu'au bord du causse. Ces roches de toutes dimensions, évidées, dentelées, taillées par la pluie, par le gel, par l'humidité et par la sécheresse, affectent les formes les plus bizarres et les plus variées : aiguilles, tours, arceaux, forteresses ; sans cesse elles changent d'aspect au gré des jeux de lumière et d'ombre. Les roches sont nombreuses, mais le cirque est tellement vaste que toutes ces bizarreries se fondent et disparaissent en quelque sorte dans l'ensemble.

« Ce qu'il y a de vraiment merveilleux, c'est la simplicité de composition, l'harmonie puissante de lignes et de couleurs, l'unité de ce cirque, et c'est du lit du Tarn, d'où l'on voit se découper sur le ciel bleu les grandes murailles de son fronton, ou du haut du causse, au Mas-Rouge, d'où il semble un abîme, qu'il faut aller admirer cette merveille. ». (A. LEQUEUTRE.)

« C'est là le spectacle non seulement le plus grandiose, mais aussi le plus spécial des gorges du Tarn. Pour si blasé que l'on soit sur les grandeurs de la nature rencontrées dans de nombreux voyages, on ressent une émotion en entrant au cœur de cet amphithéâtre. Ni la plume ni le pinceau ne rendront jamais cet assemblage de rocs, de caps, de falaises, de grottes, de tours, de bouquets verts se développant en demi-cercle. Sans parler de la perspective, un obstacle arrêtera le pinceau : c'est la couleur. Ces tons rouges, noirs, gris, bleus, blancs même, se coupant, se heurtant, doublant leur force ou leur effet par le degré d'ombre ou de lumière du jour qui les frappe, paraîtraient un bariolage d'arlequin dans un tableau de 2 ou 3 mètres. Avec des tours de 200 pieds, des gradins de 100 mètres, des arceaux grands comme la nef d'une cathédrale, ce coloris éblouit le regard, et aucune nuance ne paraît choquante. La description est aussi presque impossible, car l'effet varie beaucoup suivant que l'œil étonné glisse sur les détails pour se noyer dans ce vaste ensemble, ou que l'on recherche la forme de chaque rocher découpé, la structure de chaque gradin,

Entrée du Cirque des Baumes. — Phot. G. d'Espinassous.

la tonalité de couleur de chaque étage, le relief des éperons ou la profondeur des arceaux et des cavernes. Qu'il me suffise de dire que pendant 3 kilomètres l'œil peut se rassasier d'étude ou de contemplation au milieu d'une série de superpositions, de corniches à grands entablements, d'arceaux nettement découpés et figurant les vomitoires de cirques féeriques, ou de grandes saillies dont les unes imitent des bastions turriculés, d'autres des proues de navire. Tout cela, dans des proportions anormales, dont les dimensions de l'amphithéâtre peuvent donner une idée. » (L. DE MALAFOSSE.)

La partie véritablement circulaire n'a pas beaucoup plus de 1 kilomètre de diamètre : entre les deux hameaux des *Baumes-Hautes* (ou Vieilles) et des *Baumes-Basses* et les cotes 916 et 864 du causse de Sauveterre, elle est encadrée par deux contreforts de ce causse au nord et un évidement de la muraille du Méjean au sud ; sur la rive droite, elle forme le ravin des Baumes-Hautes, réel demi-cercle au fond duquel, de gradins en gradins, des rangées de pyramides ou d'obélisques naturels s'échelonnent jusqu'au sommet du plateau. Des champs cultivés occupent ce qui pourrait être la plane arène de ce Colisée à la dixième puissance. Quand on se tient au centre de cette arène, à quelques centaines de pas de la rive droite du Tarn, les contreforts du côté nord paraissent enfoncer leurs pointes dans la paroi du côté sud, et l'on se trouve absolument enfermé au fond d'un cylindre. Ici encore il importe d'atterrir quelques instants pour bien apprécier toute l'étrangeté de la scène. Il ne faut que trois heures pour aller admirer le plus beau panorama du cañon entier au point 864, montant par le sentier du fond des Baumes-Hautes et redescendant au Tarn par le ravin voisin, celui des Baumes-Basses. Mais le détail de cette promenade appartient au chapitre suivant. (*V.* p. 72.)

On sait que le mot *baume* veut dire grotte en patois ; il ne s'agit pas toutefois, pour les deux hameaux perdus en cet angle de la gorge, de véritables cavernes, comme à Pougnadoires. Ce sont des couloirs sous roche plus ou moins profonds, ou bien de hautes et étroites fentes qui crevassent verticalement la dolomie. Sous les surplombs et dans les fissures s'encastraient les quelques chaumières des Baumes-Hautes.

L'inondation de 1875 bloqua les habitants, envahit leurs demeures et les mit en danger de mort. Depuis, ils ont abandonné ces maisons construites sans toits, et aujourd'hui le hameau tombe en ruine.

Les Baumes dites Basses, situées en aval, sont, au contraire, bien plus élevées au-dessus de la rivière, et à l'abri du gonflement des eaux. Deux ou trois grosses fermes y ont assez bon aspect, et le sentier des piétons traverse les larges aires où elles battent leur blé. Entre les deux villages, un petit plateau porte une maison blanche : c'est un lieu de pèlerinage, l'ermitage de saint Ilère, évêque de Mende, qui, au viie siècle, consacra sainte Énimie. Près de la chapelle restaurée se trouve, dans un creux de rocher, une source dont l'eau serait, au dire des pèlerins, souveraine contre les maladies d'yeux.

De la plate-forme au seuil du sanctuaire, à 80 mètres au-dessus du Tarn, on jouit d'une merveilleuse vue d'ensemble sur le cirque, et l'on converse très curieusement avec un résonnant écho de la rive gauche.

En dépassant les Baumes-Basses, on contourne le contrefort occidental du cirque proprement dit ; ce cap doublé, on voit s'ouvrir à droite et monter au causse de Sauveterre le ravin des Baumes-Basses, qu'utilise le sentier de Saint-

Georges-de-Lévejac. Depuis longtemps déjà on pressent un nouveau changegement de décor, qui s'effectue enfin sur la gauche, droit au sud.

C'est le *pas de Soucy*, la troisième merveille du cañon, les deux autres étant le Détroit et les Baumes.

Sur les pentes des deux causses, les falaises et les talus font place à des hérissements de roches colossales, aux ruines d'un effondrement général prolongé jusqu'à la rivière ; le courant écume et tourbillonne de plus en plus ; de gros blocs le parsèment ; on perçoit comme le bruit d'une cascade ; la navigation

Cirque des Baumes, vue d'ensemble. — Phot. Chabanon.

devient impossible ; à peu de distance, le chaos fait barrage : là est la *perte du Tarn*.

Un excellent petit chemin de chars, ouvert depuis 1880, circule au milieu de ce bouleversement, aussi saisissant d'aspect que celui de Gavarnie, dans les Pyrénées, et rendu plus étrange encore par les trois roches de l'*Aiguille*, de la *Sourde* et de la *Roche Rouge*. Celle-ci est une belle muraille crénelée de la rive gauche. Sur l'autre bord, à mi-côte et à 150 mètres de hauteur environ, le grand monolithe de l'Aiguille, élevé de 80 mètres et légèrement penché en avant, semble surveiller le Tarn, écrasé par l'écroulement. Le flot s'engouffre sous les blocs avec un bruit effroyable dans les grandes crues, puis remonte en gros bouillons à 400 mètres environ de distance et reprend son cours aérien au milieu de brisants qui peu à peu disparaissent.

« On monte ému à travers ces effroyables entassements, cherchant, silencieux, à atteindre vite le sommet pour juger de l'ensemble. Arrivé là, on jouit d'une vue bien difficile à décrire. En amont, c'est une vaste partie du merveilleux cirque des Baumes qui se déroule, avec ses vertigineuses falaises et ses éperons aux formes multiples. En aval, tant que l'œil peut embrasser, le Tarn déploie son ruban d'argent à travers une gorge agrandie, dont le bas offre des verdures, tandis que, dominant de leurs crêtes abruptes cette vallée, des falaises grises se profilent et offrent dans leur longue ligne une série de tours que de temps à autre surmonte un piton ressemblant à un donjon ou à un bastion d'une ville féerique. Puis, on se sent tout petit lorsque l'on jette les yeux autour de soi, tant l'énormité de ces blocs vous écrase. » (L. DE MALAFOSSE.)

L'étymologie de l'Aiguille est donnée par son profil. Pour la Sourde, peut-être ce nom vient-il du bruit affreux qu'elle est forcée d'entendre.

La traversée du grand chaos n'a pas 1 kilomètre, mais elle était naguère très rude, avant la construction du chemin.

Un affaissement géologique a produit cet imposant cataclysme, qui a lui-même donné naissance à la jolie légende que M. de Malafosse raconte ainsi :

« Sainte Enimie, venant s'établir à Burle, avait vivement contrarié le diable, jusque-là paisible dans une région moitié païenne, où les *abens* lui servaient pour sortir de l'enfer avec facilité. Voyant que ses tentations n'avaient aucun effet sur la sainte, il s'en prit alors à ses nonnes, qu'il troublait profondément. Enimie, comprenant d'où venait le désordre, obtint de Dieu le pouvoir d'enchaîner le démon s'il s'introduisait dans le couvent. Mais le difficile était d'atteindre un être aussi madré. Surpris cependant un jour, il s'échappa et se mit à fuir le long du Tarn. La sainte se lança à sa poursuite à travers ces affreux rochers. Elle fut longue et fatigante, cette chasse, car messire Satan connaissait tous les détours. On arriva ainsi au cirque des Baumes. Saint Ilère, directeur de la sainte, était dans sa grotte et avait été averti d'aider sa pénitente dans sa poursuite. Hélas ! le diable se fit si petit en passant sous cette retraite, et le saint était plongé dans une telle oraison, qu'il ne vit rien. Haletante et épuisée, Enimie s'arrêta. Le démon lui échappait, car il touchait au gouffre du Tarn et il allait y plonger, pour gagner de là les enfers. Elle tomba à genoux, et dans un suprême élan de foi elle s'écria : « A mon secours, montagne, arrête-le ! » Tous les énormes rochers aujourd'hui au bas de la vallée étaient alors en haut des falaises, dont ils faisaient partie. A la voix de la sainte, ils s'élancent à l'envi sur son ennemi. Très fort et très leste, le démon subit sans s'arrêter l'avalanche des menus rocs. Son pied touchait déjà le bord du gouffre, quand l'effroyable masse de la *Sourde* lui tomba dessus. La roche Aiguille, gênée dans sa descente par sa grande taille, était encore à mi-montagne : « As-tu besoin de moi, ma sœur? » cria-t-elle à la Sourde — « C'est inutile, je le tiens bien, » lui répondit sa compagne.

« La sainte vit le diable pris, elle fit un geste, et tous ces rocs s'arrêtèrent dans le moment. C'est ainsi que l'on en voit tant de penchés en avant. Ils s'étaient immobilisés dans leur course. Cependant le diable, qui a la vie dure, faisait effort pour se dégager, malgré le poids énorme de la Sourde. Dans sa rage impuissante, il griffa la base du rocher, et depuis lors sa main sanglante est restée empreinte sur la pierre.

« Cette griffe du diable, que l'on voyait au bas de la roche Sourde, a disparu depuis la fameuse inondation de 1875, soit qu'elle ait été enlevée par un choc de quelque bloc, ou recouverte de gravier. Des savants sceptiques assurent que cette griffe n'était qu'une injection ferrugineuse oxydée ayant la forme vague des cinq doigts d'une grande main. »

Une autre légende, moins connue et moins jolie, attribue à saint Ilère la gloire du combat et modifie le dénouement. Sainte Énimie ayant prié le Seigneur de la débarrasser du démon, saint Ilère reçoit l'ordre de se mettre à la poursuite du diable ; aussitôt il poursuit, l'espace de huit mille pas en aval du Tarn, le démon, qui avait pris la forme d'un dragon, l'accule au gouffre du Tarn et, au nom de la croix, lui ordonne de s'y précipiter. Le démon, obligé d'obéir, plonge dans le gouffre, espérant bien revenir... sur l'eau ; mais le saint, pour

Chaos du pas de Soucy. — Dessin de Vuillier, phot. Chabanon.
(Communiqué par le Club alpin.)

tromper l'attente du Trompeur, fait un signe : la montagne s'écroule sur le gouffre, et le démon est à jamais enseveli.

Les géologues s'accordent à penser qu'il y a eu là deux éboulements différents : l'un d'âge très reculé, l'autre beaucoup plus récent. Peut-être ce deuxième chaos fut-il causé par le tremblement de terre de l'an 580, qui, au dire de Grégoire de Tours, fit tomber d'immenses pierres dans les Pyrénées et dont la commotion s'étendit aux pays voisins. Dans cette hypothèse assez vraisemblable, la concordance approximative avec l'époque où vivaient saint Ilère et sainte Énimie expliquerait que la tradition eût rattaché à la légende des deux saints le souvenir d'un fait extraordinaire, qui avait dû vivement frapper tous les esprits.

La partie de la montagne restée debout s'appelle « Roc Gueil », ce qui veut dire, en patois, rocher qui menace de tomber, et, en effet, il s'incline vers la rivière, assez peu rassurant pour le passant. Pendant longtemps, cet ensemble constitua un barrage énorme, qui faisait du cours d'eau en amont un lac de plus de 5 kilomètres de long. Ce lac changea souvent de rive, suivant les variations de débit du Tarn et du niveau d'écoulement, car peu à peu la rivière démolissait sa digue. De là cette forme bizarre des roches du cirque des Baumes. Le ressac de l'eau, les remous, les tourbillons, façonnaient à la longue la dolomie en ces encorbellements et champignons aujourd'hui si curieux à voir.

L'opinion répandue d'insondables cavernes, de conduits mystérieux entraînant le Tarn à de grandes profondeurs, est un tissu de fables; loin de diminuer au pas de Soucy, il s'y accroît de plusieurs sources. Le creux fouillé par les eaux entre les rochers où elles s'engouffrent n'est pas très considérable, car à la moindre crue elles passent par-dessus les blocs; alors on ne voit plus qu'un torrent dont les mouvements giratoires, faisant tournoyer sur place de gros galets de roche dure, taraudent les régulières excavations connues sous le nom de Marmites de Géants. Dans le fond du pas de Soucy, une de ces marmites a des dimensions remarquables.

Descendre sous la Sourde et, pendant les 400 mètres de l'enfouissement du Tarn, suivre côte à côte ses ramifications capillaires, sous les arcs-boutants des rocs éboulés que déséquilibre chaque inondation, est chose aussi intéressante que difficile. Comme les cent bras de la rivière écumeuse et tordue, on passe littéralement à travers les trous d'une éponge de pierre, souvent en rampant, et d'autres fois en grimpant le long de murs lisses. Il faut être bon gymnaste pour se risquer dans le casse-cou de cette promenade humide et quasi souterraine; mais il est bien fâcheux que l'on ne puisse songer, à cause des crues trop fréquentes, à établir un cheminement fixe et praticable à travers les mailles de ce chaotique réseau! Ce serait sans contredit le plus piquant intermède de la descente du cañon.

S'il faut en croire la touchante ballade d'un poète languedocien du xviie siècle, ci-après traduite, le pas de Soucy se serait appelé jadis le *pas des Amours*.

Ce pas est le pas du souci;
Sachez cela, jeunes fillettes :
A la Vierge dites merci,
Et n'y passez jamais seulettes!
Un jour, le comte de Calmon
Dit à la belle Paquerette :
« Dans trois jours viendrai d'Espaillon;
Gardes-en mémoire secrète;
Tu seras au *pas des Amours*,
Là te baillerai mille atours,
Collier d'or à ta collerette,
Et seras mon amoureusette! »
Au pas des Amours fut en vain
La jeune et gente Paquerette;
Car d'Espaillon nul ne s'en vint,
Hors la messagère tristette,
Disant : « Le Monsieur de Calmon
En ce monde n'est plus qu'un nom.

> Tu peux t'en retourner seulette!... »
> Et mourut notre amoureusette!
> Ce pas est le pas du souci ;
> Sachez cela, jeunes fillettes !
> A la Vierge dites merci,
> Et n'y passez jamais seulettes!

Fidèle à cette loi de contrastes qui lui donne une si charmante variété, la gorge s'élargit après le pas de Soucy; puis, pendant 10 kilomètres encore, elle présente la même alternance de resserrements et d'expansions.

Sortons donc du chaos et continuons notre route. Voici la source *Saint-Hilaire,* celle de *Fontmaure,* qui naît en gros bouillons au niveau de la rivière; plus loin, les fontaines de *Soucy* et de *Bouldouire* jaillissent au milieu des rochers. Sur la rive gauche sort celle du *Maynial*. Autour de ces deux dernières se groupent quelques maisons. Des noyers, des arbres fruitiers, bordent le chemin, cachant à moitié une saillie du causse de Sauveterre, qui, très haut, sur une plate-forme, porte le hameau et les ruines du château de *Dolan*, autrefois l'une des plus solides et des plus célèbres forteresses du Gévaudan.

En 1234, le sire de Dolan fit à l'évêque de Mende une sanglante guerre, dont les annales du Gévaudant parlent avec horreur.

Nous sommes dans le bassin des *Vignes,* tout vert et ensoleillé, à 414 mètres au-dessus de la mer, entre les 950 et 895 du Sauveterre et les 983 et 907 du Méjean, avec 1,500 à 2,500 mètres d'écartement maximum d'un causse à l'autre.

« De la Malène au Pas-de-Soucy, c'est le plus grand du cañon ; du Pas-de-Soucy au Rozier, c'est le plus lumineux. »

Le village des Vignes est relié à *Saint-Préjet-du-Tarn,* chef-lieu de la commune (327 hab. la comm., 133 aggl., consistant en une église et deux maisons), par un pont précédé d'un barrage, en aval duquel on reprend la navigation. Là se trouve l'un des trois passages pratiqués dans les murailles des deux causses ; la route de Sévérac et du Massegros à Florac ou à Meyrueis l'occupe. Il est probable que de tout temps ce passage a été gardé par les populations, de même que celui de Sainte-Enimie, car là aussi abondent les antiquités. Dolmens et grottes jadis habitées sont en grand nombre au-dessus des Vignes. M. l'abbé Solanet a compté plus de quatre-vingts dolmens et fouillé plusieurs grottes (aujourd'hui fermées), dans lesquelles il a découvert de nombreux objets préhistoriques, actuellement au musée de Mende.

La route qui escalade la muraille du causse de Sauveterre jusqu'auprès de *Saint-Rome-de-Dolan* (167 hab. la comm., 57 aggl., vue superbe), rachète 950 mètres de distance à vol d'oiseau et 500 mètres de différence de niveau par onze lacets de 6 kilomètres de développement, soit $0^m,083$ par mètre.

C'est le chemin de grande communication n° 15 (de Sévérac à Florac), tout nouvellement rectifié. Après le pont, une source énorme, les *Parayres,* à laquelle est due la fondation de très anciens moulins, sort auprès du village et bondit dans le Tarn : son bassin de retenue semble un pur saphir quand le ciel s'y reflète sans nuages.

Nous rembarquons pour filer sur le planiol des Vignes, qu'il faudrait revoir au clair de lune. Bientôt les talus deviennent moins larges ; les falaises, hautes de 500 mètres, se rapprochent, et la distance est ramenée à 1,200 ou 1,500 mètres entre les bords des deux causses. Ce long défilé rectiligne serait lugubre, sans le soleil qui l'illumine radieusement, au contraire, grâce à l'orientation en plein sud.

Après un premier *étroit* paraît le hameau du *Villaret,* pittoresquement enfoui dans des bouquets de grands arbres et des baumes ; une maison porte la date de 1730.

Un haut piton qui se dresse sur la rive gauche portait autrefois le château de *Blanquefort,* dont les débris se voient encore du bord de l'eau. Personne ne paraît en avoir escaladé la terrible falaise pour savoir ce qu'il reste des ruines.

Entre deux rapides, regardons un peu autour de nous. Du sentier de la rive droite, on voit surtout les escarpements de face ; du lit de la rivière, ils montrent leur profil, et les dentelures du faîte se découpent mieux sur le ciel, tandis que les avancées et les rentrants se mirent dans les planiols ; puis l'image se trouble et disparaît à l'approche du rapide, pour reparaître un peu plus loin.

Au bord de la rive gauche, la grotte de l'*Ironselle* débite une puissante source. Le site est charmant, avec ses grandes roches en corniche, sa fontaine, son fouillis de verdure ; il est célèbre à juste titre et réellement fort bien « composé ». Du sentier on le voit mal : il se perd dans l'ensemble. On n'aperçoit pas surtout une amusante aiguille, presque détachée de la paroi, dressée comme une vedette en pleine rivière et qui, haute d'environ 20 mètres, ressemble à quelque soldat persan ou gardien de sérail coiffé de son immense et ridicule bonnet pyriforme !

Nous venons de passer la cote 395 et, bien loin au sud, à 3 kilomètres et demi, se profile déjà la fière silhouette du pic de *Cinglegros,* bastion détaché du causse Méjean et barrant majestueusement la vallée. Pour le piéton, « le sentier monte et descend suivant les caprices de la roche, qui tantôt s'avance et se penche vers le Tarn, tantôt recule et escalade la muraille du causse. Sur la rive gauche, la gigantesque paroi du causse Méjean, ayant à sa base un talus gazonné, porte à son faîte une série de roches ruiniformes de l'aspect le plus sauvage : château, bastions, donjons, aiguilles, rochers surplomblants, tout cela rougeâtre, presque rouge, vivement éclairé par le soleil. Entre les deux parois, mouchetées de vert, coule le Tarn aux eaux transparentes, couleur d'aiguemarine, ici pailletées d'or, là blanches d'écume, au gré des ratchs ou des planiols.

« Souvent une grande roche ou des bouquets d'arbres nous cachent la rivière et masquent les rochers qui la bordent. Nous ne voyons plus alors que le haut des falaises se découpant sur le ciel en fantastiques silhouettes ; la roche est trouée, évidée, taillée, contournée ; tours, champignons, forteresses, se multiplient ; et au milieu de ces bizarreries, que l'on voit mieux du sentier que du lit du Tarn, circule le sentier de chèvres de la *Bourgarié,* hameau perché sur le bord extrême du causse, à 866 mètres. » (A. Lequeutre.)

La barque passe sous le *Cambon,* hameau de la rive droite, couvert de noyers sur une terrasse de rochers. Le Cinglegros grandit toujours. A gauche, à 400 mètres en l'air, on aperçoit un lambeau de ciel à travers l'ogive naturelle du *pas de l'Arc* (*V.* p. 88), sous laquelle passe le *chemin* (?) de la Bourgarié. Les hautes fortifications des causses deviennent de plus en plus formidables. Enfin, à gauche, le hameau de la *Sablière,* pourvu d'une source, et dont les vieilles maisons offrent un exemple bien rare de constructions très anciennes, se cramponne aux pentes abruptes du Cinglegros, devenu gigantesque. Son sommet en mitre d'évêque rappelle le Popena des Alpes Dolomitiques et ferait honorable figure dans la sierra du Monte Cristallo. (V. p. 11.)

« Tandis que le voyageur admire les aiguilles aiguës qui semblent pousser

Sous la Roche Sourde. — Phot. Trutat.

sur ses flancs inaccessibles, et le maquis verdoyant dont il paraît couronné, il voit d'ordinaire un grand oiseau noir passer le long des flancs de ce piton. C'est là une aire d'aigles bien connue, et le roi des oiseaux fait le tour de son domaine pour en éloigner tout envahisseur. En face de ce pic, la rive droite cesse d'appartenir à la Lozère et devient aveyronnaise. On dirait qu'en changeant de département la montagne veut changer d'aspect. Un cirque couronné de rochers, découpés d'une manière aussi irrégulière qu'insolite, se développe tout à coup : c'est la gorge de *Saint-Marcellin*. Ce cirque paraît petit quand on a vu celui des Baumes. Il est néanmoins très curieux, et s'il n'était pas perdu au milieu de tant de beautés grandioses, il attirerait les voyageurs. Mais (qu'on me passe l'expression) ils sont en ces lieux presque rassasiés de grands spectacles. La base en est occupée par un fouillis aux frondaisons profondes, dont le vert velouté tranche avec le gris de la roche d'une façon encore nouvelle dans ce long voyage. » (L. DE MALAFOSSE.)

Ici se franchit le fameux rapide considéré comme le plus fort du cañon et où l'on débarque si souvent : sur la rive droite s'étend le beau domaine du *Mas-de-la-Font*, vivifié, comme tant d'autres points, par une source généreuse.

C'est une petite ferme isolée de tous côtés du monde civilisé. Une charmante prairie l'environne, oasis au milieu du désert. Des vignes luxuriantes s'étagent au-dessus de la maison, bien abritée des vents du nord ; autour des bâtiments s'étale l'ombre des figuiers, des amandiers, des noyers et des mûriers ; tout, dans ce petit coin de terre, respire le travail, le calme et la félicité.

En face du Mas-de-la-Font, de l'autre côté de la rivière, sur une légère éminence, on a peine à distinguer les ruines du château de *Peyreverde,* patrimoine d'une famille éteinte depuis longtemps. Il n'en reste que quelques pans de murailles à demi écroulées ; partout la solitude et le silence.

Ce château a sa légende ou plutôt son drame, car le fait est historique et presque contemporain. Voici comment l'un de ses principaux acteurs, Jean Dardé, le propriétaire du Mas-de-la-Font, le racontait un jour à M. Fabié, auquel nous empruntons ces détails[1] :

« Vous regardez le domaine du sauvage, me dit tout à coup le père Dardé. Il a vécu là, pendant quarante ans, sans autre asile que les ruines de ce vieux château.

« Le laitage de quelques chèvres qui n'obéissaient qu'à son appel et les animaux crevés que charriait la rivière étaient sa seule nourriture ; il avait pour tout vêtement une peau de bête jetée sur les épaules.

« Les taureaux mugissent, les moutons bêlent, les corbeaux croassent ; chaque animal a son cri. Son cri à lui c'était : *Vive l'empereur !* et ce cri, jeté dans les nuits sombres et orageuses, et se mêlant aux gémissements des hiboux et de la tempête, a été le plus grand épouvantail de ma vie. »

Le sauvage de Peyreverde était devenu fou dans les circonstances suivantes.

Au mois de novembre 1811, Napoléon Ier ordonnait une levée en masse depuis vingt jusqu'à trente ans. La guerre allait être déclarée à la Russie.

Dans cette levée se trouvaient compris Jean Dardé, Alexandre Vernhet, Etienne Bouscary et un autre jeune homme vulgairement connu sous le sobriquet de Quiou de Bouys.

Tous ces jeunes gens se croyaient à l'abri du service militaire. Surpris par l'édit, ils s'entendirent pour vivre en réfractaires dans leur pays si accidenté, comptant bien échapper sans peine aux gendarmes. En effet, ceux-ci ne pouvaient les atteindre.

---

1. FABIÉ, *Souvenirs des montagnes du Rouergue.* Rodez, 1881, in-12.

Mais Alexandre Vernhet et la sœur d'Etienne Bouscary s'aimaient, et Quiou de Bouys était jaloux !

Econduit par la jeune fille, il fut à Millau se livrer à la gendarmerie et dénoncer son camarade.

Pris et enrôlés, Quiou et Alexandre allèrent rejoindre Napoléon en Allemagne.

Cinq ans passèrent sans nouvelles d'eux.

Lasse d'attendre son fiancé, Marie Bouscary épousa Jean Dardé ; le ménage avait construit le Mas-de-la-Font, et la métairie était en pleine prospérité.

L'Ironselle. — Phot. Chabanon.

Un soir d'été que le ciel était sombre et que la foudre grondait, Jean Dardé et sa femme étaient occupés à rentrer à la hâte le fourrage de la prairie.

Tout à coup une voix stridente et lugubre se mêla à celle du tonnerre ; elle criait : « Vive l'empereur ! » Les deux époux se regardèrent, saisis d'épouvante.

Le lendemain, Jean Dardé se rendit à la Bourgarié, où l'appelait une affaire pressante. Il trouva Simon Vernhet, frère d'Alexandre, assis au soleil devant sa porte.

Il avait l'air triste et préoccupé. « Mon frère Alexandre est revenu de l'autre monde, dit-il tout à coup à Jean Dardé ; hier à midi, il s'est dressé devant moi comme un spectre, en guenilles, sous les loques de son costume d'ancien militaire de l'Empire ! Je ne le reconnus que quand il me sauta au cou en se nommant ! Il revenait de Moscou, où un boulet avait emporté Quiou de Bouys, le traître ; lui-même, dans la retraite de Russie, avait été laissé pour mort sous la neige. L'armée lui passa sur le corps ! Les Russes le recueillirent... et l'envoyèrent en Sibérie. Après la paix, il avait dû revenir à pied et dénué de tout ! Depuis trois ans il s'était mis en route, vivant de la charité publique ! Voilà ce que m'a raconté mon pauvre frère. Quand il eut terminé, il me demanda des nouvelles du pays et de Marie Bouscary. Je lui dis qu'elle était votre femme et que vous habitiez au Mas-de-la-Font, où vous aviez fait construire une maison et acheté des terres.

« Il se leva alors, mû comme par un ressort, jeta autour de lui un regard effaré en murmurant : *L'empereur ! l'empereur !*... *Aux armes !* hurla-t-il ensuite en bondissant vers un vieux fusil rouillé accroché à la cheminée.

« Il s'en empara et sortit de la maison en criant : *Vive l'empereur ! en avant, arche !* Il descendit à l'écurie, où se trouvaient nos chèvres, les fit sortir et partit avec elles dans les travers de Peyreverde, aux cris de : *Vive l'empereur ! Pays conquis ! pillage ! pillage !* Il prit nos chèvres ; je le laissai partir, pleurant et désolé de le voir fou ! »

Jean Dardé revint pensif au Mas-de-la-Font ! Il raconta cette histoire à sa femme, et depuis ils eurent au front une ride de plus.

Pendant quarante ans le cri de : « Vive l'empereur ! » a retenti dans les bois de Peyreverde. Ce cri produisait sur le cœur de Marie le même effet que la phtisie sur les poumons d'un poitrinaire. Elle ne vécut que trois ou quatre ans encore après le retour d'Alexandre, et mourut, calme et résignée, dans les bras de son mari, qui faillit lui-même en devenir fou de douleur.

Et voilà comment le Mas-de-la-Font est si bien cultivé, lorsque les pentes boisées de Peyreverde sont encore incultes et inhabitées.

Quand on a achevé le contour du Cinglegros, on distingue, dans la falaise du causse Méjean, une immense tache noire que sa forme a fait nommer *la Sartane* (la poêle). — Souvent, dans cette partie du cours du Tarn, les troncs de chêne flottés forment embâcle et entravent la descente des bateaux. Depuis le pas de Soucy, les barques, devenues trop petites, ne peuvent charger le bois trop encombrant. On lance donc dans le courant les troncs ou bûches, que l'on arrête à l'entrée de la vallée de Millau, par une estacade. Souvent il se produit, avant cette estacade, des radeaux naturels, que le batelier doit diviser à grand'peine à coups de gaffe.

Après le hameau de *Plaisance* (r. g.), on aperçoit déjà le pont du Rozier ; sur la rive aveyronnaise, un gros mamelon noir intrigue toujours le voyageur : c'est un superbe dyke (épanchement) de basalte, sorti du grand ravin des *Églazines*.

La présence de ce produit volcanique en plein travers et au fond du cañon, son intercalation dans les roches calcaires, sont du plus haut intérêt pour le géologue.

Ce dyke, qui semble remonter aussi les pentes du causse Méjean et qui a été simplement coupé en deux par le Tarn, peut avoir 500 mètres de longueur, 200 mètres de hauteur et 100 à 150 mètres de largeur ; sa démolition continue par l'érosion dispense aux grèves d'aval force galets de basalte. Barrant la vallée, ce mur noir serait d'un grand effet, si la végétation ne le dissimulait pas aux yeux des touristes peu géologues. A pied, il est impossible de le franchir sans être frappé par le brusque changement de teinte du terrain.

Sans empiéter sur le chapitre consacré à la géologie, faisons remarquer que cette manifestation du feu intérieur se trouve sur la ligne qui joint les cratères d'Auvergne aux buttes volcaniques des environs de Lodève et de Cette. Les matières éruptives qui ont crevé le plateau central n'auraient-elles pas réussi à percer toute l'épaisseur des causses jurassiques et n'auraient-elles pu qu'injecter leur base? Nous reviendrons sur cette curieuse question. (*V.* chap. XXII.)

Le cañon s'élargit à droite, et les falaises se changent en talus et en pentes mamelonnées, tandis que la paroi du causse Méjean se continue au sud; au bord du Tarn, des bandes de roches aplanies par les eaux portent le chemin.

Une trentième et dernière source, celle de la *Muse*, chante sous l'herbe d'un pré. — Le piton de Capluc annonce la fin du causse Méjean et le confluent de la Jonte.

On passe sous le pont du Rozier, et puis le bateau accoste. Le Tarn entre dans la plaine de Millau; son lit s'étend, sa vallée s'élargit, le cañon cesse : c'est la fin de la descente enchantée.

Nous sommes au Rozier, à Peyreleau, et nous regrettons de dire adieu aux adroits bateliers du Tarn !

CHAPITRE IV

LE CAUSSE DE SAUVETERRE

Traversée du causse. — Cinq directions . Mende—Ispagnac; Mende—Sainte-Énimie; Chanac—Massegros—Boyne ; Banassac—la Malène ; Sévérac—Massegros—les Vignes. — Causse de Sévérac et forêt des Palanges. — Au bord du causse : le chemin suspendu. — Le Point Sublime. — Les Baumes-Chaudes. — Le puits du Lac. — Le cirque de Saint-Marcellin.

Bien lente, bien triste, bien rude, bien ennuyeuse paraît à tous la traversée du haut causse. De longues heures elle dure, pendant lesquelles une invincible torpeur envahit le voyageur : mais aussi quel réveil enchanteur de l'autre côté de la grise table de pierre, quand le terrain manque brusquement sous les pieds, quand l'entaille du cañon vert et rouge s'ouvre béante en précipices de 500 mètres! Et si, longeant le sinueux rebord du plateau, on suit la gorge par le sommet des falaises, la succession des vues plongeantes obtenues n'est pas moins surprenante. Du Lot au Tarn nous allons parcourir d'abord les diverses routes du causse de Sauveterre, puis nous visiterons les plus beaux points de son parapet au-dessus du grand cañon.

Les géographes nomment *causse de Sauveterre* tout le haut pays qui s'étend du col de Montmirat, du pied du mont Lozère, aux sources de l'Aveyron, c'est-à-dire au chemin de fer de Marvejols à Millau ; les paysans n'appellent ainsi que la portion du plateau située à l'est du grand ravin de la Malène et désignent comme *causse du Massegros* tout ce qui est à l'ouest de ce ravin. D'après M. de Malafosse, la dénomination ne serait pas due au petit village de Sauveterre (route de Mende à Sainte-Énimie), mais bien à un fief donné en 951 aux moines de Sainte-Enimie par l'évêque et les barons du Gévaudan : ce domaine, ne relevant que du monastère seul et d'aucun autre seigneur, fut baptisé *Salva Terra*, terre libre ou franche.

« Moins élevé, moins terrible que le causse Méjean, le causse de Sauveterre va de la rive droite du Tarn à la rive gauche du Lot. Au sud-ouest, il s'en va jusqu'à toucher le pied des monts du Lévezou ; à l'ouest, il se prolonge, sous le nom de causse de Sévérac, jusqu'au nord-ouest de Sévérac-le-Château, vis-à-vis des croupes sombres de la forêt des Palanges ; au nord, le val de Bramont le divise du tout petit causse de Balduc et du causse de Mende, et le val du Lot, des causses de Changefège, de la Roche, de Rocherousse, dont il n'était pas séparé jadis.

« Du terme occidental du causse de Sauveterre jusqu'au col de Montmirat, sur la route de Florac à Mende, c'est-à-dire de l'ouest à l'est, sa longueur atteint 36 kilomètres ; sa largeur, du nord au sud, varie entre 10 et 18 kilomètres ; sa surface est de 55,000 hectares, par des altitudes de 800 à 1,181 mètres[1]. La hauteur de sa falaise d'enceinte n'est que de 250 à 300 mètres au-dessus du Lot ; mais au-dessus du Tarn elle monte à 500 et 600 mètres, comme celle du causse Méjean.

« Moins désolé vers l'occident que vers l'orient, il ressemble en tout aux trois autres grands blocs d'oolithe. Il a, lui aussi, ses *puechs* ou coteaux, ses *couronnes* ou mamelons, que le pin sylvestre n'ombrage plus autant qu'autrefois, ses *sotchs* ou petites conques, mieux garanties du vent que les croupes. Le « Sauveterrois » y cultive le peu de terre amenée par les pluies dans le bas-fond de ces sotchs ; le mouton paît l'herbe près des mégalithes ; des poteaux marquent les routes, afin que le passant reconnaisse son chemin sous l'amas des neiges ; les maisons sont voûtées, pour supporter le poids de l'hiver. » (O. RECLUS.)

Le meilleur mode de description consiste à parcourir les voies principales qui du Lot au Tarn traversent le plateau.

La route de Mende à Florac par le col de Montmirat (1,046 m.), qui suit à peu près la ligne de contact des formations calcaires et du terrain schisteux, peut être considérée comme la limite orientale du causse de Sauveterre ; au delà commence le redressement de la Lozère ; mais nous ne parcourrons cette voie que dans le chapitre consacré aux Cévennes. (*V.* chap. XVI.)

Commençons donc par celle de Mende à Ispagnac. Jusqu'à Balsièges (7 kil. ; 611 hab. la comm., 70 aggl.), elle croise plusieurs fois, dans la vallée du Lot, tantôt la rivière, tantôt le chemin de fer de Mende à Sévérac ; en traversant le village, à 685 mètres d'altitude, elle quitte le thalweg, laisse à gauche la route de Montmirat et commence à gravir la rampe, entre les escarpements du causse de Mende à gauche et ceux du causse de Sauveterre à droite. Les roches rouges ou grises se découpent en portails, en obélisques, en châteaux ruinés aux fenêtres ouvertes sur le ciel, en aiguilles qui se penchent au-dessus de belles prairies animées de bouquets d'arbres et au milieu desquelles le Lot dessine ses nombreux méandres.

Çà et là se montrent d'énormes souches, témoins d'une forêt brûlée. Au XIVe siècle les deux tiers, au XVIIe la moitié du Gévaudan et des Cévennes pro-

---

[1]. Exactement 772 mètres, sur la route de Banassac à Sévérac, à l'ouest ; 1,181 mètres au signal de Montmirat, à l'est.

prement dites, étaient couverts de forêts. La guerre de Cent ans contre les Anglais, celles de religion au xvi° siècle, commencèrent la ruine des bois, achevée comme nous allons le voir. Il y en avait trop, et il n'y en a plus que des lambeaux[1] !

La Lozère est aujourd'hui un des départements les moins feuillus de France. En outre, le déboisement a amené la dépopulation; mais, sur les plateaux des causses tout au moins, il n'est pas l'œuvre des armées de Louis XIV, qui ont dénudé surtout les Cévennes des Gardons : la vente des forêts seigneuriales (après 1793) aux paysans, qui défrichèrent sans mesure, puis les troupeaux menés en pâture, sont les deux principales causes du mal. (*V.* p. 84.)

La vallée du Lot disparaît peu à peu au nord, tandis que les murailles du causse semblent grandir à mesure que l'on s'élève en lacets le long d'un grand ravin.

Arrivé sur le plateau, on laisse à droite la route de Sainte-Enimie, puis on avance en plein soleil et en plein désert. Pas un arbre, pas un brin d'herbe ; quand les avoines sont coupées, la terre rougeâtre ou couverte de pierres grises semble calcinée ; çà et là se montrent quelques *couronnes,* ainsi que les caussenards appellent les mamelons qui s'élèvent au-dessus du niveau du plateau ; la route, indiquée par des poteaux, monte en pente presque insensible. L'altitude moyenne de cette partie du causse de Sauveterre atteint et dépasse 1,000 mètres, et de tous côtés la vue est bornée par les rides pierreuses qui tranchent vivement sur le bleu du ciel. L'impression ressentie dans ces solitudes est à la fois grande et sauvage.

Pendant 10 kilomètres, il n'y a rien à noter que la rencontre des deux maisons de refuge de *Bon-Secours* (996 m., la Baraque) et de l'*Estrade,* si utiles quand les neiges de l'hiver s'amoncellent en plusieurs pieds d'épaisseur. Ce dernier nom nous rappelle que nous approchons d'Ispagnac : bientôt, en effet, le plateau se déprime; au grand tournant de *Paros* s'ouvre le haut du ravin de Molines et commence la descente de l'Estrade (p. 23) : c'est un des plus beaux paysages que l'on puisse voir. La route s'abaisse de 500 mètres en 6 kilomètres de lacets et tombe enfin dans celle de Florac au pont de Molines, au pied de Rocheblave, à la porte du cañon (p. 27).

De Mende à Sainte-Enimie (chemin de grande communication n° 39), le parcours est semblable d'aspect et commun d'ailleurs jusque sur le causse de Sauveterre. Un kilomètre après avoir quitté la route d'Ispagnac, on tourne à gauche droit vers le sud, en laissant à droite (974 m.) celle, toute bordée de dolmens, qui redescend vers le Lot à Chanac (chemin de grande communication n° 31, de Marvejols à Ispagnac par Chanac). Tout près de ce carrefour subsiste le joli manoir de *Choizal* ou *Chazal,* construit en 1655 et ayant conservé ses tours à mâchicoulis.

Le village de *Sauveterre* (130 hab.), précédé d'une mare verdâtre servant d'abreuvoir aux bestiaux, dresse sur une petite crête ses maisons sans fenêtres, brûlées par le soleil, hâlées par le vent; cette crête est une injection de basalte qui a pu se frayer à grand'peine un passage à travers 500 mètres de calcaire jurassique. Dans le voisinage on a reconnu un dolmen et un cromlech. Tout à coup se lèvent au sud les escarpements supérieurs du causse Méjean, dominé

---

1. De 250,000 hectares, la superficie des forêts de la Lozère est tombée à 30,000.

par la chaîne bleuâtre de l'Aigoual ; on commence à descendre au sud-est ; peu à peu la verdure reparaît.

Le hameau du *Bac,* qui possède un gisement de pierres lithographiques, est à 870 mètres, planté au bord d'un ravin sans eau, qui devient vite un précipice. La route longe d'abord ce ravin, puis descend en lacets aigus vers les toits d'ardoise de Sainte-Énimie. Cette agglomération de toits noirs au fond d'un gouffre tout rouge produit le plus singulier effet. Il semble que l'on va tomber sur les maisons, tant la falaise est à pic. En face, de l'autre côté du Tarn, que l'on ne voit pas encore, se dresse d'un seul jet la muraille (haute de 600 m.) qui soutient le causse Méjean.

C'est de là que Sidoine Apollinaire avait dit : « J'ai vu une ville dans un puits. » (*V.* p. 32).

Une troisième et une quatrième route (chemins de grande communication n°s 32 et 33) font communiquer le chemin de fer de Mende avec la gorge du Tarn en traversant le causse de Sauveterre ; elles partent de deux stations riveraines du Lot, *Chanac* (1,611 hab. la comm., 1,076 aggl.) et *Banassac* (1,275 hab. la comm., 339 aggl.), près de la *Canourgue* (1,838 hab. la comm., 1,387 aggl.) ; elles se rejoignent sur le plateau à la *Baraque des Pis*[1], restent confondues pendant 5 kilomètres jusqu'à la cote 840 (après *le Domal*), se séparent de nouveau et descendent l'une à la Malène (chemin n° 43, *V.* p. 46) par *Recoulettes,* l'autre à *Boyne* (n° 32, *V.* p. 98), entre Peyreleau et Millau, par le *Massegros.*

Ce dernier chef-lieu de canton isolé (383 hab. la comm., 267 aggl.), aux maisons voûtées, est à 1,200 mètres au nord de l'intéressante série de dolmens d'*Inos.*

La partie du causse de Sauveterre que parcourent ces routes est assez différente d'aspect de la région orientale. Ici les couronnes sont généralement couvertes de bouquets de pins ; les groupes d'habitations, moins éloignés les uns des autres ; les traces de culture, moins rares ; les *sotchs,* en forme de cratères, à fond plat et cultivé en seigle ou en avoine, plus nombreux, plus grands et plus verts, comme si la couche d'humus y était plus profonde. Pas une goutte d'eau d'ailleurs. Pourtant le sol semble moins âpre, moins hostile à l'homme. C'est encore une immense solitude, mais ce n'est plus tout à fait le désert. A quoi tient ce changement ? Est-ce à la diminution d'altitude, la table jurassique des grands causses Méjean et Sauveterre s'abaissant peu à peu de l'est-sud-est à l'ouest-nord-ouest ? Est-ce à l'apport plus fréquent d'humidité des vents d'ouest ? On ne sait, mais certainement la différence existe.

A droite, à gauche, de tous côtés, les mamelons bornent la vue ; on longe des sotchs cultivés, on traverse des *planées* pierreuses ; pas un rocher, rien que de petites pierres ; sur les pentes, des pins. Rien ne trouble le silence, ni bêtes ni gens, pas même l'aboi d'un chien. On ne saurait trouver d'expressions pour rendre le charme étrange, exquis et très puissant de cette solitude ensoleillée, de ce mutisme absolu.

La route qui part de Banassac (ancien atelier célèbre de poteries romaines rouges, dont la marque se retrouve parmi presque toutes les fouilles faites dans le Midi de la France), passe d'abord à la Canourgue[2] et s'élève sur le plateau à l'est en remontant la vallée de l'*Urugne :* c'est un bien court affluent du Lot,

---

1. De ce point vers le sud-est on achève actuellement une route directe, suite du n° 33, vers Sainte-Énimie par Laval-du-Tarn et Cabrunas. (*V.* p. 42.)
2. La Canourgue (chef-lieu de canton) est à 2 kilomètres de la rive gauche du Lot, à 1 kilomètre du vil-

long de 10 kilomètres, mais dont « l'eau pure sort de sources vives nées dans un repli du causse de Sauveterre, sources que les étés les plus chauds ne peuvent entièrement boire... En arrivant à la Canourgue, elle se double du flot de Saint-Frézal, onde merveilleusement claire qui jaillit à côté d'une petite chapelle, au pied d'escarpements bas, arides. » (O. Reclus.)

A 4 kilomètres au sud-ouest de Banassac, dans le ravin de Saint-Saturnin, qui entaille le causse sur 200 à 300 mètres de hauteur, une autre fontaine sort de la grotte inexplorée de *Rocaysou*.

Négligeant les voies secondaires plus ou moins carrossables qui font communiquer entre elles les précédentes et réunissent les villages clairsemés du causse, il faut citer une cinquième et dernière route, confinant à la source de l'Aveyron, passant également par le Massegros et réunissant (de l'ouest à l'est) la station de chemin de fer de Sévérac-le-Château (bifurcation des lignes de Rodez—Mende—Millau) aux Vignes. (*V*. p. 61.)

En résumé, on voit que du nord et de l'ouest quatre chaussées aboutissent aux quatre principaux bourgs de la gorge du Tarn (Ispagnac, Sainte-Énimie, la Malène, les Vignes), et qu'une cinquième, coupant obliquement le causse de Sauveterre presque entier, de Chanac à Boyne, reliait, avant la création du chemin de fer, Mende à Millau, sans aborder le cañon.

Entre Banassac et Sévérac, la route nationale de Paris en Espagne (par Perpignan), supplantée par la voie ferrée, passe au point le plus déprimé du causse du Massegros (772 m.), en vue de nombreux dolmens et à 3 kilomètres de ceux de la *Tieule*, dits *cibournios* ou *tombeaux des Polacres*, dans un seul desquels le docteur Prunières en 1873 a trouvé 27 crânes et une foule d'objets; elle sépare le causse de Sauveterre de son prolongement, celui de Sévérac, de même que la ligne de Sévérac à Millau, où la locomotive se hisse jusqu'à 818 mètres d'altitude, passe au point d'attache du Sauveterre et de la *forêt des Palanges-Lévezou*. (*V*. p. 16.)

En résumé, rien, si ce n'est l'abondance des dolmens aujourd'hui vides, ne mérite sérieuse attention par le travers du causse de Sauveterre. Il n'en est pas de même de son rebord méridional : là, le piéton, rompu à la marche et ne craignant pas de passer une nuit dans un gîte peu confortable, fera en deux jours une splendide excursion, de Sainte-Énimie à Peyreleau, suspendu tout le temps à 500 mètres au-dessus du Tarn. A *Saint-Georges-de-Lévejac*, en haut du cirque des Baumes, il couchera dans une bien sommaire auberge; tout le long des falaises, il aura parfois de la peine à se frayer un passage, faute de chemins, et le contour ou la descente (impliquant la remonte) de nombreux ravins lui paraîtra certes plus fatigante encore qu'aux *valleuses* cauchoises, mais il sera amplement dédommagé par la beauté des spectacles contemplés.

De Sainte-Énimie, une nouvelle route de voitures monte, on s'en souvient p. 42 et 70), à Cabrunas, en face et au-dessus de Saint-Chély et de Pougnadoires. Pour nous reposer un peu de l'emploi des épithètes admiratives, contentons-nous de nommer les sites et de faire trève aux descriptions. La petite

lage et à 4 kilomètres (par la route) de la station de Banassac. L'ancienne route, au nord du chemin actuel n° 83, rejoignait la route du Massegros à la Baraque-du-Cros, entre Chanac et la Baraque-des-Pis. — V. *Rapport sur les fouilles pratiquées à Banassac* par M. Roussel : *Bulletin*, 1860. — *Observations sur les poteries gallo-romaines de Banassac*, par G., Fabre : *Bulletin*, 1875, p. 83; — *V*. aussi, sur les innombrables monnaies mérovingiennes frappées à Banassac, *Annuaire de la Soc. franç. de numismatique*, 1883.

commune de *Laval-du-Tarn* (812 m.; 521 hab. la comm., 226 aggl.) est à 1 kilomètre en arrière de la coupure du cañon ; laissons-la à main droite et poursuivons notre course quasi aérienne par 898, 770, 921 et 866 mètres d'altitude, ayant sous nos pieds la Caze, Hauterive et la Malène, aplatis dans la profondeur. Rudes sont les sentiers en zigzag par lesquels on franchit le creux ravin de la Malène pour rejoindre le parapet du causse à 811, 851 et 883 mètres. Là le regard plonge à pic dans le détroit et les Baumes : toujours descendant et remontant de couronne en sotch et de sotch en couronne, nous dominons la fameuse Cour de Louis XIV, dont le profil est naturellement tout autre que vu de la rivière. A droite nous voyons *Cauquenas,* où l'on a récemment découvert une chapelle d'apparence très ancienne contenant des traces de peintures et des monnaies de différentes époques. Avant le hameau du *Mas-Rouge,* le monticule coté 916 forme le sommet de la margelle du puits des Baumes-Hautes, gouffre vertigineux à contempler ; mais de l'autre côté du ravin, à 1 kilomètre du Mas-Rouge et à 400 mètres de *Saint-Jory,* le point 861 est le prince de tous ces belvédères du causse.

Quelque modérée que soit la distance (30 kil. environ, détours compris), quelle que soit la force physique du promeneur, il est certain d'arriver là absolument harassé par les perpétuelles dénivellations du chemin parcouru depuis Sainte-Enimie ; mais l'enchantement du coup d'œil le délassera instantanément.

De la rive droite du Tarn, en cinq ou six quarts d'heure (p. 56), on peut monter sur ce promontoire, qui domine la rivière de 430 mètres et commande un panorama d'une telle grandeur qu'on l'a appelé le *Point Sublime,* par analogie avec le plus beau point de vue du grand cañon du Colorado. De là, l'œil hagard cherche en vain à embrasser ce tableau colossal qu'il regarde sans comprendre : les Etroits, le cirque des Baumes et le pas de Soucy. Englouties dans les précipices, les trois plus grandes scènes du cañon, ses trois merveilles à la fois sont réunies en un seul tableau. Même si l'heure et la fatigue n'arrêtaient pas ici la course du premier jour, l'admiration empêcherait de pousser plus loin : au coucher du soleil, le paysage semble vraiment émigrer en Amérique. « Comme hardiesse de ligne, c'est beau ; comme couleurs, c'est éblouissant. En fermant les yeux je revois nettement ce magnifique spectacle, mais le décrire m'est impossible ; je ne trouve qu'un seul mot : c'est une merveille. » (A. Lequeutre.)

Les touristes qui ne voyagent pas en courant et qui, par conséquent, consacrent deux jours au moins au cañon du Tarn, ne sauraient manquer, s'ils font la descente en barque, d'employer trois heures à l'ascension du Point Sublime.

En partant le matin de la Malène vers 7 ou 8 heures, on peut déjeuner aux Baumes, monter ensuite sur le causse de Sauveterre et arriver au Rozier à 5 ou 6 heures du soir, prenant tout le temps voulu pour admirer à loisir la dernière partie de la gorge.

Les piétons venus de Sainte-Enimie par le plateau iront chercher un repos bien gagné à Saint-Georges-de-Lévejac (891 m.; 712 hab. la comm., 73 aggl.), à 1 kilomètre au nord-ouest de la cote 861, et, si dure que soit la couche rencontrée, il est constant que les efforts musculaires faits le long de la crête accidentée leur procureront un pesant sommeil[1].

---

[1]. Que le lecteur me permette ici de remercier publiquement le digne curé de Saint-Georges de l'hospitalité que j'ai trouvée sous son toit, plus agréable que dans le meilleur hôtel.

Les environs de Saint-Georges abondent en dolmens et en grottes préhistoriques. Les dolmens portent ici les noms de *lou géoyon* (le géant) et de *peyrogéoyondo* (pierre géante). D'après les recherches de M. l'abbé Solanet, qui a fouillé plusieurs de ces mégalithes, on en compterait encore aujourd'hui, plus de quatre-vingts dans un rayon peu étendu.

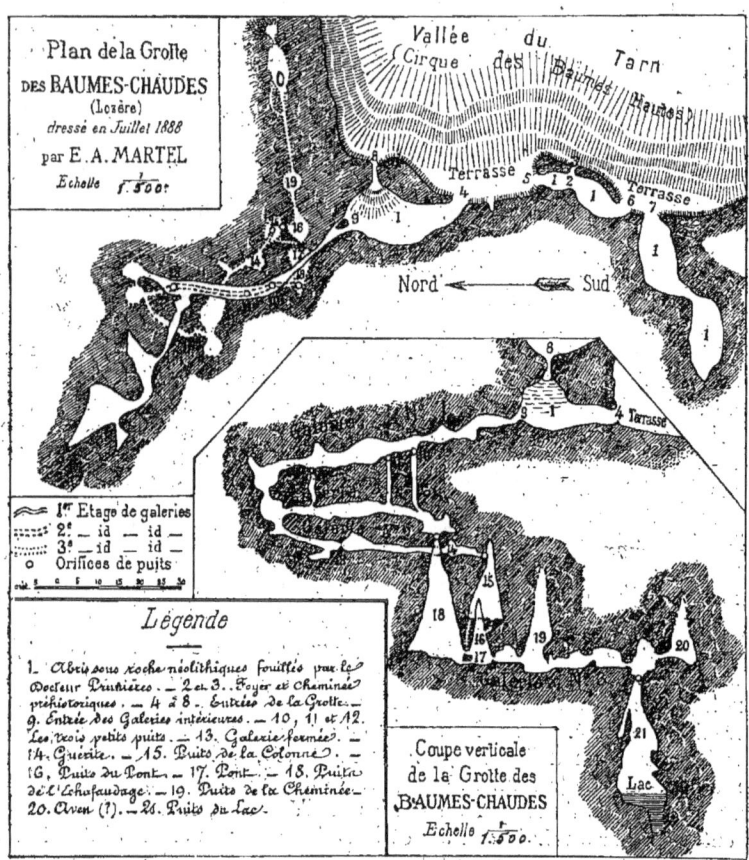

Plan et coupe de la grotte des Baumes-Chaudes. — Dressés par l'auteur.

De nombreuses cavernes ont été explorées; d'autres restent encore vierges.
La plus remarquable est celle des *Baumes-Chaudes*, révélée par l'abbé Solanet[1], célèbre en archéologie depuis les remarquables découvertes que le docteur Prunières (de Marvejols) y a effectuées à partir de 1875[2]. (*V.* chap. XXVI.)
Exposée à l'est, elle s'ouvre exactement en contre-bas du Point Sublime, à 800 mètres d'altitude, en haut de l'éperon rocheux qui sépare les ravins des

---

1. *Résultat des fouilles des grottes de Balmes-Caldes, commune de Saint-Georges-de-Lévejac: Bulletin*, 1870, p. 49.
2. *Bull. de la Soc. d'anthropologie de Paris*, année 1878, p. 206 et 420.

Baumes-Hautes et des Baumes-Basses et qui forme la paroi occidentale du grand cirque. L'entrée est donc à 370 mètres au-dessus du Tarn et à 100 mètres au-dessous du niveau moyen du causse de Sauveterre, juste sous la cote 861.

En 1888, au cours de mes recherches souterraines sur l'hydrologie intérieure des Causses, j'ai exploré à fond la grotte des Baumes-Chaudes, dont on ne connaissait pas l'extrémité.

Cette grotte se compose de deux parties distinctes : 1° une suite d'abris sous roches, peu profonds et bien ensoleillés, on ne peut mieux disposés pour servir d'habitations aux hommes de la pierre polie, et d'où pendant dix années consécutives les fouilles Prunières ont extrait la plus riche et variée collection d'ossements et d'objets néolithiques ; 2° la partie souterraine proprement dite, dont un tiers à peine avait été parcouru avant mes investigations.

Les abris sous roches comprennent en réalité trois grottes ouvertes sur une même terrasse du causse : celle du milieu forme un véritable tunnel ouvert à ses deux extrémités, et les deux autres la prolongent au nord et au sud. La grotte du sud a environ 45 mètres de longueur, le tunnel 25, et la grotte du nord 35 : au fond de celle-ci est l'entrée des vrais souterrains[1].

Il n'y a point dans les cavités secrètes des Baumes-Chaudes de ces grands dômes étincelants ni de ces clochetons cristallisés si chers aux visiteurs ; mais la disposition de la grotte est unique en son genre et d'un intérêt capital au point de vue géologique. Elle ne se recommande donc pas aux touristes, simples curieux ; elle mérite seulement toute l'attention des savants. En effet, les Baumes-Chaudes intérieures sont constituées en fait par neuf puits verticaux profonds de 8 à 30 mètres, larges de 1 à 12 mètres, superposés en trois étages, reliés par quatre galeries horizontales qui se surmontent ou s'entre-croisent dans l'épaisseur de la montagne et terminés par un petit lac.

Toute autre explication est superflue, la coupe et le plan ci-contre faisant mieux que la plume comprendre ce singulier découpage du causse. Le développement total des deux parties des Baumes-Chaudes (abris et souterrains) atteint 400 mètres de longueur ; la profondeur verticale de la grotte, 90 mètres (niveau du lac). Intérieurement, le docteur Prunières et ses ouvriers n'avaient vu que les galeries n° 1 et n° 2 *bis*, et l'un d'eux s'était fait descendre, à l'aide d'un treuil échafaudé, au fond du *puits de l'Échafaudage*, creux de 30 mètres (18), sans pousser au delà du *rocher du Pont* (17), qui le sépare du reste de la grotte ; à cause de la difficulté du parcours, des ouvertures à élargir, et des longues manœuvres de rappel de cordes et d'échelles, nous occupâmes deux jours entiers à découvrir le couloir et la salle sans nom et sans intérêt greffés sur le flanc ouest de la galerie n° 1, — les trois petits puits, — les galeries n° 2 (dissimulée par une cloison stalagmitique) et n° 3, — et les cinq puits de la Colonne (15), du Pont (16), de la Cheminée (19), de l'Avenc (20) et du Lac (21). — Je me suis fait descendre dans le puits du Lac (profond de 30 m.), à californchon sur une forte branche et attaché à des cordes que retenaient cinq hommes ; cet exercice est resté un de mes plus impressionnants souvenirs

---

1. De 1875 à 1877 les fouilles commencèrent par la partie supérieure des souterrains ; pendant l'hiver de 1877-78 on découvrit, dans la grotte du sud, un ossuaire qui donna 300 squelettes ; ensuite on vida le tunnel et enfin la caverne du nord. Une seconde série de recherches dans le puits de l'Échafaudage (que le docteur Prunières appelle *les Enfers*) fournit, entre autres choses curieuses, deux squelettes de petits enfants. Les crânes perforés et les ossements portant traces de blessures faites avec des flèches en silex sont les plus précieuses pièces recueillies aux Baumes-Chaudes (*V.* chap. XXVI.)

de voyage[1]. Se sentir suspendu dans l'espace noir, sans notion de la profondeur réelle, au-dessus d'une nappe d'eau trahie par le jet d'une grosse pierre; descendre en oscillant d'une paroi à l'autre, la main gauche à la corde et la droite parant les chocs; abandonner une spirale de magnésium enflammé qui tombe lentement et substitue pour trois secondes le plus éclatant jour aux plus épaisses ténèbres; distinguer fugitivement le reflet lumineux qui miroite sur l'eau; descendre encore, pendule animé qu'attire la pesanteur; jeter en l'air ce cri humain : « Tenez ferme, au moins! » et presque aussitôt : « Halte! » effleurer des doigts la surface d'un bassin où jamais barque ne viendra flotter; chercher en vain au pourtour de ce bassin une margelle de repos; au bout de la rude escarpolette de 30 mètres de hauteur, se balancer longuement entre des bords absolument lisses, perpendiculaires et fermés; puis, enfoui vivant sur l'eau, dans le vide et dans la nuit, se laisser, au sein de cette étrangeté suprême, envahir par une mélancolique rêverie; se résoudre au retour et commander : « O hisse! » alors seulement se rendre compte des violents efforts auxquels se livrent là-haut les cinq camarades chargés du poids d'une vie; entendre les cordes grincer et gémir contre le rocher qu'elles rabotent; sentir le mouvement ascensionnel s'interrompre tous les demi-mètres pour que les haleurs retrouvent leur souffle après chaque brassée; imaginer, comme en un mauvais rêve, la chute possible et l'ensevelissement dans la tombe liquide toujours ouverte et refermée; à ce moment même ouïr plus proches et plus distinctes les voix qui s'encouragent à la manœuvre et qui dissipent le cauchemar; saisir enfin les mains amies fiévreusement tendues à la bouche du gouffre, n'y a-t-il pas là une suite de sensations pénétrantes bien propre à satisfaire les plus aventureux esprits?

Descente du puits du Lac. — Dessin de Vuillier, d'après un croquis de Th. Rivière.
(Communiqué par le Club alpin.)

---

1. C'était mon début en fait d'avens. (*V.* p. 79.) — Dans son premier mémoire de 1878, M. Prunières décrivait ainsi le puits de l'Échafaudage (les Enfers) : « Un vaste puits terminal, dont la profondeur n'a pu encore être mesurée, et dont le fond, plein d'eau, n'est peut-être pas très élevé au-dessus du niveau de la rivière... Un poids attaché à une corde *de 60 mètres de longueur* n'a pu atteindre le fond. » (!!) — Peu après (été 1878), un de ses ouvriers y descendit, toucha et fouilla le bas (30 m.). Nous avons en 1888 (5 et 6 juillet) retrouvé les poutres du treuil, mais pas l'eau qui a vraisemblablement arrêté l'explorateur de 1878 avant le pont.

La gravure du puits du Lac corrobore bien cette trop longue analyse des sentiments éprouvés !

Du reste, ce lac est tout petit (12 m. de longueur sur 6 de largeur et 3 de profondeur *minima*). Mais sa présence à 90 mètres au fond des Baumes-Chaudes, 280 mètres au-dessus du Tarn et 190 mètres, en dessous du causse, est des plus intéressantes à constater au point de vue hydrologique qui m'y avait conduit. (*V.* chap. XXIII.)

En poursuivant sa route en corniche jusqu'au Rozier, le promeneur n'aura pas besoin de visiter les Baumes-Chaudes, aujourd'hui vides de leurs richesses préhistoriques et connues jusqu'à leur fond extrême. Tournant au sud, il passera au pied de la couronne 985, puis au signal trigonométrique de la pyramide est de Saint-Rome, à 950 ; il traversera successivement le hameau d'*Almières,* la route du Massegros aux Vignes et la commune de Saint-Rome-de-Dolan, accrochée sur la lisière du précipice. La marche est moins fatigante que la veille : il y a plus de sentiers frayés, et les pins, moins clairsemés, donnent une ombre bienfaisante.

Du promontoire coté 874 mètres, le Cinglegros se dresse au sud dans toute sa majesté, fermant presque entièrement le couloir du Tarn. A travers de véritables bois et par de doux chemins tapissés de mousse, on débouche bientôt en haut du cirque immense de Saint-Marcellin. Long en est le contour, au-dessus du hameau, de sa vieille église, des ruines de son fort et de son ermitage, car d'innombrables ravins l'entaillent ; mais de là seulement on se rend compte de sa beauté : ses roches percées, ses aiguilles pointues, ses pans de murs drapés de lierre, donnent déjà une idée de ce que seront les fausses ruines du causse Noir, Madasse, Roquesaltes et Montpellier-le-Vieux, dont les silhouettes, à l'horizon, s'estompent vaguement. Le Mas-de-la-Font, microscopique à 500 mètres en contre-bas, verdoie gaiement près de la rivière blanche d'écume. Au point 893, ou sur toute l'étendue du promontoire que le causse de Sauveterre projette vers le confluent de la Jonte, une heureuse variante s'introduit dans le panorama : à l'ouest se creuse le long ravin de *Commayras,* un de ses flancs porte le bourg de *Mostuéjouls* (782 hab. la comm., 559 aggl.), étalé à l'aise sur le penchant de la vallée élargie du Tarn ; comme une plaine, cette vallée fertile et riante est épanouie vers Millau ; l'œil se repose sur ce thalweg normal et cultivé ; à l'est, au contraire, le Cinglegros rétrécit encore la dernière section du cañon, comme s'il voulait empêcher le Tarn d'en sortir ; en face et au sud, le cap aigu du causse Méjean, où se hérissent les rocs dentelés de *Capluc,* s'effile, tranchant et fantastique, au-dessus du Rozier. Ici encore il faut attendre le coucher du soleil pour jouir du spectacle dans sa plus éclatante splendeur. La descente au Rozier, soit par les Églazines, village curieusement bâti sous un rocher qui le recouvre comme un parapluie ; soit par Liaucous (*locus*) (523 m.), qui possède une jolie petite église de style byzantin et l'*aven* de Convrines, n'est pas très commode : les sentiers manquent presque totalement, et les chèvres seules s'y trouvent à l'aise.

Montons maintenant sur le causse Méjean.

CHAPITRE V

LE CAUSSE MÉJEAN. — LES AVENS.

Le désert de pierres. — Les avens. — La légende de la Picouse. — Rivière souterraine de Padirac. — Le déboisement. — Dénivellation du causse et profondeur du cañon. — Le lac de Carnac. — Deux routes : Meyrueis à Sainte-Énimie; les Vignes à Florac. — La bataille de Carnac. — Le trésor du Mas-Saint-Chély. — La peur du causse. — L'avenc de Hures. — Le pas de l'Arc. — Panorama du mont Buisson. — Percepteurs et caussenards. — Capluc. — La légende du cheval. — Les corniches du causse Méjean.

Deux voies maîtresses seulement franchissent le désert du causse Méjean : celle des Vignes à Florac, de l'ouest à l'est, par *Rieisse*, la plaine de *Carnac* et le *Mas-de-Val;* celle de Meyrueis (vallée de la Jonte) à Sainte-Énimie, du sud au nord, par la commune de la *Parade* et Carnac. La première est rejointe en deux points par les deux petites routes qui, depuis peu de temps, escaladent le causse Méjean à la Malène (V. p. 47) et à Montbrun. La deuxième détache, pour desservir la commune de Hures, un embranchement (c'est l'ancienne route de Sainte-Énimie) qui rejoint la voie de Florac près du Mas-de-Val. Et c'est tout, si l'on néglige quelques tronçons aboutissant en impasse à plusieurs hameaux isolés.

Le dernier des trois seuls chefs-lieux de commune du causse Méjean, *Saint-Pierre-des-Tripiers*, ne communique encore avec le reste du monde que par un chemin de chars descendant à la Jonte (au Truel) et impraticable après les grosses pluies. On s'explique la rareté des routes quand on a constaté sur place combien sont vraies les moroses descriptions de MM. Reclus et Lequeutre

« Causse Méjean (*Méjo*, en patois), c'est causse médian, causse moyen, autrement dit causse de séparation entre le val du Tarnon à Florac, le val du Tarn à Sainte-Énimie, le val de la Jonte à Meyrueis. On traduisait à tort ce nom patois par causse majeur, mais ce bloc d'oolithe n'en est pas moins le premier des quatre grands causses : inférieur en étendue au Larzac et au plateau de Sauveterre, il est plus haut, plus froid, plus terrible, et aucun n'est isolé par de pareils précipices.

« Il ne tient au monde environnant que par un isthme de 1,000 mètres de large[1], entre Gatuzières et Frayssinet-de-Fourques. Par ce dos de roche, qui part du col de Perjuret et longe le vallon supérieur de la Jonte, le Méjean se rattache à l'Aigoual; partout ailleurs il se casse en falaise blanche, rouge ou dorée, sur de vertigineux précipices de 400, 500, 600 mètres de profondeur. A l'est, il s'abat sur le Tarnon, vis-à-vis des Cévennes et de la Ramponenche. Au nord, au nord-ouest, à l'ouest, il finit soudain sur le cañon du Tarn, en face des parois du causse de Sauveterre, aussi hautes, aussi droites, aussi brillamment colorées que les siennes, et si proches, à travers l'effroyable abîme, que, si le Méjean et le Sauveterre s'avançaient chacun, tantôt de 500, tantôt de

---

[1]. Dix mètres en un certain point de la crête qui joint le col de Perjuret (1,031 m.) à l'Aigoual.

1,000 mètres, à la rencontre l'un de l'autre, ils ne feraient plus qu'un seul et même plateau. Au sud, le gouffre de la Jonte, presque aussi profond que celui du Tarn et plus étroit encore, le sépare du causse Noir, rarement éloigné de 1,000 à 1,200 mètres, pour l'oiseau, non pour l'homme, qui « dégringole » d'un demi-kilomètre par des sentiers on ne sait comment accrochés à la roche, puis, le torrent traversé, monte en soufflant à la hauteur dont il vient de descendre.

« Sur ces trois rivières le Méjean développe 160 kilomètres de fossé et 120 kilomètres de front de falaises. Long de presque 30 kilomètres, large de 10 ou 12 à 20, à des altitudes de 900 à 1,278 mètres, il a 32,000 hectares; 2,100 habitants, pas plus, y vivent en trois petits villages, Hures, la Parade, Saint-Pierre-des-Tripiers, et en misérables hameaux sans arbres pour rompre le vent de bise et sans autre onde que l'eau des « lavognes », c'est-à-dire des citernes où l'on recueille pieusement les gouttes qui tombent du ciel, car le causse Méjean est le plus cassé de tous, le plus criblé d'*avens* (abîmes) de sinistre profondeur.

« Ses avens s'ouvrent le plus souvent dans un repli du sol, dans un entonnoir de la roche; on y arrive en suivant une coulière de vallon, une rigole, une gouttière sèche, reconnaissable à l'usure de la pierre, et qui mène jusqu'à la porte d'une grotte d'engouffrement ou jusqu'à un orifice à ras du sol. A ces trous accourt l'orage tombé sur la carapace du causse et peu retenu par l'herbe rare et sèche, où çà et là se lève, de loin confondu avec la roche, quelqu'un de ces dolmens que le caussenard appelle les tombeaux des géants.

« Parmi ces abîmes, celui de Hures est tellement creux *qu'on n'entend pas tomber jusqu'au fond le caillou qu'on y jette;* celui des Oules est entre le Bedos et la Volpilière; ceux des Avens ont nommé un hameau situé au nord-ouest de Hures, au nord-est de la Parade. Celui de la Picouse, entre le Mas-de-Bail et la crête de Florac, faisait peur aux caussenards eux-mêmes; il avait ses légendes: un soir, au crépuscule, un jeune cavalier y précipita sa dame, belle et suppliante; un berger y tomba, dont le fouet reparut à la source de Florac. Sa gueule était béante, près d'une des routes les plus suivies du causse, et les passants craignaient d'y rouler ou d'y être jetés; il est voûté maintenant: d'autres ont été entourés d'un mur. » (O. Reclus.)

Ceci fut écrit alors que nul encore n'avait osé braver la profondeur de ces abîmes ni rechercher jusqu'où ils descendaient. Nos explorations méthodiquement suivies de l'intérieur des causses ont commencé à faire la lumière sur cette obscure question des avens. (*V.* chap. XXIII.)

Voici, en passant, l'histoire du berger de la Picouse : Un jour, son fouet, tombé dans le gouffre, fut retrouvé par sa mère dans la source du Pêcher, à Florac. « Mère, je t'enverrai un mouton par là sous terre, » promit alors le jeune homme. Mais la bête destinée à ce fatal transport se débattit si bien au bord du trou où on voulait la jeter, que l'infortuné berger roula seul dans l'abîme. Sa mère encore, dans la même fontaine, recueillit son cadavre au lieu de la brebis attendue! Roman ou légende, ce fait fut longtemps ce que l'on connaissait de plus précis sur l'intérieur des avens.

Ouverts en pleins champs, ces puits naturels faisaient peur; dans leurs gueules noires, pendant les nuits sans lunes et les brouillards épais, maint voyageur « s'était péri », disait-on ; et les villageois contaient qu'ils avaient plusieurs centaines de mètres de profondeur; aussi personne ne s'était-il risqué dans ces affreuses *bouches de l'enfer*.

De 1888 à 1892, je suis descendu dans cent abîmes, accompagné de mon ami G. Gaupillat et d'une équipe nombreuse d'hommes énergiques et dévoués. Car ce n'étaient point jeux d'enfant.

Naturellement, le récit populaire s'est montré fort exagéré, et la profondeur bien inférieure à 500 mètres.

Toutefois l'avenc de *Rabanel,* près Ganges (Hérault), nous a menés à 212 mètres en dessous de l'orifice. Les autres ont varié de 20 à 190 mètres; quinze seulement aboutissent aux rivières internes dont on imaginait l'existence au fond de chacun d'eux.

Des résultats scientifiques de nos recherches je ne saurais rien dire ici : ils font l'objet du chapitre XXIII. Je ne veux relater que quelques incidents caractéristiques de ce genre d'exploration : elles exigent une foule de précautions minutieuses et d'accessoires encombrants.

Avec notre équipe, nous formions une vraie caravane, qui ne manquait pas de cachet. Sur plusieurs voitures se transportaient, de village en hameau et de vallée en plateau, nos 500 mètres de cordages, les échelles de cordes, treuils, chèvres et poulies, deux bateaux de toile, le téléphone, les appareils à lumière électrique et à magnésium, et tout l'attirail de campement, alimentation, topographie et photographie.

Bien amusantes parfois à recueillir les observations entendues : à Ganges, on nous demanda discrètement si nous n'étions pas « un cirque ». A Millau même on m'appelait « le monsieur qui voyage pour les trous ». J'étais passé commis voyageur en trous. Une autre fois, six vieilles femmes nous conjurèrent en se signant de renoncer à la tentative : « Pour sûr, vous y descendrez, mais vous n'en remonterez jamais plus. » Ailleurs on avait mille peines à trouver deux ou trois hommes de bonne volonté pour descendre et donner un coup de main.

Le téléphone surtout provoquait une stupéfaction générale, que nous étions bien près de partager; car cette application du merveilleux engin (la première de ce genre, croyons-nous) était vraiment fort heureuse. Dans ces longs puits en forme de bouteille, on cesse de s'entendre dès 30 mètres de profondeur, la voix se perdant toute par résonance. La parole électrique, au contraire, se transmettait à des centaines de mètres, claire et sonore, à travers gouffres, cavernes et rivières. — Certain dimanche même, au fond d'un dangereux abîme de 106 mètres, le *Mas-Raynal* (Larzac), et dans les volutes d'un torrent grondeur dont nous troublions pour la première fois le mystère, j'avais une oreille assourdie par le fracas des cascades souterraines qui me couvraient de leur écume, tandis que l'autre, appuyée sur la plaque vibrante, percevait la musique et la cadence du bal champêtre organisé là-haut, au bord du trou, par la turbulente jeunesse du village voisin; saisissant contraste qui, en présence d'un effrayant spectacle naturel, me rattachait de si loin aux gaietés de la vie!

A l'abîme de *Guisotte* (causse Noir) [72 m.], un des premiers explorés, mon chef d'équipe, Louis Armand (je tiens à citer son nom), descendu le premier, n'avait pas emporté le précieux porte-voix. L'ouverture n'a que 1^m,50 de diamètre. Quand il fut au fond, ni cris ni signaux à la trompe de chasse ne purent nous maintenir en communication. Les hommes à la poulie tiraient en vain sur la corde : résistance complète. Il y eut une demi-heure d'angoisse. A la fin, je me fis descendre muni du téléphone, et trouvai en bas mon Armand sifflotant un air connu : « Je vous attendais. — Vous m'avez fait une jolie peur ! — Pourquoi tiriez-vous? — Pourquoi ne lâchiez-vous pas la corde? — Parce qu'elle se serait prise dans ce rocher là-haut et qu'on n'aurait pas pu la dégager. — C'est juste ; mais pourquoi ne corniez-vous pas? — Je n'ai fait que cela ! — On n'entendait rien ! — Moi non plus ! — Eh bien, vous savez, nous ne descendrons plus jamais sans téléphone. » Ce qui fut fait. Et comme au fond de Guisotte il n'y avait rien, nous commandâmes : « Oh ! hisse ! »

En remontant, étant tiré trop fort, je faillis renouveler (en sens inverse) la scène du plafond de la maison du Baigneur sous le rocher qu'Armand avait considéré comme susceptible d'arrêter la corde au passage. — Ce jour-là, ce fut une grande frayeur. La nuit, nous eûmes tous le cauchemar.

Voilà pour les puits étroits. Les larges offrent un autre inconvénient. A Rabanel (celui de 212 m.), l'à-pic est de 130 mètres, pas moins ! Il fallut trois jours pour construire l'échafaudage de la chèvre et du treuil. Descendu le premier, attaché à une double corde, je tournai quarante-sept fois sur moi-même dans le vide absolu, heureux encore de m'être aperçu à temps que le seul moyen de ne pas perdre la tête durant cette vertigineuse giration, c'était de compter les tours !

En revanche, quel spectacle ! On aboutit à un talus de pierres incliné à 35 degrés, puis on descend de pied ferme et sans trop de peine pendant 20 mètres, et on aperçoit au-dessus de sa tête, au sommet d'une gigantesque nef d'église, longue de 100 mètres, large de 15, *haute de 150,* une immense lucarne de ciel bleu ; la lumière en tombe tamisée, étrange, irisant de reflets violacés les parois rapprochées du puits, où pendent, en larmes de cristal, les stalactites formées goutte à goutte.

Plus bas encore, à 170 mètres sous terre, nous découvrons, au pied du talus, une vaste grotte étincelante, longue de 60 mètres, large de 25, haute de 45 mètres ; ensuite un second puits de 26 mètres (pour la visite duquel il faut nous faire descendre la longue échelle de cordes : le téléphone transmet l'ordre, et Armand, resté en haut, dirige la manœuvre, qui dure une heure) ; enfin, à 212 mètres, le fond, avec le lit d'une rivière temporaire qui ne coule qu'après les orages et que des amas d'argile obstruent à brève distance en aval. — Rabanel nous a pris six jours et coûté 600 francs. — A la remontée, un paquet d'outils se détache et tombe de 90 mètres de haut à nos pieds ; nous avons pu nous garer. — Dehors, je questionne Gaupillat sur les réflexions qu'il a faites pendant les dix longues minutes de hissage. « Je me suis demandé, répond-il, à partir de quelle hauteur on serait sûr de se tuer du coup ! »

Je suis descendu deux fois dans Rabanel, et je ne pense pas y retourner !

La découverte capitale a eu lieu au *puits de Padirac,* sur le petit causse de Gramat, dans le Quercy, non loin du célèbre pèlerinage de *Rocamadour* (Lot). Le gouffre est tout rond, profond de 75 mètres ; en haut, 35 mètres de diamètre et 110 de circonférence ; en bas, 65 et 210 ; au fond, dans un angle obscur, autre puits de 28 mètres de creux, qui nécessite encore l'expédition par téléphone de l'échelle de cordes, et qui nous jette à 103 mètres sous terre, à la naissance d'un petit ruisseau. Ce ruisseau coule dans une grandiose galerie ogivale de 10 à 40 mètres de hauteur et de 5 à 10 de largeur ; bien vite il devient rivière, tant est abondante la pluie suintante qui tombe de la voûte et qui l'alimente ; nous avons trouvé ainsi *comment l'eau du ciel se transforme en source dans l'intérieur du sol!*

A 370 mètres de distance, le courant occupe toute la largeur de la galerie et mesure 6 mètres de profondeur. Volte-face; il est 6 heures du soir, il faut trois heures pour remonter, et j'ai pour principe *absolu* de ne jamais coucher sous terre. Nous passons la nuit dans et sous l'omnibus à côté du trou, et nous redescendons le lendemain avec notre bateau démontable en toile. (*V.* chap. IX.)

Nous avons navigué pendant 2 kilomètres sans parvenir au bout. La rivière

Abîme du Mas-Raynal. — Phot. G. Gaupillat, prise à 20 mètres de profondeur.

traverse huit lacs et se brise en trente-quatre cascades ou rapides de 50 centimètres à 4 mètres de hauteur; trente-quatre fois il a fallu sortir le bateau de l'eau et nous y plonger nous-mêmes pour franchir ces barrages naturels. La barque a 90 centimètres de large; en un point, la galerie en mesure 91 : nous passons! Plus loin, *aux Etroits,* le couloir se réduit à 70 centimètres. Nous grimpons contre les parois, jambes en travers au-dessus du courant, et avec nos cannes à crochets nous réussissons à faire glisser la barque en l'inclinant sur le flanc; il eût été plus simple de la démonter : nous n'y avons point songé!

Ailleurs, la voûte s'abaisse à 30 centimètres au-dessus de l'eau; dans un autre endroit formant tunnel, à 50. Il faut se coucher à plat ventre dans le fond du bateau et avancer *avec le dos*.

S'il survient un orage et si l'eau monte, nous ne pourrons plus repasser. Nous le savons, nous en causons ensemble, et nous continuons! « A la découverte! » Mais les bougies s'épuisent; la lumière risque de faire défaut, et je me souviens de l'abîme de *Hures* (causse Méjean), où, suspendu au bout de 80 mètres de corde, j'ai passé trois quarts d'heure à frotter mes allumettes humides pour ranimer une bougie éteinte, sans pouvoir, dans la nuit opaque, ni remonter ni descendre! — Donc, demi-tour! La suite à l'année prochaine; il faut savoir où va la rivière[1]!

Au retour, mêmes difficultés; nous avons navigué 6 heures et levé le plan.

Décrire l'aspect de la rivière de Padirac est impossible.

Aux lacs de la Pluie, des Bouquets, des Bénitiers, qui se suivent, des stalactites pendent depuis la voûte jusqu'à l'eau, longues de 30 mètres, lustres et colonnettes de carbonate de chaux aux mille facettes. Les parois sont lambrisées de même; à la lueur du magnésium, c'est l'intérieur d'un diamant; et sur l'onde limpide, le reflet double la splendeur! Nous sommes deux, isolés dans la barque, trop loin des autres pour être attachés à des cordes ou même pourvus du téléphone; aucun flot ne murmure; on n'entend bruire que les gouttes d'eau tombant des voûtes invisibles, tant elles sont hautes. Nul être humain ne nous a précédés dans ces catacombes géantes!

Ensemble et spontanément nous nous posons la même question : « Est-ce que nous ne rêvons pas? » Ces sensations-là sont inoubliables.

On pourra aménager sans peine à l'usage des touristes la plus belle portion de la rivière.

C'est le premier cours d'eau souterrain de ce genre que l'on découvre en France; l'Autriche et l'Amérique du Nord en possèdent seules d'aussi longs.

Or nous ne sommes descendus que dans vingt-trois abîmes, et il en existe des centaines, peut-être des milliers. On devine ce que l'avenir réserve encore.

C'est une branche nouvelle de la science, précieuse pour l'histoire naturelle, la géologie, la physique du globe et la météorologie!

Les Autrichiens, qui la pratiquent depuis dix ans, autour de Trieste, dans le *Karst*, cette terre promise des cavernes, l'appellent la *Grottologie* (Hœhlenkunde). En France, son domaine est magnifique à exploiter, mais elle n'est pas encore organisée; il faut qu'elle le soit à bref délai : nous y travaillons. (*V.* ch. IX.)

Revenons au causse Méjean. « C'est une immense table de calcaire jurassique, sans eau, sans arbres, ayant une altitude moyenne de plus de 1,000 mètres.

« Dix coups de mine, coupant les routes tracées à grand'peine le long de ses murailles, rendraient à peu près inaccessible ce désert de pierre. Par suite de quelles circonstances des hommes se sont-ils acclimatés sur ce grand plateau? Battu par tous les vents, torride par le soleil, glacial à la moindre pluie, terrible en toute saison, livré aux *chasse-neige* en hiver, comment se fait-il que ce causse et les causses voisins, qui maintenant se dépeuplent d'année en année, aient été habités de toute antiquité, comme le prouvent les nombreux

---

1. Les 9-10 septembre 1890, nous avons achevé l'exploration de la rivière souterraine de Padirac et reconnu l'existence d'une splendide salle haute de 80 mètres avec deux lacs suspendus l'un au-dessous de l'autre; la longueur totale de la galerie est de 3 kilomètres; il y a 36 barrages et 12 lacs (de 10 à 50 m. de diamètre), mais pas d'issue; nous avons été arrêtés par la roche et l'argile à 2 kilomètres seulement de la Dordogne. (*V.* le *Tour du monde*, 27 décembre 1890.)

dolmens qui les couvrent, les nombreux foyers de leurs cavernes, et plus tard les nombreuses traces laissées par l'occupation romaine?

« Le côté pittoresque est grand, terrible. Si vous désirez avoir l'impression simple produite par la vue des Causses, allez les voir à la fin de l'été ou en automne; au printemps, leur léger manteau de verdure vous tromperait : c'est leur beauté du diable, qui ne dure qu'un instant. » (A. Lequeutre.)

Descente d'un avenc (l'Egue, causse Noir, profondeur 90 m.). — Phot. G. Gaupillat.

L'ensemble des Causses, dans la Lozère, l'Aveyron, le Gard, l'Hérault, occupe une surface de 500,000 hectares, qui de plus en plus chaque année devient un désert, se stérilise, se dépeuple, perd ses cultures et ses habitants.

L'origine de ce mal est le déboisement.

Les grottes sépulcrales, les dolmens, les restes de voies romaines, les ruines du moyen âge, donjons et chapelles, démontrent que jadis la population était beaucoup plus considérable sur ces plateaux, devenus solitudes.

Aux xii° et xiii° siècles, le causse Méjean à lui seul avait quatorze châtellenies dressées sur ses rochers et appartenant aux rois d'Aragon, aux comtes de Rodez, aux seigneurs de Sévérac, etc. En 1876, il n'y vivait plus que 2,000 habitants ; en 1884, 1,500 à peine, ou même 1,162, suivant une autre estimation. Des deux communes dont les limites ne dépassent pas les bords du plateau, celle de Hures avait 426 habitants en 1856, 278 en 1881, 288 en 1886 ; celle de la Parade, 544 en 1856, 431 en 1881, 411 en 1886.

La destruction des forêts de pins, de hêtres et de chênes, sans lesquelles l'eau et, par suite, la vie ne pouvait se maintenir sur ces hautes tables calcaires, s'est faite lentement, progressivement, et a eu plusieurs causes :

D'abord le délaissement des grands domaines par les nobles, qui, préférant, au xviie siècle, le séjour fastueux de la cour et de Versailles à celui de leurs sévères manoirs, laissaient leurs cupides intendants vendre coupe sur coupe aux bûcherons ; puis le défrichement, ayant pour but l'extension des champs de céréales, rendue nécessaire par le prix exorbitant auquel des guerres continuelles avaient fait monter le blé ; enfin ces guerres elles-mêmes, dont les dévastations et les incendies substituèrent des souches mortes et des tas de cendres aux quelques bois laissés debout. (*V.* p. 68.)

Des causes, passons aux conséquences :

Une fois les arbres disparus, il n'y eut plus d'amas de feuilles ni d'entrelacements de racines pour former et retenir la terre végétale : les pluies torrentielles l'entraînèrent, et les fissures du sous-sol mises à nu engloutirent toute l'humidité ; fontaines et citernes s'évanouirent à travers ce filtre, que ne bouchait plus le feutre de l'humus. Ainsi asséchés et privés de tous débris végétaux organiques, les champs ne fructifièrent plus, « et le paysan, ne voulant plus travailler une terre trop peu rémunératrice, l'abandonna... Partout on voit, de çà et de là, des champs entourés de murailles où ne poussent que des chardons et quelques rares herbes, constamment broutés par la dent du troupeau. Des fermes, des maisons isolées, dont les habitants vivaient de la culture des terres voisines, des hameaux mêmes, sont déserts. On a retiré des habitations les poutres et les ardoises du toit, choses qui dans ces régions ont toujours de la valeur, et les murs, s'éboulant peu à peu, restent pour attester que naguère il y avait là des habitants[1]. »

Autre résultat non moins fâcheux : avec l'ablation du manteau végétal des Causses, les eaux ont perdu le régulateur qui les conduisait goutte à goutte et sans brusquerie dans leurs réservoirs intérieurs ; les basses vallées du Tarn, de la Jonte, etc., en souffrent maintenant, car, au lendemain des orages ou lors de la fonte des neiges, le gonflement des puissantes sources riveraines est subit, parfois formidable ; les inondations sont plus fréquentes depuis que là-haut la terre végétale ne s'adjuge plus, au profit de tous, la majeure part de l'eau du ciel. En corollaire, et comme la distillation ne se fait plus d'une façon constante, grâce à sa lenteur même, à travers l'humus, beaucoup de fontaines du pied des Causses tarissent pendant les sécheresses : leur régime est donc devenu intermittent, ce qui leur ôte toute valeur économique ou industrielle.

Il y a un remède, le *reboisement ;* mais le *troupeau* s'y oppose : car la lande couverte d'un court et maigre gazon est devenue pâture, et la dent du bétail ne

---

1. *V.* L. DE MALAFOSSE, *de la Dépopulation et de la stérilisation des Causses* : Congrès national des sociétés françaises de géographie, 7e session. Toulouse, 1884, p. 131. — *V.* aussi *Discours de M. de Loisne, préfet de la Lozère, retraçant les désastres de l'inondation dans les départements de la Lozère en 1867 et recommandant le reboisement* : Annuaire de la Lozère pour *1867*.

distingue pas l'herbe vulgaire de la tendre pousse du jeune arbrisseau qu'on voudrait faire arbre. « Or, le revenu du troupeau est pour le caussenard aujourd'hui la principale ressource. Le reboisement vient se heurter à des droits de propriété et à une nécessité agricole restreinte, il est vrai, mais empêchant encore la ruine de bien des familles. »

Ainsi le déboisement a fait le désert des Causses, et les troupeaux, qui ont remplacé les cultures, s'opposent à la restauration des forêts! Résoudra-t-on ce difficile problème?

« Rien ne peut rendre l'impression profonde causée par ces solitudes où, pendant des heures de marche, on ne rencontre pas un être vivant. Quelle tristesse ce doit être en hiver, alors que les *montjoyes* seules dressent, au-dessus de leurs monticules de pierre, les poteaux indicateurs de la route, à travers un immense manteau de neige, et que le vent y fait rage ! » (A. Lequeutre.)

Les moulins ruinés que l'on rencontre sur le causse Méjean, la disparition de plusieurs grands arbres isolés, qui de 1852 à 1854 servirent de points trigonométriques aux officiers chargés de lever la carte de l'état-major, sont des preuves suffisantes de l'abandon et du déboisement toujours grandissant du plateau.

La plus basse cote d'altitude relevée est celle de 808 mètres, à l'extrémité ouest de la plaine de Carnac, au sud-ouest de la Malène; les deux plus hautes sont, à l'ouest du causse, 1,278 et 1,250. Ainsi l'inclinaison vers l'occident et les dénivellations du plateau sont telles qu'entre sa plus creuse dépression et sa couronne la plus élevée il y a 470 mètres de différence d'altitude, *quantité égale à la profondeur moyenne du cañon du Tarn même*. Sans vouloir tirer aucune conclusion de cette observation, nous la mentionnons au moins comme curieuse : Carnac se mirerait dans un lac si le sous-sol n'était pas calcaire ! Et à ce propos il importe de rappeler que, le 29 juillet 1874, une trombe d'eau, abattue sur le causse pendant un orage avec les proportions d'un véritable cataclysme, transforma en un fleuve limoneux de 150 mètres de large le vallon des *Alos*, qui débouche dans la plaine de Carnac et d'Anilhac : cette plaine ainsi devint un étang temporaire, qui faillit, par-dessus le parapet du causse, se déverser dans le Tarn, vers Hauterive, en effroyable cataracte de 400 mètres de hauteur; on voit encore les restes du cône de déjection formé par cette inondation ; le lac disparut bientôt d'ailleurs, *bu* tout entier par les fissures du sous-sol.

Treize communes se partagent l'ingrate surface du causse Méjean ; deux seulement, Hures et la Parade, y ont leur territoire entier. Celle de Saint-Pierre (405 hab. la comm., 33 aggl.) a quelques dépendances au bord du Tarn et de la Jonte.

Jusqu'en 1884, la route de Meyrueis à Sainte-Enimie se dirigeait droit du sud au nord par Hures (1,024 m.) et le Buffre (934 m.), laissait le Mas-de-Val à l'est et le Mas-Saint-Chély à l'ouest, puis descendait à Sainte-Enimie en zigzags aigus et très courts. En s'élevant le long des falaises de la vallée de la Jonte, dont l'enfilade est d'ici magnifique à voir, elle utilisait, avant d'atteindre le plateau du causse, la coupure du roc de la *Bouillère*, pylône naturel ménagé dans les dolomies à 300 mètres au-dessus de Meyrueis.

La nouvelle route, dont la dernière section a été livrée à la circulation en juillet 1888, décrit une grande courbe vers l'ouest pour adoucir la pente, passe au pied même de la Bouillère, sous le *tunnel de la Femme-Morte*, encadré dans de puissants rochers, à la Parade, à Carnac, et débouche sur le cañon du Tarn en surplombant Saint-Chély.

Il y a peu à signaler et encore moins à décrire sur ce parcours. Après la Parade (32 hab. aggl.), entourée de dolmens, le plateau se déprime, les bois apparaissent blottis dans les creux ; Carnac est au milieu des cultures ; ce n'est plus le désert, qui n'existe réellement que dans l'est, le centre et le sud-est du causse.

La descente à Sainte-Enimie n'est point si pittoresque que celle du causse de Sauveterre par l'estrade d'Ispagnac ou le ravin du Bac ; moins raide que toutes ses voisines, la nouvelle route est plus longue et ne se tord pas en lacets du haut en bas d'un mur. C'est ce que fait, en revanche, le passable chemin de chars qui dévale abruptement sur l'oasis de Saint-Chély, et cette *tombée* dans le cañon en face de Pougnadoires, aux flancs d'un ravin très raide, est certes une des plus grandes surprises de tout le pays des Causses. Du premier coude du chemin, le Tarn, à 400 mètres de profondeur, n'est qu'à 200 mètres de distance à vol d'oiseau, tant est escarpée la paroi où l'on se trouve accroché !

Avant de quitter le causse, il y a une pointe à faire jusqu'au *Mas-Saint-Chély*. En escaladant les mamelons qui le dominent, on voit les abîmes du Tarn en amont et en aval, ainsi que les hautes Cévennes. Les géologues rencontrent là des fissures où se sont épanchées des coulées de bauxite et des filons de minerais de fer et de manganèse (limonite et acerdèse), décrites par M. Fabre. (*V.* chap. XXII.) Les environs du Mas-Saint-Chély, autrefois boisés et peuplés, sont aussi riches en dolmens, tumuli et débris de constructions romaines. C'est en cet endroit que fut, en 1874, sur la crête de Rivalte et à la suite de la trombe du 29 juillet, trouvé par le sieur Fages, occupé à labourer son champ, un trésor de l'âge du bronze dont les pièces, aussi rares que belles, ornent le musée de Mende[1]. Il faut signaler aux archéologues, dans la petite église du Mas, une cloche portant la date de 1362 ; elle provient de l'antique chapelle des Saints-Côme-et-Damien, dont quelques restes subsistent sur le penchant oriental du *truc de Saint-Côme* ou *des Tourels* (1,028 m.), entre le Mas et la route de Florac.

Comme, autour de ce truc, la charrue exhume souvent un fer de lance ou un débris d'épée et des médailles, la tradition locale veut que les Romains (?) aient livré une bataille dans la plaine de Carnac. L'histoire ne nous dit rien à ce propos ; mais une enceinte en pierres sèches se voit encore au sommet du truc, ancien *oppidum* ou camp retranché d'origine inconnue. M. Germer-Durand y a trouvé un couteau de pierre et des morceaux de grossière poterie. D'après la légende, des fées auraient, la nuit, entrepris d'élever là une ville enchantée ; surprises et dérangées par des paysans, elles disparurent, laissant leur œuvre à peine ébauchée.

La route de Saint-Préjet-du-Tarn (les Vignes) à Florac ne s'éloigne d'abord pas beaucoup de la lisière septentrionale du causse Méjean. Aussi, quand on la suit, peut-on, en plusieurs endroits, notamment autour de Rieisse et avant Carnac, s'avancer jusqu'à la lèvre du cañon pour plonger le regard dans la creuse vallée. Cependant aucun cap du causse Méjean ne vaut le Point Sublime, et l'on ne saurait conseiller de suivre son rebord de Sainte-Enimie au Rozier : il y a moins de chemins battus encore que sur le causse d'en face ; les ravins pénètrent plus avant, et sont plus longs à contourner ou à franchir ; les dénivellations, plus fréquentes, accentuées et fatigantes ; les prospects moins beaux enfin, parce que, la courbe du Méjean formant la convexité du cañon, tandis que celle du Sauveterre

---

1. *Découverte d'objets en bronze dans la commune de Saint-Chély-du-Tarn*, par F. ANDRÉ, archiviste : *Bulletin.* 1875, p. 40.

en est la concavité, les promontoires de ce dernier commandent naturellement une bien plus grande partie du cours de la rivière.

Après Carnac, la route pénètre dans la vraie désolation : au Mas-de-Val, les arbres disparaissent; on n'en retrouve plus qu'un maigre bouquet, abritant la *Cavaladette*, métairie isolée, à main droite; derrière, au sud-est, s'étend, jusqu'au col de Perjuret, la partie la plus élevée et la plus solitaire du causse Méjean, houleuse surface de mamelons cailloutoux sans une tache verte. Le paysage devient sévère à force de laideur, grandiose à force de sévérité : dans les parties basses de la route, entre les cirques fermés de couronnes nues qui interceptent tout l'horizon, sans un homme ni une maison en vue, on éprouve une sorte d'oppression, de peur presque, et l'on hâte instinctivement l'allure.

Ou bien l'on gravit une couronne élevée, et le bien-être que cause alors l'élargissement de l'horizon fait trouver belle la vue du mont Lozère au nord-est et de l'Aigoual au sud. Il n'a rien d'admirable pourtant, ce terne panorama : l'étendue seule est son mérite : mais c'est assez pour le moment, puisque les ravinements bleuâtres des Cévennes nous rappellent qu'à leur base, et pas bien loin, se retrouvent les ruisseaux, les arbres, nos semblables, la vie enfin, dont l'absence sur le silencieux plateau produit une si funèbre impression.

Les monts du Bougès restent cachés par la pente du causse. La route de voitures continue à traverser des cuvettes creusées dans le sable du causse, à contourner des mamelons, à franchir les rides moins élevées. Çà et là se montrent quelques misérables hameaux, dont les chaumières, roussies par le soleil, semblent blanches sur ce sol jaunâtre et brûlé, où il n'y a pas une source, pas une goutte d'eau. Ce manque absolu d'eau devient à la longue une souffrance pour le voyageur.

On redescend : tout disparaît, et les longues lignes ondulées du causse se détachent de nouveau sur le bleu du ciel.

De mamelon en cuvette et de cuvette en mamelon, on arrive tout à coup sur la lèvre du cañon (1,050 m.). Sous nos pieds, à 1,200 mètres de distance à vol d'oiseau et à 500 mètres de profondeur, s'ouvre béante la vallée du Tarnon, large, plantée de bouquets d'arbres, de vignes, bordée de prairies, aux nombreux villages épars sur les pentes du Bougès, avec la ville ensoleillée de Florac, qui étale ses maisons au bord de la rivière, tandis que, courant du nord au sud, se profile la haute et sévère muraille du causse. C'est un émerveillement, une joie des yeux, que ce tableau.

La route semble tomber dans le vide et rapidement atteint Florac.

De Meyrueis, il faut prendre l'ancienne route de Sainte-Énimie par le portique de la *Bouillère* pour aller visiter le *formidable* avenc de *Hures*... Dans ce village perdu par excellence (26 hab. aggl.), le premier étage des maisons, aux murs très épais, est voûté de façon à supporter le poids des neiges et l'effort des tempêtes.

L'avenc, situé à quelques minutes à l'est, passait pour un des plus considérables que l'on connût. Tout à coup, dans une ride du sol, s'ouvre une caverne large de 1 mètre à peine : on peut s'y avancer de 10 mètres jusqu'au bord d'un puits qui perce le causse.

« Une pierre lancée dans le gouffre produit un bruit effroyable, qui peu à peu s'éloigne, sans que l'on puisse distinguer le moment d'arrêt. » (A. Lequeutre.)

Les paysans croyaient que cet avenc communiquait avec la source de la Cénarète, à Saint-Chély. Légendes que tout cela! Nous sommes descendus dans l'abîme de Hures le 25 juin 1889 : au bout du couloir de 10 mètres il y a un premier puits conique de *35 mètres de profondeur seulement*, large à sa base de 12 mètres, et suivi d'un deuxième gouffre beaucoup plus allongé que large, et creux de 52 mètres ; plus bas vient une troisième cheminée, de 18 mètres de hauteur ; le fond de l'abîme, à 116 mètres en dessous de l'orifice, se composait d'une crevasse cylindrique remplie d'eau [1].

Presque à la pointe du causse Méjean on peut, des bords mêmes du Tarn, faire une course très intéressante, à pied seulement, par des sentiers difficiles.

Immédiatement au-dessus du Cambou (5 kil. des Vignes, 6 kil. du Rozier), où la vallée du Tarn commence à s'élargir, la muraille de la rive gauche est plus déchiquetée que partout ailleurs. Dans cet entassement chaotique, le regard est attiré par un rocher perforé, indice de quelques nouvelles étrangetés ; si l'on quitte la gorge pour se hisser sur le causse, la montée, à peu près à pic, est essoufflante au possible ; mais aussi, quel spectacle inouï ! Le roc troué aperçu d'en bas (*V.* p. 62) est en réalité un grandiose portail ogival, haut de 10 mètres, large de 6 ; derrière cette entrée de forteresse, appelée le *pas de l'Arc*, on débouche soudain dans une enceinte bastionnée véritablement cyclopéenne : des tours rondes, hautes de plus de 100 mètres et régulières comme des constructions architecturales, dressent dans l'air leurs masses colossales ; autour de ces donjons isolés, des courtines délabrées, des redans lézardés, et l'escarpe du Tarn, profonde de 1,200 pieds, complètent l'illusion guerrière ; on dirait les ruines foudroyées d'un repaire de Titans ! Quelque fatigante que soit l'approche de ces retranchements, on ne saurait passer au pied sans visiter cette magnificence. Il est d'ailleurs plus facile d'y accéder par le haut : un bon sentier descend jusque-là depuis la Bourgarié, hameau perché à quinze minutes au-dessus, sur le bord même du plateau. Tout le promontoire sud-ouest du causse Méjean constitue une excursion superbe : outre le pas de l'Arc, les deux ravines des Bastides et du Truel, tributaires de la Jonte, ne sont pas moins bizarrement tailladées que celles du Tarn. Le signal du *mont Buisson* (1,069 m.), entre Saint-Pierre-des-Tripiers (949 m.) et la Bourgarié (866 m.), est un belvédère remarquable : de cette *couronne*, on domine à la fois toute l'étendue des trois tables calcaires qui convergent vers le confluent de Peyreleau ; au bas de l'Aigoual et de la Lozère s'incline doucement le désert pierreux ; il n'y a d'arbres qu'à l'extrémité orientale du causse, moins âpre que celle de l'ouest ; encore les frênes et ormes solitaires, les maigres bouquets de pins sylvestres, grillés tour à tour par la gelée ou la canicule, sont-ils presque gris comme le sol ; les moissons jaunes elles-mêmes perdent leur couleur gaie dans ce tableau chauve ; à 2 ou 3 kilomètres vers l'est, les deux lèvres des cañons bâillent entre leurs dents ébréchées : on sent l'abîme que l'on ne peut voir ; l'ensemble est triste, mais cette tristesse impressionne et charme !

Comme variante, la promenade de la Jonte au pas de l'Arc par le ravin du Truel, le bout du causse et la Bourgarié, avec retour par le mont Buisson, Saint-Pierre-des-Tripiers, le vallon des Bastides et les Douzes, demande environ 5 à 6 heures de marche. Elle permet de ne pas sacrifier la visite du Rozier ; elle évite la grimpade du Cambon, et elle donne une excellente idée du plateau :

---

[1]. En octobre 1892 notre collaborateur M. Paul Arnal et notre contremaître Louis Armand sont descendus 30 mètres plus bas (à près de 150 mèt.), grâce à la sécheresse, et ont exploré dix autres avens du causse Méjean profonds de 25 à 110 mètres. Il faudrait désobstruer le fond de ces avens pour parvenir aux réservoirs des sources.

Promontoire du causse Méjean. — Dessin de Vuillier, d'après nature.

c'est un détour intéressant pour ceux qui montent à Meyrueis en voiture. Mais il est indispensable de se munir de provisions : on ne peut rien se procurer là-haut, pas même le pain et l'eau; non pas que les caussenards soient misérables, comme on l'a trop souvent répété. La culture des céréales, assez prospère sur ce terrain de chaux, et l'élève du bétail ont, tout au contraire, répandu quelque aisance en ce bout du plateau; mais les fermes sont souvent closes. L'absence de sources est un vrai fléau sur le plateau : il ne serait pas impraticable d'y faire remonter l'eau qui s'accumule dans ses basses cavités. L'exploration méthodique de tous les avens, la désobstruction du fond de quelques-uns, ou au contraire la transformation de certains autres en citernes bien bétonnées, permettraient sans doute un jour de désaltérer l'immense surface aride !

On voit que le causse Méjean, à part quelques points de son pourtour, ne doit guère tenter le promeneur : le parcours, toutefois, en est réellement curieux, tant pour le grand effet de sauvagerie et de solitude que pour son contraste avec les cañons d'alentour.

Près de Saint-Pierre se trouvent les célèbres grottes de l'Homme-Mort, l'une ayant servi d'habitation et l'autre de lieu de sépulture aux populations préhistoriques. Ces grottes, signalées en 1870 par le docteur Prunières, de Marvejols, ont été de nouveau fouillées par lui et le docteur Broca en 1872. Vingt crânes bien conservés et une cinquantaine de squelettes y ont été découverts.

Leur étude a conduit à des conclusions très importantes pour la science préhistorique. Mais ce sujet rentrera plus loin dans un chapitre spécial. (*V.* chap. XXVI.)

Si le causse Méjean proprement dit n'est point pittoresque en lui-même, son extrémité sud-occidentale, son promontoire terminal au-dessus de Peyreleau et du Rozier, au confluent de la Jonte et du Tarn, est, au contraire, l'objet d'une des plus admirables promenades de la région des Causses tout entière, qui peut être combinée avec celle du pas de l'Arc et du mont Buisson.

Il s'agit de la visite de Capluc et des corniches qui l'avoisinent.

Du Rozier au village de *Capluc,* on monte en trois quarts d'heure par des zigzags entre des vignes et des pierrailles. A 610 mètres d'altitude, le hameau est tapi dans le pied évidé d'un rocher gigantesque, dressé lui-même comme une forteresse sur l'arête étroite qui sépare en cap la fin des deux gorges. Celles-ci se joignent à 225 mètres en contre-bas du village.

On se demande par quel prodige d'équilibre l'énorme et bizarre masse de pierres n'est pas encore tombée sur les masures auxquelles elle sert de parapluie.

Les documents des XIe et XIIe siècles nous montrent là un vassal des rois d'Aragon. Cette assiette exceptionnelle a dû en outre être utilisée par les Romains, qui lui avaient donné son nom, *caput lucis* (tête de lumière), assurément parce que les premiers rayons du soleil levant en doraient la pointe avant d'atteindre la vallée.

Quelques auteurs veulent que l'étymologie soit simplement *caslucum,* équivalant à *caylus* ou *caylar* et signifiant château.

Au roc fut superposé un fort, célèbre au moyen âge, qui commandait jadis le débouché du Tarn et de la Jonte et une partie de la plaine de Millau. Quelques débris en sont encore épars jusque dans le hameau, où une chapelle romane sert de grange ; on voit aussi les vestiges d'un mur d'enceinte englobant toute la plate-forme du rocher, avec des trous de portes et des fragments de ferrures.

Cette plate-forme, autrefois entourée de remparts crénelés, domine le village et supporte, de plus, un monolithe naturel colossal, percé d'une petite grotte : là se trouvait la guérite de la vigie du château ; elle devint pendant la Révolution

Le Vase de Sèvres. — Dessin de Vuillier, phot. Chabanou.
(Communiqué par le Club alpin.)

le refuge et l'autel de quelques prêtres fugitifs. Une grande citerne, recouverte d'une voûte romane, est creusée sur le devant de la plate-forme. Au sommet même du monolithe, accessible par une échelle, on a trouvé une excavation en forme de cercueil, qui paraît avoir été creusée de main d'homme, on ne sait pour quel objet.

Le Club alpin français y a, fort à propos, fait installer un belvédère, avec échelons, rampes, etc., qui en rendent l'abord facile.

Le manoir de Capluc a donné son nom à une ancienne famille, dont Bernard de Capluc (vers 1250) est le premier membre connu. Faute de descendance mâle, il passa en 1504 à la maison d'Albignac de Peyreleau. (*V.* p. 95.) Les seigneurs de Capluc eurent de vifs démêlés avec ceux du voisinage : en 1329 même un Mostuéjouls enleva la place et la mit à sac. Au village du Rozier, un *lieu dit* porte encore le nom de *Champ de castre;* ici sans doute campaient les armées assiégeantes.

Une autre fois, le sire de Capluc, bloqué dans sa forteresse et réduit par la famine aux dernières extrémités, eut recours à un stratagème qui le sauva.

Il donna à son cheval ce qui restait de blé dans la place, et le lança, pardessus les remparts, au milieu des agresseurs ; ceux-ci, jugeant, à la vue d'un animal si bien nourri, que le fort était abondamment pourvu de vivres, levèrent immédiatement le blocus.

Quand on s'élève derrière Capluc, entre les donjons naturels écrasants qui dentèlent la crête étroite descendant du causse Méjean, le spectacle devient admirable : là commence la promenade du tour de la pointe du causse Méjean par les *corniches,* à 400 mètres au-dessus des rivières et à 100 mètres au-dessous du plateau ; on gagne d'abord le versant du Tarn par le col et le rocher des *Deux-Cañons,* où l'on se trouve littéralement suspendu entre les deux gorges prodigieuses; suivant la direction du nord à l'altitude moyenne de 800 mètres, on contourne le *rocher de Franc-Bouteille,* puis les deux obélisques naturels de *Saint-Pons;* le ravin des Eglazines, le Mas-de-la-Font, le cirque de Saint-Marcellin, le pic de Cinglegros, la fosse du Tarn enfin, se profilent ou se projettent sous des aspects non moins merveilleux que ceux déjà vus en bateau ou de la pointe du causse de Sauveterre. De plus, on touche du doigt la courtine monstrueuse (alt. 914 m.) si belle à voir de la vallée; on contourne ses redans, on traverse ses embrasures, on passe la tête par ses meurtrières.

L'un des rocs a reçu le nom de *rocher du Midi,* parce qu'un jeu de lumière y indique l'heure aux habitants de la vallée du Tarn en aval : à midi, en effet, toute la muraille est dans l'ombre, sauf une étroite saillie qui, brillamment éclairée, sert de *gnomon* à ce cadran solaire d'un nouveau genre !

A 100 ou 150 mètres en contre-bas vieillissent et s'achèvent les ruines de l'ermitage de *Saint-Pons,* qui dominent encore le Tarn de 300 à 250 mètres. On y arrive par deux chemins, soit de Capluc, à mi-côte, soit du Tarn même, par le sentier qui monte de Plaisance à Cassagnes. Ces ruines se composent de quelques murs à portes cintrées et d'une petite chapelle à moitié détruite, avec abside romane, le tout remontant au moins au xie ou au xiie siècle, car on y a trouvé des monnaies de cette époque, et adossé à un roc surplombant qui forme en même temps toiture et muraille de fond. A côté s'ouvrent deux grottes sans intérêt, où des fouilles, sommaires il est vrai, n'ont rien produit. Le petit sanctuaire était l'objet de deux dévotions particulières : les riverains du Tarn allaient y demander la pluie, et les mères la guérison de leurs jeunes enfants. Au pied des grands escarpements, le site est d'un pittoresque achevé. Aucune donnée historique certaine ne subsiste sur l'ermitage de Saint-Pons ; probablement fut-il bâti par quelque religieux du monastère de Rozier soucieux de la vie contemplative, ou encore pour servir de refuge en temps de guerres et de pillages.

La halte du déjeuner se fait tout naturellement à la fontaine du *Tel*, où ne tarit jamais l'eau la plus pure; puis, laissant à gauche les formidables bastions surplombants du *Clot*, hanté par les aigles, on traverse le bout du causse par le hameau de Cassagnes (environ 900 m.).

En passant derrière le Cinglegros au nord et en allongeant la course de trois à quatre heures, on pourrait, par Volcégure et la Bourgarié (866 m.), aller visiter le même jour le pas de l'Arc et le mont Buisson (1,069 m.), d'où l'on rejoindrait Cassagnes à travers champs : les cotes 997 et 898 marquent la direction de la descente. De Cassagnes, le retour s'effectue par le sud et le versant de la Jonte, au milieu de ravins, abîmes, tours, piliers et statues géantes, dont rien ne donne meilleure idée que l'élégant *Vase de Sèvres;* ce monolithe a 20 mètres de hauteur; une rouge falaise de dolomie, élevée de 100 mètres, lui sert de support; un autre pilier analogue et de même taille lui fait pendant, et tous deux couronnent une sorte de cirque profondément évidé dans l'escarpement et qu'on a très justement dénommé le *Portique des Géants;* tout près encore, un troisième champignon, plus petit, rappelle à s'y tromper une *tête de caniche*. On circule là parmi la procession de rocs si étrange à contempler du rocher Fabié sur le causse Noir. (*V.* p. 106.) Enfin, avant de rejoindre Capluc, on contourne les flancs abrupts du *ravin des Six Echos*, où le son se répercute six fois entre les falaises. Sur tout ce parcours, le regard éperdu a peine à distinguer la Jonte et Peyreleau au fond d'un précipice de 1,200 pieds. Nulle part le mot de *corniche* n'a été mieux appliqué qu'à cette promenade, car, durant les cinq à six heures qu'elle demande (sans le détour du pas de l'Arc), on chemine sur d'étroites terrasses ménagées par les eaux des anciennes grottes en plein travers de murailles à pic. (*V.* chap. XXIII.)

Cette excursion est assurément l'une des plus belles de la contrée, et les voyageurs pressés devraient peut-être la préférer à celle même de Saint-Michel. (*V.* p. 106.)

CHAPITRE VI

AUTOUR DE PEYRELEAU

Peyreleau. — Le Rozier. — Le trésor du château de Triadou. — Les salades du marquis d'Albignac. — Panorama du point 815. — Le pont des Arcs. — La vallée du Tarn. — Peyrelade. — Le connétable d'Armagnac. — Une page d'histoire de France. — Les ruines et le chien de Saint-Jean-de-Balmes. — L'ermitage Saint-Michel. — Jean Grin le loup-garou. — La corniche du causse Noir. — Le cirque de Madasse.

Par 385 mètres d'altitude environ, la Jonte, issue du couloir d'entre causse Noir et causse Méjean, fait sa soumission au Tarn, échappant lui-même à son cañon. Au bec de confluent se trouve la limite des deux départements de l'Aveyron et de la Lozère.

Sur chaque rivière, en amont, un pont d'une seule arche : celui du Rozier, à 700 mètres au nord-est, celui de Peyreleau, à 900 mètres au sud-est ; entre deux, le cap final du causse Méjean, supportant à son extrême pointe l'église du Rozier (390 m. d'alt.,) et contourné par la route de Millau à Meyrueis, qui vient de franchir le Tarn sur le pont même du Rozier. Le long de cette route et autour du cap, le village du Rozier s'étend chaque jour davantage, en une seule rue adossée à la montagne. C'est une simple commune de la Lozère, et les exigences administratives sont l'unique cause qui empêche sa jonction avec Peyreleau, chef-lieu de canton de l'Aveyron.

L'étroit cours de la Jonte, lisière départementale, sépare les deux bourgs ; un pont de 20 mètres de longueur les unit. Et Peyreleau, relégué sur la rive gauche, en dehors de la route, qui remonte la rive droite, — construit en incommodes gradins sur un abrupt rocher où tout épanouissement lui est interdit, — acculé au sud au lit d'un graveleux torrent qui ne coule pas vingt jours par an, mais dont les orageux gonflements emportent chemins, vignes et maisons, — Peyreleau, en un mot, tombe peu à peu dans le Rozier, mieux placé pour le trafic, abrité des vents du nord, chaudement étalé en plein midi.

De là ce quatrain populaire :

> Peyrolado
> Es toumbado ;
> Peyroleou
> Toumboro leou.

Mais Peyreleau a ses fonctionnaires cantonaux, sa gendarmerie et son télégraphe, établi en 1888, grâce à son maire intelligent M. Fabié.

Même après l'enchanteresse descente du Tarn, le site des deux villages jumeaux paraît superbe. Au débouché des deux cañons, à l'extrémité de l'opulente vallée de Rivière et Boyne, à l'ombre du sourcilleux Capluc, au pied des murailles déchiquetées de la Jonte, le voyageur arrivant de Millau se croit réellement parvenu aux portes d'un monde spécial et nouveau et se demande si ce monde est vraiment en France.

Rien à voir au Rozier (199 hab. la comm., 178 aggl.) : l'église romane défigurée est à mi-distance des deux ponts du Tarn et de la Jonte, entre lesquels la route fait un crochet de 1 kilomètre de développement.

Les gourmets de Millau, cependant (qu'on excuse ce prosaïque détail, qui a son gros intérêt en voyage), viennent y chercher les truffes de Peyreleau, non moins bonnes que celles du Périgord ; les truites rebondies du Tarn ; les grives du causse Méjean, gorgées de genièvre et prises au piège de la *tindelle ;* les lièvres succulents du causse Noir ; les fromages onctueux de Peyrelade, rivaux du roquefort, et le fameux vin de Gamay, qui vieillit si délicieusement.

En 1075, les religieux bénédictins de l'abbaye d'Aniane (Hérault) (*V.* chap. XIV) fondèrent un prieuré au confluent de la Jonte et du Tarn, en un lieu appelé *Inter aquas,* Entraigues, nom primitif du Rozier, qui plus tard seulement fut qualifié de *campum dictum Rosarium,* à cause des roses qu'y soignaient les moines [1].

Peyreleau (375 hab. en 1851, 356 en 1866, 340 en 1886 la comm., 307 aggl., *Petra levis* ou *Petra super aquas*) remonte loin dans les siècles écoulés ; aux bords

---

[1]. Pour plus de détails historiques, consulter : DE BARRAU, *Documents sur les familles du Rouergue ;* 1854, 2 vol. in-8° ; — Le baron DE GAUJAL, *Études historiques sur le Rouergue ;* Paris, Dupont, 1824-25, 2 vol. in-8°.

de la Jonte, ainsi que dans la plaine de *Grauffessenque*, près Millau, et sur beaucoup de points du causse Noir, on trouve encore souvent des amas de poteries antiques, les unes grossières, fabriquées sans doute sommairement par les soldats-laboureurs romains durant leurs loisirs, les autres d'une grande finesse, du type dit *samien*, et peut-être issues de quelque succursale des grands ateliers de Banassac. (*V.* p. 70.) Telle est la délicatesse de ces poteries samiennes, qu'actuellement un artiste de talent, M. Constans, à Millau, vend très cher les jolies imitations qu'il est parvenu à en exécuter avec une perfection rare.

Aux Romains aussi remontent sans doute les soubassements du vieux fort royal qui couronnait le roc et le village ; démantelé en 1600, il n'est plus qu'une grande tour carrée, dont le sommet paraît sortir d'un véritable étui de lierre. Près de la tour, une statue de la Vierge surmonte l'église moderne. Au sud de Peyreleau et au delà du lit du torrent si souvent dévastateur qui descend du causse Noir et qui interdit au bourg toute extension sérieuse de ce côté, le château de Triadou fut commencé en 1470 par Pierre d'Albignac ; ce seigneur, toujours en guerre avec son voisin le sire de Capluc, enleva la fille de ce dernier, la belle Flour de Capluc, l'épousa après la mort de son père et confondit ainsi les deux maisons vers l'an 1504. D'ailleurs, quoique réunis nominalement dès 1260 au comté de Rodez et d'Armagnac, tous les manoirs du Tarn, de la Jonte, de la Dourbie, narguant leurs suzerains du fond de leurs vallées si bien défendues par la nature sauvage, demeuraient en fait complètement indépendants. Leurs propriétaires s'étaient tous arrogé le droit de haute, moyenne et basse justice ; ils avaient leur cour, composée d'un juge et d'un lieutenant, d'un procureur et d'un greffier. Les *bois patibulaires* des barons de Castelnau, sires de Triadou, se trouvaient sur le causse Noir, près de l'église de Saint-Jean-de-Balmes. (*V.* p. 104.) Tout cela fit dire à Clément Marot :

> Lévezoulx, d'Estaing, Vayzins,
> Haults barons et mauvoisins,
> Mostuéjouls et d'Arpaon,
> Forts châteaux et beau renom,
> Sévérac torture et pille,
> Castelnau sur tous grapille,
> Et Vitracq est sans rayson
> Pour soi prétendre baron.
>
> (*Voyage en son pays de Rouergue.*)

Peu de pays ont été aussi continuellement que le Rouergue (comté de Rodez), les Causses et les Cévennes du Gard, en proie aux horreurs de la guerre. Presque sans interruption s'y sont succédé pendant seize cents ans les Vandales, les Sarrasins, les Albigeois, les Anglais, les Armagnacs, Merle et ses calvinistes, les Camisards, enfin les républicains et les royalistes de 1793, sans parler des querelles de manoir à manoir, des luttes armées des petits seigneurs. L'état voisin du néant de presque toutes les ruines parsemées aujourd'hui sur les rocs, montre l'acharnement développé durant ces seize siècles de tueries.

Selon un ancien auteur, Fromentau, qui écrivait en 1584, le Rouergue, de 1561 à 1580, aurait été imposé pour 83,422,000 livres (environ 1 milliard de notre monnaie), dont 6,507,000 seulement au profit de la royauté ; 18,832 individus auraient été tués ou massacrés, et 1,765 maisons détruites.

« Mais de 1581 à 1598, époque de la pacification par l'édit de Nantes, la guerre prit un caractère de violence plus désastreux encore. Les chroniques du temps ne contiennent que des récits de bourgs et de villages livrés au pillage et aux flammes, de garnisons passées au tranchant de l'épée, de populations exterminées, d'églises dévastées ou détruites, de cruautés inouïes, etc. Trente-sept ans de pareille guerre [1]. »

Le château de Triadou a une histoire à raconter : c'est celle de l'enlèvement de son *trésor* en 1793. La voici.

En 1628, le duc Henri Ier de Rohan, chef du parti calviniste en France, se rendait de Meyrueis à Millau par le causse Noir ; le sire de Triadou, Simon d'Albignac, lui vint tendre une embuscade, mit ses huguenots en fuite, et s'empara des bagages, qui furent un butin immense. Des sommes tombées ainsi en son pouvoir, Simon fit deux parts : l'une servit à embellir le manoir de Peyreleau, l'autre fut constituée en fonds de réserve, et le châtelain enrichi consigna dans ses archives qu'*un trésor était caché dans le château ;* il eut soin de ne pas dire où. A cette époque fut construite au bout de la terrasse la jolie chapelle qui sert aujourd'hui d'étude à M. Fabié et qui renferme de curieuses fresques.

Les républicains de Millau occupèrent Triadou en 1793 ; plus heureux que tous les seigneurs d'Albignac, qui n'avaient pu réussir à deviner la cachette de Simon, ils reconnurent, par un coup frappé au hasard, l'existence d'une cavité sous l'escalier même ; là, dans deux caisses de chêne vermoulues, gisaient deux lourdes boîtes de plomb : le trésor du duc de Rohan revoyait enfin le jour. Pour ne pas éveiller la cupidité de la soldatesque, on dressa procès-verbal déclarant qu'on avait trouvé « des sacs remplis de sous » ; puis quatre chevaux blancs s'en furent honnêtement porter la richesse au Directoire du district.

Pendant ce temps, le sire de Triadou, émigré à Londres, devait travailler pour vivre ; une singulière spécialité lui en fournit les moyens : ce marquis d'Albignac avait un talent tout particulier pour accommoder les salades. Sa clientèle de gastronomes devint rapidement si nombreuse, qu'il put acheter chevaux et voitures ; et chaque matin on voyait ce descendant de Pierre et de Simon traverser en *cab*, avec cocher et laquais, les plus belles rues de Londres, pour aller préparer les laitues de l'aristocratie anglaise. L'anecdote est authentique, et cet art précieux devint pour lui, paraît-il, plus lucratif que ne l'eût été la découverte tant souhaitée du fameux trésor de Peyreleau !

Quoique délabré, le château garde encore de grandes salles, avec de fort beaux lambris et plafonds peints et sculptés.

Le Rozier et Peyreleau, protégés des vents froids par une ceinture de hauteurs largement ouverte vers le sud-ouest, du côté du plus chaud soleil, et recevant par la vallée de la Jonte les purifiantes brises du sud-est, balsaminées à travers les forêts de sapins de l'Aigoual, jouissent d'un climat très sain. La moyenne de la vie humaine y est très longue, et le nombre des octogénaires relativement considérable. Une veuve Julien, âgée de cent quatre ans, va chaque matin (1889) sonner l'Angélus à l'église du Rozier ; il y a six ou sept ans, elle percevait les droits de péage (rachetés en 1887) du pont du Tarn et se levait la nuit pour en ouvrir la grille aux passants ; son fils aîné touche à ses quatre-vingts ans.

Sous ce ciel clément, les arbres fruitiers prospèrent mieux encore qu'à Ispagnac ou Sainte-Enimie : les grenades mêmes y mûrissent parfois.

---

1. DE BARRAU, *Documents historiques sur le Rouergue*, I, p. 482. — L.-P.-C. BOSC, *Mémoires pour servir à l'histoire du Rouergue.* 1793, 3 vol. in-8°.

Quelques oliviers, vieux de trente ans et plus, ont résisté aux rudes hivers de 1870-71 et 1879-80.

Si les deux bourgs n'ont autre chose que leur bonne chère et la beauté de leur situation pour retenir les étrangers, il y a du moins aux alentours quatre excursions de premier ordre à faire, chacune en moins d'une journée, savoir : le *belvédère du point 815* et le *pont des Arcs,* le *château de Peyrelade,* l'*ermitage Saint-Michel* et les *corniches du causse Méjean* (cette dernière décrite p. 90).

Le voyageur venant de Mende ou de Florac et arrivant à Peyreleau après avoir descendu la gorge du Tarn, se croit au bout de ses étonnements et se dit que la région des Causses lui a déjà livré toutes ses merveilles : erreur! Qu'il s'élève, à l'ouest du village, à travers les vignes, les bruyères et les bois de hêtres, le long de la croupe terminée sur la carte de l'état-major (feuille de Sévérac, n° 208) à la cote 815 : bien avant de parvenir au sommet, il comprendra que la fissure du Tarn n'est pas la seule curiosité du pays ; ses premiers regards, il est vrai, se tourneront vers elle, droit au nord ; de 400 mètres il la domine tout entière, et d'un seul coup d'œil il refait en un moment 13 kilomètres de cette descente féerique, depuis le cirque des Baumes jusqu'au Rozier. A droite, dans la direction du nord-est, Capluc élève à la pointe du causse Méjean sa double ruine, le castel féodal et le rocher démantelé, l'un dégradé par les agents atmosphériques, l'autre par le temps et les hommes. Jusqu'ici rien de nouveau pour le spectateur : mais à l'est les érosions ont creusé une seconde entaille, celle où la Jonte, pendant 21 kilomètres, écume et bondit en torrent rebelle à toute navigation. A Peyreleau on se trouve bien au débouché de ce deuxième cañon, sans en deviner la grandeur néanmoins, car des entre-croisements de contreforts en dissimulent les perspectives éloignées ; du point 815, c'est-à-dire du causse Noir, on éprouve au contraire une saisissante surprise à voir se dérouler, rectiligne et dans toute son étendue, cet autre couloir formidable, perpendiculaire au premier. Pour être moins longue et moins creuse que la gorge du Tarn, celle de la Jonte n'est guère moins remarquable ; la coloration éclatante, la continuité, la hauteur et les découpures de ses dolomies supérieures, alignées en remparts, présentent même peut-être un plus curieux aspect. Nous ne tarderons pas à nous en rendre compte. De notre belvédère, qui est désigné d'avance comme un futur « observatoire » de touristes, avec le télescope et la buvette obligatoires, tout le causse Méjean, effilé en promontoire, semble s'élever insensiblement vers la montagne de la Lozère (pic de Finiels, 1,702 m.; roc Malpertus, 1,683 m.); on dirait une table de pierre dressée, avec une légère inclinaison, entre le Tarn et la Jonte, sur des stylobates rouges hauts de 400 à 500 mètres. Il suffit d'examiner la carte pour se convaincre qu'il n'existe dans toute la région aucun point d'où l'on puisse mieux comprendre la disposition, la structure, la géologie des Causses et de leurs gorges ; nulle part le contraste ne paraît aussi frappant que là, entre les hauts plateaux immenses et tristes, les précipices des escarpements dolomitiques, le resserrement des vallées et la joyeuse végétation des thalwegs. C'est le résumé du pays entier ; c'est aussi beau et plus complet que la vue du *Point Sublime* des Baumes. Qui osera donner un nom au point 815 ? Aucun ne serait assez expressif, et il vaudrait mieux demander au plan cadastral quelle dénomination de lieu-dit existe au sommet de cette croupe. Laissons ce soin à l'industriel intelligent qui viendra le premier y établir une terrasse panoramique, et achevons notre tour d'horizon ; nos yeux n'ont plus qu'à errer sur une autre table calcaire,

7

celle du causse Noir, qui occupe tout notre sud. Moins haut, moins froid, moins dénudé, plus accidenté, plus habité que le pauvre Méjean, le causse Noir ne charme cependant pas plus la vue, qui cherche toujours à plonger dans les architecturales vallées de la Jonte et du Tarn ; çà et là pourtant, de grandes tours de défense font saillie à sa surface parmi les amas de ruines ; aujourd'hui nous les prenons pour de vieux donjons ; la suite du voyage nous détrompera, quand, à Saint-Véran, à Roquesaltes, à Montpellier-le-Vieux, au Rajol, ces fausses ruines se révéleront à nous sous la forme de monolithes rocheux, hauts de 20 à 120 mètres, d'amphithéâtres surnaturels et de villes sculptées par les érosions. Dans l'ouest, le Tarn s'écoule vers Millau, toujours à 400 ou 500 mètres en contre-bas du causse Noir, mais moins écumeux, à travers les riantes plaines de Rivière, qui s'élargissent vers la rive droite, au pied des pentes plus douces de petits causses secondaires. Au coucher du soleil, redescendons du point 815 à Peyreleau ; devant les parois dorées et empourprées des dolomies rouges et jaunes, devant les cañons sombres, approfondis encore par la nuit qui règne déjà en bas, nous songerons involontairement aux paysages américains du Yellowstone, des Mauvaises-Terres, du Marble-Cañon, de l'Arizona et du Yosemiti, que les riches publications du *Geological Survey* des Etat-Unis montrent comme les plus fantasmagoriques de la terre! Soit à l'aller, soit au retour, l'excursion du point 815 implique celle du *pont des Arcs*, situé tout à fait à l'extrémité occidentale du ravin du Peyreleau, dans une gouttière du causse Noir, entre la *Rouvière* (720 m.) et *Puech-Margue* (811 m.). Nous l'avons *découvert* (sic), sur les indications de notre ami Fabié, le 23 juin 1889. Nulle publication n'en avait fait mention, aucun touriste ne l'avait vu précédemment. C'est cependant un *pont naturel* des plus curieux : il a 6 mètres d'ouverture et 4^m,20 de hauteur, dont 3^m,50 sous voûte ; c'est-à-dire que le *tablier*, large de 1^m,50 et sur lequel on chemine à l'aise, mesure 0^m,70 d'épaisseur. La gravure ci-contre donne meilleure idée que toute description de cette étrange œuvre de nature, due à l'action des eaux. Les charrettes passant dessous. Il est impossible de le trouver sans un guide.

De Peyreleau à Millau, le Tarn n'est plus encagnonné : sur la rive gauche, cependant, les escarpements du causse Noir restent bien propres à surprendre le voyageur qui aborde pour la première fois le haut Tarn. Mais à droite, des vallons sans étrangeté entaillent le causse de Sévérac : la vallée principale est large, fertile, riante ; elle charme les yeux du touriste qui débouche des corridors d'amont ; elle ne saurait l'étonner. Une bonne et jolie route de 23 kilomètres longe paisiblement la rive droite de la rivière et traverse ou dessert les opulents villages de Mostuéjouls, Boyne, Rivière (1,191 hab. la comm., 310 aggl.), la Cresse, seule localité de la rive gauche (379 hab. la comm., 312 aggl.), Compeyre (602 hab. la comm., 449 aggl.) et Aguessac (775 hab. la comm., 627 aggl.), dont les *caves* font, pour la fabrication des fromages, concurrence à Roquefort. Mostuéjouls (*Monsjunius* ou Monte-joie) (*V*. p. 76), a une ancienne église romane du XIIe siècle, qu'on a dû réparer récemment pour éviter sa ruine totale ; depuis huit siècles sans interruption, son château appartient à l'illustre famille de Mostuéjouls[1], dont les ancêtres, vaillants bannerets, devaient l'hommage aux seigneurs de Sévérac. Rivière est l'ancienne *Ripperia* ou *Rippia*. En face, sur la rive gauche du Tarn, et faisant pendant à la forteresse de Peyrelade (*V*. ci-après),

---

1. La première charte qui mentionne ce nom est de 1075.

l'ancien château très hardi de *Caylus* n'est plus, au flanc du causse Noir, qu'un vieux débris sans grande valeur archéologique (692 m.). C'est vers Rivière, à plus de 100 mètres au-dessus du Tarn, que le chemin de fer de Rodez et de Mende débouche brusquement du causse de Sauveterre pour s'abaisser vertigineusement, de tunnels en viaducs et de remblais en tranchées, jusqu'au niveau de la rivière. L'arrivée à Millau par cette voie, présentant le panorama charmant de la vallée, les créneaux du causse Noir, l'aperçu lointain des farouches falaises de Peyreleau, est une entrée en matière vraiment digne du pays des Causses.

Et puis, il y a là, entre Boyne et Rivière, une véritable curiosité : le château de

Le pont des Arcs. — Phot. G. Gaupillat.

Peyrelade. Ceux mêmes que leur itinéraire ne porte pas de Peyreleau à Millau par la route de la vallée ne devront pas manquer de consacrer une demi-journée à cette excursion.

A 8 kilomètres de Peyreleau, le roc de *Suège* (beau panorama), contrefort isolé du causse de Sévérac, orienté vers le sud-est et haut de 867, 847 et 846 mètres, impose au Tarn le coude elliptique le plus accentué qui se rencontre jusqu'à Millau. Dans l'intérieur de la boucle ainsi formée, un rocher ruiniforme se dresse sur la croupe du contrefort, à 556 mètres. La position stratégique est superbe, car ce promontoire du causse barre et domine entièrement la vallée. Ici, à près de 200 mètres au-dessus du Tarn, veillait jadis la puissante forteresse de *Peyrelade*, à l'édification de laquelle l'homme n'a guère plus contribué que la nature.

Les restes en sont encore imposants, et les dispositions curieuses. Quand il subsistait dans son intégrité, ce château occupait largement (comme l'indique son étymologie : *petra lata*) toute la surface du rocher. Des chemins couverts taillés au marteau et une triple enceinte de murs épais l'entouraient. Deux portes, celles de la Fontaine et de Boyne, donnaient accès à la première enceinte ; la seconde de ces portes est seule conservée ; il n'en est pas de même d'une petite chapelle élevée au bout du plateau du côté du Tarn et dont il ne demeure rien.

La deuxième enceinte renfermait un vaste corps de logis et une place d'armes.

Au milieu de la troisième se dressait un roc turriforme haut d'environ 50 mètres et terminé en large terrasse ; ce donjon naturel avait été muni d'un mur crénelé, d'un four, d'une citerne, d'un beffroi, dont la cloche d'alarme convoquait les paysans d'alentour au moindre danger ; d'un grand corps de garde, et d'une tourelle contenant l'escalier ; un pont-levis fermait l'unique porte, très haut placée, de cette tourelle. Le tout composait, en cas de siège, un refuge inexpugnable. Enfin, de grosses tours, dont deux sont encore debout, se reliaient aux enceintes comme sentinelles avancées.

Cette immense fortification était desservie par cinq à six cents défenseurs.

Le château de Peyrelade, par sa situation redoutable, par l'art avec lequel on a su y profiter des accidents du terrain, et par la disposition unique de son donjon, est assurément une des plus curieuses constructions féodales de France. Malheureusement il est bien plus dévasté encore que les ruines de Coucy (Aisne), du Château-Gaillard (Eure), de Gisors (Eure), de Murols (Puy-de-Dôme) ; les chênes verts ont tout envahi. On ne peut plus accéder au grand roc central sans une longue échelle ; du sommet, la vue est à la fois curieuse sur les restes épars de la forteresse, et ravissante sur la vallée du Tarn. Au pied sud du roc, le chétif hameau de Peyrelade, tapi dans des anfractuosités et presque caché sous les vignes, semble se chauffer peureusement au soleil, comme s'il tremblait toujours sous la férule du fier suzerain qui le tolérait à ses pieds : témoin véridique de la dure protection que le manoir accordait au village, curieuse réminiscence du rude moyen âge !

Une forteresse gallo-romaine a certainement occupé ce poste exceptionnel. Mais le plus ancien titre connu qui mentionne le château de Peyrelade ne remonte qu'à 1132. Ce fut d'abord, jusqu'en 1260, comme tous les castels de la Jonte et du Tarn, la propriété de la maison d'Anduze-Roquefeuil. Puis il demeura indivis entre les comtes d'Armagnac-Rodez[1] et les barons de Sévérac ; même plusieurs seigneurs qui leur devaient l'hommage s'étaient bâti dans l'enceinte du fort des maisons de refuge, et en profitaient pour s'intituler *coseigneurs de Peyrelade*. Ce nom d'*Armagnacs*, corrélatif de celui de *Bourguignons*, rappelle une des époques les plus lamentables et troublées de la France : le règne de Charles VI. Le sanglant connétable dont Paris fit justice rangea en effet Peyrelade parmi ses domaines ; sa sombre histoire mérite d'être rapportée.

Son grand-père Jean Ier fut, étrange contraste, surnommé *le Bon*, vécut sous sept rois de France, porta les armes sous cinq et demeura comte d'Armagnac plus d'un demi-siècle, de 1319 ou 1321 à 1373. Les Anglais, maîtres du Rouergue, ne purent lui arracher Peyrelade, mais il vit la peste de 1348 enlever à cette province les deux tiers de ses habitants.

Bernard VII d'Armagnac, « le plus ambitieux, le plus hardi, le plus cruel homme de son temps », succède comme comte à son frère Jean III, le 25 juil-

---

1. En 1301 eut lieu la réunion des deux comtés d'Armagnac et de Rodez.

let 1391; en 1407, le duc de Bourgogne Jean sans Peur fait assassiner le duc d'Orléans; puis Charles[1], le fils aîné de la victime, épouse Bonne d'Armagnac, la fille de Bernard (1410); les princes du sang concluent la *ligue de Gien,* et le parti des *Armagnacs* s'élève contre celui des *Bourguignons;* Gerson et d'autres non moins honnêtes s'y affilient, par simple horreur du meurtre qu'avait commis Jean sans Peur. Après plusieurs années d'intrigues, dont les Anglais

Peyrelade : le donjon (côté nord). — Phot. G. Gaupillat.

seuls profitent pour conquérir peu à peu nos provinces, Bernard VII est nommé connétable (30 décembre 1415), puis gouverneur général de France (12 ou 27 février 1416), capitaine de toutes les places fortes du royaume, et concentre en ses mains tous les pouvoirs. Le 5 mai 1416 il entre dans Paris, exile à Tours la reine Isabeau de Bavière, qui devient alors l'alliée de Jean sans Peur, son ancien ennemi, et pendant deux ans il tyrannise la capitale.

On prétend qu'il défendit, sous peine d'être « pendu par la gorge », de se baigner en Seine : sans doute pour que l'on ne vît pas au fond de l'eau les

---

[1]. D'une seconde femme, Marie de Clèves, ce Charles, duc d'Orléans, eut, en 1462, un fils qui fut Louis XII.

cadavres des malheureux qu'il y faisait jeter la nuit, une pierre au cou; le peuple l'appelait « le diable sous une peau d'homme ». Enfin Paris implore le duc de Bourgogne et ses *cabochiens:* Perrinet Leclerc leur livre la ville (29 mai 1418); le connétable, trahi par un maçon chez lequel il s'était caché, est jeté à la Conciergerie, puis massacré, avec six évêques, nombre de magistrats et 3,500 Armagnacs, le 12 juin 1418. « On les incisait sur le dos en forme de bande, à cause de leur nom de bandés » (la bande blanche du blason d'Armagnac)[1]. Isabeau de Bavière ressaisit le pouvoir, mais Jean sans Peur à son tour fut assassiné au pont de Montereau le 10 septembre 1419, et la fatale reine en vint à livrer le royaume à l'Angleterre, par le honteux traité de Troyes (1420).

Voilà l'histoire de France, navrante! Celle de Peyrelade n'est pas moins tragique et s'y rattache par les noms.

En 1401, le castel appartenait à Géraud III d'Armagnac (branche cadette), comte de Pardiac, vicomte de Creissels et de Fézenzaguet; son fils aîné Jean était devenu l'époux choisi par Marguerite, comtesse de Comminges, aimée de Bernard VII. De là naquit la haine, féroce. Bernard accusa Géraud d'avoir cherché sa mort, d'avoir tiré la dague contre lui, d'avoir voulu l'*envoûter* dans un cachot; il ouvrit une enquête, au cours de laquelle un témoin déposa que Géraud s'étant enfermé dans une chambre du château de Plume, au mois de mai 1400, y avait fait tirer par ses écuyers, d'une caisse bien fermée et couverte d'un drap vert, trois images de cire de trois différentes couleurs, dont l'une était longue et les deux autres plus courtes, enveloppées dans de la toile; qu'après les avoir découvertes, il avait fait apporter un livre devant lui, et que, l'ayant pris en ses mains, il avait proposé à Guillaume de Carlat, licencié en droit de Rabastens, de jurer de le conseiller sur ce qu'il lui demanderait; Géraud lui promit 7,000 francs d'or et lui dit : « Monsieur Guillaume, vous êtes présentement sous mon serment. Je cherche la mort de celui qui se fait comte d'Armagnac, et je veux avoir ses biens, sa femme, ses enfants et ses nièces, pour en disposer à mon plaisir; c'est pourquoi j'ai fait faire ces trois images à Milan, en Lombardie, par des gens habiles, et je vous ordonne de les faire consacrer au château de Montlezun par Jean d'Astarac, qui demeure à Montgiscard et qui a le livre consacré. »

Il n'en fallait pas tant pour déclarer la guerre. Bernard s'allia Amaury, seigneur de Sévérac, plus tard maréchal de France; deux mois de siège leur livrèrent Peyrelade, dont, en récompense, Amaury recouvra sa part, qu'il avait perdue depuis 1385. Géraud fut pris, conduit à Rodelle en Rouergue, enfermé dans une citerne, nourri de pain et d'eau, et mourut au bout de dix jours (1403). Ses deux fils, Jean, l'époux de Marguerite de Comminges, auteur involontaire de la perte de sa famille, et Arnaud-Guillaume, se rendirent à merci; l'aîné, mené au château de Brousse, près Rodez, fut privé de la vue au moyen d'un bassin de métal ardent passé devant ses yeux, et succomba à ses misères; le second, envoyé à Rodelle même, mourut de saisissement en arrivant devant cette prison où avait péri son père.

Le connétable fut inhumé dans l'abbaye de Bonneval (Aubrac). (*V.* chap. XIX.)

Comme Bernard, Amaury expia sa participation à tous ces crimes; le propre

---

1. Dom Clément, *Chronologie historique des comtes du Rouergue et de Rodez;* — 2e édit. de *l'Art de vérifier les dates,* 1770, in-fol. p. 737; — *Abrégé chronologique et généalogique des comtes et vicomtes de Rouergue,* etc. 1682, in-4°.

fils du connétable, qu'il avait déshérité, le fit étrangler à Gaiges (près Rodez), en 1427, et pendre à une fenêtre du château.

Un autre Armagnac, Charles, vicomte de Fezenzac, rebelle au roi de France Louis XI, fut pris à Peyrelade en 1469 et jeté à la Bastille, dans un cachot fangeux; là, Philippe L'Huilier, son geôlier et son bourreau, se plaisait parfois à lui faire arracher les dents ou donner cent coups de verges. Il survécut pourtant, redevint libre en 1483, à l'avènement de Charles VIII, et mourut en 1497.

Peyrelade, vu du Tarn (côté du sud-ouest). — Phot. Chabanon.

Charles II, duc d'Alençon, est le dernier comte d'Armagnac; sa veuve, Marguerite d'Angoulême (ou de Valois), sœur de François Ier, épouse en 1525 Henri d'Albret, roi de Navarre, grand-père de Henri IV, et, par ce dernier, l'Armagnac et Peyrelade font retour à la couronne, en 1589.

Une branche de cette terrible famille était celle des ducs de Nemours; à l'un d'eux, Louis XI, comme l'on sait, fit trancher la tête aux halles, le 4 août 1477 (ou le 10 juillet). La critique historique a démontré la fausseté du fait légendaire d'après lequel le roi, raffinant sa cruauté, aurait fait placer les enfants du duc sous l'échafaud, pour les arroser du sang de leur père.

Ajoutons que le premier comte d'Armagnac avait été Bernard le Louche, en 960 ; sa race dura donc plus de six siècles.

Dans les guerres de religion, faites de coups de main, le château, trop vaste pour être bien défendu, ne fit que passer perpétuellement et par surprise d'un parti à l'autre. Le fameux Merle lui-même le tint quelque temps, en 1581.

Enfin, en 1633, sur l'ordre de Richelieu, la place fut ruinée.

En dehors du fort, la vieille église de Saint-Hilarion ne sert plus de paroisse depuis 1780. Celle de Rivière l'a remplacée ; aujourd'hui les villages modernes ont partout abandonné le pied des vieux *burgs* jadis protecteurs ; ils ne vont plus qu'y arracher des pierres pour bâtir leurs maisons neuves, le long des routes, dans les vallées basses, tant sont violents les contrastes que la mutation des choses et la révolution des âges produisent dans le cours des temps !

L'*ermitage Saint-Michel* est sur le causse Noir, au-dessus de la vallée de la Jonte, dans une direction tout opposée.

A hauteur du confluent du Tarn et de la Jonte se trouve la partie la plus étroite de la table du causse Noir. Dans l'axe de la coupure rectiligne que suit le Tarn depuis son grand coude au cirque des Baumes, le ravin d'Aleyrac, derrière Peyreleau, entaille le plateau presque jusqu'à son faîte (environ 800 m.) ; près de la cote 816, voisine du point de partage des eaux, un autre ravin venu du nord-est, celui du *Riou-Sec*, s'infléchit au sud et, continuant la direction transversale au causse, tombe dans un troisième cañon, celui de la Dourbie, à *la Roque-Sainte-Marguerite* (400 m.). De ce village à Peyreleau sur la Jonte, la distance à vol d'oiseau est de 7 kilomètres. Le sentier de piétons en mesure à peu près 11 ; 2 de plus environ allongeront la route quand elle sera terminée ; pour faire cette traversée en voiture, il suffirait de construire, à partir d'Aleyrac (732 m.), un embranchement descendant au Riou-Sec. Ce travail n'aurait rien de colossal ; le plus difficile est fait (côte et lacets de Peyreleau à Aleyrac, route de Saint-André-de-Vézines), et la descente au Riou-Sec ne demandera pas tant de peine. D'ailleurs, les communes intéressées étudient sérieusement ce projet en voyant leur pays naître à la célébrité.

La route d'Aleyrac est un des trois chemins qui mènent à Saint-Michel. Parvenu sur le plateau, entre les cotes 732 et 816, on tourne à angle droit sur la gauche, pour se diriger vers l'est jusqu'aux ruines de l'église *Saint-Jean-de-Balmes* ; cette construction du xie siècle, remaniée et augmentée au xiiie, intéressera vivement les archéologues par son clocher carré, ses épaisses murailles, ses arcatures doubles en plein cintre, et l'influence manifeste qu'on y reconnaît du style roman auvergnat. C'est la Révolution qui l'a dégradée. On raconte qu'à la fin du siècle dernier, le vieux curé de Saint-Jean-de-Balmes fut assassiné et enterré devant son église même, par des bandits, qui mirent ensuite l'ermitage à sac : son chien, disent les vieillards du pays, descendit à Peyreleau et fit tant par ses gémissements et ses manèges singuliers que plusieurs personnes, soupçonnant une catastrophe, suivirent l'intelligent animal jusqu'à Saint-Jean ; là, près du porche de l'église pillée, la pauvre bête se mit à gratter convulsivement un coin de terre fraîchement remuée ; les paysans comprirent alors, et c'est ainsi qu'ils purent recueillir les restes du vénérable prêtre et lui rendre les derniers devoirs. On ajoute, bien entendu, que le chien mourut en revoyant le corps de son maître et que les assassins furent retrouvés et exécutés. Légende ou vérité, l'anecdote est curieuse à recueillir : le chien de Saint-Jean-de-Balmes n'était-il pas de la même famille que celui d'Aubry de Montdidier, que l'histoire a célébré sous le nom de *chien de Montargis* ?

A 900 mètres d'altitude, en plein causse désert et tout moutonné de mamelons chauves, au milieu de chaos pierreux où s'étiole une végétation rachitique, avec les premiers plans de l'horizon déchirés tout alentour par les dents dolomitiques du rebord des causses, prêtes à broyer au bas de leurs murailles l'imprudent qui en tenterait l'escalade, Saint-Jean-de-Balmes étonne et plaît au premier coup d'œil : sa tour massive et ses voûtes délabrées sont d'un grand effet dans

Ermitage Saint-Michel. — Dessin de Vuillier, phot. Chabanon.
(Communiqué par le Club alpin.)

la solitude sauvage (gâté par une récente restauration) et font de ce lieu un tableau sévère et original, digne préambule des surprises prochaines.

Arrivé là, il faut, pour regagner le bord même du plateau, tourner au nord en quittant la route, monter à travers champs à 905 mètres, entre les métairies de *Massabiau* et de la *Bartasserie*, puis redescendre vers la Jonte d'une centaine de mètres environ. Soudain, à un détour du sentier, une profondeur énorme se creuse à nos pieds, accrue encore par l'obscurité impénétrable d'un bois de hêtres et de pins : une clairière ensoleillée s'ouvre quelques pas plus loin, et nous voilà cloués sur place, muets d'admiration devant le tableau de l'ermitage *Saint-Miquel* ou *Saint-Michel* et son cadre de cañon américain.

Comment décrire ici, si ce n'est par la simple énumération des différents panneaux du tableau ?

Sur des pitons rocheux en forme d'obélisques, de champignons, de pyramides, séparés par des ravines de 100 mètres de profondeur et plus, subsistent les ruines d'une petite redoute inexpugnable, bâtie au moyen âge par quelque hobereau, et celles de l'ermitage ; les cellules, le système de construction, les ornements en arêtes de poisson et la disposition en encorbellement des assises qui forment la voûte de l'abside, dénotent l'origine carlovingienne de cette chapelle ignorée (IXe siècle ?). Où les religieux et les routiers, en effet, auraient-ils pu se trouver plus en sûreté que dans ce bout du monde monastique, vrai repaire de brigands et nid d'aigle défendu par la coupe des rocs verticaux, par les fourrés de ronces et les racines énormes des lierres revêtant les murailles naturelles comme un réseau de chevaux de frise, par les grands arbres et les broussailles accrochés aux moindres saillies, obstruant les plus petits creux ? Un précipice de 500 pieds interdit l'accès direct de ces restes d'architecture que l'on croirait toucher du doigt ; un circuit de vingt minutes est nécessaire pour les atteindre ; une échelle et des rampes de fer posées par le Club alpin en 1888 les ont rendues aisément abordables. Parmi ces reploiements de roches et cette exubérance de forêt vierge, il faut escalader les blocs et trouver son chemin à grand'peine, et pas toujours sans danger (jusqu'à ce que le Club alpin ait fait aménager des sentiers praticables). C'est là le fond du décor : c'est ce que représente notre gravure. A gauche, toute la gorge de la Jonte se creuse, vertigineux abîme, à 400 mètres sous nos pieds ; elle se déroule tout entière en aval et en amont ; au sommet de son autre rive, à 1,200 mètres en droite ligne, les escarpements du causse Méjean réfléchissent sur leurs surfaces polies les rayons obliques du soleil matinal ; en haut des crêtes tailladées, les rocs détachés semblent une procession de fantômes blancs brusquement immobilisés dans les plus désordonnées attitudes d'une danse macabre fantastique. Le piton de Capluc, au-dessus du Rozier, n'est pas le moins bizarre de tous. A sa base, à 3 kilomètres, Peyreleau et le Tarn. Plus près, autour de nous, à nos pieds et sur nos têtes, ce ne sont que minces cloisons de pierre, bastions fendillés et minarets pointus, tables et chapeaux, cônes et cylindres géométriques, encorbellements et surplombs. Nous sommes au milieu de l'étage des dolomies supérieures, suspendus comme des mouches contre la paroi du causse Noir : sous notre main se multiplient les détails de ses découpures, aussi riches de formes et de couleurs que les arabesques de l'Alhambra, et invisibles du fond des vallées ; vraiment, dans ce pays privilégié, nous volons de surprise en surprise : M. Fabié a mesuré l'une des saillies, bombée au milieu comme un fût monstre et qui suspend au-dessus d'effrayants précipices une large et plane pelouse de gazon (*rocher Fabié*) ; il a trouvé 190 mètres de hauteur verticale ou surplombante ! Or, plusieurs étages de gradins analogues s'échelonnent sur les flancs du causse. Que sont les piliers de la Suisse saxonne et les falaises cauchoises auprès de ces remparts colossaux ? Et tout cela est évidé, creusé, sculpté à même la pierre, rouge, jaune, noire, émaillée de ces flamboyantes couleurs que la palette des sels de fer sait communiquer aux roches dolomitiques. Ajoutez-y le fouillis des arbres sombres et les entrelacs d'arbustes épineux aux baies pourprées, toute cette végétation tenace et vivifiée par les eaux des pentes, qui escalade les couloirs, enveloppe les pointes et drape les parois comme font le lierre au chêne et la vigne vierge aux murs de brique !

Un deuxième chemin, plus direct et non moins beau, conduit à Saint-Michel : c'est celui de la corniche du causse Noir, au-dessus même de la vallée de la Jonte.

Le sentier porte d'abord le nom de *côte Saint-Jean*. L'ascension commence au sortir de Peyreleau et est faisable pour les bêtes de somme, heureusement, car elle est bien rude.

Pour un amateur de géologie, ces pentes taillées presque à pic et où viennent affleurer les diverses assises des terrains jurassiques sont particulièrement intéressantes.

On atteint, au bout d'une heure et demie, le sommet de la côte, situé à 862 mètres d'altitude. Le pont du Rozier semble un objet microscopique, à 1,500 mètres de

Saint-Jean-de-Balmes. — Phot. Chabanon.

distance et 470 mètres de profondeur. Les chevaux ou mulets ne peuvent, actuellement, pousser plus loin.

Une surface plane de quelques centaines de mètres carrés s'avance en forme de promontoire entre la vallée de la Jonte et le grand ravin dit de *Malbouche*, qui nous sépare d'Aleyrac ; on y jouit d'une vue admirable, inférieure toutefois à celle du point 815, sur la vallée du Tarn et sur la pointe du causse Méjean, qui s'écroule de près de 600 mètres de hauteur à la jonction des deux cañons.

Vues de là, les routes d'en bas ont l'air de simples fils blancs tendus en travers d'un mur gris ; passants et véhicules paraissent d'enfantins jouets de plomb.

Le chemin direct de Saint-Michel suit le sommet de la falaise qui domine la Jonte, et contourne au début un court mais profond ravin.

Avant de s'y engager, on pourrait descendre un peu dans la grande et triste dépression de Malbouche, toute velue d'arbrisseaux fourrés, pour rencontrer un amas de pierres posées au niveau du sol et formant la voûte d'une maison; le bâtiment se compose d'une grande cuisine ogivale et d'une autre salle. Le mur de séparation, à demi-écroulé, laisse voir une cachette ménagée derrière la cheminée au moyen de deux murailles qui se soudaient ensemble.

Cette habitation souterraine est actuellement convertie en bergerie. Au siècle dernier, elle servit de repaire à *Jean Grin*, personnage légendaire, sorte de loup-garou qui s'emparait, pour les dévorer ensuite, de tous les enfants des environs.

Cerné par les habitants exaspérés des villages voisins, il fut pris au gîte, traîné à Aleyrac et enfermé vivant dans un four chauffé à blanc.

Cette construction paraît remonter au xiie ou au xiiie siècle. Les sires de Sévérac, seigneurs suzerains de la contrée, avaient embrassé la cause des Albigeois. Des sectaires durent se réfugier dans ce désert pendant la période de persécution. A quelques mètres de la construction principale se trouvent de nombreuses bâtisses en pierre sèche aux trois quarts écroulées, et qui semblent témoigner du séjour en ce lieu d'une population assez nombreuse.

Toujours aux abords de la cote 862, les rochers des *Mourgues*, monolithes élancés, qui servent de point de repère aux chasseurs de la contrée, se dressent à l'origine du ravin ouvert sur la Jonte et où commence le sentier de Saint-Michel : ce sentier, pratiqué sur les corniches de la dolomie, à 100 mètres environ en contre-bas du plateau, est très boisé, parfois gazonné et relativement facile, quoique accessible aux piétons seuls. Le soir, cependant, il devient dangereux, car il n'est point large, et le précipice en descend, abrupt et glissant.

Le parcours en est réellement splendide, quoiqu'un peu long.

Sur la gauche, un rocher tabuliforme, à demi caché dans un bois de pins, ne tient au sol que par un mince piédestal, curieux effet de l'érosion ; sous son auvent circulaire, haut de 5 ou 6 mètres, une troupe nombreuse s'abriterait à l'aise ; un plaisant l'a baptisé du nom de *champignon préhistorique*.

En face, d'autres rocs se détachent de la montagne comme des clochetons d'église et dominent l'abîme de plusieurs centaines de mètres.

Rien du fond de la vallée ne peut donner une idée du spectacle dont on jouit à cette hauteur.

Au bout de dix minutes d'une descente aisée, on se trouve sur une sorte de terrasse suspendue à 1,400 pieds de hauteur.

Cette terrasse, large de quelques mètres seulement, se continue presque plane jusqu'à l'ermitage de Saint-Michel, pendant plus de 2 kilomètres (4 au moins avec les détours). Elle a l'aspect d'un chemin de ronde entre deux remparts superposés.

Le rempart inférieur, d'une régularité parfaite, se bombe en deux demi-lunes, le *rocher Curvelié* et le *rocher Fabié*, dont les profils se détachent immenses sur le vide de la vallée.

Au rocher Curvelié, un pin rabougri, de 2 mètres de hauteur, permet, si l'on ne craint pas le vertige, de se pencher sans danger sur le précipice. Le rocher a pour base un talus très raide, qui tombe directement dans la Jonte. De sa plate-forme, un bras vigoureux pourrait lancer une pierre dans les eaux de la rivière, à 400 mètres de profondeur. La vue est sincèrement émouvante.

Ici le portique des géants, le vase de Sèvres et les autres ornements sculptés du tympan du causse Méjean, ne sont distants que de 800 mètres à vol d'oiseau. (*V.* p. 91.)

Un peu plus loin, le chemin lui-même devient quelque peu vertigineux : c'est une vraie gouttière apposée aux flancs d'un mur surplombant. Quelques travaux, pas très coûteux, le rendront sûr et muletier.

Entre les rochers Curvelié et Fabié, la paroi du causse est découpée d'embrasures régulières qui semblent attendre des canons formidables. Encadrés dans ces embrasures, apparaissent, par échappées, les bords verdoyants de la Jonte et leurs rideaux de peupliers, lilliputiens à cette profondeur.

Rocher Fabié, vallée de la Jonte, causse Méjean, vus de Saint-Michel. — Dessin de Vuillier, phot. Chabanon.
(Communiqué par le Club alpin.)

Le rocher Fabié surplombe peut-être un peu moins que son voisin ; mais l'on y admire de plus près le grandiose fouillis de Saint-Michel. Une demi-heure encore est nécessaire pour atteindre les ruines ; avant, on passe à côté d'une petite source qui tarit rarement et près de laquelle, à l'ombre fraîche des grands arbres, un tapis de mousse invite à déjeuner sur l'herbe en face du splendide paysage !

En résumé, si l'arrivée par Saint-Jean-de-Balmes est plus saisissante, le chemin des Corniches est de beaucoup le plus varié.

Mais l'ermitage de Saint-Miquel n'est que la fin du chaotique ravin des Paliès (Espaliès de la carte), qui commence plus haut, dans le *cirque de Madasse :* tournons donc, quoi qu'il nous en coûte, le dos au gouffre de la Jonte ; à droite et au delà de l'ermitage proprement dit, la crête du causse Noir nous domine encore de 100 mètres, déchiquetée et garnie de dents de scie ; vers le sud-est, un étroit ravin l'entaille, qui descend du plateau supérieur et s'interrompt brusquement aux *abrupts* de l'ermitage, comme certaines *valleuses* des falaises cauchoises. Dans ce ravin des Paliès, les érosions ont affouillé, évidé, désagrégé les dolomies et formé le cirque de Madasse, forêt d'aiguilles en pierre, où l'on croit errer sur le toit d'une cathédrale gothique, parmi les statues, les dais et les clochetons ; les rochers de 30 mètres de haut y fourmillent, drus et serrés comme les arbres ; c'est déjà un petit Montpellier-le-Vieux ! les files de statues et d'animaux grotesques s'inclinent les unes au-dessus des autres, comme pour s'ébouler dans une tumultueuse dégringolade le long de la pente abrupte. Jamais rien ne m'a rappelé d'une façon aussi frappante les séracs des Grands-Mulets, à la jonction des glaciers des Bossons et de Taconnaz.

Ce passage tourmenté et admirable se trouve placé à 3 kilomètres à l'est de Peyreleau, sur le rebord du causse Noir, entre la ferme de la Bartasserie et le hameau d'Espaliès : le rocher Fabié avec panorama de la Jonte, l'ermitage Saint-Michel et le cirque de Madasse, ne couvrent pas ensemble plus de 60 hectares (environ 1,500 m. sur 400) ; mais les circonvolutions des précipices et des falaises sont telles, qu'il faut une journée entière pour jouir de leurs variés et merveilleux aspects. D'un troisième côté, on peut y accéder en une heure un quart environ de Peyreleau, par la vallée de la Jonte, grâce à un sentier de chèvres qui aboutit au pied même des ruines de Saint-Michel : toutefois le coup d'œil est infiniment plus surprenant s'il s'offre brusquement au voyageur qui, venu du sud par le causse Noir et Saint-Jean-de-Balmes, débouche subitement dans le colossal amphithéâtre.

En résumé, le touriste pressé montera de Peyreleau à Saint-Michel par les Corniches, puis redescendra à la Jonte pour retrouver sur la route la voiture qui le mènera coucher à Meyrueis : le promeneur libre de son temps passera par Saint-Jean-de-Balmes et rentrera à Peyreleau par le roc Curvelié et la côte Saint-Jean.

CHAPITRE VII

MONTPELLIER-LE-VIEUX

A 12 kilomètres est de Millau (Aveyron), l'action dissolvante des eaux sauvages a édifié, sculpté et suspendu, non moins curieusement que les jardins de Babylone, une véritable ville sur le rebord du causse Noir, au-dessus de la vallée de la Dourbie. En rochers pour tous matériaux cette cité bizarre a été construite ; et si elle offre aujourd'hui l'aspect d'une Pompeïa gigantesque, c'est que les érosions en ont crevé les voûtes et tronçonné les murailles.

Car ce n'est pas une ville humaine, ni moderne, ni antique, ni préhistorique, mais bien un simulacre de ruines titanesques, dont la nature seule fut successivement l'architecte puis le démolisseur.

En 1883, les membres de la Société de géographie de Toulouse apprenaient, par le huitième Bulletin de cette Société[1], avec une surprise mêlée d'admiration, l'existence de cette curiosité naturelle, totalement ignorée. M. Louis de Malafosse, auquel les gorges du Tarn doivent déjà une grande partie de leur célébrité, était encore, le 10 mai 1883, l'auteur de cette trouvaille, le dénicheur de Montpellier-le-Vieux, grâce aux indications de M. de Barbeyrac, grand propriétaire du causse Noir.

Si la forêt de Fontainebleau était demeurée inconnue jusqu'à nos jours et que l'on fût venu en 1883 en annoncer la découverte inopinée, avec la description de toutes ses curiosités, je suppose bien que la nouvelle eût provoqué un certain étonnement.

C'est ce qui s'est produit à l'égard de Montpellier-le-Vieux, dont la révélation a été une surprise pour les géographes eux-mêmes.

Montpellier-le-Vieux est indescriptible. M. de Malafosse l'a caractérisé en une phrase ; on ne peut dire mieux ni plus : « Tout cet enchevêtrement de rues, de voûtes, de cheminements, de saillies sur corniches, tantôt se croisant à angle droit comme une ville tirée au cordeau, tantôt formant un vrai labyrinthe où l'on erre quelquefois avec un grand embarras, tout cet ensemble, comme ces détails, ne peuvent se décrire. » — Je ne referai donc pas ici une tentative inutile : il faut se contenter d'expliquer la position et le détail topographique de ces sites étranges, intraduisibles également par la plume, par la plaque sensible et par le crayon, dans un roman comme dans un guide, dans une géographie comme dans un journal. « On ne peut, à moins de l'avoir vue, se faire une idée de cette collection de fausses ruines où, à côté de rocs figurant des monstres gigantesques, sont des imitations de monuments grandioses. Que l'on s'imagine le fruit d'un songe vagabond, un décor d'opéra fantastique créé par l'imagination de Gustave Doré, se prolongeant pendant 2 ou 3 kilomètres, avec des rocs isolés de 100 mètres de haut et des rues profondes de 50 à 60 mètres. » (L. DE MALAFOSSE.)

Sur la carte de l'état-major au 80,000ᵉ (feuille de Sévérac, nᵒ 208, portion sud-sud-est), le nom de Montpellier-le-Vieux ne figurait pas avant 1889[2] ; on devait l'inscrire dans l'espace quadrangulaire compris entre la Dourbie au sud (la Roque-Sainte-Marguerite et l'Esperelle), le Valat-Nègre à l'ouest, le hameau de Maubert au nord et le Riou-Sec à l'est. La surface ainsi limitée mesure environ 600 hectares ; mais la cité proprement dite, les monuments naturels, n'occupent pas plus de 120 hectares. La carte montrait là un blanc en forme de pointe de flèche, où l'absence de hachures faisait croire à un plateau uni au sud de la cote 822, alors qu'on y rencontre au contraire le plus grand chaos de rochers de toutes les Cévennes et quatre vastes creux ou cirques fermés, de plus de 100 mètres de profondeur. Les contours de ce blanc correspondaient assez exactement à ceux d'une circonvallation générale entourant les quatre cirques comme un véritable rempart et constituée par les falaises dolomitiques du causse Noir à 300 mètres au-dessus de la Dourbie. Entre le Valat-Nègre et le

---

1. *Montpellier-le-Vieux*, par L. DE MALAFOSSE. 1883, in-8ᵒ de 12 pages. — *V.* aussi : *Journal d'histoire naturelle de Bordeaux*, 40, 41, 1886 : *Une Visite à Montpellier-le-Vieux*, par BERGONIER.
2. La carte de Cassini semble avoir cherché à l'indiquer par le dessin grossier d'une sorte de cirque rocheux, d'ailleurs placé trop à l'ouest. Le tirage de 1889 de la carte au 80,000ᵉ donne le nom et la figure topographique de Montpellier-le-Vieux d'après mon plan au 10,000ᵉ.

Riou-Sec, qui forment, en quelque sorte, avec la Dourbie les fossés de la place, quatre ravins entaillent profondément la déclivité rapide du causse Noir, le socle qui porte Montpellier-le-Vieux, l'escarpe de l'ensemble : ce sont, de l'ouest à l'est, le *Doul*, le *Canazels*, la *Combe* et les *Bouxés* ; les trois premiers, affluents de la Dourbie ; le quatrième, tributaire du Riou-Sec ; chacun de ces torrents, presque toujours à sec, prend naissance dans un des cirques. Mais ici nous anticipons et, pour mieux saisir l'aspect général, supposons-nous sur le causse Noir, à Maubert, et dirigeons-nous vers le sud-est : après avoir dépassé le point coté 822 (carte au 80,000°), nous descendons sur une sorte de remblai élevé entre deux profondes dépressions ; ne nous arrêtons pas aux détails et escaladons immédiatement la plus haute roche de Montpellier, la *Ciutad* (830 m.). De là on embrasse la ville entière, et l'on distingue : à l'ouest, une grande enceinte ovale allongée du nord au sud : c'est la *Millière*, tête du ravin du Doul ; au sud, le *cirque des Rouquettes*, qui s'ouvre sur le ravin de Canazels ; au sud-est, les *Amats*, vaste enclos trapézoïde où naît le ravin de la Combe ; au nord-est enfin, le *Lac*, immense bassin rond débouchant dans le ravin des Bouxés ou Bouïssés (en patois *buis*). Trois hautes crêtes divergeant du centre séparent ces quatre parties ; complétant le circuit, on trouve, entre le Lac et la Millière, une large plateforme (le remblai par où nous sommes arrivés) surmontée de donjons et partagée en salles et galeries : elle a été fort justement appelée la *Citadelle*. C'est le capitole de Montpellier-le-Vieux, l'acropole des Cévennes. Ainsi, une sorte de forteresse centrale dominant circulairement, et de 100 à 124 mètres de hauteur, la ville proprement dite (la Millière), un amphithéâtre (les Rouquettes), un Champ de Mars ou place d'Armes (les Amats), et un Colisée (le Lac), tel est le plan fort simple de la prétendue *cité du Diable*. Il y a bien encore vers le sud-est une assez jolie annexe dans l'étroit et long *cirque de la Citerne*, parallèle à celui des Amats ; mais cette partie peut n'être considérée que comme un chemin de ronde extérieur. Disons en passant qu'elle doit son nom à la seule citerne de l'endroit ; l'eau y est excellente, et c'est là le rendez-vous des touristes pour l'heure de midi. Que le lecteur me pardonne ce petit détail trop positif : il pourra lui être utile à l'occasion.

Quant à l'histoire de la découverte, la voici : de 1880 à 1882, un grand propriétaire du causse Noir, M. de Barbeyrac, fit, d'après de vagues indications, quelques tentatives préliminaires sur la mystérieuse cité, en compagnie de ses parents, MM. de Riencourt, Joseph de Malafosse et Louis de Malafosse. Le 10 mai 1883, ils opéraient la première visite sérieuse, partielle cependant ; c'est alors que M. Louis de Malafosse révéla officiellement Montpellier-le-Vieux dans le *Bulletin* n° 8 *de la Société de géographie de Toulouse*, tandis que M. de Barbeyrac adressait un article anonyme au journal *l'Éclair* de Montpellier. En 1884, M. Chabanon et moi nous vînmes photographier le chaos et en reconnaître les principales parties ; quelques touristes nous suivirent, entre autres MM. Julien (de Millau) et Trutat (de Toulouse), qui en rapportèrent aussi de beaux clichés. En 1885 enfin, j'ai levé au 10,000° le plan topographique détaillé, et plusieurs centaines de visiteurs sont montés à la suite des premiers. Depuis, leur nombre s'accroît chaque année.

Les habitants de Maubert, hameau situé à dix minutes des simili-ruines, disent bien qu'il y a une trentaine d'années un des leurs (mort aujourd'hui) vit en Afrique, au régiment, un dessin où il reconnut ses rochers de Montpellier-le-Vieux, et qu'il y a longtemps, un *monsieur* passa chez eux dix jours et employa tout son temps à *tirer des plans* (lisez *à dessiner*)[1]; mais ce précurseur n'a pas donné signe de vie, n'a pas fait connaître sa découverte; rien n'a été publié avant 1883; c'est donc à l'opuscule de M. Louis de Malafosse seulement que remonte l'acquisition géographique de Montpellier-le-Vieux.

Auparavant, personne n'avait traversé le chaos dans son entier : faute de guides connaissant les brèches praticables, aucun des touristes de Millau qui, attirés par une réputation mystérieuse, avaient tenté l'escalade, ne s'était élevé même jusqu'au rempart extérieur.

La Citadelle. — Dessin de Vuillier, phot. Chabanon.
(Communiqué par le Club alpin.)

Pourquoi ce site est-il resté si longtemps ignoré des promeneurs et des géographes ? Pour deux raisons : d'abord parce que les murailles qui lui servent de soubassement, de piédestal, ne diffèrent en rien des remparts analogues du pays des Causses, et que des rives de la Dourbie on ne pouvait supposer l'intérieur de la formation dolomitique aussi capricieusement évidé : du fond de la vallée, rien ne fait pressentir l'œuvre immense d'érosion qui s'est accomplie derrière ces murailles; puis, autre raison, parce que les habitants d'alentour

---

[1]. J'ai appris récemment que ces dessins étaient dus à l'un des officiers qui avaient levé, vers 1854, cette portion de la feuille de Sévérac; un dessinateur du service géographique de l'armée se rappelle avoir vu jadis des aquarelles de Montpellier-le-Vieux; malheureusement ces aquarelles ont été dispersées ou perdues à la mort de leur auteur.

avaient peur de cette espèce de ville morte : la superstition leur montrait là une cité maudite, démolie par le diable et hantée par les mauvais génies; avec terreur ils s'en approchaient pour querir leurs chèvres ou couper du bois; ils se gardaient bien d'en parler aux étrangers, qu'ils n'y eussent conduits à aucun prix.

A toute interrogation se faisait cette invariable réponse : « Je n'y suis pas allé; mais on dit que c'est un pays tout de rocs et d'abîmes, où le diable a détruit une ville. »

Des villes semblables existent en Afrique, dans le désert de Libye, au sud-ouest du Nil et de Siout (Egypte), sur la lisière septentrionale de l'oasis de Dakhel (ou de Kasr) : là, un labyrinthe de rochers calcaires « est une des plus étranges formations de ce genre qu'il y ait dans le monde. Les fissures étroites qui serpentent et se croisent sous des angles divers entre les masses laissées debout, ressemblent aux rues d'une cité fantastique, bordées de monuments bizarres, de pyramides, d'obélisques, de trophées, de sphinx et de lions, même de statues ayant une vague apparence humaine. Au nord de cette ville sans habitants, une porte naturelle a reçu de Gérard Rohlfs le nom de Bab-el-Jasmund. Un portail rapproché, plus gigantesque encore... est appelé Bab-el-Cailliaud, en souvenir du premier voyageur européen qui, dans les temps modernes, parcourut ces régions inhospitalières. » (E. Reclus, *Géographie*, t. X, p. 481[1].) Voilà quelques lignes que l'on pourrait appliquer à Montpellier-le-Vieux, sans changer autre chose que les noms des deux portes.

La France même possède encore deux autres villes naturelles de ce genre : *Mourèze* et le *Bois-de-Paiolive*, décrits aussi dans le présent volume (chap. XIII et XX). Mais aucune des deux n'égale celle du causse Noir comme hauteur de rochers; en effet, leurs plus hautes tours atteignent à peine 30 mètres d'élévation; Montpellier-le-Vieux a des abrupts de 100 mètres. En outre, il est situé — et ce n'est pas là sa moins originale particularité — au sommet du plateau, à la pointe d'un cap, *en l'air*, en un mot, tandis que Mourèze est confiné dans une creuse vallée, et Païolive étendu sur une plaine.

Il y a cinq ans à peine, c'était chose fort amusante que de voir les indigènes tout stupéfaits de notre admiration.

« Mais c'est de mauvais pays, disaient-ils en leur rude patois; c'est tout de rocs; y a pas de maisons !

— Laissez-nous faire, répondions-nous; faute de maisons, il y aura bientôt des pièces de cent sous à gagner. »

Et la prédiction se réalisa dès 1885 : au mois d'août 1885 je trouvai bien changé le langage de ces braves gens :

« C'est vrai, tout de même : ce n'est pas du si mauvais pays; il en vient, du beau monde! ils nous ont déjà payé toutes les taxes de l'année. »

Et de prendre des licences de débitants, et de construire des chambres, et de dresser leurs mulets au service des touristes! Les habitants des alentours ont vite connu leurs vrais intérêts.

Ils commencent à ne plus avoir peur de la *ville du Diable*, voyant que leurs falaises maudites produisent non pas des esprits malfaisants, mais les beaux écus sonnants semés par les voyageurs curieux !

---

1. V. *Petermann's Mittheilungen*, 1875, pl. 11, carte originale de l'expédition de G. Rohlfs dans le désert de Libye; — G. Rohlfs, *Trois mois dans le désert de Libye* (en allemand); Cassel, Fischer, 1875, in-8°, 340 p., 1 carte et 23 pl., 3 fr. 75.

L'étymologie du nom est bien simple : frappés par la disposition artificielle et architecturale des rochers, les pâtres les comparèrent à ce qu'ils avaient vu dans les édifices du chef-lieu de l'Hérault, la plus grande ville de la contrée et pour eux la cité par excellence; de là vint tout naturellement la dénomination de *Montpellier*, à laquelle l'idée de ruine, de destruction, fit joindre l'épithète de *le Vieux*.

La comparaison fut d'autant plus spontanée que le surnom patois de la ville humaine est « lou clapas », ce qui, mot à mot, veut dire *tas de pierres*.

Aussi les bergers du bas Languedoc qui viennent, l'été, chercher sur le Larzac d'excellents herbages pour leurs troupeaux chassés des rivages méditerranéens par la chaleur et la poussière, apercevant de loin et au nord de la Dourbie l'immense « tas de pierres », semblable à un amoncellement de monuments détruits, le baptisèrent-ils, sans grand effort d'imagination, « Montpellier-lou-Viel ». Le plan cadastral a appliqué ce nom à l'un des cirques, celui des Rouquettes.

Vues à distance, ces roches, groupées en amphithéâtre autour d'un triple piton, qui les domine comme les tours d'une cathédrale, font bien l'effet d'une vieille cité morte.

Venons aux voies d'accès et aux sentiers. Pour arriver dans Montpellier-le-Vieux on a le choix entre plusieurs routes : Maubert au nord; Valat-Nègre à l'ouest; Doul, Canazels, la Combe au sud; Riou-Sec et Bouxés à l'est; chacune de ces routes amène en un point différent de l'enceinte. Deux seulement sont aisément praticables à mulet : celle de Maubert et celle de la Combe (qui monte du village de la Roque-Sainte-Marguerite); les autres se transforment par places en sentiers de chèvres, très accessibles, mais pas toujours faciles à trouver sans guide. C'est quand on arrive par Maubert et la citadelle que la première impression est le plus saisissante. Toutefois l'ascension par la Roque et la Combe reste seule vraiment commode en venant de la Dourbie. — Sur les pentes extérieures, en dehors de l'enceinte des grands cirques, il y a de bons chemins accrochés aux parois du causse, raccordant tous les précédents et présentant de splendides points de vue sur le fossé de la Dourbie, ainsi que de bizarres figures naturelles dans les rocs isolés, ouvrages avancés et détachés de la muraille de la ville; nous les indiquerons plus bas, dans l'itinéraire. — A l'intérieur, on peut, en principe, passer partout, par-dessus tous les cols, à travers toutes les fentes, entre tous les rochers : je n'ai trouvé que six grandes brèches infranchissables; encore, quelques coups de faux parmi les houx, les genêts et les ronces, en dégageraient-ils bien deux ou trois. De même, les principaux sommets se laissent presque tous escalader : trois ou quatre seulement font exception. Il va sans dire que pour se glisser et se hisser ainsi partout, gymnastique et agilité sont de rigueur; mais cet amusement n'est pas indispensable pour connaître à fond Montpellier-le-Vieux; même sans descendre de mulet, on en verra les plus belles parties. C'est, en somme, une excursion très facile, sans fatigue et sans danger, qui demande seulement une belle et longue journée.

Après l'abus qui vient d'être et qui sera fait encore ci-après des qualificatifs élogieux et des épithètes admiratives, il importe de prévenir les touristes qu'une déception peut-être les attend à Montpellier-le-Vieux.

Depuis dix ans maintenant que le site est connu, décrit et parcouru, il s'est rencontré plus d'un visiteur qui n'a nullement partagé l'enthousiasme des premiers explorateurs : l'un, botaniste, contrarié sans doute de ne pouvoir atteindre en haut d'un roc inaccessible une plante ou fleur rare, a déclaré la chose « inconnue hier et surfaite demain » ; l'autre, quelque échappé de bain de mer, orné d'un parasol et chaussé d'escarpins, a trouvé qu'il y faisait trop chaud, et que « la marche sur toutes ces pierres était affreusement pénible » ; un troisième, journaliste, a même écrit les mots de « mystification gigantesque », jaloux sans doute de n'être pas, comme M. de Malafosse, l'heureux auteur de ladite mystification.

Ces critiques sévères sont excusables, parce qu'elles s'expliquent ; et elles s'expliquent par plusieurs raisons :

D'abord, il en est de Montpellier-le-Vieux comme de toutes les choses dont l'étrangeté atteint à l'extraordinaire : un examen superficiel ne permet pas de les estimer selon leur vraie valeur ; tels la musique de Schumann, Berlioz, Wagner, la peinture de Rembrandt, le pont de Brooklyn et la tour Eiffel. Ce n'est pas en trois heures, ce n'est pas en courant, que l'on peut apprécier le chaos du causse Noir ; j'ai vu moi-même des touristes pressés descendre de là-haut sans étonnement ; ils n'avaient pas pris le temps de *comprendre* la merveille. Et que l'on ne dise pas que pour les savants, pour les géologues seuls, ce soit vraiment une curiosité : des voyageurs qui avaient beaucoup vu, comme MM. E. Cotteau, Louis Rousselet et A. Tissandier ; des artistes qui avaient beaucoup *paysagé*, sont revenus enchantés, s'étant simplement donné la peine de se rendre compte. Si l'on se promène à la mode anglaise, c'est-à-dire si l'on cherche dans le guide une impression toute faite ; si, passant devant un beau site, on en demande la définition au Bœdeker pour ne relever les yeux que quand le tableau a déjà changé, il est inutile d'aller à Montpellier-le-Vieux. Ce qu'il y a de plus charmant, c'est la variété et l'imprévu des sensations produites par la dissemblance et la multiplicité des détails. Or, si de chaque rocher remarquable on se fait d'avance une idée déterminée d'après telle ou telle description, on est certain d'abord de ne pas trouver la ressemblance annoncée, et ensuite de supprimer le principal élément constitutif de toute admiration, la surprise. M. de Malafosse avait bien raison de dire que sa découverte « était indescriptible » ; la fantaisie ne s'analyse pas : elle se subit. C'est pourquoi Montpellier-le Vieux, chef-d'œuvre de fantaisie dont la nature est l'auteur, ne peut se juger que par une perception personnelle toute subjective, et nullement d'après une lecture préliminaire. Conclusion paradoxale : *n'en rien lire avant de l'avoir vu.*

D'autre part, pour accéder à ces fausses ruines, le chemin le plus facile, qui monte de la Roque, aboutit à l'entrée la moins pittoresque, celle du cirque des Amats : c'est de Maubert ou par le cirque des Rouquettes qu'il faut arriver pour éprouver un réel saisissement.

Ensuite il conviendrait de ne voir les gorges du Tarn et de la Jonte qu'après ; car si on les a parcourues au début du voyage, les yeux, accoutumés aux lointains prospects, aux profondes vallées, aux rochers haut perchés et rapetissés par l'élévation, ne sont plus à l'échelle quand ces mêmes obélisques, portails et donjons, aperçus par centaines du bord des rivières, se rencontrent sous la main, à quelques mètres de distance. Comme l'a très bien dit le feuilletoniste coupable du terme *mystification,* « concevez que l'on trouve cet amas de roches dans un pays où le moindre ruisseau en reflète de pareilles, où l'œil ne cesse d'apercevoir sur l'arête des causses des pitons aux formes singulières, verticaux, obliques, troués en arcades ou effilés en aiguilles. Montpellier-le-Vieux, c'est la réunion de toutes ces roches sur un espace de 1,000 hectares. » Ceci est on ne peut plus juste et, quoique sous forme de critique, précise nettement l'un des plus curieux caractères de l'endroit. Ce caractère n'échappera jamais à ceux qui commenceront l'excursion des Causses par le cirque des Rouquettes : il causera au contraire leur profonde stupéfaction.

En résumé, répétons-le, Montpellier-le-Vieux, par un effet même de son aspect merveilleusement insolite, risque souvent de n'être pas *compris :* et un violoncelliste de mes amis dit toujours quand il en parle : « C'est trop beau ! c'est du Wagner ! »

Aussi vais-je énumérer uniquement les formes les plus frappantes affectées par les rochers isolés ou groupés, tout au plus les définir sous l'aspect que je leur ai trouvé, et qui n'a rien de plus certain que les ressemblances que chacun croit rencontrer dans la silhouette des nuages, par exemple. En effet, l'imagination a beau jeu pour appliquer ici les réminiscences historiques et archéologiques ; on est exposé à un véritable vagabondage d'idées. J'ai consigné et respecté avec soin sur mon plan les noms portés au plan cadastral ou recueillis de la bouche même des paysans d'alentour ; c'est seulement quand la dénomination locale manquait totalement et qu'il en fallait une comme point de repère que j'ai forgé un nom nouveau ou admis celui donné par les premiers explorateurs. Si nombreux que soient ces baptêmes fantaisistes, il restera toujours assez de détails anonymes pour que chaque visiteur puisse, suivant son bon plaisir, exercer sa faculté inventive. Les appellations préexistantes sont au nombre d'à peu près 35 à 40, sur 80 environ que renferme le plan. Les principaux motifs sont seuls indiqués par des mots caractéristiques aussi sobres que possible, et conformes à la figure ou à la situation topographique de l'objet désigné. Voici donc l'énumération annoncée : ce n'est que le commentaire de la carte au 10,000°.

Cirque du Lac. — L'*Autel* (n° 9) ou *Baignoire du Diable* (?) est un énorme champignon à bord relevé, qui, réduit de proportions, pourrait parfaitement servir à dire la messe ; au fond d'un rocher creusé en forme d'abside, la *Chapelle* (n° 10), un banc de pierre représente bien le tombeau d'un martyr dans les catacombes de Rome ; au bout d'une rue qui s'ouvre en face se dresse l'*Amphore* (n° 11), monolithe ovoïde audacieusement équilibré sur sa base mince et évidée ; tout près, le fond du Lac (717 m.) se trouve à 113 mètres en contre-bas de la Ciutad (830 m.) ; les indigènes ont fort bien nommé l'*Oulo* (la Marmite) un bloc (n° 12) analogue comme forme à l'Amphore, plus colossal cependant et haut de 25 mètres ; M. de Malafosse l'a baptisé rocher *Barbeyrac*, en l'honneur du découvreur de Montpellier-le-Vieux. La portion sud-est du Lac est occupée par un ensemble de piliers et de massifs quadrangulaires, de galeries et d'avenues, d'ogives naturelles et de clochetons qui font songer à une *Cathédrale* et à sa *Grande Nef* (n°ˢ 13 et 14) ; la *Trappe* (n° 15) [803 m.], sur la crête qui sépare le Lac et les Amats, est un nom local, dû à une pierre éboulée qui a obstrué comme une trappe une fenêtre percée dans la roche ; on l'appelle aussi *roc del Gorp* (roc du Corbeau) ; il est inaccessible sans échelle. Les nombreux ambulacres de l'immense Colisée ne manqueront pas de parrains : le plus long est la rue du Douminal, qui côtoie le pied oriental de la Citadelle et monte au sud vers plusieurs cols conduisant aux Amats. — Après les grandes pluies, après la fonte des neiges, il doit y avoir une superbe cascade au nord-est et à la sortie du Lac, au point où deux lits de torrents s'unissent pour constituer le ravin des Bouxés ; une petite source suinte là goutte à goutte en été, au pied de fières falaises resserrées; on passe auprès en suivant le pittoresque sentier qui conduit de ce côté au Riou-Sec et à la Roque-Sainte-Marguerite.

Cirque des Amats. — Au nord-est, un petit plateau carré qui porte le pilier dit *la Quille,* haut de plus de 20 mètres (n° 21), s'appuie sur le rocher du *Grand Sphinx* (n° 19) [843 m.], coiffé et allongé, comme celui de Gizeh, entre les Amats et les Rouquettes; trois avenues descendent de ce plateau; la plus vaste, celle des *Obélisques* (n° 22), où abondent les aiguilles de pierre minces et droites qui rappellent les ruines de Louqsor, ne mesure pas moins de 50 mètres de large; elle possède la plus capricieuse fantaisie de tout Montpellier-le-

L'Amphore. — Phot. C. Julien.

Vieux : la *Porte de Mycènes,* haute de 12 mètres (n° 23), exactement disposée comme celle des Lions à Mycènes, la capitale d'Atrée et d'Agamemnon. Quelques pas plus loin, une autre arcade, plus petite et irrégulière, se dissimule dans un fourré; à côté, les paysans ont, à l'aide d'un mur en pierres sèches, établi une bergerie sous un rocher surplombant; au milieu des Amats, un long rocher mince représente le *Sarcophage,* que d'autres personnes ont assez justement comparé à une carène de navire debout sur la quille (n° 24); pareil à une pièce de marine émergeant d'un sabord, le *Canon* (n° 25) semble pointer vers la Citadelle, comme si des assiégeants imaginaires se trouvaient déjà maîtres du mur d'enceinte extérieur; en se dirigeant vers la sortie des Amats et le chemin muletier de la Combe et de la Roque, on passe successivement devant la porte ogivale dite *Porte double* (n° 26), haute de 17 mètres, dont 12 pour l'arcade seule ; la *Tour* (27) et la *tête de Chien* ou roc *Camparolié* (champignon), aux noms significatifs ; en face, le *Château-Gaillard* (28) veille au dehors sur le fossé de la Dourbie, comme le donjon de Richard Cœur de lion sur la vallée de la Seine, aux Andelys ; on ne peut le gravir ; mais du plateau rocheux et couvert de ruines qu'il domine, la vue est sublime entre la grande cité morte, les escarpements rouges du causse Noir, le plateau ensoleillé du Larzac et la sombre et profonde Dourbie, qu'égayent la grande route et les bois verts. Les géants, imaginaires aussi, qui ont bâti Montpellier-le-Vieux devaient à peine pouvoir passer la tête à travers l'étroite *lucarne* pratiquée en haut d'une cloison peu épaisse (n° 29) ; vers l'est des Amats, on se perdrait avec délices dans les replis de l'épaulement découpé derrière lequel se creuse le *cirque de la Citerne* ; à l'ouest aussi, par-dessus la croupe du Grand Sphinx, les grimpeurs s'amuseront fort à descendre tout droit dans les Rouquettes ; le chemin frayé passe au sud, par un col aisé.

La Quille. — Phot. E. Trutat.

Plusieurs heures s'écouleraient vite dans ce dédale. Les grands pins verts, les arbousiers rouges, les houx chatoyants, et un petit champ de seigle qui s'étiole dans un étroit fond plat entre quatre murs hauts de 10 mètres, viennent ajouter le charme du contraste à l'impression de grandiose horreur éprouvée par le visiteur. Mais nous ne sommes pas à la moitié de la course, et, déviant vers l'ouest, il faut nous élever le long d'une haute paroi pour sortir des Amats. Sur la crête, nous nous arrêtons soudain, une fois de plus stupéfaits. Un gouffre de 400 mètres de profondeur s'ouvre sous nos pas, et, jusque dans le lit de la Dourbie, les dragons indiens et les pagodes chinoises, brisés et culbutés, s'éboulent les uns sur les autres dans une tumultueuse dégringolade ; à gauche se continue le chaperon de la crête, vertigineuse corniche sans garde-fous, coupée d'infranchissables créneaux ; tout au bout, le *Château-Gaillard*, l'ouvrage de la cité le plus avancé vers le sud, perché sur le bord de la falaise ; au pied du rempart, des chemins de ronde extérieurs devraient nous y conduire, mais ils sont sapés par le temps, et la promenade serait hasardeuse. En face, le Larzac et le causse Noir ont d'effrayants à-pic aussi, jaunes et écarlates, de chaque côté de la Dourbie, dans la direction de Millau.

A droite s'épanouit le Cirque des Rouquettes, le plus petit, mais le plus beau, de Montpellier-le-Vieux ; on pourrait en faire un amphithéâtre, une arène pour des combats de gladiateurs ou de taureaux, en relevant quelques piliers, en rejointoyant quelques gradins éventrés, en réparant les escaliers naturels des ambulacres. Quatre pas encore, et nous embrassons tout l'ensemble de cette *cavea* antédiluvienne. Un peuple de cyclopes trouverait place dans ses tribunes et ses *cunei*; pour tendre un *velarium*, il suffirait de dresser les *mali* sur les pilastres qui entourent le portique ou promenoir supérieur ; l'arène, bien unie, est envahie d'herbe et de buissons, mais quelques coups de faux lui rendraient vite son niveau de combats. Si les empereurs Héliogabale et Carin étaient jamais montés ici, nul doute qu'ils n'eussent fait afficher à l'entrée l'*album* des *circenses*,

Porte de Mycènes. — Phot. Chabanon.
(Communiqué par le Club alpin.)

distribuer les *tesseræ* ou billets et répandre la poudre rouge de cinabre pour étancher le sang des blessés.

On retrouverait encore au besoin les *carceres* ou loges des animaux féroces dans les grottes qui s'ouvrent sur les galeries ; et le majestueux silence des ruines antiques règne aussi dans cette enceinte mystérieuse. Le grand axe du cirque à 500 mètres ; le petit, 200 mètres de longueur ; l'ovale est donc plus allongé que dans les constructions romaines qui y ressemblent. Le *Vomitorium* (n° 32), malheureusement à peu près barré à son extrémité sud, fait songer à ces baies profondes des amphithéâtres romains qui vomissaient sur les gradins la foule empressée des spectateurs. Entre ses deux hautes parois se trouve, merveilleusement encadré, le magistral décor de fond des Rouquettes (Ciutad, Douminal, etc.), partagé en trois étages superposés ; un gradin, sur lequel s'ouvre la *Grotte* (n° 34), fait de plain-pied tout le tour du cirque ; plusieurs rues divergeant et montant vers le nord conduisent au Lac, à la Citadelle ou à la Millière : *rues du Lac* (n° 35), *de la*

Grotte (36), *du Centre* (41), *de la Lune* (42), avec le rocher percé qui lui donne son nom; *des Aiguilles* (43), une des plus longues de la ville. Dans ces rues, on ne sait vraiment si l'on rêve ou si l'on veille, entre ces murailles rocheuses sans fenêtres comme les maisons d'une ville arabe, tracées au cordeau comme les avenues américaines; et parmi ces débris monstrueux la nature s'épanouit,

Roc Camparolié. — Phot. C. Julien.

tranquille et gaie, étalant au soleil sa végétation fraîche et puissante et faisant chanter ses oiseaux; les corbeaux n'attristent pas ces ruines-là. Derrière la Grotte, la *Loge impériale* (n° 37) est surélevée d'un étage; à côté, une longue salle plane s'allonge dans l'axe de l'amphithéâtre, fermée au nord par deux brèches toutes obstruées de ronces, qui ne permettent pas d'accéder directement aux *salles des Pins* (n° 39), portique supérieur contournant le côté sud de la citadelle. — L'arène est à l'altitude de 706 mètres, c'est-à-dire que la profondeur du cirque des Rouquettes atteint 124 mètres depuis le sommet de la Ciutad (830 m.) Au côté ouest du cirque des Rouquettes, la rue des Aiguilles borde le flanc de l'arène, derrière un long mur rocheux, et forme un déambulatoire principal : elle coupe toute la ville en deux ; une corniche à pic et deux cols étroits la divisent elle-même en trois sections qui se prolongent l'une l'autre. Ainsi qu'à l'amphithéâtre d'El-Djemm (Thysdrus), en Tunisie, une large brèche est ouverte au sud du cirque des Rouquettes ; toute la paroi de ce côté est détruite, comme si la pression de l'eau l'avait précipitée de 320 mètres de hauteur dans la Dourbie, pendant une naumachie de géants. Semblable à un *pylône* égyptien (n° 31), le grand portail est fort en contre-bas, compris entre deux pieds droits de 40 mètres ; le temps

Cirque des Rouquettes, paroi ouest. — Dessin de Vuillier, phot. C. Julien.
(Communiqué par le Club alpin.)

a détruit le linteau. En suivant le lit à sec du Canazels, on peut atteindre la Dourbie et la route de Millau, à travers les écroulements que nous admirions tout à l'heure. C'est peu d'une heure pour traverser, contourner, descendre, remonter les restes informes de cette architecture effrénée.

Cirque de la Millière (de *millet*, maïs en patois). — A l'extérieur, la paroi sud-est est une vraie fortification : la *Courtine*, percée de trois *brèches* (n°s 44 et 45). Sur une corniche (750 m. d'altitude) coupée à pic, court un chemin de ronde long de 250 mètres, d'où les assiégés, dont on suppose toujours et malgré soi l'existence, surveillaient les travaux d'approche de l'ennemi campé sur les rives de la Dourbie. On me dit que j'abuse des comparaisons militaires ; vous en ferez tout autant là-bas, ne sachant pas au juste si vous visitez une place forte cyclopéenne ou un amoncellement de rochers. Ajoutez qu'entre cette corniche et la rivière sont semés les arcades et les chapiteaux, les terrasses et les colonnes s'effondrant en cascades de pierre dans le ravin de Canazels; à gauche, le Château-Gaillard commande toute la position, et les minarets des Amats dardent leurs pointes dans le ciel bleu. Ce tableau général et grandiose fait diversion aux scènes de détail et proscrit la monotonie. — Le mur de la Courtine se prolonge au nord-est; mais il a cédé sous la pression des eaux d'amont, qui y ont entaillé six fissures parallèles longues de 80 à 120 mètres, hautes de 30 à 50 et larges de 1 à 10 mètres, comme des crevasses de glaciers : c'est le débouché de la Millière dans le ravin du Doul; je renonce à expliquer l'enchevêtrement de ces entailles; rien n'est plus singulier

L'Echiquier. — Phot. Chabanon.

dans tout Montpellier, et si les caussenards avaient connu plus tôt cet endroit, nul doute qu'ils n'y eussent vu l'empreinte des griffes du diable. Trois de ces fentes (celles de l'est) sont infranchissables, barrées par des ressauts et d'énormes blocs, entre lesquels les eaux devaient furieusement bondir à l'époque où elles sculptaient la Millière; les trois autres se peuvent parcourir *modo caprarum*, des pieds et des mains, et il est indispensable d'en aménager une commodément, pour que les touristes ne soient pas privés de cette curiosité. — En arrière, une large surface nivelée, le *Forum* (n° 49), est la partie la plus déprimée de la Millière (732 m.). Ici, comme à Pompéï, gît une quasi-cité morte, sans toits ni habitants, avec ses carrefours dallés, ses balcons et ses fenêtres, ses portiques et presque ses temples, plus gaie cependant, à cause des grands arbres; tout autour, de nombreux champignons rocheux en forme d'urnes ou de cénotaphes ont fait placer là aussi une *rue des Tombeaux* (n° 57). D'autres observateurs y ont vu des mitres d'évêque ou des bonnets persans, voire même des profils de vieilles femmes à chignon, tant les silhouettes de toutes ces roches sont variées à l'infini ! C'est peut-être dans ce cirque qu'il y a le plus à fureter. J'ai noté seulement à l'ouest la *Chaire à prêcher* ou la *Tribune aux harangues* (n° 45), avec ses deux portes latérales, son dais et son balcon ; la *Salle de bal*, ovale parfait où il faudrait organiser des danses champêtres sur l'herbe ; au nord, l'*Echiquier* (n° 50) avec tour, cavalier, fou, pions, etc. En cherchant bien, on ne manquerait pas de trouver le roi et la reine ; à peu près au centre de la Millière s'élève la *Basilique*, grande nef hypèthre, sans voûte, où les pins énormes semblent de maigres arbrisseaux ; en dehors et le long du flanc oriental du monument court la longue *rue de l'Avenc* (n° 55), qui doit son nom à un de ces gouffres profonds (n° 54) semés à la surface des causses ; cette rue communique par plusieurs embrasures avec deux magnifiques salles, celles du *Corridor* et de la *Lune*, dont les parois n'ont pas moins de 50 mètres de hauteur ; dans la salle de la Lune aboutissent les deux rues des Aiguilles et de la Lune, que nous connaissons déjà pour les avoir traversées en contournant le cirque des Rouquettes. Nous arrivons maintenant à la dernière partie de Montpellier-le-Vieux, toute différente des quatre autres.

LA CITADELLE. — Trois gros donjons la dominent, visibles de presque tous les points de la ville : le *Corridor* [823 m.] (n° 7), dont l'escalade n'est pas à conseiller, et qui a emprunté son nom à une étroite avenue (n° 8), entrée d'honneur de Montpellier-le-Vieux ; la *Ciutad* (la Cité) [830 m.] (n° 1), point culminant de l'ensemble, et le *Douminal* (le Seigneur) [829 m.] (n° 2), unis par la *Brèche de Roland* (n° 3), absolument infranchissable ; inclinés vers le cirque du Lac semblent être les appartements du châtelain, comprenant la *salle des Fêtes* (n° 4), la *salle du Festin* (n° 5) et celles *des Gardes* (n° 6), reléguées à un étage supérieur. Ces dispositions rappellent en certains points l'aménagement du château célèbre de Coucy (Aisne), fortifié surtout du côté de la ville, avec les logis et salles de réception tournés vers la plaine.

Certes, aucune de ces assimilations ne saurait être prise à la lettre, et, comme on l'a dit plus haut, il ne faut pas y voir des définitions, mais simplement des impressions susceptibles d'infinies variétés, selon le caractère ou l'instruction du visiteur, et même selon l'état du ciel, l'heure du jour, le mode d'éclairage en un mot.

Que dire aussi des débouchés de tous les cirques dans les fossés extérieurs ? Les eaux qui ont découpé là tant de monuments grandioses et élégants à la fois n'ont pu trouver d'issue qu'en pratiquant dans le mur d'enceinte (rempart dolomitique) des entailles sciées du haut en bas, comme à la Millière, ou des effondrements, comme aux Rouquettes ; ou bien encore c'est en cascades rocailleuses que les torrents s'enfuyaient des Amats, de la Citerne et du Lac.

Devant ces témoins de l'œuvre grandiose des érosions, une chose confond l'imagination : c'est la sécheresse actuelle de ce terrain de dolomie ; plus une goutte d'eau dans ces anciens fonds de lacs, plus un filet humide le long des parois des primitives cataractes. D'où venaient donc les trombes diluviennes qui ont affouillé ainsi la masse dolomitique ? Nul ne le sait encore.

Assurément les piliers de grès de la Suisse saxonne et les ogives géantes d'Etretat ne sont pas moins étranges : mais les flots de l'Elbe et de la Manche en battent encore le pied et en expliquent la perforation et le sapement ; l'érosion continue son œuvre. A Montpellier-le-Vieux, au contraire, plus un ruisseau ;

Le Douminal, vu du cirque du Lac. — Phot. Trutat.

on dirait que les eaux, après avoir édifié, sculpté, ciselé cette ville enchantée, ont voulu rentrer sous terre de peur d'abîmer leur chef-d'œuvre !

Malgré cette sécheresse, une végétation luxuriante égaye Montpellier-le-Vieux, tout comme l'ermitage Saint-Michel : les pluies suffisent à abreuver des arbres énormes, pins sylvestres, chênes et hêtres, que les proportions démesurées des rochers font prendre, sur les photographies ou les gravures, pour de maigres arbrisseaux. Les houx et les ronces grimpent à l'assaut des murs et des colonnes ; les lierres venus entre les fissures profondes ont des racines grosses comme le corps d'un homme, et, parvenus à la lumière, étendent sur les surfaces rocheuses leur tapis moelleux et brillant au soleil.

Cependant la profusion des broussailles n'empêche pas la circulation : presque partout, dans Montpellier-le-Vieux, on peut passer sans effort ; la plus amusante et élémentaire des gymnastiques suffit pour forcer presque tous les couloirs, escalader les plus hauts pinacles, se glisser dans les fentes étroites. De tous côtés on accède aisément au cœur de la cité, soit par Maubert et le causse Noir, soit par la vallée de la Dourbie et les ravins qui descendent des cirques : à mulet même on peut effectuer la visite des plus beaux quartiers.

Les botanistes trouveront un champ fertile dans Montpellier : l'arbousier officinal, aux baies rouges employées dans la thérapeutique ancienne (et à bon escient délaissées aujourd'hui), reluit joyeusement dans toutes les fentes, tapisse les creux et drape les parois.

« Les sables qui ont comblé les rues et les arènes constituent une couche siliceuse d'où le calcaire est presque absent. Une flore toute spéciale [1] donne à ce sol une verdure inconnue à la région des Causses, et ces ruines sont en bien des endroits couvertes de plantes alpines, parmi lesquelles la plus remarquable par ses belles touffes d'un vert sombre émaillées tantôt de fleurs blanches, tantôt de fruits d'un rouge vif, est une variété d'arbousier connu vulgairement sous le nom de raisin d'ours. » (DE MALAFOSSE.)

Mais « ces terrains meubles sont peu favorables aux pâturages ; presque partout l'herbe manque. » (TRUTAT.)

Au point de vue géologique, c'est comme phénomène de ruissellement que ce site est remarquable.

Parmi les exemples frappants de la dégradation et de l'altération de la surface du sol par le travail mécanique des eaux sauvages (érosion, ruissellement, etc.), les traités de géologie citent d'habitude les pyramides de terre du *Finsterbach*, près Bozen (Tyrol), des *Cheminées des Fées*, à Saint-Gervais (Haute-Savoie), du *bassin de la Durance*, dans les boues glaciaires ; celles de la *Vallée des Saints*, près Boudes (Puy-de-Dôme), dans l'argile éocène ; celles du *Rio-Grande* (Colorado, États-Unis), dans les tufs trachytiques ; les piliers et les arcades de la *Suisse saxonne*, dans les grès, et de *Mourèze* (Hérault), dans les dolomies (*V.* chap. XIII). Mais aucun de ces sites n'est une manifestation aussi éclatante que Montpellier-le-Vieux de la force corrosive de l'eau ; leurs aiguilles et colonnes sont de proportions plus réduites et ne couvrent pas une aussi grande surface.

Montpellier-le-Vieux est en entier compris dans une dolomie sableuse ba-

---

1. Anemone montana, Ranunculus gramineus, Heris saxatilis, Adonis flammea, Myagrum perfoliatum, Arenaria tetraquetra, Cytisus argenteus, Sorbus aria, Centranthus angustifolius, Phyteuma orbiculare, Arctostaphylos, Uva ursi, Euphorbia characias, Neottia Nidus avis, Phleum arenarium, Festuca duriuscula, Stipa tortilis, Stipa juncea, Stipa pennata, Polypodium dryopteris, etc.

thonienne fort peu homogène, d'une cohésion très inégale et épaisse d'environ 150 mètres.

L'érosion seule a été l'ouvrier du travail merveilleux opéré aux dépens de ces roches.

Sur une échelle gigantesque, les eaux courantes ont enlevé les veines friables, sableuses, de la dolomie ; ainsi se sont creusées les avenues, les grottes, les corniches, les ogives, tandis que les noyaux plus compacts se dressaient en édifices, en murailles, en champignons, dont la base évidée et amincie témoigne de l'énergie du ruissellement. D'autre part, comme l'inclinaison de la zone entière dessinait, du nord au sud en général, la ligne d'écoulement, l'ensemble des rues a affecté le parallélisme qui rappelle si curieusement le plan des villes américaines.

A quelle époque géologique s'est effectué cet affouillement formidable ? Des hypothèses trop hardies pour être même formulés ici peuvent seules répondre à cette question.

Considérant, toutefois, la grande élévation et l'isolement de Montpellier-le-Vieux, qui se trouve comme posé sur une large terrasse en haut d'un socle pyramidal, on est forcé d'admettre que l'afflux des eaux ne s'est produit en ce lieu qu'antérieurement au creusement des vallées environnantes ; or ces vallées, taillées en véritables cañons, ont de 400 à 600 mètres de profondeur. L'âge de Montpellier-le-Vieux doit être, par suite, fort reculé.

La seule indication précise que l'on ait recueillie jusqu'ici est la suivante :

Dans le cirque des Rouquettes s'ouvre, à 733 mètres d'altitude, une grotte composée d'une unique et grande salle ; au fond de cette salle, sous un mètre de sable dolomitique non remanié qui forme tout le sous-sol de Montpellier-le-Vieux, on a trouvé quelques ossements épars d'*Ursus spelæus* (fémur, calcaneum, vertèbres axis et atlas, grosse canine, etc.). Ces os, il est vrai, ne gisaient pas en place ; mais ils ne sauraient avoir été amenés là que par une débâcle diluvienne ; aucune inondation de l'époque actuelle n'a pu les charrier en ce lieu, car il n'y a plus un filet d'eau courante dans tout Montpellier-le-Vieux ni à la surface du causse Noir. Donc, à l'époque déjà ancienne où des trombes abondantes enfouissaient les restes de l'ours des cavernes, le cirque des Rouquettes était creusé au moins jusqu'à 733 mètres, soit de 97 mètres, puisque son point culminant est à 830 mètres (la Citadelle). Les cataclysmes aqueux qui, clôturant les temps quaternaires, précédèrent la période géologique contemporaine, ont pu vraisemblablement achever Montpellier-le-Vieux ; ils ne l'ont pas construit à eux seuls.

Ainsi, élévation et isolement de la vieille cité, profondeur des vallées voisines, présence de l'Ursus spelæus dans une grotte basse, voilà trois présomptions graves en ce qui touche l'antiquité de Montpellier-le-Vieux.

Si l'on ne peut préciser davantage l'âge même de ces érosions ; si l'on ne peut déterminer non plus d'où venait le puissant courant qui les a produites, on est du moins à même d'établir comment ce courant a fonctionné pour effectuer son travail de désagrégation.

Coulant du nord *sans doute*, avec une force d'impulsion dont la cause reste inconnue, il aura, balayant la surface du causse Noir, butté contre le bourrelet de dolomies compactes qui forme le rempart, la circonvallation, le mur de clôture de Montpellier-le-Vieux. Refluant en arrière et sur les côtés, l'eau aura :

1° trouvé une issue partielle en pratiquant les sillons latéraux des ravins qui forment aujourd'hui les fossés extérieurs immenses de la cité ; 2° affouillé par voie de tourbillons les cinq grands cirques et les rues qui occupent actuellement, entre 706 et 830 mètres d'altitude, les 120 hectares de la ville haute et fermée. Plus tard, cinq vrais petits lacs (le nom a même subsisté pour l'un des cirques) se seront accumulés en arrière du barrage dolomitique ; celui-ci, cédant sur ses points faibles, aura livré passage à leurs flots par les fissures et les brèches que l'on voit à présent aux débouchés des cinq cirques ; à mesure que le barrage se rompait, les rocs non entraînés, mais de plus en plus ciselés par les eaux, s'élevaient comme des îles au milieu des lacs, dont le plan baissait à chaque nouvelle brèche. On a la preuve formelle de cet abaissement en échelons dans les gradins superposés, lignes d'érosion ou niveaux successifs de rives que l'on remarque partout à Montpellier-le-Vieux. Puis le courant se sera modéré ; les ravins, assez approfondis, auront suffi à le débiter, et les anciens lacs quasi aériens se seront vidés faute d'aliment. Il n'en reste qu'un archipel de rocs étranges, suspendu derrière son ancien rivage ébréché.

Mais comment l'eau s'est-elle maintenue dans les cinq cuvettes en question, sur un fond de sable et de calcaire ? A ceci l'examen des lieux permet de répondre en toute sûreté.

Sous les cinq arènes s'étend une couche d'argile qui déverse actuellement sur le pourtour, sur les pentes du socle de Montpellier-le-Vieux, quatre ou cinq menues sources, et qui distille à grand'peine, par ces mêmes fontaines, les pluies du ciel. Le niveau de cette couche est compris entre 650 et 700 mètres ; elle affleure dans les ravins qui descendent à la Dourbie ; c'est elle qui a maintenu les cinq petits lacs sur leur fond ; sans elle, ils se fussent évanouis par les pores du calcaire sous-jacent et n'auraient pas fouillé leurs étonnantes sculptures.

On voit que la réunion fortuite de deux circonstances a créé, en résumé, Montpellier-le-Vieux : 1° une ceinture résistante de dolomie compacte disposée en ovale autour d'une zone moins cohérente ; 2° un sous-sol d'argile imperméable empêchant l'infiltration des eaux.

Je ne crois pas que Montpellier-le-Vieux ait servi d'abri ni de nécropole aux populations préhistoriques ; ces grands spectres rocheux devaient faire peur aux hommes primitifs, qui se seraient d'ailleurs trouvés là trop éloignés de toute eau potable. Du reste, une tranchée profonde et des fouilles attentives dans la grotte des Rouquettes n'ont donné, jusqu'au roc vif, que du sable dolomitique et quelques vestiges d'ours des cavernes. Aux alentours, sur le causse Noir, on trouve fréquemment en pleins champs des amas de poteries grossières et de tuiles ornées, vraisemblablement gallo-romaines, c'est-à-dire d'un âge historique.

M. de Malafosse, au contraire, pense que les hommes des anciens âges ont habité ces grottes, couloirs et encorbellements, à cause de la profondeur de la retraite et de la facilité de sa défense.

Actuellement il est sage de ne pas se prononcer formellement sur cette question : elle n'a pas encore été suffisamment étudiée par le moyen de fouilles méthodiques.

Il y a vingt ans, Montpellier-le-Vieux était une épaisse forêt presque impénétrable : les loups en avaient fait leur repaire. Le vieux père Robert (mort en 1887), de Maubert, m'a conté que plus d'une fois, les soirs d'hivers, il avait vu, des fenêtres de sa ferme, leurs yeux ardents briller sur la neige, et que les bergeries alors avaient besoin de portes solides. Depuis, des coupes réglées et l'exploitation des bois ont dégagé ces beaux rochers, et les carnassiers ont disparu, délogés.

En dehors de la ville intérieure, il faut voir ses ravins et ses faubourgs; il faut en prendre une vue d'ensemble. Une demi-journée devrait toujours être consacrée à monter à Pierrefiche, sur le Larzac, de l'autre côté de la Dourbie, pour plonger de là sur tous les cirques, les ravins, les tours, et les embrasser d'un seul regard, dans un tableau vraiment féerique, au coucher du soleil. Alors

Montpellier-le-Vieux. — Vue d'ensemble. — Phot. G. Gaupillat.
(Communiqué par le Club alpin.)

on verrait, comme dans les autres vallées des Causses, flamboyer les rouges dolomies du Larzac et du causse Noir, tandis que Montpellier-le-Vieux, illuminé en rose, semblerait une nouvelle Sodome consumée par le feu du ciel.

Si l'on ne veut pas descendre à la Dourbie, que l'on suive seulement la crête entre les ravins du Doul et du Valat-Nègre : ici finit Montpellier-le-Vieux. On est sur l'arête perpendiculaire à la Dourbie, que la carte de l'état-major représente fort bien, allongée à l'est du Valat-Nègre (vallon noir); une ligne de rocs isolés couvre cette croupe. Au lieu dit le *Singla* (sanglier), sur le versant du Valat-Nègre, on remarquera le *roc troué de la Jassette*, poterne semblable à la petite arcade d'amont à Etretat.

C'est au bout de cette crête, au *Plan del Ramié*, que se déroule un des plus fantastiques spectacles des Causses : de trois côtés, le terrain manque, suspendu que l'on est au-dessus des escarpements du Doul, de la Dourbie et du Valat-Nègre; en arrière, il ne faudrait qu'un pont de Garabit pour passer sur les causses voisins, à 400 mètres au-dessus de la vallée. En face, tout Montpellier-le-Vieux s'étale, soutenu en l'air par ses soubassements rouges et perpendiculaires : le *forum de la Millière*, le portail gigantesque et l'*amphithéâtre des Rouquettes*, le *Château-Gaillard* et les tours extérieures des *Amats* en première ligne; au second plan, la triple citadelle du *Douminal*, derrière laquelle le *Lac* reste invisible. On ne peut s'arracher à la contemplation de la cité enchantée, et c'est à peine si les beaux rocs du Caussou et du Valat-Nègre vers Longuiers (ou plutôt Longuers) attirent l'attention. Il faut cependant dire adieu à ces décors diaboliques et rejoindre la Dourbie par l'*Aire-Ferrée* (restes d'habitations anciennes), le *roc de l'Aigle*, dernière belle tour ronde, et le Valat-Nègre. Quoiqu'il n'y ait pas de sentier tracé, on descend aisément dans la vallée.

Comme toutes les places fortes modernes de première classe, Montpellier-le-Vieux possède une ligne circulaire de forts détachés : à l'ouest, de l'autre côté du Valat-Nègre, entre la rive droite de ce ravin et le hameau de Longuiers, toute la chaîne des rochers de *Caussou* n'est qu'une suite de fortins, embrasures et tourelles longue de plus de 2 kilomètres (*V.* p. 190); derrière Maubert et à cinq minutes du hameau, c'est le chaos appelé le *Ronc* et le *Pet-de-Loup* qui sert à protéger la ville vers le nord; on y voit deux énormes ogives, plus grandioses encore que celles des Amats; c'est un faubourg, une commune suburbaine mise en état de défense; à l'est enfin, au delà du Riou-Sec, le château naturel ou plutôt surnaturel de *Roquesaltes*, aujourd'hui découpé en trois parties par la foudre, se dresse à 846 mètres, plus haut encore que la Ciutad, et domine le causse Noir tout entier. (*V.* chap. XII.) Presque jusqu'à la Roque-Sainte-Marguerite, il se prolonge vers le sud, sur le bord du plateau, par un chapelet de redoutes, de ponts naturels et de créneaux (le *Rajol*). (V. chap. XII.) En y comprenant ces trois belles annexes, malheureusement fort distantes l'une de l'autre, à cause des profonds ravins qui les séparent (Valat-Nègre et Riou-Sec), Montpellier-le-Vieux couvre une surface bien voisine de 1,000 hectares.

CHEMINS DE MONTPELLIER-LE-VIEUX.

A. *De Peyreleau (Aveyron), sur la Jonte, à l'entrée de la Citadelle* (par Maubert).
— 1° A pied, deux heures;
2° A mulet, deux heures et demie;
3° En voiture légère, deux heures et demie.
Ce sont les raccourcis qui rendent le parcours moins long pour les piétons.
B. *De la vallée de la Dourbie.* — 1° A l'extrémité supérieure de la Millière par le Valat-Nègre, une heure et demie, à pied;
2° A la sortie de la Millière par les ravins de Canazels et du Doul, une heure, à pied;
3° A la sortie des Rouquettes par le ravin de Canazels, trois quarts d'heure, à pied;
4° Au cirque des Amats ou à la Citerne par la Roque-Sainte-Marguerite et le ravin de la Combe, une heure, à mulet;
5° A la sortie des Rouquettes par la Roque-Sainte-Marguerite, la Combe et le chemin de la Moussande (au pied du mur extérieur sud-ouest des Amats), une

heure un quart, à mulet; vue magnifique, mais les bêtes de somme ne peuvent franchir les pylônes qui ferment les Rouquettes;

6° A la sortie du Lac par le Riou-Sec et le ravin des Bouxés, une heure et demie, à mulet(?).

Un fort marcheur économisera sur chacune de ces six voies d'accès un tiers du temps indiqué : aucun de ces sentiers n'est facile à trouver sans le plan ou sans guide. Toutefois, celui qui redoute plus les sentiers frayés que la fatigue, peut escalader sans détours et sans lacets les croupes abruptes du causse, à travers les rocs et les broussailles : partant de la Dourbie entre le débouché du Doul et le hameau de l'Esperelle (ravin de la Combe) et grimpant tout droit au nord comme s'il montait à l'assaut, il est toujours sûr, après plus ou moins de peine et de temps, de trouver dans le rempart extérieur une brèche ouverte sur l'un des cirques, pour se rejeter dans Montpellier-le-Vieux.

GUIDES.

A *Peyreleau,* Emile Foulquier; *à Maubert,* l'un des Robert; *à la Roque-Sainte-Marguerite,* Froment, Arjaliez, Brouillet et Debon.

Un guide est absolument nécessaire : il serait dangereux de se promener seul dans ce dédale à précipices, et aucun plan, fût-il à l'échelle du 2,000°, ne pourra jamais figurer tous les passages sous roche entre lesquels on risque de s'égarer sans merci.

MULETS.

A *Peyreleau,* 10 francs par jour; *à la Roque,* 5 ou 6 francs.

Il faut espérer que la route de la Roque-Sainte-Marguerite à Peyreleau sera bientôt achevée et livrée à la circulation. Ayant un embranchement sur Maubert, elle rendra plus facile la visite de Montpellier-le-Vieux.

ITINÉRAIRES DANS MONTPELLIER-LE-VIEUX.

A. *De la Roque.* — 1° En cinq ou six heures : montée par la Combe et les Amats; les Amats; Porte-Double; porte de Mycènes; la Trappe; cirque du Lac; rocher Barbeyrac; l'Amphore; l'Autel; le Corridor; la Citadelle, escalade (facile) de la Ciutad; salle du Corridor; la Basilique; le Forum; combe de l'Avenc; cirque des Rouquettes; retour par le chemin de la Moussande (les mulets peuvent venir attendre en dehors des pylônes) ou par le ravin de Canazels.

2° En dix ou douze heures: la Combe; les Amats; Lucarne; Château-Gaillard; Vomitorium et vue des Rouquettes; avenue des Obélisques; plateau du Grand Sphinx et de la Quille; porte de Mycènes; Sarcophage; fond et extrémité supérieure des Amats; Canon; Porte-Double; serre de Lescarrassou; cirque de la Citerne; déjeuner à la Citerne; la Trappe et sa crête; cirque du Lac; Cathédrale; Grande Nef; sortie du Lac; fond du Lac; roc Barbeyrac; Amphore; Chapelle; Citadelle; Corridor; salle du Festin; salles des Gardes; Autel; salle des Fêtes; escalade du Douminal, de la Brèche de Roland et de la Ciutad; salle du Corridor; Basilique; rue des Tombeaux; Echiquier; Salle de bal; la Chaire à prêcher; coude vers le sud-ouest au Plan del Ramié, pour admirer la vue d'ensemble;

descente au Doul, débouché de la Millière, où l'on rentre par l'une des six entailles; le Forum; Avenc et combe de l'Avenc; la Courtine et ses brèches; cirque des Rouquettes; rue des Aiguilles, ou rue de la Lune; salle de la Lune; salles des Pins; rue de la Grotte; Grotte; Loge impériale, etc.; arène des Rouquettes; pylônes, et retour par la Moussande ou le Canazels. Il y a là une forte journée de marche, avec montées et descentes continuelles, mais à la fin de laquelle on pourra se vanter d'avoir vu *à peu près* tout Montpellier-le-Vieux.

B. *De Maubert*. — 1° En une demi-journée : la Citadelle, la Millière, les Rouquettes, col du Vomitorium, le Château-Gaillard, les Amats, le Lac, avec un peu plus de détails que ci-dessus A. 1°.

2° En une journée : dans le même ordre que B 1° et avec le même détail que ci-dessus A 2°, c'est-à-dire : Citadelle, la Millière, les Rouquettes, promenade extérieure par le chemin de la Moussande, rentrée dans les Amats, le Lac. — Déjeuner aux Rouquettes (emporter de l'eau).

En résumé, si l'on part de bonne heure de Millau ou de Peyreleau, on peut y rentrer souper après avoir visité en gros les beaux quartiers de la cité. Mais il est bien préférable d'y consacrer une journée entière, quitte à coucher deux nuits soit à Maubert (chez les Robert), soit à la Roque (auberge Parguel)[1].

Enfin les vrais amateurs venant de Peyreleau emploieront un jour à Saint-Michel (au-dessus de la Jonte), Roquesaltes et le Rajol; deux à Montpellier et aux détails curieux de ses croupes extérieures (surtout celle qui sépare le Doul et le Canazels); et une au Ronc, au Valat-Nègre, aux rocs de Caussou et au retour à Millau par la vallée de la Dourbie, soit quatre journées de magnifiques courses et trois nuits à Maubert; venant de la Roque, ils n'auront qu'à modifier ainsi l'itinéraire du premier jour : Roquesaltes, Rajol, Saint-Michel et Maubert.

L'excursion à Montpellier-le-Vieux se fera donc indifféremment avant ou après celle des gorges du Tarn et de la Jonte, Millau et Peyreleau étant deux centres également propices.

Actuellement, Emile Foulquier, de Peyreleau, est l'unique habitant du pays qui connaisse tous les recoins de la grande ville : c'est lui qui m'a servi d'aide dans le levé de mon plan, et il m'a été impossible de faire figurer sur ce plan tous les passages étroits, toutes les aiguilles élancées, que le brave garçon sait maintenant retrouver avec une sûreté remarquable. Il s'impose comme guide à tous ceux qui voudront admirer la cité de Montpellier-le-Vieux à fond, comme elle le mérite; et ces visiteurs consciencieux seront les seuls qui s'extasieront réellement et qui comprendront la merveille!

EXPLICATION DU PLAN DE MONTPELLIER-LE-VIEUX AU $10,000^e$.

Le plan de Montpellier-le-Vieux a été levé en onze jours, du 2 au 13 septembre 1885, à l'échelle du $10,000^e$ ($0^m,001$ par 10 m.), avec Emile Foulquier pour aide.

Assiette du plan. — Au préalable, le cours de la Dourbie et les thalwegs des six

---

[1] L'inventeur de Montpellier-le-Vieux (et M. de Malafosse mérite bien ce titre) a été trop réservé en disant qu'il n'en avait pas parcouru plus du quart dans sa première visite (en 1883); il en avait vu la moitié, les quartiers du nord et de l'ouest; les trois cirques du sud semblent lui avoir échappé. — J'ai tenu à faire cette remarque pour expliquer les dissemblances entre son article révélateur et l'itinéraire que j'indique ici. Il m'a fallu deux jours et demi pour me reconnaître dans les embrouillements de ce chaos. Mais avec Foulquier, ou l'un des Robert, un jour suffit pour tout voir, en suivant le chemin ci-dessus.

ravins, Valat-Nègre, Doul, Canazels, la Combe, Riou-Sec, et Bouxés ou Bouissés (les Buis), avaient été réduits d'un calque du plan cadastral au 2,000ᵉ ; les sept lignes brisées ainsi obtenues et les cinq positions de la Roque-Sainte-Marguerite, de l'Esperelle, de Maubert et des cotes 816 et 822, constituaient le cadre à remplir, le squelette, en quelque sorte, du plan à construire. Au début de l'opération, les tracés des torrents furent soigneusement vérifiés et corrigés : ils se trouvaient en général assez exactement figurés, sauf celui de la Combe, très fautif ; mais les ravins secondaires n'étaient pas représentés du tout.

Deux bases principales mesurées à la chaîne d'arpenteur, l'une à Maubert (longue de 200 m.), l'autre près de la cote 822 (longue de 100 m.), servirent à bien fixer sur l'esquisse préliminaire la place des cinq positions sus-indiquées (fournies par le cadastre et le 80,000ᵉ) et de plusieurs points saillants de la cité rocheuse.

L'assiette du plan ainsi établie, les visées planimétriques (mesure des angles) commencèrent.

Planimétrie. — La Ciutad, station principale, point culminant de Montpellier-le-Vieux, facilitait beaucoup le travail et en assurait l'exacte vérification, grâce à sa position centrale et dominante. Parmi les vingt-trois autres stations trigonométriques (avec signaux) établies au pourtour et dans les cirques, vingt se reliaient directement au signal de la Ciutad ; de chaque station fut faite une visée circulaire, plusieurs fois répétée pour contrôle et comprenant de quinze à vingt-cinq angles ; de plus, trente-deux points inaccessibles furent déterminés planimétriquement, en sorte

Le guide Foulquier. — Dessin de Vuillier, d'après nature.

que cinquante-six sommets de triangles permirent de dresser un canevas trigonométrique des plus serrés, avec des recoupements multiples pour la vérification des positions. La longueur des côtés des triangles tracés au rapporteur sur le papier coïncidait avec les résultats des calculs logarithmiques ; même accord entre les deux séries d'opérations appuyées sur les deux bases de 100 et 200 mètres ; la fermeture du circuit trigonométrique au hameau de l'Esperelle ne donna qu'une erreur de 60 mètres sur un pourtour de 10 kilomètres environ.

Nivellement. — Deux cotes de départ (816 et 822) fournies par la carte au 80,000ᵉ.

Quatre petites bases supplémentaires de 30 à 70 mètres et dix séries de visées verticales ont produit par logarithmes 36 cotes nouvelles. Sur ces 10 stations, 4 avaient déjà servi à la planimétrie, et 6 étaient spéciales au nivellement, ce qui porte à 30 le nombre des stations et à 62 celui de tous les points trigonométriques. L'insuffisance de l'instrument n'autorise pas à affirmer l'exactitude de quelques-unes de ces cotes à plus de 2 mètres près.

Remplissage du canevas des triangles. — Levé des sentiers et des rues, mesure des massifs rocheux au pas ou à la chaîne d'arpenteur, en se repérant au moyen des positions trigonométriques.

Résumé des opérations. — Vérification des thalwegs, mesure des bases, choix des stations, installation des signaux : deux jours et demi.

Visées planimétriques et construction des triangles : trois jours.

Remplissage du canevas : quatre jours et demi.

Nivellement : un jour.

Surface de Montpellier-le-Vieux. — A l'aide du planimètre d'Amsler, on relèvera sur le plan les mesures de surface suivantes :

1° Montpellier-le-Vieux proprement dit, compris entre les enceintes des cinq cirques, 118 hectares ;

2° Ensemble, entre Maubert, le Valat-Nègre, la Dourbie, le Riou-Sec et les Bouxés : 600 hectares.

En y comprenant les forts extérieurs de Caussou, du Ronc, de Roquesaltes et du Rajol, Montpellier-le-Vieux couvre près de 1,000 hectares.

CHAPITRE VIII

LA VALLÉE DE LA JONTE

Rochers de la Jonte et du Tarn. — La bénédiction de Saint-Gervais. — Le lac souterrain des Douzes. — La rivière mystérieuse. — Les grottes de la vallée de la Jonte. — Souvenirs d'un fouilleur. — Schistes et calcaires. — Le bassin de Meyrueis.

Le touriste se trouvera fort bien de débuter par la vallée de la Jonte, qui le préparera aux spectacles étranges et inusités de celle du Tarn : tandis qu'en voyant celle-ci la première, l'autre ne serait pas estimée par lui à sa vraie valeur. Il est certain que le parcours en bateau et les trois passages du Détroit, des Baumes et du pas de Soucy, rendent le cañon du Tarn bien supérieur à celui de son affluent : cependant, quand on descend (au lieu de remonter comme l'exige l'itinéraire) la route de voitures de la Jonte, on ne peut se lasser d'admirer les formidables escarpements de ses deux parois, plus colorés et plus réguliers que ceux du Tarn. Les ravinements de Saint-Michel, du Truel, des Douzes, etc., coupent ce double rempart crénelé. De Peyreleau à Meyrueis, la Jonte, dont la route de voitures suit servilement la rive droite, a 21 kilomètres de développement et n'est seulement pas flottable. Elle coule presque tout droit de l'est à l'ouest. En été, comme on va le voir, elle est à sec sur une grande partie de son cours. Pour les piétons même, ce long ravin ne fut jamais un passage avant que, tout récemment, la mine l'eût rendu accessible aux voitures.

« La vallée est très pittoresque, et les roches ruiniformes de la falaise méridionale du causse Méjean sont étonnantes de formes ; l'une d'elles, située à 30 minutes du Rozier, est étrange au possible : sur une bande horizontale de rochers formant piédestal est posée une sorte d'urne gigantesque, bien proportionnée, et n'attendant plus qu'un chêne ou tel autre grand arbre pour figurer un vase de portique [1]. Quant aux arcades, aux ponts, aux fenêtres, aux aiguilles, aux accidents de tout genre, ils sont innombrables. Mais je préfère de beaucoup les rochers de la vallée du Tarn, plus simples d'allure, et dont les détails souvent bizarres sont atténués par la majesté de l'ensemble. Dans la vallée de la Jonte, les jeux de la pierre prêtent souvent à rire ; dans le cañon du Tarn, jamais. » (A. Lequeutre.)

Cette appréciation un peu sévère cesse d'être partagée quand on a fait les promenades des Corniches (Saint-Michel et Capluc).

Le cañon étant boisé et très profond, les habitants ont trouvé un moyen ingénieux de faire franchir, sans perte de temps et sans grande fatigue, la coupure de la rivière aux fagots qu'ils vont chercher sur la rive gauche ; un épais fil de fer est tendu du haut en bas de la vallée ; on y suspend le fagot ; un homme, au moyen d'un bâton, frappe ce fil et fait peu à peu descendre le fardeau jusqu'à la route ; ce procédé est usité de temps immémorial dans les Cévennes (autrefois on se servait de cordes). Du reste, les Cévenols ont toujours été très industrieux, et il paraît que dans les monts Lozère les charretiers ont l'habitude de se servir de la boussole les jours de brouillard ou de neige.

Au bord de la Jonte et au pied du rocher de Saint-Michel, appelé aussi le *Pater*, se trouve un petit gisement de lignite peu important. La couche de charbon n'a que $0^m,15$ d'épaisseur ; les procédés d'extraction sont très primitifs. Chaque propriétaire creuse sa petite galerie et l'exploite pour sa propre consommation.

Du hameau du Truel se détache vers la gauche la route intermittente (*V*. p. 77) qui monte à Saint-Pierre-des-Tripiers.

Après le Mainial, on ne tarde pas à tourner brusquement au nord et à se trouver en face du magnifique rocher de *Saint-Gervais*, détaché du causse Méjean : C'est, dans toute la région des Causses, la plus grosse tour ronde que l'action des eaux anciennes ait séparée de la masse d'un plateau. Sur un talus pyramidal, cette tour s'élève à 300 mètres au-dessus de la Jonte, au débouché du ravin des Bastides, le seul du causse Méjean où coule quelquefois un ruisseau. Le hameau des Douzes étale ses huit maisons à la base, et la chapelle Saint-Gervais couronne son sommet. Vu à la distance de 1 kilomètre, c'est un charmant décor.

La chapelle romane bien conservée de Saint-Gervais est un lieu de pèlerinage célèbre dans toute la contrée. Là se rendent en foule, le 19 juin, les populations des paroisses environnantes, tandis que les bergers conduisent leurs troupeaux sur le penchant des abîmes voisins, en vue même de la chapelle. Après avoir dit une messe solennelle, un prêtre placé au sommet du rocher promène le goupillon vers les quatre points cardinaux, et appelle les bénédictions du Ciel sur les hommes, les bestiaux et les fruits de la terre.

C'est un spectacle saisissant que cette multitude couvrant toutes les aspérités de la grande roche et ces troupeaux suspendus sur les précipices.

Un cimetière entoure le sanctuaire : pour y porter en terre les morts de la vallée, par les sentiers à peine tracés, on les monte dans de simples sacs, et la mise en bière n'a lieu qu'au bord même de la fosse.

Saint-Gervais et Saint-Michel sont les points les plus pittoresques et les plus sauvages des gorges de la Jonte.

---

1. C'est le Vase de Sèvres.

Les deux principales familles nobles de la contrée (Capluc et Albignac), que de vieilles traditions représentent comme livrées à tous les débordements de la vie féodale, y avaient établi leurs repaires, plus semblables à des aires de vautours qu'à des habitations humaines.

C'étaient là toutefois de bien piètres seigneuries, et plus tard Simon d'Albignac, gentilhomme ordinaire de la chambre du roi Louis XIII, céda son titre de sieur de Saint-Michel à l'un de ses nombreux bâtards; celui-ci fit souche de bourgeois au Rozier, au moyen des trente mille livres ajoutées par son père à la donation des rochers qui formaient son apanage.

Entre Meyrueis et le Rozier, la rivière de la Jonte, en été, se perd, après le moulin des Sourbettes, dans une fissure de son lit, lequel reste à sec pendant 2 kilomètres environ.

Au-dessus du *Moulin-Haut*, à 500 mètres environ en amont du village des Douzes, la Jonte reprend ses fonctions de rivière, grâce aux nombreuses fontaines très rapprochées qui sourdent sur sa rive droite et lui donnent un volume d'eau plus considérable même que dans les environs de Meyrueis.

Il existe en cet endroit une galerie taillée dans le rocher, qui plonge horizontalement sous le causse Méjean et que l'on peut suivre à pied sec pendant une partie de l'été. Au bout de cette galerie, et à 40 mètres environ de son orifice, on rencontre une nappe d'eau assez profonde, et dont nul, jusqu'en 1887, ne connaissait l'extension.

A la suite des grandes pluies d'orage, l'eau débouche par ce couloir en flots énormes, colorés de rouge, de gris ou de jaune par le limon qu'ils entraînent, dans leur parcours souterrain, à 500 ou 600 mètres au-dessous du niveau du causse. En temps ordinaire, les autres sources voisines suffisent à débiter les eaux, qui viennent très probablement d'un réservoir commun.

On a cru pendant longtemps que cette fontaine temporaire des Douzes était, de toutes les sources connues, celle par laquelle on aurait le plus de chances de pénétrer loin sous les causses et de reconnaître leurs eaux souterraines. Trois essais déjà ont été faits, et arrêtés, l'un par l'absence de matériel, les autres par l'abondance du flot. Voici comment M. Fabié raconte le premier :

« En compagnie de quelques amis, je résolus, en 1887, de chercher à me rendre compte de l'importance de la nappe d'eau qui se trouvait au bout de la galerie en question. Nous fîmes partir des fusées sur le lac; mais la fumée qui s'en dégagea faillit nous asphyxier et rendit notre tentative infructueuse.

« Sur une longue planche nous plaçâmes ensuite une multitude de bougies allumées, et, lançant à l'eau cet esquif d'un nouveau genre, nous le poussâmes avec une longue perche. Les résultats, sans être très concluants, nous décidèrent à nous munir d'un bateau assez étroit pour passer dans la galerie sans subir trop d'avaries. Une première tentative échoua, le bateau s'étant trouvé trop large.

« Après nous être procuré à Millau une nouvelle barque, nous renouvelâmes l'expérience, qui réussit enfin, grâce à l'adresse et à la persévérance de Louis Armand, serrurier à Aguessac, dont je recommande aux touristes l'intrépidité et le sang-froid dans toutes les circonstances difficiles.

« Partis du Rozier à 6 heures du matin, ce ne fut qu'à 4 heures du soir que notre bateau put enfin voguer sur le lac souterrain.

« Pleins d'enthousiasme, nous quittâmes la rive pour nous enfoncer résolument dans les flancs de la montagne.

« Après une navigation très courte (20 m. environ), nous parvînmes à l'autre extrémité de la nappe d'eau. Là, à 5 mètres de hauteur, s'ouvrait une excavation, où nous pénétrâmes à l'aide d'une échelle que les gens des Douzes avaient bien voulu nous prêter.

« L'une de ces galeries, placée à gauche, nous conduisit dans une vaste salle haute de 30 mètres (?), dont le plafond, le plancher et les parois sont recouverts de stalactites et de stalagmites aux formes bizarres.

« De cette excavation partaient une foule de galeries à sec, couvertes d'un sable de rivière très fin et contenant du mica. On remarquera que les souterrains du causse sont entièrement calcaires, et que, le mica y faisant défaut, celui qui se

Source des Douzes. — Phot. G. Gaupillat.

trouve dans les galeries a dû être entraîné de fort loin par le cours d'eau souterrain dont nous avions perdu la trace momentanément.

« D'autres galeries finissaient, brusquement obstruées par le sable que les eaux y avaient charrié.

« Nous marchions à la file indienne, munis chacun d'une bougie, et Louis Armand dirigeait notre colonne.

« Ayant stoppé sur son ordre, il nous prévint qu'il était arrêté par un trou noir et profond dans lequel il croyait percevoir de l'eau. A peine finissait-il de parler que nous entendîmes le bruit d'un léger éboulement, puis la chute d'un corps tombant dans l'eau d'une certaine hauteur.

« Il me serait impossible de décrire l'angoisse profonde qui s'empara de nous.

« Nous n'avions pas même une corde de sauvetage, et, le premier moment de stupeur passé, nous nous disposâmes à aller en chercher une au bateau, quand Louis Armand surgit du gouffre, sain et sauf, mais mouillé comme un rat.

« Il était tombé de 5 mètres de hauteur dans une nappe d'eau très profonde. Excellent nageur, il conserva son sang-froid et, s'aidant des pieds et des mains, il grimpa contre les parois du rocher et se trouva parmi nous avant que nous eussions seulement avisé aux moyens de le tirer d'affaire.

« Il nous déclara que l'eau était calme, presque tiède, d'une limpidité remarquable, et que, s'il n'avait craint de nous inquiéter, il aurait continué à la nage.

« Bien que le lit de la rivière soit assez étroit au point où est tombé Louis Armand ($1^m,20$), et que les sources qui sourdent sur le bord de la Jonte suffisent à l'écoulement par infiltration en temps ordinaire, l'ouverture souterraine s'élève très haut, et il doit passer là, lors des grandes pluies, un énorme volume d'eau.

« Cette excursion eut lieu vers la fin de l'automne. Quelques jours après commencèrent des pluies persistantes, qui ne nous permirent plus de pénétrer jusqu'au point où nous avions laissé notre embarcation. Elle s'y trouve encore, à l'abri, je l'espère, de toute avarie. »

Afin d'explorer moi-même le ruisseau souterrain, je me suis procuré le bateau démontable qui sera décrit au chapitre suivant. Hélas! le pluvieux été de 1888 avait gonflé outre mesure la fontaine des Douzes, qui, contrairement à ses habitudes, n'a pas chômé de toute l'année. Le 21 juin, jour de ce deuxième essai, l'eau courante occupait toute la galerie d'entrée, jusqu'à 20 centimètres de la voûte. Le canot de toile ne s'y enfonça pas au delà de 5 ou 6 mètres : pousser plus loin, même à la nage, était impossible. En vain nous employâmes la journée entière et plusieurs charges de dynamite à faire sauter les rochers qui formaient digue de retenue à la sortie. Une baisse de 4 ou 5 centimètres fut obtenue après plusieurs heures de travail acharné; puis, vers le soir, le niveau remonta brusquement, réduisant tous nos efforts à néant. Le débit intérieur se mit à augmenter en raison inverse de nos déblais, conséquence sans doute de l'épouvantable orage et des torrents de pluie survenus la veille. La partie était perdue pour l'été : nous l'abandonnâmes, comptant illusoirement pour l'automne sur une revanche qui n'a pu se prendre encore.

En 1889, MM. Fabié et Paradou ont pu remonter le ruisseau final pendant 30 mètres : une voûte basse les a arrêtés; comme à Castelbouc et à Saint-Chély, on se demande maintenant si une sécheresse prolongée permettra de pousser plus avant. La grotte a 250 mètres de développement en tout et reste une énigme[1].

D'où vient le courant où est tombé Louis Armand? La présence du mica dans les sables charriés témoigne qu'il a traversé des terrains granitiques : aurait-il donc son origine dans l'Aigoual, les Cévennes ou la Lozère, et percerait-il dans toute son étendue le sous-sol du causse Méjean? En ce cas, comment expliquer l'intermittence et surtout le débit relativement faible? S'il arrivait de si loin, ce ruisseau ne serait-il pas plus puissant?

Il semblerait plus sensé de supposer que c'est tout simplement la réapparition de la Jonte engloutie près de Sourbettes, et chargée de paillettes de mica, puisque ses affluents supérieurs et elle-même naissent dans les schistes et les granits de l'Aigoual. Malheureusement, la perte de Sourbettes est sur la rive gauche, et le canal des Douzes sur la rive droite : la seconde hypothèse exigerait donc que la

---

[1] V. le plan des Douzes par MM. Paradou et Marion, dans le *Bulletin* n° 5 (1889) de la section Lozère et Causses du Club alpin. Mende, 1890.

rivière passât sous son propre lit pour revoir le ciel. Si ce n'est impossible, c'est tout au moins bien bizarre.

Et au cas où cette bizarrerie ne serait pas la réalité, que devient donc la Jonte enfouie sous le causse Noir?

On voit combien il reste d'inconnues à dégager dans cet étrange pays des Causses, où nous n'allons pas tarder à visiter une vraie rivière souterraine, reconnue et traversée, celle-là : Bramabiau.

Après avoir dépassé à main droite, c'est-à-dire sur la rive gauche, la perte de la Jonte, on atteint, à 5 kilomètres du hameau des Douzes, la ferme de Sourbettes (557 m.) (r. g.), d'où un chemin, que l'on rendrait facilement muletier, s'élève au flanc du causse Noir vers la grotte de *Dargilan* (3 à 4 kil. de lacets et 300 m. d'ascension), grotte immense, aux stalactites étincelantes. (*V.* chap. X.)

Les falaises supérieures de la vallée de la Jonte sont en effet criblées de grottes. Celle de *Nabrigas* (causse Méjean), en face de Dargilan, (*V.* chap. XXVII), était, à l'époque quaternaire, le repaire du grand ours fossile dit des cavernes (*Ursus spelæus*).

Beaucoup d'autres percées dans les flancs du causse Méjean, orientées au sud par conséquent, ont servi d'habitations aux hommes préhistoriques de l'époque de la pierre polie; nous dirons (chap. XXVI) quelle est l'importance de la Lozère au point de vue des recherches préhistoriques, quelles riches et importantes découvertes y ont été faites, combien de fouilleurs (notamment le docteur *Prunières*, de Marvejols) y ont eu la main heureuse. Or tout n'est pas vidé, loin de là, parmi les antres de cette vallée : s'ils ont du temps à eux, les touristes qui savent observer trouveront encore de grandes jouissances à gratter le sol de certaines cavernes, car il y a dans ce travail souterrain, dans ces explorations troglodytiques, une source d'émotions, de joies, de déceptions, d'aventures même, dont la fièvre vaut bien celle des périlleuses ascensions et des voyages lointains.

Et à ce propos me reviennent en mémoire les péripéties de certaines fouilles de 1885 opérées avec mon ami de Launay (professeur à l'École des mines) et désagréablement contrariées par le mauvais temps.

C'était justement à Nabrigas. (*V.* chap. XXVII.) Ayant fait de précieuses trouvailles (deux magnifiques têtes entières d'*Ursus spelæus*, ossements humains, fragment de poterie quaternaire, etc.), nous n'étions sortis de la caverne qu'à la nuit ; un orage terrible, comme il en fait dans les Causses, nous avait pris à l'improviste au milieu des rochers à pic ; point de sentiers pour regagner Meyrueis ; les traces de chèvres noyées par les trombes de pluie, — tous les cent mètres, une halte au bord du précipice et l'attente d'un éclair pour voir dans quelle direction nous tourner afin d'éviter l'abîme, — les appels désespérés d'un retardataire empêtré, — des chutes sur la mousse ou l'herbe trempées ou sur la pierre humide, chutes qui pouvaient nous mener au bord de la falaise, puis de là nous jeter dans la Jonte à 300 mètres plus bas ; mais nous ne songions guère aux escarpements ! A chaque glissade, nos fragiles charges d'antiques fossiles, qui paralysaient nos mouvements, heurtaient la roche ou la terre, et il nous semblait que nos propres os s'émiettaient sous les chocs! Nos deux aides, courbés chacun sous un sac de 40 kilogrammes, transpercés eux aussi, trébuchant, culbutant, perdant l'équilibre à tout coup. Nous voyions déjà toute notre récolte ainsi brisée et trempée d'eau! Quel retour et quelle torture pendant deux heures de marches et de contremarches, de descentes et de montées : et l'orage grondant toujours, le vent nous coupant la respiration, la Jonte grossissant de plus en plus le fracas de ses eaux gonflées, entrevues aux lueurs de la foudre, tout en bas, au fond du gouffre.

Soudain, à 10 mètres au-dessus de nos têtes, quatre spectres dans un éclair : les quatre arbres bien connus de la route de Hures, au-dessus du roc de la Bouillère ! Quelques pas encore, et nous aboutissions une fois de plus au précipice, où nous étions décidés à tenter une dégringolade insensée ; que fût-il advenu des ossements d'ours et de nous-mêmes si nous avions manqué les quatre arbres, entrevus par hasard? Enfin nous la tenions sous nos pieds, cette côte de 300 mètres de hauteur et de 3 kilomètres de longueur, si rude pour les voitures ; mais quelle route ! Un torrent furieux, une cascade entre les deux talus ; courant sans rien voir sur la chaussée, ayant de l'eau par-dessus les chevilles, nous distinguons bientôt un point lumineux : c'est la vallée, c'est Meyrueis, où nous entrons au pas gymnastique.

A l'hôtel, devant un grand feu, ruisselants de pluie, inondant chaises et plancher... Aux paquets d'abord, la soupe et le séchage après !.. Joie et miracle : l'emballage était solide et l'arrimage bien assuré dans les sacs et les filets : rien de brisé ni de mouillé ; sur les tables s'étalent, superbes, les pièces de notre chasse souterraine, intactes comme elles gisaient hier dans la grotte de Nabrigas, sous plusieurs mètres de cailloux, de stalagmites et de limon ! La classique bouteille de vin bouché nous parut fameuse ce soir-là, et fut plus gaie encore que de coutume.

Une autre fois, au moment même où il fallait quitter la grotte pour atteindre la route avant la nuit, nous mettons la main sur un gisement vierge. Quel dommage d'abandonner la place ! « Mais nous reviendrons demain. — Si nous restions : on couchera dans la grotte, une fois la poche vidée. — Adopté. » Un ouvrier se détache et descend au bourg chercher un supplément de vin et de vivres, avec des couvertures pour la nuit. Et la fouille reprend de plus belle, si bien qu'au bout de *cinq* heures, quand notre pourvoyeur nous rejoint au fond de la caverne, nous l'accueillons par un « Déjà ! » qui prouve que le temps ne paraît pas long aux chercheurs !

« Comment, déjà ? » riposte le malheureux, abasourdi par notre apostrophe ; mais il est 10 heures du soir ; voici deux heures que je devrais être de retour, deux heures que je suis perdu dans les rochers à chercher l'entrée de la grotte ; j'ai cru que je ne pourrais jamais la retrouver ; il fait un orage épouvantable ; je suis trempé, j'ai perdu ma lanterne, et le vent m'a emporté les couvertures ; j'ai cassé la dame-jeanne contenant quatre litres de vin ; voilà du pain et de la viande. »

Chacun a quitté son trou à cette déclaration terrible : la position était critique ; mourant de soif, il nous restait un demi-litre d'abondance pour quatre. Au jour, on pourra querir de l'eau à une fontaine, à dix minutes de la grotte ; mais pour ce soir, dans l'orage et l'obscurité, personne ne veut se risquer dehors. Après un équitable partage du demi-litre, nous redescendons dans nos cavités respectives, le travail seul pouvant dominer la situation. A 2 heures du matin, la poche était vidée et avait fourni une moisson qui nous faisait oublier la soif.

Il s'agissait de dormir un peu : mais comment, sur la stalagmite épineuse et humide, avec nos vêtements d'été ! Les innombrables aspérités du carbonate de chaux, fines comme des aiguilles, sont pires qu'un lit de cailloux. Et puis, le froid de cave de la grotte nous pénétrait, dans le repos, après l'agitation du labeur ; nous nous rappelons qu'il y a une vieille porte de bergerie à l'entrée de la caverne : deux dévoués vont la chercher, la mettent en pièces, et voilà les voûtes et parois de la grande salle de Nabrigas qui étincellent aux lueurs d'un feu d'enfer. Vite le sommeil nous a allongés en cercle autour du brasier. Mais à 6 heures du matin, autre incident : un malaise étrange nous réveille. Nous commencions bel et bien à suffoquer, enfumés comme des renards, et de nos propres mains!

Cette fois, fuyant l'asphyxie, nous levâmes le camp, avec armes, bagages et butin; nous ne tenions pas à induire en erreur les fouilleurs futurs, en leur faisant prendre nos quatre personnes pour les restes de troglodytes antédiluviens. C'eût été pousser un peu loin l'amour de la préhistoire. Dehors, l'averse avait cessé, et à travers les brouillards clairsemés, qui s'évanouissaient paresseusement, le soleil levant mettait des perles d'arc-en-ciel à tous les brins d'herbe encore lourds de gouttes de pluie.

Voilà comment la région des Causses offre toutes les variétés de *sports* : pêche et chasse, équitation et marche à pied, découvertes géographiques et scientifiques. N'a-t-on pas raison de dire que c'est un pays privilégié? Et, certes, les fouilles dans les cavernes n'en sont pas le moins curieux côté.

Mais laissons parler M. Jeanjean, le géologue et archéologue distingué de Saint-Hippolyte (Gard) :

« Les rochers abrupts situés à droite de la Jonte, en aval de Meyrueis, présentent, outre la caverne de Nabrigas, plusieurs cavités... Arrivés à Sourbettes... au pied des escarpements dolomitiques, mon guide me conduisit immédiatement par un étroit sentier à la *grotte obscure,* dont l'ouverture triangulaire est cachée par des touffes de chênes blancs et d'arbustes épineux. A 6 mètres de l'entrée, on voit une grande salle, à laquelle succède une vaste galerie un peu inclinée, dont le sol est recouvert d'immenses rochers. Le fond de cette galerie communique, par un étroit couloir perpendiculaire, avec une autre cavité décorée de stalactites et où se trouvent aussi des rochers amoncelés. Je fis des recherches dans la grande salle, près de l'ouverture, où je rencontrai des restes de feu, des ossements d'animaux vivant actuellement, et des poteries dont les unes appartiennent à l'âge de la pierre polie, tandis que d'autres, de couleur rouge, ont été fabriquées au tour et portent un vernis noir, comme les vases de l'époque gauloise. La galerie qui fait suite à cette salle doit renfermer également des débris de l'industrie primitive, car j'y ai rencontré l'empreinte dans la stalagmite d'un vase enlevé précédemment.

« Plus près de Meyrueis, entre Sourbettes et le Capelan, se trouve la caverne de *Couderc,* appelée aussi grotte du *Lac* ou de la *Cave,* qui a été l'objet de travaux considérables exécutés par M. Poujol et les frères de Meyrueis. Cette grotte, dont l'ouverture a été murée en partie, afin qu'elle pût servir de bergerie, présente deux belles galeries, séparées par un passage fort étroit, de 5 mètres de longueur. La terre noirâtre de la première galerie devait contenir avant les fouilles beaucoup d'objets de notre industrie; je n'y ai recueilli moi-même que des fragments de poterie, la plupart de l'époque néolithique ; mais M. Poujol y a trouvé plusieurs vases entiers, des os travaillés, une hache polie en chloromélanite, des polissoirs, des pierres percées, ainsi que des objets de l'époque gallo-romaine, tels que poteries, épingles et fibules en bronze. La seconde galerie, toujours fort humide, présente près du fond une cavité peu profonde remplie d'eau; si l'on brise la stalagmite aux environs de ce petit lac, on trouve le diluvium bien caractérisé, avec de nombreux ossements d'*Ursus spelaeus;* j'ai pu extraire ainsi, en très peu de temps, un tibia et quelques dents de ce carnassier. Mais ici comme à Nabrigas le gisement quaternaire est bien séparé de celui qui renferme les restes de l'industrie humaine, et il est impossible d'y faire la moindre confusion. Les autres cavités souterraines, telles que les grottes de la Vigne, des Cristallisations et de Parán, sont moins intéressantes que les cavernes déjà décrites[1]; mais on y voit quelques indices du passage de l'homme, principalement des morceaux de poteries. Les silex, au contraire, sont très rares dans les cavernes de la vallée de la Jonte[2]. »

Aucune de ces grottes n'a la valeur pittoresque de celle de Dargilan, située à l'opposé, dans le causse Noir, et qui, étant une des plus belles grottes de l'Europe entière, mérite à elle seule un chapitre spécial. (*V.* chap. X.)

Disons tout de suite que ce n'est qu'une grotte à stalactites, ne devant contenir ni animaux éteints ni restes de l'industrie humaine ; elle s'ouvre au nord ; son orifice primitif était si étroit que les renards seuls s'y glissaient ; les blocs immenses, détachés de la voûte, qui forment le sol de sa première salle ne peuvent être enlevés pour savoir ce qu'ils cachent : voilà trois raisons qui rendraient sans doute des fouilles infructueuses.

Après Sourbettes, la route monte de plus en plus. La Jonte disparaît de nouveau sous les blocs qui l'encombrent. Le moulin de *Capelan*, avec ses rideaux de peupliers, forme une scène champêtre qui annonce la fin du cañon; et en effet *Meyrueis* paraît bientôt dans son bassin large, assise, comme Ispagnac, au portail d'une galerie d'entre-causses, le Méjean et le Noir. Vers l'est, les pentes boisées de l'Aigoual n'ont plus rien d'escarpé : croupes molles, crêtes allongées, vallons larges et coupoles herbeuses, démontrent que le terrain n'est plus le même. Nous sommes sur la lisière des Causses, au contact des schistes et du calcaire.

Cela produit un paysage à deux faces ne manquant pas d'intérêt, et le panorama de Meyrueis est beau à voir du rocher qui, à l'ouest, le domine de 80 mètres et qui porte une chapelle dédiée à Notre-Dame de Bon Secours (766 m.). Cette chapelle, selon la légende, aurait succédé à un *castrum* bâti par Marius(?): dans quelques ruines, en effet, on a trouvé des urnes, médailles et lampes romaines.

Meyrueis[3] est un chef-lieu de canton lozérien (686 m.; 1,894 hab. la comm., 1,242 aggl., en grande partie protestants) où se croisent les quatre routes de *Florac* (par le Perjuret) au nord-est, *Mende* (par Sainte-Énimie et le causse Méjean) au nord-ouest, *Millau* (par le Rozier) à l'ouest, *le Vigan* (par Bramabiau et Lespérou) au sud-est. Jadis elle fut beaucoup plus prospère, et sa principale industrie, la chapellerie, déchoit de jour en jour. — La Jonte y reçoit la *Brèze* et le *Butézon* : tous trois descendent de l'Aigoual.

Meyrueis peut montrer aux étrangers ses magnifiques ormes de Sully (dont le plus beau, de 5^m,60 de tour, a été sacrifié pour l'établissement d'une bascule municipale !!!) et, dans une ruelle écartée, une ravissante maison de la Renaissance,

---

1. BOUILLET, *Description de la grotte de Meyrueis*, Acad. de Béziers, décembre 1831, p. 10. — *Lettres sur les grottes de Meyrueis*, dans le t. VII de l'ouvrage de BUCHOZ : *la Nature considérée sous différents aspects*. Paris, 1771. — *Lettres de M. l'abbé Boissonnade sur les grottes de Meyrueis : Bulletin* de 1867, p. 260.
2. *Recherches géologiques et paléontologiques dans les hautes Cévennes ; Grottes de Trèves et de Meyrueis : Mém. de l'Acad. du Gard pour 1874*. Nîmes, 1875, p. 274.
3. *Thalamus contenant les statuts, privilèges de la ville et communauté de Meyrueis*, publiés par le docteur CAZALIS : *Bulletin* de 1859, p. 662, et de 1862, p. 262 et 439. — *Mémoire sur la ville de Meyrueis* (XVIIIe siècle), par F. ANDRÉ, archiviste : *Annuaire de la Lozère*, 1886.

V., pour tout ce qui concerne les généralités sur les grottes, le chap. IX : *Grottologie*.

aux fenêtres bien conservées, propriété de M. Belon, ancien député. — La ville eut beaucoup à souffrir pendant la guerre des Camisards, qui tenaient leur quartier général sur l'Aigoual et à Lespérou : elle avait d'ailleurs embrassé le protestantisme.

Les frères des Ecoles chrétiennes ont composé un assez curieux petit musée local, qu'ils ont enrichi eux-mêmes des produits de leurs fouilles dans les grottes voisines, ou de leurs récoltes botaniques, zoologiques, minéralogiques, sur les causses et l'Aigoual. Ils y montrent une des plus grandes têtes connues d'*Ursus spelæus* (longue de $0^m,54$).

Les barons de *Roquefeuil* étaient les puissants seigneurs de Meyrueis, et possédèrent jusqu'en 1260 tous les fiefs et domaines d'alentour, tels qu'Anduze, Nant, Saint-Jean-du-Bruel, Peyreleau, Capluc, Peyrelade, etc. Apparentée aux maisons de Bourbon, d'Aragon, d'Autriche, de Bragance, d'Armagnac, d'Albret, etc., cette très ancienne famille a donné un grand maître à l'ordre de Malte ; des *grands* à l'Espagne ; à *Lodève,* son illustre évêque du xe siècle, saint Fulcran ; à la marine française, un vice-amiral, etc.

A 2 kilomètres au sud-ouest de Meyrueis, dans le frais vallon du Butézon, le joli château Renaissance de Roquedols (1535) vient d'être vendu à une société industrielle, qui *exploite,* hélas ! les grandioses forêts environnantes : qui sait si l'Aigoual ne va pas être dépouillé ainsi de son luxuriant manteau de hêtres et de sapins ?

De Meyrueis directement, en passant derrière la chapelle de Bon-Secours puis par le causse Noir et les hameaux de Serigas et Dargilan, on peut se rendre en 1 heure et demie à la grotte de Dargilan (6 kil. de distance, 200 m. d'ascension). Le long de ce chemin, on prendra une excellente idée de l'aspect général des mornes causses !

CHAPITRE IX

LA GROTTOLOGIE

Grottes et cavernes. — Stalactites et stalagmites. — Leur formation. — La végétation des pierres. — Grottes à ossements et brèches osseuses. — La grottologie. — Matériel du grottologue. — Bateau démontable d'Osgood.

Les grottes sont « de grandes cavités naturelles qui traversent et divisent irrégulièrement en tous sens certaines roches solides de l'écorce terrestre, et particulièrement les roches calcaires [1]. »

Leur nom paraît n'être qu'une altération du mot *crypta*, κρυπτα, et provenir de l'habitude qu'avaient les premiers chrétiens de célébrer leurs cérémonies et d'enterrer leurs martyrs dans des souterrains ou sanctuaires artificiels ou naturels ; on trouve, en effet, dans les manuscrits de basse latinité, les expressions *crotta, croterium, croutel,* etc.

[1] J. Desnoyers, Article *grottes* du *Dictionnaire d'histoire naturelle* de d'Orbigny, 2e édit., t. VI, 1868.

Dans l'est et le midi de la France, on les nomme *baume, balme, beaume, baoume,* du mot provençal *baou,* rocher. (Littré).

Certains auteurs ont voulu établir entre les *cavernes* (de *cave*) et les *grottes* des distinctions basées sur les différences de dimensions : il n'y avait pas lieu de le faire ; les deux mots sont synonymes.

Sans plus de raison, l'Autrichien Schmidl appelait *Hœhlen* (cavernes) les cavités à cours d'eau, et *Grotten* (grottes) celles à sec.

Les anciens avaient peur des grottes, qu'ils appelaient *plutonia, specus, spelunca, spelæa, antrum, caverna.*

« Leur obscurité mystérieuse, leur profondeur inconnue, certains bruits souterrains, dont les frayeurs populaires exagéraient la violence et dont on ignorait les causes, les cours d'eau qui s'engouffraient dans ces cavités pour ne reparaître qu'à de grandes distances, les sources qu'on voyait s'en échapper, à des époques fixes avec une plus grande abondance, puis s'interrompre brusquement, la disparition subite des animaux qui s'approchaient de ces gouffres, les exhalaisons délétères qui souvent s'en dégageaient, et d'autres circonstances non moins naturelles, mais difficiles à expliquer pour le commun des hommes, contribuaient à rendre les cavernes un objet de terreur et de superstitions. » (J. Desnoyers.)

Sous terre, les grottes se prolongent sinueusement plutôt en longueur qu'en hauteur ; elles se ramifient de tous côtés et à tous les niveaux en un grand nombre de hautes salles, de petites chambres et de longues galeries, au milieu desquelles s'ouvrent parfois perpendiculairement, dans les planchers et dans les voûtes, des gouffres, abîmes ou cheminées très profonds ou très élevés.

Les issues, ou plutôt les entrées, n'ont aucun caractère fixe, présentent toutes les dimensions, depuis le terrier de lapin jusqu'au porche immense de cathédrale, et s'ouvrent partout, au flanc des ravins, dans les parois des falaises à pic, à la surface des plateaux, et jusque dans le lit des rivières.

Quoique les terrains calcaires soient les plus riches en cavernes, ils n'en ont cependant pas le monopole exclusif.

On en rencontre aussi dans le *gypse,* pierre à plâtre, notamment près d'Eisleben, en Thuringe, où une caverne a 800 mètres (?) de longueur ; — dans les *grès* (petites et dues aux éboulements et aux superpositions de blocs) ; — dans les terrains *salifères* (produites par dissolution du sel gemme) ; — enfin dans les *terrains volcaniques* (érosions sous les coulées de lave ou vides résultant du refroidissement et des explosions) : grotte de *Fingal*, dans l'île de Staffa ; grotte des *Fromages,* à Bertrich-Baden, près Trèves.

Personne n'ignore que le revêtement de concrétions cristallines dites *stalactites* et *stalagmites* qui orne l'intérieur des grandes grottes a toujours été un sujet de juste admiration pour les touristes :

« C'est leur abondance qui a contribué au plus ou moins de célébrité des grottes les plus anciennement connues ; il n'est pas d'objets naturels ou artificiels qu'on n'ait cru y reconnaître. Isolément, on y a vu des glaçons suspendus, des fontaines subitement congelées, des fleurs, des fruits, des ifs, des palmiers et d'autres espèces d'arbres avec leurs rameaux, toutes les figures imaginables d'animaux vrais ou fantastiques, tous les groupes possibles de formes humaines, des momies, des fantômes. En objets d'art, on y voyait et l'on y décrivait surtout des statues drapées et voilées, des vases, des lustres, des candélabres, des pyramides, des trônes, des obélisques, des tours, des autels, des chaires à prêcher, des tuyaux d'orgues, des cierges pascals. Les groupements de stalactites et de stalagmites, diversifiés à l'infini dans chaque salle, ont fait donner des noms particuliers à chacune d'elles. Il n'est pas de cavernes où l'on ne distingue ses différentes parties sous des noms tels que ceux-ci : le calvaire, le temple, la nef, la tribune, le théâtre, les berceaux, la salle de bal, les tombeaux, les trophées, la laiterie, et une foule d'autres, qui n'ont rien de plus réel que les formes fantastiques dues au hasard, créées par les caprices de l'imagination et qui n'offrent point à tous les curieux visiteurs les mêmes physionomies. » (J. Desnoyers.)

Nous verrons au chapitre XXIII comment les grottes sont dues à la fois aux cassures du sol terrestre et à l'action de rivières souterraines [1].

Ile de Staffa et grotte de Fingal (Écosse).

Pour le moment, nous ne voulons que montrer le mode de formation des stalactites et stalagmites :

« En pénétrant lentement dans le sol, quelle que soit sa compacité, l'eau de pluie se charge par dissolution de substances diverses, notamment d'acide carbonique. A la température ordinaire, on compte qu'il faut 50,000 parties d'eau pure pour dissoudre 1 partie de carbonate de chaux. » (De Lapparent, p. 324.)

Mais quand l'eau de pluie s'est imprégnée d'acide carbonique, tant dans l'atmosphère que dans sa traversée de la terre végétale toute remplie de corps organiques en décomposition, il suffit de 900 à 3,000 parties de cette eau (en poids) pour dissoudre 1 partie de calcaire.

---

[1]. Pour les caractères généraux des cavernes, la définition et la formation des stalactites et stalagmites, consulter de préférence l'excellent chapitre consacré à ce sujet dans *la Terre*, d'Élisée Reclus (t. Ier, *les Continents*, p. 356; Hachette, in-8°); ou encore de Lapparent, *Traité de géologie* (Paris, Savy, in-8°); Daubrée, *les Eaux souterraines* (Paris, Dunod, 1887); L. Figuier, *la Terre et les Mers* (Hachette, in-8°); Fruhwirth, *Zeitschrift* du Club alpin allemand-autrichien, 1883 et 1884; J. Desnoyers, Article *grottes* (V. p. 145), etc.

A travers les fissures du sol, les gouttes d'eau finissent par arriver aux voûtes des grottes, et voici alors le travail qu'elles opèrent ; personne ne l'a mieux expliqué qu'Elisée Reclus :

« En passant dans la masse calcaire, chacune des gouttelettes dissout une certaine quantité de carbonate de chaux, qu'elle abandonne ensuite, à l'air libre, sur la voûte ou sur les parois de la grotte. En tombant, la goutte d'eau laisse attaché à la pierre un petit anneau d'une substance blanchâtre : c'est le commencement de la stalactite. Une autre goutte vient trembler à cet anneau, le prolonge en ajoutant à ses bords un mince dépôt circulaire de chaux, puis tombe à son tour. Ainsi se succèdent indéfiniment les gouttes et les gouttes, dégageant chacune les molécules de chaux qu'elles contenaient et formant à la longue de frêles tubes, autour desquels s'accumulent lentement les dépôts calcaires. Mais l'eau qui se détache des stalactites n'a pas encore perdu toutes les particules de pierre qu'elle avait dissoutes ; elle en conserve assez pour élever les stalagmites et toutes les concrétions mamelonnées qui hérissent ou recouvrent le *sol* de la grotte. On sait quelle décoration féerique certaines cavernes doivent à ce suintement continu de l'eau à travers les voûtes. Il est sur la terre peu de spectacles plus étonnants que celui des galeries souterraines, dont les colonnades d'un blanc mat, les innombrables pendentifs et les groupes divers, semblables à des statues voilées, n'ont pas encore été salis par la fumée des torches. Les cavernes à stalactites ne peuvent garder leur beauté première qu'à la condition de ne pas être livrées à la curiosité banale, et combien sont nombreux pourtant ces admirateurs vulgaires qui, sous prétexte d'aimer la nature, cherchent à la profaner !

« A la longue, cependant, les couches concentriques molles finissent par disparaître, et sont remplacées par des formes plus ou moins cristallines ; car, dans toutes les circonstances où des molécules solides se trouvent dans des conditions constantes d'imbibition par l'eau, les cristaux se produisent facilement. Tôt ou tard, les stalactites, s'abaissant en rideaux et rejoignant les aiguilles qui s'élèvent du sol, obstruent les étranglements, ferment les défilés et séparent les cavernes en salles distinctes. Quant aux objets épars sur le sol des grottes, ils sont peu à peu cachés par la concrétion calcaire qui s'épaissit autour d'eux. C'est en général sous une croûte de pierre lentement déposée par l'eau d'infiltration que les géologues trouvent les restes des animaux et des hommes qui habitaient autrefois les cavernes des montagnes. » (*La Terre*, t. Ier, p. 352.)

« Quand les stalagmites ont rejoint les pendentifs de la voûte, il en résulte de véritables colonnes, à la surface desquelles miroitent d'innombrables petits cristaux de calcite. Si le plafond est découpé par des fentes, les suintements calcaires en accusent les parcours par de véritables draperies reproduisant les sinuosités des fissures, et ainsi naissent, par le lent travail des eaux venues de la surface, toutes ces apparences qui prêtent un si grand charme à la visite des grottes calcaires. » (DE LAPPARENT, p. 334.)

Rappelons, pour mémoire seulement, la fantastique conception du botaniste Tournefort (1656-1708), qui, après avoir visité la grotte d'*Antiparos*, dans l'archipel grec (*Voyage dans le Levant*, t. Ier, p. 187 ; édit. in-4°, 1717), prétendit que la pierre dans les cavernes *poussait comme les plantes ;* la ressemblance des concrétions avec des troncs ou des branches d'arbres et leur structure interne en couches concentriques lui avaient inspiré cette utopie de la « végétation des pierres ».

Il est impossible de connaître exactement la vitesse d'accroissement des stalactites et stalagmites : toutes les observations ont donné jusqu'ici des résultats très différents; rien n'est moins régulier ni moins constant que la production de ces dépôts.

Et dire qu'à Adelsberg, par exemple, on a observé qu'en treize ans la stalagmite s'accroissait de l'épaisseur d'une feuille de papier, est un renseignement sans précision et sans valeur scientifique.

Les cavernes à ossements demandent aussi quelques mots d'explication.

Voici comment leurs salles irrégulières, leurs couloirs et les poches de leurs parois se trouvent remplis d'ossements d'animaux éteints ou disparus (dits fossiles ou antédiluviens, à vrai dire de l'époque géologique *quaternaire*). (*V.* chap. XXI.)

Quand les cavernes cessèrent d'être parcourues d'une façon habituelle par les courants d'eau qui les avaient formées, elles devinrent la tanière des animaux carnassiers, qui venaient y dévorer leur proie.

Mais, à la fin des temps quaternaires, de grandes débâcles aqueuses, que l'on a appelées à tort des *déluges* (*V.* chap. XXI et XXVI), et qui étaient dues soit à des tremblements de terre, soit à des fontes subites de glaciers, soit au vidage de lacs immenses, soit à d'autres grands bouleversements de la surface du globe, envahirent les grottes une dernière fois et, sous les blocs roulés, les galets et les limons, étouffèrent et anéantirent les espèces du grand ours, du grand chat et de l'hyène des cavernes. Les repaires de ces carnassiers furent leurs tombes; le cataclysme les ensevelit vivants ou recouvrit la dépouille de ceux d'entre eux qui avaient déjà péri de mort naturelle.

Aujourd'hui on retrouve leurs ossements intacts sous une grande épaisseur du limon enfouisseur, ou simplement sous une croûte protectrice de carbonate de chaux, formée immédiatement au-dessus des carcasses (plancher stalagmitique). (*V.* p. 146.)

Les plus célèbres cavernes à ossements sont : en Bavière, Gaylenreuth (Franconie); en Angleterre, Kirkdale (Yorkshire) et Kent's hole (Devonshire); en Belgique, celles des bords de la Meuse; en France, celles du Jura, des Cévennes et des Pyrénées.

Les *brèches osseuses* ne sont que de petites cavernes, ou plutôt des fentes remplies à ciel ouvert, et de la même manière, par les eaux furieuses de la surface qui y ont charrié les ossements des animaux emportés par la catastrophe.

« Il peut arriver que des fentes reçoivent le squelette entier d'un animal. Lorsque les affleurements calcaires parsemés de crevasses et d'entonnoirs sont exposés à se couvrir de neige en hiver, alors les animaux sauvages qui en parcourent la surface, et qu'aucun signe visible n'avertit du danger, tombent dans ces abîmes que la neige dissimule, et y laissent leur dépouille entière. Plus tard, à la fonte des neiges, cette dépouille, bientôt réduite à sa carcasse osseuse, sera enfouie au milieu du limon rouge dont la surface des sols calcaires est toujours plus ou moins revêtue. » (De Lapparent.)

Les débris de l'homme et de son industrie se trouvent aussi dans les cavernes : nous renvoyons pour les détails aux chapitres XXVI et XXVII.

Voilà ce que sont les grottes; infiniment curieuses pour le touriste, elles constituent pour les savants un sujet de recherches du plus haut intérêt.

Des animaux les peuplent encore (batraciens, poissons, crustacés, insectes); *la plupart sont aveugles,* merveilleusement adaptés par la Providence à leur milieu. On n'en a étudié encore qu'un bien petit nombre.

Les plantes aussi, mousses et cryptogames, sont jusqu'ici mal connues.

En dehors de l'histoire naturelle, on peut faire sous terre des observations précieuses pour la géologie, la physique du globe (température, pesanteur, etc.) et diverses autres branches du savoir humain.

Bref, il y a véritablement une science spéciale, pour laquelle la France, avec son abondance de terrains calcaires, est un champ fertile.

La *Hœhlenkunde* (étude des grottes), la *Hœhlenforschung* (exploration des grottes), la *grottologie* (si l'on veut bien me permettre ce néologisme, seul capable de traduire le vocable allemand) est déjà organisée en Autriche. En Istrie, plusieurs naturalistes et alpinistes de Trieste conduisent depuis quelques années la reconnaissance systématique des rivières souterraines du Karst, vraie terre promise des cavernes. Ils ont parcouru et levé topographiquement de nombreux kilomètres de galeries. On ne peut que souhaiter de voir l'exemple devenir contagieux [1].

Certes, les traités de géologie et de géographie nous trahissent maints secrets des eaux souterraines et nous décrivent maintes grottes immenses, et celle du Mammouth (Kentucky) n'a pas révélé jusqu'ici moins de 240 kilomètres de salles et corridors ; mais que l'on ne croie pas pour cela cette branche de la science terrestre bien avancée ; loin de là : le sujet n'est qu'effleuré, et le hasard seul a presque tout fourni ; donc, en présence des merveilles, déjà célèbres et recommandées dans tous les Guides, d'Adelsberg, de Saint-Canzian, de Han-sur-Lesse, de Rochefort, de Miremont, de Ganges, etc., que devons-nous attendre d'une étude raisonnée, d'une méthode scientifique ? La découverte de scènes plus admirables encore et la résolution de problèmes physiques à peine posés aujourd'hui.

Mais la tâche est dure à accomplir, car mille difficultés, de grands dangers même, entravent les recherches au lointain des cavernes.

Les montagnes de neige ont leurs ouragans, leurs avalanches et leurs crevasses ; aux grottes sont dévolus l'obscurité, les éboulements et les précipices noirs où mugissent les torrents cachés. Comme escalades de roches, le labeur gymnastique et les périls de chutes ou de glissades s'équivalent ; et l'absence de jour, la nécessité des lumières artificielles, ne provoquent pas moins d'erreurs fatales ou de situations critiques que le brouillard et les tourmentes glacées. Au mal des montagnes fait pendant l'humidité, toujours incommodante ; et sur le tout brochent parfois les émanations d'acide carbonique ou d'autres gaz délétères.

En revanche, quelles surprises féeriques, quels grandioses spectacles, quelle fièvre enivrante d'inconnu, quand, dans une caverne neuve, forcée pour la première fois, les hauts dômes étincelants de carbonate de chaux succèdent aux longues galeries soutenues par de scintillantes stalagmites, reflètent leurs plafonds constellés d'étoiles cristallines et frangés de draperies d'albâtre transparent dans le miroir sombre d'un lac mystérieux, et aboutissent aux fracassantes cascades d'une rivière écroulée dans l'abîme insondable ! Et comme cadre à ces tableaux sublimes, que toutes les descriptions ont appelés *palais des fées*, l'obscurité pesante, impressionnante, déchirée par la lueur éblouissante des feux électriques, comme une nuit d'orage par des faisceaux d'éclairs.

Pittoresque, difficultés et dangers se marient sous terre comme sur les monts, et c'est pourquoi l'on peut bien dire que le *grottisme* (côté sportif de la grottologie)

---

1. Le célèbre grottologue Schmidl y a découvert et relevé 18 kilomètres de cavernes ; — dans les Causses nous avons déjà fait le plan de 30 kilomètres de grottes nouvelles (1888-1892).

est le verso (je ne veux dire ni l'envers ni le revers) de ce sport aujourd'hui célèbre appelé l'*alpinisme*.

Le matériel du grottologue est fort embarrassant ; en voici les principaux articles :

Téléphone portatif magnétique (système Aubry, construit par de Branville ; chaque poste pèse en tout 400 grammes). Aucune descente de puits vertical n'est possible sans ce précieux engin : *à 30 mètres de profondeur en moyenne la voix humaine ne se perçoit plus*, à cause de la résonance entre les parois. (*V*. p. 79.)

Bateau démontable : le plus pratique est celui d'*Osgood* en toile imperméable. (*V*. ci-après ; *V*. aussi la *Nature*, n° 813.)

Pour les rivières souterraines étroites, une demi-futaille bien lestée est plus commode, mais d'un usage éminemment dangereux, faute de stabilité.

Cordes de gymnastique (de 10 à 12 millim. de diamètre) et échelles de corde.

Echelle en fer de 9 mètres de longueur, démontable en trois morceaux, pour l'escalade de parois à pic. Les barreaux de fer que l'on scelle dans le roc et que l'on emploie beaucoup en Istrie sont encombrants par leur poids, et le forage des trous où il faut les cimenter fait perdre beaucoup de temps.

Pile électrique portative.

Lampes de mineurs ordinaires.

Réflecteur à magnésium, avec mouvement d'horlogerie.

Fortes bougies stéariques de 3 à 4 centimètres de dia-

Stalactites en draperies. — Grotte du Mas-de-Rouquet, près Lodève. — Phot. Vallot.
(Communiqué par le Club alpin.)

mètre, avec grosses mèches ; les bougies ordinaires s'éteignent trop facilement, soit par les mouvements brusques qu'on leur imprime, soit par l'effet des courants d'air. L'emploi des torches résineuses, des feux de Bengale et des pièces d'artifice ou poudres lumineuses doit être soigneusement proscrit ; leur fumée aveugle, peut provoquer l'asphyxie, est en tout cas très malsaine, salit les grottes, dont les parois se couvrent de suie, et empêche de voir les voûtes[1]. Même le seul fil de magnésium, pourtant bien mince, devient gênant, par son dégagement de magnésie, dans les espaces resserrés.

Il faut toujours avoir une bougie, pour être prévenu, par l'altération de sa

---

[1]. C'est ainsi que les belles grottes de Han-sur-Lesse (Belgique) et de Ganges (Hérault) ont perdu, sous une épaisse couche de suie, presque tout leur scintillement, c'est-à-dire leur principal attrait. (*V*. chap. X.)

flamme, de la présence éventuelle de l'acide carbonique. Une lanterne est nécessaire aussi, pour éviter l'extinction par les courants d'air.

Briquets à amadou, pour suppléer aux allumettes devenues humides.

Petites cornes de chasse et sifflets variés, pour les appels et les signaux de ralliement.

Pot de couleur blanche, pour faire des repères et assurer le retour dans les galeries entre-croisées et les carrefours.

Le moyen le plus sûr de ne pas s'égarer est de dresser le plan topographique à la boussole, au fur et à mesure de l'exploration.

Burins en fer, pour amarrer l'échelle de corde faute de saillie rocheuse.

Gros marteau ou masse, pour enfoncer les burins dans la roche et pour casser les stalagmites qui obstruent les passages étroits.

Pioches et pelles, pour déblayer les couloirs obstrués par l'argile (il n'est peut-être pas une caverne où les comblements postérieurs n'aient empêché de constater les véritables dimensions primitives du vide ménagé par les eaux).

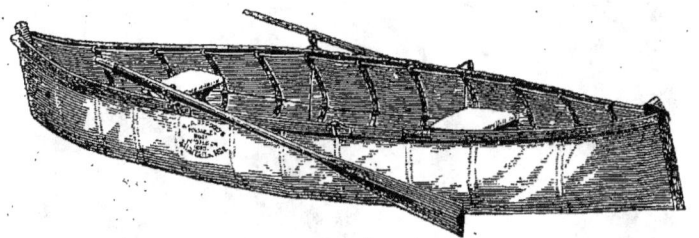

Bateau d'Osgood monté.

Dynamite et poudre comprimée. La dynamite, qui pulvérise tout sur place, est préférable à la poudre, qui ébranle au loin les masses rocheuses; l'emploi le plus circonspect devra être fait de l'une et de l'autre, car les éboulements constituent le plus grand danger des grottes, et rien n'est plus propre à les provoquer que les explosions. — La mine, dans une caverne, ne devra être employée que comme dernier et suprême moyen de forcer un passage. J'y ai renoncé pour ma part.

Enfin, pour utiliser tout cet *impedimentum* et pour réussir à souhait, une équipe d'hommes déterminés et agiles, à raison de deux par touriste en moyenne, est plus nécessaire encore que des guides en montagne.

La barque est peut-être l'objet le plus intéressant. L'*Osgood portable folding canoe* (canot pliant portatif) est préférable à tous les autres sytèmes. Il se compose de trois éléments principaux : 1° une *coque* en toile imperméable, pliante et pourvue de *couples* ou *membrures* rigides ; 2° deux *plats-bords* démontables destinés à tendre la coque ; 3° un *plancher* mobile en plusieurs pièces, sur lequel se fixent les sièges. Il marche soit à l'aviron, soit à la pagaie. Ce n'est en somme qu'un gros *canoe canadien* à fonds absolument plats. Ses deux extrémités sont symétriques. Il ne porte ni voile ni gouvernail.

Comme sièges, deux petits pliants très commodes s'adaptent au fond, sans glissement possible, et d'une manière aussi simple qu'ingénieuse.

La pagaie se démonte en trois pièces.

Les avirons (en deux morceaux) portent leurs systèmes.

Deux personnes peuvent monter cette embarcation en moins d'un quart d'heure; une seule même y parvient avec un peu d'habitude.

Stalagmites en colonnes. — Grotte du Mas-de-Rouquet, près Lodève. — Phot. Vallot.
(Communiqué par le Club alpin.)

Voici les inconvénients et les avantages particuliers à ce type de bateau :
L'absence de quille le fait virer beaucoup trop facilement, et pour cette raison le vent devient parfois très gênant; en revanche, dans les remous ou coudes à forts

courants, par cela même qu'il n'y a ni avant ni arrière, on peut en toute sûreté s'abandonner par le travers à une évolution complète et laisser le flot redresser la barque, qui exécute tranquillement le demi-tour, sans aucun danger de submersion, comme une simple coquille de noix ; j'ai reconnu en maintes circonstances, particulièrement sur les rapides, que cette insolite manœuvre présentait bien moins de risque que la lutte normale pour le maintien dans l'axe du courant, lutte rendue très difficile par la légèreté et la coupe du corps flottant.

La forme plate du fond et le relèvement presque rectangulaire des flancs nuisent au glissement sur l'eau, c'est-à-dire à la vitesse, qui ne saurait, même à la descente et avec un courant appréciable, dépasser 6 kilomètres à l'heure.

Mais cette forme même assure la stabilité indispensable pour une embarcation aussi peu saillante sur l'eau.

Et c'est ici qu'il faut intercaler les renseignements numériques tirés du catalogue du constructeur, dont j'indique l'adresse : N. A. Osgood, à Battle-Creek, Michigan (États-Unis), sans aucune idée de réclame d'ailleurs, et uniquement comme addition nécessaire au présent chapitre.

Il y a cinq types de *portable folding canvass boat*.

		N° 1	N° 2	N° 3	N° 6	N° 7
Longueur..............		15 pieds[1]	12 pieds..	9 pieds 1/2	8 pieds...	8 pieds.
Largeur................		36 pouces	36 pouces.	36 pouces..	33 pouces..	33 pouces.
Profondeur au milieu....		13 —	12 —	11 — ..	11 — ..	12 —
— aux bouts....		16 —	15 —	15 — ..	15 — ..	15 —
Poids total.............		75 livres	50 livres..	30 livres...	30 livres...	20 livres.
Places.................		4 personnes..	2 pers...	1 pers....	1 pers....	1 pers.
Capacité...............		850 livres	600 livres..	»	»	»
Tirant.................		4 pouces	4 pouces.	»	»	»
Caisse.	Longueur......	40 —	38 —	38 pouces..	36 pouces..	36 pouces.
	Largeur........	20 —	17 —	14 — ..	14 — ..	14 —
	Hauteur.......	20 —	17 —	14 — ..	14 — ..	14 —
Prix[2].................		50 dollars	40 dollars.	40 dollars..	35 dollars..	30 dollars.

1. Mesures anglaises : pied, 0m,30479 ; pouce, 0m,02534 ; livre, 453 gr. 59.
2. Le dollar vaut 5 fr. 18. Il faut ajouter environ 40 francs pour prix de transport, en petite vitesse et frais de douane de Battle-Creek à Paris.

Pour être complet et impartial, je dois signaler quelques défectuosités de construction faciles à corriger.

Il serait bon de placer deux traverses pour épauler les plats-bords, maintenir leur écartement constant et empêcher la flexion, qui les fatigue à chaque coup d'aviron. — Ceci m'amène à dire que, pour ne pas fausser ni forcer les diverses parties de l'armature en bois, il conviendrait de se servir habituellement de la pagaie. — Deux des membrures seulement sont suffisamment fortes (larges de 5 centimètres au lieu de 2) ; les autres ne résistent pas aussi bien aux chocs de rochers dans les rapides, et je les ai fait toutes remplacer par de plus larges. — Je n'ai jamais pu m'expliquer pourquoi le constructeur n'avait pas posé ces deux couples plus solides aux points d'attache des avirons, où sont rivées, comme on l'a vu plus haut, des tiges de renfort ; en effet, les membrures correspondantes se trouvent affaiblies par les trous de rivement ; aussi, trop minces, deux d'entre elles ont-elles successivement cassé sur les écueils du Tarn, juste au niveau de ces trous, sans interrompre d'ailleurs la promenade. Cela donne la meilleure preuve de la solidité de la coque, puisque là où l'armature casse la toile ne crève pas ; une sommaire réparation suffit, d'ailleurs, pour assurer l'excellent service du bateau et pour éviter tout nouvel accident. Je crois néanmoins qu'il faut, sans hésitation, donner même force à tous les couples et, en tous cas, placer les plus larges sous les avirons.

J'ai omis d'indiquer que l'imperméabilité est obtenue par un vernis hydrofuge spécial (*waterproofing fluid*), dont le constructeur paraît avoir le secret. Quand le bateau est depuis longtemps à sec, il prend légèrement l'eau pendant la première heure de navigation, mais devient absolument étanche dès que l'étoffe est dilatée par l'immersion. Tous les ans seulement il faut procéder à une réimperméabilisation complète.

La question du transport est le triomphe de l'objet : le tout se plie, se démonte, se dévisse et se case dans une solide malle ordinaire en bois ; pour le type n° 2 (à deux personnes), cette malle, d'environ 1 mètre de longueur sur 45 centimètres de largeur et de hauteur, pèse, pleine, 50 kilogrammes. En sorte que, moyennant la taxe courante de 0 fr. 10, deux promeneurs peuvent confier au fourgon de bagages leur colis fort peu extravagant, et gagner sans plus de frais de port telle rivière qu'il leur convient de parcourir : au point d'embarquement,

Bateau d'Osgood démonté.

la malle vide s'expédie, par messagerie ou petite vitesse, à la station la plus proche du terminus de l'excursion ; en deux paquets légers (12 à 13 kilogr.), bateau et agrès sont portés au bord du cours d'eau, qui, quelques minutes après, reçoit les touristes et leur nef, le tout à la fort risible stupéfaction des gamins, badauds et employés de chemins de fer ou d'octroi.

Que de douaniers m'ont regardé de travers quand, rentrant de promenade dans la capitale, je répondais à leur investigation sur ma malle (d'un ton, je l'avoue, quelque peu goguenard) : « C'est un bateau ! » Aucun cependant n'a encore poussé la curiosité jusqu'à exiger, en pleine salle des bagages, le montage justificatif de la denrée suspecte. Grâces soient rendues à cette courtoise discrétion !

En route, s'agit-il de tourner un barrage, une écluse, une usine, un moulin : voilà les indigènes de s'apitoyer : « Vous ne passerez pas ! Il faudra peiner pour remonter la rivière ! Que venez-vous quérir par ces côtés ! C'est du mauvais pays pour la promenade, » etc., etc. Et tous ces réconfortants propos vont encore leur train que la barque, enlevée comme une plume sur deux épaules qui la sentent à peine, file déjà de l'autre côté de l'obstacle loin des Gros-Jeans ébahis.

Voilà le charme de l'Osgood-Boat : c'est un passe-partout, car ses dix centimètres de tirant et sa légèreté extraordinaire lui permettent d'affronter toutes les eaux. C'est le vrai bateau des indépendants qui, loin de la civilisation à outrance, aiment les paysages ignorés, le déjeuner en plein air, le bain libre et la nature vierge ; c'est aussi celui de l'explorateur qui se confie, pour la géographie ou les sciences naturelles, aux eaux sauvages ou souterraines.

Enfin, dans les marais, rivières et roselières, il rendra les plus grands services aux chasseurs de gibier d'eau, qui réussiront à le mouvoir même sur les vases molles. Quant à la mode, au sport ou au joujou de famille, ce n'est point l'affaire : disgracieux, en somme, lent, dangereux même pour les imprudents qui ne sauraient pas y mesurer leurs mouvements, il ne faut pas songer à s'en servir pour des parties d'enfants ou des régates. Construit spécialement en vue de la descente des rivières américaines à rapides, il ne saurait s'utiliser autrement que comme canot de voyage transportable et peu encombrant. Mais comme tel il est accompli, utile et récréatif par excellence.

On peut dire du bateau d'Osgood qu'avec sa carène en corps de cygne et sa peau aussi dure que celle du crocodile, il ondule comme une mouette sur la crête des vagues et rebondit comme une balle sur la pointe des rocs. Ni rochers, ni cascades, ni cavernes, ni falaises, ne peuvent, grâce à lui, arrêter les promeneurs bien déterminés à tout voir !

Bateau de chasse, d'aventure et d'exploration, il serait fort à désirer que cet objet remarquable obtînt en France la vogue légitime dont il jouit depuis longtemps en Amérique.

Je l'ai expérimenté sur des rivières rapides : le Loing, le Loir, la Meuse, le Tarn, l'Hérault, en mer même (cap d'Antifer, près du Havre), dans des courants et parmi des écueils auxquels un bateau de bois n'eût pas résisté.

Et, après toutes ces campagnes, il m'a porté sur les flots sombres des rivières cachées de Bramabiau et de Padirac ! C'est le type accompli du *bateau souterrain*.

CHAPITRE X

GROTTE DE DARGILAN

Le trou au renard. — La grande salle. — L'exploration de 1888. — L'Église. — La grande cascade. — Le Clocher. — Les eaux souterraines. — Les plus belles grottes d'Europe. — Comparaisons : Adelsberg, Han-sur-Lesse, Rochefort, Ganges, Dargilan. — Une disparition. — L'alerte. — L'accident.

La grotte de Dargilan (Lozère), à 500 mètres au nord du hameau de même nom, s'ouvre sous le rebord du causse Noir, à 850 mètres d'altitude, presque en haut de l'escarpement dolomitique qui domine de 350 mètres le cours de la Jonte, et sur le chemin même qui descend du village à la vallée. En 1880 seulement elle a été trouvée, par un pâtre qui, voyant un renard disparaître dans un trou, voulut prendre l'animal au terrier et se mit à l'enfumer. Peine perdue ! Maître renard ne reparut point, et pour cause. Le jeune berger, ayant éteint ses feux et élargi l'ouverture, pénétra dans un boyau souterrain, d'où il sortit bientôt terrifié : il avait aperçu, déclara-t-il, le vestibule de l'enfer, un gouffre noir et sans fond. Reconnaissance faite, il venait tout simplement de découvrir la grotte de Dargilan.

Jusqu'à l'été de 1888, on ne connaissait que la première salle, la plus vaste, il est vrai, de toute la caverne, et pourvue de stalagmites et de stalactites admi-

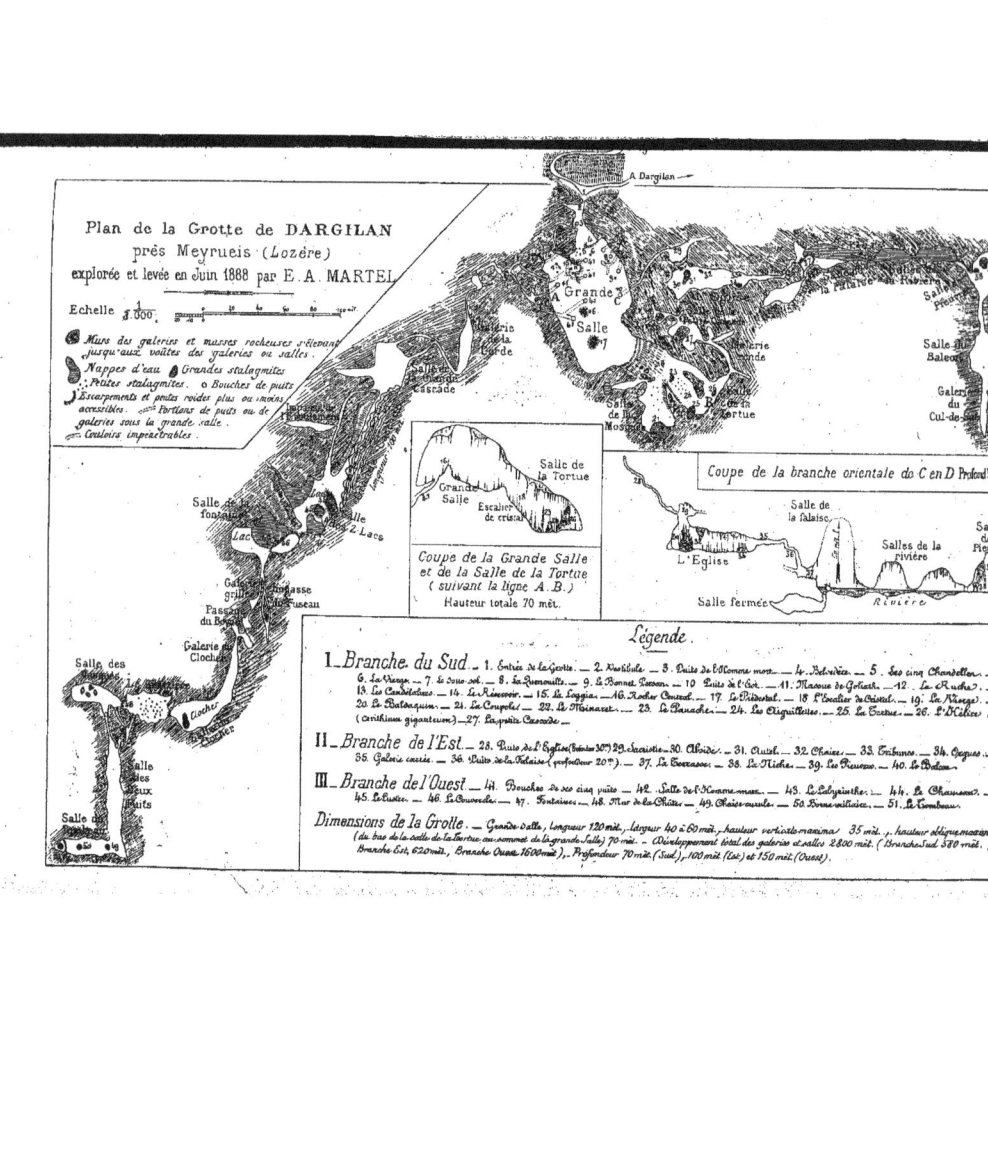

rables. Mais, en 1884 et 1885, deux visites successives m'avaient fait soupçonner d'autres splendeurs cachées : de tous côtés, en effet, s'ouvraient des orifices de puits ou de galeries impraticables sans échelle.

Donc, en juin 1888, munis d'un matériel complet de gymnastique et d'éclairage, nous entreprîmes l'exploration méthodique de Dargilan, tant pour y rechercher un nouvel Adelsberg que pour continuer nos études sur l'hydrologie souterraine des Causses. Le résultat dépassa nos espérances.

Raconter en détail toutes nos investigations, qui durèrent quatre jours entiers, serait monotone et trop long. Il suffira de dire que la grotte de Dargilan est réellement une des plus belles de l'Europe, d'indiquer sommairement les trouvailles faites et de renvoyer au plan topographique ci-joint.

La *grande salle,* connue depuis 1880, est de forme elliptique, dirigée du nord au sud, longue de 120 mètres, large de 50 à 60 mètres, haute de 35; comme toutes les cavités de ce genre, elle ressemble à un palais de cristal indescriptible. Ses principales stalagmites, hautes de 2 à 10 mètres et suffisamment dépeintes par leurs noms appropriés à leurs formes, sont : les *Cinq Chandelles* (n° 5 du plan), la *Vierge* (6), la *Quenouille* (8), le *Bonnet persan* (9), la *Massue de Goliath* (11), la *Ruche* (12) et les *Candélabres* (13); à 30 mètres du seuil, le *Belvédère* (4), balcon suspendu au-dessus d'un vide béant (le *Sous-Sol,* 7), permet d'embrasser d'un coup d'œil l'ensemble du dôme immense; un peu plus loin, la *Loggia* (15) sert également d'observatoire.

Les autres ramifications de Dargilan, que nous avons découvertes et levées en juin 1888, se distribuent en trois branches principales autour de la grande salle, au sud-est, à l'est et à l'ouest.

On descend dans la branche du sud-est par un large talus incliné à 45 degrés, où les blanches aiguilles de carbonate de chaux servent à la fois de degrés et de rampes : c'est l'*Escalier de cristal* (18), au milieu duquel une autre statuette de *Vierge* (19) s'élève devant une sorte de chapelle (le *Baldaquin,* 20); l'escalier aboutit à deux salles, celles de la *Mosquée* (haute de 30 m.), avec sa *Coupole* (n° 21) et son *Minaret* (22), et celle de la *Tortue :* celle-ci doit son nom à une stalagmite convexe (25) d'environ 8 mètres sur 4 mètres, semblable à la carapace d'un chélonien en train de gravir le rocher; à côté se dressent le *Panache* (23), les *Aiguillettes* (24), d'une gracilité surprenante, et l'*Hélice* (26), figurant le grand coquillage fossile appelé *Cerithium giganteum.* Dans l'angle nord-est de la salle de la Tortue, la *Galerie ronde* mène à la *salle de la Petite Cascade,* où l'on croirait voir, dans les capricieux replis d'une large stalactite, une chute d'eau subitement congelée. Du fond de la salle de la Tortue on peut, grâce à la largeur de l'Escalier de cristal, distinguer la majeure partie du plafond de la grande salle, à 70 mètres au-dessus du spectateur : en réalité, ce plafond s'abaisse jusqu'à la Tortue sans solution de continuité ; de telle sorte que, depuis l'entrée de la grotte, la grande salle et ses deux voisines du sud-est ne forment qu'une seule et même voûte de 190 mètres de portée, l'une des cinq plus grandes du monde (*V.* le tableau ci-après et la coupe jointe au plan.)

Il est impossible d'accéder sans cordes à la branche de l'est, qui commence par un couloir d'éboulis incliné à 45 degrés, long de 60 mètres et profond de 40 (n° 28) : ce couloir débouche dans un vestibule appelé la *Sacristie* (29), qu'une pente abrupte réunit à une magnifique *Église,* longue de 60 mètres, large de 10 à 20, haute de 5 à 10 mètres. Cette nef, occupée, en guise de piliers, par une forêt

Salle de la Mosquée : le Minaret. — Reproduction *directe* (procédé Sgap) d'une photographie au *magnésium* de M. G. Gaupillat.

de fines colonnes stalagmitiques, est un des plus jolis recoins de toute la grotte de Dargilan : *Transept, Abside* (n° 30), *Maître-Autel* (31), *Chaire* (32), *Tribune* (33), *Grands Orgues* (34), rien ne manque pour compléter l'illusion produite par la disposition naturelle des cristallisations; il faudrait seulement que la voûte fût un peu plus élevée : telle qu'elle est, néanmoins, la perspective de l'Église vue de la *Galerie carrée* (n° 35), qui tient lieu de porche, est un tableau d'une grâce et d'une originalité idéales. Au bout de la galerie carrée, autre surprise. Une lucarne s'ouvre sur le vide noir : c'est la bouche du *puits de la Falaise* (n° 36), vertical et profond de 20 mètres. Si nous n'avions pas eu l'échelle de corde, la route se fût ici complètement fermée : nous entendions les pierres jetées par la lucarne tomber dans l'eau. Longs et minutieux furent nos préparatifs de descente dans ce ténébreux inconnu; la longue échelle oscillante ne touche pas le sol, et cependant nous atteignons sans peine le bord d'une rivière de plus de 120 mètres de longueur. La rivière, issue d'un conduit invisible, franchit trois salles beaucoup plus élevées que larges, celle de la *Falaise* (haute de 50 m. au moins) et les deux de la *Rivière*; puis elle s'enfuit en tapinois comme elle est venue, sans doute pour filtrer à travers la nappe d'argile qui lui sert de lit et pour sourdre en fontaine inaccessible dans la paroi extérieure du causse. Si l'on veut pousser au delà de la salle de la Falaise (ainsi nommée à cause de la verticalité absolue d'une de ses parois), la fatigante posture du quadrupède et le bain de pieds intégral deviennent inévitables : mais la peine n'est pas perdue, car un dernier rameau se greffe à angle droit sur celui de la rivière et s'élargit en deux belles salles rondes de 30 mètres de diamètre et 20 mètres de hauteur, auxquelles leurs principales stalactites ont valu les appellations de salles des *Pieuvres* et du *Balcon* (n°ˢ 39 et 40). La galerie du *Cul-de-Sac* termine la branche de l'est (*V.* le plan et la coupe) à 100 mètres en dessous de l'entrée de la caverne. Toutefois il se pourrait qu'en déblayant les amas d'argiles ou de pierres éboulées et en perforant les parois de carbonate de chaux qui nous ont arrêtés on découvrît encore une longue série d'autres curiosités; mais, à cette profondeur et avec la difficulté d'accès de cette branche, le travail serait terriblement long, pénible et coûteux.

On devine, par ce qui précède, les émotions et les transports d'admiration que nous éprouvâmes durant les huit heures consécutives où nous nous enfonçâmes ainsi dans la branche orientale, d'étonnements en éblouissements, et de puits inconnus en salles nouvelles. Et cela n'était rien encore auprès de la branche de l'ouest, qui mesure 1,600 mètres de développement, tandis que celle de l'est n'en a que 620 : aussi passâmes-nous deux jours entiers à fureter dans les replis de cette troisième division de la grotte de Dargilan.

Six puits ou couloirs à très forte pente y descendent, tous pratiqués sous les éboulis effrayants formés par les blocs énormes de dolomie détachés des voûtes de la grande salle; tous, par suite, d'un abord difficile, sans toutefois qu'aucun appareil de gymnastique y devienne nécessaire; il suffit de mains et de pieds de montagnards bien exercés.

L'un de ces puits traverse la petite salle de l'*Homme Mort* (n° 42), où une remarquable stalagmite représente à s'y méprendre un cadavre étendu sur un matelas et recouvert d'un linceul. Tous les six convergent vers l'étroit carrefour du *Labyrinthe* (n° 43); de là, on ne tarde pas à gagner, par des fissures désagréables aux personnes douées de quelque embonpoint, la *galerie de la Corde*; ici, l'inclinaison et le poli du rocher exigent, tant pour la descente que pour la remontée,

Le Clocher. — Reproduction *directe* (procédé Sgap) d'une photographie au *magnésium* de M. G. Gaupillat.

l'assistance d'une corde de 30 mètres de longueur. Enfin, l'espace s'élargit, le plafond s'élève : nous arrivons à la salle de la *Grande Cascade*, haute et large de 30 à 40 mètres, constellée et miroitante comme toutes les autres. Au sud, deux fissures se présentent, l'une étroite et basse qui va servir de passage, l'autre large et élevée, mais barrée de rocs infranchissables; sur la paroi orientale, légèrement convexe, de cette dernière, un sculptural revêtement de fines cannelures et d'artichauts délicatement fouillés s'étend comme un mur de corail blanc sur 100 mètres de longueur et 40 mètres de hauteur : c'est la *Grande Cascade*, véritable rivière suspendue et fixée comme par la gelée au front d'un précipice : Adelsberg même n'a rien de semblable à cette luxueuse et artistique draperie, au bout de laquelle les salles des *Deux Lacs* et de la *Fontaine* (de dimensions analogues à celles de la précédente) possèdent trois bassins et une source vive : ces eaux encore s'écoulent par des tubes de quelques centimètres de diamètre. A toutes les guirlandes et pendeloques du *Lustre* (n° 45) il faut fixer de nombreuses bougies, et monter ensuite à califourchon sur le dos du *Chameau* (46), pour admirer dans toute leur beauté la Grande Cascade et les coupoles qui l'encadrent.

Notre première exploration de la branche occidentale s'était arrêtée à l'*impasse du Fuseau*, au sud de la Fontaine, et le résultat acquis nous avait amplement satisfaits : or il nous restait à découvrir la merveille par excellence de la caverne entière. Elle fut dénichée par mon cousin Marcel Gaupillat.

Car, dans une deuxième visite, employée à corriger les mesures et le plan, il eut l'idée de défoncer à coups de masse une paroi de cette impasse, où une sorte de grillage de stalagmites formait des barreaux entre lesquels on glissait à peine le doigt. Une fois le grillage volé en éclats, l'étroit *passage du Boyau* s'ouvrit à nous, laborieux à suivre assurément, mais qui, par la *galerie du Clocher*, nous mit subitement en présence de la plus belle masse sculptée que possède peut-être aucune grotte du monde : en vrai coup de théâtre, la stalagmite du *Clocher* (V. la gravure) s'offrait à l'œil humain pour la première fois et dans toute sa virginité, haute de 20 mètres, élégante, ciselée à jour, comme la flèche terminale de Strasbourg, et majestueusement isolée au fond du cadre grandiose d'une salle haute de 30 mètres et longue de 40; l'éclat de la lumière électrique faisait briller comme un pur diamant la svelte et fière pyramide, dont aucune torche ou bougie n'avait encore terni la scintillante blancheur, dont aucun marteau ou doigt profane n'avait jusqu'ici détruit un seul clocheton ni déchiré la plus délicate dentelle[1]. Nous ne voulûmes pas, premiers spectateurs de ce chef-d'œuvre, en briser le moindre fragment, quelque tentés que nous fûmes d'en détacher au moins une arabesque, et nous en fîmes, respectueux et muets, le tour et l'examen discret, comme s'il se fût agi d'une idole orientale vénérée.

Et la grotte ne finissait pas là ! Derrière le Clocher, un balcon dominait un vaste parterre tout jonché de stalagmites en forme de croix, de colonnes brisées et d'urnes funéraires : « Le *Cimetière !* » criâmes-nous tous ensemble en nous précipitant en bas du balcon. Au delà venait la salle des *Vasques*, où de grandes coupes gardaient l'eau distillée des voûtes, hautes comme partout de 20 à 30 mètres. A angle droit, vers le sud, *deux puits*, faciles à descendre, tombent dans la salle qui leur doit son nom, galerie rectangulaire longue de 80 mètres,

---

1. Dans la grotte d'Arta (Majorque, îles Baléares) la *Reine des Colonnes*, la plus grande stalagmite connue (25 m.), est plus haute que le Clocher de Dargilan, mais ses formes sont bien moins harmonieuses et ses découpures bien moins fines.

large de 10, haute de 40 : ici la décoration change, et les revêtements à facettes font place à un placage non moins étincelant, où un mélange pétrifié de pétales

Salle de l'Église : l'Autel. — Dessin de Vuillier, d'après un croquis de Th. Rivière.
(Communiqué par le Club alpin.)

de fleurs, de grelots de muguet, de spicules d'éponges et d'épines d'oursins semble saupoudrer le satin d'une tenture aux reflets d'opale ; et du haut en bas sont ainsi ornées les murailles, fort rudes à caresser d'ailleurs, de la salle des

Deux Puits et de celle du *Tombeau* qui lui fait suite : celle-ci, de même hauteur et largeur, n'a que 40 mètres de longueur ; mais trois monuments stalagmitiques la parent : la *Chaise curule* (n° 49), qui eût fait pour le magistrat romain le plus imposant fauteuil de pierre, la *Borne milliaire* (50), où l'on cherche involontairement des inscriptions effacées, le *Tombeau* (51) enfin, royal cénotaphe dissimulé au plus profond de la grotte de Dargilan (130 m. en dessous de l'entrée), élevé sur un piédestal proportionné au temple qui l'abrite et dressant son colossal fronton presque jusqu'à la voûte. Ce sépulcre allégorique mettait pour nous le comble au recueillement instinctif toujours éprouvé dans les grandes cavernes, surtout quand elles sont complètement inconnues : au delà, point d'issue visible, plus de passage à forcer ; la salle du Tombeau était fermée et fermait elle-même dignement l'admirable grotte de Dargilan.

Nous étions las d'ailleurs, non de fatigue, mais de plaisir et d'étonnement ; et si la féerie se fût continuée, notre état de surexcitation eût pu devenir fatal, en nous faisant perdre, avec la notion du temps, l'idée même du retour ; tant est abstractive de tout autre sentiment la soif d'inconnu qu'allument de plus en plus, dans ces palais souterrains, la fièvre de la découverte, l'excès d'admiration, l'obscurité profonde, le mystère et le calme du milieu, l'oubli du soleil et du ciel même, en un mot l'absence de toute manifestation du monde extérieur. Ce fut toujours pour nous une surprise, à chacune de nos sorties de Dargilan, de trouver la nuit close et de constater que la journée entière s'était écoulée dans la grotte, alors que nous nous croyions entrés sous terre depuis quelques heures à peine.

En résumé, nous n'avions pas pu descendre à la Jonte, puisque les courants d'eau, arrêtés par l'argile à 100 mètres de profondeur dans les salles de la Rivière et à 60 mètres environ dans celle des *Deux Lacs* et de la *Fontaine*, n'avaient pas voulu se laisser suivre ; mais au moins nous avions doté la Lozère d'une nouvelle attraction à l'usage des touristes, attraction susceptible de faire concurrence aux plus belles cavernes d'Europe, comme l'atteste le tableau comparatif ci-contre[1] :

---

1. Notre ami Vuillier, qui nous a si gracieusement prêté le concours de son joli crayon pour l'illustration de ce volume, a parfaitement décrit les sensations subies dans les cavernes. Laissons-le parler : il s'agit des grottes d'Arta et del Drach. (*Voyage aux îles Baléares* ; *Tour du monde*, juillet 1889.)

« Nous pénétrons. Peu à peu mes yeux s'habituent aux ténèbres ; la lumière des lampes devient suffisante pour voir les formes qui se précisent et même les silhouettes éloignées. La nature a réalisé là les formes les plus terribles d'une sorte de cauchemar. Des langues de flammes pétrifiées lèchent les parois ; un lion énorme s'accroupit ; des cyprès rigides s'élèvent, des tombeaux s'alignent, des bêtes fauves semblent gronder dans des cavités obscures.

« A un certain endroit on croit voir un château féodal avec ses tours, ses créneaux ; puis de fantastiques silhouettes s'élèvent, des cavités inconnues s'ouvrent dans les fonds ; des sortes d'orgues immenses dressent leurs tuyaux de pierre contre les parois des cryptes souterraines, semblant attendre dans le silence qu'un infernal musicien ou quelque Wagner apocalyptique vienne réveiller les échos endormis. Les plus hardis frissonnent, les plus braves sont pris d'une peur instinctive. Ces formes vagues, pétrifiées, semblent s'animer à la clarté tremblante des flambeaux. Il est pourtant des personnes qui échappent à la sensation farouche produite par ces cavernes.

« Nous voici au *Lago Negro* (Lac Noir). Ce lac est d'une grande étendue. Ses eaux immobiles, diaphanes, vont se perdant dans des gouffres obscurs. D'immenses colonnes s'appuient par instants sur des rochers sombres, et plus loin d'autres plus minces pénètrent dans l'eau et se reflètent. Ce reflet est si net, si pur, qu'on dirait les objets eux-mêmes semés au fond du lac, onde froide, profonde, immobile, engourdie, d'une transparence telle qu'elle ne prend pas de corps et qu'elle baigne les objets comme ferait une atmosphère dense. Dans le silence elle sommeille dans ce palais, qu'on dirait enchanté, sans un frisson, sans un frôlement, sans qu'un souffle vienne passer à sa surface. Ici rien : les ténèbres, le silence éternel, le sommeil dans des richesses que les flambeaux humains révèlent seulement parfois ; vision étrange, fantastique, sombre, fatale, tragique presque, monde engourdi, gouffres contemplés par la nuit, où vivent des êtres sans yeux, dans une infernale obscurité, où dort, dans l'éternel silence, de l'eau fluide comme l'air, où s'ouvrent des abîmes terribles, où grondent peut-être, à des profondeurs effrayantes, des flots sans clarté. »

NOM DE LA GROTTE	SITUATION		LONGUEUR TOTALE des ramifications	SALLE PRINCIPALE				PROFONDEUR DE LA GROTTE	DÉCOUVERTE	DURÉE DE LA VISITE	OBSERVATIONS
				Nom	Long^r	Larg^r	Haut^r				
Adelsberg	Carniole	AUTRICHE (CARNIOLE ET ISTRIE)	5500 m. avant 1889 (4172 aménagés).	Calvaire	203 m.	195 m.	30 m.		1816 ou 1818	Usuelle 4 à 5 h.	Petit tramway de 2278 mètres. Éclairage à la lumière électrique. Nouvelles galeries découvertes en 1889-92.
Planina	Près d'Adelsberg		5300 m.								Occupée presque tout entière par le cours souterr. de la Polk ou Unz.
Lueg	Id.		1000 m. (?)								
Kreuzberg	Carniole (près Laas)		1760 m.								D'après Schmidl.
Trebiciano	5 kil. est de Trieste			Lac de la Recca	200 m.	80 m.	75 m.	321 m.	1841		Série de puits verticaux étroits aboutissant à un lac sans issue. Expansion de la Recca souterraine, à niveau variable.
Padriciano	7 kil. est de Trieste		500 m.		120 m.	35 m.	50 m.	270 m.			Longue poche en pente.
Sanct-Canzian	Entre Adelsberg et Trieste		3900 m. (fin 1890).	Rudolf Dom	120 m.	15 m.	70 m.		1840 et 1883		C'est la 1ʳᵉ portion du cours souterrain de la Recca reconnu jusqu'à la 25ᵉ cascade (fin 1892).
Aggtelek	Entre Pesth et Kaschan	HONGRIE	5800 m. (ou 7800 m.).						1825 (?)	Totale 14 à 16 h. Usuelle 4 à 5 h.	Presque aussi belle que celle d'Adelsberg. Sortie artificielle pratiquée à l'extrémité au moyen d'un tunnel en 1889.
Béla	A l'est des monts Tatra		3200 m. (ou 3050).	Des Chanteurs	40 m.			120 m. (?)	1881		
Miremont (Trou de Granville ou du Cluzeau)	Dordogne (entre Périgueux et Sarlat)	FRANCE	4220 m.						1765	Totale 8 h. Usuelle 2 h.	Grande branche, 1067 mètres.
Dargilan	Lozère		2800 m.	Grande salle (avec la Tortue)	190 m.	60 m.	70 m.	100 m.	1880 et 1888	Totale 8 h. Usuelle 4 h.	Branche est. . . . 620 m. Grande salle et branche sud. 580. Branche ouest . . . . 1000.
Ganges^2	Hérault		500 m.	De la Vierge	45 m.	20 m.	48 m.	90 m.^{2}	1780	3 heures.	
Rochefort	Au sud-est de Namur	BELGIQUE		Du Sabbat				40 m. (?)		Usuelle 4 à 2 h.	Ruisseau souterrain impossible à suivre.
Han-sur-Lesse	Id.		5000 m.	Du Dôme	154 m.	135 m.	56 m.		1814	2 à 4 h.	La sortie a lieu par une rivière et en bateau; effet superbe.
Arta. — El Drach.	Majorque (Iles Baléares). (Une stalagmite, la *Reine des Colonnes*, à Arta, a 25 mètres de haut.)										Plusieurs lacs souterrains. — Exploration inachevée.

1. En France encore, les grottes de Saint-Marcel, près du confluent de l'Ardèche et du Rhône, découvertes en 1835, avaient, disait-on, de 6 à 7 kilomètres de longueur; l'exploration sérieuse en a été faite et le plan dressé par nous en 1892; la caverne est superbe, bien aménagée, et ne mesure que 2,260 mètres d'étendue totale; la visite dure trois à quatre heures; c'est une ancienne rivière souterraine, une longue galerie s'élargissant et se resserrant tour à tour.

2. Les guides attribuent à cette voûte 100 mètres de haut; les dimensions ci-dessus, plus modestes, sont fournies par de nouvelles mesures. — On croyait que la partie inconnue s'étendait au niveau de l'Hérault. Notre exploration définitive de 1889 ne nous a révélé qu'un dernier puits sans issue, pareil à ceux des avens et profond de 25 mètres seulement. (*V.* chap. XIV.)

Tenant à donner mon impression personnelle et ne voulant parler que des grottes les plus visitées des touristes, j'estime que Dargilan est, en beauté, inférieure à Adelsberg et Han-sur-Lesse, supérieure à Ganges et Rochefort; ces quatre éléments de comparaison suffisent amplement d'ailleurs pour formuler une juste appréciation. J'ajoute en hâte que toutes ces grottes diffèrent entièrement, qu'aucune ne fait tort à l'autre et que chacune mérite une visite particulière, pour une attraction spéciale manquant aux autres [1]. Adelsberg offre la largeur de ses corridors, la profusion et la richesse de ses concrétions calcaires, un lac et un cours d'eau, l'étendue de ses salles et voûtes, en un mot la réunion de tout ce qu'on va admirer dans les cavernes ; mais elle est à peu près uniforme de niveau, privée de ces puits et de ces descentes raides qui ajoutent le charme de la difficulté vaincue et augmentent le plaisir en le faisant acheter. Han-sur-Lesse possède son dôme grandiose et sa sortie enchantée en barque, avec un effet de lumière peut-être unique au monde; en revanche, l'ornementation des parois est gâtée, et les cristallisations sont voilées par la suie des torches et des lampes ; puis les coups de canon que l'on y tire en enfument perpétuellement l'atmosphère et nuisent souvent à la transparence et à l'éclat. La descente mélodramatique de Rochefort pourrait s'appeler l'Escalier de l'enfer ; la salle du Sabbat montre sa coupe très hardie et de jolies draperies ; mais aucune coupole n'atteint là des dimensions colossales. A Ganges, la façon dont on arrive à la splendide salle de la Vierge par le haut, pour y descendre en spirale le long d'échelles en fer, est une grande bizarrerie souterraine : par contre, point de nappes d'eau ni d'autres grandes salles, et puis, comme à Han, tout est enfumé et encrassé par la résine. Dargilan enfin se distingue par le peu d'étendue des couloirs, le nombre des grandes salles (vingt en tout, mesurant de 20 à 190 mètres de longueur et de 10 à 70 mètres de hauteur), la finesse, la taille et la variété de ses concrétions, sa pénétration à une grande profondeur et la pittoresque disposition de ses trois branches : cependant elle abonde moins en détails et elle est de proportions moins vastes qu'Adelsberg et Han.

Je n'ai point voulu, comme pour Bramabiau (*V.* chap. XI), faire le *journal* de la découverte : je ne puis cependant omettre quelques péripéties survenues dans l'exploration de la branche ouest. Lors de la première visite, notre compagnon, M. Fabié, demeura seul en haut de la galerie de la Corde avec une courte bougie : Louis Armand (celui-là même qui était tombé dans la rivière souterraine des Douzes), notre mineur et moi poussâmes ce jour-là jusqu'à l'impasse du Fuseau ; en remontant au point où nous avions laissé notre compagnon, nous ne l'y trouvâmes plus ! J'éprouvai une angoisse folle, courte heureusement, car à nos appels désespérés une voix lointaine et terrifiée répondit bientôt et nous guida vers l'absent. Il y avait près de trois heures que nous l'avions quitté, alors que nous pensions être restés séparés une demi-heure à peine ; nos signaux

---

[1] Les grottes d'Amérique, et surtout du Kentucky, de la Virginie et de l'Indiana (États-Unis), sont de beaucoup plus étendues, mais leurs accidents paraissent être bien moins variés et moins pittoresques ; les principales sont :
Grotte du Mammouth, 240 kil. (en 226 branches ou avenues) de longueur ; la plus grande salle a 240 mètres de longueur, 90 de largeur, 37^m,50 de hauteur ; — *Grottes de Wyandott* (37^{kil},6), de *Nikajack* (19 kil.) et de *Howes* (11^{kil},2). (V. C. FRUWIRTH, *Petermann's Mittheilungen*, juillet 1888.) En 1859 on connaissait dans la grotte du ammouth 57 dômes, 11 lacs, 7 rivières, 8 cataractes et 32 puits. Depuis on y a fait encore d'autres découvertes. — *V.* POUSSIELGUE, *Tour du monde*, 1863, 2º sem. ; — BULLIT, *Rambles in the Mammoth cave* ; 1844 ; — FORWOOD, *The Mammoth cave* ; 1870 ; — PACKARD AND PUTNAM, *The Inhabitants of Mammoth cave* ; 1872 ; — *Encyclopédie britannique*, 9º édit., t. XV, avec plan détaillé (p. 449).

ininterrompus de sifflets et de cornes, convenus pour annoncer que tout allait bien, avaient cessé depuis longtemps de frapper son oreille, le son se perdant dans les sinuosités de la grotte ; sa lumière s'était éteinte, ses propres appels ne nous étaient pas parvenus : aussi, croyant à un malheur, il avait voulu regagner seul la grande salle et s'était, sans bougie, égaré dans le labyrinthe : à 8 heures 30 minutes du soir, nous sortîmes de la caverne, tous plus émus que nous ne voulions le paraître. Au surplus, quelques instants avant de constater la disparition de Fabié, nous avions été saisis d'une première frayeur : tandis que, près de la grande cascade, je scrutais l'*impasse de l'Eboulement,* Blanc et Armand, qui, à l'entrée de cette impasse, tenaient la corde où je m'étais attaché, crurent voir basculer un bloc de pierre dont la chute m'eût bouché le chemin et enterré vif : j'avais déjà reconnu à 35 mètres de distance l'absence de tout dégagement, et je rétrogradais bien tranquillement, quand leur cri de terreur me les fit instinctivement rejoindre en trois bonds ! Fausse alerte : le bloc ne s'était affaissé que de quelques centimètres, et le lendemain il n'avait pas bougé davantage. Inutile d'ajouter que, pendant la nuit suivante, passée sur le foin dans une grange du hameau de Dargilan, le sommeil de toute la bande se peupla de quelques cauchemars !

Un coin du Cimetière; l'accident. — Dessin de Vuillier, d'après un croquis de Th. Rivière.
(Communiqué par le Club alpin.)

Mais à la seconde visite de la branche ouest, après la découverte du Clocher et du Tombeau, un fâcheux accident marqua le retour : un autre de nos aides si dévoués, Hippolyte Causse, dit Poulard, le chef cantonnier de Meyrueis, qui a fouillé tant de grottes avec tous les archéologues venus pour étudier la préhistoire des Causses, avait voulu, malgré nous, descendre directement de la salle des Vasques dans le Cimetière par un mur perpendiculaire haut de 6 mètres (mur de la Chute, n° 48) : imprudent tour de force qui faillit lui coûter la vie ! Une stalagmite cassant dans sa main le précipita à la renverse sur la tête et les reins, qui heurtèrent des pierres acérées et tranchantes ; nous le crûmes tué du coup, et c'est miracle que cette chute effroyable de 6 mètres n'ait amené que la luxation d'un doigt, l'ablation d'un ongle et des contusions sans gravité ! Ce que fut la remontée du pauvre blessé de cette profondeur de 120 mètres et de cette distance de 1 kilomètre et demi jusqu'à l'entrée de la grotte, je ne puis me le rappeler sans frémir. A chaque instant nous redoutions qu'une syncope n'amenât quelque autre chute fatale ; l'admirable énergie du patient permit seule de lui faire franchir sans catastrophe les pas difficiles du Boyau et de la Corde. Bien heureusement, des soins diligents et quelques jours de lit amenèrent la prompte guérison du brave et intelligent auxiliaire auquel je suis, depuis ce jour surtout, attaché en véritable ami.

Des travaux ont été exécutés en 1889 pour rendre la grotte de Dargilan accessible sans danger au public ; le Club alpin a accordé pour cet objet une forte subvention, argent certes bien placé, car c'est là une curiosité hors ligne, qui ne peut qu'accroître la vogue naissante de la région des Causses[1].

CHAPITRE XI

BRAMABIAU

Bramabiau est une de ces œuvres grandioses et bizarres que la nature exécute à coups de siècles et qui confondent l'esprit humain.

C'est une des plus curieuses merveilles de notre France.

Il y a longtemps que les géologues vont s'y extasier[2], mais les touristes l'ignorent encore.

Dans le département du Gard, à 8 kilomètres sud-est de Meyrueis (Lozère), sur la route de Mende au Vigan, le plateau de Camprieu (1,100 à 1,130 m. d'alt.) représente le fond d'un ancien lac, dont le ruisseau du *Bonheur*, issu des flancs de l'Aigoual, traverse aujourd'hui le bassin desséché. A l'ouest, les calcaires bruns de l'infra-lias formaient autrefois une barrière par-dessus laquelle les eaux du lac se déversaient en cataractes dans la vallée voisine, où s'exploitent les gisements plombifères de Saint-Sauveur-des-Pourcils. Aujourd'hui lac et cascade ont disparu. Un point faible s'est rencontré dans cette berge (sous la cote 1128 de la carte) ; les eaux ont donc troué leur digue et foré, à 1,095 mètres d'altitude, un tunnel réctangulaire étonnamment régulier, mesurant 8 à 12 mètres de hauteur, 15 à 20 mètres de largeur et 75 à 80 de longueur ; aux basses eaux, on peut le parcourir en entier. C'est la partie supérieure de l'ensemble dit Bra-

---

1. En France, les grottes de *Sorèze*, (Tarn ; lacs, rivières, puits, etc.) et des Fées à *Roquefort* (1,500 m. reconnus, nombreux gouffres) n'ont jamais été explorées à fond ; celles d'*Arcy-sur-Cure* (Yonne, 876 m. de longueur) ne méritent pas la réputation qu'elles doivent à Perrault (1674), Buffon (1740 et 1759), Pasumot (1784) et Belgrand (*Bulletin de la Société géologique de France*, 1845, 2ᵉ série, t. II, avec plan) ; dans le Jura on cite surtout les grottes d'*Osselles* (1 kil., plan par Rochon dans l'*Annuaire* du Doubs pour 1847). — En Belgique, celles de *Remouchamps* ont 500 mètres de long et une rivière (le Rubicon) ; v. Schols, Bruxelles, 1882, in-4°. V. aussi Schmidl, *Adelsberg*, 1854, Vienne ; Quetelet, *Han-sur-Lesse*, 1823, Bruxelles ; Allewerldt, *Han-sur-Lesse*, 1830, Bruxelles, etc.

2. V. *Mémoires de l'Académie des sciences* pour 1768 : Monter, Sur *l'Histoire naturelle des Cévennes, et l'éboulement colossal survenu en 1766 et ayant barré le ravin de la sortie de Bramabiau*. V. aussi baron Taylor, etc., *Voyage pittoresque dans l'ancienne France, Languedoc*, t. II, 2ᵉ partie, pl. 286 *ter* (peu ressemblante).

mabiau. A l'extrémité de cette monumentale galerie la voûte s'est effondrée, et une sorte de large puits d'aérage tronconique, un entonnoir en un mot, permet de remonter sur la digue; le plan cadastral dénomme ce puits *le Balset*. Mais le Bonheur ne retrouve pas encore son cours normal; presque sous l'entonnoir et aux pieds du spectateur s'ouvre, à angle droit avec le tunnel, une caverne qui se prolonge à 60 mètres vers le sud; un trou profond est béant dans cette caverne : c'est la bouche d'une fissure qui avale le Bonheur tout entier. Cette solution de continuité est fort bien indiquée sur la carte de l'état-major, feuille de Sévérac.

Bramabiau : le tunnel. — Dessin de Vuillier, d'après nature.

A 440 mètres de distance à vol d'oiseau, et au fond d'une colossale alcôve excavée dans la muraille gauche de la vallée de Saint-Sauveur-des-Pourcils, la rivière perdue reparaît, abaissée de 90 mètres (soit par 1,005 m. d'alt.), sous la forme d'une épaisse cascade et avec l'appellation de Bramabiau (ou *Bramabiaou*, beuglement du taureau). Le mugissement du torrent, répercuté de paroi en paroi avec un fracas terrible aux hautes eaux, explique ce nom. « Ici les termes vont me manquer, car il s'agit de décrire une nature étrange, terrible et mystérieuse. » (E. Frossard, *Tableau... de Nîmes*, etc., supplément, 1838, p. 95.)

La chute d'eau, à l'extrémité de l'alcôve, a 10 mètres de hauteur; elle sort d'une haute fissure pratiquée dans la muraille du causse; un peu au delà, et sous la voûte de la fissure, qui se perd dans l'obscurité, une seconde cascade, haute de 6 mètres, reste invisible du dehors et infranchissable; là est la véritable source de Bramabiau ; là le torrent s'échappe en grondant des entrailles du plateau. Le site est beaucoup plus extraordinaire que la fontaine de Vaucluse, pour trois raisons : d'abord la falaise, au lieu d'être grise et terne, a une couleur brune fort chaude de ton; puis la nature du terrain (calcaires de l'infra-lias), très fissuré, disposé en lits parallèles, et découpé en silhouettes étranges, donne à l'ensemble l'aspect d'une construction surhumaine, avec assises de pierres de taille; enfin il y a là une vraie rivière intérieure, tandis que Vaucluse n'est qu'une source simple. La haute fissure de l'alcôve joue le rôle d'une barbacane, c'est-à-dire d'une de ces ouvertures pratiquées pour faciliter l'écoulement des eaux dans les murs de soutènement; les parois de l'alcôve sont le mur qui soutient le plateau de Camprieu au-dessus du ravin. La falaise mesure 120 mètres de haut.

Bref, d'extérieure qu'elle était, la cataracte est devenue simplement intérieure.
— Ainsi Bramabiau comprend trois parties : un tunnel, un cours souterrain inconnu jusqu'en 1888, la source et l'alcôve de Bramabiau proprement dit.

Mes deux premières visites (1884 et 1885) ne m'avaient pas laissé croire à la possibilité d'une traversée souterraine[1]; l'aspect des lieux concordait trop bien avec les propos des indigènes; plusieurs personnes, disait-on, avaient déjà tenté la chose sans succès, arrêtées l'une par l'obscurité, l'autre par la violence du courant d'air, celle-ci par le fracas des eaux, celle-là par la verticalité des rochers (toutes en somme par le défaut de matériel ou de *vouloir*). De nombreux corps flottants jetés dans l'avenc ne s'étaient jamais remontrés aux cascades de la sortie ; d'infortunés volatiles aquatiques livrés au gouffre n'avaient reparu qu'après de longs jours et sous la forme de quelques plumes éparses; un suicide même, ajoutait-on, s'était perpétré dans la perte du Bonheur, et Bramabiau n'avait oncques rendu le cadavre ! Bref, à Camprieu comme à Meyrueis, on tenait pour indéchiffrable l'énigme du torrent souterrain. Elle devait pourtant se laisser deviner, car l'exagération de tous ces récits m'avait justement donné l'envie d'en contrôler la vraisemblance.

L'attaque fut décidée par le bas : c'est une règle de prudence élémentaire que les rivières souterraines doivent, *autant que possible*, se remonter et non se descendre : on risque d'être arrêté par les cascades, mais on évite de se trouver irrésistiblement entraîné dans leurs volutes.

Le mercredi 27 juin 1888, à midi, au pied de la deuxième cascade de Bramabiau, toute ma troupe était sous les armes; elle comprenait trois de mes cousins : MM. *Marcel* et *Gabriel Gaupillat*, ingénieurs, et *Ph. Cheilley*, spécialement chargé des croquis d'après nature, plus cinq hommes éprouvés : *Foulquier* (Emile), de Peyreleau; *Causse* (Hippolyte), dit *Poulard*, chef cantonnier à Meyrueis; *Armand* (Louis), forgeron au Rozier; *Blanc* (Claude), de la Chaise-Dieu, contremaître mineur; et *Parguel*, maître d'hôtel à Meyrueis.

L'échelle démontable, longue de 6 mètres, est dressée, au delà d'un bassin d'eau où il faut entrer jusqu'aux genoux, contre la paroi verticale d'où jaillit la deuxième cascade; Blanc, Foulquier et Armand montent seuls à la découverte et s'engagent dans la fissure. Vont-ils pouvoir passer? Le bruit de l'eau étouffe leurs voix dès qu'ils ont disparu, et nous ne savons rien d'eux pendant vingt longues minutes (nous n'avions pas le téléphone en 1888). Soudain ils reparaissent tout joyeux en haut de l'échelle en criant : « Ça va loin! » Ils ont vu une nappe

---

1. V. *la Nature*, n° 639 (29 août 1885), et *le Tour du Monde*, n° 1349 (2° semestre 1886).

Bramabiau et plateau de Camprieu. — Phot. G. Gaupillat.

d'eau où il faut le bateau. Tout le monde alors franchit le bassin, escalade l'échelle, et nous nous trouvons dans une grande galerie large de 3 à 6 mètres, qui court droit au sud sur 100 mètres de longueur ; d'étroites corniches permettent de la suivre sans trop de peine à quelques mètres au-dessus du torrent jusqu'à une salle de 15 à 20 mètres de diamètre où nous montons et lançons le canot et qui reçoit immédiatement le nom de *salle du Havre*. La voûte rocheuse élève son ogive à 50 mètres au-dessus de nos têtes; il n'y a pas de stalactites; mais le double effet de la lumière électrique dans la salle et du jour à l'entrée de la galerie est féerique ; ici le cours d'eau tourne au sud-est et occupe la fente dans toute sa largeur, qui n'est plus que de 1 à 5 mètres. Marcel et moi, éclaireurs à notre tour, embarquons seuls au-dessus d'une troisième cascade haute de 2 mètres, située à l'entrée de la salle du Havre, et qui nécessite mille précautions pour parer à une dangereuse dérive. — En amont, on entend encore d'autres chutes qui bruissent tout près, cachées par un coude brusque de la galerie; remontant le courant pendant environ 20 mètres, nous constatons que la voûte conserve une grande élévation. Mais n'allons-nous pas être arrêtés par une cascade ou par le rétrécissement de la fente? Non, le chemin se dilate, nous tournons au sud, et sommes entravés 10 mètres plus loin par une quatrième cascade : ici force est de débarquer dans l'eau même, en plein tourbillon, et de soulever péniblement la barque par-dessus l'obstacle, haut de $1^m,50$. Nous parvenons ainsi à une expansion de la fente, petite salle qu'occupe un bassin profond de 4 mètres. Un couloir presque vertical dirigé vers le sud-ouest vient y aboutir; Foulquier, qui, avec une adresse incroyable, nous a rejoints par des corniches impraticables pour d'autres que lui, nous hisse hors du bateau, et nous grimpons tous trois l'espace d'environ 15 mètres dans l'espèce de cheminée que nous venons d'apercevoir ; c'est un puits, un véritable avenc, dont la bouche est sans doute obstruée, car aucune ouverture correspondante ne se rencontre sur le plateau de Camprieu ; l'électricité même ne peut nous montrer la voûte ; l'inclinaison approche de 80 degrés, la roche est tout humide et effritée, nos pieds glissent et détachent de petites avalanches de cailloux : il faut renoncer à cette périlleuse escalade et continuer l'exploration de la rivière. Au bateau! Foulquier nous attend au bas de l'avenc pour nous maintenir en communication avec le reste de la troupe, demeurée dans la salle du Havre, car le bruit des eaux couvre à brève distance le son des sifflets et des cornets.

Tournant encore à angle droit de l'avenc, la galerie, large de 1 mètre à peine, s'infléchit vers l'ouest-sud-ouest; après 30 mètres de navigation, une cinquième cascade de 1 mètre nécessite un nouveau portage, le courant redevient libre sur 20 mètres de longueur, puis une sixième cascade, haute de 6 mètres, nous barre définitivement la route ; elle est trop abondante, il y a trop d'eau au pied (2 m. de profondeur) et de trop petites saillies sur les parois, pour que l'échelle de bois puisse être utilisée ; nous accrochant aux aspérités de la galerie, bras et jambes écartés de part et d'autre du torrent écumeux, nous nous élevons à la force des poignets au niveau du sommet de la cascade : deux gros blocs arrêtés en travers forment double pont au-dessus d'elle et empêcheraient de transporter le bateau au delà ; mais la fissure se prolonge toujours aussi haute (10 à 20 m.) et large (1 à 3 m.); le courant paraît plus calme, et nous ne percevons plus en amont aucun tonnerre de cascade. Nous commençons à croire qu'on pourrait ressortir par le Bonheur, car 200 mètres, détours compris, viennent

Bramabiau: l'alcôve et la sortie. — Phot. Chabanon.

d'être parcourus depuis la sortie de Bramabiau, et il n'y a à vol d'oiseau sur la carte que 440 mètres de distance entre la perte et la réapparition du cours d'eau; mais nous n'avons monté encore que 30 mètres environ, et nous sommes à 60 mètres en dessous du grand tunnel. Voilà trois heures que nous luttons contre le courant; puisque la barque ne peut pousser plus loin, il faut retourner. Demain nous entrerons par le haut et nous sortirons par Bramabiau, fallût-il se mettre à la nage; au besoin l'eau nous aidera à descendre, car nous sommes sûrs maintenant de ne pas rencontrer une unique et dangereuse cascade : il est dès à présent certain que la rivière n'opère sa chute que par gradins de hauteur modérée.

A grand regret, nous arrêtons cette navigation souterraine, dont la difficulté n'était pas le moindre charme : au double mystère de l'inconnu et de la caverne s'ajoutaient les pittoresques entraves du remous et de l'obscurité. Pour éviter de crever ou de briser notre léger canot contre les pointes de rocs ou les murailles de pierres, il nous fallait tous les deux travailler assidûment de nos mains ; l'espace manquait, et le flot était trop rapide pour permettre l'usage des avirons. Avec le bâton ferré en guise de gaffe dans les faibles profondeurs, ou simplement avec nos doigts écorchés le long des parois, nous faisions laborieusement et lentement remonter notre nacelle, tandis que le violent souffle d'air entraîné à la surface de l'eau éteignait parfois nos grosses bougies fixées à la proue et à la poupe. Que de précautions alors pour réveiller les précieuses lueurs, dont les brusques disparitions nous plongeaient soudain dans le milieu insolite de ténèbres épaisses, mais bruyantes. Que d'efforts aussi pour transporter la frêle barque de l'autre côté des cascatelles, par-dessus les blocs de rochers, dans l'étroite et immense fente, où le moindre faux mouvement pouvait amener sa rupture ou tout au moins un bain complet pour les deux touristes! Joignez à cela l'impossibilité matérielle de communiquer, même par le son, à cause du mugissement des eaux, avec les compagnons, séparés de nous par un torrent furieux ou par des bassins profonds de plusieurs mètres. Puis, pour découvrir notre voie, pour sonder la galerie et pour scruter les obstacles ignorés, un jet rapide de magnésium, troublant pendant quelques secondes de sa lumière presque solaire le secret jusque-là inviolé de ces abîmes mystérieux ! Etrange spectacle en vérité, payant avec usure les peines qu'il coûte!

Un incident assez comique égaya le retour. Pour ne pas démonter le canot dans la salle du Havre, nous voulûmes le confier au fil de l'eau entre la troisième et la deuxième cascade, le retenant seulement avec une corde pour qu'il ne pût nous échapper. Géniale précaution, car, en lui faisant franchir, comme un simple bois flotté, la troisième cascade, celle-ci parvint à s'introduire tout entière dans l'embarcation, laquelle s'en fut tout droit au fond du courant, sous dix pieds d'eau. Grâce à la corde solidement maintenue, cette submersion ne dégénéra point en naufrage; entre deux eaux, le bateau coulé continua tranquillement sa risible dérive de 100 mètres de longueur sous les corniches de la grande galerie, chemin de halage d'un nouveau genre, où Foulquier, assumant la responsabilité de la corde, jouait le rôle de remorqueur à rebours, et sut, à la force du poignet, épargner au pauvre noyé le plongeon suprême par-dessus la deuxième cascade. Le sauvetage, au surplus, s'effectua aisément, et au bout d'une demi-heure d'exposition au soleil la victime avait recouvré l'usage intégral de ses belles facultés nautiques.

Sans autre encombre, toute la caravane sortit saine et sauve de cette exploration préliminaire, à la grande joie du croqueur d'après nature, lequel ayant, par antipathie pour l'humidité, préféré la voûte du ciel à celle de la caverne, et nous

Bramabiau : descente de la deuxième cascade. — Dessin de Vuillier, d'après un croquis de Th. Rivière.
(Communiqué par le Club alpin.)

ayant attendu dehors pendant quatre heures, nous déclara humoristiquement qu'en prolongeant ainsi son attente nous lui avions fait *croquer* tout autre chose que des paysages.

Ainsi nous ne remontions pas au plateau, mais au moins la journée n'était pas perdue. Nous avions reconnu l'allure de la rivière souterraine, qui s'annonçait comme parcourant en replis plus ou moins sinueux une galerie unique, de hauteur et de largeur à peu près constantes. Y avait-il plus loin un grand réservoir ou lac? Le *facies* du terrain et la rapidité du courant faisaient présumer que non.

Le 28 juin, à 8 heures du matin, diminués de Parguel, mais renforcés de MM. *Mély*, instituteur, et *Michel* (*Émile*), forgeron, tous deux de Camprieu, nous traversons le grand tunnel supérieur, long de 75 à 80 mètres, qui est si facilement accessible. Nous observâmes là pour la première fois qu'à peu près au milieu du tunnel, sur la rive droite, une grande partie du Bonheur s'engloutit dans une fissure basse, absolument impraticable, large de 2 mètres et haute de quelques centimètres. Dans la grotte en retour d'équerre dirigée vers le sud, longue de 60 mètres, large de 15 et haute de 10 à 15, il y a non pas une, mais quatre fentes parallèles qui constituent l'avenc véritable ; dans la première seule l'eau disparaissait ce jour-là : c'est donc la deuxième perte du Bonheur. Les trois autres (troisième, quatrième et cinquième pertes) servent d'écoulements temporaires lors des crues exceptionnelles, comme le prouvent les amas de graviers et de feuilles mortes qu'elles contiennent; nous avons pu les parcourir toutes trois. Une portion de la première (deuxième perte) s'est trouvée impénétrable, l'eau occupant toute sa section. Ces quatre fentes, dont l'inclinaison est très grande et qui ne sauraient être descendues sans cordes ni échelles, convergent vers une salle triangulaire de 30 mètres de côté, haute de 40 à 50 mètres, et baptisée tout naturellement *salle du Carrefour*. Sur les côtés de cette salle s'ouvrent deux galeries en cul-de-sac. Sous les éboulis qui forment le sol on entend et on voit couler le Bonheur, occupé à changer son nom en celui de Bramabiau; son cours continue, caché, dans un boyau parallèle à un couloir coudé et très en pente qui aboutit à un petit lac de 10 mètres de diamètre. En cet endroit, la natation serait le seul moyen de pousser plus loin, si une capricieuse galerie en forme d'Y (la *Grande Fourche*), ayant 160 mètres de développement total, recevant trois sources émanées du rocher même et en partie occupée par un courant d'eau, ne permettait d'éviter la traversée du petit lac. Toujours descendant de plus en plus, on accède ainsi à l'extrémité occidentale de ce lac, dans une salle elliptique ayant 15 et 20 mètres de diamètre et plus haute encore que celle du Carrefour. C'est la *salle du Dôme*, où la rivière cesse de couler sous les éboulis et court, je ne dirai pas à l'air libre, mais à flot libre ; elle emplit ensuite un étroit tunnel ; sur les corniches problématiques que lui seul était capable de parcourir, Foulquier, sa bougie entre les dents, s'engagea dans ce tunnel, jusqu'à ce que l'eau le contraignît au retour : pendant ce temps nous découvrions un deuxième système de galeries en Y (la *Petite Fourche*), qui nous offrait, comme pour le lac, un nouveau contour à pied sec. Pour éviter des redites, je ne veux plus parler de la magie du magnésium sous ces voûtes élancées comme des nefs gothiques ; je demanderai seulement au lecteur de se figurer, s'il le peut, dans cette nuit profonde des grottes, assourdie par le fracas des eaux, l'éparpillement de la caravane en quête des moindres fissures, le vacillement des pâles bougies, les appels lointains et les signaux de cornes ou de sifflets, les cordes tendues et les échelles dressées sur les parois abruptes, les silhouettes grandies par l'ombre et profilées sur l'onde bouillonnante, le tout sous des coupoles de 50 mètres de hauteur ou au bout d'avenues longues de 100 mètres !

Il fallut pourtant se décider à mettre pied à l'eau, car nous avions rejoint latéralement la rivière issue de la salle du Dôme, que Foulquier avait vainement tenté de suivre; le bateau, même démonté, n'avait pu descendre jusque-là ; il n'y avait plus de complaisantes galeries en Y, et nous nous retrouvions au bord du courant, profond de 30 centimètres à 4 mètres, dans une galerie large de 1 à 2 mètres, haute de 10 à 20 mètres, toute pareille et faisant suite (la boussole nous l'affirmait) à celle que nous avions remontée la veille. Ainsi les deux extrémités étaient explorées ; il n'y avait plus qu'à les souder : mais le plus difficile restait à faire. Blanc, Foulquier, Armand et moi, nous nous risquâmes seuls dans le torrent. Les autres, redoutant les bains involontaires, rebroussèrent chemin vers le tunnel ; Poulard, occupé en arrière à renouveler la provision de bougies, ne put se joindre à l'escouade de tête. Il était 10 heures et demie : depuis deux heures et demie nous étions enfouis dans les arcanes du Bonheur ; le même temps allait nous être nécessaire pour déboucher à Bramabiau.

Les 25 ou 30 premiers mètres ne présentèrent pas d'autre difficulté que de nous contraindre à marcher dans l'eau jusqu'aux genoux ; mais un grondement rapproché annonçait une cascade, qui apparut bientôt sur notre droite, et haute de 4 à 5 mètres, au débouché d'une galerie latérale remplie par un autre torrent (sans aucun doute le produit de la première perte). Au confluent, la rivière devenait plus large et plus profonde ; franchir la cascade était la seule ressource pour continuer notre expédition, et la position que nous dûmes y prendre pour effectuer cette manœuvre délicate lui valut, séance tenante, le nom caractéristique de *cascade du Bain de Siège*, appellation prosaïque, mais sincère !

A partir de ce moment, la marche en avant ne fut plus qu'une série de tours de force de gymnastique : selon la largeur de la galerie, qui variait de 1 à 3 mètres, — selon la praticabilité des corniches et des saillies rocheuses, — enfin selon la profondeur du courant, nous avancions, bras et jambes en croix, en travers et à plusieurs mètres au-dessus du torrent, — ou nous nous accrochions des doigts et des pieds à l'une des parois, l'estomac collé au mur, — ou bien enfin nous nous laissions choir dans l'eau parfois jusqu'à la poitrine, et de 2 mètres de hauteur. L'extinction fréquente des bougies, provoquée par nos brusques évolutions ou par le courant d'air assez violent, le ruissellement de nos vêtements trempés, la difficulté de nous entendre parmi le vacarme des flots, grandissaient encore les obstacles matériels semés sous nos pas. Une grande poche latérale de la rive droite, longue d'environ 40 mètres, nous permit, heureusement, une halte bien gagnée, et la *salle du Repos* fut bien vite et fort à propos baptisée. Un peu en aval, et toujours à main droite, un trou dans la muraille vomissait une source puissante, d'origine inconnue. Au delà, une expansion de la galerie, remplie par un petit lac ou bassin, parut devoir nous arrêter ou nous forcer de nous mettre à la nage ; avant de recourir à cette dernière extrémité, je me hissai avec Blanc sur une étroite corniche de la paroi droite, à 4 mètres au-dessus de la rivière ; en face, une cavité noire dénonçait la bouche d'un petit couloir qui tournait le bassin ; mais la galerie n'avait pas ici moins de 2 mètres de large, la cavité s'ouvrait plus haut que notre corniche, et, faute de recul, nous ne pouvions tenter un saut qui nous eût précipités dans une eau très profonde et projetés la tête contre le roc. Alors, levant les bras en l'air, Blanc se laisse tomber en avant et en travers du sombre torrent ; ses mains s'abattent en face sur le rebord du trou ; mais comme, malgré sa grande taille, il est trop court encore et n'a pas prise suffisante pour faire le rétablissement voulu, je l'empoigne par les jambes, tout vacillant moi-même sur ma corniche large de 15 centimètres, et je le pousse à bras tendus au-dessus du gouffre, qui semble nous guetter. D'un adroit et vigoureux coup de poignet, il prend assiette enfin à l'orifice du couloir latéral, s'allonge en position solide, se retourne vers moi, les mains offertes, m'enlève comme une plume par-dessus ce *pas du Diable*, et me dépose à ses côtés. Comment nous ne sommes pas tombés dans la rivière pendant cette manœuvre, plus longue à décrire qu'à exécuter, je n'ai jamais pu le comprendre! Foulquier et Armand, avec raison, avaient trouvé plus simple de se confier au courant lui-même pour traverser le petit lac. Néanmoins notre énergie commençait à se relâcher; en une heure et demie nous n'avions pas parcouru 200 mètres, et, pour le cas où la sortie serait décidément impossible, il fallait conserver des forces en vue d'un pénible retour. Pourtant une autre cascade tonne à peu de distance; peut-être est-ce la sixième qui nous a arrêtés la veille : sûrement c'est elle, si nos appréciations des distances sont exactes, car j'oubliais d'ajouter que depuis notre entrée sous le tunnel je n'ai cessé de consulter la boussole, de compter les pas et de manier le crayon qui trace le plan de ces curieuses catacombes.

Encore un effort, nous devons toucher au but; mais que la corniche est mauvaise et que l'eau devient rapide et profonde! Soudain je ne puis retenir un cri de joie : le magnésium vient de nous montrer, à 10 mètres de distance, deux blocs en travers de la galerie et, au-dessous, l'effondrement total de la rivière : c'est la cascade du Pont, la sixième! je ne saurais m'y méprendre : nous allons sortir à Bramabiau.

... Dans aucune escalade alpestre, je dirai même dans aucune circonstance, je n'ai plus vivement et plus heureusement ressenti le plaisir de la difficulté vaincue. Mes trois compagnons n'étaient pas moins émus que moi, car la traversée de Bramabiau leur tenait aussi au cœur, après les défis des gens du pays. Foulquier ici fait volte-face et remonte au tunnel, pour recueillir un colis laissé dans la salle du Repos et pour prévenir le reste de la caravane que nous débouchons dans la basse vallée. Puis Blanc, Armand et moi continuons à nous suspendre presque avec les ongles aux saillies émoussées du calcaire, et à 1 heure nous revoyons le jour et la première chute de Bramabiau. Je me demande aujourd'hui comment nous avons pu, sans corde, sans bateau, sans échelle, parcourir les 200 derniers mètres qui nous séparaient de l'alcôve, franchir des nappes d'eau de plusieurs mètres de diamètre et de profondeur et descendre la paroi à pic de la deuxième cascade!

Sous terre, comme dans les ascensions difficiles, que de choses la surexcitation, la griserie du succès rend possibles, que le sang-froid ferait traiter d'impraticables!

Ruisselants d'eau et tout enfiévrés, nous gravissons le chemin forestier au pas gymnastique, et en cinq minutes nous atteignons le Balset, au-dessus de la deuxième perte du Bonheur ; à cet instant précis nos compagnons sortent de terre ; on devine leur joyeuse stupéfaction en nous voyant surgir comme des revenants au sommet de l'entonnoir en même temps qu'eux dans le fond! et la rencontre était sincèrement risible entre les trois quasi-noyés tombant du ciel dans un trou du sol et les six mineurs couverts de bougie et de vase, chargés de cordes et d'échelles, qui se hissaient péniblement à la file hors d'une trappe de

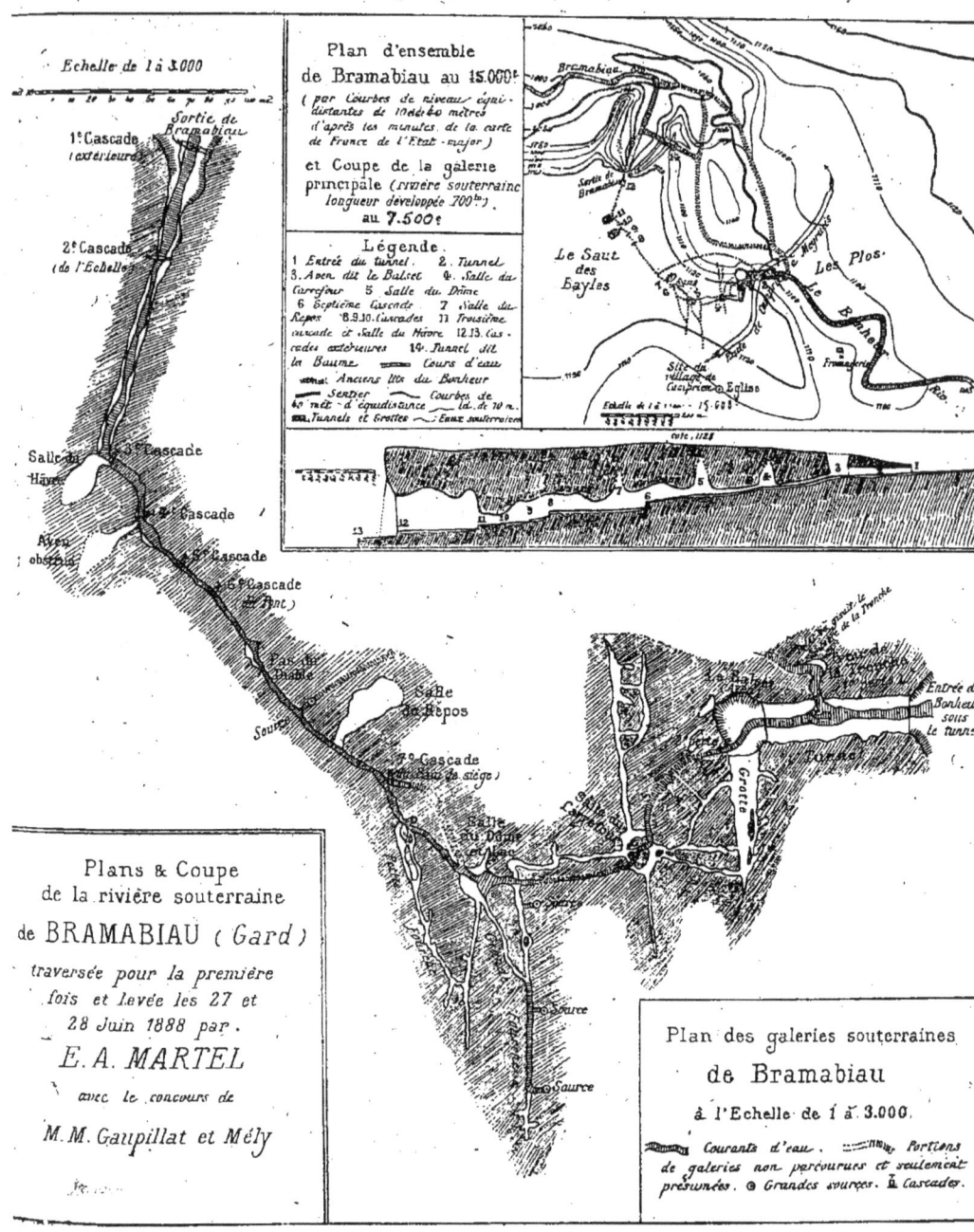

mélodrame. Tandis que Mély et moi nous nous occupons, pour la clôture de l'opération, de mesurer exactement la grotte et le tunnel, le gros de la caravane porte la nouvelle à Camprieu, où nous rentrons triomphants une demi-heure après. Nous y trouvons l'accueil le plus enthousiaste de MM. de Camprieu, maire, et l'abbé Gruvel, curé du village, et de nos collègues du Club alpin francais G. Fabre, le savant géologue, et l'abbé Chanteret, tous deux de passage sur le causse. En revanche, nous étions devenus un manifeste sujet d'étonnement et d'incrédulité pour les habitants de Camprieu. Si Michel (Emile) ne nous eût vus reparaître au Balset au moment où lui-même revoyait le jour ; s'il n'eût attesté nous avoir laissés au milieu des grottes, continuant la descente de la rivière ; s'il n'eût certifié enfin qu'entrés par la perte, nous étions ressortis par la source, personne dans le pays n'aurait cru à la traversée de Bramabiau. A en juger par les pantomimes dénégatives des bons indigènes, j'ai tout lieu de penser que beaucoup nous considérèrent comme ne jouissant pas de la plénitude de notre raison. Aussi, afin que les traversées futures démontrassent bien le parfait équilibre de nos facultés mentales à la date du 28 juin 1888 et confirmassent la saine exactitude de notre découverte, crûmes-nous nécessaire de dresser, séance tenante, en double exemplaire, un procès-verbal descriptif et détaillé, qui fut légalisé par M. de Camprieu et déposé dans les archives de la mairie. (*V.* ci-après.)

A cet exposé anecdotique des péripéties de notre exploration il convient d'ajouter quelques paragraphes pour achever ce qui concerne le courant caché du plateau de Camprieu.

Et d'abord une comparaison s'impose naturellement, qui résumera, à l'intention spéciale des touristes, l'impression produite par cette traversée et qui donnera la meilleure idée de l'aspect général de cette rivière souterraine.

En effet, rien ne ressemble plus aux galeries intérieures de Bramabiau que les classiques coupures de torrents alpestres appelées *gorges* en Suisse et en Savoie et *klamme* en Autriche. Que l'on suppose voûtées à leur sommet les fissures où bondissent le Fier (près Annecy), la Diosaz (près Chamonix), le Trient, la Durnant (près Martigny), la Tamina (près Pfœffers [Grisons]), l'Ache (Lichtenstein-Klamme, près Gastein), etc., et l'on aura le fidèle portrait des canaux où s'enfouit le Bonheur.

Les données numériques suivantes prouvent la justesse de ce parallèle :

	LONGUEUR de rivière	ÉCARTEMENT des parois	HAUTEUR ou différence de niveau	NOMBRE de cascades
Gorges de Fier............	250 mètres.	4 à 10 mètres.	90 mètres.	(?)
— Diosaz...........	1,000 —	(?)	100 —	8
— Trient...........	750 —	(?)	130 —	(?)
— Durnant.........	800 —	(?)	(?)	14
— Tamina..........	500 —	8 à 14 mètres.	60 à 80 mètres.	(?)
Liechtenstein-Klamme.......	980 —	3 à 4 —	100 —	(?)
Bramabiau	700 —	1 à 6 —	90 —	7

Lorsque, dans un nombre incalculable de siècles, les arcades ogivales qui supportent le plateau de Camprieu se seront affaissées sous l'effort lent, mais continu, des érosions, Bramabiau deviendra une simple *klamme*, et ses flots s'écouleront comme ceux des torrents précités. Pour le moment, c'est un véritable Trient couvert, pourvu aussi de cascades et de dômes, mais voûté comme une cathé-

Gorges de la Diosaz, près Chamonix.
(Communiqué par le Club alpin.)

drale gothique, bizarre caprice de la nature, tel qu'on n'en connaît point d'autre semblable. Pour comble d'étrangeté, Bramabiau possède son tunnel supérieur, digne vestibule des autres curiosités ; ses sources intérieures, affluents cachés d'origine inconnue ; et enfin ses 1,000 mètres de galeries à sec, la plupart perpendiculaires à l'axe de la rivière et portant à 1,700 mètres le développement total des ramifications souterraines. Ainsi le cavernement du plateau de Camprieu a près de 2 kilomètres d'extension.

En l'état actuel, la visite complète de ces grottes de part en part, telle que je l'ai effectuée, doit être considérée comme pratiquement impossible. Une simple échelle de 5 à 6 mètres suffit, il est vrai, pour descendre facilement à la salle du Carrefour et gagner ensuite sans peine les abords de la cascade du Bain de Siège par les Fourches ; mais de là il faudrait établir, pour rendre accessible la sortie par l'alcôve de Bramabiau, une passerelle en fer de 400 mètres de longueur, ainsi qu'aux *klammen* des Alpes. Rien ne serait alors plus extraordinaire ni plus aisé que cette promenade d'outre en outre. La section des Cévennes du Club alpin français a commencé en 1890 les premiers travaux d'aménagement. Avant de les étendre, il faudrait étudier soigneusement le régime des crues du Bonheur, dont le niveau varie constamment dans les galeries ; la hauteur de la passerelle devra être calculée comme elle l'a été pour le Fier. Jamais d'ailleurs, pour ouvrir au public cette nouvelle merveille des Cévennes, on ne dépenserait les 20,000 francs consacrés en 1875 aux gorges de la Diosaz! Puisse le Dieu des touristes attirer sur Bramabiau l'attention d'un entreprenant Mécène !

Tout en laissant de côté, pour le moment, les considérations géologiques, qui trouveront leur place à la fin de ce volume, il importe de faire remarquer que l'enfouissement du Bonheur s'est produit à une époque relativement récente.

En effet, sur la portion du plateau de Camprieu, large d'environ 400 mètres, qui s'étend de l'entrée du tunnel supérieur (sud-est) à la vallée de Saint-Sauveur (nord-ouest), on distingue encore très nettement les rives de deux anciens lits du Bonheur. Le plus oriental de ces deux lits se précipitait jadis dans la vallée par une cascade de 80 mètres de hauteur. Le deuxième lit, situé environ 150 mètres plus à l'ouest, et dont les berges abruptes, hautes de 10 à 25 mètres, sont parfaitement conservées, paraît s'être subdivisé lui-même en deux cascades de 80 à 90 mètres de chute, l'une, au nord, tombant dans la vallée ; l'autre, à l'ouest, s'écroulant dans l'alcôve. Celle-ci présentait en outre la singulière particularité de traverser, en deçà de sa chute et comme le courant actuel, un tunnel naturel de 40 mètres de longueur, qui porte sur le plan cadastral le nom caractéristique de *la Beaume* ; ce tunnel, semblable à son voisin, à la longueur près, est presque obstrué du côté de l'alcôve par un éboulement ; on peut le franchir aisément, néanmoins, pour jouir du saisissant coup de théâtre présenté immédiatement au bout de la Beaume et au bord d'un précipice de 300 pieds par l'alcôve et la source de Bramabiau. Il est certain que le Bonheur, trouvant une première fois sa digue de calcaire, passait sous ce portail grandiose avant de s'écrouler dans le gouffre. Le ruisseau en est donc à son quatrième déversoir, et la conservation parfaite des trois autres démontre que géologiquement l'enfouissement ne remonte pas à un âge très reculé, manière de voir confirmée par l'étroitesse des galeries souterraines, que l'érosion n'a pas encore eu le temps d'élargir en cavernes spacieuses.

1. En juillet et août 1890, les eaux étant très basses, MM. Marcellin Pellet et Mély ont exécuté sans trop de peine les deuxième et troisième traversées de Bramabiau ; au contraire, le 26 juin 1889, j'avais trouvé les quatre fissures de la grotte de 60 mètres (perte 2 à 5) entièrement remplies par les bras du torrent très gonflé ; toute descente eût été alors impossible. En septembre 1890, neuf membres du Club alpin réussirent aussi à transpercer le plateau par la même voie ; mais, faute de matériel ou d'expérience, plusieurs sont tombés dans la rivière et ont pris un bain complet, sans accident d'ailleurs.

Aujourd'hui le chemin forestier qui mène de Camprieu au fond de l'alcôve coupe ou côtoie les deux premières cascades (déversoirs de la vallée), et des champs de blé occupent le large creux du deuxième lit jusqu'à l'entrée de la Beaume. Quel est l'âge relatif des trois anciennes chutes d'eau ? On ne peut répondre d'une manière certaine ; il est cependant probable qu'en raison du travail de perforation qu'il a dû exécuter le déversoir de la Beaume était le plus jeune [1]

De tout l'ensemble on peut à bon droit conclure que nulle part les eaux courantes n'ont exécuté un travail plus singulier que cette substitution d'une rivière souterraine à trois puissantes cataractes aériennes.

C'est en hiver qu'il faudrait voir l'alcôve de Bramabiau, alors que la glace bleue ou blanche forme pont épais au-dessus de la source effroyablement grossie, girandoles tremblantes sous la voûte de la fissure, franges et draperies rigides après les encorbellements des parois, fines aiguillettes sur les saillies de pierre, guirlandes nacrées le long des corniches rocheuses, et qu'un pâle rayon de soleil, timide comme s'il se sentait incapable encore de dissoudre cette frêle et riche ornementation échafaudée par le froid, vient scintiller parmi les arabesques congelées !

Et comme si l'ensemble n'était pas encore assez fantastique, une tragédie vient brocher sur le tout. En parlant des terreurs qu'inspirait l'avenc du Balset, j'ai fait allusion à un suicide qui s'y serait accompli : or il n'y avait, hélas ! rien de légendaire en ceci, et ce mystère s'est éclairci, comme celui de la rivière elle-même. Le 7 février 1888, un habitant de Camprieu, le sieur Vidal, surnommé la Trouche, disparut, sans qu'il fût possible de suivre ses traces : on avait seulement des raisons de croire qu'il avait dû lui-même attenter à ses jours. Les recherches les plus minutieuses n'ayant pas laissé retrouver son corps, on se persuada que les gouffres du Bonheur étaient devenus le tombeau volontaire de l'infortuné, et que Bramabiau ne le rendrait jamais. Le 28 juin, jour de ma traversée, en essayant de reconnaître la première perte du Bonheur (celle située au milieu du grand tunnel, sur le côté droit), nous fûmes incommodés par une odeur de décomposition émanée de ce trou : la hauteur des eaux empêcha de pénétrer assez avant pour établir la provenance des émanations ; mais nous nous demandâmes alors si nous n'étions pas sur la piste du cadavre de la Trouche. Deux mois après (le 3 septembre), aux basses eaux, une nouvelle recherche put être poussée plus loin et amena la découverte des restes du suicidé, retenus, par l'étroitesse de la fente, au point marqué sur le plan. Cette première perte du Bonheur a reçu le nom de la Trouche, en souvenir du drame qui s'y est joué. Une passerelle a été posée dans la partie inférieure.

J'en ai fini avec Bramabiau, dont les détails topographiques sont sur la planche ci-contre : 1° carte d'ensemble au 15,000°; 2° plan des galeries intérieures au 3,000°; 3° coupe verticale de la rivière souterraine au 7,500°, le tout dressé avec le concours de mes compagnons, auxquels je dois une bonne part du succès obtenu. M. Mély même a eu l'obligeance de retourner vérifier et compléter sur place la minute de cette planche. Depuis nous, il a aussi trouvé quelques galeries latérales ; il en reste encore à découvrir (pendant la sécheresse seulement)[2].

1. Dans l'alcôve, sur la rive gauche, près de la sortie, existe une caverne à ossements de l'époque néolithique. (V. p. 380.)
2. De 1890 à 1892, de nouvelles explorations faites par M. Félix Mazauric ont porté à 6,300 mètres l'étendue des ramifications connues. V. le plan complet que j'ai publié dans le *Bulletin de la Société de géographie de Paris* (1er trimestre 1893).

Voici, comme annexe, le texte du procès-verbal de la traversée :

L'an mil huit cent quatre-vingt-huit, le mercredi vingt-sept juin, MM. E.-A. Martel, agréé au tribunal de commerce de la Seine, membre de la direction centrale du Club alpin français, et Marcel Gaupillat, ingénieur civil, demeurant tous deux à Paris, accompagnés de Blanc (Claude), mineur (de la Chaise-Dieu, Haute-Loire); Armand (Louis), serrurier (d'Aguessac); Causse (Hippolyte), chef cantonnier (de Meyrueis); Foulquier (Émile), de Peyreleau; Parguel (Auguste), maître d'hôtel (de Meyrueis), entreprennent l'exploration souterraine des cascades de Bramabiau. A l'aide d'un bateau démontable ils pénètrent par la sortie de Bramabiau jusqu'à deux cents mètres environ de distance au sud-est de la deuxième cascade, visible de l'extérieur. A ce point ils sont arrêtés, après avoir franchi deux cascades intérieures, par une troisième chute d'eau intérieure infranchissable pour le bateau.

Le lendemain, jeudi vingt-huit juin, les mêmes, moins Parguel (Auguste), mais accompagnés en outre de M. Mély (Pierre-Louis), instituteur à Camprieu, et de Michel (Émile), forgeron à Camprieu, essayent la descente des cascades à huit heures du matin.

Entrés par l'avant-dernière fissure, qui s'ouvre dans la grotte située en retour d'équerre du grand tunnel du Bonheur, au delà de la perte des eaux, ils parviennent, à dix heures et demie du matin, après avoir parcouru plusieurs corridors et salles, à une rivière souterraine dirigée vers le nord-ouest dans une galerie large de un à deux mètres et haute de dix à vingt mètres. En ce point il fallut marcher dans l'eau ; MM. Martel, Blanc, Armand et Foulquier continuent seuls l'exploration. Au bout d'une heure et demie de marche difficile et dangereuse, tantôt dans le lit peu profond de la rivière, tantôt sur des corniches latérales au-dessus de bassins très creux, tous quatre arrivent à la cascade qui avait arrêté le bateau la veille.

A cette place, Foulquier, qui y était parvenu le jour précédent, retourne en arrière pour prévenir le reste de la caravane que ses trois compagnons vont ressortir par Bramabiau. Une heure, en effet, MM. Martel, Blanc et Armand, ayant refait à pied et avec difficulté le parcours précédemment effectué par le bateau, se retrouvent dehors à la sortie de Bramabiau, à quatre-vingt-dix mètres en dessous du niveau de la perte du Bonheur. En foi de quoi, les susnommés ont signé le présent procès-verbal, avec la légalisation de M. de Camprieu (Barthélemy), maire de Camprieu.

Fait à Camprieu (Gard), le vingt-huit juin mil huit cent quatre-vingt-huit, en double original, dont l'un, sur timbre à soixante centimes, est demeuré dans les archives de la commune de Camprieu, et le présent autre en la possession de M. Martel.

Signé : E.-A. MARTEL, Marcel GAUPILLAT, P.-L. MÉLY, BLANC (Claude), CAUSSE (Hippolyte), PARGUEL, ARMAND (Louis), FOULQUIER (E.), MICHEL (Émile).

Bon pour la légalisation des signatures des personnes désignées dans le procès-verbal ci-dessus.

Le maire : B. DE CAMPRIEU.

Camprieu, vingt-huit juin mil huit cent quatre-vingt-huit.

CHAPITRE XII

CAUSSE NOIR. — DOURBIE. — MONTS DU VIGAN

Millau. — Le causse Noir : routes, villages et tronçonnement. — Les monts du Vigan : imbroglio indéchiffrable. — Avenc du causse Noir. — Vallée de la Dourbie. — Le Monna. — Rocs de Caussou. — Grotte de l'Aluech. — La Roque-Sainte-Marguerite. — Roquesaltes et le Rajol. — Source de Corp. — Saint-Véran : la bataille de Québec et le serpent de Rhodes. — Cantobre. — Nant et le Durzon. — Changement de climat. — Environs du Vigan. — Trèves, son cañon et ses grottes. — Mines de Saint-Sauveur-les-Pourcils.

En sa qualité de sous-préfecture de l'Aveyron, Millau, « ville joyeuse » et manufacturière (ganterie de peau d'agneau) de 16,139 habitants (la comm.,

14,417 aggl.; *Æmilianum* des Romains, ou *Ab amygdalis*, à cause de ses amandiers ; *A mille aquis*, mille eaux, *A mulionum via*, chemin des mulets), ne peut prétendre à la qualification d'inconnue. Depuis longtemps le chemin de fer de Rodez à Béziers la traverse, et le Guide Joanne indique ce qu'elle a à montrer aux étrangers : peu de chose, en somme, en dehors de son vieux beffroi et de sa curieuse place d'Armes aux antiques galeries de bois. Tout son lustre est dans sa situation et ses beaux environs. C'est l'une des portes de la région des Causses, à l'entrée du troisième des grands cañons, celui de la Dourbie, qui, sous le pont même de Millau, se marie au Tarn par 350 mètres d'altitude. Dans une large plaine, la ville s'étend à l'aise sur la rive droite du Tarn ; et si l'on y arrive après avoir séjourné quelque temps dans les étroites gorges d'amont, on est tout étonné de retrouver des cheminées d'usines en vue même des falaises dolomitiques du causse Noir et du Larzac, qui l'entourent encore à l'est et au sud, mais ne l'écrasent plus. Dans l'angle sud-est du confluent des deux rivières s'étend, en face de la ville, la plaine de la Grauffessenque, riche en débris de poterie romaine (p. 95). Vers le nord-ouest, Millau confine au « Lévezou, gneiss et granit stérile, landes et fougères, bois et taillis, champs de seigle, et çà et là quelques beaux mégalithes. Le Lévezou donne naissance au Viaur ; il part de la rive gauche de l'Aveyron, qu'il domine par les longues croupes de la forêt des Palanges ; il s'avance au-dessus de la rive droite du Tarn, qu'il commande, au nord de Millau, par la belle cime (calcaire), franchement dégagée, du puech d'Ondes ou puech d'Ondon (885 m.) ; il a pour tête le Pal (1,157 m.), à la première fontaine du Viaur. » (O. Reclus.)

De Millau nous partons pour le Vigan, visitant en chemin le causse Noir, la vallée de la Dourbie et le nœud gordien des montagnes qui s'enchevêtrent entre le Larzac et l'Aigoual.

« Le causse Noir serait plutôt causse Rouge, ou même causse Omnicolore, ses roches ayant toutes les teintes ; on le nomma causse Nègre de sa sombre forêt de pins, que les caussenards noirs ont presque toute extirpée : il n'en reste plus que des bouquets, que des rideaux, et, par endroits, des duos, des trios, des quatuors, bas, malingres, à cause de la violence du vent, de la sécheresse et de la dureté du sol.

« Vers l'est, il s'adosse au granitique Aigoual. De tout autre côté, son bloc se déchire soudain et tombe en à-pic, en surplombs, sur des gouffres de 400 à 500 mètres ; au midi, son escarpement plonge sur la Dourbie, qui le sépare du Larzac ; au nord, il s'abat sur la Jonte, qui le sépare du causse Méjean ; à l'ouest, il s'avance en hauts créneaux sur le val du Tarn, en amont de Millau, vis-à-vis du puech d'Ondon.

« Ainsi limité par un mont et par trois précipices, aux altitudes de 800 et 1,000 mètres, il a 20 kilomètres de l'est à l'ouest, 7 à 20 du nord au sud, en lui ajoutant un bastion détaché, le causse Bégon, qui monte de Nant à Trèves, entre la Dourbie et son affluent le Trévesel ; il n'a guère que 15,000 hectares : c'est donc le moindre des grands causses, mais non le moins célèbre, grâce à sa « merveille du monde », à sa plus que cyclopéenne cité de Montpellier-le-Vieux. » (O. Reclus.)

Comme aspect général, le causse Noir ne diffère pas sensiblement des plateaux calcaires voisins.

Du côté de l'ouest, les escarpements de Millau ont encore 500 mètres de hauteur, et ne le céderaient pas à ceux des gorges d'amont si la vallée du Tarn était moins large et s'ils se dressaient sur les deux rives au lieu d'une seule.

Il n'y a que deux routes en travers du causse Noir : *de Meyrueis à Trèves* par *Lanuéjols* (du nord au sud), de *Peyreleau à Lanuéjols* par *Saint-Jean-de-Balmes* (de l'ouest à l'est).

Cinq chefs-lieux de communes y languissent dans l'isolement : *Veyreau* (Aveyron) (883 m.), au nord, près de la Jonte (498 hab. la comm., 202 aggl.) ; *Saint-André-de-Vézines* (Aveyron), au centre (431 hab. la comm., 196 aggl), ; *Lanuéjols* (Gard), à l'est (1,104 hab. la comm., 711 aggl.); *Revens* (Gard) (216 hab. la comm., 90 aggl.) et *Causse-Bégon* (Gard) (84 hab. la comm., 63 aggl.), au sud-est.

Le causse Noir n'est pas homogène comme les autres : de profonds ravins transversaux le déchiquettent en plusieurs morceaux.

La portion occidentale forme une presqu'île, unie à la masse principale par un isthme large de 1 kilomètre seulement, entre le fond du *Riou-Sec* (tributaire de la Dourbie) et le vallon de *Malbouche* (*V.* p. 107), qui mène à la Jonte l'eau des orages.

La *Garenne*, affluent droit et souvent à sec de la Dourbie, dessine, à partir de Lanuéjols, un sillon de plus en plus creux, qui isole aussi vers le sud-est (soit au nord de Trèves) un gros tronçon de causse où se trouve Revens à 796 mètres.

En amont, la Dourbie recueille encore, et toujours à droite, l'important *Trévesel*, qui boit lui-même le *Bonheur-Bramabiau*, venu de la Sereyrède, de Camprieu, de ses cavernes et de Saint-Sauveur-des-Pourcils.

Le Trévesel isole au sud le causse Bégon, quatrième pièce du causse Noir.

Au nord de Bramabiau, l'arête de la *Croix de fer* (1,327 m. à la Fageole) et du col du *Parc aux Loups*, le long de laquelle l'ancienne route de Meyrueis au Vigan était suspendue à la fois sur les deux versants de la Jonte et du Trévesel, est un bien frêle lien entre le causse Noir et l'Aigoual. Au sud s'emmêle l'imbroglio des monts du Vigan, aussi peu clair sur la carte que sur le terrain.

Pour nous y reconnaître, rappelons qu'au sud-ouest de l'Aigoual s'étend une région de sources appuyée vers l'est à un hémicycle de granit ; sur la crête de cet hémicycle on trouve l'*Hort-de-Dieu* (1,567 m.), point culminant de l'Aigoual ; le col de la *Sereyrède* (1,290 m.), le village de *Lespérou* (1,220 et 1,260 m.), les montagnes de *Lespérou* (1,291 et 1,380 m.) et d'*Aulas* (1,422 m.). Dans la concavité est le cirque très escarpé des sources de l'Hérault en amont de Valleraugue ; sur la convexité (à l'ouest) naissent, dans des prés presque unis, le Bonheur (à la Sereyrède), le Trévesel (près du hameau de Lespérou), la Dourbie (à la montagne d'Aulas). Du pourtour divergent vers l'ouest quatre longues lignes de faîte : la Croix de fer ; le plateau de Camprieu (1,206 et 1,128 m.), entre le Bonheur et le Trévesel ; le *col Fauvel* (1,340 m.) et le *Suquet* (1,401, 1,393, 1,341 m.), entre le Trévesel et la Dourbie ; et enfin, entre la Dourbie et l'Arre (affluent de l'Hérault), l'axe même des Cévennes (montagne d'Aulas [1,422 m.], *mont du Lingas* [1,440 m.], *Saint-Guiral* [1,408, 1,365 et 1,349 m.]), qui, au nord de Sauclières, s'abaisse à 793 mètres et s'enfonce sous le Larzac. (*V.* p. 18.)

A l'extrémité du Suquet, le causse Bégon est un lambeau de plateau calcaire (931 m.) que le Trévesel a, fort mal à propos pour les géographes, séparé des trois autres parties du causse Noir.

Les localités échelonnées sur les rivières se nomment, à partir de la source :

pour la Dourbie, Dourbies, Saint-Jean-du-Bruel, Nant, Cantobre (à la pointe du causse Bégon), Saint-Véran, la Roque-Sainte-Marguerite, le Monna, Millau ; — pour le Trévesel, Malbosc, Trèves et Cantobre ; — pour le Bonheur-Bramabiau, Camprieu et Saint-Sauveur-des-Pourcils ; — pour la Garenne, Lanuéjols.

En résumé, le causse Noir, bien moins compact que le Méjean, est scindé en quatre parties, et vers le sud-est il a pour bornes indécises une alternance de monts et de rivières : la Dourbie, la chaîne du Suquet, le Trévesel, Bramabiau, la Croix de fer.

Tout cet écheveau de calcaires et de granits entremêlés est sillonné de routes à peine achevées :

De Millau au Vigan, par la Dourbie, Nant, Saint-Jean-du-Bruel, Sauclières, Alzon et l'Arre ; — de la Roque-Sainte-Marguerite à Saint-Jean-de-Balmes, par Saint-André-de-Vézines ; — de Cantobre à Lanuéjols, par Revens ; — de Cantobre à Trèves (en construction) ; — de Trèves à Camprieu, à Lespérou et à Valleraugue ; — de Saint-Jean-du-Bruel à Trèves ou à Dourbies et à Lespérou ; — de Lespérou enfin au Vigan.

Au surplus, que le lecteur ne cherche pas à comprendre sans la carte ; et puis si le secours de celle-ci même ne l'éclaircit pas suffisamment, qu'il y renonce : c'est à peu près indéchiffrable !

Ajoutons que, pour comble de simplicité, le causse Noir appartient à trois départements : le Gard, la Lozère, l'Aveyron.

Ses points les plus bas sont à 706 mètres (cirque des Rouquettes de Montpellier-le-Vieux) et 732 mètres (près Aleyrac) ; les plus élevés, à 1,178 et 1,183, près du col du Parc aux Loups. La dénivellation est pareille à celle du causse Méjean, égale à la profondeur des cañons contigus.

J'oubliais de noter que les caussenards noirs sont d'une affabilité et d'une complaisance qui surprennent en ces déserts. Ils disposent avec la meilleure grâce en faveur des touristes de leur pauvre matériel et de leurs minces réserves de pain noir, laitage et lard fumé. On trouvera toujours chez eux les éléments constitutifs d'une omelette champêtre. Ils ne sont cependant pas plus favorisés par la culture : le sable provenant des roches désagrégées et une légère couche d'humus n'alimentent qu'une précaire végétation ; lilliputiens sont les chênes et pins rabougris, tordus par les vents et ne donnant pas d'ombre aux maigres pièces de blé, d'orge, d'avoine et de pommes de terre réfugiées dans les bas-fonds.

C'est surtout sur les avens du causse Noir qu'ont porté nos explorations de 1889. (*V.* p. 78 et chap. XXIII.) Nous sommes descendus dans les sept suivants : *Dargilan*, près du hameau de ce nom (profondeur 30 m.) ; *Altayrac* (70 m.), l'*Egue* (de *aqua*, eau, ou *equus*, cheval) (90 m.), *Combelongue* ou *Marlavagne* (85 m.), *Guisotte* (72 m.), tous quatre au milieu du causse, entre Saint-Véran et Veyreau ; la *Bresse* (120 m.), et *Tabourel* (133 m.), plus à l'ouest, entre Maubert et Peyreleau. — De plus, nous avons, autour de Longuiers, *sondé* ceux du *Valat-Nègre* (55 m.), de *Péveral* (72 m.) et de *Trouchiols*[1] (130 m.).

Le mamelon de *Punche-Dagost* (841 m.) forme le cap extrême du causse Noir, entre la Dourbie et le Tarn, au-dessus de Millau ; à ses pieds s'étendait jadis la ville gauloise de *Condatemag*, dont aucune pierre n'a subsisté.

La Dourbie, comme la Jonte et le Tarn, forme une coupure étroite et pro-

---

1. Exploré en 1892, puits vertical sans issue, un peu d'eau au fond.

fonde et offre les mêmes aspects pittoresques. Les pentes abruptes, taillées dans le calcaire jurassique, sont couronnées par de hautes falaises dolomitiques déchiquetées dans tous les sens et trouées de mille façons. Le peu de largeur des gorges, les sinuosités du cours de la Dourbie, font varier constamment le point de vue. Enfin, les teintes de la dolomie, les nuances rougeâtres de la terre, la richesse de la végétation, alternant çà et là avec la roche nue, donnent à l'ensemble cette chaleur de coloris qui caractérise les vallées de la région des Causses.

A 6 kilomètres de Millau, le hameau du *Monna* (r. dr.) est encore la résidence de l'illustre famille de *Bonald*.

Le philosophe de ce nom (1754-1840) eut pour fils l'archevêque et cardinal de Lyon (1787-1870), et pour petit-fils (neveu du cardinal) M. le vicomte de

Vallée de la Dourbie : roc troué du causse Noir, près Millau. — Phot. Julien.

Bonald, actuel propriétaire et hôte fort aimable du château du Monna. Dans une falaise voisine, la *grotte du Prieur* servit d'asile, en 1793, successivement à l'archevêque et à sa mère, puis au prieur du Monna.

Près du village une vieille ruine à mi-côte s'appelle la *Tour à l'Anglais*.

Un peu plus loin, au bord du Larzac, la petite chapelle romane (peu intéressante, traces insignifiantes de peintures) de *Saint-Martin-le-Vieux* est, dit-on, la plus ancienne paroisse du Larzac.

Une ravissante promenade consiste à remonter le très pittoresque ravin du Monna, où abondent les grandes roches trouées et acérées (*Baume-Rouge* entre autres), et à gagner Peyreleau par le bord du causse Noir; derrière le hameau de Puech-Margue (811 m.), on traverse un chaos que domine un haut roc taillé en sphinx égyptien; à Sonnac (857 m.), la vue est belle sur Peyrelade, et l'on descend à la Jonte par le point 815. (*V.* p. 97.)

Continuant du Monna à remonter la Dourbie, on arrive au débouché du Valat-Nègre.

Là, à 40 mètres au-dessus de la route, s'ouvre la grotte de l'*Aluech* ou de la *Poujade* : elle ne mérite pas une visite ; c'est le déversoir d'une source intermittente (marquée comme telle sur la carte de Cassini), qui coule pendant un ou plusieurs mois, et quelquefois une année ou deux, à des intervalles de six à vingt-cinq ans, et qui semble diminuer de volume à chaque apparition. Au fond on sent, à l'orifice d'un trou de 15 ou 20 centimètres de diamètre, un courant d'air fort appréciable : notre exploration de 1892 nous a permis de découvrir là un siphon désamorcé long de 150 mètres, dont l'extrémité était bouchée par du sable. La caverne a 300 mètres de longueur en tout. En déblayant ce siphon, très difficile à parcourir, on atteindrait peut-être le réservoir commun des sources voisines, dont la Poujade ne paraît être que le trop-plein.

Au-dessus même de l'Aluech, à 450 mètres en l'air, entre le hameau de Longuiers et le ravin du Valat-Nègre, le rebord du causse Noir porte, comme des créneaux, le chaos rocheux de *Caussou*, fort détaché de Montpellier-le-Vieux, inconnu avant notre visite de 1889 ; là se rencontrent des obélisques naturels, des arcades, des pyramides de 10 à 20 mètres de hauteur, sculptés, évidés par les anciennes eaux sauvages aux dépens des parties les plus friables de la roche. Une fenêtre ogivale, large et haute de 3 mètres, ouverte dans une muraille de dolomie, donne la véritable illusion d'un porche artificiel. (*V.* la gravure.)

Vallée de la Dourbie. — Phot. L. de Malafosse.
(Communiqué par le Club alpin.)

Sans rien voir absolument de Montpellier-le-Vieux, suspendu à 350 mètres en l'air, on en longe la base pendant 3 kilomètres, jusqu'à la Roque-Sainte-Marguerite, passant à droite la source et le hameau de l'Esperelle, puis la cote 393. Nous avons donné (p. 130) les voies d'accès et les itinéraires de la cité du Diable.

La Roque (837 hab. la comm., 287 aggl.), au confluent du Riou-Sec, le bien nommé, est pittoresquement bâtie à 400 mètres d'altitude, au pied d'un château ruiné du XVIIe siècle, que couronne une jolie tour à mâchicoulis remontant au moins à 1318.

De là on ira, en trois ou quatre heures aller et retour, visiter Roquesaltes, ce haut

---

1. Le 12 juin 1889 nous avons vu la Poujade qui coulait à pleins bords depuis le 1er janvier précédent : il y avait, paraît-il, vingt-quatre ans que cela ne s'était produit.

donjon naturel du causse Noir, qui, sur la rive gauche du Riou-Sec, semble un fort avancé de Montpellier-le-Vieux et surpasse même sa citadelle de 16 mètres. Le pseudo-château fort doit son nom à sa figure saillante et à sa position élevée (846 m.). Au milieu d'un amoncellement de blocs informes et de remparts crénelés surgit une haute tour lézardée en trois piliers : ce sont les *Roques-Altes* (roches hautes) proprement dites, jadis masse unique et homogène; les pluies, la foudre et la gelée ont tronçonné ce mastodonte dolomitique en trois obélisques pyramidaux ; une petite plate-forme herbeuse occupe leur centre, d'où plusieurs corridors étroits descendent au dehors. La hauteur est, à l'intérieur, de 20 à 30 mètres; à l'extérieur, de 40 à 50, et le sommet n'est pas accessible. Quelques pas plus loin, un peu en contre-bas, un roc isolé, haut de 10 à 12 mè-

Roche trouée de Caussou. — Phot. G. Gaupillat.

tres, est percé d'une porte ogivale de 5 à 6 mètres d'élévation sur 2 de large, véritable poterne habilement dissimulée dans un pli de terrain : la forme et l'emplacement font la plus trompeuse illusion. Tout autour abondent les ouvrages de défense dans cette Carcassonne naturelle; à travers les embrasures et les meurtrières qui trouent ses murs de pierre, les échappées sur Montpellier-le-Vieux, loin à l'ouest, font pousser des ailes aux imaginations les moins aériennes. Ne dirait-on pas les ruines de deux puissantes cités militaires bombardées l'une par l'autre, ruines aussi bien campées et plus grandes que celles des vieux burgs du Rhin?

Dans le prolongement de Roquesaltes nous avons visité pour la première fois, le 13 juin 1889, le sauvage entassement de rocs appelé le *Rajol*, jusqu'alors complètement inconnu; il est littéralement suspendu sur la crête du plateau, à 400 mètres au-dessus du thalweg de la Dourbie, et fait, à l'est de Montpellier-le-Vieux, pendant à Caussou (à l'ouest). — Là les mots manquent pour décrire, tant les caprices de la nature sont surprenants. Sur 500 mètres de longueur et 300 de largeur on ne voit que statues géantes, pilastres architecturaux, pyramides sculptées, portails romans ou gothiques, bastions puissants et chemins de ronde en encorbellement. Une douzaine d'obélisques aux formes contournées et hauts parfois de 20 mètres rappellent de loin soit une procession de moines en cagoules, soit les piliers d'une salle hypostyle déséquilibrés par quelque tremblement de terre ; l'un d'eux, couronné d'un vrai chapiteau et élevé de 15 mètres, devrait s'appeler la Colonne égyptienne. (*V.* la gravure). Au milieu de ces fausses ruines se dresse un donjon naturel, avec ses créneaux et ses meurtrières, à travers lesquels on passe la tête pour voir couler la Dourbie dans le vertigineux précipice de 1,200 pieds de profondeur. Au bord est percée la dou-

Roquesalte. — Phot. Julien.

ble *porte du Dromadaire* : ici deux ouvertures ovales ont été, dans la roche, creusées juste l'une au-dessous de l'autre. L'architrave de la plus élevée forme la tête et le cou du dromadaire, qui a pour bosse une protubérance du roc. D'un point de vue favorable, la ressemblance est absolument risible. Et il faut plusieurs heures pour examiner toutes ces étrangetés, artistement fouillées par le burin de l'érosion à même les assises du causse. Malheureusement, tout cela est en France, pas assez loin, si bien que le touriste passe tout près, en gagnant les Pyrénées ou la Méditerranée, sans se douter que l'Amérique même, avec ses fantastiques paysages, peut presque nous envier ceux des Causses.

De la Roque, la récente route de Saint-André-de-Vézines remonte le ravin de Montméjean, sans intérêt. Une autre, terminée en 1889, conduit 5 kilomètres plus loin à une nouvelle curiosité, *Saint-Véran*, où l'on monte aussi du *Poujol*, en traversant la rivière sur un petit pont, si on a suivi la route de la vallée qui est passée sur la rive gauche de la Dourbie. C'est un petit village du causse Noir cramponné à un chaos de rochers, au-dessus de la Dourbie, en face du Larzac ; le ravin qui s'ouvre derrière forme encore un cirque, un ensemble d'accidents dolomitiques, comme celui de Madasse, comme ceux de Montpellier-le-Vieux, avec les fûts de colonnes, les chapiteaux, les aiguilles et les champignons, si abondants dans ces terrains. Le tout est dominé par un énorme massif de rocs taillés en forteresse, et dont un château féodal a épousé la forme, si bien que l'on ne distingue plus les tours et murailles artificielles des tours et murailles naturelles. Ce château fut, paraît-il, le berceau de la famille de *Montcalm,* dont le membre le plus illustre, le maréchal Louis-Joseph, marquis de Montcalm de Saint-Véran, lutta si glorieusement contre les Anglais pour la possession du Canada, et fut tué, ainsi que le général ennemi Wolfe, à la san-

Roquesaltes. — Phot. Julien.

glante bataille de Québec, le 14 septembre 1759. Aujourd'hui, le castel abandonné tombe en ruine, et ses pierres croulantes endommagent parfois les sordides masures qui abritent sous ses murs quelques pauvres familles de vignerons. Si la position de ce hameau isolé et perdu est pittoresque, la misère y est grande ; et comme un voyageur observait un jour que les Montcalm étaient sortis du château de Saint-Véran, il reçut d'un habitant de l'endroit cette plaisante réponse, qu'on ne s'attendait guère à trouver dans la bouche d'un simple caussenard : « Ce n'est pas étonnant qu'ils en soient sortis, car c'est du mauvais pays, et nous voudrions bien pouvoir faire comme eux. »

Quand on arrive à Saint-Véran du côté du nord-est, par le vallon de la Bouteille, en venant de Meyrueis et Lanuéjols, le coup d'œil est plus pittoresque encore, parce que tout à coup le vallon tombe à pic d'une quarantaine de mètres, en débouchant sur le chaos drapé de lierre, tapissé de plantes grimpantes, ombragé de grands châtaigniers. C'est une surprise de plus à ajouter à celles déjà éprouvées. Toutefois Saint-Véran ne vaut pas le Rajol.

A la famille de Saint-Véran appartenait aussi Théodat-Dieudonné *de Gozon*, chevalier de Saint-Jean de Jérusalem, qui vainquit le fameux dragon de l'île de Rhodes et mourut en 1353[1].

Millau conserve encore une porte et une rue de son nom; près de cette ville même, dans un bois de châtaigniers appelé les *Dragonnières* de Gozon, on montrait autrefois la grotte où il exerçait ses dogues à combattre en effigie le formidable serpent!

Gozon fut grand maître de son ordre à la mort d'Élion de Villeneuve, en 1346;

Le Rajol : Colonne égyptienne. — Phot. G. Gaupillat.

mais, sur son tombeau, l'épitaphe : *Draconis extinctor,* n'est certes pas son moins beau titre de gloire.

Le château de Saint-Véran rappelle encore le souvenir de Jean-Louis-Pierre-Elisabeth de Montcalm-Gozon, enfant célèbre né en 1719. Dès le berceau, il apprit à connaître les lettres par le moyen du bureau typographique qui avait été imaginé pour lui. A trente mois il les connaissait toutes, et à trois ans il lisait parfaitement le latin et le français, même manuscrit. A quatre ans on lui

---

1. *V.* la ballade de Schiller : *le Dragon de Rhodes.*

apprit le latin; à cinq, il faisait des vers en cette langue; à six, il lisait le grec et l'hébreu. Il possédait dès lors les principes de l'arithmétique, de l'histoire, de la géographie, du blason, de la numismatique. Montpellier, Nîmes, Grenoble, Lyon, Paris, admirèrent ses progrès surprenants et l'étendue de ses connaissances. Une hydropisie du cerveau l'enleva à sa famille avant sa septième année.

Au pied du causse Noir, sur la rive droite et au bord de la Dourbie, à mi-chemin entre la Roque-Sainte-Marguerite et Saint-Véran, la belle source du moulin de *Corp* (exploité depuis 1406 par une seule et même famille du nom d'*André*) sort, comme à Castelbouc, Saint-Chély, l'Aluech, etc., d'une grotte dont on ne connaît pas le fond. Elle a tari deux fois, en 1525 et en 1870. Lors de son premier arrêt (qui dura vingt-cinq ans), le fermier du moulin intenta au sire de Montméjean, son propriétaire, un procès tendant à obtenir soit l'affranchissement de toute redevance de location, soit la construction d'un nouveau moulin (ce qui lui fut accordé) sur la Dourbie même. Voici l'intérêt de cette anecdote : au cours du procès, des experts, commis à l'effet de rechercher si la disparition de l'eau n'était pas imputable à un détournement de la source commis par le meunier, pénétrèrent dans la grotte et y marchèrent pendant *trois heures;* ils furent arrêtés, dit le rapport, par un grand lac que retenait un frêle barrage de branchages et de broussailles mortes; pris de peur, craignant une débâcle qui les eût noyés sous terre, ils regagnèrent en hâte l'orifice. En 1892, les eaux basses nous ont permis de pénétrer dans la caverne : elle renferme un lac et se termine au bout de 60 mètres par un siphon, comme toutes les sources.

Continuant, après Saint-Véran, à remonter la rive gauche de la Dourbie, on dépasse, au moulin et au pont de *Jouquemerles,* le confluent du ruisseau de *Garenne* ou *Rif,* descendu des hauteurs du causse Noir. Aux *Moulinets,* se détache à gauche la petite route qui monte à Lanuéjols par Revens. On voit des exploitations de lignite.

La vallée s'élève de plus en plus (422, puis 442 m.). De loin on aperçoit le curieux village de *Cantobre,* perché sur un cap du causse Bégon à 558 mètres d'altitude, à l'ombre de gigantesques champignons rocheux et dominant de 100 mètres le confluent de la Dourbie et du Trévesel. Ses maisons sont presque toutes comprises dans l'enceinte d'un vieux château ruiné remontant au xie siècle, et rasé en 1660, après que son propriétaire, Jean de Fombesse, eut subi la peine capitale pour crime de fausse monnaie. La route de voitures qui, le long du Trévesel, doit rejoindre Trèves et éviter le contour du causse Bégon, n'est pas encore terminée.

Nant vient ensuite, gros chef-lieu de canton (2,596 habit. la comm., 1,305 aggl.) sis à 480 mètres. Son église, en partie de l'époque romane, ne manque pas d'intérêt; la chapelle, romane aussi, de Saint-Alban est sur un roc aride, à 802 mètres d'altitude. Ici aboutit la grande route de Millau (ou de Saint-Affrique) au Vigan par le Larzac et la Cavalerie. (*V.* p. 199). Aux environs, nombreuses grottes à stalactites; la plus belle, longue, dit-on, de plus de 150 mètres, s'appelle la Poujade, comme celle de l'Aluech. Mais la grande attraction des alentours est la source du Durzon, « rivièrette versée par une *foux* profonde, à 6 ou 7 kilomètres au sud-ouest de Nant, près du Mas-de-Pommier, au fond d'un cirque dont les parois, qui sont du Larzac, commandent le puits et la source de plus de 300 mètres; là s'arrondit un grand *gour,* un *dormant* qui ne dort pas toujours. La petite pluie sur le Larzac l'émeut, et alors il bout légèrement au centre de son gouffre ; la longue pluie, l'orage, la fonte des neiges, le soulèvent en flots heurtés comme une cascade renversée, et ce n'est plus un ruisseau murmurant : c'est un torrent grondeur dans le silence austère du cirque. » (O. Reclus.)

Le confluent du Durzon et de la Dourbie est à 1 kilomètre au sud du village, par 481 mètres.

Jusqu'à Saint-Jean-du-Bruel, important bourg industriel de 2,540 habitants (la comm., 1,311 aggl.), on passe encore au pied des calcaires du Larzac et du causse Bégon, très écartés au sommet. A Saint-Jean (522 m.), la voie se dédouble : au nord vers Trèves (avec embranchement au nord-est vers Dourbies et Lespérou), au sud vers le Vigan.

A partir de ce point, la Dourbie n'est plus encagnonnée ; elle coule sur les

Le Rajol : dromadaire. — Phot. G. Gaupillat.

schistes et les granits depuis sa source, entre les crêtes du Suquet au nord et celles du Lingas au sud ; elle double par de sinueux méandres la longueur de son thalweg. Nous quittons ses rives, d'ailleurs, pour gagner le Vigan, en montant d'abord une côte raide jusqu'à 793 mètres, où nous nous trouvons au faîte des Cévennes ; entre le flanc du Larzac et les derniers contreforts du Saint-Guiral. (V. p. 184.) De l'autre côté de la crête, les eaux de pluie courent à la Méditerranée par l'Hérault, la Vis, la Virenque.

A 1,500 mètres de distance du col et à 753 mètres d'altitude, nous traversons le village de Sauclières (Aveyron) (651 hab. la comm., 337 aggl.), où une route venant de Saint-Affrique par le Larzac rejoint la nôtre ; nous remontons un peu la Virenque, à sec en été, terrible après les orages ; puis, à 800 mètres, nous enjambons à la fois la limite de l'Aveyron et du Gard et un étroit pédoncule qui unit au Saint-Guiral le petit *causse de Campestre*, au sud (V. chap. XIV) ; ce plateau est complètement entouré par le fossé quadrangulaire que forment les replis de la Vis et de son affluent la Virenque. Une rapide descente nous mène à *Alzon* (635 m. ; 1,746 hab. la comm., 737 aggl.), colonie agricole de jeunes détenus, au bord des cailloux sans eau de la Vis. Les croupes montagneuses, vêtues de noyers et de châtaigniers, manquent de cachet après les bizarreries des Causses. Au sortir d'Alzon, un tunnel de 360 mètres de longueur, percé à 643 mètres d'altitude, épargne à la route une montée de 100 mètres par-dessus un troisième seuil qui attache encore au Saint-Guiral un dernier causse, celui de *Blandas et Montdardier*, circonscrit par la Vis et l'Arre et ayant pour point culminant le roc de la *Tour d'Arre* (950 m.). (*V.* chap. XIV.)

La vallée de l'Arre, charmant torrent de 25 kilomètres de cours, est lumineuse et fraîche.

A son origine, les travaux du chemin de fer d'Albi ont donné passage à une cascade haute d'environ 50 mètres. C'est un vrai plaisir d'entendre ce bruissement d'eau au milieu de ce paysage de soleil. Au dire des ouvriers, l'entrepreneur ne partagerait que médiocrement l'admiration des touristes.

Du tunnel jusqu'à *Arre* (337 m. ; 589 hab. la comm., 547 aggl.), la route s'abaisse de 300 mètres sur 9 kilomètres de développement, laissant à gauche *Arrigas* et *Aumessas*. Après Arre vient *Avèze*, où se trouve, sur le ruisseau de Vézenobres, le curieux pont dit *Pont de Mousse*. En une heure, le climat a complètement changé : pommiers, pêchers, mûriers, oliviers, annoncent l'approche de la Méditerranée. Les monts sont gais, cultivés en terrasses, diaprés de fleurs, argentés de ruisseaux, parés de verdure.

C'est le bassin du Vigan (5,353 hab. la comm., 4,274 aggl.), aux lignes simples et harmonieuses, centre de charmantes excursions et fier de sa belle promenade de vieux châtaigniers.

Mais ce n'est plus le causse inconnu : la station du chemin de fer nous rappelle que par Ganges et Nîmes nous rentrerions dans la civilisation ! Or notre voyage n'est pas fini. Par-dessus le roc Saint-Guiral, au panorama célèbre, rétrogradons donc, s'il vous plaît, jusqu'à Saint-Jean-du-Bruel, où nous avons négligé, à main gauche, le joli bassin du Trévesel.

De Saint-Jean-du-Bruel à Trèves, la route du Vigan à Meyrueis (qui détache à l'est une branche vers Dourbies et l'Espérou) s'élève à 850 mètres environ, entre la chaîne du Suquet et le causse Bégon. Et c'est par là qu'il convient le mieux d'aborder Trèves (553 m.), car, à la descente sur ce chef-lieu de canton, on embrasse d'un regard tout le cañon, admirable quoique peu étendu, où le Trévesel s'encaisse au nord. Le défilé n'a pas 400 mètres de profondeur; mais il y a sur ses deux bords jusqu'à trois étages de falaises dolomitiques superposées et séparées par des talus ; nulle part, même dans la vallée de la Jonte, les Causses n'ont des roches aussi écarlates. A midi, quand le soleil tombe droit dans la fente, c'est étincelant. L'effet est complètement nul si l'on arrive à Trèves de Meyrueis, par Lanuéjols.

Trèves (*Tres-Viæ*, Trois-Routes), chef-lieu de canton du Gard (513 hab. la comm., 298 aggl.), est une des identifications de la *Trévidou*[1] des Romains et de Sidoine Apollinaire.

---

1. *Sur Trévidou, maison de campagne de Tonance Ferréol, préfet des Gaules au cinquième siècle,* par M. Broussous, secrétaire général de la préfecture de la Lozère : *Journal de la Lozère,* 10 mai 1806, p. 226. — Des Ours de Mandajors, *Recherches sur la situation de Trévidou et de Prusianum,* etc. (*Hist. de l'Acad. des inscriptions et belles-lettres,* t. III, 259-262). On a placé aussi Trévidou à Saint-Laurent-de-Trèves. (*V.* p. 240.)

A un kilomètre en aval, le Trévesel, comme la Jonte, se perd sous terre, au pied de la route de Meyrueis. Aux environs, plusieurs cavernes sont remarquables.

La grotte de Trèves est à 2 kilomètres à l'ouest du village, au delà de la perte, et à 600 mètres environ d'altitude. Elle est profonde et ornée de blanches, élégantes et nombreuses stalactites. Comme depuis longtemps elle n'a pas même 400 mètres de longueur, on ne saurait la comparer à Dargilan; cependant elle renferme de curieux *gours* ou bassins de retenue formés par la rivière qui y a

Le Rajol : vue d'ensemble. — Phot. G. Gaupillat. — Dessin de Vuillier.
(Communiqué par le Club alpin.)

coulé jadis. Comme dans toutes les grottes, quelques travaux feraient peut-être trouver d'autres branches.

Dans les mêmes parages de la Baume de Saint-Firmin est une autre grotte, formée d'une grande salle que les eaux envahissent maintenant pendant les fortes pluies, et où elles font des dépôts importants. Cette salle, dit-on, a été fréquentée par l'homme; on y aurait recueilli de nombreux fragments de vases, qui, par leur pâte et leur mode de fabrication, doivent être rapportés à l'époque de la pierre polie.

Une route nouvellement terminée remonte la rive droite et le beau cañon du Trévesel jusqu'à Camprieu, joignant ainsi Trèves à la route de Meyrueis au

Vigan. Le cañon, appelé *Pas de l'Ase,* cesse à 662 mètres d'altitude, un peu avant le hameau de *Randavel,* après 4 kilomètres de développement.

Là encore se trouvent d'intéressantes grottes, fouillées par M. Jeanjean ; la *grotte de Luc* et celle du *Puech-Buisson,* près du château d'Espinassous.

« Les grottes d'Espinassous, comme celles de Trèves, appartiennent évidemment à l'époque néolithique, quoiqu'elles ne recèlent aucun objet en pierre taillée ou polie[1]. »

A Randavel même, une autre grotte, la *Grotte obscure,* découverte en 1877, a donné des squelettes humains entiers ; la plus grande salle, décorée de belles concrétions, aurait, dit-on, 70 mètres de longueur sur 35 de largeur

Après Randavel, la route tourne à l'est, dépasse la *Moline,* et, par de nombreux détours, s'élève sur le plateau de Camprieu, à la pointe duquel elle longe le beau domaine du château de *Coupiac,* magnifiquement posé en vedette entre Bramabiau et le Trévesel, entre la Croix de fer au nord et le Suquet au sud. L'un de ces détours traverse le torrent de Bramabiau à mi-distance entre son confluent avec le Trévesel à l'ouest et Saint-Sauveur-des-Pourcils. Un chemin de 1,200 mètres de longueur conduit à ce village, dont les mines de plomb méritent une mention. (La mairie de Saint-Sauveur est à Camprieu ; la commune a 467 hab., dont 278 aggl.)

Connues depuis très longtemps, ces mines n'avaient été l'objet que de simples travaux de recherche avant la concession faite à M. Joly le 11 août 1862. A partir de cette époque, l'exploitation a été activement menée, et une usine créée à la Moline pour le traitement du minerai. On connaît aujourd'hui, dans toute l'étendue de la concession (2,429 hect.), plus de 20 filons de directions différentes traversant les schistes, des grès et des calcaires. Le minerai, dans une gangue de quartz et de barytine, renferme du plomb argentifère et du cuivre pyriteux. L'absence de moyens de communication économique et les difficultés de transport ont jusqu'ici empêché ces gisements de prospérer comme le comporterait leur richesse. Mais la création toute récente des diverses routes qui viennent d'être décrites ne manquera pas de leur être profitable.

De Saint-Sauveur-des-Pourcils un chemin de piétons conduit à Camprieu par le vallon, et en vue de l'alcôve merveilleuse de Bramabiau, qu'on ne se lasse jamais d'admirer.

Mais nous retrouvons des sites déjà visités, et avant de gagner le versant sud des Cévennes, les gorges de la Vis et de l'Hérault, il nous faut encore une fois revenir à Millau pour connaître le Larzac.

---

1. *Une Nouvelle Excursion géologique dans les hautes Cévennes; Grottes de Lanuéjols :* Mém. *de l'Acad. du Gard,* pour 1875. Nîmes, 1876, 16 p.

CHAPITRE XIII

LE LARZAC

Le plus grand des Causses. — Les troupeaux transhumants. — Les routes. — Tournemire et Roquefort. — Cornus, exil des juges de paix. — Source de la Sorgues. — L'avenc du Mas-Raynal. — Mourèze. — Lodève. — Saint-Michel-de-Grammont. — La Fin du monde. — Le pas de l'Escalette. — Le plateau du Spleen. — Les Templiers. — Sorbs et la Couvertoirade.

Le Larzac (larges roches, *larga saxa*) est le plus grand, le moins élevé, le plus connu, le moins beau des Causses.

Orienté du nord-ouest au sud-est, il a ce remarquable caractère de chevaucher sur les deux versants de l'Atlantique et de la Méditerranée, de s'asseoir sur l'axe hydrographique des Cévennes en l'empâtant, et de dispenser autant d'eau au Tarn qu'aux fleuves d'Agde et de Béziers. (*V.* p. 18.)

Bien tranchées sont ses limites : le Tarn au nord, la voie ferrée de Millau à Béziers vers le sud-ouest, Lodève et l'Hérault au sud-est, la Vis, la Virenque et la Dourbie au nord-est.

Comme un bloc de pierre par une tige rigide, il semble transpercé par les Cévennes, qui pénètrent déprimées sous sa masse au col de Sauclières, à 793 mètres, et en ressortent plus bas encore, au col de Montpaon, à 675 mètres et 25 kilomètres plus loin. Ainsi ce grand corps a l'air d'être attaché par son milieu.

Quatre vraies vallées où coulent d'authentiques cours d'eau l'échancrent profondément à l'ouest et au sud : deux vouées au Tarn, le *Cernon* et la *Sorgues*; deux à la Méditerranée, l'*Orb* et la *Lergue* ou l'*Ergue*.

Deux de ses angles s'effilent en véritables chaînes de montagnes : l'un, au sud, projette l'*Escandorgue*, calcaire et volcanique (765, 735 et 697 m.), entre Lodève et Bédarieux; l'autre, au sud-est, allonge jusqu'à Ganges la haute *Séranne* (943 m.), formant rempart sur la rive droite de l'Hérault, qu'elle sépare de son affluent la Vis.

Sibérie glaciale et dangereuse pour le voyageur en hiver, il devient en été une torride Arabie Pétrée.

« Il va des falaises que Millau contemple au-dessus de la rive gauche de sa rivière jusqu'aux fières parois du pas de l'Escalette, près de Lodève. En gravissant les hauteurs à l'est de Saint-Affrique, on entre dans le causse de Roquefort, séparé du Larzac proprement dit par le val du Soulsou et le val du Cernon; puis, ce bas-fond franchi, quand on atteint les créneaux de la roche, on a devant soi la vaste expansion du Larzac, jusqu'aux montagnes de Ganges et du Vigan.

« Des crêtes de Millau jusqu'au fronton de l'Escalette il y a plus de 40 kilomètres; 55 des crêtes de Saint-Affrique aux rochers de la Tude; et le Larzac prend 103,000 hectares sur les 53 millions de la France...

« C'est le plus mouillé des Causses. Nul n'offre une brèche plus basse, une meilleure échancrure aux vents qui veulent passer sur notre ligne d'entre deux mers, les uns de Méditerranée à Océan, les autres d'Atlantique à Méditerranée. Parties tièdes ou chaudes de la vague marine, ces *aures* se refroidissent en montant sur le Larzac ou sur les massifs qui l'entourent, Aigoual, Espinouze, Lévezou, et c'est une bise glacée, ou, comme disent les Larzacois, une *aure noire,* une « rouderge » qui siffle et souffle sur le plateau, notamment en hiver.

« Tant de vents, tant de pluies; tant de pluies, tant de sources! Aucun ruisseau libre ne mène aux rivières de pourtour; les averses tombées sur la table de pierre; l'eau s'enfuit sous la roche, la goutte par la fissure invisible, le torrent par la bouche d'avenc, entraînant dans l'abîme la terre rouge et le cailloutage dont il se charge en râpant son bassin...

« Tous ces ruisseaux de l'ombre deviennent des fontaines-rivières, les plus belles, qui sortent de la racine de nos Causses, les unes en retentissante cascade, les autres silencieusement, d'un puits, par une poussée d'en bas. Tels jaillissent à l'ensellement du Larzac la foux de la Vis, vraie mère de l'Hérault; la foux de la Sorgues, vraie mère du Dourdou méridional; la foux du Durzon, meilleure branche estivale de la Dourbie; et, parmi les foux moindres, la source de l'Escalette, qui descend en cascade à la Lergue; les fontaines de Gourgas, issues d'une « fin du monde » en un superbe cirque, et qui vont à cette même rivière de Lodève; les charmantes cascatelles de Creyssels, près de Millau; les sources du Cernon, affluent du Tarn, etc. Ainsi, pas une goutte d'eau sur le causse, et le caussenard envie les « gens de rivière » : quand l'été sèche mare et citerne, il va chercher l'eau pure aux fontaines d'en bas; c'est un voyage qui lui prend toute la grande journée.

« Le gazon, sec, aromatique, entretient ici des moutons à laine frisée, race qu'on appelle brebis du Larzac, bien qu'elle paisse également sur les autres déserts calcaires de ce coin du monde. » (O. RECLUS.)

« Du Languedoc méditerranéen montent ces troupeaux transhumants, alors que, pendant l'été, saison longue dans le Midi, sous l'action persistante des fortes chaleurs, si redoutables pour ces animaux, toute végétation cesse...

« Le départ est toujours calculé de manière à ce que le troupeau ne soit jamais en route le 8 juin, jour de la Saint-Médard, si redouté pour les orages qui éclatent ordinairement à cette époque, et auxquels une marche continue de nuit et de jour l'exposerait sans défense, le privant même du peu de nourriture qu'il est réduit à chercher sur les bords de la route. L'absence dure jusqu'à la veille de la Toussaint, jour fixé pour la rentrée au bercail[1]. »

Le Larzac est le plus beau des causses (700 à 900 m. en moyenne), puisqu'il se creuse jusqu'à 559 mètres au sud-est, près de *Saint-Maurice-la-Clastre*, et culmine à 912 mètres seulement au nord-ouest (signal de *Cougouille*), près de Sainte-Eulalie; le plus connu, tant pour ses restes des temps anciens (dolmens, chaussées romaines, commanderies de Templiers[2]) que grâce à son réseau de routes.

De nombreuses voies, en effet, le sillonnent :

Une longitudinale d'abord, de Millau à Lodève, par la Cavalerie, l'Hospitalet, la Pezade, le Caylar; et plusieurs transversales, coupant la première en divers points du plateau : de Saint-Affrique au Vigan, par Saint-Rome-de-Cernon, la

---

1. J. POUCHET, *Excursion au pic Saint-Loup* (Soc. languedoc. de géog., déc. 1880).
2. MICHEL VIRENQUE, *Des Monuments celtiques et des légendes populaires du canton de Cornus* : Mém. de la Soc. des sciences, lettres et arts de l'Aveyron, t. X, 1868-1873, p. 34 et 52. — Ad. BOISSE, *Antiquités celtiques et gallo-romaines signalées dans l'Aveyron* : même recueil, p. 234-336. — Le baron DE GAUJAL, *Mémoire sur les antiquités du Larzac* : Mém. de l'Institut, 1837.

Cavalerie, la Liquisse et Nant; du même au même, par Montpaon, Cornus et Sauclières; de Lodève au Vigan, par Saint-Pierre-de-la-Fage, Saint-Maurice-la-Clastre, Madières (sur la Vis) et le causse de Montdardier, etc.

Il est le moins pittoresque aussi, car à sa périphérie ne se creusent pas de très grands cañons (sauf la Vis et la Dourbie) et ne se hérissent ni pas de l'Arc, ni Capluc, ni Madasse, ni Roquesaltes, ni Rajol, ni Saint-Véran, ni Montpellier-le-Vieux!

Digne d'une visite néanmoins, pour ses sources encloses et ses vieux bourgs fortifiés.

De Millau au confluent du Cernon, le Tarn demeure encagnonné d'un seul côté, et encore pas bien nettement. Creissels (734 hab. la comm., 577 aggl.) montre, dans un joli site, un château célèbre très bien conservé, appartenant à M. de Galy, et un beau cirque de rochers, où le ruisseau d'Homède bondit en cascades.

Après le Cernon, que remonte le chemin de fer qui nous emporte, « les gorges ne sont plus un cañon dans le calcaire, mais une longue contorsion dans les schistes, les granits, les gneiss, vêtus d'herbes courtes, de bruyères et de fougères ». Nous ne les suivrons pas : elles n'entrent pas dans le cadre de ce livre.

A Saint-Rome-de-Cernon (349 m.; 1,393 hab. la comm., 666 aggl.), le ruisseau de ce nom débouche de sa vallée haute (à l'est) et reçoit le Soulsou, dont la voie ferrée (ouverte en

Rochers du Larzac près Lodève. — Phot. Vallot.
(Communiqué par le Club alpin.)

1874) emprunte le thalweg. A Tournemire (490 m.; 1,060 hab. la comm., 955 aggl.), quatre choses à noter : l'embranchement du chemin de fer de Saint-Affrique, les caves et fromageries[1] illustres de Roquefort (1,296 hab. la comm., 973 aggl.), la grotte mal connue des Fées (V. p. 166), et un beau cirque rouge du Larzac, percé, au pied, du long tunnel qui conduira bientôt la ligne d'Albi au Vigan près des sources du Cernon, à Sainte-Eulalie (596 m.). A ce dernier village (1,055 hab. la comm., 708 aggl.), que domine

---

1. V. A. Monteil, *Description du département de l'Aveiron*, t. 1er, p. 179; Rodez, an X, 2 vol. in-8°; réimpression, en 1883, à Villefranche; — Limousin-Lamothe, *Mémoire sur Roquefort : Mém. de la Soc. des sciences et arts de l'Aveyron*, t. III, 1841-1842, p. 137-170; — A. Roques et J. Charton, *Roquefort : Tour du Monde*, 2e semestre 1875.

une vaste enceinte de roches crénelées haute de 250 à 300 mètres, un sentier mène de Tournemire, le long duquel il n'y a rien à admirer que la vue étendue du signal de Cougouille (912 m.).

Sainte-Eulalie n'a gardé que quelques restes des remparts de sa célèbre commanderie fondée en 1158. A 4 kilomètres de Tournemire, le chemin de fer monte au seuil ou col des *Poiriers* (581 m.), pour redescendre dans le bassin de la Sorgues, le long du ruisseau de *Lavadou*. Les escarpements du Larzac continuent à se dresser à gauche, entre 250 et 350 mètres plus haut.

La station suivante, Saint-Jean-et-Saint-Paul (499 m.), est à 3 kilomètres au nord-est des ruines intéressantes (xiii° et xv° siècles) de l'abbaye de femmes de *Nonenque* (fondée en 1248 ou en 1145), pittoresquement enfoncée dans un très profond ravin (446 m.).

De Nonenque, un agréable détour par la jolie vallée de la Sorgues et la route de Saint-Affrique au Vigan ferait regagner le chemin de fer à Montpaon-Fondamente, vieux château ruiné (939 hab. la comm., 780 aggl.). De là, magnifique excursion d'une journée à Cornus, la source de la Sorgues, l'avenc du Mas-Raynal et le Bois-Guilhomard.

Entre Montpaon et Cornus, la route s'élève d'environ 250 mètres sur la rive droite de la Sorgues.

Cornus est un chef-lieu de canton de 1,614 habitants (la comm., 715 aggl.), dont le juge de paix doit se trouver bien isolé du monde; le village, qui fut baronnie au moyen âge, dans une niche du Larzac profonde d'environ 80 mètres, est un des plus pittoresques de la région : le mur du causse l'entoure de trois côtés, et une forte source rappelle celle de Burle. (*V.* p. 33.) Sa position mérite une visite; de plus, on y déjeune bien.

Après l'escalade de la conque où repose Cornus, la route se subdivise : la principale branche, à travers le causse solitaire, ondule entre 700 et 800 mètres jusqu'à Saucllères (*V.* p. 193); l'autre bras rejoint à l'est, et près de *la Pezade*, la route de Millau à Lodève.

Avec la carte de l'état-major et le Guide Joanne, on trouve sans peine l'excellent chemin qui, de Cornus, descend en une heure à la fontaine de la *Sorgues* (630 m. d'alt.).

Derrière un moulin, parmi le plus luxuriant fouillis de verdure, elle jaillit du roc même, en vraie rivière, toujours froide; car sous la surplombante falaise de 120 mètres de hauteur, et à travers les dômes épais des grands arbres, le soleil ne pénètre jamais, et l'ombre fraîche règne perpétuelle. Le Tarn lui-même n'a point d'aussi exquise fontaine sur ses rives. A Bramabiau, c'est la sauvagerie, le tumulte, l'étrangeté, le cataclysme. Ici, le poème champêtre, le murmure joyeux, la source classique, la nature simple, quoique grande! Charmant vallon discret et calme, où plane la plus douce rêverie!

Virgile eût fait en ce lieu de bien beaux vers!

« J'ai vu à l'étiage les sources des deux Sorgues : l'une, illustre entre toutes, la fontaine de Vaucluse; l'autre, inconnue ou à peu près, celle de la Sorgues du Larzac; et j'avoue tout bas que je reviendrai à cette dernière plutôt qu'à la fontaine de Pétrarque. » (A. Lequeutre.)

Par-dessus l'admirable *foux*, un sentier monte raide au hameau du Mas-Raynal (746 m., au sud-ouest), à vingt minutes au sud duquel bâille le plus fameux avenc de tout le Larzac (755 m.). Entourée d'un petit chaos de roches où l'on distingue quelques aiguilles et une ogive naturelle, bordée de pins et d'arbrisseaux, sa bouche immense et noire ne peut être abordée qu'avec précaution : un faux pas sur la mousse humide mènerait droit où va la pierre, que l'on n'entend pas arriver au fond, [à 200 mètres de profondeur, disent les paysans, dans la rivière souterraine qui alimente la puissante Sorgues, car ils ont remarqué qu'après les orages les eaux de la fontaine deviennent rougeâtres comme les terres qui environnent le haut gouffre. Qu'y a-t-il de fondé dans leur déduction ? Faute d'avoir été interrogé directement, l'avenc du Mas-Raynal n'a pas encore répondu à cette question. On y descendra quelque jour, et l'on verra où

Mourèze. — Dessin de Prudent, phot. Chabanon.
(Communiqué par le Club alpin.)

il conduit les pluies ; mais on ne saurait déboucher par la Sorgues, car elle n'est pas issue d'une caverne ; un bouillonnement de fond la livre au jour par les fentes de pierre, où l'onde seule sait se glisser.]

Entre crochets nous laissons subsister le texte primitif du manuscrit donnant l'impression de notre première visite (1885) : on a vu (p. 77) que depuis (le 7 juillet 1889) nous avons réussi à descendre dans l'abîme du Mas-Raynal, profond de 106 mètres seulement ; nous y avons rencontré et suivi pendant 130 mètres environ un petit lac très ramifié sous des voûtes basses et un torrent puissant ; selon nos prévisions, nous n'avons pu, à cause de l'étroitesse de la fente, sortir à la Sorgues, qui voit le jour à 2 kilomètres et demi vers le nord-ouest ; mais la direction du courant et l'égalité de température (10°,5 dans le lac souterrain et 10°,5 à la source même), démontrent péremptoirement que l'onde intérieure est bien la même que celle de la fontaine (située 19 m. plus bas, à l'altitude de 630 m.) : elle est *la source de la source*. (*V*. p. 356 et suiv.) Les paysans avaient raison. Cette journée-là fut pour nous bien intéressante.

Par les bois fourrés du Guilhomard (854, 846 et 851 m. au signal de Saint-Xist, complètement incendiés vers 1770), triangulaire promontoire dont le re-

Mourèze. — Phot. Chabanon.

bord opposé à Cornus offre de beaux points de vue, on regagnera Montpaon ; le chemin est mauvais, et un guide utile.

A moins de 2 kilomètres de la station, le tunnel de Saint-Xist (1,711 m. de longueur), sous le col de Montpaon (675 m.) (*V*. p. 197), fait passer la locomotive sur le versant de la Méditerranée ; la vue est pittoresque, les longs souterrains abondent. On traverse bientôt l'Orb, dont le ravin initial entaille profondément le Larzac au sud du bois Guilhomard et possède de curieux sites rocheux, entre autres celui de Notre-Dame-d'Antignalet, célèbre en géologie pour son affleurement de basalte[1].

[1] Dufrénoy et É. de Beaumont, *Explication de la carte géologique de France*, t. II, p. 692.

Mais déjà le Midi s'accuse : Bédarieux n'est pas bien loin. Les bains de Lamalou et les mines de Graissessac y confinent et font fréquenter cette partie des Cévennes; ce n'est plus le monde inconnu des Causses.

Traversons les vieux volcans de l'*Escandorgue*, à 535 mètres d'altitude, par la route de Lunas à Lodève, et poussons une pointe jusqu'à *Mourèze*, à 3 lieues au sud, par le chemin de fer de Clermont-l'Hérault (5,191 hab. la com., 4,881 aggl.)[1].

Mourèze. — Phot. Chabanon.

A 7 kilomètres ouest de cette petite ville très manufacturière (nombreuses usines pour la fabrication du drap de troupe), Mourèze (103 hab. la comm., 97 aggl.), est, comme Montpellier-le-Vieux, une cité dolomitique ruinée par les érosions; les touristes l'ignoreraient encore si les géologues ne l'avaient depuis longtemps découverte. Plus petite que sa métropole du causse Noir, elle se compose d'un cirque unique, de 1,200 mètres de diamètre, où se pressent, se hérissent et se croisent les gros donjons, les minces obélisques et les corridors sinueux ; bien avant la révélation du Bois-de-Païolive et de Montpellier-le-Vieux, Mourèze était devenue un type classique de l'altération des roches par les eaux. Ces bizarres monuments naturels ne sont pas dressés au sommet d'un plateau,

---

1. *Histoire de Clermont-l'Hérault et de ses environs;* in 8°, 1838.

comme ceux voisins de Maubert, mais bien réunis, à 206 mètres d'altitude, au fond d'un amphithéâtre de petites montagnes escarpées qui les dominent de tous côtés (pic de Vissous [482 m.], chapelle de Sainte-Scholastique [504 m.], signal de Saint-Jean-d'Aureillon [526 m.]). Coïncidence singulièrement fortuite, le ruisseau qui passe au milieu de ces monolithes s'appelle la *Dourbie*, comme la rivière de la Roque-Sainte-Marguerite. Ce qui accroit de beaucoup l'étrangeté du lieu, c'est qu'un village se dissimule dans ce labyrinthe : le principal roc, couronné des restes d'un castel, est plus haut que le clocher de la vieille église élevée à sa base; derrière chaque pyramide se cache une maison; beaucoup de chaumières ont la roche même pour toit ou pour mur de fond. Ajoutez que les mûriers et les oliviers y poussent, chaudement abrités de toutes parts; jetez par-dessus le sombre azur du ciel méridional; notez que l'étroit passage que s'est frayé la Dourbie est l'unique entrée du cirque, où se développe en vrai coup de théâtre l'entier panorama de Mourèze, et vous comprendrez que cette curiosité extrême des Cévennes n'est pas la moins surprenante.

« Pour le poète comme pour le pâtre, Mourèze a été certainement habité, bien avant les Celtes, par des génies fantastiques, qui ont taillé les montagnes et les rochers au gré d'une bizarre imagination. Le clair de lune, qui prête une existence si vague et si mélancolique aux ruines des monuments des hommes, crée, au milieu de ces rochers, les images les plus étranges : ce sont quelquefois des fantômes humains errant parmi des édifices inconnus, mais toujours grandioses; d'autres fois, des monstres qui ne peuvent habiter qu'un monde livré aux gnomes.

« Au jour, c'est simplement une roche dolomitique dont la désagrégation, facilitée par l'influence des agents atmosphériques, donne lieu aux formes les plus capricieuses. » (BARON TAYLOR, etc., *Voyage en France, Languedoc*, t. II, 2ᵉ partie ; 1837, avec excellentes planches, 237 *ter* et 264, représentant un clair de lune.)

Lodève aussi (175 m., 9,532 hab. la comm., 8,262 aggl.) est digne d'un arrêt, un peu pour sa cathédrale Saint-Fulcran (XIIIᵉ et XVIᵉ siècles), beaucoup pour la beauté de son lumineux bassin, que réchauffe la réverbération du soleil contre le rempart du Larzac, élevé de 600 mètres, et qu'enrichissent la vigne et l'olivier ; et surtout pour ses environs, où les routes sont des avenues de platanes centenaires, où les sources tombent en cascatelles des hautes grottes [1], où levent du nord ne descend jamais, étant retenu derrière les créneaux du causse.

L'évêque saint Fulcran y mourut le 13 février 1006; les calvinistes, en 1573, traînèrent par les rues son corps entièrement conservé et le brûlèrent ; les catholiques purent en sauver une main, que l'on gardait encore comme relique au XVIIIᵉ siècle. Le cardinal de Fleury, ministre de Louis XV, y est né le 22 juin 1653.

A une heure et demie de marche vers l'est, sur un plateau boisé que sillonnent de verdoyants ravins aux clairs ruisseaux et d'où s'aperçoit un coin de Méditerranée, le monastère de *Saint-Michel-de-Grammont* [2] ou *Grand-Mont* (environ 400 m.) est devenu une jolie propriété de plaisance et de rapport : le char-

---

1. De Gériols, la Vacquerie, Labeil et Mas-de-Rouquet, curieuses et explorées en 1889, par M. et Mᵐᵉ J. Vallot. (V. *Annuaire du Club alpin* pour 1889, p. 145 ; V. aussi *supra*, p. 150.)
2. V. RENOUVIER, *Anciennes Églises du département de l'Hérault* ; — *Mém. de la Soc. archéolog. de Montpellier*, t. Iᵉʳ, p. 336 ; — un. *Histoire des antiquités architectoniques de l'église de Lodève et du prieuré conventuel de Saint-Michel-de-Grandmont* ; Montpellier, in-4°, 1859.

Mourèze. — Phot. Chabanon.

mant petit cloître roman et ogival, bien conservé, sert de frais promenoir en été; dans l'église se range le foin; la salle capitulaire subsiste aussi. Et ces restes austères, appropriés sans dégradation à leur moderne usage, ne manquent pas de cachet dans leur solitude. Fondé à la fin du xii° siècle, le monastère fut supprimé en 1772; les constructions subsistantes datent du xii° au xv° siècle. Aux environs se voient plusieurs dolmens[1].

La route nationale d'Espagne et de Perpignan à Paris, après avoir dépassé Lodève, ne s'élevait jadis sur le Larzac, dans la direction de Millau, que par un très long détour vers l'est. Elle quittait la Lergue à *Soubès* (266 m.), traversait le beau cirque calcaire de *Saint-Étienne-de-Gourgas* (300 m.; 448 hab. la comm., 231 aggl.), liséré de cascades, aux gradins chargés de châtaigniers, profond de 455 mètres, large de 4 kilomètres et appelé la *Fin du monde,* atteignait le plateau à *Saint-Pierre-de-la-Fage* (627 m.), et se recourbait là à angle droit au nord-ouest vers le *Caylar,* en laissant à droite la route du Vigan par Madières.

Tout récemment rectifiée, elle suit maintenant, droit au nord, la rive gauche de la Lergue (dont les flots roulent beaucoup de galets de basalte noir arrachés aux volcans éteints d'alentour), par Soubès et *Pégairolles* (310 m.), effectuant peut-être la plus grandiose escalade de causse qui existe : le *pas de l'Escalette.* En larges méandres, elle se hisse, magnifiquement dominante, entre les grandes murailles qui resserrent de plus en plus le défilé de la Lergue ; ce qui lui donne plus de beauté qu'à aucune des voies tracées aux flancs du Sauveterre, du Méjean et du Noir, c'est que la rivière chante en contre-bas parmi les arbres, ravine alpestre emboîtée dans le fond d'un cañon caussenard. Les dolomies supérieures ont 120 mètres de hauteur, et derrière leur sommet des chaos de pierres (nommés dans le pays *le Roc*) rappellent un peu Roquesaltes ou Madasse. Vers la source de la Lergue, que cache à l'ouest un pli de terrain, un petit cirque se recourbe, un puits plutôt, au fond duquel le voyageur est surpris de voir bondir du terrain calcaire la vigoureuse cascade de l'Escalette, qui moud le blé du moulin du Viala (éboulement récent). A 623 (ou 616) mètres, le vallon de la Lergue se clôt : les roches, de 80 mètres de hauteur, ne laissent qu'un étroit passage à la route seule; c'est un portique, un pylône égyptien, le *pas de l'escalette,* plus architectural encore que le roc de la Bouillère à Meyrueis. Trop court est ce corridor géant, qui légitimerait à lui seul le voyage à Lodève, si Sorgues n'était sur la route à côté; et derrière, changement à vue : plus de vallée, plus d'eau, plus d'arbres; à gauche, on laisse Saint-Félix-de-l'Héras (103 hab. la comm., 47 aggl.), d'où un sentier descend au vallon de l'Orb, né dans les mêmes prés que la Lergue ; puis, à 3 kilomètres du pas, on atteint 755 mètres d'altitude, et le causse morne recommence. On ne le quitte plus jusqu'à Millau, distant encore de 40 kilomètres (59 de Lodève). A pied, ce parcours est trop ennuyeux pour être possible; en voiture, il n'y a qu'à dormir. Sur place, rien à voir de plus que sur la carte ou le Guide Joanne : le Caylar (714 hab. la comm., 679 aggl.), chef-lieu de canton, autre exil de juge de paix, route du Vigan, débris de remparts et vestiges de voies romaines ; — à la Pezade (763 m.), auberge, gendarmerie, routes de Cornus et du Mas-Raynal à l'ouest, limite de l'Aveyron et de l'Hérault, pierres, taillis, rochers, pâturages,

---

1. *V.* F. Bourquelot, *Notice sur le prieuré de Saint-Michel-de-Grandmont,* etc. : t. XXI des *Mémoires de la Société des antiquaires de France,* 29 décembre 1851 ; — Vinas, *Mémoire sur les monuments druidiques des environs de Lodève;* Lodève, in-8°, 1866 ; — baron Teylor, etc., *Languedoc,* t. II, 2° partie, pl. 264 *bis et ter.*

monotonie, laideur, bâillement, spleen! — A 710 mètres, croisement de la route de Saint-Affrique—Cornus—Sauclières—le Vigan; — l'Hospitalet (511 hab. la comm., 511 aggl.)... et rien; — la *plaine du Temple* (797 m.), piètre hameau dont le nom rappelle les templiers et les hospitaliers de Saint-Jean (en 1158, le vicomte de Millau donna le Larzac aux Templiers; en 1312, le pays passa aux mains des chevaliers de Saint-Jean de Jérusalem ou de Malte); — à 833 mètres, le point culminant de la route; — la Cavalerie (800 m.; 1,333 hab. la comm., 1,221 aggl.), débris du mur d'enceinte, carrefour de la route de Saint-Affrique à Nant; — encore 12 kilomètres de solitude mortuaire. — Soudain, à un coude, réveil en sursaut, sensation de tomber dans un précipice: adieu le triste plateau, revoici la vie! A 400 mètres de profondeur, le Tarn et la Dourbie

Le Roc (Larzac). — Phot. J. Vallot.

brillent au soleil, Millau bourdonne, la locomotive siffle! Au grand galop, en bas de l'attractif bassin! Arrière le Larzac, son pôle répulsif!

Pour les archéologues seulement il reste à noter deux points: 1° La *Couvertoirade* (736 hab. la comm., 252 aggl.), à 4 kilomètres ouest de la Pezade, la mieux conservée de toutes les commanderies du Larzac, avec ses remparts du XIVe siècle aux trois quarts intacts, construits par les hospitaliers de Saint-Jean de Jérusalem[1], entourant le village presque entier, non moins intéressants que ceux de Sainte-Suzanne (Mayenne) ou Provins (Seine-et-Marne), surprenants surtout à retrouver dans cet isolement de désert, si bien qu'à la vue de « cette enceinte brunie par le temps, qui cache aux yeux les habitations intérieures, le voyageur, après avoir pris plusieurs fois des rochers pour des bourgs, est tenté de prendre ce bourg pour un rocher et de passer outre[2]. » Le baron de Mira-

1. *V.* A. MONTEIL, *Description du département de l'Aveiron*. An X; réimprimé à Villefranche, 1883.
2. *V.* H. VIGUIER, *Une Commanderie des chevaliers du Temple sur le Larzac: Bull. de la Soc. languedocienne de géographie*, t. Ier, 1878-79.

beau, oncle du célèbre orateur, fut commandeur de la Couvertoirade; c'est lui qui, en 1789, écrivait à son neveu : « Songez que les révolutions ne profitent jamais à ceux qui les fomentent; » — 2° Le petit château de *Sorbs* (276 hab. la comm., 217 aggl.), du xvi° siècle, à 8 kilomètres nord-ouest du Caylar, transformé en ferme et conservant de charmants détails de la Renaissance (porche, escalier, balustrades et voûtes).

Au château de Sorbs nous nous trouvons au bord oriental du Larzac, à une heure de marche de la Vis, dont le moyen cañon paraît superbe, même après le Tarn et la Jonte. Descendons-y donc, par le ravin de *Chevalôs*.

CHAPITRE XIV

LA VIS ET L'HÉRAULT

Trois sources, dont deux sans eau. — Les rivières de cailloux. — Pente et replis de la Vis. — Encore l'Amérique. — Roches grises et ciel bleu. — La Foux. — Cascade de Novacelle. — Madières. — Panorama de la Séranne. — Le drame du château de Ganges. — Grotte des Demoiselles. — Gorge de l'Hérault. — Avens de la Séranne. — L'abîme de Rabanel. — La vallée du Buèges. — Un dernier canon inconnu. — Causse la Selle. — Saint-Guilhem-le-Désert et ses grottes. — Le pic Saint-Loup. — La vallée des Arcs.

La Vis[1] a trois sources, dont deux sans eau!!! Expliquons cet aphorisme.

Au nord de la route de Sauclières à Alzon, les granits et les hauts prés saturés de pluie du Saint-Guiral laissent exsuder quelques ruisselets colligés par deux maîtresses rigoles, la *Virenque* à l'est, la *Vis* à l'ouest : jusqu'aux abords de ladite route elles coulent, ces deux rigoles, et font caqueter des moulins sous les arbres. Mais la Virenque, passé Sauclières, et la Vis, en aval d'Alzon, ont, aux vieux âges plus humides, mis l'encagnonnement en pratique aux dépens du plateau calcaire : dans le flanc oriental du Larzac elles ont tranché à vif et isolé même l'un de l'autre les deux petits causses de *Campestre* (684 à 920 m.; colonie agricole du *Luc* et avenc de *Saint-Ferréol*) et de *Blandas-Montdardier* (563 à 955 m.; la tour d'Arre).

Aujourd'hui que la condensation atmosphérique est plus faible et le ruissellement restreint à la surface de notre globe, leurs eaux, dès qu'elles touchent le calcaire, s'engloutissent en ses mille fissures, brusquement, comme évaporées au contact d'un fer rouge. La porosité du terrain est le prestidigitateur coupable de cet escamotage.

Sauf au lendemain des gros orages, avidement bus par le causse altéré et vomis quelques heures après par ses fentes basses, il n'y a plus une goutte d'eau autour du plateau de Campestre : dans le lit caillouteux des torrents, tortueux chapelet de larges grèves grises incendiées par le soleil, on pourrait à pied faire le tour presque complet de cette presqu'île carrée que la Vis, à l'est, et la Virenque, au nord, à l'ouest, au sud, circonscrivent de leur fossé sec, creux de 200 à

---

1. Du latin *vis*, force (à cause de l'impétuosité de la *Foux*, p. 210), ou simplement du mot *vis*, à cause de la multiplicité des méandres.

300 mètres. Torrents ce sont, et si étendus qu'une Dordogne y pourrait évoluer à l'aise, mais torrents de ballast, où le flux passager d'un ouragan trouble bien rarement la quiétude des sables et des galets solitaires.

Certes, la descente de ces deux autres petits cañons n'aurait rien de charmant ; les sentiers, au surplus, y font totalement défaut. Mais y jeter quelques instants un regard du sommet ou du pied d'un des causses contigus n'est pas un spectacle sans étrangeté, si, par exemple, de la Couvertoirade ou du Caylar, par le château de Sorbs et le ravin du *Chevalos,* on gagne le confluent de la Virenque et de la Vis pour suivre l'admirable gorge basse de cette dernière jusqu'à Ganges.

Il serait difficile de rencontrer un type plus accompli de champ de cailloux que le lieu où la carte, ici encore en désaccord avec la nature, opère le mélange des flots de la Vis et de la Virenque, par 443 mètres d'altitude. Le site, toutefois, ne manque pas de grandeur.

Un kilomètre plus loin, un joli village (270 hab. la comm., 185 aggl.) a trouvé quelques arbres au bord d'une fontaine : cette fontaine, il l'accapare toute, et l'assoiffé torrent n'en reçoit goutte ; est-ce donc pour le narguer que ce hameau s'est appelé *Vissec*[1] ? Après les trombes, d'ailleurs, la rivière se venge quelquefois cruellement, emportant tout dans son gonflement subit, court, ravageur !

Au bec de la Virenque, à 443 mètres, commence le cañon de la Vis, profond de 300 mètres, large seulement de 800 à 1,200 mètres au sommet, enfoncé « tantôt entre rocs vifs, tantôt entre talus avec arbustes et oliviers ». Jusqu'à Madières, où il se transforme en vallée largement ouverte, la ligne d'eau a 27 kilomètres de développement, car elle décrit trente-cinq méandres de plus de 90 degrés d'angle ; celle de l'air, que l'oiseau suivrait tout droit à 1,000 pieds plus haut, au niveau du rebord des causses encaisseurs, ne mesure que 13 kilomètres ; et comme Madières est à 225 mètres d'altitude, c'est une chute de 8^m,07 par kilomètre (au lieu de 2^m,57 de Sainte-Enimie au Rozier) que le torrent subit en son précipiteux défilé. Aussi n'est-ce pas moins pittoresque, quoique plus petit, que les maîtres cañons du Méjean. Pas de roches rouges, il est vrai : gris et vert seulement, mais gris-perle aux reflets violets, qui chatoient dans la vibrante lumière méditerranéenne, et vert-olive, puisque là prospère l'arbre de Minerve ; impression très différente, en somme, et aussi vive. Puis, malgré la profondeur moindre, l'étroitesse frappe davantage : pas une expansion, pas un champ (sauf à Novacelle), pas un cirque ; même quand la source de la Foux a fait la Vis vraie rivière, pas un bateau, pas un planiol, rien que des ratchs, des cascades, et plus de trente promontoires rocheux, étroits, dentelés, effilés, jouant la coulisse et rendant chaque tableau du spectacle grandiose à force de rétrécissement. Par un beau temps, c'est superbe ! D'une sauvagerie complète, en outre : de Novacelle à Madières, 15 kilomètres sans une maison ! La Vis est le plus américain de tous les cañons des Causses ! Mais que les après-midi d'été sont donc brûlants et que les ondoiements des sentiers riverains par-dessus les croupes des trente caps sont fatigants à descendre et à monter au fond du trop sinueux corridor !

Après Vissec, encore 5 kilomètres sans courant : des coudes, des becs, des escarpements, de la lumière surtout, éblouissante ! Dans ce qui sert parfois de lit au torrent, des blocs et dalles énormes de roches toutes creusées de cuvettes et baignoires naturelles, et dans ces trous, quelques laquets d'eau morte sau-

---

[1]. En raison sans doute de ce mauvais jeu de mots, la carte (feuille du Vigan) et quelques auteurs appellent le torrent *le Vis ;* mais dans le pays l'article féminin est unanimement employé.

mâtrisée par la chaleur, immobile sous l'air pesant et sans souffle, incrustant chaque jour plus bas dans la pierre le glauque et gluant revêtement de mucus et d'infusoires que développe l'évaporation diurne, tristes restes enfin de la dernière colère de la Vis, qui a laissé ces flaques sans aliment en proie à l'ardeur du soleil! Bien étranges, ces *étroits* sans rivière! Bien singulier, ce cañon sans cours d'eau!

Mais au delà d'un cap allongé, qui s'avance comme pour mieux ménager une vive surprise, nous percevons un bruit confus : à chacun de nos pas il grandit. On dirait un flot qui gronde. Allons-nous donc voir un vrai courant mouiller réellement les cailloux du thalweg? — Parfaitement, nous touchons à la véritable source de la Vis, celle où il y a de l'eau, la *fontaine de la Foux!*

Voilà notre aphorisme expliqué.

Un gros moulin s'est emparé de la position : combien son tic tac, qui résonne encore au pied des rocs verticaux, paraît joyeux après la muette solitude d'amont!

« Là, d'une gueule de caverne, une transparente rivière tombe en bruyante cascade : 400 mètres, plus ou moins, c'est l'altitude de cette foux, c'est-à-dire de cette source perdue dans une anfractuosité du Larzac, à 250 ou 300 mètres au-dessous des créneaux de rebord. On conte qu'à la suite d'éboulements dans les couloirs où passe la rivière souterraine qui quitte l'ombre à la Foux, la fontaine cessa de couler; mais, au bout de quelques heures de néant, la Vis, revomie, roula des eaux rouges; puis l'onde redevint l'honneur des blanches Cévennes, le frais et clair épanchement des ruisseaux caverneux de la grande oolithe. Ce flot s'en va vers le nord-est, réfléchissant des moulins, des hameaux, des villages, des arbres, et la pierre vive des monts de sa cassure, signalée de loin, quand on vient de l'est, par la noble pyramide du pic d'Anjau (865 m.). » (O. Reclus.)

Cet énorme bouillon d'eau, produit du filtrage des calcaires du Larzac, apporte au torrent un afflux de plus de 2 mètres cubes par seconde, qui le change subitement en une belle rivière aux eaux pures et limpides. « La Vis n'est pas une rivière, c'est une fontaine, » me dit-on à Madières : c'est vrai, et c'est une des plus belles fontaines que l'on puisse voir.

Au mois d'avril 1776, sans qu'on ait jamais pu expliquer pour quelle cause, la source s'arrêta huit jours; privée de son apport, la Vis resta elle-même trois jours sans donner une seule goutte d'eau à l'Hérault, à la grande frayeur des riverains. Puis l'onde reparut, aussi puissante qu'auparavant[1].

« Si la fontaine est magnifique, le site qui sert de cadre à la source est grandiose : à droite et à gauche se dressent les hautes murailles du Larzac avec leurs grottes, leurs fouillis d'arbres; mais la parole est impuissante à côté de la réalité, et la photographie ne dit pas mieux la beauté de ce tableau. » (A. Lequeutre.)

Six kilomètres de marche et dix méandres nous séparent de Novacelle : sans l'eau qui jase enfin à nos pieds et sans les meules qu'elle anime gaiement, ce serait bien uniforme, cette promenade au fond de la Vis. Pourtant à droite s'ouvre bientôt un *bout du monde* élargi, aussi soleilleux qu'escarpé, que forme un ravin aux grèves arides, sous la cote 683 du Larzac : par un ciel bien bleu, c'est un chef-d'œuvre d'éclairage.

A Novacelle (320 m.), un accident géologique rompt heureusement la monotonie. La rivière a scié à la racine une de ses plus grandes boucles, de 1,100 à 1,200 mètres de développement; et pour racheter la différence de niveau, elle se

---

1. Montet, *Mém. de l'Acad. des sciences,* année 1777, p. 660.

La Vis en aval de sa foux. — Phot. Chabanon.

livre tout entière à une large et magnifique chute de 15 mètres de hauteur. (*V.* la gravure.) De part et d'autre de la cascade, le village et ses moulins se sont bâtis à l'ombre, et peut-être la main humaine n'est-elle pas restée étrangère à l'établissement de cette coupure ; dans la boucle asséchée, dans l'ancien lit abandonné, il y a quelques céréales et vergers, maigre richesse du hameau.

C'est du bord du causse de Blandas, et notamment du point 642, que l'on admire dans toute sa beauté ce site, qui deviendra célèbre un jour, quand une route aisée de voitures aura été tracée, en haut ou en bas, de Madières à Novacelle, et évitera la lenteur et la fatigue pédestres du cheminement de la Vis ou de l'ascension du plateau ardu. Car entre les deux villages il reste, au choix, 15 kilomètres et dix-neuf méandres de rivière à longer, ou bien 300 mètres de causse à gravir puis à descendre, avec 5 kilomètres à franchir d'un escarpement à l'autre.

Quoique un peu lassante, la course du cañon de la Vis est superbe à faire, même après celles des gorges lozériennes.

Madières est à 225 mètres d'altitude ; le Larzac, au sud, a 573, 564 et 568 mètres ; le causse de Montdardier, 563 et 672. Sur le pont du village passe la grande route de Lodève au Vigan (p. 199), qui d'un plateau à l'autre s'abaisse, entre les fourrés de buis, de 339 mètres, jusqu'à la Vis, pour remonter d'à peu près autant dans la direction septentrionale de *Roques* et *Montdardier* (pierres lithographiques). Des deux parts, ses lacets offrent de beaux points de vue. Si les itinéraires dans la région des Causses comportaient le parcours de Lodève au Vigan, ce serait un véritable charme que cette traversée du val de Vis.

A Madières, le cañon cesse, le vallon s'évase, les mûriers et les vignes font leur apparition, et la rivière tourne au nord-ouest, direction qu'elle conserve jusqu'à son confluent avec l'Hérault (150 m. environ d'alt. et 17 kil. de distance); à gauche (nord-ouest), elle est dominée par les pittoresques crêtes calcaires des rochers de la *Tude* (896 m.) et d'*Anjau* (865 m.), points culminants du quadrilatère montagneux qui sépare l'Hérault, l'Arre, la Vis (Ganges, le Vigan, Madières), tout percé de grottes et abris préhistoriques, tout semé de verdoyantes villas, de *cabanons* où, de Montpellier même, les citadins du Midi viennent chercher en été l'ombre et la fraîcheur. — A droite (sud-est) se profile en l'air la sierra de la *Séranne*, attachée au Larzac sous le méridien même de Madières (*V.* p. 197), haute de 782 mètres à *Peyre-Martine* et de 943 mètres au *Roc Blanc*.

Sur son flanc sud-est coule, parallèlement à la Vis, le ruisseau de *Buèges*, tributaire de l'Hérault, qui lui-même baigne les pentes nord-orientales de la Séranne, mais descend dans un sens absolument opposé à celui de ses affluents, que la montagne sépare.

« Si les auberges y étaient mieux pourvues et si les villages présentaient plus de ressources, *Madières* serait un excellent centre d'excursions. Une route de voitures le relie à Ganges et suit fidèlement le thalweg, sur l'une ou l'autre rive alternativement. Les belles eaux vertes de la Vis, qui coule à pleins bords malgré la sécheresse, les bouquets d'arbres qui la bordent, les grandes murailles des rochers de la Tude et d'Anjau, font de ce tranquille vallon un des plus beaux et des plus charmants paysages que l'on puisse imaginer. De distance en distance, on aperçoit sur la rive droite la crête blanche de la Séranne. Ce n'est pas grand comme les gorges du Tarn, mais c'est une de ces délicieuses promenades que l'on voudrait pouvoir faire souvent et pendant lesquelles on flânerait tout à loisir. » (A. Lequeutre.)

De *Gornies* (7 kil. de Madières ; 446 hab. la comm., 159 aggl.), on fait en deux à trois heures la rude et chaude escalade du *Roc Blanc*, très pauvre en chemins frayés. Le panorama en est splendide : à l'ouest, le cañon béant de la Vis et l'immense Larzac ; au nord, les monts du Vigan, que l'Aigoual couronne comme un diadème ; au nord-ouest, le soleilleux bassin de Ganges, dont la verdeur et l'industrieuse animation contrastent profondément avec les roches chauves et désertes d'alentour ; au sud-est, plusieurs plans : d'abord le secret ravin du Buèges, en contre-bas de 600 à 700 mètres ; puis le plateau du *causse*

Cascade de la Vis, à Novacelle. — Phot. Chabanon.
(Communiqué par le Club alpin.)

de la Selle, qui sépare le Buèges de l'Hérault ; ensuite la gorge moyenne du fleuve ; enfin les plaines de Montpellier, à l'entrée desquelles se dresse la corne aiguë du pic Saint-Loup (633 m.) ; au sud, la Méditerrannée (à 11 lieues seulement) et le ciel confondent leurs deux bleus jumeaux dans la courbe d'un horizon distant de 117 kilomètres.

La Séranne est aujourd'hui très dénudée, privée de ses forêts de chênes blancs, que les charbonniers ont toutes consumées ; le buis seul y reste vivace et pousse en véritables arbres ; coupé, toujours il se reforme, en deux ans à peu près. Il ne compense pas toutefois la suppression des chênes et des frênes. Par la crête même de la Séranne et le village de *Cazillac*, on peut descendre tout droit à Ganges.

Cependant la Vis vaut bien d'être suivie jusqu'au bout

A 7 kilomètres de Gorniès, un vallon secondaire renferme *Saint-Laurent-le-Minier*, qui doit son nom à d'assez riches gisements de zinc et de cuivre exploités, par la société de la Vieille-Montagne. Non loin de là, la grotte de la *Salpêtrière* est un riche ossuaire d'*Ursus spelæus*, comme Nabrigas : un fouilleur y a ramassé en une heure deux cents dents sur une surface de 1 mètre carré.

Une usine, au bord de la Vis, semble perdue dans cette solitude lumineuse et calme. Lorsqu'on approche de Ganges, le tableau change, le pays devient âpre et brûlé par le soleil, et, sur la rive droite, des *meuses*, immenses roues en bois, portent l'eau sur les terrasses ensoleillées, couvertes de vergers.

Ganges, chef-lieu de canton de 4,369 habitants (la comm., 4,103 aggl., en majorité protestants), station du chemin de fer de Nîmes au Vigan; au confluent (150 m.) de l'Hérault et du torrent de Sumène (le *Rieutord*, descendu du Liron [1,180 m.]), n'a de remarquable que sa situation et ses industries séricicoles.

Son ancien château, aujourd'hui ruine sans intérêt, rappelle un drame qui tient du roman : l'empoisonnement de la *marquise de Ganges*.

Au milieu du xvii° siècle, Diane de Joannis de Châteaublanc de Roussan, descendante au quinzième degré du roi saint Louis, fille d'un riche gentilhomme d'Avignon, mariée à douze ans, en 1647, au marquis de Castellane et veuve dès 1655, était réputée la plus belle et vertueuse femme du royaume de Louis XIV; en 1658, le marquis de Ganges, bien que plus jeune qu'elle de deux ans, fut jugé le plus digne de la relever de son veuvage. Au château même s'écoulèrent, après leur mariage, plusieurs années de bonheur sans mélange, scellé par la naissance de deux enfants. Puis les deux frères du marquis, l'abbé et le chevalier de Ganges, jaloux de tant de félicité, se mirent en devoir de la troubler. Animés d'une criminelle passion pour leur infortunée belle-sœur, les misérables, au lieu de s'entre-tuer, en vulgaires rivaux, pactisèrent et mirent en commun leurs basses intrigues pour réaliser leurs noirs desseins, décidés même au meurtre si l'insuccès transformait leur amour en haine. Ainsi en advint-il, car rien ne pouvait faire succomber la vertueuse marquise; son esprit déjoua toutes les embûches; sa volonté repoussa toutes les séductions. Longue fut la trame tissée contre elle et qui aboutit, par la calomnie, à la rendre suspecte à son époux. Parvenus là, les deux complices purent tout oser, et s'associèrent pour le crime un certain abbé Perret, indigne de son titre, mais digne d'être leur sbire. Le 17 mai 1667, la marquise reposait dans ses appartements; le chevalier était à ses côtés, affectant, comme à l'ordinaire, une hypocrite sollicitude. Soudain l'abbé de Ganges entre précipitamment, le pistolet d'une main, une coupe empoisonnée dans l'autre : « Il faut mourir, madame, choisissez. » Son frère tire l'épée : la marquise se méprend à ce geste, et se jette dans ses bras : « Chevalier, sauvez-moi. » Mais lui, cruellement : « Il faut mourir, madame, choisissez. » — L'horrible scène dura longtemps; à toutes les larmes et supplications de leur victime affolée les bourreaux répondaient seulement d'une voix sourde : « Le feu, le fer ou le poison, » lui présentant les trois instruments de mort, n'osant de leurs mains perpétrer eux-mêmes leur forfait. A bout de forces, la pauvre femme prend la coupe, la vide, et demande aux barbares un confesseur; ils se retirent satisfaits et font envoyer à la mourante, par un raffinement de cruauté... leur propre agent, l'abbé Perret. Laissée seule un instant, la marquise saute par une fenêtre élevée de 22 pieds au-dessus du sol; Perret arrive à ce moment, la saisit par la robe, qui cède, et ce mouvement la fait retomber sur ses pieds sans mal : en vain l'abbé cherche à lapider sa proie avec les grands vases de fleurs qui ornent la croisée : il ne peut empêcher sa fuite ni sa retraite chez un serviteur dévoué, qui administra de suite un énergique contrepoison, bien tard, hélas ! Au surplus, le chevalier et son frère, instruits par leur trop fidèle espion, accourent, le blasphème aux lèvres, l'épée nue à la main : la marquise, brûlant de fièvre, demande un verre d'eau : ils le lui brisent sur la figure ; puis la rage les transporte, et cinq fois leurs lames percent le corps de M⁰ᵉ de Ganges. A ses cris, la foule s'amasse, envahit la maison, et dans le tumulte les meurtriers réussis-

Gorge de l'Hérault : défilé de Thaurac. — Phot. Chabanon.
(Communiqué par le Club alpin.)

sent à fuir. Les blessures du fer n'étaient pas mortelles : la marquise est ramenée chez elle, suppliant que l'on ne fasse pas connaître les assassins, qu'ils soient épargnés pour l'amour d'elle, tant était généreux le caractère de l'infortunée ! La population de Ganges, qui adorait la femme de son seigneur, était dans la désolation. Quant au marquis, absent et instruit de tout, il demeura dans Avignon deux jours encore après que la nouvelle lui fût parvenue, effet sans doute du venin soufflé à son oreille par ses deux frères. Le parlement de Toulouse fit instruire le procès : M⁰ᵉ de Ganges, en sainte chrétienne, et pour laisser aux coupables le temps de s'esquiver, demanda et obtint que l'enquête ne s'ouvrit pas avant qu'elle fût transportée chez sa mère, à Avignon.

Là, l'influence profonde du poison ne tarda pas à exercer ses ravages : le remède n'avait pas été assez rapide ; au bout de quelques jours, la marquise rendit sa belle âme à Dieu, entre son fils et sa mère, à l'âge de trente-deux ans, pleurée de tous ceux qui l'avaient approchée (5 juin). Une foule immense déposa son corps dans le tombeau de ses pères.

Sa mère ne vécut plus que pour la venger ; le marquis, coupable au moins d'indifférence, fut privé de ses titres de noblesse, banni à perpétuité ; on confisqua ses biens. Par contumace, le Parlement de Toulouse condamna, le 21 août, les deux meurtriers à être rompus vifs ; l'abbé Perret, envoyé aux galères perpétuelles, mourut avant d'y arriver. Au service de la république de Venise, dit-on, et pendant le siège fameux de Candie (1666-1669), le chevalier et le marquis, qui s'étaient rejoints dans leur fuite et leur exil respectifs, trouvèrent, mais trop glorieuse, la mort qu'ils méritaient (cette fin est controversée). L'abbé échappa plus longtemps au châtiment : un nouveau forfait le lui valut. Passé en Hollande, chargé, à Utrecht, de l'éducation du fils du comte de la Lippe, il enleva sa fille et fut l'épouser à Amsterdam. Six mois après, un soir, dans la rue, un inconnu l'aborda : « Tu es l'abbé de Ganges ; je venge ta victime. » Et il lui brûla la cervelle. Jamais on ne retrouva ce justicier !

Telle est la romantique tragédie déroulée au château de Ganges[1].

« L'Hérault (197 kil. de cours) naît sur le versant sud du granitique Aigoual. Si prompte est d'abord sa course, qu'à moins de 10 kilomètres de sa première fontaine, à Valleraugue, son altitude n'atteint même plus 350 mètres. Comme les pluies qui tombent sur l'Aigoual, des plus capricieuses qu'il y ait en France, s'y versent par énormes orages, il arrive parfois que l'Hérault passe devant ce bourg avec une puissance de fleuve ; mais en temps ordinaire ce n'est ici qu'un pur et tout petit torrent.

« Augmenté de plus long et plus grand que lui, de l'Arre, qui rassemble les torrenticules du délicieux pays du Vigan, l'Hérault s'avance à la rencontre de la Vis par de beaux défilés, profonds, bien taillés ; il y dort entre les roches, ou se brise aux blocs, ou glisse vivement sur les cailloux. Le confluent est à 1,200 mètres en amont de Ganges, par environ 150 mètres au-dessus des mers. Sauf après quelques-unes de ces tornades fréquentes dans notre Midi, le torrent de l'Aigoual roule deux à trois fois moins d'eau et une eau moins vierge que le flot puisé par la Vis aux couloirs souterrains de l'oolithique Larzac, et son cours est deux fois plus bref. Mais il garde la direction ; et la nature, l'aspect, l'illumination du pays rattachent l'Hérault supérieur à l'inférieur bien plus que la Vis, dont le val est d'apparence moins méditerranéenne. » (O. Reclus.)

Au sud de Ganges il y a encore d'admirables paysages à contempler ; c'est toujours le pays des Causses, avec ses calcaires, ses eaux cachées et ses grottes ; mais c'en est l'extrémité méridionale, sous l'intensif soleil de Provence. Suivant la rive gauche de l'Hérault, nous passons au pied du curieux château de *la Roque*. Les maisons blanches scintillent au soleil ; les talus jaunes semblent calcinés : ce n'est plus le même aspect que la vallée de la Vis.

Ici le pays est brûlé ; la lumière est tout autre. Au delà de la Roque, la route pénètre dans un beau défilé de 1 kilomètre de longueur, aux roches dorées par le soleil et mouchetées de buissons de chênes verts. Sur la rive gauche sont les escarpements (200 m. environ) de la montagne de *Thaurac*, qui renferme

---

[1]. V. de Fortia d'Urban, *Histoire de la marquise de Ganges*; Paris, 1810 ; — A.-E. Mazel, *La Première Marquise de Ganges*; Paris, 1885, in-12 (consciencieux travail de critique historique).

la célèbre grotte des Demoiselles (alt. 370 m.)[1], connue depuis plus d'un siècle et découverte les 7 juin et 15 juillet 1780 par Marsolier des Vivetières.

Sur la foi d'un plan inexact, le Guide Joanne des Cévennes (qui donne d'ailleurs 475 m. d'alt. à l'orifice) déclare que le fond inconnu de la grotte se trouve *à peu près au niveau de l'Hérault, et que l'on doit opérer ainsi une descente de 334 mètres*. Tout cela est fantaisiste. Le fond, en effet, n'était pas connu : nous ne l'avons atteint que le 28 juin 1889 ; mais il est formé par un simple puits de 25 mètres de profondeur, sans intérêt, semblable à ceux des avens et rempli d'argile ; sa base est à 90 mètres seulement en dessous de l'entrée de la grotte, soit à 140 mètres environ au-dessus du niveau de l'Hérault. La caverne n'a

Gorge de l'Hérault : muraille de Puéchabon. — Phot. G. Gaupillat.

même pas 500 mètres de ramifications en tout ; elle devra céder le pas à celle de Dargilan : toutefois la plus grande salle, dite de la Vierge et haute de 48 mètres, est vraiment une des plus belles que l'on puisse voir : on y remarque surtout la stalagmite de la Vierge, un grand clocher et un porche naturel haut de 6 mètres et large de 3. L'entrée aussi et la stalactite du Manteau sont curieuses.

Sur la rive opposée de l'Hérault, le mur est moins élevé ; bientôt on aperçoit au sud le grand portail de *Saint-Bauzille-le-Putois* (135 m.) et, par delà, un large bassin ; c'est extrêmement beau, très simple, très sévère et adorablement éclairé.

Entre les villages de *Coupiac* et de *Brissac*, un réservoir intérieur de la Séranne s'écoule, près de cette dernière localité, par une petite rivière qui, sur un parcours

---

1. Marsolier des Vivetières, *Description de la baume ou grotte des Demoiselles, près Ganges*. 1785, in-8°. — Boutin, *Notice sur les grottes de Ganges*. Montpellier, 1864, in-8°, 15 p. et pl. — Brunet, *Grotte des Demoiselles, à Ganges*. — Baron Taylor, etc., *Languedoc*, t. II, 2ᵉ partie, 5 planches superbes, nᵒˢ 259 à 262 bis.

de quelques kilomètres seulement, fait mouvoir plusieurs usines avant de se jeter dans l'Hérault au *Moulin-Neuf;* près de Brissac, un avenc permet d'apercevoir la nappe liquide intérieure, à 25 mètres environ en contre-bas; le miroir de l'eau scintille aussi dans une deuxième cavité, cette fois presque à fleur de terre, à quelques mètres de l'endroit où la source jaillit et se transforme bientôt en rivière.

Au petit avenc inférieur on peut, grâce à l'effondrement de la voûte sur une vingtaine de mètres, toucher presque la nappe liquide à ciel ouvert. L'eau en est froide et très limpide, et l'on y pêche de belles anguilles. On n'a aucune donnée certaine sur la profondeur du gouffre, qui paraît considérable.

N'est-ce pas un intéressant caprice de la nature que celui qui permet ainsi, au moyen des avens des causses, des cénotés du Mexique, des foibes du Karst istriote, des catavothres de Grèce et autres puits forés dans les calcaires, d'épier quelquefois le cours des rivières en amont même de leurs sources?

D'autres avens sont percés dans les flancs de la Séranne.

Le plus célèbre est celui de Rabanel, où nous sommes descendus les 29 juin et 3 juillet 1889. (*V.* p. 80.) Nous y avons rencontré, entre 170 et 212 mètres de profondeur, le lit d'une rivière temporaire qui paraît ne couler qu'après les grandes pluies et s'y perdre dans d'énormes masses d'argile fissurée. (*V.* le plan, chap. XXIII.) Ceci explique comment la source de Brissac, située à 1,300 mètres à l'ouest-sud-ouest et à peu près au niveau du fond de Rabanel, se trouble et devient vaseuse à la suite des orages.

La vallée du Buèges, au sud-ouest de Brissac, inconnue des touristes, est très pittoresque, d'aspect africain, au pied des escarpements gris et nus de la Séranne, qui la dominent de 600 mètres : au milieu, le village de Saint-Jean forme un tableau bien original, avec son pont du moyen âge, son vieux château, et un farouche roc en pain de sucre haut de 250 mètres. (*V.* la gravure.)

Le Buèges a 15 kilomètres de cours entre la Séranne et le causse de la Selle. A Méjanel, au pied de Peyre-Martine (782 m.), sa source ordinaire est une foux puissante au fond d'un cirque très escarpé; elle se grossit parfois de courants temporaires torrentueux, notamment du ruisseau de Pontel, qui court du sud-ouest depuis 5 kilomètres. Il y a un moulin à l'altitude de 167 mètres. Une route unit Ganges à Pégairolles-de-Buèges (204 hab. la comm., 131 aggl.), dont la tour (290 m.), signalée par les officiers d'état-major, domine de plus de 100 mètres la foux du Buèges, sise à son pied nord. Sous cette même route, à Saint-Jean-de-Buèges (614 hab. la comm., 607 aggl.), le ruisseau passe à moins de 140 mètres d'altitude, et la crête de la Séranne, haute à gauche de 730 et 763 mètres, éloignée à vol d'oiseau de 1,200 mètres seulement, doit lui cacher le soleil bien longtemps avant son coucher. Enfin, de Saint-Jean au pont d'*Embougette* (confluent de l'Hérault) le ravin du Buèges a encore 10 kilomètres de sinuosités : pas une maison, à peine de chemins sur les rives, un ou deux ponceaux, plus de 200 mètres de creux, et parfois moins de 500 mètres de largeur au sommet!

L'Hérault, de Saint-Bauzille au village célèbre de Saint-Guilhem-le-Désert, s'abaisse de 50 mètres en 33 kilomètres (1^m,55 par kil.); quelques moulins le barrent, deux ou trois ponts le franchissent, mais 16 kilomètres et demi sur ces 33 sont dépourvus de routes, et à peu près de sentiers riverains; *aucun bateau n'avait jamais effectué cette descente;* en somme, plus de la moitié restait à visiter de cet autre véritable petit cañon, calcaire aussi, et profond de 150 à 400 mètres. Les

30 juin et 1ᵉʳ juillet 1889, dans notre canot d'Osgood (*V.* p. 150), nous avons, pour la première fois, suivi le fleuve de Saint-Bauzille à Saint-Guilhem : périlleuse entreprise, à cause des innombrables remous et rapides qui barrent la route; très fatigante surtout, car dans maints endroits, où les rives se trouvaient à pic et le lit encombré d'écueils redoutables, il fallait se plonger entièrement dans l'eau, s'accrocher d'une main aux aspérités du roc et retenir ou diriger de l'autre la frêle embarcation parmi les obstacles. Deux fois elle faillit nous échapper, emportée par le courant très violent; trois fois un ratch formant coude nous jeta irrésistiblement sur les branchages qui hérissaient les bords et manqua de nous faire chavirer, sans parler des paquets d'eau embarqués qui

Château de Brissac. — Phot. Chabanon.

auraient pu nous couler à pic; ce ne fut pas précisément une partie de plaisir, le labeur étant excessif pour deux hommes seuls, et les *portages* par trop multipliés : le plus grand *planiol* où l'on puisse naviguer à l'aise n'a pas un kilomètre de longueur; nous dûmes opérer plus de cinquante débarquements. Aussi, malgré l'ineffaçable souvenir laissé par le charme indicible du bain libre dans l'onde limpide, du chemin inconnu à découvrir, du campement solitaire dans une anse retirée, de l'admirable nuit d'été passée en plein air, à 4 kilomètres de toute habitation humaine, et de la splendeur d'un ciel sans nuages, ne nous sentons-nous nulle envie de la recommencer. Il est fâcheux qu'un vrai chemin de piétons tout au moins ne se continue pas sans interruption sur la rive droite, car on admirerait là des sites presque dignes du Tarn, la *crête du sommet Baudran* (257 m.), le *planiol du moulin Bertrand*, la *cascade* et le *moulin des Figuières*, avec sa vieille tour de défense, la *muraille de Puéchabon* (482 à 505 m.) surtout, haute de 400 mètres, longue de 3 kilomètres et verticale : à quoi bon décrire tout cela? Nous répéterions le portrait des autres cañons; et puis, quels touristes iraient donc se rompre les jambes au bord de cette sauvage rivière, au pied de ces pentes escarpées, parmi ces roches droites, ces éboulements inconsistants, ces fourrés de verdure impénétrables? Le long du Puéchabon même, dans la plus belle partie de la gorge imparcourue, il n'y a, pendant 7 kilomètres, ni mesure ni apparence de sentier praticable. — C'est superbe d'isolement!

Actuellement, c'est loin des rives de l'Hérault que deux routes fréquentées et montueuses conduisent de Ganges à *Aniane*, au débouché du défilé de Saint-Guilhem, à l'entrée de la plaine basse, non loin de *Clermont-l'Hérault* et de *Mourèze*.

Et d'abord celle de l'ouest, celle du *causse de la Selle*, qui laisse le Buèges invisible à sa droite.

Au delà du beau portail de la montagne de Thaurac, on entre dans le bassin de Saint-Bauzille (1,884 hab. la comm., 1,585 aggl.); traversant la longue rue du village, on franchit le fleuve sur un pont suspendu (pont de Valrac), afin de gagner *Brissac* (832 hab. la comm., 499 aggl.). La route s'élève entre les mûriers, les platanes et les champs cultivés. Au *Mas-de-Valrac*, on peut monter à pied au sud-ouest pour admirer, du haut de la colline (235 m.), la vue, très belle, sur le portail de Saint-Bauzille, le roc d'Anjau au nord-ouest, les crêtes grandioses de la Séranne à l'ouest-sud-ouest, et le vallon de Brissac, dominé par son vieux château fort, qui, perché au faîte, se détache en noir sur le ciel bleu.

Abside de l'église Saint-Guilhem-le-Désert.

La descente vers le village est un peu raide, mais très facile. Trois autres routes se rencontrent ici : l'une, au nord, vient de Ganges (par Cazilhac); l'autre, au sud-ouest, gagne *Saint-André-de-Buèges* (119 hab. la comm., 15 aggl.), *Saint-Jean-de-Buèges* et *Pégairolles* (V. *supra*); la dernière rejoint la rive droite de l'Hérault, puis monte à Causse-la-Selle, par Embougette. De Causse-la-Selle à Saint-Guilhem-le-Désert, la route est monotone, quoique l'horizon soit fort grandiose.

« Saint-Guilhem-le-Désert (716 hab. la comm., 628 aggl.), le bien nommé, est dans un cirque de grandes roches, tout hérissé d'aiguilles, tout étrange (ravin du Verdus). Il est incompréhensible qu'on ait pu découvrir ce petit coin perdu, alors qu'aucune route ne traversait cette solitude, et Guillaume d'Aquitaine ne pouvait trouver un désert plus complet. Il fallait être un saint ou un bandit pour vivre en pareil lieu. » (A. LEQUEUTRE.)

L'église de Saint-Guilhem (ou Saint-Guillaume, l'ancienne *Gellone*), très appréciée des archéologues pour sa triple abside et son architecture ornementée du xiie siècle, était celle d'une abbaye fondée en 804 par saint Guillaume, comte de Toulouse, duc d'Aquitaine et de Septimanie, petit-fils de Charles-Martel, et dont le souvenir est resté populaire, grâce à plus d'une histoire surnaturelle. Le beau cloître est en grande partie détruit; ses colonnettes et chapiteaux ont été transportés dans une maison d'Aniane[1]. Ce Guillaume fut terrible aux Sarrasins. En 793, il les arrêta devant Carcassonne; en 797, il leur reprit Narbonne, puis Barcelone La guerre le fit misanthrope, la misanthropie le fit moine, le moine créa l'abbaye! Il mourut le 28 mai 812 (ou 813); et quand ses yeux se fermè-

Saint-Jean-de-Buèges. — Phot. G. Gaupillat.
(Communiqué par le Club alpin.)

rent, les cloches, d'elles-mêmes, sans qu'aucun bras tirât les cordes, sonnèrent d'une manière extraordinaire. La légende (fixée au xiie siècle dans le cycle de *chansons de geste* intitulé : *Guillaume au Court Nez* ou *Fiérabrace*) illustra son nom et le transforma en pourfendeur de géants : l'un, nommé *Isoré*, fut tué à Paris même, au lieu dit depuis la *Tombe-Issoire*; un autre fut précipité du sommet d'un rocher voisin de Saint-Guilhem, où les ruines du château de *Verdus* ou de *don Juan* s'appellent encore le *cabinet du géant*, etc. (Ce château remonte, paraît-il, au ixe siècle.)

Vers 1162, les moines entourèrent le couvent de fortifications, dont une partie subsiste.

1. *V.* l'abbé Léon Vinas, *Visite rétrospective à Saint-Guilhem-du-Désert ; Monographie de Gellone* ; Montpellier, Séguin, 1875, in-8o ; — *Histoire, antiquité et architectonique de l'abbaye de Saint-Guilhem-le-Désert*. 1838, in-4o. *V.* baron Taylor, etc., *Languedoc*, t. II, 2e partie, p. 253 à 257 bis.

« Tout est curieux à Saint-Guilhem... C'est un séjour délicieux pour l'historien, le poète et l'artiste. » (Baron Taylor, Ch. Nodier et A. de Cailleux.)

A une heure au nord du village, dans la sauvage *combe de l'Arbousier*, que domine le *roc de la Vigne* (haut de 712 m.), se trouvent l'ermitage de *Notre-Dame de Belle-Grâce* et deux grottes. L'une, celle de *Baume-Cellier* (alt. 344 m.), longue de 120 à 150 mètres, haute de 24 mètres, attire chaque été de nombreux touristes de Montpellier, mais ne vaut pas sa réputation. L'autre,

Ravin des Arcs : le Grand Arc. — Phot. Chabanon.

celle du *Sergent* (alt. 210 m.), dont nous avons fait le 5 juillet 1889 la première exploration et le plan (*V.* chap. XXIII), est infiniment plus curieuse, quoique inférieure en beauté à la *salle de la Vierge* de Ganges : ses ramifications mesurent en tout 1,100 mètres de développement, dont 480 pour la principale branche. A l'extrémité de cette branche nous avons rencontré, à 60 mètres en dessous du niveau de l'unique orifice de la caverne, une nappe d'eau de 10 mètres de diamètre, qui paraît s'enfoncer bien bas dans le cœur de la montagne ; car la grotte du Sergent est une *source temporaire*, qui coule quelques jours seulement par an, après la fonte des neiges (plus de deux semaines en 1868, 1875 et 1886) ; sa bouche est assurément le trop-plein et elle-même est le réservoir de la fontaine *Pérenne* (intarissable) de *Cabrier*, qui jaillit à 1 kilomètre au sud-est et, à 120 mètres en contre-bas (alt. 90 m.), au bord de l'Hérault. On y remarque, à différents niveaux, dans des dépressions, plusieurs petits lacs ou bassins, restes du dernier dégorgement par en haut. Quelques groupes de stalactites ou stalagmites (les *Sept Colonnes*, le *Dais*, les *Draperies*, la *Forêt*, le *Gros Pilier*) feraient honorable figure à Dargilan même. Le parcours de la grotte est très aisé.

« L'Hérault sort de l'oolithe par les gorges de Saint-Guilhem-le-Désert, au loin fameuses, quoique n'étant point les plus belles de la Cévenne, superbes d'ailleurs, et l'on y admire un de ces sites méridionaux où l'herbe, le gazon, les bosquets, les forêts, la verdure, ne sont rien ; où la pierre, l'eau vive et le soleil sont tout ; où l'homme aussi n'est rien ou peu de chose ; par des jardins arides, des murs d'enclos, des moulins, des maisons que le temps a dorées ou brunies et qui sont de loin semblables au roc. Le fleuve y descend de rapide en rapide, entre deux parois à pic ou de surplomb, pur, et parfois si serré qu'en dessus de certains gouffres muets un vigoureux sauteur essayerait de le franchir[1]. La fin de ce pas est au Gouffre Noir, sous le pont du Diable, en aval de la cascade de Clamouse, qui jette sur son onde immobile une fontaine du rocher : il passe alors, par 45 mètres d'altitude, dans une large vallée, domaine de la vigne et du poudreux olivier. » (O. Reclus.)

Ravin des Arcs : un gour. — Phot. Chabanon.

Dans cette vallée reposent Aniane (1,582 hab. la comm., 2,135 aggl.), dont la célèbre abbaye de bénédictins fut fondée en 708 par saint Benoît, fils du comte de Maguelonne ; Gignac, Clermont-l'Hérault ; mais le causse et le cañon ont disparu, et devant l'olive et la poussière notre sujet nous ramène au nord.

L'autre route, de Ganges à Aniane, nous intéresse moins encore, car dès Saint-Bauzille dépassé elle ne voit plus du tout l'Hérault : elle contemple cependant à l'est le dernier ressaut des Cévennes, le « superbe pic Saint-Loup, aux vertigineux précipices », qui, haut de 633 mètres, troue la plaine comme une corne de 400 mètres de saillie. Une chapelle et les restes d'une tour de Cassini couronnent sa crête aiguë, d'où la vue est belle. Sa crête orientale porte, à 294 mètres d'altitude, les ruines importantes du château de Montferrand, des cachots duquel, au moyen âge, « on sortait pour être envoyé aux galères, banni du royaume ou pendu[2] ». A

---

[1]. Ces gorges, absolument impraticables à tout bateau, même au *Crocodile,* sont moins belles que celles de Puéchabon situées en amont. (V. *supra.*) — Le moulin de Clamouse existait en 1122. — On construit en ce moment, à partir de la source de Cabrier, un canal d'irrigation (1888-1892), large de 3m,50 à 5 mètres, long de 56 kilomètres, dont les tranchées et remblais gâtent tout le paysage. Il doit arroser les campagnes d'Aniane et de Gignac.

[2]. *V.* J. Poucnet, *Excursion au pic Saint-Loup : Soc. languedocienne de géographie,* t. III, nos 5 et 6, décembre 1880, 35 p. et pl.

Saint-Martin-de-Londres (906 hab. la comm., 765 aggl.; curieuse église romane et croix de cimetière), la route laisse à gauche une grande voie descendre à Montpellier, et, toute banale, elle finit par atteindre Aniane.

Mais à 3 kilomètres au nord de Saint-Martin-de-Londres elle franchit le ruisseau souvent sans eau de *Lamalou*, qui, par 11 kilomètres de replis, conduit les eaux d'orage à l'Hérault, presque en face d'Embougette et du confluent du Buèges; or la partie moyenne de ce sillon tourmenté est un des plus curieux ravins de toutes les Cévennes. Les touristes le délaissent, et les géographes l'ignorent encore : ni par l'amont ni par l'aval, ni de la route ni de l'Hérault, on ne peut y accéder; des murs de rochers hauts de plusieurs mètres, tonnantes cascades après les crues, barrent le lit en haut et en bas. De flanc seulement il se laisse aborder, si l'on vient du sud, *du Mascla,* à travers champs. Non moins capricieusement que dans les dolomies des Causses majeurs, les eaux ont façonné les roches en fausses ruines, et la multiplicité des portes et arcades naturelles a fait attribuer à cette admirable portion du vallon le nom de *ravin des Arcs :* il est encagnonné, d'ailleurs, entre parois multicolores de 150 à 200 mètres de hauteur; la carte même appelle *Roc Rouge* un cap élevé d'où on en embrasse tout l'ensemble. Dans les larges *gours* ou *marmites des géants* que les eaux anciennes y ont creusés, il faut parfois, après les grandes pluies, se mettre à la nage si l'on veut visiter toute la gorge. Originale promenade s'il en fut, et fort rafraîchissante lors des chaudes journées d'été. Certaines vasques ont plus de 100 mètres de diamètre.

CHAPITRE XV

L'AIGOUAL

Côte de Lespérou. — Ruines de Notre-Dame de Bonheur. — Panorama de la Croix de fer. — L'Aigoual. — Son observatoire. — Sa vue. — La visibilité à grandes distances et la prévision du temps. — Les quatre chemins de l'Aigoual : Meyrueis, Camprieu, Valleraugue, le Perjuret. — La Séreyrède, une maison à cheval sur l'Océan et la Méditerranée.

La route de Ganges à Meyrueis par Valleraugue et Lespérou va nous ramener au nord, selon le programme de l'Introduction, pour visiter l'Aigoual, les Cévennes, Florac, la Lozère, Mende, le Gévaudan, l'Aubrac.

Tandis que le chemin de fer d'Alais à Ganges et au Vigan remonte la vallée de la Sumène, qui tombe dans l'Hérault à Ganges même, la route de Meyrueis suit le fleuve. Après avoir dépassé le confluent de la Vis, on voit à gauche la svelte cascade d'*Aiguesfolles* tomber gracieusement d'un haut rocher sur la rive droite de l'Hérault.

A Pont-d'Hérault (10 kil. nord de Ganges) se croisent la voie de fer et la voie de terre, s'unissent l'Arre et l'Hérault, se séparent les routes de Valleraugue et du Vigan.

Quinze kilomètres plus loin, Valleraugue, à 364 mètres d'altitude. est un chef-lieu de canton (2,855 hab. la comm., 1,228 aggl.), patrie du critique La Beaumelle (1727-1773), connu par ses démêlés avec Voltaire; du regretté général Perrier (mort en 1888), qui a été directeur de la carte de l'état-major, et du savant anthropologiste et naturaliste de Quatrefages (né en 1810 au hameau de Berthezènes).

La route de Valleraugue à Meyrueis, par les accidents du terrain qu'elle traverse, par les vues splendides qu'elle procure, par la variété des cultures et les contrastes de climat qu'on rencontre dans son parcours, présente un réel intérêt.

De Valleraugue au pied de la côte de Lespérou, elle suit la vallée étroite de l'Hérault (nommé ici rivière de Malet), sur les bords duquel sont bâtis plusieurs hameaux, entourés de mûriers ou de belles prairies plantées d'arbres à fruits.

La montée de Lespérou offrira au botaniste de puissantes ressources; il cueillera à chaque altitude des plantes rares ou utiles et y trouvera à la fois le poison subtil et des fruits savoureux : la digitale à côté de la framboise et de la fraise.

Durant la lente et fastidieuse ascension des sept grands lacets qui portent la chaussée de 624 à 1,270 mètres environ (au hameau de Lespérou), on s'élève, parmi de splendides châtaigneraies contre une paroi du cirque de la source de l'Hérault (V. p. 184), contemplant ensemble le sommet nuageux de l'Aigoual, avec sa vieille tour de Cassini ; l'Hérault naissant, qui forme une belle cascade au pied du bois de la Dauphine ; le col et la maison forestière de la Sereyrède (1,290 m.); enfin le riant vallon parcouru depuis Valleraugue.

A Lespérou on atteint le plateau des sources océaniques (V. p. 184), laissant à gauche deux routes, celle du Vigan au sud, celle de Saint-Jean-du-Bruel et Trèves par la Dourbie à l'ouest. Le paysage devient insignifiant; le plateau est composé de faîtes et de ravinements alternés, sans aucun cachet; le chemin, moins accidenté, traverse des bois de hêtres et le col Fauvel (1,340 m.), passe la source du Trévesel et suit la crête peu saillante (1,206 m.) qui sépare ce ruisseau, au sud (1,166 m.), de son affluent le Bonheur, au nord (1,127 m.).

Un peu après le col Fauvel se détache vers l'est la route forestière en construction (37,000 fr. employés en 1889, 42,000 restant à dépenser jusqu'à l'achèvement en 1891) qui doit monter à la Sereyrède et au sommet de l'Aigoual. Elle remplacera le très mauvais chemin de chars qui va actuellement de Lespérou à la maison forestière, et dont les pentes, de 15 à 20 pour 100, sont funestes aux ressorts des voitures qui s'y risquent à la légère.

Après le moulin du Trévesel, la route de Meyrueis gagne le versant du Bonheur, le plateau, le village (1,110 m.) et l'ancien lac de Camprieu. Bramabiau mugit à portée de nos oreilles ; mais nous le connaissons déjà.

Remontant le cours du Bonheur dans la direction du col de la Sereyrède, qui, ouvert entre Lespérou et la source de l'Hérault, pourrait nous conduire à l'Aigoual, allons visiter plutôt, au milieu d'une ferme solitaire, la vieille chapelle de *Bonheur*, à 5 kilomètres à l'est de Camprieu.

Le 21 février 1002, sous le règne de Robert Ier, Henri de Roquefeuil fonda ou agrandit (?) l'hôpital de *Notre-Dame de Bonheur* pour y recueillir les pèlerins et voyageurs qui risquaient de se perdre dans les neiges en traversant la montagne. La tradition voudrait que sainte Enimie elle-même eût fondé cet établissement : il n'y a rien de certain sur ce point. Le nom primitif était *Bonum augurium* (Notre-Dame de Bon Présage), qu'une charte de 1150 altéra en *Ecclesia et domus de Bonahur*, d'où *Bonheur* dériva tout naturellement.

De ce Saint-Bernard de l'Aigoual (où six chanoines sonnaient la cloche et allumaient des feux comme signaux lors des bourrasques) il subsiste : 1° une muraille d'environ 12 mètres de longueur, que perce une porte en plein cintre avec trois consoles, supportant sans doute jadis des mâchicoulis, et flanquée de deux épais contreforts : le tout, de construction assez peu soignée, est du xiv° ou xv° siècle seulement; 2° la moitié de la chapelle, petite[1], massive et nue, mais des plus intéressantes pour l'archéologue : l'appareillage en est admirable; les murs, épais de 1^m,32, se composent de deux parements, l'un extérieur, l'autre intérieur, en gros blocs de grès du lias ayant jusqu'à 80 centimètres de longueur, et d'un blocage de pierrailles perdues entre les deux parements, *le tout sans ciment*. Cette dernière particularité est ce qu'il y a de plus remarquable dans les ruines de Bonheur, et permet de faire remonter les restes de la chapelle à la fondation de l'an 1002. En effet, les architectes romans primitifs ont seuls contrefait ainsi le grand appareil romain ; dès la fin du xi° siècle ils l'abandonnèrent, ayant appris la coupe des pierres et l'art du claveau, qui donnaient aux édifices à la fois plus de solidité et de légèreté. Toutefois il faut reconnaître que la taille des blocs de Bonheur est irréprochable, puisque les murs non abattus par l'homme ont résisté à toutes les intempéries depuis près de neuf siècles.

Car le temps a été plus respectueux pour le monument que les démolisseurs du moyen âge, qui ont détruit la nef, jadis unique, longue de 12 mètres, large de 5, comme on peut le constater d'après les traces de fondations non arrachées du sol. On ne voit plus debout que le transept et l'abside. Le transept comprenait la croisée (formant chœur), large, comme la nef, de 5 mètres et longue seulement de 3, et deux chapelles (bras de la croix) de 2 mètres de large, avec absidioles. L'abside est en simple cul-de-four, ainsi que dans les vieilles églises latines, large aussi de 5 mètres et profonde de 4 ; toutes les voûtes sont en berceau, c'est-à-dire de la plus ancienne forme. La grande arcade de séparation entre le chœur et la nef disparue est bouchée par un mur de clôture exactement semblable à celui du xiv° ou xv° siècle, qui confine à l'église. Serait-ce à cette époque que la ruine aurait pris place ? Nous n'avons pu trouver de documents historiques sur ce point. La chapelle de Bonheur, si insignifiante qu'elle apparaisse au premier coup d'œil, est donc un des plus vieux et curieux sanctuaires conservés en France. Aujourd'hui elle sert de bergerie, et une couche épaisse de fumier a remplacé son antique dallage de marbre ou de mosaïque.

Il y a deux routes de Camprieu à Meyrueis. L'ancienne, la plus courte (14 kilom.), la plus belle, devenue malheureusement mauvaise faute d'entretien, suit, à 1,225, 1,186, 1,183 mètres d'altitude, la crête même de la *Croix de fer*, ce pédoncule sans largeur qui relie le causse Noir à l'Aigoual, au nord du vallon de Saint-Sauveur-des-Pourcils. De cette langue de terre élevée, la vue est splendide : d'un côté, au sud, l'alcôve fantastique et la sortie de Bramabiau, bien amoindrie par 200 mètres au moins de contre-bas ; la vallée toujours verdoyante du Trévesel, dominée à l'horizon par le château d'Espinassous, perché sur de grands rochers noirâtres ; les bois touffus de Saint-Sauveur et de Coupiac, le sommet granitique du *Suquet* (1,341 m.), les plateaux arides et dénudés du causse Noir, le village de Lanuéjols et les métairies qui l'entourent.

---

1. Dimensions intérieures : longueur, 21 mètres ; largeur de nef, 5 mètres ; longueur du transept, 9 mètres.

De l'autre côté, au nord, à 500 mètres de profondeur, les immenses forêts de Servillière et de Roquedols, qui font un abîme de verdure sombre ; la coquette petite ville de Meyrueis, les belles prairies de la Jonte et le portail de son cañon, les croupes gazonnées de l'Aigoual ; puis, au second plan, le grand désert du causse Méjean, avec le mont Lozère dressé à l'horizon. C'est vraiment vaste !

Au col du Parc aux Loups (1,003 mèt.), elle rejoint la nouvelle route et en même temps celle de Lanuéjols et Trèves, puis elle s'enfonce au nord dans les balsamiques et géantes sapinières admirées d'en haut.

La nouvelle route, plus longue (19 kil.), passe sur le revers nord de Bramabiau et du Trévesel, au sud et à 100 mètres au-dessous de la première, fait un grand détour au sud-ouest près de Montjardin, dans la direction de Lanuéjols, et, après le col du Parc aux Loups, décrit de plus grands lacets que sa voisine dans les forêts de Roquedols.

De Valleraugue, de Camprieu, de Meyrueis, au choix, on peut facilement gravir l'Aigoual, roi des Cévennes (1,567 m.), si curieux pour le géologue, avec ses juxtapositions de terrains divers, schistes cambriens primaires, micaschistes, chloritoschistes, granits à gros grains, filons de quartz, calcaires jurassiques, grès et marnes du lias, etc.

« L'Aigoual lève sa roche suprême (1,567 m.) au-dessus du cirque de l'Hort-Dieu, c'est-à-dire jardin de Dieu, jardin céleste. Si, comme on croit, son nom est le latin *aqualis*, l'aqueux, on l'a traité suivant ses mérites, car il se dresse au milieu d'une lutte de vents humides ; ils soufflent en tout jour, presque à toute heure, et si furieux, que les forestiers qui veillent sur ses bois, jadis hantés par l'ours, aujourd'hui par le loup, avaient ancré leur première cabane au rocher par six chaînes de fer.

« Les pluies y tombent aussi dru, plus dru peut-être que nulle part en France : l'observatoire qu'on y bâtit racontera donc mieux qu'aucun autre les batailles « célestes » de l'année entre les ouragans arrivés des quatre coins de l'espace. De ce promontoire, campé sur la borne des grands Causses, au-dessus des plaines enflammées qui vont jusqu'à la frange de la mer, on voit ou l'on soupçonne (suivant le temps) la Méditerranée, les Pyrénées du Canigou, le Pelvoux de Vallouise, bastion des Alpes, le Ventoux, la Lozère, des collines, des vallons, des « campos », des plateaux, tout un monde.

« Déjà la lumière méridionale donne beauté pure et grandeur sereine à des roches nues, qui sans elle seraient ternes, peut-être laides. Sur le versant contraire, aux altitudes égales ou supérieures à 1,000 mètres, le long d'affluents et sous-affluents du Tarn qui s'écartent comme les doigts d'une main grande ouverte, on se croirait aussi loin du petit fleuve qui court à la Méditerranée qu'un vallon des Vosges l'est d'un cirque de l'Atlas ; un climat hyperboréen y règne pendant les longues neiges hivernales qui courbent la branche du hêtre ou du châtaignier et blanchissent les aiguilles du pin sylvestre ; mais en été, en automne, au printemps, ces torrents sont gais, ces forêts ombreuses, ces prairies émaillées de fleurs. » (O. Reclus.)

Le général Perrier et le savant M. G. Fabre, inspecteur des forêts à Nîmes, ont fondé l'observatoire de l'Aigoual, projeté par M. Viguier dès 1878, dont les constructions ne sont pas encore achevées, mais qui fonctionne provisoirement dans des baraquements en planches, en attendant l'inauguration définitive, en 1893. L'emplacement en est peut-être encore plus favorable aux observations scientifiques que ceux déjà établis depuis longtemps au pic du Midi de Bigorre, au puy de Dôme, au mont Ventoux.

« Parmi les nombreux et magnifiques phénomènes de météorologie observables sur l'Aigoual, surnommé le *château d'eau* de la contrée, il en est un assez fréquent, que l'on peut étudier surtout au printemps, et dont voici la manifestation la plus ordinaire. Après une nuit calme et sereine, toute la région du midi se trouve, au matin, couverte de nuages peu élevés dans l'atmosphère et que l'on aperçoit du sommet de la montagne par leur surface supérieure. Cette surface est couverte d'inégalités, auxquelles le soleil levant donne plus de relief, en accentuant les ombres et les parties éclairées ; on dirait une vaste mer naguère agitée, dont les vagues sont restées tout à coup immobiles dans un surprenant et majestueux équilibre. De rares sommets émergent de cette mer silencieuse ; le mont Ventoux apparaît au loin, comme un Ténériffe vivement éclairé par le soleil levant. Un pareil spectacle ne dure pas longtemps et se termine par une ascension lente des nuages, qui bientôt cachent le soleil et couvrent la montagne d'une pluie fine et froide, parfois mêlée de neige. Ce phénomène, qui, je le répète, n'est pas rare sur l'Aigoual, se produit surtout au début des grandes variations atmosphériques ; il est ordinairement amené par un léger courant du midi, humide et froid[1]. »

L'Aigoual a deux sommets, distants de 2 kilomètres : l'un, de 1,564 mètres, au nord ; l'autre, de 1,567 mètres, au sud. Celui-ci est le signal de l'Hort-Dieu, couronné par la tour de Cassini, qui forme niche ; la vallée de l'Hérault tombe à pic, mais une croupe porte un champ de fleurs, vrai paradis des botanistes[2], l'Hort-Dieu (jardin de Dieu) (1,304 m.). Un troisième dôme a 1,539 mètres.

On n'est pas d'accord sur les conditions dans lesquelles on a le plus de chance de jouir au sommet d'une belle vue. Pour les uns, il est assez rare de contempler entier le panorama de l'Aigoual ; et monter au lever du soleil, ainsi que le font parfois des touristes de Montpellier et de Nîmes, c'est presque toujours se préparer une déception. Il est préférable de faire l'ascension au milieu du jour, en choisissant autant que possible une journée de vent du nord.

Pour les autres, au contraire, c'est le matin et le soir seulement, quand le soleil est bas sur l'horizon, qu'on peut distinguer la Méditerranée et les sommets lointains des Pyrénées orientales et des basses Alpes.

En fait, quand le vent du nord soutient les nuages et les chasse vers la mer, la vue est splendide : au sud, au delà des massifs de Lespérou, d'Aulas et du Lingas, s'étend la Méditerranée, vivement éclairée, qui écume sur le brise-lames de Cette, tandis qu'un peu plus à l'est, le pic Saint-Loup se dresse comme une grandiose borne. Les villes, les villages de la plaine, font briller au soleil leurs maisons blanches sur un sol fauve ; à l'ouest-sud-ouest sont le Canigou et les Pyrénées, et, se profilant au sud, les côtes du Roussillon et de la Catalogne, séparées et dominées par les Albères. A l'est se montrent le mont Ventoux, les Alpines ou Alpilles, les Alpes maritimes ; au nord et à l'est, au-

---

1. *V.* M. Scipion Bricka fils, *Association française pour l'avancement des sciences*, compte rendu de la huitième session, à Montpellier, en 1879, p. 514 ; — M. Viguier, *Ibid.*, p. 516 ; — M. le colonel Perrier, *Académie des sciences*, mai 1883 : *Journal officiel* du 4 juin 1883 ; — *Constatations des phénomènes météoriques, le mont Aigoual et le mont Lozère*, par M. Viguier : *Bull. de la Soc. languedocienne de géographie*; 1884, Montpellier ; — *L'Observatoire de l'Aigoual*, par J.-Léon Soubeiran : *Bulletin ibid.*, 1883 ; — G. Fabre, *l'Observatoire de l'Aigoual, Bull. de la Soc. d'études des sciences naturelles de Nîmes*, 1888, 28 p.

2. Planchon, *Flore de l'Aigoual* : *Bull. de la Soc. languedocienne de géographie*, t. II, p. 471.

dessus des Causses qui s'enfuient au loin, sont les monts Lozère, les monts du Bougès, toutes les Cévennes, les volcans de l'Ardèche, les montagnes de la Margeride, etc.; à l'ouest, la vue se prolonge jusqu'aux monts d'Aubrac. Cet ensemble de montagnes, de plateaux, de plaines, complété par la vue de la gracieuse Méditerranée, est de toute beauté.

Il arrive aussi que, quand le temps est trop pur et le soleil trop brillant, la lumière noie tout l'horizon, et qu'alors le panorama n'a plus rien d'enchanteur; car en ce cas aucune pointe hardie ne forme de sujet principal qui captive la vue : le Larzac et les Causses sont trop abaissés ; la Lozère a l'air d'un toit ; les défilés de l'Hérault et des Gardons ne sont pas visibles; tous les détails de la plaine du Languedoc se perdent dans l'éloignement; au grand soleil, enfin, la Méditerranée même se confond avec les vapeurs lointaines. En un mot, le

Observatoire de l'Aigoual, à 1,567 mètres d'altitude.

cercle de vue n'est pas assez accidenté. Bref, les jours sont rares où la vue intégrale est concédée aux visiteurs de la montagne : un sur cent peut-être a tout embrassé ; les autres ont trouvé soit nuages et brouillards, soit trop beau temps pour être si exceptionnellement fortunés. Trop beau temps, cela peut paraître étrange et demande une démonstration. Nous aurons ainsi la transition nécessaire pour aborder une intéressante question de météorologie.

On sait que la visibilité à de grandes distances exige un éclairage tout spécial. Les jours sans nuages ne sont pas les plus favorables aux prospects lointains; c'est un fait établi depuis longtemps, et qui tient, croyons-nous, à la cause suivante : peu de temps après le lever du soleil commence l'évaporation ; la chaleur du jour aspire de plus en plus fortement l'humidité de la terre; et, comme la vapeur d'eau qui tremblote et agite l'air au-dessus d'une chaudière en pression, l'évaporation naturelle produit dans les couches aériennes une vibration constante; de là ce chatoiement lumineux, cette nébulosité opaque qui brouille la vue bien en deçà de l'horizon sensible. Voilà pourquoi par un ciel très pur on peut, du Mézenc (1,754 m.), par exemple (V. chap. XX), ne pas apercevoir le mont Blanc ni même le Pelvoux. C'est ainsi que de l'Aigoual, dont l'altitude (1,567 m.) comporte un rayon visuel long de 150 kilomètres, je n'ai pu, à midi, par un temps sans nuages, distinguer la Méditerranée, éloignée de 18 lieues seulement. Les ciels couverts sont souvent préférables aux plus beaux jours, parce que les couches de nuées s'opposent comme un écran à l'évaporation rapide, pourvu toutefois qu'elles soient hautes et ne coiffent pas obstinément les cimes.

On comprendra aussi par là pourquoi l'heure de l'aurore est tant recommandée aux amateurs de panoramas étendus : à ce moment, la chaleur du soleil n'est pas encore assez forte pour mettre en jeu l'évaporation, qui ne tardera pas à troubler l'atmosphère; les basses couches d'air étant calmes, on voit fort loin au lever du soleil.

A propos de cette influence de l'évaporation se pose naturellement ici un curieux problème de météorologie relatif à la prévision du temps. On a constaté que la visibilité des lieux très éloignés était fréquemment un signe précurseur de la pluie : les observations insuffisantes et souvent contradictoires réunies jusqu'à présent ne permettent pas d'ériger en loi cette remarque empirique. Du 1er juillet 1879 au 1er mai 1880, les Alpes ont été visibles 41 fois à Lyon; 19 fois la pluie a suivi l'apparition; pour le mois de juillet 1879 seul, 10 apparitions, 7 fois suivies de pluie [1]. Bien que non passé encore en force de chose jugée, le fait est assez singulier et fréquent pour mériter une explication.

On a proposé celle-ci, inadmissible d'ailleurs : quand l'atmosphère est saturée d'humidité, quand par conséquent la pluie est imminente et subordonnée au plus petit abaissement de température, sa limpidité est parfaite; la vapeur d'eau enveloppe, alourdit et fait tomber à terre les poussières en suspension dans l'air, qui se trouve ainsi éclairci, filtré. Voilà, dit-on, pourquoi un horizon pur présage de la pluie. Cette hypothèse est inacceptable : pour que la légère vapeur d'eau ait la force d'abattre sur le sol les poussières aériennes, assurément plus lourdes qu'elle-même, il faut qu'elle soit condensée à la surface de ces corpuscules : alors seulement ils se précipiteront, entraînés par le gaz humide liquéfié, par la vapeur condensée qui les surcharge, mais on aura en même temps, sinon de la pluie, du moins un brouillard dont l'effet ne sera pas précisément d'augmenter la sérénité de l'atmosphère; la condensation de la vapeur se manifeste toujours par une chute de brume ou d'eau. L'erreur du raisonnement qui précède est flagrante : elle consiste à admettre qu'un gaz impalpable, plus ténu que l'air, puisse, sans être condensé, adhérer à un corps solide et le presser assez lourdement pour en occasionner la précipitation.

Il vaut bien mieux supposer qu'à travers une atmosphère saturée d'humidité le soleil ne peut plus pomper l'eau de la terre, que l'évaporation s'arrête et qu'avec elle cessent le tremblotement et la vibration de l'air : dans le calme absolu de l'espace, les détails de l'horizon le plus éloigné se profilent alors dans toute leur netteté. Mais que le souffle glacé du nord produise un brusque refroidissement [2], que les vents de mer amènent leur contingent de nuées, la perte de chaleur ou l'apport de nouvelles vapeurs déterminera bien vite la condensation et précipitera les averses. Si nulle brise, au contraire, ne vient détruire l'équilibre instable de la saturation, la limpidité peut coexister avec le beau fixe, et le pronostic de pluie être mis en défaut; mais ce cas se réalisera plus

---

[1]. *V.* M. Jays, *de la Visibilité des Alpes considérée comme pronostic du temps.* Lyon, 1880, in-8º de 20 p.

[2]. Personne n'ignore que la condensation de la vapeur d'eau résulte de l'abaissement de température et que le refroidissement de l'air amène, sous les cieux nuageux, la précipitation de la pluie.

rarement. Ainsi sont expliqués à la fois et le fait lui-même et la contradiction des observations recueillies.

Tel est le genre de problèmes que l'observatoire de l'Aigoual est appelé à étudier et à résoudre.

A propos de cette question de la visibilité des objets très lointains, ce ne sera pas un hors-d'œuvre que de parler des variations de la distance à laquelle porte la vue d'un observateur, selon l'altitude de sa station.

Par suite de la courbure de la terre, l'horizon sensible[1] est d'autant plus éloigné, la longueur du rayon visuel tangent à la sphère terrestre est d'autant plus grande, que la hauteur du point d'observation au-dessus du niveau de la mer est plus considérable.

Un calcul de trigonométrie peu compliqué, une simple résolution par logarithmes d'un triangle rectangle, basée sur la mesure du rayon de la terre et sur l'altitude du lieu, ont permis de présenter en tableau le rapport qui existe entre l'élévation d'un sommet et la limite extrême de son horizon.

Ce calcul, toutefois, se complique d'une correction nécessitée par la *réfraction*. La réfraction est un phénomène physique qui, par suite de la déviation que subissent les rayons lumineux en traversant obliquement les couches inégalement denses de l'atmosphère, relève au-dessus de l'horizon sensible les objets placés au-dessous, et les rend *effectivement* visibles quoique *géométriquement* cachés. Ce relèvement des objets, cet accroissement de leur hauteur réelle, se nomme *coefficient de la réfraction,* et varie beaucoup selon la température, la pression, l'humidité de l'air : on en a fixé la moyenne à 7,4 pour 100, c'est-à-dire que l'on multiplie par 1,074 le résultat du calcul trigonométrique.

1. L'horizon *mathématique,* ou *géocentrique,* ou *astronomique,* est un plan *perpendiculaire à la verticale du lieu et passant par le centre de la terre.* — L'horizon *réel* ou *rationnel* est un plan aussi perpendiculaire à la verticale, *mais tangent à la surface de la terre au point d'observation.* — L'horizon *sensible,* ou *apparent,* ou *visible,* est le grand cercle qui limite la vue de l'observateur, — qui sépare le ciel de la terre, — et qui est déterminé par les rayons visuels tangents à cette dernière, supposée exactement sphérique.

L'écartement vertical entre l'horizon mathématique et l'horizon réel égale toujours le rayon terrestre. La figure géométrique de l'horizon sensible n'est pas un plan, mais un cône ayant pour sommet la station, pour génératrice le rayon visuel tangent à la sphère, pour base le cercle qui limite la vue. On appelle *dépression* l'angle que fait la génératrice avec l'horizon rationnel. Par l'effet de la courbure de la terre, la longueur de ce rayon visuel augmente avec l'altitude du point de vue.

Pour le Mézenc (*V.* chap. XX), haut de 1,754 mètres, elle est de 159 kilomètres, c'est-à-dire que le rayon visuel mené de ce sommet au bord d'un horizon supposé au niveau de la mer et non accidenté, comme c'est le cas pour la Méditerranée, a 159 kilomètres de longueur. On devrait appeler cette ligne la distance ou le rayon de l'*horizon maritime.* En effet, le rayon sensible est représenté en plan par un cercle et possède un diamètre constant seulement quand le point de vue est en plein océan; le *Baerenberg* (1,950 m.) de l'île Jean-Mayen, par exemple : de ce pic, la vue s'étend partout à la ronde dans une distance de 168 kilomètres environ, parce que de tous côtés la mer la limite. Mais la ligne d'horizon devient sinueuse et irrégulière lorsque des montagnes sont aux derniers plans d'un panorama ; celles-ci peuvent être assez éloignées pour que leurs bases se trouvent au-dessous et en arrière de l'horizon supposé maritime, tandis que leurs sommets le dépasseront ; l'altitude du point de station et celle du point visé se combinent alors pour rendre la portée des yeux plus grande que si la mer fermait le panorama, pour allonger dans la direction des montagnes le rayon de l'horizon sensible. Ainsi le mont Blanc, à 227 kilomètres du Mézenc, dresse au-dessus de l'horizon ramené au niveau de la mer toute la partie de son élévation dépassant l'altitude d'où la vue s'étend à 68 kilomètres (159 + 68 = 227) : cette altitude est de 325 mètres. Donc, si l'Océan seul séparait les Alpes des Cévennes, le rayon visuel parti du Mézenc serait tangent à la surface de la mer à 159 kilomètres de distance (rayon de l'horizon maritime) : prolongé de 68 kilomètres en ligne droite, il rencontrerait la masse du mont Blanc à 325 mètres au-dessus de sa base, qui resterait invisible, les 4,485 mètres supérieurs de la montagne émergeant des flots. L'horizon sensible n'est donc pas toujours un grand cercle ; c'est plutôt la succession des plans verticaux qui bornent la vue de l'observateur ; cette succession décrit une circonférence seulement dans le cas où la mer forme partout la limite de la vue. Inutile d'expliquer comment tout ceci est la conséquence de la sphéricité du globe terrestre et de la courbure de sa surface ; c'est le phénomène du navire qui s'éloigne et dont les hautes voiles disparaissent les dernières.

Voici le tableau obtenu après cette correction ; il donne la mesure de l'éloignement de l'horizon supposé en pleine mer ; cette distance s'accroît si les terrains qui limitent la vue sont eux-mêmes élevés. (*V.* note p. 231.)

ALTITUDE	PORTÉE de LA VUE	SURFACE DU CÔNE DÉVELOPPÉ	ALTITUDE	PORTÉE de LA VUE	SURFACE DU CÔNE DÉVELOPPÉ	ALTITUDE	PORTÉE de LA VUE	SURFACE DU CÔNE DÉVELOPPÉ
Mètres	Kilomètres	Kilom. c.	Mètres	Kilomètres	Kilom. c.	Mètres	Kilomètres	Kilom. c.
2 *	5.3	90	275	63	12,440	1,300	136.8	58,990
5	8.5	226	300	65.8	13,580	1,400	142	63,520
			(Tour Eiffel.)					
10	12	452	325	68	14,720	1,500	147	68,050
15	14.7	687	350	71	15,860	1,600	152	72,580
20	17	904	375	73.5	17,000	1,700	156.7	77,000
25	19	1,130	400	76	18,140	1,800	161	81,640
30	20.8	1,356	425	78.3	19,280	1,900	165.6	86,170
35	22.5	1,582	450	80.6	20,420	2,000	170	90,700
40	24	1,808	475	83	21,560	2,250	180.2	102,000
45	25.5	2,034	500	85	22,700	2,500	190	113,300
50	27	2,260	550	88.8	24,970	2,750	199.25	124,600
60	29.5	2,712	600	93	27,240	3,000	208	135,900
70	32	3,164	650	96.8	29,410	3,250	216.5	147,200
80	34	3,616	700	100.5	31,780	3,500	225	158,500
90	36	4,068	750	104	34,050	3,750	232.7	169,800
100	38	4,520	800	107.4	36,320	4,000	240.25	181,100
125	42.5	5,650	850	110.8	38,590	4,250	247.75	192,400
150	46.5	6,780	900	114	40,860	4,500	255	203,700
175	50.25	7,910	950	117	43,130	4,810	263.5	218,000
						(Mont-Blanc)		
200	53.7	9,040	1,000	120.2	45,400	5,000	268.6	226,600
225	57	10,170	1,100	126	49,930	6,000	295	271,800
250	60	11,300	1,200	131.6	54,460	8,840	357	400,400**
						(Gaurisankar)		

On comprend sans peine que, dans les pays accidentés, deux points élevés au-dessus de la mer soient visibles l'un pour l'autre dès que leur éloignement reste plus petit que la somme des distances où la vue porte de chacun d'eux.

* La longueur trigonométrique du rayon visuel mathématiquement tangent à la sphère terrestre n'est que de 5 kilomètres à 2 mètres d'altitude, 11^{km},3 à 10 mètres, 35^{km},7 à 100 mètres, 112^{km},8 à 1,000 mètres, 159^{km},6 à 2,000 mètres, 245^{km},4 au mont Blanc, etc., sans tenir compte de la réfraction.
** *V.* Delaunay, *Cours élémentaire d'astronomie;* — Dr E. Geiringer, *Détermination des limites extrêmes de la vue sur les points élevés* (en italien), dans les *Atti e Memorie della Societa alpina delle Giulie* (Alpes Juliennes), t. II, p. 141 ; Trieste, 1887. — *Tabelle zur Beurtheilung der Aussichtsweite*, par E. Lindenthal; Trieste, section Küstenland du Club alpin allemand-autrichien, 1887.

Fermons cette trop longue parenthèse météorologique et parcourons rapidement, les divers chemins qui conduisent en haut de la montagne.

Au sortir de Meyrueis (686 m.), les frais vallons boisés de la Brèze et du Butézon, dont les tributaires ravinent les pentes de l'Aigoual, contrastent complètement avec les grandes déchirures des Causses : de jolis sentiers les sillonnent, qui mènent en peu d'heures au sommet.

Pour monter, le tracé le plus direct suit d'abord la rive droite du Butézon, dont la vallée est charmante, avec ses prairies, ses grands arbres, et au loin ses forêts de pins, puis s'élève le long de la serre (crête) qui le sépare de la Brèze, (cotes 839, 921, 1,079, 1,083, 1,211, 1,284, 1,323, 1,474).

Au fond de la vallée paraît le château de Roquedols, entouré de prairies et de belles pineraies. Le sentier traverse des bois de pins, des clairières couvertes de genêts, et, arrivé sur le dos de la serre, passe sur le versant de la vallée de la Brèze.

La vue, au nord et à l'est vers le bassin de Meyrueis et la vallée supérieure de la Jonte, les falaises du causse Méjean et une partie du causse Noir, est fort belle. Dans le vallon de la Brèze est le grand hameau des *Oubrets,* bordé par les forêts de l'Aigoual. La promenade en navette sur le dos de la serre, tantôt sur le penchant de la Brèze et tantôt sur celui du Butézon, donne une série de tableaux tour à tour charmants ou sauvages.

Aux *Trois-Fontaines* sont des granits, des hêtraies, des pâturages ; le paysage devient de plus en plus pittoresque ; on passe à la *pierre de l'Homme Mort,* dans des taillis, et l'on atteint un plateau gazonné qui, entre l'Atlantique et la Méditerranée, par 1,460 mètres d'altitude environ, possède à la fois les sources du Bonheur (au col de la Séreyrède), de la Brèze et de l'Hérault. Vue magnifique au sud. Ici nous n'avons plus qu'à monter sur les grandes pentes herbeuses ou dénudées d'une longue croupe qui nous cache la cime sans relief de l'Aigoual ; c'est l'axe hydrographique des Cévennes, qui de la Séreyrède (environ 1,290 m.) s'élève doucement vers le nord-est, par 1,386 et 1,502 mètres, jusqu'au double sommet.

A la source du Butézon, au point 1,474, se détache à l'ouest celui des rayons de l'Aigoual qui, sous le nom de Croix de fer, rattache le granit au causse Noir (1,490, 1,302, 1,406 au *Montrefu,* 1,327 à *la Fageole,* 1,225, 1,186, 1,183) et porte sur sa tranchante crête l'ancienne route de Camprieu à Meyrueis. (*V*. p. 225.) Si c'est de Camprieu que l'on veut gagner l'Aigoual, il n'y a que 6 kilomètres à faire en remontant le vallon du Bonheur, où se dégrade la chapelle de ce nom (*V*. p. 226), et 200 mètres à gravir pour atteindre le col et la maison forestière de la *Séreyrède* (1,290 m.), bâtie à une heure et demie au sud-ouest de l'observatoire.

Le toit de cette maison, que les vents furieux ébranlent toute l'année, déverse les pluies par une de ses gouttières à la Méditerranée, et par l'autre à l'Océan. Elle est littéralement construite dans un créneau des Cévennes, précieux refuge pour ceux qui se hasardent dans le massif pendant les tempêtes d'hiver ; c'est par centaines que l'on pourrait compter les personnes qui ont été sauvées par le brigadier forestier Coupeau et par sa veuve. Aussi, lorsque le père Coupeau mourut, plus de trois mille montagnards des environs suivirent son convoi.

Sur le rebord du cirque de l'Hérault naissant, la vue du col est très curieuse par la différence d'aspect des deux seuls quartiers d'horizon qui lui soient ouverts, enfilant à l'est, dans toute sa longueur, la profonde vallée de Valleraugue, et embrassant en arrière, à l'ouest, tout le causse Noir, qu'encadrent la Croix de fer au nord et le Suquet au sud. Quand on arrive de Camprieu, l'impression rappelle celle éprouvée au col de la Maloïa (Suisse, Alpes du Bernina), si brusquement coupé à pic sur le creux val Bregaglia, au bord du plateau des lacs de l'Engadine.

Le côté sud de l'Aigoual est plus abrupt, plus rocheux, plus pittoresque que le versant nord, aux pentes adoucies, et l'escalade directe, depuis la route de

Valleraugue, depuis le hameau de Malet, est une vraie ascension de montagnes de 1,000 mètres environ de hauteur. M. Fabre, auquel toute cette région doit tant, a fait tracer dans les schistes un raide sentier, appelé très justement l'*Escalier des quatre mille marches*.

A gauche écume la cascade de l'Hérault; la verdure emplit les ravins, la mousse habille les rochers, de frais ombrages abritent les sources sonores; on s'élève successivement des mûriers aux châtaigniers, des châtaigniers aux hêtres, des hêtres aux gazons et aux pâturages.

De l'Hort-Dieu enfin, si l'on veut, on peut regagner (12 kil. de distance et 536 m. de descente) la route de Meyrueis à Florac et le col du Perjuret (1,031 m.), en suivant, dans la direction du nord-ouest, le pédoncule d'attache du causse Méjean, et en passant par le deuxième sommet de l'Aigoual (1,564 m.), les cotes 1,404 (source de la Jonte) et 1,539, le hameau de Cabrillac (où l'on rejoint un chemin de chars venant de Saint-André-de-Valborgne, à l'est, par le col Salides et le haut Tarnon), enfin la cote 1,206, à 1 kilomètre au nord de laquelle l'arête du pédoncule n'a que 10 mètres de largeur, entre les ravins de Malabaisse à l'est (Tarnon) et de Malbosc à l'ouest (Jonte), encaissés de 200 à 300 mètres!

CHAPITRE XVI

CÉVENNES ET CAMISARDS

Tarnon et Gardons. — Les Cévennes. — Guerre des Camisards. — De Meyrueis à Florac. — Routes d'Alais. — Plateau de l'Hospitalet. — Le collet de Dèze. — Une église carlovingienne. — La Mimente. — Florac. — La source du Pêcher. — De Florac à Mende. — Valats d'Ispagnac. — Col de Montmirat.

Sur le revers nord-ouest de l'Aigoual sourdent les trois composantes du Tarnon : ruisseaux de *Trepolous*, de *Brion* et de *Tarnon* même ; comme ils courent sur les granits, l'eau mouille toujours leurs galets, et les moulins se pressent nombreux le long de leur cours dirigé au nord. La route de chars du col de Perjuret à Saint-André-de-Valborgne par Cabrillac et le col Salides (V. *supra*) coupe à angle droit leurs hauts vallons et chevauche en côtes nombreuses par-dessus les trois *serres* de l'Aigoual qui les encaissent. A *Rousses* (770 m.), le Tarnon, ayant réuni toutes ses sources ensemble, est définitif; 3 kilomètres plus loin à vol d'oiseau, mais en décrivant entre ses berges 7 kilomètres de méandres, il rejoint, à 675 mètres d'altitude, au hameau des *Vanels*, la route de Meyrueis à Florac (soit 13^m,57 de chute par kil.); là il s'engage dans le très beau demi-cañon qui le conduit au Tarn, entre les escarpements du causse Méjean, hauts de 500 à 600 mètres à gauche, et les ruisselants ravins des *Cévennes* à droite.

« De l'Aigoual à la Lozère s'étalent, en effet, chaîne étroite et nombreux chaînons, les seules Cévennes réellement nommées Cévennes dans l'usage courant du peuple. C'est le filtre d'où sourdent les capricieux Gardons, souvent presque taris, et parfois tonnerres d'eau, quand le ciel d'airain, s'encombrant soudain de nuages, se déchire en trombe de pluie sur la montagne raide : à peine l'orage a-t-il éclaté sur la cime que déjà le torrent mugit au bas de la « Cévenne »...

« En ces Cévennes, qui sont les vraies Cévennes, du Bougès à l'Aigoual, une foule de torrents naissent sur des monts de 1,000, 1,100, 1,200, 1,300 mètres, et descendent précipitamment dans des gorges sauvages, étranglées, raboteuses, parfois nues, parfois broussailleuses, ici pastorales et ailleurs ombragées de châtaigniers, dont beaucoup sont de vieux patriarches. Tous ces torrents se nomment des *Gardons*, comme ailleurs des *Dranses*, ou des *Nants*, ou des *Gaves* : Gardons de Dèze, de Saint-Frézals, de Saint-Germain, de Saint-Martin, de Sainte-Croix, de Saint-Jean, etc., etc. Ceux du Nord forment le Gardon d'Alais ; ceux du centre, le Gardon de Mialet ; ceux du sud, le Gardon de Saint-Jean, et les deux torrents de Mialet et de Saint-Jean s'unissent en Gardon d'Anduze. » (O. RECLUS.)

Gardon d'Anduze et Gardon d'Alais se confondent à leur tour en *Gard*, grand collecteur qui, peu loin du vieil et célèbre aqueduc romain devenu viaduc moderne, livre au seigneur Rhône presque toutes les pluies des Cévennes.

Ici, avons-nous dit (p. 18), on peut réellement parler de ligne de faîte entre les eaux océaniques et les méditerranéennes, et le mur de partage est bien mince parfois : souvent il n'y a que 200 ou 300 mètres de distance entre le lit d'un sous-affluent du Tarn et celui d'un tributaire du Rhône ; le développement des crêtes, qui changent dix fois de direction, est de 50 kilomètres de l'Aigoual au Bougès, pour un éloignement aérien de 28 kilomètres seulement.

Rien qu'à titre d'énumération, voici les cotes principales et les noms que la carte attribue à ce mur séparatif des Gardons et du Tarnon :

Hort-Dieu, 1,567 : cotes 1,399, 1,315, 1,359, d'où se détache vers le sud-est le contrefort du *Liron* (1,180 et 1,008), qui sépare les bassins de l'Hérault et du Gard ; 1,228 (arête orientale de l'Aigoual) ; *Tarnon* (signal), 1,097 ; cote 1,137 ; *col Salides*, cote 1,160 ; *col du Marqueirès* (route des Vanels à Saint-André-de-Valborgne), cote 1,143 ; plateau de la *Can de l'Hospitalet*, 1,106, 984 (à Montgros), 1,112 (signal de l'Hospitalet) ; *col de Faisses*, 1,020 (route de Florac au Pompidou et à Saint-André-de-Valborgne) ; *Barre-des-Cévennes*, chef-lieu de canton lozérien (625 hab. la comm., 358 aggl.), sur la crête même, à 930 mètres, au point le plus bas des *Cévennes*, longue crête cotée 995, 996, 1,009, 974, et suivie par la route véritablement suspendue de Florac et de Barre à Saint-Germain-de-Calberte et Alais : cote 1,168, point culminant d'entre Aigoual et Bougès ; le *Cabanis* (signal), 1,166 : cote 1,076 ; *col Jalcreste*, 957 (route de Florac à Alais par les vallées de la Mimente et du Gardon de Dèze) ; enfin *signal de Saint-Maurice*, 1,354 mètres, où finissent les Cévennes proprement dites et d'où s'allonge vers l'ouest, perpendiculairement à leur axe, le chaînon du Bougès (1,424 m.), entre le haut Tarn et la Mimente. Ces montagnes, assez pittoresques grâce à leurs multiples contournements et aux entre-croisements de leurs creuses vallées, doivent surtout leur célébrité à leurs tristes souvenirs historiques.

« Dans les Cévennes des Gardons vivent les fils des Camisards, qui firent la guerre à Louis XIV après la révocation de l'édit de Nantes. Ils fusillèrent les soldats de la persécution dans les cirques, les défilés, les coupe-gorges, qu'ils savaient par cœur et que le persécuteur ignorait. La troupe du grand roi les envoyait dans l'autre monde ou les réservait, qui pour la geôle ou la galère, qui pour le supplice, quand il lui arrivait de les surprendre dans leurs villages, gardés du soleil par la forêt des châtaigniers séculaires.

« Pendant qu'on les tuait et qu'ils tuaient, beaucoup de leurs frères, échappant aux dragons royaux, gagnèrent la frontière des nations protestantes. Par dizaines, voire par centaines de milliers, ils secouèrent la poussière de leurs pieds sur le sol qui les avait nourris.

« En Allemagne, en Prusse, en Hollande, en Angleterre, on les reçut à bras ouverts, parce qu'ils étaient huguenots et parce qu'on savait qu'ils haïssaient passionnément la France. Des centaines d'entre eux franchirent la grande mer : les uns vers l'Afrique australe, où ils prirent leur demi-part à la création du peuple des Boers, pasteurs de langue hollandaise ; les autres vers l'Amérique du Sud, où ils furent les vrais fondateurs de la colonie de Surinam. » (O. Reclus.)

Le souvenir des paysans ou artisans, à peu près armés de leur seule exaltation religieuse, qui, comme les Cavalier et les Rolland, conduisirent contre les régiments du roi cette curieuse lutte de guérillas, est demeuré vivant parmi les populations actuelles ; les protestants, en effet, restent nombreux aujourd'hui dans les Cévennes, car Villars même dut renoncer à la violence pour détruire leur dogme, et, par diplomatie surtout, acquit l'honneur de pacifier la contrée.

Les huguenots des Cévennes, déjà exaspérés par les trop célèbres *dragonnades* ou *missions bottées* de Louvois, auxquelles, dès 1681, on avait donné le cruel mandat d'extirper par la force la foi protestante de toute la France, ne ratifièrent pas l'impolitique révocation de l'édit de Nantes en 1685 et ne se décidèrent pas non plus à une expatriation définitive en masse. Nicolas Lamoignon de Basville (1648-1724), alors intendant du Languedoc (1685-1718), tenta de les réduire par la tyrannie : impôts écrasants, fermeture des temples, razzias militaires, ne réussirent qu'à donner aux opprimés l'habitude des réunions clandestines au fond des bois, derrière les rochers où s'observait le culte défendu. Dans ces solitudes germa la révolte. L'intendant lui-même, peut-être agent non responsable de l'inflexibilité de Louvois, prit pour auxiliaire un prêtre, l'abbé François de Langlade du Chayla, inspecteur des missions des Cévennes, prieur de Laval, archiprêtre et ancien missionnaire à Siam, qui dut transformer en prison le presbytère du Pont-de-Montvert, aux sources du Tarn. La fermeté avec laquelle l'abbé prit à cœur d'exécuter les ordres royaux fit de lui, aux yeux des protestants, un véritable fanatique ; il n'est pas de crime que la haine de ses adversaires religieux ne lui ait imputé ; et l'imagination des prédicateurs camisards raffinait à plaisir sur les soi-disant tortures qu'il infligeait à ses prisonniers. Si grande que fût à ce sujet l'exagération, toujours est-il que l'abbé du Chayla devint la première victime de la réaction, qui n'avait couvé quinze ans que pour éclater plus terrible. Surexcités par quelques meneurs, cinquante hommes, dans la nuit du 24 au 25 juillet 1702, forcèrent, en chantant un psaume, la porte du presbytère du Pont-de-Montvert ; d'abord ils délivrèrent les prisonniers, puis s'emparèrent de l'abbé du Chayla, le massacrèrent et le pendirent.

En vain de Basville redoubla de rigueurs : la guerre des Camisards était commencée. Conséquence de la grande faute despotique de Louis XIV, elle devait ruiner les Cévennes !

On désigna les révoltés sous ce nom, parce qu'ils portaient sur leurs vêtements, en signe de ralliement, une chemise ou blouse blanche (*camisa*) : leur nombre dépassa 15,000.

De Basville, il faut le reconnaître, comprit de suite toute l'importance de l'insurrection ; il fit voter par les états du Languedoc des subsides pour la construction de vingt-deux chemins royaux (l'Estrade d'Ispagnac entre autres [*V.* p. 24]), larges de quinze pieds, et un abonnement de 1,400 livres par an pour leur entretien. En outre, il organisa cinquante-deux régiments de milice catholique. Enfin par ses soins furent construites des citadelles à Nîmes, Alais, etc., et des redoutes sur plusieurs points de la montagne.

Dans ces pays difficiles d'accès, et contre les armées du roi, il fallait aux Camisards des chefs intelligents, qui ne manquèrent pas, quoique paysans : un boulanger, *Jean Cavalier;* trois bergers, *Rolland, Ravenel, Catinat;* un cardeur de laine, *Salomon;* d'anciens soldats, *Laporte, Jeany, Castanet,* etc.

De son vrai nom, Catinat s'appelait Abdias Morel ou Maurel ; il devait son surnom à l'admiration qu'il avait professée jadis pour le célèbre maréchal, en servant sous ses ordres. Robuste, féroce, très brave, mais sans initiative, il ne fut que le lieutenant de Cavalier.

Celui-ci, âme de l'insurrection, naquit en 1680 à Ribaute, près d'Anduze ; à vingt et un ans, des démêlés avec le curé de sa paroisse le contraignirent de chercher un refuge à Genève. Ce fait déjà attirait sur lui l'attention de ses coreligionnaires, qui le rappelèrent en 1702. De suite il fut libérateur désigné. Après la mort de l'abbé de Chayla, il mit en pièces les troupes catholiques qui le traquaient : de coups de main en victoires, il s'éleva au rang de chef suprême des Camisards, à l'âge de vingt-trois ans, aidé aussi « par une prophétesse, la grande Marie, qui le fit reconnaître sur un ordre exprès du Saint-Esprit... Quand on désobéissait à Cavalier, la prophétesse était sur-le-champ inspirée et condamnait à mort les réfractaires, qu'on tuait sans raisonner. » (Voltaire, *Siècle de Louis XIV,* chap. xxxvi.)

Laporte, forgeron au Collet-de-Dèze, commença par empêcher, grâce à une mâle harangue, l'émigration d'un groupe de protestants découragés. Tous ses auditeurs lui répliquèrent d'un mot : « Sois notre chef. » Ainsi Laporte fut fait colonel des *Enfants de Dieu*. En octobre 1702, une balle l'atteignit mortellement. Rolland, son neveu, né en 1675, lui succéda.

Les *Camisards noirs* n'étaient que des brigands commandés par un boucher d'Uzès et qui, dans leurs expéditions, se barbouillaient la figure avec de la suie : comme ils avaient assassiné traîtreusement une jeune femme catholique, Mme de Miramon, Cavalier lui-même fit arrêter et fusiller les meurtriers.

Fléchier, Montrevel et le pape Clément XI organisèrent, pour les opposer aux Camisards noirs, des bandes de *Camisards blancs* ou *Cadets de la Croix*, qui, eux aussi, ne surent que piller et exterminer. Il fallut les réduire à leur tour.

L'exaltation religieuse et l'amour du sol natal faisaient un héros de chaque véritable Camisard. *Liberté de conscience et plus d'impôts,* tel fut le cri de ralliement de ce nouveau *peuple de Dieu* ou *troupeau de l'Eternel,* comme ils s'appelaient eux-mêmes.

Plusieurs eurent des visions, se crurent inspirés, se dirent prophètes ; tel l'homme de Codognan, qui, dès 1686, avait entendu une voix d'en haut : « Va consoler mon peuple. » Cavalier lui-même prophétisait et prêchait à la fois.

Deux années durant, les Camisards n'eurent d'autre gîte que les forêts des Cévennes et les cavernes des Causses.

Le dimanche, en des réunions solennelles où ils convoquaient secrètement les habitants des villages voisins, soumis en apparence seulement, on observait la trêve de Dieu, écoutant les prédicateurs, chantant des psaumes, priant le Seigneur.

Les dragons royaux surprirent et dissipèrent nombre de ces saintes mais proscrites assemblées : sur place, ils fusillaient tous leurs prisonniers. En grand nombre cependant les rebelles se réfugiaient dans leurs gorges impénétrables et reformaient leurs rangs toujours grossissants. Sur le champ de bataille, genou en terre d'abord, comme les Suisses à Morat : on entonnait ensuite le psaume LXVIII (Que Dieu se montre seulement), même sous le feu de l'ennemi ; enfin on chargeait avec l'impétuosité de condamnés qui n'ont que le choix entre deux genres de mort et qui préfèrent le plus glorieux. Vaincus, ils trépassaient sans sourciller ; vainqueurs, ils ne faisaient pas quartier.

« Les Camisards agirent en bêtes féroces, a dit Voltaire ; mais on leur avait enlevé leurs femelles et leurs petits ; ils déchirèrent les chasseurs qui couraient après eux. »

Entre autres raffinements, ils pendaient, *avec leurs rôles attachés au cou*, les receveurs d'impôts !

« Les proscriptions de Sylla et d'Octave, par exemple, n'approchèrent pas des massacres des Cévennes, ni pour le nombre ni pour la barbarie; elles sont seulement plus célèbres, parce que le nom de l'ancienne Rome doit faire plus d'impression que celui des villages et des cavernes d'Anduze ; et Sylla, Antoine, Auguste, en imposent plus que Ravenel et Castanet ; mais l'atrocité fut poussée plus loin dans les six années des troubles du Languedoc que dans les trois mois des proscriptions du triumvirat. On en peut juger par des lettres de l'éloquent Fléchier, qui était évêque de Nîmes dans ces temps funestes. Il écrit en 1704 : « Plus de quatre mille catholiques ont été égorgés à la campagne, quatre-vingts « prêtres massacrés, deux cents églises brûlées. » Il ne parlait que de son diocèse ; les autres étaient en proie aux mêmes calamités.

« Jamais il n'y eut de plus grands crimes, suivis de plus horribles supplices ; et les deux partis, tantôt assassins, tantôt assassinés, invoquaient également le nom du Seigneur. Nous verrons, dans le *Siècle de Louis XIV*, plus de quarante mille fanatiques périr par la roue et dans les flammes ; et, ce qui est bien remarquable, il n'y en eut pas un seul qui ne mourût en bénissant Dieu, pas un qui montrât la moindre faiblesse : hommes, femmes, enfants, tous expirèrent avec le même courage. » (VOLTAIRE, *Essai sur les mœurs*, remarque XVI.)

Du 29 septembre au 14 décembre 1703, trente et une paroisses, comprenant cent quatre-vingt-dix-neuf villages et quatre cent soixante hameaux, furent détruites ou livrées aux flammes autour de la montagne du Bougès.

Le comte Victor-Maurice de Broglie (1640-1727), maréchal en 1724, beau-frère de Basville et lieutenant général du roi en Languedoc, usa le premier ses troupes contre les Camisards. Catinat, à la tête de deux cents hommes seulement, le vainquit au val de Bane, à Marvejols, à la Croix de la Fougasse, etc.

En février 1703, Cavalier gagne la bataille de Vagnas, où les catholiques perdent cinq cents hommes et les protestants ne comptent qu'un mort.

En 1703, le maréchal de Montrevel (Nicolas-Auguste de la Baume) (1646-1716) remplaça de Broglie, et fusilla, pendit, brûla, saccagea sans merci : Cavalier le battit encore [1].

Le 1ᵉʳ avril 1703, trois cents protestants périssent grillés dans un moulin incendié par les troupes royales, et Fléchier, alors évêque de Nîmes, s'écrie : « Cet exemple était nécessaire pour arrêter l'orgueil de ce peuple. » Le prélat, d'ailleurs, parlait ainsi en courtisan et non en prêtre, car on sait qu'il fit, au contraire, tout pour atténuer personnellement les excès des catholiques.

Tant de cruauté n'attira au maréchal que de nouvelles défaites à Nages, aux Roches-d'Aubais, à Martignargues, à Salindres (1703-1704). Le roi le rappela à Paris et lui substitua Villars. Plus humain et plus clairvoyant [2], celui-ci pactisa, transigea, pacifia.

Le 16 avril 1704, il battit les huguenots et leur tua quatre cents hommes ; il ne profita de ce succès que pour se ménager, le 16 mai suivant, une entrevue avec Cavalier, et il réussit à traiter avec lui. Ce coup de maître diplomatique valait mieux que plusieurs victoires sanglantes.

« On trouva Cavalier à la tête de huit cents hommes qu'il enrégimentait, quand on lui proposa l'amnistie. Il demanda des otages, on lui en donna ; il vint, suivi d'un des chefs, à Nîmes, où il traita avec le maréchal de Villars.

« Il promit de former quatre régiments de révoltés, qui serviraient le roi sous quatre colonels, dont il serait le premier et dont il nomma les trois autres ; ces régiments devaient avoir l'exercice libre de leur religion, comme les troupes étrangères à la solde de France ; mais cet exercice ne devait point être permis ailleurs.

« On acceptait ces conditions, quand des émissaires de Hollande vinrent en empêcher l'effet avec de l'argent et des promesses. Ils détachèrent de Cavalier les principaux fanatiques ; mais, ayant donné sa parole au maréchal de Villars, il la voulut tenir : il accepta le brevet de colonel et commença à former son régiment avec cent trente hommes qui lui étaient affectionnés.

« Cette négociation singulière se faisait après la bataille de Hochstædt. Louis XIV, qui avait proscrit le calvinisme avec tant de hauteur, fit la paix, sous le nom d'amnistie, avec un garçon boulanger ; et le maréchal de Villars lui présenta le brevet de colonel et celui d'une pension de douze cents livres. Le nouveau colonel alla à Versailles ; il y reçut les ordres du ministre de la guerre. Le roi le vit et haussa les épaules. Cavalier, observé par le ministère, craignit et se retira en Piémont ; de là il passa en Hollande et en Angleterre. Il fit la guerre en Espagne et y commanda un régiment de réfugiés français à la bataille d'Almanza (1707)...

« La troupe de Cavalier se trouva opposée à un régiment français ; dès qu'ils se reconnurent, ils fondirent l'un sur l'autre avec les baïonnettes, sans tirer...

« Il ne resta pas trois cents hommes de ces régiments.

« Cavalier est mort (à Chelsea, en 1740) officier général et gouverneur de l'île de Jersey, avec une grande réputation de valeur, n'ayant de ses premières fureurs conservé que le courage, et ayant peu à peu substitué la prudence à un fanatisme qui n'était plus soutenu par l'exemple. » (VOLTAIRE, *Siècle de Louis XIV*, chap. XXXVI.)

---

1. C'est ce Montrevel qui, présomptueux, superstitieux et faible d'esprit, quoique très brave devant l'ennemi, renversa un jour, à dîner, une salière ; il pâlit, disant : « Je suis mort, » fut pris de fièvre, se mit au lit et mourut quatre jours après.

2. En acceptant la mission, il avait dit à Louis XIV : « Je pars et je tâcherai de terminer par la douceur des malheurs où la sévérité me paraît non seulement inutile, mais même dangereuse. »

Le 14 août 1704, Rolland, trahi par un de ses officiers, fut tué près d'Uzès : on brûla son cadavre à Nîmes. Dans la même ville furent aussi jetés au bûcher, mais tout vivants, Ravenel, le 19 avril 1705; puis, le 22 octobre suivant, Catinat, trop tôt et imprudemment revenu de Genève, où il s'était d'abord réfugié. Le 26 mars, Castanet avait péri, *roué*, à Montpellier. Ces supplices punissaient une nouvelle conspiration qui avait pour but de livrer aux révoltés le maréchal de Berwick, successeur de Villars, mais qui fut découverte. Les autres chefs disparurent, fusillés ou soumis. Bien que Villars eût reçu le brevet de duc dès le 21 janvier 1705, tout ne fut bien fini qu'en 1709[1]. Quinze mille personnes avaient péri.

Entre l'Aigoual et le causse Méjean, la route de Meyrueis à Florac gagne le *Perjuret* (1,031 m.) par le haut vallon de la Jonte (*Salsensac, Bragouse, Gatuzières* [197 hab. la comm., 48 aggl.]); puis, tournant au nord, elle longe la rive gauche du Tarnon, ayant à l'ouest le mur du causse, et à l'est ces Cévennes mille fois repliées qui ont tant saigné il y a bientôt deux siècles. *Fraissinet-de-Fourques* (424 hab. la comm., 98 aggl.), *les Vanels, Vébron* (1,026 hab. la comm., 348 aggl.), *Rocoules, le Mazel*, sont, avant Florac, les étapes de cette moitié de cañon, dont un seul côté a été taillé en escarpement.

A Vébron, la route est à 662 mètres, la Cévenne à 1,112 (signal de l'Hospitalet), le causse à 1,230 ; au Mazel, la rivière est à 579 mètres, la route à 638, la Cévenne à 1,058, le causse à 1,125.

Diverses routes vers l'est, par des tunnels ou des cols, percent ou surmontent les rides montagneuses des Gardons ; sur le penchant méditerranéen, à l'origine de profonds vallons qui tailladent ces rides, elles serpentent contre les parois de petits cirques, puis, descendant des pâturages aux maquis, des maquis aux châtaigneraies, des châtaigneraies aux plants de mûriers et d'oliviers, elles se glissent en d'étroits défilés, au débouché des vallées basses; par elles les bourgades des Causses communiquent avec les villes du Gard.

La première est celle (neuve) des Vanels à Saint-André-de-Valborgne, qui remonte la rive droite du Tarnon (p. 237), passe à *Rousses* (380 hab. la comm., 64 aggl.), sous le col du Marqueirès, et rejoint, à l'est du col Salides, celle de Cabrillac et du Perjuret.

Une deuxième vaut mention plus détaillée : elle va du Mazel au Pompidou, unissant Florac et Anduze, Saint-Flour et Nîmes. Entre Saint-Laurent-de-Trèves (850 m. ; 373 hab. la comm., 246 aggl.), au-dessus du Tarnon, et le Pompidou (796 m.), où naît un Gardon, elle traverse, tantôt sur une crête à pic des deux parts (col des Faisses [1,020 m.]), tantôt sur un plateau élargi, le manteau calcaire de la *Can de l'Hospitalet*, lambeau de causse égaré sur la Cévenne. La vue est

---

1. *Histoire du fanatisme renouvelé, où l'on raconte les sacrilèges, incendies et meurtres commis dans les Cévennes.* Toulouse, 1803, in-12. — *Fragment de la guerre des Camisards, 1692-1709*, par un anonyme, publié par Marius TALON. Privas, in-8°. — Ant. COURT, *Histoire des troubles des Cévennes ou de la guerre des Camisards.* Villefranche et Genève, 1760, 2 vol. in-12 ; 1819, 3 vol. in-12. — LOUVRELEUL, *le Fanatisme renouvelé.* Avignon, 1704-1717, 4 vol. in-12, et 1868. — BRUEYS, *Histoire du fanatisme de notre temps.* 1692, 3 vol. in-12, et 1709-1713, 4 vol. in-12; autres éditions en 1737 et 1755. — FLÉCHIER, *Lettres choisies.* Lyon, 1785, 2 vol. in-12. — MISSON, *Théâtre sacré des Cévennes.* Londres, 1709, in-8°. — DE LA BAUME, *Relations historiques de la révolte des fanatiques*, publiées par l'abbé GOIFFON. Nîmes, Bedot, 1874, in-8°. — PUAUX, *Vie de Jean Cavalier.* — Jean CAVALIER, *Mémoires de la guerre des Cévennes* (en anglais). Londres, 1726. — Eugène SUE, *Jean Cavalier* (roman). Paris, 1839. — *Histoire des Camisards.* Londres, 1742, 2 vol. in-8°. — RESCOSSIER, *Relations de la mort de l'abbé Langlade du Chayla.* Toulouse, 1703, in-12. — *Notice sur les guerres des Camisards*, par le comte de RESIE : *Congrès archéologique de France*, 1875. Tours, chez Bousrez. (Extrait de l'*Histoire des guerres religieuses en Auvergne et provinces voisines aux seizième et dix-septième siècles.* Paris, L. Vivès). — *Histoire des guerres de religion en Gévaudan, aux seizième, dix-septième et dix-huitième siècles* par l'abbé OLLIER. Tours, impr. Bousrez, — etc.

superbe au bord de ce plateau, moins élevé (1,020, 1,041, 984, 1,112, 1,057 m.) que le causse Méjean (1,278, 1,250, 1,230, 1,220, 1,211 m.); on plonge d'un côté sur le Tarnon et les bastions de sa rive gauche, de l'autre sur les gorges déchiquetées de *Barre-des-Cévennes* et de *Valborgne*; au sud, l'Aigoual dresse assez fièrement sa tête à 500 mètres au-dessus de la ligne européenne de partage des eaux. Là encore les météores atmosphériques ont taillé de bizarres édifices : de larges chapeaux calcaires coiffent et débordent de grêles supports schisteux[1]; c'est la forme des tables de glaciers; plusieurs de ces gigantesques champignons ont basculé sur leurs tiges désagrégées, et sont inclinés aujourd'hui comme des dolmens écroulés : le plateau de l'Hospitalet n'est pas moins pittoresque que scientifique.

De cette deuxième voie s'en détachent plusieurs autres vers l'est (toutes gagnent Alais ou une station quelconque du chemin de fer de Clermont à Nîmes). Du Pompidou, elle traverse ensuite les deux chefs-lieux de canton de *Saint-André-de-Valborgne* (Gard) (1,704 hab. la comm., 1,013 aggl.) et *Saint-Jean-du-Gard* (Gard) (3,712 hab. la comm., 2,583 aggl.), avec leurs beaux défilés de micaschiste et la fissure volithique d'*Anduze* (4,069 hab. la comm., 3,207 aggl.), par où s'est vidé un ancien lac de Gardon. C'est actuellement la voie postale, mais non le chemin le plus court de Paris au Tarnon[2]; d'ailleurs, la voiture publique d'Anduze voyage la nuit; et tant que les locomotives ne siffleront pas à Florac[3] et qu'il faudra traverser les Cévennes à pied ou en diligence, il est bien à craindre que leurs jolies gorges, non moins confusément enchevêtrées que celles des monts du Vigan, restent trop peu fréquentées.

De Meyrueis à Florac, les géologues ont remarqué surtout les accidents naturels produits au contact de l'oolithe et des micaschistes. L'isthme de Perjuret est particulièrement étonnant.

Comme troisième artère transversale importante, il faut nommer la route qui, au sud du mont du Bougès, remonte la *Mimente* (val d'Arpaon), franchit la ligne de partage au *col Jalcreste* (957 m.), et descend aux Gardons, soit vers *Saint-Germain-de-Calberte* (Lozère), chef-lieu de canton (1,368 hab. la comm., 316 aggl.), soit au *Collet-de-Dèze*.

Du Collet-de-Dèze (1,222 hab. la comm., 529 aggl.) à *Sainte-Cécile-d'Andorge* (station de chemin de fer située sur le Gardon d'Alais, entre Genolhac et la Grand-Combe), le large lit du Gardon fut, jusqu'à ces dernières années, l'unique voie charretière : de macadam servaient ses galets, comme dans beaucoup de ravins voisins. La vallée, d'une admirable couleur, aux roches de granit rouge, aux saulaies vertes, au ciel outremer, vaut une visite; la situation du Collet est charmante, sur un roc que la rivière, élargie en vrai lac, entoure de trois côtés.

1. V. LECOQ, *Époques géologiques de l'Auvergne*, t. Ier, p. 464-476; t. II, p. 243-257. — Junius CASTELNAU. *Notes et souvenirs de voyage*, t. Ier, p. 72 et suiv., et 159-192.
2. Chemin de fer de Paris à Anduze, 698 kilomètres ; à Genolhac, 641 kilomètres ; à Villefort, 628 kilomètres. — A. D'Anduze à Saint-Jean-du-Gard, 13 kilomètres ; de Saint-Jean-du-Gard à Florac, 60 kilomètres, en voiture. — B. De Genolhac à Pont-de-Montvert, par Vialas et Saint-Maurice-de-Ventalon, 33 kilomètres ; de Pont-de-Montvert à Florac, route neuve, 20 kilomètres, en voiture. — C. De Villefort à Pont-de-Montvert par la Lozère, 25 kilomètres (sept à huit heures) à pied, puis à Florac en voiture.
De Paris à Florac, par l'itinéraire A, 771 kilomètres ; par l'itinéraire B, 694 kilomètres ; par l'itinéraire C, 673 kilomètres. Par Garabit—Mende et le col de Montmirat, 692 kilomètres, dont 40 en voiture.
3. *Note sur le tracé d'un chemin de fer allant d'Anduze à Sévérac par Florac et le causse de Sauveterre*, par L. BOYER, Saint-Flour, imprimerie Passenaud. — *Note sur les projets de chemin de fer de Massiac à Sévérac et de Rodez à Villefort*, par LEFRANC, ingénieur des ponts et chaussées, avec profils comparatifs : *Bulletin de la Lozère*, 1866, p. 227.

Ce village possède encore le seul temple protestant qui n'ait pas été détruit dans les Cévennes durant la guerre des Camisards.

Enfin, bien que nous soyons ici loin des Causses, nous ne pouvons omettre de rappeler qu'entre Barre-des-Cévennes et Saint-Jean-du-Gard la jolie *vallée Française* ou du Gardon de Sainte-Croix possède, à *la Boissonnade* (comm. de *Moissac*), une très curieuse petite église (Notre-Dame de la Victoire), que l'on croit carlovingienne, du commencement du xe siècle; ni le seigneur de Gabriac au xviie, ni les Camisards au xviiie, ne purent la détruire par le fer ni même le feu, tant elle est massivement construite en fraidonite, sorte de porphyre noir; elle sert actuellement (depuis 1800) de temple protestant. L'édifice a 22^m,50 de longueur, 6 mètres de largeur et 9^m,50 de hauteur. Un acte ancien mentionne la donation de cette église à l'évêque de Nîmes par le pape Jean XI, entre 931 et 936[1].

Le Tarnon, fossé occidental du Méjean vers l'est, soutire quelques filets d'eau aux Cévennes, mais ne se grossit réellement que de la Mimente, à droite, 1 kilomètre avant Florac. La Mimente, dans le val d'Arpaon, que remonte, par Saint-Julien et Cassagnes, la route du col du Jalcreste (957 m.) (*V.* ci-dessus), dirigée vers le Gardon et Alais, a 27 kilomètres de cours; elle naît à la montagne du Bougès, qui sépare sa vallée de celle du haut Tarn et qui, détachée de l'axe des Cévennes au signal de *Saint-Maurice* (1,354 m.), s'allonge en large crête parallèle à celle du mont Lozère pendant 19 kilomètres, vers l'ouest, jusqu'au confluent du Tarn et du Tarnon; le Bougès culmine à 1,424 mètres et atteint encore 1,030 mètres au-dessus de Florac, à la montagne de *Ramponèche*.

« Bougès, parce qu'il était couvert de buis, et ici le buis est un arbre; mais l'homme a pris sa hache, et il y a désormais plus de nudité ou plus d'herbe que d'arbres sur cette montagne. »

Sur le versant nord du Bougès, entre le point culminant et le Pont-de-Montvert, le bois d'Altefage abrita la première assemblée des protestants qui, le 23 juillet 1702, décidèrent la mort de l'abbé du Chayla. (*V.* p. 236.)

A Florac même, le Tarnon reçoit la *source du Pêcher,* où la mère du berger de la Picouse retrouva le fouet, puis le corps de son fils. (*V.* p. 78). *Pêcher* est une corruption de *Pesquio* (*vivier*), vrai nom de la source, alors que les châtelains de Florac l'avaient aménagée en réservoir à poissons; au surplus, l'appellation primitive était : fontaine du *Biberon* ou *Viberon*.

C'est une « naïade fantasque; son urne le plus souvent n'épanche qu'un ruisseau; mais parfois il en tombe un écroulement d'eau jaillissant par fissures, craquelures, trous, corridors de rochers, en un lit hérissé de blocs; sortant à près de 600 mètres d'altitude, elle filtre moins de pluie, moins de neige causse-méjanaise, que les fontaines qui surgissent à 500, à 400 mètres dans le cañon du Tarn : moins profonde, elle est moins fidèle. » (O. Reclus.)

Le grandiose rocher crénelé de Rochefort (1,083 m.) domine la ville exactement de 500 mètres.

Au-dessus de la source, une grotte dite *Baume-Brune* ne serait peut-être pas fouillée sans succès.

Florac (2,157 hab. la comm., 1,824 aggl.) est une ville paisible, peu commerçante, un délicieux séjour de campagne. Traversée par les eaux de la source, elle va baigner ses pieds dans celle du Tarnon, et le Tarn vient presque à ses portes.

---

1. *Notice de Notre-Dame de Vallée française,* avec planches, par F. André, archiviste : *Bulletin,* 1869, p. 262.

Aussi certains étymologistes ont-ils cru que les Romains l'avaient nommée la *fleur des eaux* (*Flos aquarum*), d'où Florac. Plus simplement, M. Germer-Durand fait dériver ce nom de *Floriacum,* villa de Florus (alt. 583 m.).

Il n'y a point de curieux monuments à Florac, sauf la façade du couvent de la Présentation (1583). Pendant la guerre des Camisards, une chambre ardente y jugeait les rebelles. Une grande partie des habitants pratique encore la religion réformée. Le vallon de Florac produit beaucoup de fruits.

Au contact des schistes et du calcaire, plusieurs sources jaillissent, inondantes après les grandes pluies seulement; celle des *Fouzes* (650 m. d'alt.) gonfle la Mimente au lendemain des jours d'orage.

De Florac en Gévaudan conduit une des routes des Causses les plus riches en beaux points de vue, celle du *col de Montmirat*. Passant le Tarn à 536 mètres, au moment où elle laisse à droite la double voie du Pont-de-Montvert (*V.* p. 244), elle commence son escalade à 5 kilomètres de Florac · à ce point bifurque vers la gauche la route d'Ispagnac et de Sainte-Enimie. On s'élève doucement, ayant à l'est l'*Eschino d'Ase* (dos d'âne) (1,235 m.), masse calcaire superposée à un promontoire du mont Lozère, et le causse de Sauveterre à l'ouest; entre eux, et en contre-bas de la chaussée, le regard plonge charmé dans les profonds *valats* d'Ispagnac, jamais visités quoique ravissants.

Les touristes qui descendent le Tarn de Florac à Ispagnac passent à côté. Il faut, pour les voir, quitter la route départementale à 1,500 mètres environ avant Ispagnac, au pont du *Cantonnet,* et s'engager dans le défilé qui s'ouvre au nord comme une profonde déchirure. Là sont les *valats,* ces petites vallées resserrées, déclives, sinueuses, allongées depuis le sommet de la montagne jusqu'aux bords de la rivière.

Un chemin communal bien entretenu conduit au village de *Lonjagnes* et aux hameaux du *Marazel* et de *Nozières*. On marche à l'ombre sous les châtaigniers, le long des prairies en pente; à droite, le ruisseau des *Combes* murmure dans d'énormes blocs granitiques, qui contrastent bizarrement avec les roches calcaires ou schisteuses.

Les arbres les plus variés, le pied dans l'eau, gardent tout l'été leur feuillage frais et touffu. Les oiseaux jasent sous les branchages.

Plus haut, le ruisseau prend une allure rapide; il glisse, écumant, étroit, dans la pierre dure; les grands rochers escarpés de *Vaissy* dominent les monticules intermédiaires et séparent les valats de Lonjagnes de ceux de Nozières. Une muraille est debout au bord de l'abîme : ce sont les ruines du château de Vaissy et de sa chapelle *Saint-Sauveur,* château démantelé, abandonné, écroulé pierre à pierre. Autour et au pied du dernier pan de mur, des restes de masures grossières se distinguent au milieu d'un chaos de pierres; là les hâbitants du voisinage se réfugiaient sous la protection du château. Ces valats méritent d'être parcourus.

De la route on en domine l'ensemble, on entend leurs eaux joyeuses, mais on ne saurait goûter le charme de leurs détails à la fois champêtres et alpestres.

Presque sans trêve, la bise souffle au seuil étroit du *col de Montmirat* (1,046 m.), d'où une route transversale gagne Runes par les dernières croupes de la Lozère, en s'élevant jusqu'à 1,240 mètres. Le col est une porte que l'on franchit et qui, refermée derrière le voyageur, ne laisse plus rien soupçonner du Tarn. De tout temps ce fut un débouché des Cévennes. D'une mine de plomb récemment abandonnée il subsiste des laveries, des aqueducs, et une grande cheminée perchée, d'une façon très originale, haut sur le flanc de la montagne, le tout presque neuf, n'ayant pas dix ans d'existence et déjà réduit au silence !

A Saint-Étienne-du-Valdonnès (1,218 hab. la comm., 548 aggl.), on aperçoit le plus petit de tous les Causses, celui de *Balduc* (1,600 m. de long, 600 de large), haut de 1,100 mètres, couronné de sa chapelle Saint-Alban, dominant la plaine de 340 mètres, très étrange île de calcaire isolée qui, sous certains points de vue, a la forme exacte d'une carène de navire à éperon. Descendant le ruisseau du Valdonnès, grossi à droite par celui de Bramont ou Brémont, la route laisse successivement à droite Balduc, le chemin carrossable de Lanuéjols, la muraille sud du causse de Mende, et atteint à Balsièges le Lot, la voie ferrée et la route de Mende à Ispagnac. (*V.* p. 68.)

CHAPITRE XVII

LE MONT LOZÈRE

Les deux routes de Florac à Pont-de-Montvert. — Haute gorge schisteuse du Tarn. — Cascade de Runes. — Col de Saint-Maurice. — Vialas, la pluie et le plomb. — La montagne plateau. — Cirque de Costeilades et roc Malpertus. — Vue des Alpes et des Causses. — Les protestants. — Les anciens glaciers : Palhères et Bellecoste.

Deux routes unissent Florac à Pont-de-Montvert, situé au pied du mont Lozère et des sources du Tarn. Celle du bas, achevée en 1885, suit la rive droite et tous les détours du Tarn, au lieu de s'élever sur le plateau de Fraissinet-de-Lozère (1,059 m.) pour éviter l'étroit défilé excavé par les eaux ; l'ancienne route laissait admirer la *cascade de Runes,* mais la nouvelle offre un spectacle bien plus varié et plus attrayant : la suite d'encaissements profonds et de ravins sinueux, où le Tarn serpente de Bédouès (575 m.) à Pont-de-Montvert (896 m.), est vraiment le digne vestibule de la féerique galerie sculptée plus bas entre les Causses. Celle du haut, plus vieille, qui ne contemple pas les beaux reploiements du Tarn entre des schistes d'aspect alpestre, passe du moins à côté de la magnifique chute d'eau qui n'a point de rivale dans la France centrale.

A 800 mètres de Florac, on saute sur la rive droite du Tarnon, qui, 700 mètres plus loin, fait, sous sa pression majeure, céder le grand Tarn vers le nord. Sans franchir le pont du Tarn (536 m.), on tourne à l'est, laissant à gauche les routes du cañon et d'Ispagnac, du col de Montmirat et de Mende.

Aucun souvenir historique ne s'attache à l'insignifiant château d'*Arigès,* placé au milieu d'une vaste prairie, baigné par les eaux du Tarn et se détachant dans la vallée sur un fond de verdure, entouré de montagnes nues et arides.

Non loin d'Arigès se trouve le petit village de *Bédouès,* très coquet (512 hab. la comm., 173 aggl.).

De hautes cimes formant un cercle régulier ; dans ce cercle, un groupe de maisons, dominées par un élégant clocher ; aux environs, des prairies fertiles, des champs couverts d'arbres fruitiers ; les eaux limpides de la rivière ; de grands arbres ombrageant mille sources fécondantes : voilà Bédouès. Son église, du XIV° siècle, jadis fortifiée, a perdu tout caractère dans un remaniement récent. On y a retrouvé en 1854 le caveau funéraire de la famille du pape Urbain V[1].

Ensuite vient *Cocurès* (348 hab., 348 aggl. ; 624 m.), qui a gardé le souvenir lugubre des guerres de religion. Le lit du Tarn se resserre. Entre Cocurès et *Miral*, on y remarque une série de bassins naturels creusés dans le granit.

La route fait un léger contour et amène brusquement à l'extrémité d'un petit monticule. En face se dressent les hautes murailles du château de *Miral*. Bâti sur les bords d'un précipice, il n'est accessible que d'un côté. Les robustes murailles ont résisté aux coups du temps. Les salles sont encore intactes, mais les seigneurs de Runes ont disparu.

Miral est à 650 mètres d'altitude, et le Tarn, à ses pieds, à 608. A droite, le Tarn conduit au Pont-de-Montvert ; à gauche, le « valat » de Runes monte à la cascade. Peu pittoresque est l'escalade que fait la vieille route. De tous côtés, d'énormes masses de granit menacent de rouler dans la vallée. Sur le flanc des monts, tout est nu et sauvage.

En bas, quelques châtaigniers rompus par les ouragans. Et c'est tout. Le pays est triste, affreux. Rien ne vit. Nous n'avons pas les superbes rochers des gorges de l'Allier, ni les grottes profondes, ni les orgueilleuses falaises qui couronnent le causse Méjean.

Mais tout change après *Ruas*, vers la cote 869 ; au bord des ruisseaux bruyants, la verdure reparaît. Chaque rocher donne sa source. C'est la série des cascades qui commence.

La plus belle est celle de *Runes*, située au nord et en contre-haut du village de ce nom et de la route (994 m.). D'anciens actes nomment *Ga d'Albaret* le ruisseau de Miral qui s'y brise, curieuse réminiscence du mot *gave*, conservé dans les hautes montagnes du Béarn.

Dans les Alpes, les Pyrénées, la Norvège même, la cascade de Runes serait de deuxième ordre assurément, mais ne passerait certes pas inaperçue. Ici, au milieu de sa ravine du mont Lozère, on l'admire sans réserve, surtout quand, après la visite des Causses, on a complètement perdu l'habitude de voir des torrents s'écrouler, du haut en bas des parois rocheuses qu'aucun voile humide ne mouille, dans les cañons secs.

Vue d'en bas, la cascade ne paraît pas ce qu'elle est en réalité. Son resserrement la rapetisse. La colonne d'eau n'a pas moins de 62 mètres de hauteur. Elle tombe d'abord verticalement ; mais aux deux tiers de sa chute elle rencontre l'arête saillante du roc, se brise et rebondit avec une nouvelle force jusqu'au milieu du bassin qui la reçoit. Dans cette brisure, les gouttes d'eau se divisent à l'infini, et leur fine vapeur décompose la lumière du soleil en produisant mille arcs-en-ciel.

Le bassin qui reçoit les eaux de la cascade est semi-circulaire, creusé dans le roc, qualifié de gouffre insondable, et profond en réalité de quelques mètres au plus.

1. *Découverte du tombeau de la famille d'Urbain V à l'église de Bédouès*, par l'abbé Couderc, curé : *Bulletin*, 1854, p. 78. — *Notice sur l'église de Bédouès (Lozère)*, par l'abbé Couderc. Toulouse, in-8°.

De cette coupe les eaux s'échappent, pour retomber par une seconde chute de 8 mètres de hauteur, qui, vue d'un peu plus bas, semble se confondre avec la première.

Telle est la cascade de Runes en été.

Dès que les fortes pluies de septembre transforment le ruisseau en torrent dévastateur, la grande et la petite cascade s'unissent, et le tableau devient plus grandiose encore.

La chute est dominée par un énorme rocher. On peut s'en approcher sans peine et contempler d'en haut ce que l'on admirait tout à l'heure au pied du gouffre. A droite, des prairies inclinées jusqu'à la verticale. A gauche, des hêtres magnifiques, des houx et des lianes flexibles. Partout des tapis de verdure et de mousse délicieusement frais.

Le sommet de la cascade est à 1,050 mètres [1]. De Runes, la route d'en haut descend au Pont-de-Montvert par Fraissinet-de-Lozère (1,059 m.; 797 hab. la comm., 166 aggl.); à 500 mètres avant l'entrée du bourg, elle rejoint celle qui suit la rive droite du Tarn.

Le Pont-de-Montvert, chef-lieu de canton de 1,405 habitants (591 aggl.), à 896 mètres, a vu débuter la guerre des Camisards par l'assassinat de son curé, le 25 juillet 1702, (*V.* p. 236.) Le climat y est froid et humide, car le Bougès n'y laisse arriver les rayons du soleil que quand l'astre est élevé de 25 à 30 degrés au-dessus de l'horizon. Moutons, truites et champs de seigle, voilà toutes les ressources du pays. A 2 kilomètres en amont, le Tarn, à peine formé, reçoit à gauche l'*Alignon*, ruisseau insignifiant, au sud duquel la grande route se continue vers le sud-est et, franchissant la crête des Cévennes, gagne, par les cols de *Saint-Maurice-de-Ventalon* (1,082 m.) et de *Chalsio*, Vialas et la station de Genolhac. Au col de *Saint-Maurice* il y a une triple division des eaux : Tarn au nord-est, Luech et Cèze à l'est, Gardon de Dèze au sud-est. Le village (402 hab. la comm., 49 aggl.) est à 100 mètres en contre-bas de la route, à 300 mètres vers le nord. Deux kilomètres plus loin, au col de Chalsio (simple dépression de la crête qui, comme prolongement oriental du Bougès, sépare le Luech du Gardon), la route se dédouble : à droite elle descend vers Alais par-dessus le chemin de fer de Clermont à Nîmes (qui passe sous elle en tunnel) et par Portes ; à gauche elle atteint Vialas, puis Genolhac, au milieu de splendides châtaigneraies.

Vialas, étagé en amphithéâtre sur la pente d'une gorge très ouverte (7 kil. du col de Chalsio et 22 kil. du Pont-de-Montvert ; 2,002 hab. la comm., 549 aggl.), est un des endroits de France où il pleut le plus [2].

Ses mines de plomb argentifère sont célèbres, et exploitées depuis 1780 ou 1785 ; la *galène* ou minerai de sulfure de plomb fournit 500 grammes d'argent par 100 kilogrammes de plomb en moyenne ; on a établi les usines sur la rive droite du Luech, en face du bourg [3].

---

[1] *Notes d'une excursion dans la Lozère*, par E.-B. BONDURAND, de Vialas à Florac, par le Pont-de-Montvert et la cascade de Runes. Extrait des *Mém. de la Soc. scientifique et littéraire d'Alais*, 1875, p. 119.

[2] En 1873, il y est tombé jusqu'à 2m,60 de pluie, c'est-à-dire que si la quantité d'eau précipitée se fût continuellement maintenue à l'abri de l'écoulement et de l'évaporation, elle eût formé, au bout de l'année, une couche épaisse de 2m,60. La moyenne des pluies est de 0m,80 pour la France entière et de 0m,51 pour le bassin de Paris; en trois points seulement cette moyenne dépasse 2 mètres par an : Gavarnie, les monts du Tanargue, non loin de Vialas, aux sources de l'Ardèche, et les massifs du Dévoluy et du Champsaur, au nord de Gap (Hautes-Alpes).

[3] V. *Bull. de la Soc. d'études des sciences naturelles de Nîmes*, 8e année, n° 6, juin 1880, article de M. PIERREDON ; — MARROT, *Notice sur les mines de Villefort*. Annales des mines, 1re série, t. IX, p. 305 ; — LEVALLOIS,

Le mont Lozère (*Lesura* ou *Lesora mons* ; son nom vient des *lozes* ou ardoises que l'on tire en plaques de ses micaschistes) représente un toit dont le Lot et

Cascade de Runes. — Phot. Paradan.

le Tarn seraient les deux principales gouttières, parallèles au faîtage : ce faîtage, peu sinueux et orienté de l'est à l'ouest, a près de 35 kilomètres de développement ; sa largeur varie de quelques mètres (sur les crêtes rocheuses de l'extré-

---

Mémoire sur la préparation du minerai de plomb de Vialas et Villefort : Annuaire des mines, t. IX, p. 717 et 753 ; — *Mines de Villefort et de Vialas : Journal des mines*, t. VII, par DOLOMIEU ; — *Richesses minérales de la Lozère : Annales des mines*, 1re série, t. VIII, 1823, par MARROT : — *Préparations mécaniques et usines de Vialas et de Villefort*, par MARROT et LEVALLOIS : *Annales des mines*, 1re série, 1824 ; — RIVOT, *Annales des mines*, 1863.

mité orientale) à 1 ou 2 kilomètres (sur les croupes mamelonnées du reste de la chaîne) ; de part et d'autre les flancs se composent de surfaces herbeuses plus ou moins en pente et que les eaux ont çà et là creusées de ravines ; entre les gouttières, du Lot au Tarn, l'épaisseur à la base de ce comble immense atteint 14 kilomètres au moins, 21 au plus. Sur un tiers seulement de son étendue (environ 12 kilomètres), la Lozère porte la fameuse ligne de partage des eaux qui, venant du Bougès et du col de Saint-Maurice au sud, s'y soude aux sources du Tarn, — laisse à l'est une lieue de faîtage en plein versant méditerranéen, — s'en détache de nouveau au pic de Finiels (1,702 m.), le point culminant, — descend vers le nord au col de Tribes (1,130 m.), — et remonte vers la montagne du Goulet (1,499 m.) (*V.* p. 17) ; l'axe hydrographique des Cévennes suit donc la crête et deux contreforts de la Lozère, en un zigzag qui cantonne aux angles de la chaîne quatre quartiers de sources distincts : au nord-est le Lot, au sud-ouest le Tarn, au sud-est les affluents de la Cèze (vers Vialas et Genolhac), au nord-est des tributaires de l'Ardèche (par le Chassezac, vers Villefort), ces deux derniers coins étant les moins vastes des quatre.

« Les maîtres monts de la Lozère ne s'épointent pas en pics ; ce ne sont guère que des exostoses d'un plateau très élevé et d'environ 400 kilomètres carrés de superficie. »

Voici leur succession d'est en ouest : signaux de Costeilades (1,508 et 1,490 m.) entre Vialas et Villefort ; bois des Armes (1,576 m.) ; Tête de Bœuf (1,621 m.) ; roc Malpertus (1,683 m.), entouré des sources du Tarn ; cotes 1,658, 1,575, 1,639, 1,615, 1,680, 1,589, 1,639, toutes molles saillies de la haute plaine d'herbes ; double signal de Finiels (1,690 et 1,702 m.) ; signal des Laubies (1,660 m.), cote 1,549, d'où le ruisseau de Mirals court à son soubresaut de Runes ; roc des Laubies (1,561 m.) ; là commence la descente (longue de 12 kil.), du faîtage vers le col de Montmirat (1,046 m.), qui unit la Lozère au causse de Sauveterre. (*V.* p. 243.) Le tout s'élève et s'abaisse, sans secousses, en une succession de mamelons et de cols.

Du roc des Laubies vers le nord-ouest, un grand contrefort (1,490 m. ; col de la Loubière [1,168 m.], sommet de l'Aigle [1,258 m.] décrit un vaste arc de cercle entre le Lot et le cirque montueux de Lanuéjols (*V.* p. 258), pour aller en crête étroite, nulle part plus basse que 1,094 mètres, s'attacher, après 4 lieues de cintrement, au causse même de Mende, juste au nord de Lanuéjols. L'agrafe de ce petit causse avec l'énorme montagne voisine n'est pas moins ténue que celle de l'Aigoual avec les tables du Méjean et du Noir.

Voilà pour l'orographie de la Lozère ; quant à l'aspect, laissons dire encore O. Reclus :

« La Lozère est une masse de granits, de schistes, de micaschistes, de sables provenus de la délitescence des quartz, une chaîne pelée, une croupe uniforme sur le faîte entre Gironde et Rhône. Le déboisement l'a ravagée, avec les plateaux dont elle regarde le morne horizon, et le département qui tient d'elle son nom est moins peuplé que l'ancien Gévaudan.

« Les troupeaux de transhumance [1] empêchent ici l'effort de la sève de raviver ce que les ancêtres des Louzerots flétrirent, ce que les Louzerots d'aujour-

---

1. « Émigration périodique des troupeaux de moutons des pays de plaines, qui vont, sous la conduite des bergers, passer les mois les plus chauds de l'année dans les pâturages des montagnes. Étymologie : espagnol *trashumar* ; latin, *trans*, au delà, *humus*, terre. » (LITTRÉ.) — C'est du Languedoc et de la Provence qu'au mois

d'hui ne songent point à restaurer. (*V.* p. 84.) L'armée débonnaire des moutons de Languedoc et de Provence envoie chaque année une part de son peuple bêlant dans la montagne de la Lozère, par de larges sentiers tondus, des *drayes*, qui furent de tout temps les mêmes. Or, comme on sait, toute pente broutée par le lanigère est par lui mise à vif ; il extirpe l'herbe autant qu'il la coupe ; la terre, à nu, s'éraille et s'écroule au premier orage. »

De Villefort, chef-lieu de canton (1,418 hab. la comm., 1.136 aggl., 595 m.), où le chemin de fer accède, au nord comme au sud, par de magnifiques travaux d'art, on monte vers le sud-ouest, au roc Malpertus par le beau vallon de *Palhères*, assurément le plus curieux site de tout le massif après la haute gorge schisteuse du Tarn. Il est impossible d'admirer de plus puissants châtaigniers que ceux de Palhères, de Costeilades et du bois des Armes. Sous le roc même, le cirque de Costeilades, profond de 600 mètres, est peut-être ce qu'il y a de plus alpestre dans toutes les Cévennes. Pour peu que l'on se trompe de chemin, ce qui est fort aisé parmi des ravinements constamment bouleversés par les orages, on sera même réduit à escalader de vraies cheminées, parfois vertigineuses. Enfin, après 1,100 mètres et quatre heures d'ascension, on atteint le *signal de Malpertus* (*Mauvais Pas*) (1,683 m.), ou cime de Bellecoste, ou Truc de Cassini, qui porte encore les débris d'un observatoire bâti par Cassini pour ses opérations géodésiques, et remplacé en 1824 par le signal trigonométrique des officiers d'état-major. Car l'amoncellement de blocs de granit qui forme le sommet de la montagne en ce point en fait un pic visible de loin.

Les sources du Tarn (très froides, 3 et 5 degrés centigrades seulement par 1,550 m. d'alt. environ), au pied sud-est du Malpertus, et la descente au Pont-de-Montvert par *Bellecoste* (1,379 m.), sur les bords de la naissante rivière, n'ont rien d'attrayant pour le promeneur, qui, s'il ne craint pas la fatigue, fera mieux de suivre, à 1,600 mètres d'altitude moyenne, les 14 kilomètres d'herbages qui le séparent du signal des Laubies à l'ouest.

C'est la région des pâturages, où les moutons de transhumance viennent chercher pendant quatre mois de l'année la nourriture que le bas Languedoc leur refuse à cette époque.

Là sourdent de part et d'autre, entre le gazon fin et la roche, les innombrables et minces filets d'eau, qui de ruisselets en ruisseaux et de ruisseaux en torrents, composent en bas les rivières du Tarn et du Lot.

Le long de toute cette crête, qui est un plateau, la vue habituelle est belle sur les Causses, l'Aigoual noir de forêts, le sombre Bougès, où commença l'insurrection des Camisards, le Palais du Roi, la Margeride, le Cantal et la double fosse du Pont-de-Montvert et du Bleymard.

Elle devient merveilleuse aux jours où, loin dans l'est, aucune gaze de vapeurs ne voile la blanche silhouette des Alpes, qui frange d'argent l'horizon bleu : rares sont ces jours d'entière transparence (*V.* p. 229), car il y a 60 lieues de la Lozère au mont Viso[1].

Ce qu'il est moins difficile d'admirer, ce sont les grises et roses falaises du causse Méjean à son cap d'Ispagnac, prodigieux *emmarchement* soutenant à 600 mètres en l'air la presque plane et doucement inclinée table de calcaire.

de juin de chaque année les troupeaux, fuyant la poussière brûlante de l'été méditerranéen, viennent *estiver* dans la Lozère.
1. *Bull. de la Soc. d'études des sciences naturelles de Nîmes*, septembre et octobre 1879.

Toutefois le point culminant de la chaîne, le *signal de Finiels* (ou Truc de Crucinas, ou pic de la Régalisse), n'est pas pour cela le plus propice belvédère : de trop nombreux mamelons l'entourent; il faut, 3 kilomètres plus loin, se poster sur le signal des Laubies (1,660 m.) pour voir dans toute son ampleur la magistrale muraille du Méjean se dresser au-dessus de Florac et du Tarn.

Il y a 700 mètres de descente des Laubies à Runes, par de glissantes croupes d'herbes sans chemins, puis encore 11 kilomètres jusqu'au Pont-de-Montvert, pour finir cette journée, qui est bien rude (treize à quinze heures de marche), et dont la fatigue n'est récompensée que si le temps, absolument beau, fournit panorama complet. D'ailleurs on la raccourcit de moitié si l'on descend tout droit du Malpertus au Pont-de-Montvert, d'un tiers en ne faisant pas le détour des Laubies et Runes.

La traversée en largeur, du Tarn au Lot, est d'une insignifiance absolue : par le col de Finiels (à 1 kil. est du signal 1,702), une route de voitures inachevée unit Pont-de-Montvert (896 m.) au Bleymard (1,058 m.). La montée du Tarn au col, par 15 kilomètres de lacets le long du ravin de *Rioumalet*, est affreusement monotone, épuisante au soleil : le déboisement a tout laissé nu, sans un arbre; les raccourcis fatiguent sans profit; on passe au hameau de Finiels. A aucun prix il ne faut visiter la Lozère en ce sens. Sur le versant nord (du Lot), d'autres lacets tracés sur la croupe qui porte l'axe des Cévennes côtoient la *grande draye des troupeaux*, antique et sommaire voie, peut-être d'origine gauloise, et si importante pour l'économie rurale du pays, qu'elle figure sur la carte de l'état-major : à 1,550 mètres est une maison de refuge. Mieux vaut encore traverser le causse Méjean que franchir ainsi le mont Lozère.

On pourra remarquer que, dans les chétifs villages épars sur la montagne-plateau, la plupart des maisons sont construites en blocs de granit non cimentés, et recouvertes en chaume; très basses, elles se cachent dans les enfoncements du sol, ne restent visibles que par leur toit et présentent ainsi moins de prise aux vents qui hantent ces parages.

Beaucoup de protestants y observent aujourd'hui en paix leur religion; à Pont-de-Montvert il n'y a que quelques familles catholiques. Dans plusieurs hameaux ou communes du mont Lozère, trop pauvres pour entretenir des pasteurs, les habitants, empêchés l'hiver par la neige d'aller au prêche du Pont, se réunissent les dimanches pour chanter des psaumes, et leurs voix s'entendent du dehors, sans que l'on distingue seulement, sous le blanc linceul de givre, les masures perdues d'où elles sortent !

En somme, sous le rapport du pittoresque, le mont Lozère n'est point une merveille : sauf le roc Malpertus, ses sommets sont tous des dômes herbeux fort monotones. C'est la montagne des naturalistes et des savants, et non pas des simples touristes.

Les botanistes d'abord, sur les granits du versant nord-nord-ouest, de 1,500 à 1,600 mètres d'altitude, trouveront à profusion, à la fin de juin, une plante très rare, la *Saxifraga pedatifida* (Ehr.), qui, d'après M. Ch. Packe, est particulière à cette chaîne de montagnes.

Les géologues ensuite y étudieront avec profit les phénomènes produits au contact des schistes, des granits et du calcaire; nous en parlerons au chapitre XXII, en résumant les beaux travaux de M. G. Fabre sur ce sujet.

Enfin une autre question, étrange et nouvelle dans ces pays, mérite dans la Lozère une sérieuse attention.

Les savants sont à peu près d'accord aujourd'hui pour reconnaître que les Cévennes jadis, comme les Alpes aujourd'hui, ont possédé des glaciers.
On en a retrouvé les traces au mont Dore et au Cantal [1].
Or, sur la Lozère même, le regretté M. Charles Martins, décédé au début de 1889, a fixé la limite d'un glacier qui a occupé le vallon de Palhères [2]. Cette découverte est même la première de ce genre qui ait été faite dans les montagnes de la France centrale; auparavant on disait que « les altitudes des sommets, toutes inférieures à 1,800 mètres, combinées avec la latitude plus méridionale, n'avaient pas permis aux glaciers de s'y établir d'une manière permanente ».

Dans le vaste cirque du village de Costeilades les blocs erratiques de granit abondent, et, « les sommets voisins étant composés de *micaschistes*, l'idée d'attribuer la présence de ces blocs granitiques à des éboulements ne saurait être soutenue un seul instant. »

On voit bien les moraines latérales gauche et droite, et mieux encore la moraine terminale, correspondant à la gorge qui ferme le cirque de Costeilades, à 900 mètres d'altitude. Il n'y a point de roches polies ni striées, la glace ne moutonnant pas les schistes trop tendres et les fragments de ceux-ci ne pouvant rayer le granit. « L'ancien glacier de Palhères était un glacier de second ordre, un de ceux qui, limités au cirque qui les renferme, ne descendent pas dans la vallée... Mais les traces incontestables de son existence sont une preuve à ajouter à toutes celles qui démontrent la généralité du phénomène glaciaire à la surface de la France. »

Sur le versant sud de la Lozère nous avons cru reconnaître aussi les traces d'anciens glaciers.

A 4 kilomètres en amont du Pont-de-Montvert, autour et en face des hameaux de *la Veissière* et de *Villeneuve*, entre les deux points cotés 1,146 et 1,276 sur la feuille d'Alais (n° 209), le Tarn a scié dans toute sa hauteur un petit chaos de pierres qui pourrait bien avoir été une magnifique moraine terminale; c'est là, dans un défilé rocheux où la rivière saute gracieusement, que devait finir la langue du glacier. Immédiatement en aval, le Tarn a commencé l'œuvre inouïe de sapeur qui nous a valu les belles gorges schisteuses de Pont-de-Montvert à Bédouès et la surnaturelle crevasse calcaire de Florac au Rozier. Aux environs, et en amont de la moraine, d'énormes masses de granit sont de vrais blocs de transport; leurs formes à peine émoussées ne sont pas l'effet du travail des météores, comme le croyait Junius Castelnau [3] : par leur texture, ils diffèrent visiblement du sol qui les porte aujourd'hui, et la douceur des pentes contredit l'hypothèse d'un éboulement; dans tout l'espace triangulaire, dit *cirque de Bellecoste,* où naissent le Tarn et ses premiers affluents, des amas sablonneux de quartz et de mica (*l'arène* de Dufrénoy et Élie de Beaumont), dus à la désagrégation du granit, n'ont pu être déposés par les eaux, trop torrentueuses ; leur situation et leur largeur prouvent qu'une autre cause les a étendus : ces nappes de débris pulvérisés ne sont-elles pas les couches d'émeri à l'aide desquelles tout courant glacé burine le fond de son lit? Ne trouverait-on pas sur les granits sous-jacents le polissage et les stries caractéristiques que la décomposition atmosphérique et la végétation herbeuse

---

1. Delanoue, *Bull. de la Soc. géologique de France,* t. XXV, 1868, p. 402. — A. Julien, *Phénomènes glaciaires dans le plateau central.*
2. *Comptes rendus des séances de l'Académie des sciences,* 9 novembre 1868 (1868, 2e semestre, p. 933). — M. Tardy, *Bull. de la Soc. géologique,* 2e série, t. XXVII, 1869-1870, p. 490.
3. Junius Castelnau, *Notes et souvenirs de voyage; Voyage au mont Lozère,* t. Ier, p. 121-157.

ont sans doute effacés sur les roches extérieures ? Un examen superficiel ne suffit pas pour convaincre de l'existence d'un *ancien glacier de Bellecoste*. Une étude attentive serait nécessaire pour résoudre cette question. On notera que ce champ de glace encore hypothétique semble s'être arrêté vers l'altitude de 1,100 mètres, supérieure à celle de 900 mètres, où M. Martins limite le glacier de Palhères. Cette différence s'expliquerait par l'exposition de Bellecoste en plein midi, sur le versant sud, où la fusion solaire était plus rapide. Qu'il y ait ou non des ruines de glaciers aux sources du Tarn, dans tous les cas le dernier mot n'est certainement pas dit sur ces restes de l'époque frigorifique dans la Lozère : il y a là un champ d'études à peine exploré et qui promet d'être fertile en découvertes. Les blocs isolés, les dépôts de sable, les formes doucement ondulées des croupes, le moutonnement général des crêtes, font présumer à première vue qu'un couvercle gelé a dû revêtir et arrondir jadis la presque totalité du massif. Le frottement de cette carapace a commencé par émousser, raboter la montagne ; puis la fusion a laissé derrière elle, à l'état de sciure de roches, des argiles feldspathiques où l'herbe des pâturages a pu puiser une alimentation suffisante et former quelques couches d'humus ; sans ces deux couvertures successivement protectrices, de glace d'abord, de sol végétal ensuite, les agents atmosphériques eussent vite déchiqueté, dans toute la Lozère[1], les granits à gros grains, si aisément décomposables. C'est ce qu'ils ont fait d'ailleurs au cirque de Palhères, dont les parois étaient trop escarpées pour retenir accroché un manteau de névés ou d'argiles feldspathiques fertiles. A ce propos, remarquons que cette même raideur des pentes a produit là un résultat d'ordre tout différent : elle a empêché les neiges de s'accumuler sur une assez forte épaisseur pour former un glacier de premier ordre ; ceci explique pourquoi M. Martins a eu raison de reconnaître comme secondaire l'ancien courant glacé de Palhères. Avant de croire sans réserve à la grande extension des phénomènes glaciaires sur le mont Lozère, il faudrait de sérieux travaux d'ensemble pour établir d'une façon précise dans quelles circonstances et dans quelles conditions ces phénomènes se sont manifestés et développés.

CHAPITRE XVIII

LE GÉVAUDAN

Mende. — Les Gabales. — La légende de Saint-Privat. — La bête du Gévaudan. — Le tombeau romain de Lanuéjols. — Vallée du Lot. — Village préhistorique de Chastel-Nouvel. — Le grand Central français. — Le Palais du Roi. — Châteauneuf-de-Randon.

A Mende, en Gévaudan[2], nous arrivons par le sud ou l'est, soit de Florac et du col de Montmirat, soit du pic de Finiels et du Bleymard.

1. *V.* M. MAISONNEUVE, *Notice sur la montagne de la Lozère* : *Mém. de la Soc. d'agriculture de Mende,* t. III, 1829, p. 106, et *Journal des mines,* n° 113, p. 401.
2. *V. Extrait des archives de l'évêché de Mende, comté et pays de Gévaudan,* contenant : la Charte ou Bulle d'Or de 1161 ; l'Échange de 1266, entre saint Louis et l'évêque de Mende, Odilon de Mercœur et le Paréage

LE GÉVAUDAN

Finies sont les merveilles des Causses, bien que quelques plateaux encore doivent se présenter à nous sous ce nom ; mais dans le nord-ouest de la Lozère, autour de Mende et sur l'Aubrac, il nous reste plusieurs curiosités à voir, qui, pour moins insolites, ne sont ni moins intéressantes ni plus connues.

Mende, la *Mimate* ou *Memmate* ou *Mimatensis mons* de Grégoire de Tours, en qualité de préfecture nantie d'un chemin de fer, n'a droit ici qu'à quatre lignes : évêché; 8,033 habitants (5,749 aggl.); 739 mètres d'altitude; ravissante situation entre le Lot et le causse de Mende, qui la domine de 350 mètres ; deux beaux clochers Renaissance à la cathédrale; préfecture (ancien évêché) brûlée, avec sa galerie de portraits des évêques, en 1886 ; ermitage Saint-Privat ; ruelles sales, belles allées de platanes et éclairage à la lumière électrique. Demandez le reste au Guide Joanne.

C'est la capitale du *Gévaudan*, l'ancien pays des *Gabales*, le *Pagus Gabalicus*, *Gabalitanus*, *Gavelitanus*, *Gavaldanus*, le Gabauldan, où les évêques de Mende acquirent, à la fin du xie siècle, avec le titre de comte, le droit d'exercer dans leur diocèse l'autorité temporelle. Plus tard ils partagèrent ce droit avec les rois de France, et, jusqu'à la Révolution, dans les bailliages du pays on rendait la justice tour à tour au nom du souverain et de l'évêque. Le Gévaudan enfin eut ses états particuliers, qui siégèrent alternativement à Mende et à Marvejols.

« Ainsi appelait-on ce territoire avant 1789, ainsi l'appellera-t-on longtemps, ou toujours, en dehors du style administratif et fiscal. — Il y a cent cinquante ou deux cents ans, ce pays avait plus de villages, des villages plus grands ; et des hameaux y sont devenus ruine, ou maison seule, ou simple souvenir, et même oubli. Dans la Lozère, deux choses ont diminué : les sylves et les fonts. Jadis telle source cévenole bramait toute l'année, pour parler avec le patois de ces lieux, c'est-à-dire qu'elle chantait ou du moins murmurait sous un dais de feuillage ; maintenant elle tarit en été dans son pli chauve et fauve, au pied d'un talus désossé, d'un éboulis, d'un roc que le soleil écaille dès que la neige ne le glace plus, *intus ad ossa*. » (O. Reclus.)

L'ermitage Saint-Privat a sa légende aussi. Au ve siècle, en 408, les Vandales, menés par Crocus et venant de ravager la Lyonnaise et l'Auvergne, entrèrent en Gévaudan, dont saint Privat était évêque : évêque ayant pour richesses le cilice qui le couvrait, et pour palais une grotte du causse. Maîtres de Javols (*Anderitum*), alors capitale des Gabales, les barbares sommèrent le saint d'inviter ses fidèles à leur livrer le *Gredonense castrum* (Grèzes) (*V.* chap. XXVIII), qui leur tenait encore tête. Son refus lui valut le martyre : la tradition veut que, nouveau Régulus, il ait été roulé au pied de la montagne dans un tonneau intérieurement hérissé de pointes acérées et de lames tranchantes ; la chronique, plus banale, le fait succomber sous le glaive. La famine délivra le Gévaudan des barbares ; les

---

de 1306; 3 feuilles in-fol. (s. l. n. d.) du xviie siècle ; — *Documents historiques sur la province du Gévaudan*, par Gustave de Burdin, archiviste; Toulouse, imprimerie de P. Lachapelle, 1866-1867 ; 2 vol. in-8° ; — *Vie de saint Privat, martyr, premier évêque et patron du Gévaudan*, par l'abbé Rabeyrolle, vicaire général ; Paris, 1837, in-8° ; — *Vie de saint Privat et guide du pèlerin à sa grotte*, par l'abbé Rigal ; Bar-le-Duc, 1875, in-8° ; — *Actes sur la passion et les miracles de saint Privat*, recueillis dans un manuscrit latin depuis 1171 jusqu'en 1360. Extrait des *Archives de la Lozère*, par l'abbé Baldit, archiviste; *Bull. de la Lozère*, 1852, p. 57 ; — *Gabalum christianum ou Recherches historicocritiques sur l'Église de Mende, aujourd'hui département de la Lozère*, par l'abbé J.-B.-E. Pascal; Paris, chez Dumoulin, 1 vol. in-8°, 1853 ; — *L'Église de Mende et ses premiers évêques*, étude critique par le P. Gaydou; *Bull. de la Lozère*, 1855-1856, p. 240 et 282 ; et 1856, p. 85 et 208 ; — *Origine et histoire abrégée de l'Église de Mende*, par l'abbé J. Charbonnel ; Mende, in-8°, impr. Privat, 1859.

Gabales retrouvèrent les restes de leur pasteur et l'inhumèrent pieusement dans son ermitage. L'affluence des pèlerins ne tarda pas à provoquer le transfert de l'évêché de Javols à Mende, et longtemps on montra sur les rochers la trace laissée par les pas de saint Privat quand il allait, pour son peuple, prier Dieu sur la montagne.

Pour former, en 1790, le département de la Lozère, on a distrait du Gévaudan le territoire du canton de *Saugues* (réuni à la Haute-Loire), et on y a ajouté au sud et à l'est quelques paroisses des anciens diocèses d'Alais et Uzès (Meyrueis, les Cévennes, Villefort, etc.)

Dans la nuit du 24 au 25 décembre 1579, le fameux Mathieu Merle, à la tête de cinq cents partisans, prit Mende, tant par escalade que par la trahison du troisième consul *Bonnicel*, au moment où les bourdons appelaient les fidèles à la messe de minuit, de sorte qu'on n'entendit pas le bruit de son entrée ; il égorgea la garnison, saccagea la cathédrale, fondit sa fameuse cloche la *Non-Pareille*, une des plus belles de la chrétienté, en fit les canons qui, quelques mois plus tard, réduisirent Ispagna et Quézac (*V.* p. 25), et n'en laissa que le battant, qui, subsistant encore, mesure $2^m,35$ de hauteur sur $1^m,10$ de circonférence.

Mille cruautés furent commises par le vainqueur : deux cents habitants périrent massacrés ; l'abbé Jean Chaptal, avant de recevoir le coup mortel, dut de ses propres mains creuser sa fosse ; la servante du chanoine Brès fut suspendue dans une cheminée, et on alluma le feu sous ses pieds ; on enterra vivant un sieur Guillaume Destrichis, mais avec de la terre jusqu'au cou seulement, la tête passant... et autres horreurs. La mine acheva de détruire la cathédrale, sauf les clochers, qui furent sauvés, parce que leur chute eût démoli le palais épiscopal, où logeait Merle! Le brigand, devenu baron de Lagorce et Salavas, ne quitta la ville que le 11 juillet 1581. (*V.* André, *Annuaire de la Lozère* pour 1866, p. 133[1].)

Aux terribles méfaits devenus légendaires d'une simple louve, et non d'un lynx ou d'une hyène, comme le disent certains ouvrages, le pays des évêques de Mende doit toute la célébrité de son nom. C'est, et la voici, l'histoire de la *bête du Gévaudan.*

En juin 1764, de la forêt de Mercoire, vers les sources du Lot, de l'Allier, du Chassezac, sortit un jour une louve monstrueuse, dont les féroces ravages répandirent brusquement une frayeur folle dans toute la contrée.

La bête redoutable ayant dévoré plusieurs enfants et blessé un grand nombre de personnes, l'imagination populaire ne tarda pas à lui prêter des formes fantastiques : dragon cornu gros comme un cheval, ours à tête de loup, hérisson géant à queue de serpent, animal sorcier enfin, sur l'écaille duquel les balles s'aplatissaient comme des liards.

Au mois de juillet suivant, douze cents paysans des environs de Langogne, armés de faux, fourches et fusils, et précédés de cinquante dragons, entreprenaient une battue générale.

Débusquée, la *bête du Gévaudan* commença par mettre un homme hors de combat ; croyant avoir affaire au diable même, la petite armée la laissa maîtresse du champ de bataille, puis l'évêque de Mende ordonna des prières publiques.

Elles ne conjurèrent point le fléau : la bête étendit ses incursions jusque dans le Rouergue.

---

1. *Notice sur Merle; Prise de la ville de Mende et autres villes, depuis 1462 jusqu'en 1580.* Florac, impr. George, br., in-8°.

Les évêques de Mende et de Viviers publièrent alors qu'une récompense de 200 livres serait accordée à celui qui délivrerait la contrée. Bientôt les états du Languedoc portèrent cette promesse à 2,000 livres.

Toute vie, en effet, semblait suspendue : plus de chalands aux foires et marchés, plus de troupeaux menés en pâture, plus de veillées le soir au coin des âtres campagnards. En troupe armée seulement on osait se risquer dehors.

Parmi les épisodes de cette véritable *Terreur*, on cite l'héroïque conduite de sept jeunes enfants du Villaret (hameau à 9 kil. au nord de Châteauneuf-de-Randon), chargés de mener à la montagne le bétail paternel.

Voici comment la raconte M. O. Fournier (*les Animaux historiques*) :

« Au point du jour, les sept enfants (cinq garçons, dont l'aîné pouvait avoir treize ans, et deux petites filles) se mirent en route pour la montagne. Ils étaient armés chacun d'un bâton garni d'une lame de fer pointue, longue de quatre doigts. Ils arrivèrent sans encombre au sommet de la hauteur, qui formait un plateau assez spacieux. Deux ou trois heures se passèrent sans que rien annonçât le moindre danger. Les enfants se réunirent, et, tirant des provisions d'un bissac, s'assirent pour déjeuner tous ensemble. Tout à coup un des petits garçons se leva, et, désignant du doigt deux yeux qui brillaient comme deux globes de feu, s'écria d'une voix étranglée par l'épouvante :

Clochers de Mende. — Phot. Paradan.

« La bête !... voici la bête ! »

« A ce cri, tous les enfants se levèrent et se mirent bravement en défense. Le terrible animal, qui d'abord s'était arrêté, s'approcha, tourna deux ou trois fois autour du faible groupe, et enfin s'élança d'un bond sur un des petits garçons. A l'instant les trois plus grands fondirent sur la bête et la piquèrent à plusieurs reprises sans parvenir à lui percer la peau. Néanmoins, à force de la harceler, ils finirent par lui faire lâcher prise. Elle se retira à quelques pas, après avoir arraché une partie de la joue droite au petit garçon dont elle s'était emparée d'abord, puis elle se mit à manger devant eux ce lambeau de chair sanglante.

« Bientôt elle revint attaquer ces enfants avec la même fureur ; elle saisit par le bras le plus jeune de tous et l'emporta dans sa gueule.

« Sauvons-nous ! s'écria l'un des enfants épouvanté.

« — Non pas, répondit intrépidement le plus âgé de la bande ; non pas, il faut « sauver notre camarade ou périr avec lui. »

« A ces mots, il se précipite avec une héroïque résolution sur l'horrible bête ; ses petits compagnons le suivent. Le féroce animal fuit avec sa victime, mais les enfants ne le lâchent pas ; ils le tourmentent de leurs piques et le poussent dans un marais, dont le terrain est si mou qu'il y enfonce jusqu'au ventre. Ils frappent alors à la tête, dirigeant leurs coups vers les yeux ; ils l'atteignent à la gueule, qu'il avait continuellement ouverte. Pendant ce combat, le monstre tenait sa victime sous sa patte, sans la mordre, car il était occupé à faire front à ses adversaires.

« Enfin ceux-ci le harcèlent avec tant de persévérance et d'intrépidité, qu'ils lui font lâcher prise une seconde fois : le petit garçon qu'il avait enlevé n'eut d'autre mal qu'une blessure au bras et une légère égratignure au visage.

« Ce combat retentit dans toute la France ; une gratification fut accordée par le roi à ces enfants ; les journaux de l'époque célébrèrent leur action courageuse, et il se trouva un poète pour composer un poème en leur honneur. »

Ce poème, d'ailleurs grotesque, et que l'on trouve cité dans le *Journal encyclopédique* du 1er octobre 1765 et dans les *Mémoires secrets de Bachaumont* du 29 du même mois, trace de la bête le portrait suivant :

> De certaine distance alors, à quelques toises,
> Par derrière, à la gorge, ou bien par le côté,
> Il attaque sans cesse, avec rapidité.
> Sur sa propre victime il va, court et s'élance ;
> Par lui couper la gorge aussitôt il commence.
> Monstre indéfinissable, il est d'ailleurs poltron.
> De grande et forte griffe il a la patte armée, etc.

L'auteur partage l'opinion, assez générale parmi le peuple des campagnes, que la bête du Gévaudan a été vomie de l'enfer. Aussi, en sa qualité de Picard, voudrait-il qu'elle fût auprès d'Amiens, car

> Notre digne prélat, par sa foi, par son zèle,
> Nous en délivrerait avec juste raison,
> Par le moyen du jeûne ainsi que l'oraison ;
> Sur le cou de la bête appliquant son étole,
> Il la rendrait plus douce à l'instant et plus molle.

Le sommaire de l'ouvrage est digne de cette bizarre poésie : « Exposition des fureurs de la bête ; digression très curieuse sur la fête de la Gargouille, qu'on célèbre à Rouen ; réflexions sur la galanterie qui semble régner dans les démarches de la bête ; portrait dudit monstre ; réflexions utiles sur la cherté du bois qu'elle occasionne ; description des chasses où on l'a manquée ; projet intéressant de faire un beau miracle à l'encontre de cette bête ; conclusion. »

Au surplus, l'animal n'avait pas succombé, et ce fut au tour du roi lui-même de promettre une récompense de 8,400 livres pour sa destruction. Une nouvelle armée de vingt mille chasseurs, dit-on, ne réussit encore qu'à la blesser. Toutes les battues, tous les moyens, pendant de longs mois, ne donnèrent pas d'autres résultats.

En juin 1765 (il y avait déjà un an que durait la désolation du Gévaudan), Louis XV envoyait sur les lieux son propre lieutenant des chasses, à la tête d'un équipage d'élite. Un trimestre encore la lutte devait durer. Femmes et enfants continuaient à servir de pâture au monstre. Une femme pourtant sut sauver sa vie avec une baïonnette fixée à un bâton.

D'après un manuscrit de la Bibliothèque nationale, voici comment on vint à bout de la bête du Gévaudan.

« Informé que les loups désolaient les bois de la réserve de l'abbaye royale de Chazes, en Auvergne, le porte-arquebuse du roi (M. d'Antoine) y avait envoyé deux gardes-chasse suivis de leurs limiers, et sur l'avis qu'ils donnèrent qu'ils y avaient aperçu un très grand loup, ainsi qu'une louve et des louveteaux assez forts, il s'y transporta, le 20 septembre, avec tout son monde à lui et quarante tireurs des paroisses voisines, par lesquels il fit entourer le bois de la réserve, tandis que les valets de limiers et les chiens de la louveterie le fouillaient de toutes parts.

« S'étant lui-même placé à un détroit, il vit venir par un sentier ce grand loup, qui lui prêtait le flanc droit et tournait la tête pour le regarder. Il lui tira sur-le-champ un coup de derrière de sa canardière, chargée de cinq coups de poudre, de trente-cinq postes à loup et d'une balle de calibre, dont l'effort le fit reculer de deux pas; mais l'animal était atteint dans le flanc et dans l'œil. Il tomba aussitôt, se releva et marcha sur le porte-arquebuse sans lui donner le temps de recharger son arme. Celui-ci appela au secours : un garde-chasse du duc d'Orléans accourut; il tira au loup un coup de sa carabine et le blessa d'une balle à travers la cuisse; après quoi le loup, ayant fait encore quelques pas, tomba raide mort dans la plaine.

« Plusieurs paysans des environs, qu'il avait attaqués, furent aussitôt appelés et le reconnurent pour cette bête effroyable qui avait jeté, depuis si longtemps, tout le pays dans la terreur. On lui trouva, en outre, la marque du coup de baïonnette dont il est question plus haut. Ainsi, il n'y avait plus à douter de son identité, non plus que de la délivrance du Gévaudan. L'animal avait 2 pieds 8 pouces (0^m,89) de hauteur, 3 pieds (1 m.) de circonférence, et 5 pieds 7 pouces (1^m,86) de longueur, depuis le bout du museau jusqu'à l'extrémité de la queue. Il pesait 130 livres (65 kilog.); sa gueule était garnie de quarante dents : dix-huit en haut, vingt-deux en bas. Les chasseurs jugèrent qu'il avait environ huit ans. C'était, en un mot, un loup carnassier d'une taille prodigieuse et d'un aspect terrible.

« En laissant de côté toutes les exagérations ordinaires en pareil cas, on trouve que le nombre total de ceux qui ont été dévorés par la bête féroce du Gévaudan s'élève de cinquante à cinquante-cinq individus, la plupart femmes et enfants. Il faut ajouter environ vingt-cinq personnes qui, ayant été secourues à temps, en furent quittes pour des blessures plus ou moins graves[1] »

---

1. PUBLICATIONS RELATIVES A LA BÊTE DU GÉVAUDAN.
Relations de la figure et des désordres commis par une bête féroce qui ravage le Gévaudan. Impr. de N.-E. Valleyre, 1765, in-4°, pièce (Bibl. nat., L. Ks. 785). — *Relation générale et circonstanciée de tous les désordres commis par la bête féroce.* Ibid., 1765. (Bibl. nat., Ibid.) — *Relation de la prise de la bête féroce qui a fait de si cruels ravages dans les paroisses d'Auvergne, du Gévaudan et autres, 20 septembre 1765.* Paris, impr. de Hérissant, in-4°, pièce (Bibl. nat., Ibid.). — *L'Hyène combattue ou le triomphe de l'amitié et de l'amour maternel en deux poèmes héroïques*, Amsterdam et Paris, Dufour, 1765, in-8°, pièce (Bibl. nat., Ibid). — *Sur la Bête monstrueuse du Gévaudan*, poème, s. l. n. d., in-8°, pièce (Bibl. nat., Ibid.). (Outre les 5 pièces ci-dessus, le

Près de Mende (à 10 kil. au sud-est), une antiquité romaine sollicite l'attention de l'archéologue : c'est le *tombeau de Lanuéjols*. Sortant de la ville par le sud, on gravit les lacets de l'ancienne route de Villefort, qui traverse le causse de Mende; la vue est belle sur le bassin du Lot, et le promontoire de la *Roussette* (1,083 m.) très curieusement effilé et tranchant. Après la métairie de *la Brugère*, d'un sentier à gauche descend en raccourci dans le ravin boisé de *Malaval*, que rafraîchit une jolie source. A l'est du hameau, un roc pyramidal porte les restes d'un castrum romain ou oppidum gaulois (*Chapieu ruiné* de la carte) (985 m.). Derrière est *Lanuéjols* (857 m.), en vue du *roc de l'Aigle* (1,258 m.) et au pied des croupes nord-occidentales du mont Lozère, dans un cirque pittoresque brûlé par le soleil. Il ne faut pas confondre cette commune lozérienne avec celle du même nom située dans le Gard, entre Meyrueis et Trèves.

On a retrouvé là beaucoup de restes de l'occupation romaine; le plus considérable est celui dit dans le pays *lou Mazelet*, monument carré de $5^m,35$ de côté, flanqué de niches, mausolée consacré à la mémoire des fils de Bassianus et de sa femme Regola.

En 1881, M. Germer-Durand, architecte départemental, a publié dans le *Bulletin de la Société d'agriculture, industrie, sciences et arts de Mende*, sur cet édifice (la plus importante ruine romaine de toute la Lozère), une notice à laquelle nous empruntons les détails suivants [1] :

« Le tombeau romain de Lanuéjols occupait l'extrémité la plus élevée d'une vaste place entourée d'un portique. La forme de ces constructions était probablement celle d'un parallélogramme terminé aux angles par de petits édifices dont l'un a été mis à jour, et que reliaient des galeries couvertes.

« Sur le linteau de la porte, qui mesure $2^m,20$ de longueur, $0^m,60$ de hauteur et $0^m,60$ d'épaisseur, on voit une inscription de cinq lignes encadrée par une simple moulure. La pierre est entière, mais corrodée par le vent et la pluie; il y a aussi sur le côté droit une petite fente et quelques écorchures. A droite et à gauche subsistent les traces de génies ailés accostant le cartouche.

« Voici la traduction de l'inscription, qui mesure $2^m,03$ de longueur sur $0^m,42$ de hauteur :

« En l'honneur et à la mémoire de Lucius Pomponius Bassulus et de Lucius « Pomponius Balbinus, pieux fils, Lucius Julius Bassianus, leur père, et Pomponia « Regola, leur mère, ont élevé ce monument ainsi que les constructions adja-

---

recueil fait par Gervais-François MAGNE DE MAROLLES contient 49 feuillets et 15 planches gravées, Bibl. nat., Ibid.) — *Complainte au sujet de la bête du Gévaudan et prospectus du poème intitulé* : la Bête du Gévaudan, par Fr. ESTANIOL DE SAUGUES : *Mém. de la Soc. d'agriculture* de 1848-1849-1850, p. 123. — *La Bête féroce dite du Gévaudan*. Extrait du *Dict. statistique du Cantal*, par M. DE CHAZELLE, 1855. — Note publiée par M. Ignon dans le *Journal de la Lozère* (n° 79), le 5 thermidor an V (1799), *sur la Bête du Gévaudan*. — *Histoire de la bête du Gévaudan*, d'après le *Journal des chasseurs*, dans les *Mém. de la Soc. des lettres, sciences et arts de l'Aveyron*, t. III, 1841-1843. — *La Bête du Gévaudan*, notice et documents divers par F. ANDRÉ : *Bulletin*, 1872, p. 91. — *Les Ravages des loups en Gévaudan*, par F. ANDRÉ, archiviste; extrait des *Annuaires de la Lozère* en 1872. — *Détails complémentaires sur la bête du Gévaudan*, par F. ANDRÉ, archiviste : *Annuaire* de 1880. — *La Bête du Gévaudan*, notice historique, par Aug. ANDRÉ, avec planches : *Bulletin de la Lozère*, 1882. — *La Bête du Gévaudan*, imprimé par l'abbé Pourcher, à Saint-Martin-de-Boubaux (recueil de pièces), 1889.

1. *V.* aussi *Rapport sur l'inscription du monument de Lanuéjols au congrès scientifique du Puy*, 22° session, 1854, par M. DE BRETAGNE; — *Notes sur le monument romain de Lanuéjols*, par M. Th. ROUSSEL : *Congrès archéologique de France*, 1857; — *Rapport sur le monument romain de Lanuéjols* (avec planches), par M. TOURRETTE : *Congrès archéologique de France*, 1857. — *V.* baron TAYLOR, *Languedoc*, t. Ier, 2° partie, pl. 75 *bis*.

« centes, depuis la fondation jusqu'au complet achèvement, et l'ont dédié (à leurs
« enfants). »

« A cela se réduit la fable propagée par le P. Louvreleul, qui, sur on ne sait
quelle donnée, avait publié que c'était le tombeau de Munatius Plancus, fondateur de Lyon, fable répétée par presque tout le monde et dans tous les Guides,
faute de contradiction sérieuse.

« La ruine est venue au v° ou vi° siècle, par suite de l'abandon, par suite de
la chute des charpentes, qui entraîna les murailles; cette ruine a été achevée
certainement, peut-être même provoquée, par le ravin voisin, qui, descendant
rapidement de la montagne, a amené dans cette partie de la vallée 3 ou 4 mètres
d'argile; la poussée des terres a dû être irrésistible, car elles recouvrent actuellement la plus grande partie de ce bel édifice.

« Au commencement de ce siècle, le tombeau des enfants de L. Julius Bassianus était encore enterré jusqu'au niveau du linteau de la porte d'entrée, et
de temps à autre, il servait d'abri aux bohémiens, diseurs de bonne aventure et
montreurs d'ours.

« Son ancienneté, sa forme inusitée et le séjour de ces voyageurs à mines
étranges avaient donné naissance à une légende qui en faisait la demeure des
sorciers.

« Dans ce Mazelet on a cru voir aussi une antique chapelle chrétienne, à cause
d'une archivolte intérieure sculptée où sont représentés des oiseaux becquetant
au-dessous d'un vase de fruits et de rinceaux de feuillage.

« Le style et le caractère de l'ornementation, aussi bien que l'existence de
niches ou enfoncements carrés au fond, à droite et à gauche, auraient pu le faire
croire, mais rien dans l'inscription, pas plus que dans les détails de la sculpture,
n'autorise à le penser, car celle-ci ne représente pas, comme on l'a cru, le sujet si
connu de colombes buvant dans un calice. »

Enfin un acte du xiii° siècle attribue, non moins faussement, la construction
aux Sarrasins.

A côté de Lanuéjols est le château du *Boy*, où M. L. de Malafosse, le
méritant vulgarisateur des Causses et l'inventeur de Montpellier-le-Vieux, a
réuni en curieuse collection les objets préhistoriques recueillis par lui dans les
grottes et les dolmens de la Lozère.

De Lanuéjols, par *Brenoux* (321 hab., 27 aggl.) et *Varasous* au sud-ouest,
on gagnerait Saint-Etienne-du-Valdonnès et la route du col de Montmirat
(*V.* p. 243); — par le col de la *Loubière* (1,168 m.) (*V.* p. 260), à l'est, on rejoindrait la vallée du Lot et la route de Villefort à Mende.

Notons en passant que cette route ne manque pas d'intérêt (environ 60 kil.):
après avoir remonté la très pittoresque vallée de l'Altier, elle franchit les Cévennes au *col de Tribes*, ouvert à 1,130 mètres entre les deux faîtes parallèles de
la Lozère et de la montagne du Goulet (1,499 m.). De l'autre côté du col, elle
traverse le Lot naissant, avant de laisser à gauche *le Blaymard*, chef-lieu de
canton (665 hab. la comm., 486 aggl.), où tombe la route inachevée du Pont-de-Montvert, qui surmonte le seuil de Finiels. Jusqu'en aval des bains de *Bagnols*
(538 hab. la comm., 501 aggl.), la vallée du Lot, avec ses méandres, ses fayards
(bois de hêtres), ses prairies, ses talus boisés, ses roches rouges, est tour à tour
gracieuse ou d'une extrême sauvagerie.

A signaler les magnifiques ruines du *château du Tournel*, menaçant perpétuellement le village de leur chute et perchées sur un promontoire de rocher qui force la rivière à faire un grand détour. C'est un tableau d'un pittoresque achevé. La route passe, en un tunnel de 110 mètres de longueur, sous le château; la vallée s'élargit, et bientôt on distingue, sur un mamelon entouré de trois côtés par un méandre du Lot, le village de Saint-Julien-du-Tournel (753 hab. la comm., 200 aggl.), dont l'église romane se détache en vigueur sur le ciel.

Puis on traverse *Bagnols* (914 m.), aux bains sulfureux rustiques, très fréquentés pour les rhumatismes et les maladies de cœur, connus des Romains; — *Sainte-Hélène* (191 hab. la comm., 172 aggl.); — *Nojaret,* où est né le chimiste Chaptal (1756-1832); — *Badarous* (726 hab. la comm., 526 aggl.), et l'on parvient en vue de Mende.

L'ancienne route, encore plus riche en beaux points de vue, parce qu'elle s'élevait davantage, passait au sud de la nouvelle par le *col de Bourbon* (1,081 m.), très étudié des géologues, coupait la grande *draye* du mont Lozère et la ligne de partage des eaux au point coté 1,189, à 1,800 mètres au sud-ouest du col de Tribes, se maintenait dès lors entre 1,100 et 1,200 mètres, gagnait le col de la Loubière, suivait la crête du *roc de l'Aigle,* qui, entre Lanuéjols et le Lot, relie ce col au causse de Mende, et atteignait la ville par la descente de la *Roussette.*

Encore aux environs du chef-lieu de la Lozère, on peut voir le village celtique de *Chastel-Nouvel* (595 hab. la comm., 201 aggl.), à 7 kilomètres au nord sur la route de Saint-Flour. Voici comment ses ruines sont décrites par le savant abbé Boissonnade :

« Au nord-ouest de Chastel-Nouvel, et sur le chemin d'Aspres, des entassements de matériaux forment sur le sol des bourrelets plus ou moins rectangulaires, au-dessus desquels émergent parfois de gros blocs alignés, et accusent les ruines d'un village très ancien, composé d'une vingtaine d'habitations de 4 à 5 mètres de long sur 3 au plus de large.

« Les plus gros blocs, établis de distance en distance, surtout aux angles et aux deux côtés de l'entrée, semblent avoir formé la grosse charpente. Les vides étaient remplis de pierres de moyen appareil, et à 1 mètre du sol devait s'appuyer la toiture, consistant en arbres et en branchages recouverts de mottes de terre gazonnées.

« Au centre de ces ruines figurait un amoncellement plus considérable de matériaux. Des fouilles ont révélé en ce point l'existence d'un four.

« Ces ruines sont, du reste, presque en tout semblables à celles des vieilles habitations gauloises ou celtiques si nombreuses sur l'Aubrac. Ces dernières seraient un peu plus arrondies ou plus irrégulièrement assises.

« A quelques pas de là, vers l'ouest et sur le flanc de la pente, se voit un amoncellement de roches métamorphiques qui semblent s'être détachées de la montagne par fendillement, puis renversées pêle-mêle, sans ordre aucun.

« Toutefois, vers le bas de ce vaste éboulis on rencontre, ouverte sur l'ouest, une porte formée de trois blocs énormes, dont deux, dressés à 80 centimètres l'un de l'autre, sont surmontés du troisième en forme de linteau.

« C'est là l'entrée d'une sorte de corridor de 1 mètre de large en moyenne, dont les murs, en pierre sèche, grossièrement alignés, sont surmontés à hauteur d'homme de blocs roulés l'un contre l'autre pour en former le plafond.

« Ce corridor, après quelques pas, donne accès à un étroit réduit de forme arrondie, mesurant à peine 2 mètres de diamètre. De là partent, dans deux nouvelles directions, deux couloirs très étroits, offrant juste le passage d'un homme, sauf parfois dans le milieu d'un couloir, où l'on croit reconnaître un retrait intentionnellement pratiqué; puis, à 3, 4 ou 5 mètres, chaque couloir débouche dans une autre enceinte semblable à la première et donnant elle-même une ou deux nouvelles issues ; ainsi de suite se continue ce réseau souterrain tissu de mailles polygonales irrégulières, et dont chaque nœud n'est autre qu'un de ces petits refuges que les bergers savent si bien construire partout où les pierres sont à leur disposition.

« Ce petit labyrinthe, aujourd'hui en partie ruiné, semble avoir été établi sur une surface de 150 à 200 mètres carrés.

« On peut compter encore de dix à douze petites chambres, et l'on se demande si, dans la partie la plus reculée vers le nord, il n'existait pas une enceinte plus vaste, à laquelle donnait accès l'un des multiples couloirs que nous venons d'étudier.

« Constatons que le toit de cette mystérieuse substruction, presque partout recouvert de terre gazonnée, achevait de dissimuler son existence.

« Quittant ce dédale, remontons sur le plateau et dirigeons nos pas vers le sud, à 200 ou 300 mètres. A notre droite, un éboulis bien plus considérable, composé d'un appareil gigantesque, frappe notre regard, et nous nous demandons si là encore nos hommes aux muscles robustes, si avides de pittoresques constructions, n'auront pas mis à profit cet appareil tentateur.

« A peine engagés sur la pente risquons-nous parmi des roches anguleuses... Mais, devant nous, voilà, grande ouverte vers l'ouest, une porte cyclopéenne digne du monument dont elle est l'entrée. Trois blocs énormes suffisent à son élévation : deux pieds-droits et un linteau. Derrière ceux-ci, même répétition ; de nouveaux blocs se dressent, d'autres sont roulés sur leurs têtes... Entrons ; en trois pas nous franchissons ce sévère vestibule, puis, obliquant brusquement à gauche, nous voyons se dresser, irrégulièrement alignés, de nouveaux géants, sur lesquels dorment en travers leurs frères étendus... Nous sommes dans une allée couverte, très praticable sur une douzaine de mètres, mais dont le fond en ruine se perd dans le pêle-mêle des roches environnantes.

« Dans le premier abri, rien, sauf l'entrée, n'égale le second ; mais les dimensions des matériaux employés et leur position sur le flanc de la vallée semblent avoir imposé cette nouvelle structure.

« Ici encore, mystère. Sont-ce là des refuges pour servir de retraite en cas d'invasion aux habitants du village voisin ? Une peuplade nomade, aux temps préhistoriques, serait-elle venue s'établir en ces lieux ? Les archéologues trouveront assurément certains traits de parenté entre ces constructions et celles de l'âge des dolmens. Ici comme là, emploi des matériaux à l'état brut, sans trace aucune de marteau, de ciseau, etc.

« Quant à la tradition, elle est muette... à moins qu'on ne tienne compte de légendes absurdes[1], légendes qui néanmoins nous montrent à toute époque l'incertitude et le mystère planant sur ces ruines. »

Ces étranges demeures, en partie souterraines, ont été découvertes ou explorées de 1871 à 1877 par M. André, archiviste de la Lozère, et les abbés Louche et Boissonnade. M. Maurin, agent-voyer, en a levé le plan[2]. Elles ne sauraient

---

1. Un chien serait entré dans le souterrain à la poursuite d'un lapin et serait allé sortir à Villeneuve (3 kil.) ou au château de Randon, au sommet de la Margeride (10 ou 12 kil.).
2. Pour plus de détails, voyez *Bulletin de la Société d'agriculture de la Lozère* pour 1875, p. 115 et 157 ; —

intéresser réellement que les archéologues, qui, d'ailleurs, les trouvent très curieuses.

Au nord de Chastel-Nouvel, la route de Saint-Flour traverse, entre les sources de la Colagne et de la Truyère (deux affluents du Lot qui circonscrivent l'Aubrac), les plateaux, véritables parcs, frais et bien arrosés, de Saint-Amans, Serverette, Aumont, Saint-Chély-d'Apcher, où passe aussi, plus à l'ouest, le chemin de fer, dit *grand Central français*, de Neussargues à Marvejols (Clermont-Ferrand à Millau); c'est une jolie région de pelouses, de bouquets d'arbres, de clairs ruisseaux, unissant l'âpre Margeride au solitaire Aubrac. Entre Serverette et Aumont, *Javols* (l'ancienne *Anderitum*) se cache au fond du vallon du Triboulin, petit affluent de la Truyère : Javols, l'antique cité des Gabales, d'où, pour le musée de Mende, on a extrait tant de débris romains. On y a retrouvé aussi des traces de l'ancienne voie d'Agrippa, qui allait de Lyon à Toulouse. (*V.* chap. XXVIII.)

Le grand Central français peut être considéré comme la limite orientale de l'Aubrac ; c'est la plus courte ligne de Paris à Barcelone (1,108 kil.), par le Bourbonnais, Clermont-Ferrand, Issoire, Arvant, Neussargues (près Murat), Saint-Flour, l'audacieux pont en fer de Garabit (haut de $122^m,20$, long de $564^m,65$, avec une arcade centrale de 165 m. d'ouverture, $177^m,72$ d'axe en axe des piles), célèbre aujourd'hui dans le monde entier comme l'un des plus grandioses travaux d'art existant, et dû à MM. Boyer, l'ingénieur si regretté (mort à Panama en 1886), et Eiffel (1882-1885)[1] ; Saint-Chély-d'Apcher, Aumont, le viaduc en pierre de la Crueize, haut de $63^m,30$, Marvejols, le Monastier (embranchement de Mende), Banassac (route de la Malène), Sévérac-le-Château (bifurcation de Rodez), Aguessac, Millau, Tournemire (embranchement de Saint-Affrique), Montpaon, Bédarieux (embranchement de Graissessac), Béziers (bifurcation de Cette), Narbonne (bifurcation de Toulouse et Bordeaux), Perpignan, Port-Vendres et Port-Bou. Le tronçon le dernier achevé, celui de Neussargues à Saint-Flour (18 kil.), n'a été ouvert que le 10 novembre 1888 ; la section (37 kil.) de Saint-Flour à Saint-Chély, où se trouve le pont de Garabit, avait été livrée à la circulation le 27 mai 1888 ; la voie traverse des terrains très mouvementés et s'élève très haut (maximum, près Saint-Chély-d'Apcher, 1,056 m.); elle est unique dans la traversée du plateau central et des Cévennes; les trains express (!!!) s'y arrêtent à presque toutes les stations; l'ensemble de la ligne appartient à trois compagnies différentes (P.-L.-M., Orléans, Midi), réunion de circonstances bien défavorables à l'établissement d'un service rapide et direct, à correspondances continues, vers l'Espagne méditerranéenne. Mende, toutefois, a vu diminuer ainsi de deux à trois heures la durée du trajet qui la sépare de Paris, et les communications avec la région des Causses ont été grandement facilitées, car deux chemins de fer au lieu d'un la mettent en relation *immédiate* avec le centre et le nord de la France[2].

Pour sortir des Causses (ou pour y entrer), la route de Langogne rejoint la ligne

---

E. CARTAILHAC, *Matériaux pour l'histoire primitive de l'homme;* 1877, t. VIII, p. 526 ; — abbé BOISSONNADE, *Bull. de la section de la Lozère du Club alpin français*, nos 1 et 2, 1886 et 1887.

1. On va construire, dans le Tarn, pour faire franchir à une voie ferrée la profonde vallée du *Viaur*, un viaduc de 460 mètres de long, dont l'arche centrale aura 250 mètres d'ouverture et $116^m,80$ au-dessus de la rivière. — Au pont du Forth (Écosse), inauguré en 1890, les deux principales travées ont chacune 583 mètres d'ouverture. — Le viaduc de 38 kilomètres de longueur projeté sur la Manche pour unir la France à l'Angleterre se composerait de travées ayant alternativement 300 et 500 mètres de portée. — Ce sont là les plus grands ponts de fer. — Aux États-Unis il y en a de dimensions analogues, mais *suspendus* (Brooklyn-New-York [486 m.]), etc.

2. *Chemin de fer de Marvejols (Lozère) à Neussargues (Cantal); Viaduc de Garabit sur la Truyère*, par Léon

de Paris à Nîmes (ou en emmène les voyageurs). Remontant d'abord la vallée du Lot, elle quitte celle de Villefort au *col de la Tourette* (841 m.), à 10 kilomètres de Mende, et s'élève au nord-ouest vers « les granits du *socle de Montbel* et ceux du *Palais du Roi,* qu'on dirait ainsi nommé par ironie, car il ne porte que des étables et des cabanes, fouettées pendant six mois de l'année par des vents mouillés de neige ».

Elle laisse à droite la montagne du *Goulet* et la *forêt de Mercoire* (Maure-de-la-Gardille) [1,501 m.]. (*V.* p. 17.)

Viaduc de Garabit.

« Mercoire, c'est Mercure : au dieu topique entré sous ce nom latin dans le panthéon de la Gaule romaine succéda le Christ, qui eut ici son abbaye (xiiiᵉ siècle)[1] dans les bois les plus amples du Gévaudan, réduits maintenant à 340 hectares au lieu de 12,000. »

Boyer, ingénieur des ponts et chaussées. Paris, Dunod éditeur, 1888, un vol. gr. in-8° de texte et calculs des résistances (400 pages), avec un grand album de 74 planches contenant tous les détails de la construction de cet important ouvrage. Manuscrit complet de L. Boyer, publié par les soins de M. Lévy, ingénieur des mines, avec le concours de M. Ch. Talansier, ingénieur civil, et de M. Rogier, conducteur des ponts et chaussées. — *Notice nécrologique sur Léon Boyer, ingénieur des ponts et chaussées,* par Léon Lévy, ingénieur des mines. Paris, 1888, impr. Chaix (extrait de l'ouvrage posthume de L. Boyer intitulé : *le Viaduc de Garabit sur la Truyère*).

1. *L'Abbaye de Mercoire, ordre de Citeaux,* par F. André, archiviste : *Annuaire* de 1868.

A gauche, le Palais du Roi (1,440 m.) est la racine même de la chaîne de la Margeride, cette « longue ligne noire dans le ciel de la France centrale, cette espèce de muraille sans créneaux, sans tours et sans clochers », qui unit le Cantal aux Cévennes et qui culmine, tout près dudit Palais, dans le *Truc de Fortunio* (1,543) et le *signal de Randon* (1,554); en Lozère, l'Aubrac et la Margeride sont collectivement désignés sous le nom de « la montagne »; mais leurs sommets font saillie de 150 à 350 mètres au plus au-dessus des pâturages et cailloutis d'alentour.

A 1,265 mètres, une « pyramide de granit » signale le point le plus élevé de la route, entre les bassins du Lot et de l'Allier. A droite, une route descend à Bagnols-les-Bains et passe près d'*Allenc* (803 hab. la comm., 342 aggl.), où se rencontrent souvent des monnaies romaines enfouies. Puis on s'abaisse vers l'*Habitarelle*, simple relais où le monument de Duguesclin[1] rappelle le plus grand souvenir historique de toute la contrée, à dix minutes de *Châteauneuf-de-Randon* (768 hab. la comm., 428 aggl.), perché sur une colline (1,290 m.) et devenu bien misérable, quoique chef-lieu de canton! C'est une ville triste, au-dessus du vallon triste qui vit la mort de Duguesclin (13 juillet 1380).

Et puis, comme en traversant le Larzac, il n'y a plus qu'à sommeiller le long de la route insignifiante qui aboutit à Langogne (3,808 hab. la comm., 3,290 aggl.) et nous mène au train de Paris, dans lequel on parcourt trop vite les magnifiques défilés basaltiques de l'Allier, entre la Margeride et le Velay.

Ainsi finit notre voyage des Causses, mais non pas le livre lui-même, car divers sujets scientifiques nous restent à esquisser à larges traits; et si nous négligeons Marvejols, les vallons de la Colagne, la Margeride et l'illustre pont de Garabit, nous ne pouvons quitter la Lozère sans parler d'un plateau peut-être plus ingrat et plus inconnu encore que ceux des Causses, l'Aubrac.

CHAPITRE XIX

L'AUBRAC

Le désert d'herbes. — Les orages. — Aspect général. — La motte. — De Chaudes-Aigues à Espalion. — La Guiole. — Bonneval. — La vallée de Saint-Chély-d'Aubrac. — Aubrac : calme et solitude. — Notre-Dame des Pauvres. — La cloche des Perdus. — Un four dans un clocher. — Le pape Alexandre III et le Saint-Bernard de l'Aubrac. — Signal de Mailhebiau. — Le plateau des lacs. — Fêtes et castors du lac de Saint-Andéol. — Cascade Deroc. — Le ruisseau des Plèches. — De Marvejols à Nasbinals. — Mlle de Fontanges. — L'âme de César. — Excursion au château d'Arzenc. — Villages gaulois. — Voie et station romaines. — Tumuli. — Noms celtiques. — Pacages et fromages. — Le glacier du Bès. — Basaltes tertiaires de l'Aubrac et de l'Auvergne.

Élisée Reclus n'a consacré à l'Aubrac qu'une demi-page de sa *Géographie de la France;* il y a d'intéressants détails dans le Guide Joanne des Cévennes; mais

---

1. GAUTIER, architecte, *le Monument de Duguesclin élevé à l'Habitarelle : Annuaire* de 1828.

ce sont surtout les Mémoires du docteur Prunières et de M. de Malafosse, disséminés dans divers recueils scientifiques, qui ont révélé les côtés les plus curieux, agriculture, géologie et préhistoire, de ce canton peu connu d'Aubrac. En somme, la monographie du pays reste à faire, grand travail dont le présent chapitre n'est que le sommaire.

L'Aubrac est ce plateau, long de 15 lieues, large de 13, en forme de pointe de flèche arrondie, qui se rattache vers l'est, par un étroit pédoncule, au point culminant des monts de la Margeride, le signal de Randon (1,554 m.), entre Saint-Amans-la-Lozère, chef-lieu de canton (393 hab. la comm., 212 aggl.), et Châteauneuf-de-Randon; sur tout le reste de son pourtour, la Colagne, le Lot et la Truyère l'isolent des Causses et du Cantal; le Bès, affluent gauche de la Truyère, partage en deux son ellipse irrégulière, dont toutes les eaux descendent au Lot.

Brusquement coupé à l'ouest et au sud sur cette rivière, il s'incline doucement au nord et à l'est. Vers le confluent du Lot et de la Truyère, son soubassement s'appelle plateau de la *Vadène*[1].

« Sa base de schiste et de granit est revêtue d'une large nappe de matière volcanique... Pendant plusieurs heures de marche, on n'y rencontre ni un arbre ni un buisson, rien que des fleurs au printemps, de l'herbe en été, de la neige en automne et en hiver. »

On ne peut nier que dans la belle saison cette immensité de pâturages, émaillés de fleurs aux milles couleurs, animés de troupeaux bruyants, n'ait un particulier cachet de grandeur et d'originalité : c'est la pampa argentine, la savane du Missouri, l'infini de la mer en un mot; aussi l'a-t-on appelée un petit « Far West », un « désert d'herbes ». Mais sur cet océan de verdure les rudes éléments sont les maîtres, et leurs caprices deviennent terribles à 1,300 mètres d'altitude, sans rideaux de montagnes pour les refréner : le 3 septembre 1884, pendant un orage d'une violence inouïe, un seul coup de tonnerre tua 480 moutons dans un parc de 1,700 têtes. Quand les froides bises de l'automne balayent la plane surface; quand les bruyères sont desséchées et les bestiaux descendus en plaine, le *spleen* seul règne là-haut, où rien ne rompt la monotonie et l'uniformité. Comment peuvent subsister les gens de *la Calm*, de *la Guiole*, de *Saint-Ureize* ou de *Nasbinals*, alors que l'hiver autour d'eux ensevelit toute vie sous son suaire de neige? Aussi leur caractère fut-il longtemps sombre et farouche, et, jusqu'à ces dernières années, les bastonnades et les rixes ensanglantaient bien des veillées. Hâtons-nous d'ajouter que les juges de paix et les maires, aujourd'hui, n'ont plus de pareils désordres à réprimer. La bourrée et la musette sont actuellement les seuls restes de cette turbulence si redoutée.

Donc la traversée du plateau paraît longue; et quand on vient de Marvejols, de la Margeride ou de Saint-Flour, on s'enfonce avec délices, après 8 ou 10 lieues de tourbières et d'humides pacages, dans les sombres vallées du versant sud-ouest. Toutes les *Boraldes* ou rivières qui descendent au Lot (*Mardon, Merdanson, Moussauroux, Mossau*, etc.) sont pittoresquement bordées de belles forêts, presque aussi noires que les colonnades basaltiques des croupes de partage; les jolis sites et les hardis rochers ne manquent pas dans les bas *thalwegs*, cela est incontestable; mais l'Aubrac est bien désavantageusement situé pour la

---

1. Voir la carte de l'état-major au 80,000°, feuilles de Saint-Flour (185), Figeac (195) et Mende (196).

comparaison, entre deux voisins qui lui feront toujours grand tort aux yeux des touristes : le Cantal et les gorges du Tarn !

Voilà pourquoi ce coffre de granit au couvercle de basalte a été délaissé jusqu'ici, pourquoi les plus récents ouvrages fourmillent d'erreurs à son sujet. Il nous faut donc en parler avec quelque détail, sans toutefois le recommander trop chaudement à ceux qui recherchent avant tout le plaisir des yeux.

« Au sud, au sud-ouest, les torrents d'Aubrac, faits du ruissellement des pelouses, quittent précipitamment le silence et la paix des lieux supérieurs; par de profondes déchirures, entre des orgues, des roches, des talus oppresseurs, ils tombent en quelques heures à la rive droite du Lot. A l'est, au nord, sur le versant de la Truyère, la pente est moindre, les sources ayant devant elles une route plus longue avant d'atteindre la ville d'Entraygues, qui est le rendez-vous du Lot et de la Truyère. De ce côté-là s'étend la Sibérie d'Aubrac...

« Sibérie en hiver seulement. En été, son beau gazon fait les délices de 30,000 vaches et de 50,000 moutons venus du bas Languedoc pour demander aux prairies de montagne le funeste épanouissement de chair qui les vouera plus vite au couteau de l'égorgeur... terre inconnue, presque déserte, où il n'y a que peu de hameaux, des *mazucs* ou cabanes d'été des bergers, et des *burons* à fromage dispersés sur la croupe gazonnée, où çà et là se lèvent des mégalithes. » (O. Reclus.)

L'Aubrac, avec ses quatre lacs, sa cascade des Salhiens, ses constructions préhistoriques, ses moraines glaciaires, ses coulées de basalte, ses forêts, a de quoi tenter le touriste et l'archéologue. En France, on ne trouve aucun lieu plus singulier que son *plateau des Lacs*, circonscrit à peu près dans les deux communes de Marchastel et Nasbinals.

C'est un résumé de la nature de l'Auvergne et du Velay en un espace étroit, et à ces lacs, à ces basaltes, à ces belles eaux, à cette vie pastorale, à ces immenses troupeaux, vient se joindre ce que le Cantal ou le Mézenc ne sauraient offrir dans un terrain si peu étendu, des ruines gauloises à moitié cachées sous les herbes, des *tumuli*, enfin la vieille abbaye d'Aubrac, si grande par le souvenir historique.

Monter sur l'Aubrac était, il y a trente ans, chose assez difficile; une fois arrivé sur le plateau, s'y égarer était commun, surtout par les brouillards subits et opaques particuliers à ces régions. Aujourd'hui le plateau des Lacs est une simple promenade.

En été, pour avoir une impression générale, un seul jour suffit. Deux ou trois jours dévoilent bien l'ensemble au botaniste et à l'archéologue, qui peuvent y trouver bien des choses nouvelles pour eux. Des routes sont ouvertes dans tous les sens et portent le visiteur à de très petites distances des curiosités principales.

Dès que l'on aborde le plateau d'Aubrac, le paysan vous dit : « Nous sommes sur la *motte;* » mot banal qui a une grande signification particulière : c'est la définition de l'herbe de ces hauteurs, sol sacré que le soc ne doit pas ouvrir. Elle a, du reste, un caractère spécial, cette herbe des vertes landes. D'une contexture tellement serrée qu'on la dirait feutrée, elle est élastique au point de fatiguer beaucoup le marcheur. Frappez du pied, vous serez étonné du son que rend le sol : on se dirait sur une voûte. Bien des étrangers croient à l'existence de cavernes : il n'en est rien. Sur toute la *motte*, avec quelques variantes suivant la nature de la roche du sous-sol, le même effet se reproduit.

De quelque côté que l'on soit monté, un contraste subit arrête le promeneur arrivé au sommet de la côte. Pas un arbre à l'horizon. Des herbages dont la couleur varie avec la saison et au sein desquels scintillent des ruisseaux aux mille contours, — quelques typhons de basalte piquant de points noirs cet ensemble, — les sinuosités d'une route blanche qui a l'air interminable; voilà tout ce qui vous saisit.

On a le plus souvent une déception devant ces horizons mornes et indécis. « C'est ça l'Aubrac? » s'écrie plus d'un voyageur. Mais la multiplicité et la variété des détails attachent bientôt. Ce n'est qu'en pénétrant ces détails que l'on peut comprendre l'attrait bizarre de la région.

Les 65 kilomètres de Saint-Flour (Cantal) à *la Guiole* (Aveyron) (prononcer *la Iole*) par *Chaudes-Aigues*, aux thermes célèbres, sont sans contredit la plus banale promenade d'Auvergne; la côte de *Lanau*, avec sa route en corniche sur les ravins de la Truyère, est le seul passage qui récrée l'œil ennuyé : encore la rivière, malgré ses boucles à perte de vue, paraît-elle triste au bas des gneiss dénudés; les porphyres et les sinuosités de la *Sioule* (Puy-de-Dôme)[1] ont une grandeur autrement originale, et leur verdure contraste bien joyeusement avec les sombres basaltes; tout est varié et fantastique dans la belle fissure que la Sioule s'est ouverte entre les roches cristallines et volcaniques en aval de Pontgibaud, tout se ressemble et rien n'étonne au nord de Chaudes-Aigues; la profondeur seule a fait la célébrité du pont de Lanau. Les gorges de la Truyère sont curieuses à traverser, mais suivre sur un long parcours le développement de leurs circonvolutions serait aussi fastidieux que fatigant. Il y a cependant deux belles promenades à faire sur deux autres points de ce cours d'eau : l'une en amont, dans le vallon du *Lander*, où les prairies vertes et les pentes boisées alternent avec les défilés rocheux et les noires parois d'amphibolite ; c'est un ravissant chemin pour se rendre à pied de Saint-Flour au *pont de Garabit* (quatre heures environ; sentiers difficiles à trouver après le moulin de Saint-Michel); l'autre, bien en aval de Lanau, près de la pointe nord du département de l'Aveyron, autour de *Paulhenc* et de *Pierrefort;* le dyke de quartz de *Turland* et la tranche terminale des coulées basaltiques issues du Plomb du Cantal accidentent hardiment le fossé de gneiss.

En franchissant la Truyère, on quitte la *Planèze* et le cône du Cantal et l'on prend pied sur le socle granitique de l'Aubrac. Pour les sources brûlantes de Chaudes-Aigues (Cantal), chef-lieu de canton (1,832 hab. la comm., 1,117 aggl.), je renvoie aux ouvrages spéciaux. Plût aux ingénieurs que l'on traversât la déclivité occidentale du plateau aussi rapidement en véhicule que sur le papier. Les singularités volcaniques sont seules intéressantes jusqu'à la vallée du Lot. Autour de la Guiole, chef-lieu de canton de l'Aveyron (1,914 hab. la comm., 956 aggl.; 1,200-1,238 m.), de nombreuses colonnades de basalte ne le cèdent pas en régularité à celles du Puy et de l'Ardèche.

Quand on arrive sur Espalion, sous-préfecture de l'Aveyron (3,935 hab. la comm., 2,511 aggl.; 329 m.), le Lot paraît enchanteur, après les insipidités du haut pays ; il faut bien avouer que cette descente ne manque pas de beauté. Espalion mérite une journée d'arrêt : au milieu d'un cimetière voisin, la vieille église des Perses, ou de Saint-Hilarion, ou de Saint-Éloi, curieux morceau byzantin des xie et xii[e]

---

1. V. *Annuaire du Club alpin français* pour 1885, p. 214.

siècles, mentionné dans une charte de 1082, faisait la joie de Prosper Mérimée; à deux lieues au nord de la ville, dans la sévère combe de *Bonneval,* toute noire de sapins, les majestueuses ruines du même nom se relèvent peu à peu ; réoccupé depuis 1876 par des trappistines, l'antique monastère de bernardins, grâce à de généreuses donations, ne tardera pas à recouvrer sa splendeur passée, qui remonte à 1147. Déjà il est éclairé à la lumière électrique, la *Boralde* fournissant la force motrice. Là fut enterré le connétable d'Armagnac (p. 100). Espalion est dominé par les belles ruines du château des comtes de Calmont, dont l'un est le héros de la ballade du pas de Soucy. (*V.* p. 60.)

De la Guiole on pourrait, par une route qui traverse plusieurs vallées et l'épais bois de *Rigambal,* gagner directement le centre même du massif; mais la seule partie vraiment recommandable de l'Aubrac serait alors négligée. Dans le riant bassin du Lot, encerclé de pitons calcaires et basaltiques où se lézardent de vieux châteaux, l'église de *Saint-Côme* (1,948 hab. la comm., 979 aggl.; xvᵉ siècle) possède un joli portail à vanteaux de bois rudement sculptés et datés de 1532. Au nord-nord-est, la route vicinale, le ruisseau de *Boralde* ou les ravins de *Castelnau-de-Mandailles,* au choix, conduisent à *Saint-Chély-d'Aubrac,* chef-lieu de canton de l'Aveyron (1,867 hab., la comm., 574 aggl.; 795 m.); c'est de là qu'il faut remonter sur le plateau. Les amas glaciaires, les cascades morainiques et les gneiss striés du *Pradou,* les aiguilles de rocs et de ruines de *Belvézet,* les énormes prismes de basalte hauts de 20 mètres, tantôt allongés en colonnades au bord des crêtes, tantôt groupés en immenses faisceaux, comme au bastion isolé dit *le Roc,* les forêts de hêtres où la lumière et les écureuils jouent gaiement dans les feuilles, font paraître bien courtes les deux heures qui mènent à *Aubrac* (environ 1,250 m.). (*V.* feuille de Mende, 196.) Ce hameau, composé de trois hôtels et de quatre maisons, est devenu une station d'été pour les familles aux goûts très modestes; on y va faire *une cure d'air et de petit-lait.* La rusticité a banni la mode et la pose, mais non le confortable, de cette retraite calme et sauvage; le touriste, en quête de merveilles et d'étrangetés, est tout étonné de rencontrer là, de juin à septembre, une centaine et parfois plus de Parisiens, petits rentiers, commerçants et employés; ils viennent chercher repos et santé, et fuient, loin des bains de mer mondains, le dandysme tapageur et frivole. Le site est sévère, la nature n'a rien construit de surprenant, et un casino n'existera pas d'ici longtemps à Aubrac; mais l'horizon s'ouvre bien vaste, la vallée s'enfonce mystérieuse sous bois, d'étroits sentiers se perdent dans les ravins rocheux, et je comprends que de douces heures s'écoulent au milieu de ces solitudes embellies par la bonne humeur et les joies simples de la famille. Xavier de Maistre eût voulu rêver ici avec l'ami « qui préfère l'ombre d'un arbre à la pompe d'une cour ». Du vaste hôpital de *Notre-Dame des Pauvres* ou *dômerie* d'Aubrac, qui, de 1120 (?) à 1793, s'ouvrait à toute heure aux égarés de la montagne et distribuait à tout venant l'énorme miche de pain frais, il subsiste seulement des restes épars : la tour carrée, tranformée en auberge; l'église informe et nue, dont la Révolution n'a pu ruiner la remarquable voûte en berceau (xiiᵉ siècle), mais dont d'inintelligents restaurateurs modernes ont fait disparaître les derniers restes de sculpture; le bâtiment du réfectoire, avec ses portes de la Renaissance, aujourd'hui maison des gardes forestiers; dans le clocher, dépourvu de tout caractère, une maisonnée entière de paysans habite, sous le four du curé, qui fait cuire son pain par le sonneur! Tout cela manque-t-il de cachet? Non certes; mais l'idée que l'on peut s'en faire et le souvenir qui en reste charment plus peut-être que la visite effective.

Ce clocher renferme encore la fameuse cloche des *Perdus*, que les moines sonnaient pendant deux heures en signe de ralliement dès que le jour baissait et tout le temps que duraient les terribles tourmentes de l'hiver. Elle porte comme inscription : *Errantes revoca*, et elle a eu son odyssée en 1793 : le Comité révolutionnaire ayant ordonné de la transporter à Espalion pour la fonte, les gens d'Aubrac, chargés de l'opération et soucieux de sauver leur antique cloche, la firent verser dans un ravin très boisé, d'où les républicains n'eurent garde de la tirer. La tourmente politique une fois passée, les paysans s'en furent la querir et la réintégrer religieusement dans son clocher.

Au moyen âge, Alard ou Adalard vicomte de Flandre, revenant d'un pèlerinage en Espagne (Saint-Jacques-de-Compostelle), s'égara la nuit, pendant un orage, sur l'Aubrac, alors infesté de brigands. Invoquant Dieu dans ce danger, il entendit une voix céleste lui ordonner de bâtir à Aubrac une église, un monastère, un hospice. La fondation fut consacrée et richement dotée, *in loco horroris et vastæ solitudinis*, en 1022 ou 1028 selon les uns, en 1120 selon les autres : les prêtres priaient; les moines, organisés en ordre de chevalerie, escortaient les voyageurs et purgeaient le Rouergue des routiers qui le désolaient; les clercs et oblats traitaient les pèlerins, les pauvres, les malades. Dans une demeure à part, des dames nobles, faisant partie de la confrérie, soignaient les femmes. En 1160, l'ordre fut placé sous la règle de Saint-Augustin. Les moines d'Aubrac reçurent des donations considérables des rois d'Aragon et des comtes de Toulouse; ils portaient au côté gauche de leurs robes noires une croix d'azur à huit pointes en taffetas; cet emblème décorait aussi leur bannière, qui figura souvent avec honneur sur les champs de bataille. Lors d'un voyage à Montpellier, en 1162, le pape Alexandre III, voulant constater par lui-même que la renommée ne l'avait point trompé sur les mérites de la communauté, fut visiter l'abbaye ou dômerie d'Aubrac sous un déguisement : convaincu par sa propre expérience de la haute valeur de l'institution, il sollicita et obtint l'honneur d'en être reçu membre. Les Templiers et les chevaliers de Saint-Jean de Jérusalem furent si jaloux de la gloire acquise par les moines d'Aubrac en Palestine, qu'ils cherchèrent, par surprise, en 1297, sous Boniface VIII, puis plus tard sous Jean XXII et Clément V, à les absorber par voie d'incorporation. Ce fut en vain, et eux-mêmes disparurent avant les chevaliers d'Aubrac, qui subsistèrent jusqu'en 1696. A cette époque, Louis XIV ne put les rappeler à l'observation de leurs règles primitives qu'en les supprimant, ou du moins en les transformant en un couvent de chanoines réguliers dits de *la Chancellade*, ce qui ne leur laissait plus des chevaliers que le titre (concordats de 1696, 1697 et 1698). Leur charité, d'ailleurs, ne s'en ralentit guère, et les devoirs de l'hospitalité demeurèrent sacrés parmi eux.

Le somptueux Saint-Bernard de l'Aubrac a été presque en entier détruit en 1793 ; alors ses archives, si précieuses pour l'histoire, firent un feu de joie sur la place de Saint-Geniez-d'Olt. Déjà, le 17 septembre 1700, un incendie en avait anéanti une partie [1].

Il y a cinquante ans à peine [2], ses ruines étaient bien romantiques dans leur

1. L'abbé BOUSQEUT, *l'Ancien Hôpital d'Aubrac*. Rodez, 1841, in-8° et gr.
2. *V.* TAYLOR, etc., *Voyage dans l'ancienne France : Languedoc*, t. Ier, 2e partie, pl. 84, 85 et 86.

solitude, avec les voûtes crevées du cloître en plein cintre et les dentelles de pierre qui ornaient le pourtour du chœur : achevant la destruction, les restaurateurs ont fait disparaître ces beaux débris eux-mêmes.

Le trajet d'Aubrac au signal de *Mailhebiau,* point culminant du système (1,471 m.), est encore assez agréable; en suivant le rebord du plateau, en descendant au fond des cirques originaires des vallées, en surmontant l'une après l'autre, à travers le *bois d'Aubrac,* toutes les croupes qui les séparent, on a de magnifiques vues obliques sur les *thalwegs* qui courent au Lot. Du point coté 1,451 surtout, le panorama est joli. Si l'on a abordé ce canton en suivant l'itinéraire décrit ici, on aura jusque-là une impression générale satisfaisante; mais, à partir du signal de Mailhebiau, un « mamelon parmi d'autres mamelons », le désenchantement commence. Quoi qu'en dise le Guide Joanne, et je regrette amèrement d'être obligé de le contredire, ce dôme n'offre nullement « un des panoramas les plus variés et les plus beaux que l'on puisse contempler dans le massif du plateau central ». (*Les Cévennes,* p. 160.) Malgré le plus généreux soleil et l'imagination la plus enthousiaste, je n'ai pu réussir à admirer de là les Causses, l'Aigoual, la Lozère et la Margeride; tout cela est loin, bas, sans hardiesse; le Cantal est bien plus beau vu de la Planèze : les premier plans de l'est s'affaissent en faibles talus; ni vallons, ni arbres, ni rochers : rien que de maussades burons et de plates tourbières, où les ruisseaux promènent en flâneurs indécis leur cours ennuyé. A l'ouest, au contraire, les vallées vraiment pittoresques sont invisibles, grâce à l'insupportable étendue du sommet lui-même. Cette fâcheuse conséquence des larges croupes arrondies est encore plus déplorable qu'au *Luguet,* massif volcanique symétrique et pour ainsi dire frère de l'Aubrac, qui occupe la partie sud du département du Puy-de-Dôme, entre le mont Dore et le Cantal, canton d'Ardes.

A 1 kilomètre au nord du signal de Mailhebiau passe une bonne petite route de voitures, qui descend au Lot et à la station de Banassac, vers le sud-est, par la maison de refuge de *Bonnecombo* (1,246 m.), — des taillis de hêtres étiolés, — et le chef-lieu de canton de *Saint-Germain-du-Teil* (1,357 hab. la comm., 415 aggl.), où l'on a trouvé des poteries et des tombeaux gallo-romains creusés dans le roc.

Quant aux lacs de l'Aubrac, que l'on a traités de gouffres profonds, que l'on a gratuitement « encadrés dans des colonnades de basalte », rien n'est aussi insignifiant; il n'y en a plus que quatre : ceux de *Bord,* de *Saint-Andéol,* de *Souverols* et des *Salhiens.* Il faut faire justice de l'hypothèse[1] qui voit dans ces grandes mares des cratères d'explosion et des bouches volcaniques; ces amas d'eau, dont la faible profondeur diminue de jour en jour, se sont formés aux endroits où une coulée basaltique a endigué des marécages dans la direction de leur écoulement; les ruisseaux naissants, forcés de chercher une nouvelle pente par-dessus un pli du terrain environnant, ont accumulé un étang au pied du barrage volcanique; avant de scier cette digue, comme la Sioule à Pranal et à Pontgibaud (Puy-de-Dôme), ils ont presque partout trouvé leur voie dans une dépression du sol fangeux. Actuellement, toutes les rives qui ne s'appuient pas sur le basalte sont indécises : les mottes de tourbes, les bouquets de joncs et les flaques d'eau forment la transition insensible entre les lacs et la terre ferme; pour contourner celui de Saint-Andéol, par exemple, vers le nord, et traverser son

---

1. H. Lecoq, *l'Eau sur le plateau central de la France.* Paris, Baillière, 1871, in-8°, p. 317.

émissaire, il faut bravement s'envaser jusqu'aux genoux dans la boue trempée; le passage à pied sec nécessite un détour de 2 kilomètres. On devine par là combien la marche est récréative dans ces spongieux réservoirs de sources.

Trois autres nappes d'eau sont marquées à l'est d'Aubrac, sur la carte de l'état-major, près du *Pin-Doliou*, d'*Aubrac* et des *Moussous*; elles représentent trois riches gisements de tourbe encore humides et détrempés; depuis longtemps le ciel ne s'y peint plus en noir dans les ondes sombres[1].

Le lac de Saint-Andéol est l'objet de curieuses superstitions, et le docteur Prunières y a retrouvé les restes de villages construits par les castors à l'époque quaternaire.

Ce lac légendaire ne séduit pas le visiteur.

De hautes futaies l'entouraient autrefois; par les temps calmes, son eau limpide laisse voir de beaux troncs dans la vase de ses bords. Sa célébrité hiératique, qui jusqu'à notre époque a amené les superstitieuses populations à se baigner dans ses ondes, date des Gaulois. Ses légendes de ville engloutie, de temples gaulois à idoles, de grandes cloches dormant dans ses profondeurs, remontent plus loin encore.

Grégoire de Tours lui a consacré le chapitre que voici :

« Là, à une certaine époque, une multitude de gens de la campagne faisait comme des libations à ce lac; elle y jetait des linges ou des pièces d'étoffe servant aux vêtements d'hommes, quelques-uns des toisons de laine; le plus grand nombre y jetaient des fromages, des gâteaux de cire, du pain, et, chacun suivant sa richesse, des objets qu'il serait trop long d'énumérer. Ils venaient avec des chariots apportant de quoi boire et manger, abattaient des animaux, et pendant trois jours ils se livraient à la bonne chère; le quatrième jour, au moment de partir, ils étaient assaillis par une tempête accompagnée de tonnerres et d'éclairs immenses, et il descendait du ciel une pluie si forte et une grêle si violente qu'à peine chacun des assistants croyait-il pouvoir échapper. Les choses se passaient ainsi tous les ans, et la superstition tenait enveloppé le peuple irréfléchi. Après une longue suite de temps, un prêtre qui avait été élevé à l'épiscopat vint de la ville même (Javouls) à cet endroit et prêcha la foule, afin qu'elle s'abstînt de ces pratiques, de peur d'être dévorée par la colère céleste; mais sa prédication ne pénétrait nullement ces rustres épais. Alors, inspiré par la divinité, le prêtre de Dieu construisit, non loin de la rive du lac, une église en l'honneur du bienheureux Hilaire de Poitiers, et y plaça des reliques du saint... Les habitants, enfin touchés au cœur, se convertirent et abandonnèrent le lac; ce qu'ils avaient coutume d'y jeter, ils le portèrent à la basilique sainte, et ils furent ainsi délivrés des liens de l'erreur où ils étaient retenus. La tempête aussi fut, par la suite, écartée de ce lieu, et on ne la vit plus sévir dans une fête dès lors consacrée à Dieu, depuis le moment où avaient été placées les reliques du bienheureux confesseur. » (GRÉGOIRE DE TOURS, *de Gloria beatorum confessorum*, cap. II, in libro VII *Miraculorum*, traduct. Bordier; Paris, *Société de l'histoire de France*, 1860.)

Les rites de l'adoration du dieu païen se sont néanmoins quelque peu conservés jusqu'à nos jours : le second dimanche d'août on venait de tous côtés au lac, on y jetait des monnaies, des morceaux d'étoffe, des toisons de brebis, etc., comme

---

[1]. Il convient de reconnaître que le tirage de 1884 de l'édition zincographique de la feuille de Mende au 80,000ᵉ n'indique plus, à juste titre, de lac aux Moussous; mais cette correction est insuffisante : on devra supprimer aussi les deux étangs voisins, qui ont cessé d'exister.

à l'époque gauloise, le tout pour être guéri de certaines maladies ou préservé des sortilèges.

Cela a duré jusqu'en 1867. Une rixe sanglante survenue alors entre les festoyeurs, qui joignaient de nombreuses libations aux anciens rites, et la gendarmerie de Nasbinals, amena l'autorité à interdire cette fête. L'année suivante, la force armée dispersa les fidèles, et depuis lors on n'y voit plus venir que quelque obstiné croyant, qui se baigne à la hâte dans ses eaux glacées, y jette une pièce de monnaie, quelquefois un vêtement, et s'en va confiant.

Les poutres que des sondages font retrouver en grand nombre proviennent soit d'un temple sur pilotis, soit d'une cité lacustre, soit des huttes des castors disparus.

Quoi qu'il en soit, un vrai trésor de monnaies de tout âge gît dans la vase du lac, qui a 2 kilomètres de tour.

A peu de frais, par une tranchée dans la rive haute, on pourrait en dessécher la moitié et procurer aux prairies inférieures un réservoir pour les arrosages d'été. Il serait facile ainsi, dans la tourbe découverte, de faire de splendides trouvailles.

« Les belles truites saumonnées de Saint-Andéol sont célèbres. Il y existe aussi un grand poisson blanc de la famille des ables, qui n'a jamais été déterminé scientifiquement. » (L. DE MALAFOSSE.)

Quant aux castors, écoutons le docteur Prunières :

« J'ai cherché dans les bas-fonds du lac Saint-Andéol, au milieu des restes de leurs villages lacustres dont le sous-sol du lac est parfois comme pavé, les squelettes, ou au moins quelques os des castors. Je n'ai rien trouvé ; mais je n'ai pas trouvé davantage d'autres os, pas même un seul fragment d'os, reste de ces repas homériques qu'on faisait, dans l'antiquité et jusque dans ce siècle, sur les bords du lac, le jour de sa fête ! Encore dans mon enfance, j'y ai vu jeter des manches de gigot, des os de porc, de volailles, etc. C'était bien pis dans l'antiquité, quand la fête durait trois jours.

« ... Que sont devenus les os de tous ces repas pantagruéliques ? Après boire, on les jetait certainement dans le lac... Ils ont fondu là comme ils fondent dans toutes les terres de l'Aubrac, privées de sels calcaires : pendant que les cavernes des Causses, leurs dolmens et leurs tumuli, conservent si beaux les os des sépultures antiques, les tumuli de l'Aubrac, et encore le cimetière chrétien qui entoura jusqu'au XVIIe siècle l'église de la montagne, ne renferment point d'os ! Dans ces tumuli, je n'ai trouvé que des tessons et du charbon, et, dans une seule tombe du cimetière chrétien, tombe qui était le long du mur de l'ancienne église, c'est à peine si j'ai encore trouvé deux ou trois lamelles d'os semblables à de la dentelle.

« En revanche, j'ai extrait des charretées de bois des anciennes constructions des castors, des pilotis, des bois rongés, des copeaux, etc., et, enfin, un petit renseignement positif : c'est cette dent, unique dans mes fouilles, c'est cette trouvaille d'une incisive de castor travaillée pour la suspension et cueillie dans un petit dolmen de cimetière néolithique[1]. »

Le lac en voie de dessèchement de *Souverols,* le plus petit des quatre bassins de l'Aubrac, est à 2 kilomètres et demi à l'ouest de Saint-Andéol. A 2 kilo-

---

1. Association française pour l'avancement des sciences. Congrès de 1887, p. 692 et suiv.

mètres au nord de Souverols repose la nappe tranquille des *Salhiens*, peu abordable de trois côtés entourés de marais; si l'on veut récolter des fleurs d'eau, il faut gagner le pied de la colline de l'est. Le lac n'atteint pas 10 hectares de superficie. Il est poissonneux, mais d'ordinaire, à cause des difficultés de ses bords marécageux, c'est à Bord et à Saint-Andéol que se font les belles pêches. Là aussi se trouvent les restes de ces anciens marais tremblants, si dangereux autrefois dans toute course de l'Aubrac. Des fossés, des drainages, les ont solidifiés pour la plupart, depuis une vingtaine d'années.

Si le monde agricole y gagne, le monde des chasseurs y a bien perdu. Le gibier d'eau, naguère encore si abondant en ces parages déserts et pleins de flaques d'eau ou de massifs de joncs, a presque disparu. Ces belles chasses d'ouverture où, à côté des halbrans, des sarcelles, des chevaliers, des marouelles, se trouvaient de si nombreuses bécassines, vont passer au rang de légendes. Les annales de l'abbaye d'Aubrac ont conservé les détails du beau vol de héron que le roi François Ier donna en ces lieux pendant trois jours en 1526 (selon d'autres en juillet 1533 ou 1535), et qu'il déclarait le plus beau de sa vie.

La colline dominant les Salhiens conserve encore des bouquets de hêtres, reste de ces vastes forêts de chênes, hêtres et bouleaux qui recouvraient le plateau des Lacs au début du moyen âge; elles ont encore laissé dans la vase

Cascade des Salhiens ou Deroc. — Phot. L. de Malafosse.

des marais des troncs colossaux, que la moindre tranchée exhume en grand nombre.

Une des curiosités de l'Aubrac se rencontre tout près de là : c'est le *Deroc* (moulin de Roc de la carte).

La haute coulée basaltique qui a barré le ruisseau des Salhiens, émissaire du lac, repose sur un lit d'argile, en sorte que le courant, tombant d'environ 30 mètres de hauteur, a désagrégé la base de la falaise et formé un vaste encorbellement qui permet de passer facilement derrière la cascade. Dans l'angle nord de cet enfoncement, une petite grotte agrandie de main d'homme est creusée

18

dans une argile compacte. On y trouve conservées des empreintes végétales très curieuses et des bois fossiles silicifiés.

Comme la grande cascade du mont Dore sur les trachytes, la cascade des Salhiens, un peu plus petite, glisse sur le basalte, dont elle a détaché d'énormes blocs; mais elle domine un plateau nu, sans arbres et sans bornes, au lieu d'une profonde vallée, variée de prairies, de bois et de rocs !

Une autre exception au régime maraîcher des lacs a créé la principale curiosité de tout l'Aubrac : au point qu'occupe aujourd'hui le buron de *Cap-Combattut* ou *Cocumbattié* (1,220 m.), entre Saint-Andéol et Souverols, le ruisseau des *Plèches* fut emprisonné jadis de toutes parts entre plusieurs coulées croisées. Il va sans dire qu'un lac s'étendit bien vite sur la surface ainsi limitée; au point le plus bas de la plus faible coulée (celle du nord) se creusa peu à peu l'orifice d'écoulement. Les siècles ont eu raison du barrage, scié en haut par le courant, miné à sa base par la pression de l'eau; maintenant le lac est vidé, la brèche a 8 à 10 mètres de profondeur sur 15 à 20 de largeur; une route neuve, qui suit la crête du torrent basaltique, la franchit sur un ponceau (les voies carrossables de l'Aubrac sont presque toutes à dos de coulées, les plaines étant trop imbibées d'eau pour supporter le poids d'une chaussée). Le ruisseau des Plèches, perpendiculaire à la coulée, la traverse donc de part en part entre deux parois columnaires : au fond du lit, sur une longueur de 50 mètres (épaisseur de la coulée) émergent les prismes de 3 à 7 pans géométriquement emboîtés comme nos anciens pavés de grès ; les célèbres dallages de la *Volane* et de l'*Ardèche* (environs de Vals [Ardèche]) sont moins réguliers, car les rivières et les coulées s'y confondent suivant le même axe longitudinal, et les têtes de prismes n'ont pas été toutes rasées à la même hauteur ; aux Plèches, au contraire, l'opération de sciage s'est faite dans le sens de la largeur; les colonnes se nivelèrent selon des plans horizontaux ou plutôt convexes, curieusement craquelés en triangles, quadrilatères, pentagones, etc. Le tout a vraiment l'air artificiel. Toutefois l'eau attaque aussi les surfaces perpendiculaires de séparation des prismes, en disjoint un de temps en temps et, formant ainsi de minuscules cascatelles, ronge et creuse de plus en plus ce qui reste de basalte au fond du lit. Actuellement la marche du ruisseau sur ces 50 mètres de son parcours est des plus instructives : d'abord un pavage horizontal et poli, coupé brusquement par un ressaut de prismes ; en bas de celui-ci l'eau se précipite dans un petit bassin constamment approfondi en amont et bombant en aval sa surface diversement carrelée, pour aboutir à un deuxième ressaut analogue au précédent; mais ici le flot, pour s'échapper, profite de l'espace laissé libre sur la rive gauche par le déboîtement de quatre ou cinq prismes ; des tourbillons corrosifs écument dans un second bassin concave ; enfin un troisième ressaut convexe laisse fuir les Plèches, sur la rive droite cette fois, à travers les gneiss altérés ; l'eau file donc en zigzag entre trois digues et deux baignoires pour ainsi dire ; et quand elle aura balayé tout le basalte, déraciné la base même de la coulée, elle attaquera à son tour le granit sous-jacent : ainsi se formera une coupure semblable à celles de Pranal (Puy-de-Dôme), mais de proportions bien plus réduites.

Si l'on vient des gorges du Tarn ou de Mende, c'est par Marvejols, par le côté du sud-ouest, que l'on atteindra le plateau des Lacs.

Marvejols (Maruège), sous-préfecture de la Lozère (3,113 hab. la comm., 4,554 aggl.) et station de chemin de fer, doit être traité ici comme Mende, Millau,

Lodève et le Vigan, par simple renvoi au Bœdeker ou au Joanne. Mentionnons seulement ses trois vieilles portes, les collections préhistoriques du docteur Prunières, l'érudit fouilleur de grottes et de dolmens, les jolis vallons de la Colagne et de ses affluents (Crueize, Colagnet, etc.), la promenade en voiture à Mende, soit par Gabrias (404 hab. la comm., 266 aggl.) et Chabrit, soit par Grèzes (436 hab. la comm., 203 aggl.) et Barjac (836 hab. la comm., 271 aggl.), entre plusieurs petits causses dépaysés dans leur isolement sur la rive droite du Lot

Marvejols : vieille porte. — Phot. Chabanon.

(Truc du Midi [1,022 m.], Malavieille [1,004], la Roche [1,036], Changefège [1,094], et non moins escarpés, mais guère plus grands que celui de Balduc. (*V.* p. 244.) « Maruège appartient au roi sous l'hommage de la fidélité et la redevance d'une maille d'or payable chaque année. » (PIGANIOL DE LA FORCE, *Description de la France*.) Charles VII lui octroya des privilèges pour ses services durant les guerres, *guerris durantibus*, dit le latin peu virgilien d'une vieille charte[1].

Sans plus nous attarder, suivons la longue route (32 kil.) de Marvejols (650 m.)

1. *Notice topographique et historique sur le canton de Maruéjols*, par L. DENISY. Issoire, 1876, 2 vol. in-8°.

à Nasbinals (1,155 m.). Elle se dirige vers le nord-ouest et passe d'abord près d'Antrenas (856 m.; 346 hab. la comm., 39 aggl.), dont le manoir à tourelles est devenu une ferme.

A 10 kilomètres au nord-ouest, dans la vallée de la Crucize, se trouve le château de la *Baume* (propriété de M. Mayran, sénateur de l'Aveyron), qui a longtemps commandé sur l'Aubrac. Il appartient à divers âges. La tour du nord, aux mâchicoulis remarquables, date de la fin du xive siècle, et la façade du xviie siècle.

Une mémoire a effacé dans la Baume celle de ses terribles barons ou des rois d'Aragon et de leurs fiefs de l'Aubrac : c'est le nom d'Angélique de Scoraille, qui, avant de recevoir de Louis XIV le titre de *duchesse de Fontanges,* a habité ce sombre château, peuplé de ses souvenirs. Bien que beaucoup aient disparu en 1793, il reste encore d'elle, dans sa chambre, un grand portrait, qui doit être une copie, malgré ce qu'en dit la tradition. Un faste de mauvais goût règne dans ces nombreuses salles boisées, couvertes de lourdes sculptures ou de peintures mythologiques.

Aux veillées d'hiver, les vieux bergers racontent qu'un ancien possesseur de la Baume, César de Grollée, *lou Cesar,* comme on le nomme encore, orgueilleux, dur au pauvre monde et ruinant ses vassaux pour dorer ses salons, ne peut en faire revenir son âme ; elle est là, sous la forme d'un chien noir, au pied de la grande tour, contre les murs de granit, quand vient la tourmente d'hiver. La bise et la neige hérissent son poil. Il tourne en vain autour de son ancienne demeure ; il n'y pénétrera pas et grelottera à la porte.

A l'entrée de *la Motte* est une grande moraine de granit et basalte que le géologue remarque de suite. Naguère une locomotive y venait prendre le sable nécessaire à la construction des beaux viaducs du chemin de fer inférieur.

Montée sur une voie improvisée, à l'américaine, avec des rampes invraisemblables, cette locomotive est restée légendaire par ses déraillements.

Tout le long de la route on rencontre des aiguilles de granit de 2 mètres de haut, plantées de distance en distance. Ce sont des *guides* ou *montjoies* signalant la direction à suivre quand, en hiver, la neige égalise tout et rend le chemin introuvable. A travers les parterres de fleurs au printemps et les plantureux pacages en été, on laisse à gauche *Saint-Laurent-de-Muret* (1,139 m.; 671 hab. la comm., 87 aggl.), puis à droite *Marchastel* (270 hab. la comm., 95 aggl.), dont le beau rocher de basalte (1,267 m.) est dominé par les débris insignifiants d'un vieux château des rois d'Aragon, pris et rasé en 1586 par le duc de Joyeuse, dans sa campagne d'extermination en Gévaudan.

On traverse le *Bès* (à 1,151 m.) pour atteindre, en haut d'une côte, *Montgros* (1,220 m.), qui, quoique bien métamorphosé depuis l'ouverture de la route, offre encore certains types assez curieux de vieilles habitations. On y voit un genre de toitures autrefois très usité : des plaques de cette *motte* feutrée sur lesquelles la pluie glisse comme sur des ardoises, tant que le rude tissu n'est pas pourri.

Une série de pitons basaltiques s'échelonne aux alentours de Montgros et de Montgrousset, pittoresque sujet d'étude pour le savant.

Nasbinals, chef-lieu de canton lozérien de 1,387 habitants (796 aggl.), a une jolie petite église du xive siècle et une excellente auberge; le commerce des fromages l'enrichit; c'est le meilleur centre d'excursion de tout l'Aubrac.

Plusieurs routes s'y réunissent, venant de Marvejols, Aumont (Lozère), chef-lieu de canton (1,161 hab. la comm., 754 aggl.), Chaudes-Aigues, la Chaldette (eaux thermales)[1], la Guiole, Aubrac et Saint-Germain-du-Teil.

Il n'importe pas de les décrire toutes : parlons plutôt d'un autre quartier de l'Aubrac.

Au nord du plateau, sur la route de Saint-Chély-d'Apcher à Chaudes-Aigues, dans cette vallée du Bès qui partage si singulièrement en deux parties presque égales l'ellipse naturelle de l'Aubrac (V. p. 265), une intéressante promenade a pour objectif les ruines du *château d'Arzenc*.

Depuis que Saint-Chély, chef-lieu de canton de la Lozère (1,998 hab. la comm., 1,504 aggl.), s'est élevé au rang de station de la compagnie du chemin de fer du Midi, il est facile de s'y procurer une voiture pour se rendre à Fournels, chef-lieu de canton de la Lozère (558 hab. la comm., 197 aggl.), à 15 kilomètres.

La route départementale court dans la direction de l'ouest, à travers des massifs de pins, des blocs de granit, des colonnes de basalte, longeant de temps en temps un ruisseau aux cascades joyeuses et aux excellentes truites. Elle passe au pied du village de *Termes* (535 hab. la comm., 183 aggl.; 1,172 m.), monte à 1,128 mètres et retombe à Fournels à 948 mètres. 2 kilomètres avant ce dernier bourg, la tour de *Montalayrac* (ou Mont-Alhérac), au sud, émerge d'un bois de pins, en haut d'un piton qui domine tout le pays, à l'altitude de 1,259 mètres.

Ce n'est plus qu'un amas de ruines. Ses débris ont servi à construire la ferme d'Aussets, à 300 mètres plus bas. Du sommet de la butte, la vue est bien dégagée sur la Margeride et le Cantal.

A Fournels, le château (?) date de la Renaissance; au-dessus d'une des principales portes se lit la date de 1513. Ses tourelles et sa position dominante lui donnent un aspect assez imposant.

Saint-Juéry (198 hab.) est à 3 kilomètres et demi plus à l'ouest, au bord du Bès, que la route traverse sur un pont bâti par... Louis XIV (!)...(?)... (Mlle de Fontanges était dame de Saint-Juéry!)... Le château a disparu à l'époque des guerres religieuses; les pierres, arrachées aux murailles croulantes, forment maintenant l'église et le presbytère. On en retrouve des débris dans maintes maisons du village.

Rien de pittoresque comme ce hameau, situé à la limite du Cantal et de la Lozère, avec son église à pic sur les bords accidentés de la petite rivière du Bès, encaissée et sauvage. Pour gagner Arzenc (182 hab. la com., 36 aggl.), à 6 kilomètres en aval et au nord, on n'en suit pas tous les méandres au fond d'une gorge profonde aux pentes vives, tantôt boisées et tantôt déchirées de roches dentelées ou couvertes de bruyères en fleur, mais on coupe quelque peu à travers champs. Quand on rejoint la rivière, on la voit s'enfoncer de plus en plus; la vallée étroite se creuse davantage, et, en suivant la crête, on atteint Arzenc (998 m.). Le château a été bâti sur une plate-forme au-dessus du village. A en juger par l'amas des ruines, malgré tout ce que les paysans ont fait disparaître, il devait avoir une certaine importance. A pic sur la crevasse au fond de laquelle coule le Bès se dresse tout ce qui reste de la demeure des seigneurs d'Apcher : une tour éventrée cherchant encore à lutter fièrement contre le temps et les bises de l'hiver. Le coup d'œil est remarquable. Au fond de la gorge, le Bès, encaissé, gêné dans sa course par de nombreuses roches, se tord et bondit, blanc d'écume, pour

---

1. *Études médicales sur les eaux thermales de la Chaldette*, par P.-Paulin ROUSSEL, docteur-médecin : *Bulletin de la Lozère*, 1861, p. 302. — *Notice sur les bains de la Chaldette : Annuaire de la Lozère*, 1828, p. 113.

disparaître brusquement derrière un énorme rocher, une berge verticale de 300 mètres au moins, hérissée de roches basaltiques et des débris du manoir.

Sous Charles V, une bande de routiers vint assaillir Arzenc. La garnison se composait d'un gardien et de sa femme! En faisant rouler de grosses pierres dans les escaliers de la tour et s'entre-choquer des fers, ils réussirent à faire croire à la présence d'une forte compagnie de gens d'armes, et les routiers se retirèrent sans attaquer.

Au fond de la gorge, le Bès glisse entre deux blocs de granit formant un détroit de près de 3 mètres de largeur. C'est le *pas de la Nobia* (fiancée). Une jeune fille, poursuivie par un soudard à la solde des d'Apcher, voulut franchir d'un bond ce détroit; elle sauta et ne reparut plus. On l'entend se plaindre de temps en temps, la nuit, quand le vent s'engouffre dans la profonde vallée.

Plus loin, sur la roche *Brounzeduro*[1], une fée en robe blanche vient filer pendant les nuits d'été avec une quenouille d'or! Là aussi on entend souvent des plaintes. La roche *brounzedio* (mugit) quand le vent du midi lui apporte, en passant par-dessus les crêtes rocheuses, le bruit du torrent rocailleux. Cette dernière légende s'explique par ce fait que les seigneurs d'Apcher entretenaient des bohémiennes dans une maison sur les bords du Bès. L'imagination des campagnards a supposé ainsi des apparitions nocturnes dans les sentiers de dunes qui conduisaient au château ou sur les rochers des environs.

Légendes, souvenirs historiques, pittoresque, géographie physique, ne sont pas les seuls côtés intéressants de l'Aubrac ; l'antiquaire, l'économiste, le géologue, y trouveront aussi à s'instruire en étudiant les vieux villages celtiques, les tumuli[2], la vie pastorale, les traces glaciaires et volcaniques.

A 2 kilomètres sud-est de Saint-Andéol est le lac de *Bord*. Terne, triste, froid, solitaire, sans un arbre, sans une maison, sans une route en vue, il n'a rien de remarquable en lui-même, si ce n'est que l'on y pêche des carpes, poissons inconnus dans toutes les eaux de la région; mais tout auprès se trouve une de ces curiosités si mystérieuses que les spécialistes, les initiés seuls, en apprécient la valeur : c'est la mieux conservée des villes mortes, ou plutôt des anciens villages gaulois.

A une petite distance au nord du lac se voit, sur un mamelon assez escarpé, ce que les paysans appellent *lou bartas de Bord* (mot à mot : le grand buisson de Bord). C'est la ruine d'une vingtaine d'habitations d'âge inconnu, mais antérieures au xe siècle. Environ trente ruines de ce genre subsistaient sur l'Aubrac il y a quarante ans. Beaucoup ont été détruites, et leurs matériaux employés à des bâtisses nouvelles. Il y en avait de bien plus considérables que Bord; mais aujourd'hui celle-ci est la mieux conservée, quoique la majeure partie, depuis 1860, ait été détruite.

Toutes ces ruines présentent le même mode de construction. Des prismes basaltiques appareillés grossièrement, sans aucune trace de marteau, selon le type des bâtiments cyclopéens. Les fissures devaient être bouchées avec de l'argile.

Leur puissante végétation les fait de loin ressembler à un énorme buisson. Les botanistes retrouveront là bien des plantes plus que rares ailleurs. Les entomologistes aussi y feront superbe chasse.

---

1. Le *brounzidouiro* est un instrument qui produit un bruissement par un mouvement giratoire rapide (patois languedocien).
2. *Notice sur les antiquités de l'Aubrac et sur Marvejols*, par le Dr PRUNIÈRES. *Bulletin*, 1868, p. 88.

Ces demeures étaient sans doute couvertes en mottes ou plaques de gazon qui, en s'effondrant, ont jeté leur terre de bruyère à l'intérieur des ruines.

« L'origine de ces villages se perd dans la nuit des temps; leur destruction paraît dater soit de l'invasion des barbares, soit des terribles guerres des fils de Louis le Débonnaire, c'est-à-dire du IXe siècle. Évidemment l'incendie ou la dévastation des forêts a amené le départ des populations et changé le climat du plateau où se cultivaient, autour de ces villages, des céréales qui n'y viendraient plus aujourd'hui. Près de Bord, la trace d'anciens sillons se retrouve, ainsi que la division des champs. Les fouilles faites sur ces ruines n'ont donné que des objets rudimentaires, pouvant appartenir à divers âges très anciens : poteries grossières, silex éclatés sans formes précises, morceaux de fer tronqués, etc.; rien d'important, mais cependant un indice de population à la vie difficile et misérable. » (L. DE MALAFOSSE.)

Et ces villages ne sont pas ce que l'Aubrac nous garde de plus vieux.

Une voie romaine, bien conservée, reste de la voie d'Agrippa, se retrouve aisément le long de la crête qui sépare les Salhiens de la plaine basse. En la suivant directement vers le *Mas-de-Montorgier*, au sud et près de l'endroit où elle saute le petit ruisseau du *Mas-Crémat* (maison brûlée), l'abbé Boissonnade et le docteur Prunières ont, le 21 septembre 1866, reconnu les débris de la station romaine signalée par la table de Peutinger sous le nom d'*ad Silanum*. Des briques romaines, des restes de murs, quelques monnaies, sont tout ce que l'on a pu trouver dans des fouilles très rapides et superficielles. (*V*. chap. XXVIII[1].)

Aujourd'hui l'herbe drue de l'Aubrac a recouvert les fouilles, et les traces d'*ad Silanum* sont à peine visibles.

Plus antiques encore, de nombreux tumuli se retrouvent; fouillés par divers antiquaires, ils ont paru très pauvres; le docteur Prunières a recueilli quelques petits bijoux d'or, des ossements incinérés, des poteries communes, de grosses perles en verre émaillé pour colliers.

Le mystère plane encore sur ces vénérables restes, trop informes pour attirer le promeneur banal, assez peu étudiés cependant pour réserver de joyeuses surprises au chercheur.

Le linguiste même aurait de curieux problèmes à résoudre s'il voulait trouver le sens et l'origine de ces noms étranges, inusités partout ailleurs : Costerongnouse, Nasbinals, Bès, Peyrou, Mailhebiau, Cap-Combattut, Croupatache, Bord, Trap, Faltre, Pleich, etc.

Ces noms ont peu de rapport avec les termes d'origine romaine en usage dans tout le Gévaudan et rappellent beaucoup la langue celtique.

Arrivons à l'industrie maîtresse de l'Aubrac, le pacage :

Quarante à cinquante mille moutons transhumants du Languedoc viennent chaque été estiver dans la montagne; trente mille bêtes à cornes ruminent au milieu d'eux. Parmi ces hordes beuglantes, il est dangereux de se promener avec des chiens, qui risquent de mettre les taureaux en fureur. Maint accident s'est produit.

« Dans les *burons*, le *cantalès* et ses deux aides convertissent en fromage (*fourme*) et en beurre le lait des vaches de la célèbre *race d'Aubrac*. Il y a quarante ans, c'est à peine si l'on apercevait, à longues distances, un misérable

---

1. V. *Bull. de la Soc. d'agriculture de la Lozère*, année 1868, p. 99 et 141 et suivantes.

mazuc en pierres sèches servant d'abri à des bergers; aujourd'hui c'est une des parties les plus riches de la France centrale. » (A. LEQUEUTRE.)

On a bâti des granges et des écuries pour rentrer des foins qui se consommaient autrefois sur place, et faire hiverner des bêtes à cornes. Chose étrange, c'est le retour à la plus vieille pratique agricole qui a fait la fortune de ce pays, tandis que l'on recherchait des moyens scientifiques et industriels et que l'on peuplait partout les fermes de coûteuses machines.

Toute la richesse de ces plaines vertes ou de ces vallées fleuries vient de la vie pastorale et de la fabrication du fromage. C'est vieux comme le monde, on peut le dire.

On doit ajouter néanmoins que quelques grands propriétaires ont apporté, depuis trente ans à peu près, de réelles améliorations, dont les principales consistent dans l'assainissement des marécages et la création des prairies bien irriguées.

L'on a pu augmenter dans de notables proportions le nombre des bestiaux; on les a mieux soignés.

Que de sujets d'études pleines de charme et de pittoresque dans cette visite aux burons et aux parcs dont la plaine est semée!

« Cette grande palissade, que l'on aperçoit de loin, nous désigne un parc à veaux qu'il faut abriter de la bise, la terrible *cantaléso*, car tout couche ici en plein air pendant l'été. Nous sommes au matin. Le berger, que l'on nomme ordinairement *cantalès*, appelle par leur nom, avec un accent spécial, les vaches une par une pour les traire. Généralement elles accourent vite. On leur livre leur veau; mais, plus rapidement que le jeune animal, le *cantalès* retire le lait à la vache. Pour aller plus vite, beaucoup de ces hommes ont attaché une petite sellette ou pied en bois à la partie postérieure du pantalon. Ils s'assoient dessus pour traire commodément le lait et ne pas perdre de temps.

« Mais toutes les vaches n'ont pas de veaux, et il faut toutefois qu'elles restent un moment tranquilles, tandis qu'on leur prend le plus de lait possible. On use alors d'un stratagème bizarre, qui consiste à avoir un veau grossièrement empaillé, ou plutôt un simulacre de veau, fait d'une peau bourrée de foin et plantée sur un piquet. L'homme jette un peu de lait de la mère sur cette peau, l'étend avec la main et fixe le pseudo-fils devant la vache. Celle-ci, sentant son lait, accepte d'ordinaire bravement cette adoption et lèche son faux rejeton avec tendresse.

« Seulement il arrive parfois que, les coutures du simulacre de veau se relâchant et le foin odorant se trouvant sous la langue de la vache, celle-ci prend son repas dans le corps de son fils adoptif tandis qu'on lui retire son lait.

« Tout voyageur doit visiter l'intérieur d'un buron où se fabrique ce fromage qui, sous les divers noms de fromage de table, fromage de la Guiole, etc., est porté par toute la France. C'est dans des moules en forme de cercle, de cribles, que le *buronnier* ou *mannier* met le lait caillé et le tasse avec les mains ou les genoux. » (L. DE MALAFOSSE.)

Et puis l'Aubrac est encore la terre promise du botaniste.

On ne se fait pas une idée, à moins de l'avoir vue, de la richesse de sa flore. Avant que la faux ait passé dans les prés ou que la dent des troupeaux affamés par la sécheresse d'août ait été chercher les herbes dans les moindres creux, c'est un miroitement de couleurs, une variété de teinte difficile à décrire. L'Aubrac est loin d'avoir livré toutes ses richesses aux rares naturalistes qui l'ont parcouru. Tous en sont revenus chargés de nouveautés; une moisson des plus fructueuses accompagnera toute recherche dans les fissures des rochers, sur ce sol si varié de composition, et jusque sur les eaux des lacs tranquilles.

Comme au mont Dore, comme au Cantal, comme au mont Lozère, on a retrouvé sur l'Aubrac des traces glaciaires. A ce propos, M. G. Fabre a, le 18 août 1873, communiqué à l'Académie des sciences une note dont voici le résumé :

Le bassin supérieur du Bès forme un large cirque de 11 kilomètres de diamètre et de 84 kilomètres carrés de superficie; les crêtes de gneiss et de schiste revêtues de basalte qui l'entourent ont de 1,250 à 1,471 mètres d'altitude; c'est le *plateau des Lacs* décrit plus haut (p. 270). Le fond du bassin, dont le point d'écoulement se trouve à 1,151 mètres, au pont du Bès, entre Marchastel et Montgros (p. 280), est de granit. Un glacier de premier ordre l'occupait à l'époque quaternaire : « Les moraines profondes de ce glacier couvrent d'un manteau continu de boue argileuse et de blocs de basalte striés et polis tous les bas plateaux granitiques des communes de Marchastel, Nasbinals et Recoules-d'Aubrac, bien au delà des limites du bassin. » Les moraines, les blocs erratiques, les formes moutonnées du granit, sont les témoins irrécusables du glacier disparu, qui pouvait mesurer 100 mètres d'épaisseur : on ne peut expliquer autrement « le transport de certains blocs de basalte perchés au sommet de mamelons de granit; le courant de glace les a arrachés aux flancs de la montagne du Peyrou (1,310 m.), près des sources du Bès, et les a déposés jusqu'à plus de 26 kilomètres de leur point de départ. »

Le glacier du Bès a eu deux phases : d'abord il s'est étendu à plus de 28 kilomètres de son point d'origine; puis la fusion progressive, momentanément arrêtée, le réduisit à l'occupation du grand cirque qui lui avait donné naissance; alors il n'était plus que de second ordre.

Les moraines frontales déposées pendant cette deuxième phase se retrouvent au pont du Bès : dans l'une, mise à nu par la tranchée de Montgros, il est facile d'extraire les blocs de basalte, striés et polis, de la boue argileuse endurcie et grise qui les empâte. (*Comptes rendus de l'Académie des sciences,* 1873, 2ᵉ semestre, p. 495.)

Il paraît certain que cette période névéenne a eu deux phases très distinctes. On en retrouve partout les restes.

Sans insister davantage sur l'intérêt que présentent les traces glaciaires des vallées sud-occidentales, les amas de pouzzolanes et les scories des *truques d'Aubrac* (1,442 m.) et de *Rigambal*, les basaltes vacuolaires du *Mailhebiau* et les centres d'éruptions voisins du lac de *Bord*, du *Peyrou*, de *Nasbinals*, etc., il faut mettre en relief un point capital pour l'histoire des basaltes tertiaires : l'Aubrac réfute complètement la théorie des émissions basaltiques anciennes en nappes continues; le peu de largeur de ses courants noirs et prismés, ramifiés sur tout le plateau, s'entre-croisant parfois en mailles de filets, comme à l'ancien lac des Plèches, prouve nettement que les prétendues nappes sont tout simplement d'étroites coulées juxtaposées ou soudées par des conglomérats; la prétendue continuité originelle des lambeaux épars au pied du puy de Dôme, sur les hauteurs de Clermont-Ferrant, devient ainsi une hypothèse inacceptable; depuis longtemps elle était battue en brèche; la vallée de Saint-Chély-d'Aubrac (qu'il ne faut pas confondre avec Saint-Chély-d'Apcher) la ruine complètement. En effet, on ne saurait arguer d'une plus grande jeunesse relative pour les basaltes de l'Aubrac : par leur gisement et leur superposition, ils ressemblent en tous points à ceux de la Limagne ; à Gergovia, au plateau de la Serre (Puy-de-Dôme), les coulées ne sont pas plus élevées au-dessus des thalwegs ni plus brusquement coupées qu'à Saint-Chély; pourquoi couronnent-elles les crêtes maintenant, si ce n'est parce que les érosions et les trombes diluviennes ont affouillé et défoncé les espaces vides laissés entre elles, sur un terrain moins dur que le basalte? Et dans ce cas, où le creusement a-t-il été le plus rapide : dans les granits de l'Aubrac ou dans les calcaires de la Limagne? Le Cantal et le mont Dore présenteraient peut-être le même aspect, un haut plateau partagé en cases par d'étroits rubans volcaniques, si leurs vomissements basaltiques avaient été moins abondants, si les trachytes n'étaient venus, *avant ou après (adhuc sub judice lis est)*, entraver cet épanchement en quadrillage ou remplir les alvéoles ultérieurement? Mais nous tombons dans les spéculations théoriques. Laissons donc ce sujet scabreux, et contentons-nous de signaler aux savants l'importance géologique des volcans d'Aubrac, *purement basaltiques*.

Ajoutons seulement que c'est bien à tort que certains narrateurs ont appelé le plateau des Lacs *plateau de basalte*. On est bel et bien sur le granit ou le gneiss, et *plusieurs* irruptions de basaltes, de nature et d'âge très différents, y ont jeté comme une sorte de réseau les coulées en question, que dominent çà et là quelques *dykes*.

Tel est l'Aubrac, peu fait pour tenter et satisfaire les promeneurs ordinaires ; mais les géologues ne le jugeront pas aussi défavorablement, bien au contraire, et c'est à leur intention que je m'attarde si longuement sur cette région complètement délaissée, à peine étudiée, presque inconnue.

CHAPITRE XX

BOIS-DE-PAIOLIVE ET MONT MÉZENC

Les Causses, les Cévennes, l'Aubrac, renferment les principales mais non les seules curiosités des montagnes qui forment l'épine dorsale de la France méridionale à l'ouest du Rhône; entre ce fleuve et l'Auvergne, il reste à visiter le *Bois-de-Païolive*, le beau *cañon de l'Ardèche*, le *pont d'Arc*, *Vals*, le *Mézenc*, le *Puy-en-Velay*, en un mot l'Ardèche et la Haute-Loire. Ces deux départements sont mieux connus que la Lozère, grâce aux voies ferrées et aux villes d'eaux. Sur le chemin de fer de Clermont à Nîmes, on admire les défilés de l'Allier et les travaux d'art des ingénieurs. A l'est de Villefort, la région de la *Borne*[1], avec ses gorges sauvages, est la plus pittoresque route pour arriver aux *Vans*, chef-lieu de canton de l'Ardèche (2,066 hab. la comm., 1,641 aggl.), et au *Bois-de-Païolive*, la deuxième cité de ruines calcaires de la France, intermédiaire, pour les

1. V. le *Guide Joanne des Cévennes*.

proportions, entre ses sœurs aînée et cadette Montpellier-le-Vieux et Mourèze. MM. Lequeutre et P. d'Albigny nous ont tout dit sur ce Bois. C'est bien un dédale de ruines cambodgiennes, où il est impossible de s'aventurer seul. Si l'on vient de Vals ou d'Alais, inutile d'aller jusqu'aux Vans (pourvu que l'on ait emporté à déjeuner et surtout à boire, car il n'y a pas plus d'eau qu'à Montpellier-le-Vieux) : descendez du train à Berrias-Beaulieu ou à Saint-Paul-le-Jeune (ligne d'Alais au Teil et à Vals), sautez dans la carriole ou la patache du courrier, et arrêtez-vous au *Mas-de-Rivière*[1] devant l'enseigne de Benjamin

Un coude de l'Ardèche. — Phot. Bauron.
(Communiqué par le Club alpin.)

Miquel, « guide patronné par le Club alpin », comme il s'intitule fièrement. Le brave casseur de pierres demande 5 francs et six à huit heures de marche : en échange, il conduit dans tous les coins de ce fantastique labyrinthe oriental, dont pas un détail ne lui est inconnu. Une telle journée n'est pas du temps perdu, ainsi que le prouvent surabondamment les gravures ci-après.

« Païolive n'est pas un bois, mais une ville, la plus originale des villes, avec des rues, des avenues plantées d'arbres, des squares, des maisons, et même avec des arcades, des statues et des clochetons...

1. *V.* M. LEQUEUTRE, *Annuaire du Club alpin français*, 1879, p. 324-360; — Paul D'ALBIGNY, *Exploration du Bois-de-Païolive*; Privas, Roure, 1881, in-8°, 117 p.

« On dirait une cité antédiluvienne pétrifiée dans le grand naufrage.. » (M. Mazon, *Un Roman à Vals.*)

« Au milieu de ces masses bizarres, qu'on prendrait pour des fortifications restées debout après un tremblement de terre, se trouvent des sentiers étroits, tapissés de verdure et ombragés d'arbustes sauvages, de chèvrefeuilles et de clématites gigantesques, qui n'y laissent pénétrer qu'un demi-jour.

« Ces couloirs conduisent tantôt sous un pont naturel qui rappelle le pont d'Arc, tantôt dans un cirque de 15 à 20 mètres de diamètre, tantôt dans un délicieux boudoir. Mais soyez circonspect en vous aventurant dans ces retraites mystérieuses, qui vous invitent aux plus douces rêveries. » (J. Dalmas, *Itinéraire du géologue dans l'Ardèche*. Paris, 1872, in-8°.)

« A chaque pas que l'on fait, des grottes, des portiques, des ponts naturels, des rochers penchés ou écroulés les uns sur les autres, tantôt tout blancs, tantôt couverts de verdure, apparaissent comme une espèce de fantasmagorie à travers le feuillage des chênes, où, sous l'ombrage mystérieux, mille accidents de lumière produisent des effets ravissants. » (J. De Malbos, dans l'*Annuaire de Largentière* de 1855.)

« On a proposé de faire dériver Païolive de *Pagus Helviorum*, ce qui me paraît à la fois un peu ambitieux et d'une justification difficile au point de vue historique et géographique.

« L'étymologie *Pagus olivarum* (bois des Oliviers) a été proposée, fort timidement d'ailleurs, par un ingénieux chercheur ardéchois.

« Toutefois cette étymologie a pour elle une certaine vraisemblance et un rapprochement des plus naturels entre la forme latine et la forme actuelle du nom de Païolive. Enfin il existe peut-être une certaine analogie de forme et de consonance entre les mots patois *peyro levado*, pierre levée, en breton *peulven*, et le nom de Païolive.

« Dans sa plus grande longueur, c'est-à-dire du nord-ouest au sud-est, de Combevio à la Rouvière, le Bois-de-Païolive n'a que 4 à 5 kilomètres en ligne droite, et dans sa plus grande largeur, de l'ouest à l'est, il a environ 3 kilomètres et demi.

« Sa superficie, qui représente environ 1,500 hectares, est divisée en une quantité de parcelles, dont les plus grandes ne dépassent pas 6 à 8 hectares pour le même propriétaire.

« Païolive a conservé quelques chênes assez forts dans certains quartiers, qu'ils décorent admirablement. Mais je n'en ai pas rencontré qui ait plus de 1^m,20 à 1^m,50 de circonférence. » (P. d'Albigny.)

Le chaos du Bois-de-Païolive est partiellement esquissé sur la carte de l'état-major au 80,000° (feuille d'Alais, n° 209, angle nord-est), entre les Vans, la rivière du Chassezac (*V*. p. 287) et Berrias; mais son nom n'y figurait pas avant 1885, quoique la chapelle Saint-Eugène y soit inscrite. (*V*. ci-après.)

Si sa surface a plus d'étendue que celle de Montpellier-le-Vieux, ses cirques et monuments naturels sont de dimensions bien moindres, à peu près dans la proportion du simple au triple, soit 30 mètres au lieu de 100 pour les plus hautes roches. Dans les détails, écoutons encore MM. Lequeutre et d'Albigny :

« Figurez-vous une immense table de calcaire à grain très fin, qui, soulevée par de gigantesques pressions latérales, se serait étoilée en retombant sur place, et dans les fissures de laquelle se serait développée une magnifique végétation. Entre des roches grises aux strates régulières, modelées par le gel, par les eaux, des rues nous conduisent à des cirques aux gradins en retrait, à des théâtres antiques, aux ruines de temples hindous, kmers ou javanais. Ici, ce sont de

Cañon de l'Ardèche. — Phot. Bauron.
(Communiqué par le Club alpin.)

larges boulevards, à la chaussée parfaitement nivelée, bordés de frênes, de chênes, de tilleuls, et traversant des cités en ruine ; plus loin, c'est la *Rotonde*, grande salle de forme ovale ; au fond, entre deux monolithes, s'élève une estrade ombragée de grands arbres, assez rapprochés pour donner de l'ombre, assez espacés pour ne pas gêner le regard. C'est là, sans doute, que les fées décrivent leurs rondes, lorsque la lune est dans son plein; il me plairait fort d'y entendre l'*Obéron* de Weber.

« Puis, nous allons visiter le château des *Trois-Seigneurs*, où sont encore quelques ruines informes, qui se confondent avec le rocher. Çà et là, de petites plantations de mûriers, au gai feuillage, entourées ici d'un cercle de rochers, là d'une futaie de chênes, animent cette solitude. Mais nous n'avons encore parcouru que le district le moins inconnu. » (A. LEQUEUTRE.)

« Le plus remarquable à bien des points de vue est le quartier appelé le *Cros de la Perdrix* (creux de la Perdrix), où sont entassés comme à plaisir les accidents de terrain les plus marqués et les formes de rochers les plus bizarres.

« On accède dans cette sorte de cirque fortifié et aux abords très abrupts par un magnifique rocher percé naturellement en forme de porte ou d'arceau, placé à l'entrée d'une gorge ou ravin, qui rappelle celui de la Gleyzasse (*V.* ci-après), mais offre un coup d'œil différent et d'un caractère chaotique plus accentué et plus original encore. » (P. D'ALBIGNY.)

Au nord-ouest du Bois, la chapelle Saint-Eugène est comme suspendue, sur le rebord d'une terrasse de calcaire, au-dessus de la vallée du Chassezac, qui limite tout l'ensemble vers le nord-est. Le site est on ne peut plus pittoresque, car la gorge où serpente la rivière n'a pas moins de 100 mètres de profondeur. L'ermitage lui-même, qui ne remonte qu'au xviie siècle, ne présente rien d'intéressant comme architecture; mais de là la vue est magnifique sur les falaises jurassiques perpendiculaires qui encaissent le Chassezac.

« En face de nous est le promontoire de Cornillon, où sont épars les débris d'un antique village. A nos pieds, et comme au fond d'un abîme, la source de l'Endieu, tandis que sur l'autre rive se développe la muraille de Casteljau, aux longues assises horizontales; traversant ensuite un coin du bois, au milieu des rochers, des arbustes, des bouquets d'arbres clairsemés, nous arrivons sur le talus du Chassezac, et nous descendons vers les oseraies qui bordent la rivière. Sur la rive gauche, dans une haute paroi, s'ouvre la caverne des Barrès, l'une des cent cinquante grottes du Vivarais, explorée par J. de Malbos, qui, le premier, je crois, signala les foyers et les débris d'industrie de nos ancêtres préhistoriques des abris du Chassezac et de l'Ardèche.

« Sur la rive droite se montre l'étroit ravin de *la Gleizasse*, fissure entr'ouverte dans une paroi d'apparence inaccessible. Une corniche large d'environ 1 mètre, qui se dessine le long de la muraille, est le seul chemin qui conduise des rives du Chassezac au ravin. La corniche atteint bientôt une trentaine de mètres au-dessus du lit de la rivière, et s'y maintient. Au-dessus, au-dessous, la falaise est perpendiculaire, mais la roche est solide, et, sauf l'ennui de quelques ronces folles qui vous accrochent au passage, cette voie est des plus faciles à parcourir; pourtant, au tournant d'une cannelure de la roche, la corniche n'a plus que quelques centimètres de largeur; il faut faire face au rocher et passer lentement.

« Au delà de ce petit mauvais pas, la route redevient large et facile, et on peut à son aise admirer les belles murailles de Casteljau et de l'Endieu, et la solitude, animée du soleil, que traverse la rivière.

« L'étroite fissure de la Gleizasse (la grande église, en patois) ouverte dans la muraille est large à peine de 1 mètre. Là, entre deux immenses piliers, est un petit ravin encombré d'arbustes, d'arbres, de plantes, qui pendent en longs festons dorés par le soleil. A travers ce rideau de verdure ensoleillée paraissent et disparaissent tour à tour les grandes murailles de Casteljau. Arrivés presque à l'origine du ravin, nous voyons deux grandes roches penchées l'une sur l'autre et formant une sorte de tente. C'est le vestibule de la Gleizasse, auquel donne accès un tunnel naturel percé dans le rocher. Nous pénétrons dans le vestibule et faisons quelques pas dans la grotte, avant d'aller sur une terrasse plantée de grands arbres, qui se trouve un peu plus loin que la grotte et d'où l'on a une vue merveilleuse. » (A. LEQUEUTRE.)

Château des Trois-Seigneurs. — Phot. Violet.
(Communiqué par le Club alpin.)

Cette caverne n'est pas la seule à remarquer.

« Le monde visible de Païolive est un monde étrange et d'une haute fantaisie. Mais à côté, et sous cette architecture puissante et bizarre qui forme le relief extérieur, existent des cavernes, des grottes, des chambres souterraines, jusqu'au fond desquelles ont été constatés les vestiges d'animaux ou de l'industrie humaine des temps antéhistoriques.

« La plupart des grottes qui existent dans le Bois-de-Païolive ou dans ses environs ont été découvertes, ou tout au moins reconnues et visitées par M. Jules de Malbos[1]. » (P. D'ALDIGNY.)

[1]. DE MALBOS, *Mémoires sur les grottes du Vivarais*. Privas, 1881, in-8°, 78 p. — OLLIER DE MARICHARD, *Monuments mégalithiques du Vivarais*. Privas, 1882, in-8°, avec pl.

Un dernier quartier, si fourré, si épineux, si inextricable, que les pâtres mêmes évitent de s'y aventurer, est celui du bois de *Gagniet*.

« On est au bord de gigantesques fissures, au fond desquelles sont des obélisques, des tables, des ponts, tout cela en abîme et rempli de ronces, de plantes, d'arbustes. Nous passons sur de grandes tables, évitant avec soin les fentes et sondant le terrain; puis, franchissant une roche en portail, longeant une ruelle, traversant des ruines, nous arrivons au *Salon*, salle de verdure où des roches se dressent éparses au milieu de pelouses garnies de grands arbres. Puis ce sont des monolithes : la *Religieuse*, la *Femme de Loth*, des assises supportant des aiguilles couronnées d'arbustes. » (A. LEQUEUTRE.)

On reprend le chemin de fer à Saint-Paul-le-Jeune ou à Berrias-Beaulieu, pour le quitter bientôt à Ruoms-Vallon, station toute proche, vers le nord.

Chapelle Saint-Eugène. — Phot. Violet.
(Communiqué par le Club alpin.)

Car il faut visiter, à Ruoms, l'étonnante cluse ouverte par l'Ardèche dans les calcaires, cluse que la route de Largentière remonte par une alternance de corniches et de tunnels et que la gravure (p. 417 de la *France* d'Élisée RECLUS, t. II de la *Géographie universelle*) représente admirablement bien.

Près de Vallon se trouve le célèbre *pont d'Arc* et commence la gorge de l'Ardèche[1], long cañon superbe à descendre en barque, même après celui du Tarn, qui est de proportions doubles. Mais depuis longtemps l'Ardèche est révélée, et nous n'avons rien à y ajouter de nouveau. (*V.* les gravures.) — De même, pour les volcans de Vals et leurs environs, il suffit de renvoyer aux cinq excellents petits volumes du docteur Francus[2], etc. J'observe toutefois que la plus belle colonnade basaltique du Vivarais descend de la coupe de Jaujac, le long du Lignon. Celles de

---

1. *V.* le *Guide Joanne des Cévennes*, et Paul D'ALBIGNY, *Exploration de la vallée de l'Ardèche*; Privas, in-8°, 1re édit., 1880, 74 p.; 2e édit., 1887, 101 p. — *V.* aussi *Annuaire du Club alpin* pour 1889 (abbé BAURON).
2. Dr FRANCUS, *Voyage aux pays volcaniques du Vivarais; Autour de Privas; Autour du canton de Valgorge*, etc. Privas, Roure, 1878 et années suivantes, 5 vol. in-12.

la coupe d'Aizac et de la Volane, trop vantées par Faujas de Saint-Fond et plus connues grâce au voisinage de Vals, sont seulement les lambeaux épars d'une coulée érodée[1]; celle de Jaujac, au contraire, se dresse intacte, et haute de 30 à 50 mètres, sur 5 kilomètres de parcours.

Les excursions autour de Vals sont difficiles à combiner pour les touristes pressés qui veulent tout voir. Je crois utile d'indiquer, comme le plus rapide et le plus complet, l'itinéraire suivant :

1er jour. — Vals, vallée de la Volane, Antraigues, coupe d'Aizac, vallée de la

Gorge du Chassezac. — Phot. Violet.
(Communiqué par le Club alpin.)

Bezorgues, signal de Sainte-Marguerite, Nieigles, Pont-de-la-Baume et confluent des coulées basaltiques, Prades : 30 à 35 kilomètres, huit à neuf heures de marche.

2e jour. — Prades et ses grès houillers[2], curieusement juxtaposés aux produits volcaniques, coupe de Jaujac, colonnades du Lignon et gravenne de Soulhiol (fatigantes à cause de l'absence de chemin), Neyrac, Thueyts (hôtel du Nord) et

---

1. *V.* LYELL, *Éléments de géologie*, t. II, p. 303. — La planche de Faujas de Saint-Fond, représentant la coupe d'Aisa (*sic*) (*Recherches sur les volcans du Vivarais*, p. 298), est un chef-d'œuvre de fantaisie. Celle de Poulett-Scrope (*Géologie et volcans éteints de l'Auvergne*, p. XXIX, pl. XV) n'est guère plus fidèle : le lac du premier plan n'existe absolument pas.
2. *V.* DUFRÉNOY, et E. DE BEAUMONT, *Explication de la carte géologique*, t. Ier, p. 554.

l'échelle du Roi, gravenne de Montpezat, château de Pourcheirolles, Montpezat (hôtel Bertrand), 28 à 32 kilomètres, sept à huit heures de marche.

3ᵉ jour. — Montpezat, vallon de Pourseille, cratère du Chambon, col et vestide du Pal, lac Ferrand, suc de Bauzon, forêt de Rioutors, la Loire, Usclades, le cros de Georand, lac d'Issarlès, le Béage : 40 kilomètres environ. Il faut compter onze bonnes heures de marche, car il y a beaucoup de montées. En sacrifiant le lac d'Issarlès, très visible du Mézenc, on gagnerait 12 kilomètres et trois heures

4ᵉ jour. — Le Béage, Chartreuse de Bonnefoy, le Mézenc, les Estables, le Monastier : 35 kilomètres, huit à neuf heures ; 10 kilomètres et deux heures et demie de plus pour le détour et l'escalade du Gerbier-de-Jonc.

On voit que pour connaître vite et bien la région de Vals et du Mézenc, il faut au moins quatre rudes journées : de bons marcheurs peuvent exécuter sans trop de fatigue le programme ci-dessus, qui ne néglige rien d'intéressant. J'ajoute que l'habitude de la carte et de la boussole remplace agréablement la société d'un guide. Comme point culminant des Cévennes et pour la beauté de son panorama, le Mézenc, si connu qu'il soit, ne peut se contenter d'une mention sommaire dans ce volume. Il réclame les détails que voici :

Sur la limite même de l'Ardèche et de la Haute-Loire, à peu près à mi-distance entre Privas et le Puy-en-Velay, au cœur de cet ancien Vivarais si convulsionné par les spasmes volcaniques, pointent, penchées au sud-est vers le cirque des Boutières, les trois cornes du mont Mézenc. La plus élevée (1,754 m.) constitue la tête culminante, non pas seulement des Cévennes entières, mais aussi de la grande ligne de partage des eaux européennes depuis les Alpes jusqu'aux Pyrénées : ses maîtres en altitude, le Cantal (le Plomb [1,858 m.]) et le mont Dore (pic de Sancy [1,886 m.]), forment, en effet, en plein bassin océanique, deux bastions latéraux d'une importance hydrographique secondaire. Taillé en mur à l'orient, sur le versant de la Méditerranée, où le Rhône emmène les eaux de cette pente, le Mézenc incline doucement son faîtage à l'ouest. A 5 kilomètres au sud sourd la première goutte de la grande Loire, dont la source géographique officielle (lisez : conventionnelle) murmure 3,000 mètres plus loin encore, au pied du Gerbier-de-Jonc (1,551 m.), dans la métairie de *Loire*.

Non moins que la géographie, la science spéculative et le simple pittoresque trouvent dans ce groupe montagneux un sujet d'études intéressantes et variées. Jadis foyer de cataclysmes éruptifs dont la vieillesse en siècles échappe à toute approximation, bien plus antique que les cratères intacts quoique éteints de Vals et du bas Vivarais, le massif du Mézenc aujourd'hui a ses bases découpées en gorges sauvages et ses croupes revêtues de riches et gais pâturages. Pour les géologues, les traces de l'effroyable conflagration sont demeurées évidentes et palpables ; pour eux aussi le dernier mot n'est pas dit, les discussions ne sont pas closes sur le mode d'apparition, l'âge relatif et le mélange des produits volcaniques[1] les plus dissemblables (phonolithe et basalte principalement), sur leur liaison avec les bouches ignivomes voisines, sur d'interminables controverses enfin, dont

---

1. Pour les volcans du Vivarais et du Velay, consulter principalement : POULETT-SCROPPE, *Géologie et volcans éteints du centre de la France*; Clermont, 1866, in-8º ; — H. LECOQ, *Époques géologiques de l'Auvergne* ; Paris, 1867, 5 vol. in-8º ; — J.-B. DALMAS, *Itinéraire du géologue dans l'Ardèche*; Paris, 1872, in-8º ; — A. BURAT, *Description des terrains volcaniques de la France centrale*; Paris, 1833, in-8º ; — FAUJAS DE SAINT-FOND, *Recherches sur les volcans éteints du Vivarais et du Velay*; Grenoble et Paris, 1778, in-fol. ; — BERTRAND DE DOUE, *Description géognostique des environs du Puy*; Paris, 1823, in-8º.

l'exposition, même succincte, ne saurait trouver place ici. Notre sujet rentre mieux que ces belles mais ardues recherches scientifiques dans le cadre des *Cévennes*.

Le Pont d'Arc. — Phot. Baurou.
(Communiqué par le Club alpin.)

Comme le fait pressentir à première vue, sur la seule inspection de la carte, sa position dominante au bord du bassin rhodanien, juste en face de l'Oisans, le Mézenc est le plus beau belvédère de la France centrale.

Aux pieds et autour du spectateur s'étend et se déroule près d'un quart de notre territoire, au sein des régions mêmes où la nature a épuisé toutes ses ressources et tout son art pour accumuler les merveilles. A l'est, l'étincellement des neiges éternelles ruisselant sur les épaules des Alpes; au nord, la richesse des nations, l'agriculture et l'industrie, épanouissant au grand soleil les pacages des Cévennes, les campagnes de Rhône et Loire et les usines des cités; loin à l'ouest et tout près aux premiers plans, la toute-puissance du feu central, effrayante encore à contempler dans les cendres grises, les coulées noires et les cônes rouges de l'Auvergne et du Velay; vieux volcans muets et décrépits à jamais selon les uns, suivant les autres assoupis seulement et réservant aux siècles futurs une résurrection destructive et de nouvelles Pompeias; au sud, à l'extrême bord de l'horizon, l'infini de la mer confondu avec celui du ciel, dans un même azur. Les quatre éléments des anciens : l'air et le feu, la terre et l'eau, manifestés sous toutes leurs formes les plus grandioses, tel est le panorama complet du Mézenc : assurément il est fort rare (nous avons vu au chap. XV pour quelles raisons) de le posséder ainsi tout entier; et quand on a pu jouir pleinement d'un spectacle pareil, c'est presque un devoir de dresser au moins la liste de ses tableaux les plus marquants, sans essayer toutefois une description ou une peinture infaisables : les mots manquent, comme les couleurs, pour faire comprendre les éblouissements de ces décors de féerie.

On trouvera dans le Guide Joanne les renseignements pratiques sur les voies d'accès au Mézenc, très facilement abordable, et dont tous les environs, aussi bien vers le Puy qu'autour de Vals et dans les Coirons, valent dignement un voyage spécial. L'excellent Itinéraire n'a qu'un seul tort : c'est de croire le panorama du Gerbier-de-Jonc supérieur à celui du Mézenc, plus élevé d'ailleurs de 203 mètres.

Si, venant de l'ouest (du Monastier ou du Puy) et montant au sommet par la pente douce des Estables (1,344 m.), le touriste, celui même pour lequel les splendeurs des hautes neiges n'ont plus de surprises, débouche subitement sur la crête terminale entre les trois cornes, avec un éclairage propice, le saisissement éprouvé à la vue de tous les glaciers sera l'une des vives émotions de sa vie. Mais n'anticipons pas, et, cette partie du panorama étant l'apothéose du spectacle, réservons-la pour la fin.

Droit au sud d'abord, entre le pain de sucre du Gerbier-de-Jonc (1,551 m.) à gauche (ainsi nommé à cause de sa forme en meule de gerbes) et le Tanargue (1,519 m.), plus éloigné, à droite, on distingue, au delà des plaines de Montpellier, un tout petit coin de Méditerranée; dans un éloignement de 147 kilomètres, presque à la limite de l'horizon sensible (159 kil.) (*V*. chap. XV), la zone d'eau visible n'est certes pas large (12 kilom.); bien des incrédules la réduiront encore aux proportions d'une illusion d'optique ! Que ce minime fragment d'océan soit chose insignifiante et dénuée d'intérêt dans l'immense variété de l'ensemble, d'accord : il n'en est pas moins incontestable qu'avec certains jeux de lumière on voit assez distinctement les vagues blanches écumer sur les cordons littoraux de la baie d'Aigues-Mortes pour affirmer que *du Mézenc on aperçoit la mer*.

Perpendiculaire à l'axe des Cévennes, allongée comme un toit vu en travers, la Lozère (1,702 m. au signal A de Finiels) ferme l'horizon sud-ouest. Par derrière se cache, presque ignoré encore du public, ce merveilleux pays de contes bien appelé les gorges du Tarn, qui fera, d'ici peu d'années, une si rude et légitime concurrence à la Suisse même.

La presqu'île granitique de la Margeride (1,554 m. au signal de Randon), ligne de partage d'entre Allier et Lot, est isolée sur trois côtés par le golfe jurassique des Causses et l'hémicycle éteint de l'Aubrac, de Murat et du Velay. Elle rattache les Cévennes aux gibbosités du Cantal et du mont Dore, gracieusement bombées à 30 lieues vers l'ouest. A voir d'aussi loin les pentes douces et la faible saillie de ces deux brasiers morts, on ne soupçonnerait guère la beauté des crevasses et découpures que les éruptions et les déluges ont taillées dans leurs flancs éventrés et sur leurs crêtes écroulées. Puis viennent les cônes des monts Dôme, les derniers-nés de tous ces cratères, quelques-uns ronds comme des coupoles byzantines, d'où leur nom si bien mérité : le puy de Dôme (1,465 m.) les surmonte tous, pareil à l'hémisphère de Sainte-Sophie au-dessus des mosquées de Constantinople.

— Plus près, le bassin tertiaire lacustre d'où émergent les dykes palagonitiques et les églises byzantines du Puy semble avoir germé, fraîche oasis de verdure, entre les débris et les ruines des explosions basaltiques; rappelons ici pour mémoire que les caprices de la nature et les architectes du moyen âge ont fait de cette ville presque

La Gleizasse. — Phot. Violet.
(Communiqué par le Club alpin.)

une huitième merveille du monde. — Plus proches encore, dépendant du Mézenc et dans un rayon de trois lieues, le lac ovale d'Issarlès (997 m.) au sud-ouest, émeraude enchâssée dans un anneau de tuf; celui d'Arcone au nord (1,232 m.); à l'est et au sud-est, les gorges fissurées et l'amphithéâtre profond de 500 mètres, prétendu cratère, des Boutières, alternent, au bas des trois cornes, avec les dents et bosses phonolithiques jetées en désordre sur les plateaux. Les plaines du Forez et du Lyonnais fuient à perte de vue au nord, opulentes de culture et d'industrie, embrumées par les vapeurs des grandes villes.

Mais le vrai fleuron de la couronne panoramique, la force attractive qui rive les yeux vers l'est, la vision féerique que la plus fine buée peut transformer en rêve évanoui, en légende invraisemblable, c'est la chaîne entière des Alpes françaises, élevant au ciel son blanc diadème; c'est le rideau d'argent bleu déployé, sur 300 kilomètres, du Faucigny à la Provence. De Notre-Dame de Fourvières, à

Lyon, ou du mont Pilat (crest de la Perdrix, 1,434 m.), près Saint-Étienne, la vue des Alpes est splendide aussi ; mais plus rarement encore qu'au Mézenc elle est nette, à cause des brouillards de rivières et des fumées charbonneuses ; de plus, la grande chaîne s'y présente de trois quarts et en raccourci ; du point culminant des Cévennes, au contraire, elle se dresse de face et toute droite dans son écrasante majesté.

Les premières cimes neigeuses que l'on aperçoit au nord appartiennent au massif valaisan de la dent du Midi : ce sont probablement les tours Sallières, à 250 kilomètres. La pointe de Tenneverge de Sixt (2,932 m., 243 kil.) est aisément reconnaissable à sa forme ; de même le dôme du Buet (3,109 m., 237 kil.), superposé à la dent du Chat d'Aix-les-Bains (1,497 m.) et à la Tournette d'Annecy (2,357 m.). Ensuite trône, en vrai souverain de l'Europe, l'impérial mont Blanc (4,810 m., 227 kil.[1]), qui pyramide comme le porche d'une cathédrale.

Son éblouissant gâble ogival domine de 1,000 à 1,500 mètres le reste du faîte alpin ; on nomme sans hésitation les aiguilles Verte (4,127 m.), de Bionnassay (4,061 m.), et le dôme du Goûter (4,331 m.), formant le rampant de gauche ; les glaciers de Miage et de Trélatête, plaqués en triangle sous le sommet, servent de tympan à ce fronton sublime ; l'aiguille de Trélatête ou petit mont Blanc (3,917-3,932 m.) et celle du Glacier (3,834 m.) sont les crochets du rampant de droite, pour achever la comparaison architecturale ; au nord et en arrière de l'aiguille Verte, un petit cône blanc représente très probablement l'aiguille du Tour (3,542 m.), au delà du glacier d'Argentière. Dans le labyrinthe des chaînes secondaires, les neiges de la Tarantaise et de la Maurienne ne montrent qu'une seule cime importante, le Thuria (3,787 m.) ou les Grands Couloirs de la Vanoise (3,863 m.), trop isolée pour être plus précisément déterminée. La Grande-Chartreuse (Chamechaude, 2,087 m.) et Belledonne (2,981 m.) s'étagent au pied des Grandes-Rousses (3,473 m.), où pendent les tapis de névés. Le Vercors (Grand-Veymont, 2,346 m.) et Taillefer (2,861 m.) montent en gradins jusqu'au bas du cirque de la Bérarde, le joyau du Dauphiné, ouvert béant juste en face du Mézenc, à 40 lieues ; le glacier du Mont-de-Lans et la Meije (3,987 m.), la Barre des Écrins (4,103 m.) et ses deux crêtes nord et sud, l'Olan (3,578 m.), s'arrondissent en hémicycle : tous les détails de cet amphithéâtre décharné ressortent absolument tranchés quand l'atmosphère s'y prête de bonne grâce. Par contre, distinguer le Bric du Viso (3,845 m.), exactement aussi éloigné que le mont Blanc (227 kil.), est chose fort problématique : sa pyramide doit être presque totalement éclipsée par Chaillol (3,163 m.), flanqué de Sirac (3,438 m.) à gauche et de l'Obiou (2,793 m.) à droite. Entre le Dévoluy et la croupe superbe du Ventoux (1,912 m.), quelques crêtes brillantes des Alpes Maritimes courent obliquement vers l'Italie, indéterminables à plus de 250 kilomètres. Les plaines unies de la Provence, toutes veinées de rivières vaporeuses, semblent bien fades à l'extrémité de cette éblouissante banquise, et l'œil remonte de lui-même au nord, vers le Pelvoux et le mont Blanc. Répétons-le : vu aussi complet, le panorama du Mézenc est une des grandioses scènes de la nature et restera toujours un beau souvenir, même pour le plus vétéran et le plus blasé des alpinistes.

Nous ne pouvons terminer sans rapporter les phénomènes météorologiques particuliers que nous observâmes au Mézenc le 24 septembre 1883. Dès 10 heures

---

[1]. Et non à 80 ou 100 lieues, comme l'a écrit le docteur Francus dans un ouvrage cependant fort bien fait, *Voyage aux pays volcaniques du Vivarais*, 1 vol. in-18, chez Roure, à Privas, 1878 (p. 273).

du matin, deux zones de nuages, très distantes l'une de l'autre, se mouvaient dans deux directions : la première, de *nimbus*, courait vers le sud-est, poussée par un fort vent du nord-ouest ; l'autre, beaucoup plus élevée (*cirrhus*), actionnée par le souffle du sud-ouest, montait lentement au nord-est. Tout cela est conforme aux expériences acquises ; la superposition de deux courants aériens a été constatée maintes fois à Lyon, les jours mêmes où les glaciers étaient visibles ; c'est un signe certain de mauvais temps ; on comprend, en effet, que cette concentration de vapeurs convergentes aboutisse rapidement à la condensation. Le résultat ne se fit guère attendre : à midi, une portion de la zone inférieure creva sur le Mézenc, inondant le massif entier pendant cinq minutes seulement, au moment où les Alpes étincelaient du plus vif éclat ; un nuage plus mouillé que les autres s'était le premier débarrassé de son humidité. Plus tard, à 2 heures, quand les *nimbus* eurent envahi la moitié du ciel, le mont Blanc seul se colora subitement en rose, sur une hauteur verticale d'environ 1,500 mètres ; tout le glacier de Trélatête rougissait, comme au début d'une aurore. Cette teinte, insolite à pareille heure, était due à une cause spéciale, la loi d'optique dite *dispersion de la lumière*[1] : une partie des rayons solaires, fourvoyée, pour ainsi dire, entre les deux couches de nuages, subissait de leur part une déviation qui dirigeait droit sur le mont Blanc un faisceau lumineux horizontal, vers 3,000 mètres d'altitude (hauteur approximative de la nappe de *nimbus*) ; comme à la naissance et à la chute du jour, ce faisceau traversait très obliquement l'atmosphère, et ses rayons rouges seuls, isolés par la dispersion, embrasaient les neiges supérieures du dôme incomparable. A son maximum d'intensité, la coloration atteignit presque aux nuances pourpres d'un coucher de soleil. C'était un *alpenglühen* diurne. Puissent les savants du futur observatoire du Mézenc[2] admirer souvent d'aussi étranges illuminations !

Pendant cette fantasmagorique vision, une bande de brouillards violets, allongée à 500 mètres de hauteur au-dessus de la vallée du Rhône, remontait insensiblement les pentes des montagnes ; les nuées du nord-ouest s'amoncelaient de plus en plus sombres ; il pleuvait déjà au Puy. A 3 heures, le mont Blanc perdait sa teinte rose ; à 4 heures, la pluie battante commençait une période de douze heures consécutives. La magnificence de la vue était donc due, ce jour-là, tant à la saturation de l'atmosphère qu'à la déviation de la lumière par les nuages.

Cette expérience et plusieurs autres, une surtout non moins concluante faite au Gross-Venediger (3,673 m.), en Autriche[3], me disposent singulièrement en faveur des pronostics de pluie déduits de la transparence atmosphérique. (*V.* chap. XV.) Je crois donc pouvoir conclure : gare aux ondées, si de Lyon, du Pilat ou du Mézenc le mont Blanc daigne se laisser admirer, j'allais dire adorer ! Mais qui oserait, après avoir joui de splendeurs pareilles à ces panoramas, élever une plainte même contre les plus copieuses averses : on voudrait, au contraire,

---

1. La *dispersion* est la décomposition de la lumière, à travers un milieu transparent, en rayons de diverses couleurs et qui prennent différentes directions ; on l'a démontrée en faisant passer un faisceau lumineux par un prisme de verre horizontal : l'image reçue sur un écran de l'autre côté du prisme est le *spectre solaire*, formé des sept couleurs de l'arc-en-ciel superposées, rouge en bas, violet en haut. C'est ce phénomène qui produit les lueurs rouges de l'aurore et du couchant : la grande obliquité de la lumière en détermine la décomposition à travers l'atmosphère ; les rayons rouges seuls restent assez parallèles à leur direction primitive pour illuminer l'horizon, les autres sont trop déviés vers le zénith pour raser la surface terrestre et en éclairer les extrémités visibles.
2. V. *Bulletin mensuel du Club alpin français*, janvier 1882.
3. V. *Annuaire du Club alpin français*, année 1882.

pour les retours d'ascensions, se condamner à perpétuité aux pluies diluviennes, si elles sont vraiment la conséquence ordinaire des horizons purs et lointains!

Les environs du Puy sont le digne couronnement du voyage des Cévennes : la traversée du plateau du Velay à l'ouest de la Loire, le château de Polignac, l'abbaye de la Chaise-Dieu, le lac du Bouchet et les gorges basaltiques de l'Allier, avec leurs viaducs et tunnels, donnent matière à plusieurs superbes journées d'excursions.

Voilà les Cévennes : près de deux mois seraient nécessaires pour bien voir tout ce que nous venons de décrire, en y joignant les points très connus dont nous n'avons pas parlé.

Toutefois, quelques jours seulement suffisent pour les *merveilles* si neuves des Causses : les gorges du Tarn et de la Jonte, Dargilan, Bramabiau et Montpellier-le-Vieux, ces scènes étranges qui comptent parmi les plus belles d'Europe et que les touristes ignorent encore! Puissent ces pages les y attirer un peu!

CHAPITRE XXI

PRINCIPES DE GÉOLOGIE

La géologie : définition et subdivisions. — La naissance de la terre.— Les fossiles. — Stratigraphie et paléontologie. — Roches primitives, sédimentaires, éruptives. — Métamorphisme — Géothermique. — Tableau des époques primaire, secondaire, tertiaire, quaternaire. — Cassures de la croûte terrestre. — Origine des chaînes de montagnes. — Filons. — Phénomène sidérolithique. — La dolomie. — Phénomènes d'érosion.

La géologie ou étude de la terre (γῆ, terre; λόγος, discours, traité, étude) explique la structure du sol; elle résume l'histoire de sa formation; elle recherche l'âge relatif, les caractères et les propriétés de ses matériaux; elle détermine et classe les restes organiques (végétaux et animaux) dont les débris s'y rencontrent à l'état de *fossiles,* c'est-à-dire qu'elle établit l'ordre de juxtaposition ou de superposition des masses minérales et l'ordre de succession des faunes et des flores; en un mot, elle fait le tableau descriptif des diverses phases et transformations qu'a subies la *surface* du globe avant d'arriver à son état actuel. « La géologie a pour objet l'étude de l'ordre suivant lequel les matériaux du globe terrestre ont été déposés dans le temps et dans l'espace. » (DE LAPPARENT[1].)

Immense est ce champ d'études, et nombreuses par conséquent sont les subdivisions de cette science si vaste, car « nulle autre n'offre une complication comparable à celle de la géologie. » (DE LAPPARENT.)

La *géogénie* (γῆ et γένος, origine), toute théorique, cherche à résoudre le problème de l'origine et de la formation de la terre en tant qu'astre ou corps isolé circulant dans l'espace, — l'énigme de sa naissance ou *genèse*. Elle se demande

---

[1]. DE LAPPARENT, *Traité de géologie.* Paris, Savy, 2e édition, 1885, in-8°, 1,500 pages. Ce beau livre est le meilleur traité de géologie existant, et le présent chapitre n'en est, en quelque sorte, que le très succinct résumé. — 3e édit. en 1893.

aussi comment se sont produites les roches et développés les organismes, quelles sont les causes des modifications et des inégalités de la surface du globe, quelle force enfin a produit tous les bouleversements qu'on y a reconnus. C'est la géologie *spéculative*.

La *géognosie* (γῆ et γνῶσις, connaissance), toute d'observation, au contraire, recueille et compare les faits connus et positifs ; elle en déduit des conclusions méthodiques et des descriptions matérielles. C'est la géologie *descriptive*.

La géognosie elle-même comprend :

1° La *lithologie* (λίθος, pierre) ou *pétrographie*, qui étudie les *roches* ou associations de minéraux ;

2° La *stratigraphie* (de *stratus*, allongé), qui examine les rapports mutuels de *superposition* et de *juxtaposition* des roches ;

3° La *paléontologie* (παλαιός, ancien ; ὄν, ὄντος, être), qui s'occupe des animaux fossiles ;

4° La *paléophytologie* (φυτόν, végétal), vouée spécialement aux végétaux fossiles. (*V.* DE SAPORTA, *le Monde des plantes avant l'apparition de l'homme,* Paris, Masson, 1879, in-8°.)

Enfin la *minéralogie*, histoire naturelle des corps *inorganiques* ou minéraux considérés comme espèces simples, serait une science indépendante, si elle ne se reliait intimement à la géologie par la lithologie, qui a pour objet l'étude des groupements produits par les associations des espèces, et qui emploie les mêmes procédés d'investigation que la minéralogie (analyse chimique, microscope[1], goniomètre, etc.).

Voici ce que nous enseigne la géogénie quant à la naissance de la terre.

A son origine, tout le système planétaire, aujourd'hui décomposé en soleil, planètes et satellites, n'était qu'une seule et même *nébuleuse*, énorme masse de gaz incandescents (matière cosmique), très dilatée, primitivement animée d'un mouvement de rotation sur elle-même, et analogue à celles que les astronomes voient errer dans le ciel sans être fixés sur leur vraie nature.

Sous la double influence du *refroidissement dans l'espace* (rayonnement)[2] et de la *force centripète* ou *pesanteur*, cette primitive nébuleuse se condensa et se concentra, c'est-à-dire que son volume diminua et que sa densité augmenta ; en même temps une troisième puissance, la *force centrifuge*, due au mouvement préexistant de rotation autour d'un axe et aidée par l'inégalité de la condensation, aplatissait la masse en ses deux pôles et lui faisait prendre graduellement la forme d'un disque ; bientôt la zone équatoriale, s'éloignant de plus en plus du centre, se détacha de la périphérie et devint un anneau tournoyant ; plusieurs autres anneaux s'isolèrent successivement ainsi ; les mêmes forces désagrégèrent les anneaux à leur tour, et leurs fragments disséminés, *éclaboussés* dans l'espace, formèrent un certain nombre de sous-nébuleuses, planètes et satellites à venir. Plus petites que la masse mère, elles perdirent plus vite qu'elle leur chaleur et leur volume. La *rotation* les rendit sphéroïdales. La *gravitation universelle* les empêcha de s'éloigner à l'infini, et, une fois détachées, elles se mirent à tourner dans des orbites fermées ; le système planétaire se trouvait constitué : au centre régnait le *soleil*, portion principale de la nébuleuse, qui, très condensée aujourd'hui, n'est pas éteinte, bien loin de là ; tout autour circulaient ses *esquilles*, ses

---

1. *V.* FOUQUÉ et LÉVY, *Minéralogie micrographique.* Paris, J.-B. Baillière, 1879, in-8° et in-4°, 48 fr.
2. Pouillet a estimé la température de l'espace à 142 degrés au-dessous de zéro.

miettes, ses *copeaux* séparés, bien rapidement refroidis et concentrés, à cause de leur petitesse relative.

Ainsi le soleil aurait *craché* tous les astres qui lui font cortège. Cette grandiose théorie, conforme aux lois de la mécanique et à tous les faits astronomiques, physiques, chimiques et géologiques connus, est due au mathématicien Laplace (1749-1827), qui a repris et magnifiquement développé les propositions de Kant (1755) et de Herschell. On la nomme *hypothèse de Laplace*[1].

« L'analyse spectrale (étude de la lumière des astres) est venue donner aux vues de Laplace une confirmation d'une haute valeur, en nous apprenant que l'atmosphère lumineuse du soleil contient, à l'état de vapeurs, la plupart des corps simples qui composent l'écorce terrestre. D'après les recherches de M. Cornu, les substances les plus répandues à la surface du soleil seraient le fer, le nickel et le magnésium. Or, ce sont justement les principaux éléments des météorites qui circulent dans le voisinage de la terre, et, en même temps, ceux des roches lourdes qui paraissent dominer dans les profondeurs du globe. De plus, si l'on considère que les planètes ont une densité d'autant plus grande qu'elles sont plus voisines de l'astre central, on reconnaîtra que cette disposition concorde à merveille avec l'hypothèse qui les fait dériver de parties de plus en plus profondes de la même nébuleuse. » (De Lapparent, p. 15.)

Aussi la plupart des savants considèrent-ils cette hypothèse comme la plus admissible, et voient dans les anneaux de la planète Saturne, par exemple, des satellites non encore détachés, et la représentation réduite du mode de formation du système planétaire entier. Quelques-uns cependant la combattent : on pourra voir comment dans *la Terre* d'Elisée Reclus (t. Ier, p. 18 et suivantes) et dans l'*Association française pour l'avancement des sciences* (congrès de Rouen, 1883, p. 182, Mme Clémence Royer).

La *sous-nébuleuse* qui devint la terre était donc, à son origine, une masse gazeuse, où la chaleur maintenait à l'état de vapeurs les corps que la chimie moderne appelle corps simples, et dont le nombre ne dépasse guère une soixantaine[2].

Ce fut la *phase stellaire* du globe terrestre, alors lumineux par lui-même; elle fut courte, sans doute, la nuée ardente, vrai « soleil en miniature », étant relativement petite. Lors du passage à la *phase planétaire*, les corps simples se modifièrent de différentes façons.

Quelques-uns, très volatils, restent encore à l'état de gaz dans l'atmosphère terrestre actuelle, ne pouvant se liquéfier qu'à des températures très basses : ce sont l'oxygène, l'hydrogène, l'azote, le chlore, le fluor, etc.

Les autres, inégalement lourds, inégalement fusibles, subirent à divers degrés l'influence persistante de la pesanteur et du refroidissement, ces deux agents dont la source reste ignorée et qui si puissamment déjà avaient altéré la nébuleuse mère.

---

1. Laplace, *Exposition du système du monde*. — V. aussi Faye, *Comptes rendus de l'Académie des sciences*, t. XC, n°s 11 et 12.
2. Il y a, au point de vue minéralogique, deux classes de corps simples, correspondant aux deux grandes divisions de la chimie inorganique :
A. *Minéralisateurs :* oxygène, soufre, phosphore, chlore, fluor, carbone, silicium, bore, azote, hydrogène, etc. (métalloïdes).
B. *Minéralisables :* potassium, sodium, lithium, calcium, magnésium, aluminium, arsenic, antimoine, étain, manganèse, zinc, fer, cobalt, nickel, cuivre, plomb, bismuth, mercure, argent, platine, or, etc. (métaux).

Le nuage de gaz lumineux et brûlants qui n'était pas encore la terre devint en effet le siège de réactions chimiques intenses, dont l'abaissement de température et la force centripète furent les seuls préparateurs. Une *séparation*, un *départ*, se fit entre ces gaz.

Les moins vaporeux et les plus pesants se liquéfièrent; les plus légers demeurèrent nuageux. Au centre de la petite nébuleuse, le fer et les métaux, très lourds, s'accumulèrent en un noyau liquide et brûlant et s'y distribuèrent conformément à l'ordre croissant des densités.

« La géologie nous apprend que les roches basiques et lourdes, qui viennent de la profondeur, se distinguent par leur richesse en composés ferreux incomplètement oxydés. Le magnétisme terrestre trouve d'ailleurs une explication rationnelle dans cette conception, qui tend à assigner à l'intérieur du globe une composition analogue à celle des fers météoriques. » (DE LAPPARENT.)

Au-dessus et autour s'étendirent les nappes moins pesantes d'alumine, de chaux, de silice, de soude, de magnésie, etc.; restèrent vapeurs plus longtemps, le soufre, le phosphore, le carbone, le brome, l'arsenic, etc., et les gaz actuels produisant par leurs combinaisons d'autres gaz, comme la vapeur d'eau, les acides carbonique, chlorhydrique, sulfureux, etc. Et la terre fut « une mer de laves tourbillonnant dans l'espace ». (E. RECLUS.)

Il va sans dire que, le froid de l'éther ou espace interplanétaire étant la cause de la condensation, la température baissait beaucoup plus rapidement à la surface qu'au centre, où les métaux, soumis depuis leur précipitation à une moindre déperdition de chaleur, se maintinrent en fusion et s'y trouvent sans doute encore aujourd'hui.

Aussi la matière minérale liquide ne tarda-t-elle pas à se couvrir d'une sorte d'écume pâteuse ou croûte composée des parties les plus légères de la masse fondue; comme ces substances se trouvaient être en même temps les plus réfractaires, les moins fusibles, elles se solidifièrent vite, s'agglutinèrent, et l'écume siliceuse se figea, se coagula, se prit d'une façon continue; ainsi se forma une première écorce terrestre, perpétuellement épaissie par la perte constante de chaleur.

Interposée entre l'enveloppe gazeuse — d'une part — qu'on peut dès maintenant appeler l'*atmosphère*, et le noyau métallique interne, immense mer incandescente, toujours fluide et bouillant, — d'autre part, — l'écorce fut appelée à jouer un rôle capital. Elle servit d'écran protecteur au noyau; elle l'isola du froid espace, et ralentit si bien la déperdition de chaleur que de nos jours le centre du globe terrestre doit être encore incandescent (les volcans modernes, les sources thermales et l'augmentation, universellement constatée, de la température avec la profondeur, semblent le prouver). La conséquence de cet isolement fut l'accélération du refroidissement des vapeurs enveloppantes elles-mêmes, lesquelles, privées de tout contact avec le noyau intérieur, ne reçurent plus de chaleur que du seul et lointain soleil. Alors les éléments volatils les plus lourds de l'atmosphère se condensèrent les premiers; puis, quand, à la périphérie, la température tomba en dessous du point de l'ébullition de l'eau (à ce moment bien plus de 100 degrés, à cause de l'énorme pression de l'atmosphère [1]), la vapeur d'eau se condensa à son tour, et des pluies chaudes sillonnèrent l'enveloppe gazeuse.

1. Helmholz pense qu'il a fallu 3 millions et demi de siècles pour que la température de la surface de la terre s'abaissât de 2,000 à 200 degrés.

Mais la superposition ne se fit pas sans lutte violente entre les trois parties désormais constitutives de la planète : vapeurs (atmosphère), eau, croûte encore chaude. Au contact de l'onde, l'écorce terrestre, insuffisamment refroidie, entra en nouvelle réaction chimique, et l'eau d'abord remonta vaporisée et sifflante ; mais elle devait triompher.

Des phénomènes spéciaux de cristallisation et de combinaison moléculaire se produisirent, qui eurent pour résultat de consolider l'écorce, et bientôt celle-ci fut en état de recueillir comme un bassin les pluies atmosphériques, qui s'étendirent en vastes océans.

Quels furent les premiers matériaux des roches ?

Les corps durs, réfractaires, peu fusibles, devaient former la croûte originaire : ce sont les *silicates* ou composés divers du silicium. Les premières roches légères qui ont flotté comme une écume à la surface du bain fondu, furent la silice et l'alumine. La silice pure donne le *cristal de roche,* l'alumine pure, le *saphir et le rubis,* trois pierres remarquables par leur dureté.

Les *oxydes* (union d'un métal et de l'oxygène minéralisateur) solidifièrent les *mousses* de silice et d'alumine : les principaux furent les *alcalis* (potasse, soude, lithine), les *terres alcalines* (chaux, baryte, strontiane, magnésie) et le *fer.*

Souvent la silice s'isolait et cristallisait en *quartz.*

La potasse, la soude, la silice et l'alumine s'unirent en une sorte de verre alcalin nommé *feldspath.*

Au contraire, avec le fer et la magnésie, la silice et l'alumine composèrent le minéral feuilleté et flexible appelé *mica.*

La combinaison du *quartz, du feldspath* et du *mica,* sans plus, produisit la plus ancienne roche connue, le *gneiss,* que l'on croit avoir formé la première croûte du globe. (*V.* ci-après.)

Le fluor, le carbone, le chlore, le phosphore, le soufre, l'oxygène et les autres gaz créèrent le reste des minéraux constitutifs de divers mélanges rocheux : les oxydes, les chlorures, fluorures, bromures, carbures, sulfures, etc. ; et les sels : carbonates (de chaux ou calcite, de magnésie et chaux ou dolomie), sulfates (de chaux ou gypse-plâtre, de baryte ou barytine), phosphates, etc.

« Tels sont les éléments fondamentaux et peu nombreux de la croûte du globe. Le principal est l'*oxygène,* qui constitue à lui seul la moitié en poids de la croûte terrestre ; après lui vient le *silicium,* qui forme 28 pour 100 de toutes les masses cristallines d'origine éruptive. Le groupe de l'*oxygène,* du *silicium,* de l'*aluminium,* du *magnésium,* du *calcium,* du *potassium,* du *sodium,* du *fer* et du *carbone* constitue les $\frac{977}{1000}$ de l'écorce. Dans ce qui reste, la prédominance appartient à l'ensemble du *soufre,* de l'*hydrogène,* du *chlore* et de l'*azote.*

« M. Dana a fait observer que la *silice,* saturée comme elle est d'oxygène et rebelle à toute altération, est, par excellence, l'instrument de la consolidation de l'*écorce terrestre.* Au contraire, l'élément fondamental du *monde organique* est le *carbone,* caractérisé par l'instabilité de ses composés, instabilité particulièrement favorable aux perpétuelles variations que comportent les phénomènes physiologiques. » (De Lapparent, p. 570.)

Dans sa lutte contre la matière ardente, et pendant la formation de l'écorce, l'eau s'était fortement chargée de particules minérales ; souvent aussi, au fond des mers primitives, la même croûte dut être crevée par les bouillonnements intérieurs, et des épanchements (éruptions) se produisirent, qui augmentèrent encore la teneur minérale des eaux.

Cependant le refroidissement progressif des mers et surtout la pesanteur attiraient les particules au fond, les appliquaient sur l'écorce première et peu à peu les superposaient en couches, strates ou *sédiments*.

En même temps, l'évaporation diminuait l'étendue des océans, tandis que l'effervescence du noyau désormais comprimé et emprisonné sous l'écorce se transmettait à cette écorce et la gonflait, la boursouflait par places. Ainsi émergèrent les premières terres, dont les vagues se mirent à battre les rivages incertains et à remanier les éléments, pour les laisser choir dans le fond au fur et à mesure qu'elles les arrachaient. De leur côté, les agents atmosphériques (pluies, grêles, foudre et vent) attaquaient les nouvelles terres, dont les cours d'eau commencèrent à raviner la surface, portant aux mers ce qu'ils enlevaient à leurs bords. A partir de ce moment, et par le seul mécanisme du dépôt au fond des eaux, l'épaisseur de l'écorce terrestre s'accrut d'âge en âge par l'*empilement des terrains sédimentaires* ou stratifiés.

Un jour, la température ayant considérablement baissé (50 degrés) et l'air s'étant purifié d'acide carbonique par le développement de la végétation, l'albumine put se liquéfier et le sang couler dans les veines : ce jour-là la *vie* se manifesta sur le globe.

Comment, et produite par quelle force? L'homme se le demande depuis qu'il existe et ne le saura sans doute jamais!

Toujours est-il que dans les eaux apparurent des annélides (vers) et des crustacés, composant la faune primordiale, tandis que, sur des portions d'écorce, *de terrain*, déjà mises à découvert, croissaient les premières plantes (lycopodiacées), peu vigoureuses.

« Sans doute, à cette époque les terres émergées n'occupaient qu'une faible étendue, et leurs rivages, sans cesse exposés aux incursions des flots, se prêtaient mal à l'établissement d'une flore continentale. » (DE LAPPARENT.)

Néanmoins les organismes végétaux ou animaux avaient pris possession de la surface du sol, des rivages maritimes et de la masse des eaux ; l'ensemble des conditions extérieures avait subi une transformation qui leur permettait de s'en accommoder ; dès lors ces organismes concoururent aussi à l'accroissement de l'écorce solide du globe, car l'accumulation de leurs débris constitue des roches entières, telles que le calcaire et la houille.

L'atmosphère et la mer s'épurant constamment et la terre se couvrant de plus en plus de plantes et d'arbres, la vie se développa régulièrement, et successivement vinrent les poissons, les reptiles, les oiseaux, les mammifères et l'homme.

LES FOSSILES. — Les dépouilles et les détritus d'animaux et de végétaux morts tombaient au fond des océans ou des lacs, soit par chute directe, soit charriés par les cours d'eau qui n'avaient pas tardé à sillonner la terre : empâtés dans les vases et les autres résidus inorganiques dont le lent dépôt ne discontinuait pas, ils s'y enchâssaient comme dans une gangue; et quand un retrait de la mer ou un boursouflement de l'écorce mettait le fond à découvert, la nouvelle terre renfermait dans son sein tous ces restes antiques à l'état de *fossiles*. C'est là, dans les couches du sol, que les géologues vont les retrouver.

Mais ces fossiles « ne révèlent le plus souvent leur origine que par leur forme, dont les détails se sont plus ou moins fidèlement conservés, pendant qu'à leur matière se substituait, en tout ou en partie, celle des roches au milieu desquelles ils se sont enfouis. » (De Lapparent.) Ils ont perdu, en un mot, tout caractère d'organisation, et ne sont plus que des *squelettes*, des *coquilles*, des *empreintes*.

La *faune* d'un terrain est l'ensemble de ses fossiles animaux ; sa *flore* est l'ensemble des fossiles végétaux.

« Pour que les fossiles nous aient été conservés, il a fallu qu'après la mort les parties les plus résistantes de l'organisme devinssent, par leur enfouissement au milieu des dépôts protecteurs, totalement ou partiellement préservées de la destruction qu'elles auraient encourue à l'air libre. C'est ce qui a dû arriver, d'une manière habituelle, pour les organismes marins des profondeurs et pour les espèces qui vivent dans les eaux douces ou saumâtres.

« Les animaux supérieurs, tels que les mammifères terrestres et les oiseaux, n'ont pu être conservés que par exception, quand leurs cadavres, flottés lors de grandes inondations, sont venus échouer au milieu d'alluvions, ou lorsque les animaux eux-mêmes, s'étant aventurés soit dans des marécages instables, soit au-dessus de cavités dissimulées par la neige, ont été enfouis, de leur vivant, au milieu de la vase et du limon.

« D'autres fois, des émanations méphitiques, survenant au bord de lacs ou de sources, ont déterminé l'asphyxie de vertébrés ou d'insectes, en même temps que celle des poissons, dont les restes, en pareil cas, se trouvent réunis en grand nombre sur les mêmes plaques de sédiment. Des phénomènes analogues se sont souvent produits dans les eaux marines où, de nos jours encore, les violents orages ou les tremblements de terre font périr de nombreux animaux. Enfin l'arrivée soudaine d'une forte proportion d'eau douce dans l'eau de mer, ou réciproquement, suffit à déterminer la mort subite d'êtres que leur chute sur le fond et leur enfouissement ultérieur préserveront d'une destruction totale. » (De Lapparent, p. 790.)

Cristaux de quartz.

La *fossilisation* est le remplacement total ou partiel de la substance animale par celle de la roche encaissante ou par les matières qu'amènent les eaux d'infiltration.

« Lorsqu'un débris organique est enfoui dans une vase argileuse, il y a d'abord pénétration, par la vase, de tous les vides que ce débris pouvait présenter. Il se fait ainsi un *moule interne* en argile. Quant à la matière organique, elle se décompose lentement, et une partie peut revêtir la forme minérale, comme c'est le cas pour les combustibles fossiles. La substance d'un animal, avant de se décomposer, peut laisser sur l'argile une *empreinte* et même un *enduit* destinés à demeurer.

« Les vases calcaires qui sont devenues plus tard les plaquettes lithographiques de *Solenhofen* (Bavière) ont gardé la trace des *plumes* des reptiles empennés, celle des mâchoires d'annélides, et jusqu'à des empreintes d'animaux mous, tels que les méduses.

« En outre il se passe, sous la double influence de l'eau et de la chaleur interne, des phénomènes de *concentration moléculaire*, pour lesquels les corps organiques en décomposition servent en général de centre d'attraction. L'un des plus fréquents est l'accumulation de la *pyrite* ou *bisulfure de fer* à la surface ou dans l'intérieur des coquilles, comme aussi au milieu des fibres des végétaux transformés en lignite.

« Dans les dépôts crayeux, la *silice*, intimement mélangée au calcaire, s'isole autour des corps organisés. Plus tard, une partie de la silice entrera en dissolution et viendra former des *cristaux de quartz à l'intérieur des valves*.

« Lorsque la substance ne pénètre pas dans les coquilles et se contente de les envelopper, on obtient un *moule externe*.

« La préservation des structures organiques est remarquablement complète quand des sources calcaires ou siliceuses ont servi de milieu pétrificateur.

« Le phosphate de chaux a souvent joué un rôle analogue à celui de la silice et du calcaire. Tantôt des incrustations de ce minéral ont opéré le *contre-moulage* de corps organiques, comme ces curieuses reproductions de grenouilles et de serpents que M. Filhol a découvertes dans les phosphorites du Quercy, et où, l'animal ayant été extérieurement moulé par de l'argile, le vide produit par sa disparition a été rempli par du phosphate.

« On peut distinguer, dans la classe des empreintes, les *empreintes organiques*, qui ne sont en réalité qu'une sorte de moule externe, comme les impressions laissées par des feuilles et des insectes ; et les *empreintes physiologiques*, qui sont des vestiges de l'activité organique des êtres disparus. A cette dernière catégorie appartiennent les trous creusés dans les roches par les animaux lithophages (et souvent remplis après coup par un sédiment), les *perforations des tarets*, les tubes servant à l'entrée et à la sortie des annélides dans un sédiment sableux ou vaseux, les *pistes* laissées par la marche des vers ou des crustacés, enfin les *traces de pas* des reptiles, des oiseaux ou des mammifères.

« Ce phénomène n'est, du reste, pas particulier au monde organique. Des *gouttes de pluie* ont ainsi laissé leurs empreintes sur certains sédiments vaseux, tandis que des dépôts arénacés nous ont transmis, sous forme de rides à la surface des couches, les traces de *clapotement des vagues (ripple marks)*. » (De Lapparent, p. 692 et suivantes.)

Stratigraphie et paléontologie. — Nous avons vu que la géologie ou plutôt la géognosie recherche l'âge relatif des diverses couches de terrain superposées et fait leur histoire et leur description complètes.

Sa méthode est double, ce qui lui permet le contrôle.

Elle a, en effet, deux sortes de matériaux à analyser :

Les uns *inorganiques*, les minéraux, les roches et les métaux.

Les autres *organiques*, les animaux et les végétaux.

La première méthode, dite *stratigraphique*, tire ses déductions de l'examen même du sol, à l'aide de la stratigraphie, de la lithologie (*V.* p. 304) et même de la minéralogie. Elle précise les *rapports mutuels de position* des roches.

La seconde, dite *paléontologique*, trouve ses conclusions dans l'étude des *fossiles* par la paléontologie et la paléophytologie. Ces deux méthodes ont chacune leurs principes tirés de l'ensemble des faits expérimentalement reconnus.

Voici le principe de la stratigraphie :

L'épaisseur des dépôts sédimentaires augmente sans cesse par le haut, et leur âge est d'autant plus reculé qu'ils se trouvent à une plus grande profondeur. L'*ordre de superposition* doit donc (sauf exceptions dues à des failles, plissements, renversements ultérieurs, et sauf *lacunes* produites par des interruptions ou arrêts temporaires dans le travail de dépôt) servir à déterminer l'âge relatif des diverses formations sédimentaires.

Les *strates* sont comme les feuilles d'un livre : en les parcourant, on *lit* l'histoire chronologique de la terre.

Les lois de la paléontologie sont plus nombreuses :

1° Les couches de même niveau géognostique, c'est-à-dire contemporaines dans leur formation, renferment à peu près les mêmes espèces de fossiles ;

2° En passant d'un terrain au terrain supérieur ou inférieur, on voit les fossiles subir des variations plus ou moins importantes.

3° La plupart des espèces des anciennes faunes sont *perdues*, c'est-à-dire qu'elles ne se retrouvent pas dans la nature actuelle.

Empreinte de pas du *cheirotherium* (trias).

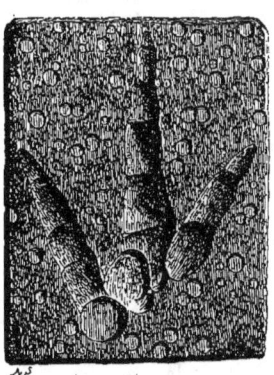
Empreintes de pied d'oiseau et de gouttes de pluie.

4° L'ordre d'apparition des animaux est le suivant : Invertébrés ; — Poissons ; — Reptiles ; — Oiseaux et mammifères ; — Homme.

Pour les plantes, progression analogue.

En un mot, « les groupes organiques se succèdent, dans l'espace horizontal comme dans l'espace vertical, suivant un ordre déterminé, que l'observation directe peut seule faire connaître. » (DE LAPPARENT, p. 3.)

« Il est bon de rappeler qu'en donnant à une zone paléontologique le nom d'une espèce, on entend dire non que cette espèce y est toujours exclusivement cantonnée, mais qu'elle atteint dans cette zone le maximum de son développement. Un même étage peut ainsi avoir un *facies corallien*, indiqué tantôt par des coraux en place et tantôt par des oolithes, un *facies marneux* à pholadomyes ou à spongiaires, ou encore un *facies pélagique* à céphalopodes, sans compter le *facies côtier*, représenté par des sédiments argileux ou sableux. Ainsi s'expliquent les difficultés qui ont si longtemps arrêté les géologues, et dont quelques-unes, à l'heure actuelle, laissent encore prise à la controverse. » (DE LAPPARENT, p. 948.)

CLASSIFICATION DES TERRAINS. — Tandis que les sédiments s'entassaient en dessus de l'écorce primitive, la température interne ne baissait plus guère, depuis que l'écran solide de la surface empêchait le *rayonnement*, c'est-à-dire la perte de la chaleur au contact de l'espace froid ; et l'on comprend que l'ébullition naturelle du noyau, jointe à la compression due au poids de la croûte terrestre, provoquât des soubresauts dans la masse restée en fusion. Nous avons vu que ces secousses déchirèrent l'écorce première, — de nos jours encore elles la crevassent, — et par les fractures ainsi produites s'épancha à toutes les époques et continue à s'épancher l'écume du foyer intérieur. Cette écume, qui change de nature et d'aspect à chaque âge géologique, est ce que l'on appelle les *roches éruptives* : les volcans modernes et leurs *laves* en font partie. Les roches éruptives étant venues au jour à une température élevée, en coulées ou tout au moins en pâtes, ont une structure *cristalline*, c'est-à-dire sont formées par une agglomération de particules à figure géométrique, de *cristaux* produits par le double fait de la fusion et du refroidissement à l'air libre.

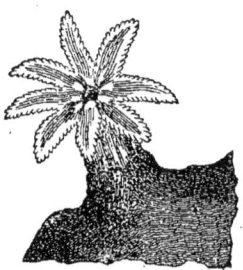

Polypier du corail.

Les roches sédimentaires, au contraire, ont une structure *stratifiée*, c'est-à-dire sont disposées en *feuillets*, en assises, en tranches, par suite de la superposition des lits ou couches de vases qui les ont très lentement constituées.

Nous sommes ainsi amenés à distinguer trois espèces de terrains ou roches :
1° PRIMITIFS OU CRISTALLOPHYLLIENS ; 2° SÉDIMENTAIRES ; 3° ÉRUPTIFS.

1° Les *terrains primitifs* sont « l'ensemble des roches que le refroidissement a dû faire naître à la surface du globe lorsque la terre, passant de la phase stellaire à la phase planétaire, s'est recouverte d'une écorce solide, produit de la consolidation de la croûte primitive, formée aux dépens de la masse du globe par la seule déperdition d'une partie de sa chaleur. » (DE LAPPARENT.) Au fur et à mesure de sa coagulation, cette écorce se trouvait remaniée par une mer très chaude chargée de réactifs chimiques et par l'intrusion fréquente (éruptions) du magma liquide sous-jacent (*V.* p. 308) : cristallisés par refroidissement, délayés en pâtes ou allongés en rubans visqueux par les flots agités, ces terrains devaient prendre forcément une structure à la fois cristalline et stratiforme (gneiss, schistes primitifs, etc.). Aussi d'Omalius d'Halloy les a-t-il nommés *cristallophylliens* (cristallisés et feuilletés), tandis que Brongniart les qualifiait d'*agalysiens* (dissous).

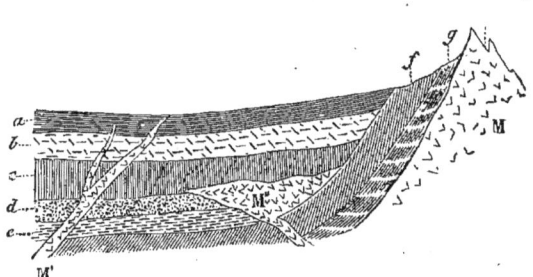

Terrains : *a, b, c, d, e*, sédimentaires ; — *f, g*, cristallophylliens ;— M, éruptifs.

2° Les terrains *sédimentaires*, ou *stratifiés*, ou d'*origine externe*, sont des accumulations de vases et de débris organiques au fond des océans successifs, résultats des réactions mécaniques exercées, des remaniements effectués sur les matériaux des terrains primitifs par les diverses forces atmosphériques (dynamique externe, érosions, météores, glaciers, etc.).

3° Les terrains *cristallins* purs ou *éruptifs* s'appellent plutôt des *roches*, car leur étendue n'est jamais aussi grande en surface horizontale que celle des autres. Émanés directement du brûlant réservoir intérieur, éjections maintes fois répétées des matières fluides du noyau fondu à travers les crevasses de l'écorce, ils se sont tantôt dressés en murailles saillantes ou *dykes* (conservés parce que leur cristallinité les protégeait contre les agents atmosphériques), tantôt allongés en *coulées*, d'autres fois élevés en larges *dômes*, ou enfin injectés en *filons* à travers les terrains encaissants, par de vraies *cheminées d'éruption*.

I. Terrains primitifs. — Les opinions les plus contradictoires ont été émises sur la nature de ces terrains[1].

Provisoirement, on peut partager le terrain primitif en deux étages[2]:
1° Gneiss (granitoïdes à la base), affectant le caractère éruptif ;
2° Schistes divers, offrant l'aspect sédimentaire.

Le terrain primitif est *azoïque* (sans vie), dépourvu de fossiles.

En 1863, M. Mac Mullen avait cru y trouver, au Canada, dans le calcaire, un foraminifère dit *Eozoon canadense*. Ce n'était pas un animal, mais un simple accident minéralogique, ainsi que cela est résulté d'une longue et minutieuse discussion.

« Le gneiss est un agrégat à texture rubanée, formé des éléments constituants du granite : quartz, feldspath et mica. Il ne se distingue du granite que par le parallélisme des lamelles de mica, et aussi, en général, par l'allongement des grains de quartz, qui affectent une forme lenticulaire. C'est l'alignement du mica et sa concentration suivant des surfaces planes ou légèrement ondulées qui déterminent la schistosité et la fissilité plus ou moins parfaite du gneiss. Au microscope, le gneiss se montre entièrement cristallisé et n'offre aucun élément que sa forme permette de considérer comme détritique. » (De Lapparent, p. 650.)

Principales roches du terrain primitif :
Gneiss ;
Micaschistes (Glimmerschiefer) : quartz et mica disposés en zones alternantes ;
Leptynite, grain fin, feldspath et quartz (granulite stratiforme) ;
Pétrosilex ou *Halleflinta*, leptynite compacte ;
Quartzites, agrégat compact de grains ou cristaux de quartz ;
Amphiboloschistes ou *amphibolites*, agrégat schisteux de quartz et d'amphibole ;
Chloritoschistes ou *chloroschistes*, schistes chloriteux ;
Talcschistes ou *talcites* ou *stéaschistes* ou *schistes sériciteux* (la séricite est un mica onctueux au toucher, qu'on prenait jadis pour du talc);
Cipolins, calcaires schisteux et cristallins (micacés, sériciteux ou chloriteux), sortes de concentrations de carbonates de chaux intercalées dans les gneiss.
Calcschistes micacés, intermédiaires entre les cipolins et les micaschistes.

II. Terrains sédimentaires. — « Les dépôts détritiques, qu'on appelle aussi clastiques, résultent de la destruction, par les vagues de la mer, l'eau des rivières ou les agents atmosphériques, de roches préexistantes, dont les élé-

---

1. Michel Lévy, *Origine des terrains cristallins primitifs* : *Bulletin de la Société de géologie*, 3e série, t. XVI, 21 novembre 1887.
2. *Étude sur les roches de Commentry* : *Bull. de la Soc. minérale de Saint-Étienne*, 4e série, t. II, 4e livr., 1888.

ments, réduits en fragments plus ou moins fins, sont allés se stratifier au fond de l'Océan, des cours d'eau, des lacs ou des estuaires, en formant ce qu'on nomme les *sédiments*. La plupart des formations détritiques se faisant, sous l'influence de la gravité, dans une eau tranquille, se disposent en couches horizontales. Ces couches successives demeurent le plus souvent distinctes les unes des autres, parce que la sédimentation, au lieu d'être un phénomène continu, marche par saccades, avec une activité qui varie suivant le jeu des marées, la puissance des vagues, le débit des cours d'eau, etc. » (DE LAPPARENT, p. 680.)

Voici la classification actuellement admise pour les sédiments :

A. Dépôts *arénacés*, à grains discernables, généralement siliceux..............
- 1° *Meubles* : sables, graviers, galets, blocs erratiques, moraines glaciaires.
- 2° *Conglomérats* : brèches (à fragments anguleux), poudingues (à fragments roulés), et toutes les roches formées de fragments agglutinés par un ciment quelconque.
- 3° *Grès*, sandstein (allemand), sandstone (anglais), sables rendus cohérents par un ciment : grès quartzeux ; psammites (à mica) ; grauwackes (argileux) ; ferrugineux (à oxyde de fer rouge) ; verts (à glauconie) ; calcarifères (cimentés par carbonate de chaux) ; arkoses (granitiques).

B. Dépôts *argileux*, vases solidifiées généralement riches en alumine............
- I. *Argiles* proprement dites........
  - Réfractaires (kaolin, terre de pipe).
  - Smectiques (terre à foulon).
  - Ferrugineuses (ocres rouge et jaune).
  - Calcarifères (marnes).
  - Sableuses (limon ou lehm).
  - Sableuses et calcarifères (lœss).
  - Siliceuses (gaize).
  - Siliceuses dures et colorées (jaspe).
- II. *Schistes* (stratifiés, durs, fissiles).
  - Phyllades (en plaquettes minces, ardoises).
  - Bitumineux.
  - Divers.

C. Dépôts *chimiques* (concrétions et incrustations, amas lenticulaires déposés dans l'eau par précipitation de substances)......
- Meulières à silex ; — geyserite (silice hydratée) ; — travertins calcaires (sources pétrifiantes) ; — tufs (dépôts aériens de carbonate de chaux) ; — stalagmites et stalactites (dépôts souterrains du même) ; — limonite (fer hydroxydé) ; — gypse (plâtre) ; — sel gemme.

D. Dépôts *organiques*...............
- 1° *Calcaires* coralliens à entroques oolithiques (fragments de coquilles d'huîtres, oursins, etc.). Les *marbres* sont des calcaires cristallisés.
- 2° *Craie* (agrégat de particules de protozoaires et de microphytes, foraminifères, polypiers, mollusques, etc.).
- 3° *Tripoli* (débris des algues siliceuses appelées *diatomées*), à Eger (Bohême), Menat (Auvergne).
- 4° *Combustibles minéraux*, produits par la décomposition des plantes : tourbe, lignite, houille, anthracite.
- 5° *Ambre* ou *succin*, résine fossile dans laquelle on trouve parfois des insectes englobés.

Ces subdivisions sont *lithologiques* seulement, et nullement *stratigraphiques;* il ne faut pas y voir un tableau chronologique; car si la craie, les meulières, la tourbe, par exemple, sont particulières aux âges crétacé, tertiaire, moderne, il y a, par contre, des calcaires, des grès, des argiles, dans les formations de toutes les époques.

III. Terrains éruptifs. — « Il résulte des observations géologiques (et le fait a été bien mis en lumière par M. Michel Lévy), que les roches d'origine interne forment, dans l'histoire du globe, deux grandes séries d'importance très inégale (en Europe du moins). La première a marqué les temps primaires ainsi que le début de la période secondaire; puis est intervenue comme une ère de silence dans le jeu des éruptions, et les périodes jurassique et crétacée semblent s'être écoulées sans que l'apparition de roches éruptives vînt interrompre la succession des sédiments.

« C'est avec l'ère tertiaire que l'activité interne paraît s'être réveillée, pour continuer à se manifester jusqu'à nos jours. Il y a donc, dans chaque groupe de roches, une série *ancienne* ou *antéjurassique*, et une série *moderne* ou *postcrétacée*, la seconde n'étant, en général, qu'un écho assez affaibli de la première, en ce qui concerne les *roches acides*. » (De Lapparent, p. 587.)

On distingue, en effet, dans les roches éruptives les *acides* ou légères, riches en silice et en alumine, et les *basiques* ou lourdes, pauvres en silice, et où prédominent les oxydes métalliques (de calcium, de magnésium, de fer, etc.).

« Les deux séries ancienne et moderne des roches éruptives ne sont donc pas distinctes seulement par leur âge; elles le sont surtout par la nature des émissions. La première est caractérisée par la prédominance des types acides, ainsi que par l'état franchement cristallin des roches, où les éléments vitreux sont rares ou absents. Dans la seconde dominent les types basiques et *neutres;* la texture granitoïde y est plus rare, et partout intervient une proportion plus ou moins forte de pâte amorphe ou d'inclusions vitreuses, en même temps que les roches se montrent souvent criblées de vacuoles, comme celles que peuvent produire des dégagements gazeux au sein d'une masse en fusion. Il est donc visible que les éruptions de la première série, du moins les plus anciennes, ont dû s'accomplir en général sous une pression qui permettait l'existence de l'eau à l'état liquide et en présence de dissolvants de nature à favoriser la cristallisation. Au contraire, dans la série moderne, la sortie des matières ayant eu lieu à l'air libre ou sous une faible pression, dans des conditions analogues à celles des volcans actuels, les gaz et la vapeur d'eau ont joué un rôle dans la constitution définitive des produits. Le caractère igné, l'action du feu, s'y accuse d'ailleurs plus franchement et se traduit quelquefois de la manière la plus nette par la cuisson que les roches encaissantes ont subie.

« C'est pourquoi, sans nier que les dernières éruptions de la série ancienne aient pu, jusqu'à un certain point, revêtir le caractère *volcanique*, nous pensons que cette épithète, qui implique l'idée d'émissions subaériennes et de projections violentes, convient surtout à la série moderne. » (De Lapparent, p. 1292.)

Voici dans quel ordre se sont formées les roches primitives dans l'Europe centrale : « Le *granite* d'abord, incontestablement postérieur au cambrien, et dont, d'après les récentes études de M. Barrois en Bretagne, une variété paraît même du carbonifère inférieur.

« La *granulite*, au moins *silurienne*, peut-être arrivée à la fin du *dévonien* ou même du *carbonifère inférieur*, recoupe nettement le granite de ses filons et constitue en cerains points des dômes comme lui.

« La *microgranulite* (ancien porphyre quartzifère), postérieure au granite et à la granulite, est de la base du houiller inférieur. On la voit fréquemment en filons à travers le carbonifère supérieur. Le *porphyre globulaire* est de l'âge du houiller inférieur.

Dyke de basalte (île Sainte-Hélène).

« Le *porphyre pétrosiliceux*, dont un type ancien est représenté en galets à Commentry, est arrivé entre le houiller inférieur et le houiller supérieur; il comprend aussi des types récents, comme la *pyroméride* de l'Estérel (Var), qui est permienne. Enfin l'on désigne sous le nom de *porphyrites* une série de roches très variées dont le quartz est absent.

« La série des *porphyrites* va des *kersantites* aux *mélaphyres*, en comprenant des porphyrites micacées, augitiques et amphiboliques. Il y en a d'âges très distincts. » (DE LAUNAY, *loco cit.*, p. 40.)

TABLEAU DES ROCHES ÉRUPTIVES

	ANCIENNES	MODERNES
ACIDES	Granite : silurien. Granulite, pegmatite, protogine : dévonien. Microgranulite. Elvan. Porphyre globulaire. } Permo-carbonifère. Pechstein. Eurite pyroméride.	Liparites : éocène. Rétinites. Perlites. Pegmatites modernes.
NEUTRES	Kersantite. } Cambrien. Syénite. Minette. Porphyrite amphiboli- } Permo-carbonifère. Orthophyre. [que.]	Trachytes. Domites. } Pliocènes Phonolites. } (volcans d'Auvergne). Andésites. Leucitophyres.
BASIQUES	Gabbros. } Cambrien. Diorite. Diabases. } Silurien et dévonien. Mélaphyres. } Permo-carbonifère Trapps. } et trias. Euphotide : trias. Ophite. Variolites. — Serpentines.	Euphotide moderne. } Éocène. Serpentine id. Dolérites. Basaltes (tertiaire et quaternaire). Laves (téphrites).

MÉTAMORPHISME. — « Beaucoup de roches éruptives ont fait subir aux terrains traversés des modifications plus ou moins profondes, dont l'ensemble constitue ce qu'on a nommé le *métamorphisme*. C'est l'altération, physique ou chimique, du terrain encaissant, sous l'influence de la roche éruptive ou l'action des liquides et des vapeurs qui accompagnent la sortie de la roche. Ses effets consistent soit dans un durcissement notable du terrain encaissant pénétré d'émanations siliceuses, soit dans une sorte de remaniement partiel et sur place de ses éléments constituants, avec production de substances cristallisées.

« Il arrive quelquefois que le terrain encaissant exerce à son tour une certaine réaction sur la roche éruptive au voisinage du contact. De là résulte un métamorphisme endomorphe, ou *endomorphisme*, ou diamorphisme, auquel peuvent aussi contribuer les émanations contemporaines de l'épanchement. » (DE LAPPARENT, p. 1286.)

TABLEAU DES COUCHES ET FOSSILES DES TERRAINS SÉDIMENTAIRES.

Pour l'intelligence de ce que nous avons à dire sur la géologie des Causses, il importe de présenter le tableau, aride certes, et d'aspect rébarbatif, des couches successives de terrains sédimentaires et de leurs fossiles caractéristiques.

PRINCIPES DE GÉOLOGIE

Il y a quatre groupes, ères ou époques de terrains sédimentaires :

PRIMAIRE
- Cambrien.
- Silurien.
- Dévonien.
- Carbonifère.
- Permien.

Faune paléozoïque (ancienne).
Flore paléophytique. Houille.
Règne des crustacés, mollusques et poissons.

SECONDAIRE
- Trias.
- Jurassique. { Lias. Oolithe. }
- Crétacé.

Faune mésozoïque (moyen âge).
Flore mésophytique.
Règne des reptiles, des ammonites et des coraux.
Apparition des mammifères.

TERTIAIRE
- Éocène.
- Oligocène.
- Miocène.
- Pliocène.

Faune néozoïque ou kaïnozoïque (récente).
Flore néophytique.
Règne des mammifères.

QUATERNAIRE — Proboscidiens. — Carnassiers. — Homme. — Glaciers. — Volcans. — Érosions.

De ce tableau d'ensemble passons à ceux de détail.

FOSSILES PRIMAIRES

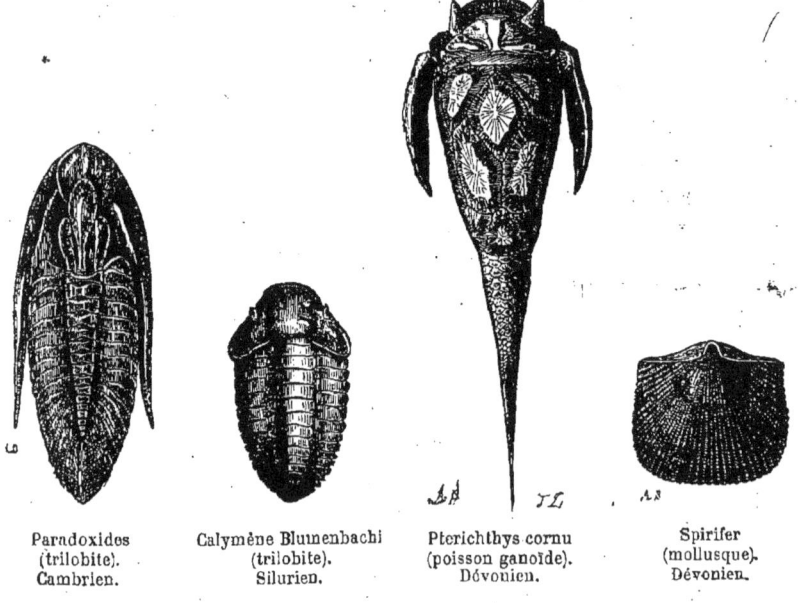

Paradoxides (trilobite). Cambrien.

Calymène Blumenbachi (trilobite). Silurien.

Pterichthys cornu (poisson ganoïde). Dévonien.

Spirifer (mollusque). Dévonien.

ÂGE OU GROUPE DES TERRAINS PRIMAIRES

PÉRIODE	ÉTAGE	ROCHES ET LOCALITÉS	FAUNE	FLORE	OBSERVATIONS
Cambrienne (ancien nom romain du pays de Galles; — Sedgwick, 1835).	1° *Ardennais*.... 2° *Scandinavien*. } En Europe. 1° *Acadien*..... } Amérique 2° *de Potsdam*... } du Nord. *Sinien*, en Chine, épais de 3,800 mètres (de Richthofen).	Schistes, grès, calcaires. Phyllades de Saint-Lô; schiste micacé: Ardennes, Bretagne, Pyrénées, Bohême, Scandinavie, Galles, grand cañon du Colorado (épaisseur, 4,300 m).	Animaux peu nombreux: Oldhamia (bryozoaire). Vers arénicoles (annélides). Trilobites paradoxides (crustacés), en Bohême. Lingules (mollusques brachiopodes).	Nulle.	Continents peu étendus. Fortes réactions chimiques dans les mers. Dernières traces de cristallisation. *Faune première*.
Silurienne (ancien pays des Silures, en Angleterre; — Murchison, 1839). — Étudiée par Barrande en Bohême.	*Armoricain* (ordovicien des Anglais; — faune seconde). *Bohémien* (faune troisième).	Schistes, ardoises (d'Angers), argiles, calcaires, grès. Angleterre (terre classique du silurien): Pyrénées, Anjou, Normandie, Bretagne, Scandinavie, Russie, Thuringe, Bavière.	Trilobites calymènes. Graptolythes (bryozoaires). Orthoceras (mollusque céphalopode atteignant 2 m. de longueur. Lingules, spirifer, rynchonelles (mollusques brachiopodes). L'insecte dit *Palæoblattaria Douvillei*, étudié par Ch. Brongniart à Lorgues (Calvados), et le scorpion *Palæophoneus nuncius* découvert par Lindstrom en 1884 à Gothland (Suède) dateraient, d'après ces auteurs, de l'époque silurienne et seraient les plus anciens animaux connus à respiration aérienne.	Végétaux terrestres rares. Quelques lycopodiacées.	Épaisseur, 5 à 6,000 mètres en Angleterre; 6,000 en Chine. Cristallisation arrêtée. Océans à rivages instables. Réactions chimiques finies. Climat tropical sur tout le globe. Peu de terres émergées. Brusque développement de la vie. *Faune seconde*. Premiers poissons apparaissant au sommet du système.
Dévonienne (du comté anglais de Devonshire; — Murchison et Sedgwick, 1837).	*Rhénan*. *Eifelien*. *Famènien*.	Old red sandstone (vieux grès rouge). — Calcaire de Givet. — Marbre de Campan. — Grauwackes. — Quartzites. — Schistes divers: Ardennes, Normandie, Maine, Anjou, Bretagne, Vosges, Pyrénées, Rhin et Meuse, Russie, Angleterre, Sahara, Pennsylvanie (couches à pétrole).	Quelques insectes. Poissons ganoïdes (cuirassés, premiers vertébrés): pterichthys et pterapsis. Trilobites en décadence. Goniatites (sorte d'ammonites, mollusques céphalopodes). Polypiers (rayonnés). Spirifer, rynchonelles.	Accroissement des végétaux; lycopodiacées, fougères, conifères; précurseur de la flore carbonifère.	Accroissement des continents.
Permo-carbonifère (permien, de Perm, en Russie); — ou pénéen, à cause de sa pauvreté en fossiles; — ou dyas, à cause de sa division en deux étages.	*Anthracifère* (Culm) ou carbonifère inférieur. *Houiller*.	Calcaire carbonifère. — Grès houillers. — Houille. Pourtour du plateau central français (Commentry, Aveyron, Mézenet, Alais, Saint-Étienne, Aubin, le Creuzot), Flandres, Allemagne, Angleterre, Chine, Russie, etc. — Grand cañon du Colorado (grès et Red-Wall) (épaisseur, 4,400 m.).	Sauriens (reptiles amphibies); labyrinthodontes (batraciens); Eosaurus (d'Amérique). Insectes; gigantesques phasmines de 0m,70 d'envergure étudiés par Ch. Brongniart, à Commentry. Productus (mollusques brachiopodes). Polypiers (coraux).	Végétation luxuriante et gigantesque. Lycopodiacées. { Lépidodendron. { Sigillaria. Équisétacées.— { Calamités. { Stigmaria. Fougères. Conifères...... Walchia.	Purification de l'atmosphère par les plantes. Lagunes. Enfouissement des végétaux. Formation de la houille par leur décomposition.
	Permien.	Nouveau grès rouge inférieur. (Rothe Todte liegende). — Zechstein. — Grès rouge de l'Aveyron. — Productus. Schistes de Lodève. Pourtour du plateau central, Pyrénées, Autun, Cévennes, Vosges, Russie, Himalaya, États-Unis.	Sauriens (actinodon et archegosaurus). Palæoniscus (poisson ganoïde). Productus. Salamandres : protriton.	Décadence de la végétation. Conifères...... Walchia.	Éruptions de porphyres, trapps et mélaphyres.

PLANTES PERMO-CARBONIFÈRES

Une forêt à l'époque carbonifère.

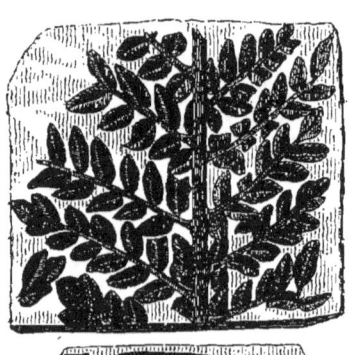
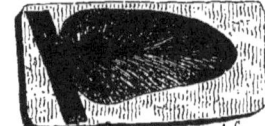

Nevropteris heterophylla.

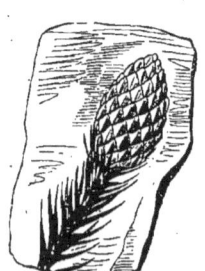

Lepidodendron.

Sigillaria.

Walchia.

FOSSILES DU LIAS (SECONDAIRE).

Squelette d'ichthyosaure.

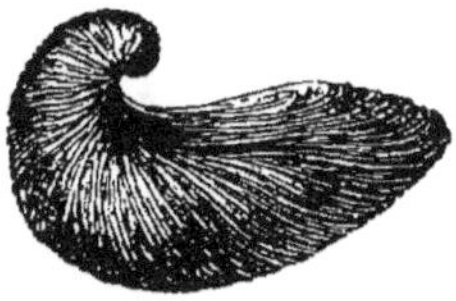

Gryphæa arcuata.

Os de bélemnite.

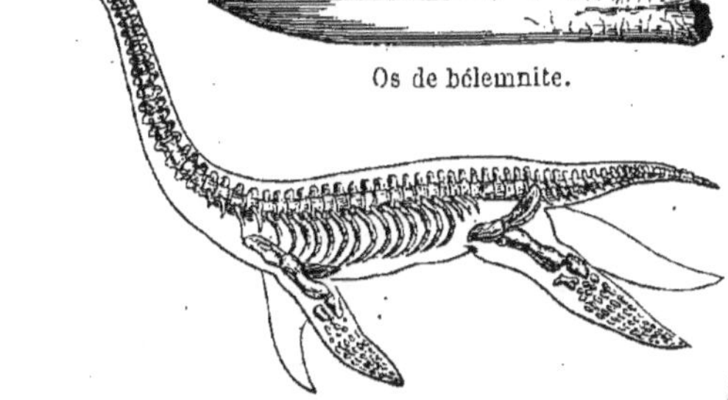

Squelette de plésiosaure.

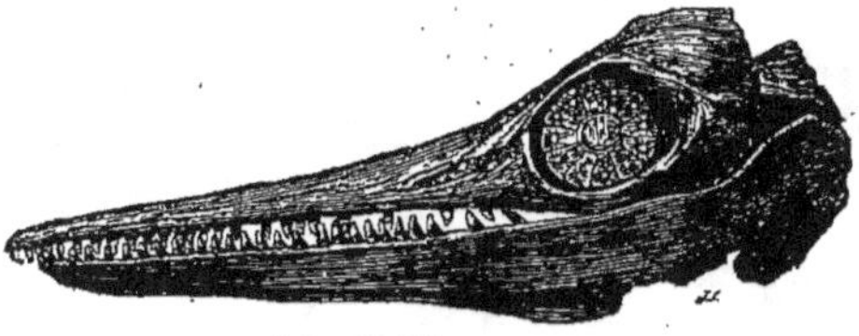

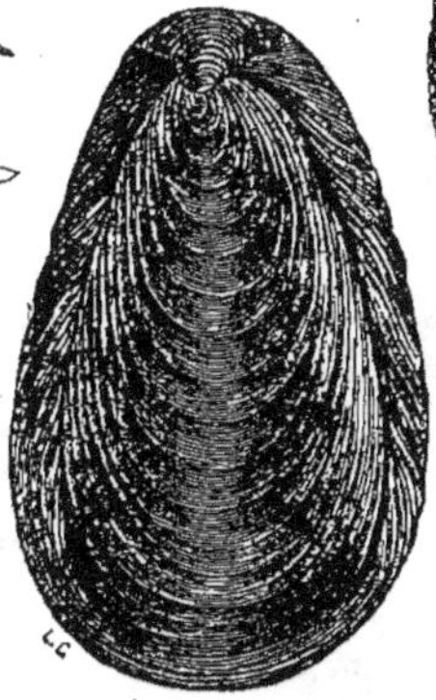

Gryphæa cymbium. 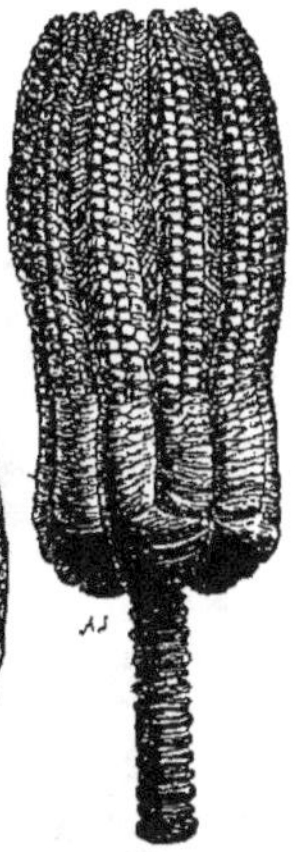 Encrinite entroque ou moniliforme.

Tête d'ichthyosaure.

FOSSILES DE L'OOLITHE (SECONDAIRE).

Nautile.

Squelette de ptérodactile crassirostre.

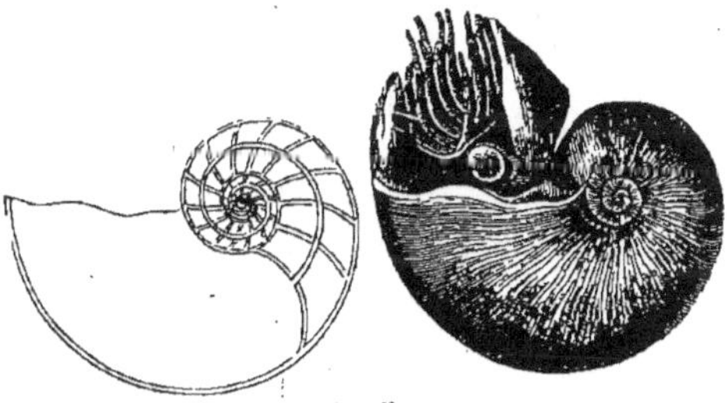

Térébratule.

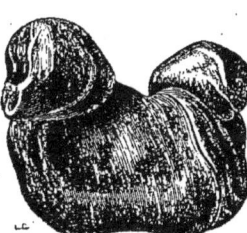
Diceras arietina.

Ammonite.

ÈRE, OU ÉPOQUE, OU GROUPE DES FORMATIONS SECONDAIRES

CARACTÈRES GÉNÉRAUX. — Pas de roches éruptives ; — règne des reptiles ; — apparition de mammifères rares et petits ; — oiseaux reptiliens (mixtes) ; — flore mixte : cycadées et conifères ; — règne des ammonitidées (mollusques céphalopodes) ; — grand développement des polypiers et coraux (foraminifères) et formation des calcaires coralliens et oolithiques (en petits grains comme des œufs de poisson).

PÉRIODE	ÉTAGE	ROCHES ET LOCALITÉS	FAUNE	FLORE	OBSERVATIONS
Triasique (Trias à cause de sa subdivision en trois étages ; d'Alberti).	*Vosgien* ou *pœcilien* (bigarré, bariolé). *Franconien* ou *conchylien*. *Tirolien* ou *salifèrien* ou *keuprien*, subdivisé en norien et carnien.	Nouveau grès rouge supérieur. — Grès des Vosges. — Grès bigarré (Vosges, Cévennes, Alpes, Angleterre). Muschelkalk. — Dolomies. — Gypse (Vosges, Alpes, Provence, Allemagne). Marnes irisées. — Gypse. — Sel (Vosges, Berry, Angleterre ; Salines de Lorraine et de Salzburg ; Alpes dolomitiques ; calcaire du Dachstein en Autriche).	Sauriens, batraciens (labyrinthodontes) ; — Sauriens (chirotherium, empreintes de pas seulement ; simosaurus) ; — Dinosauriens (trois doigts aux pieds de derrière) ; — Cératites, Trychoceras (ammonites) ; — Encrines (crinoïdes, rayonnés). Poissons ganoïdes. Pecten, Cardita, Posidonia (ostréacées, mollusques acéphales).	Flore de transition (comme la faune). Fougères. Cycadées. Conifères : Woltzia.	Dernier écho des éruptions permiennes (Tirol). Pœcilien jadis uni au permien, parce que le grès des Vosges est sans discordance avec le grès rouge permien. Apparition des ostréacées. Quelques formations d'eau douce. Les dolomies du Schlern ont 4,000 m. d'épaisseur. (V. p. 333.)
Liasique.. { Intralias...... / Lias propre ou Jura noir (des Allemands).....	*Rhétien* (grès infraliasique ; bonebed ; zone à *avicula contorta*). *Hettangien* (lias blanc ; grès à Hettanges ; zone à *ammonites planorbis*). *Sinémurien* (de Semur ; zone à *gryphœa arcuata* ; lias inférieur). *Liasien* ou *cymbien* ou *charmoutien* (lias bleu des Anglais) ; zone à *gryphœa cymbium* et *ammonites fimbriatus* (lias moyen). *Toarcien* (de Thouars) ; zone à *ammonites bifrons* (lias supérieur).	Grès à la base ; — argiles de plus en plus calcaires ; — marnes ; — calcaires marneux. Alpes, Jura, Lorraine, Bourgogne, Pyrénées, Causses, Quercy, Poitou, Berry, Sarthe, Calvados, Angleterre.	Abondance des ostréacées ; avicula, gryphœa, posidonia et pectens. Idem des bélemnites (mollusques céphalopodes). Grands reptiles nageurs dits Enaliosauriens : ichthyosaure, plésiosaure (localité célèbre de Lyme-Regis en Angleterre ; leurs excréments fossiles se nomment *coprolithes*). Poissons squales et ganoïdes. Premiers mammifères (marsupiaux didelphes).	Fougères. Cycadées. { Zamites. Nilsonia. Conifères. Il se dépose encore quelques couches de houille. (V. ch. xxii.)	Accroissement du carbonate de chaux ; aurore de la période oolithique toute calcaire. Grande étendue des océans. Arrêt complet des éruptions, du sel et du gypse. Le lias et l'oolithe forment ensemble le terrain jurassique.
Oolithique. { Dogger ou Jura brun. { Malm ou Jura blanc. } { Inférieur. Moyen. Supérieur. }	*Bajocien*. *Bathonien*.. { *Vésulien*. *Bradfordien*. *Callovien*. *Oxfordien*. *Argovien* ? (transition). *Corallien* ou { *Glyptikien*. *rauracien*. *Diceratien*. *Astartien* ?.. { *Séquanien* ?. transition. *Kimméridgien*..... { *Pterocérien* }Tithonique. *Virgulien*. *Bolonien*. (dpu, 1881) *Portlandien*. *Purbeckien*.	Calcaires compacts. Calcaires straitifiés. — Dolomies. Marnes. — Calcaires marneux. France et Angleterre, Alpes, Bavière, Wurtemberg, etc.	Petits mammifères marsupiaux (phascolotherium, amphilerium ; quatorze espèces à Porbeck ; plusieurs dans les montagnes Rocheuses). — Sauriens : plésiosaures, ichthyosaure, mégalosaure (géant). — Crocodiliens : téléosaure, cétéosaure (long de 15 m.). — Premiers oiseaux (archéoptéryx, ailes et queue à Solenhoffen). — Lézards ailés : ptérodactyles, ramphorynches. — Coraux et polypiers. — Oursins et échinides (rayonnés). — Premiers téléostiens ou poissons osseux. Ostréacées et mollusques acéphales : diceras, exogyra, gryphœa, pecten, pholadomya, avicula, ostrea, trigonia, etc. — Ammonites et bélemnites. — Nérinées (mollusques gastropodes).	Flore oolithique assez pauvre. Cycadées. { Zamia. Nilsonia. Fougères. Conifères. { Thuites. Brachyphyllum.	Climat équatorial jusque vers 70° de latitude. — Lumière et chaleur encore uniformes sur le globe. — Formations lacustres peu abondantes, renfermant les quelques mammifères signalés. — L'Europe est un océan de coraux dont le travail n'est dérangé par aucune éruption.
Crétacée... { Infracrétacé.... Crétacé........	*Néocomien*.. { *Valanginien*. *Hauterivien*. *Urgonien* (rhodanien). *Aptien* (grès verts). *Albien* (gault et gaize du pays de Bray). *Cénomanien* (le Mans) (craie de Rouen, craie glauconieuse). *Turonien* (Tours) (craie tuffeau). *Sénonien* (Sens) (craie de Meudon). Maestrichtien. Danien..... { (craie de Maestricht). Garumnien.	Grès verts. — Craies diverses (la glauconie, verdâtre, est un hydrosilicate de fer et de potasse). Falaises normandes (pays de Caux). — bassins de Paris et de la Garonne, Touraine, Dauphiné, Provence, Pyrénées, Jura, Angleterre, Alpes, Apennins, Carpathes.	Grands dinosauriens bipèdes : iguanodon (Belgique), haut de 10 à 12 mètres. Mosasaures (Maestricht), Ancyloceras, Crioceras, Baculites (Ammonitidées). Inocérames (huîtres). Spatangues, ananchytes, micraster (oursins). Térébratules et rynchonelles (huîtres). Hippurites, Radiolites, Sphérulites (mollusques rudistes). Oiseaux en Amérique.	Apparition des plantes à feuilles caduques : peupliers, hêtres, châtaigniers, platanes.	Craie composée de particules calcaires amorphes, débris de foraminifères (globigerina), de mollusques, de coraux, de bryozoaires et de spicules d'éponges. Zones de silex (dans la craie blanche) dues à des concentrations moléculaires. (V. p. 303.) Craie déposée lentement, roche tendre et traçante. Dépôts d'eau douce augmentent.

FOSSILES DE LA CRAIE (SECONDAIRE).

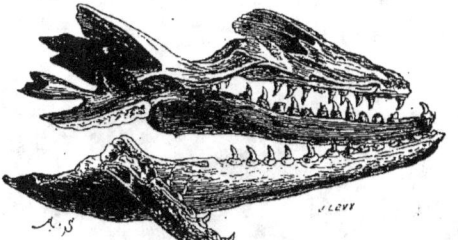

Micraster cor. testudinarium (craie blanche).

Tête du mosasaurus Camperi.

Ananchytes ovata.

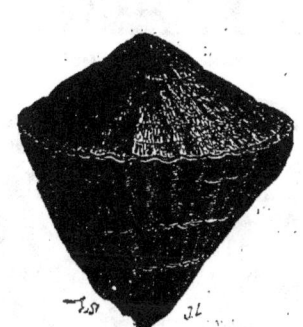

Dent d'iguanodon.

Radiolite.

Hippurite.

Turrilite.

Crioceras.

Ancyloceras.

FOSSILES TERTIAIRES

Paysage de l'époque tertiaire.

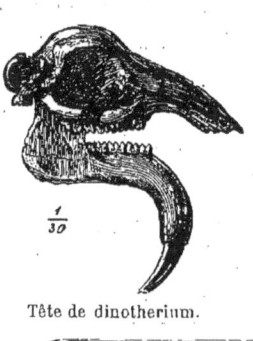

Tête de dinotherium.

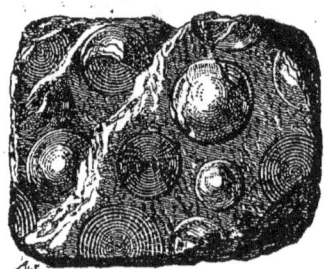

Calcaire à nummulites.

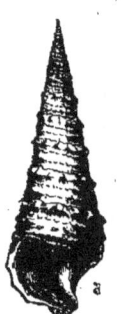

Cerithium.

Dinotherium restitué.

Planorbis.

Paludine.

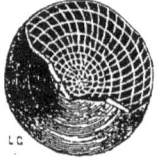

Nummulite.

Dent de squale (carcharodon).

ÈRE, OU ÉPOQUE, OU GROUPE DES FORMATIONS TERTIAIRES

PÉRIODES	ÉTAGES	ROCHES ET LOCALITÉS	FAUNE	FLORE	OBSERVATIONS
Éocène (ἕως, aurore; καινός, récent) aurore des espèces modernes ou paléocène.	Suessonien (Soissons) (marnes de Meudon). Parisien (calcaire grossier, sables de Beauchamp, calcaire de Saint-Ouen, gypse et marnes, etc.).	Calcaire lacustre d'Auvergne. — Calcaire et gypse parisiens. — Terrain nummulitique du midi de la France. Bassins de la Seine, Garonne, Loire, Allier, Rhône, Saône. Belgique, Angleterre.	Marsupiaux. Pachydermes : palæotherium, anoplotherium. Sauriens : siamodosaurus. Crocodiliens. Oiseaux : gastornis. Nummulites (foraminifères). Cérithium (mollusques gastropodes). Coquilles d'eau douce : unio, limnæa, cyclostoma, planorbis, etc.	Palmiers abondent ; arbres à feuilles caduques : chênes, lauriers.	Commencement du refroidissement polaire. — Débuts du soulèvement des chaînes de montagnes (Pyrénées, Apennins). Extension des formations d'eau douce, accroissement des continents. Règne des mammifères et des arbres caducs. Disparition des ammonites. Réveil des éruptions. — Émanations métallifères (filons).
Oligocène (ὀλίγος, peu).	Tongrien. Aquitanien.	Marnes vertes, sables de Fontainebleau, lignites de Saxe et Silésie, calcaire à meulières de Beauce, de Saint-Géraud-le-Puy (Allier), marnes de la Limagne, molasse de Suisse et d'Alsace. France, Italie, Allemagne.	Ruminants : anthracothérium. Pachydermes : palæotherium. Squales et siréniens : halithérium. Cérithium, potamides, natica, etc.	Plantes aquatiques ; palmiers, lauriers, charmes, érables.	Abaissement de température. — Retrait de la mer. — Accroissement de l'Europe. — Grands lacs. Manifestation d'une saison fraîche, sinon froide.
Miocène (μεῖον, moins).	Langhien. Helvétien. Tortonien.	Sables (Sologne et Orléanais). — Calcaires (Sansan et Gergovie). Faluns (Touraine). — Molasse (Suisse et Piémont). — Argiles de Tortona (Italie). — Bassin de Vienne (Autriche). — Salines de Galicie. France, Suisse, Autriche, Italie, Espagne.	Maximum du développement des mammifères. Proboscidiens : mastodon et dinothérium. Pachydermes : rhinocéros et acerothérium. Singes. Squales et siréniens : carcharodon, balæna, delphinus, halikidérium. Cérithium, Pecten, etc.	Diminution des palmiers. — Bouleaux, aulnes, saules, charmes. — Graminées, gazons.	Les vallées fluviales se dessinent. — Mer molassique ou helvétienne. — L'hiver est encore doux. — Forêts en Islande. — Apparition des Alpes, Andes et Himalaya.
Pliocène (πλεῖον, plus, ancien subapennin de b Grünwald).	Messinien. Plaisancien. Astien. Arnusien.	Marnes à Congéries (Rhône et Italie). Marnes bleues du Plaisantin. — Couches à Potamides, Rhône et Languedoc. — Sables jaunes d'Asti et Toscane. — Sables du val d'Arno, Italie surtout.	Proboscidiens : Elephas meridionalis. Pachydermes : rhinocéros et hippopotame. Carnassier : machairodus. Ruminants : Helladothérium, antilope, cerf ; fossiles de Pikermi (Grèce) et du mont Léberon (Provence). Apparition du genre Equus. Congéries des eaux lacustres (mollusques acéphales).	Appauvrissement de la flore. Les palmiers abandonnent l'Europe (les singes aussi). Flore actuelle.	Puissants volcans (France centrale). Le froid gagne vers le sud. Établissement des climats. Peut-être l'homme apparaît-il, ne s'y a pas encore rencontré.

ÉPOQUES	ROCHES	FAUNE	OBSERVATIONS
QUATERNAIRE.	Graviers. | Sables. } Diluvium. | Limons. | Lœss. } Alluvions. | Lehm. } | Tufs calcaires. | Moraines glaciaires. | Blocs erratiques.	Grands proboscidiens : éléph., rhinocéros, mammouths, hippopotames. Carnassiers des cavernes (spelæus) : ursus, felis, hyæna. Ruminants : renne, grand cerf d'Irlande (cervus megaceros). En Amérique, gigantesques édentés : mégatherium, mylodon, mégalonix, glyptodon (cuirasse), scelidotherium. On distingue les *espèces éteintes* (toutes celles ci-dessus, sauf le renne) et les *espèces émigrées* (renne). Apparition (certaine) de l'homme : restes de son industrie : silex taillés.	Changement de climat. Refroidissement considérable. Glaciers ; — puis débâcles ; grandes pluies ; érosions et ruissellements ; volcans (chaîne des puys d'Auvergne). Cavernes et brèches à ossements. Trois âges : 1° Elephas antiquus. 2° E. primigenius et rhinoc. tichorhinus. 3° Renne.

[Pour les doubles dénominations employées dans la série oolithique, V. de Lapparent, p. 944.]

ÉPOQUE MODERNE OU CONTEMPORAINE.

Relèvement de la température. — Diminution des glaciers. — Formation des tourbières, plages et alluvions modernes. — Diversité des saisons.

RÉSUMÉ. — « Au début des périodes vitales, une mer sans limite laisse à peine émerger quelques îlots, dont la vie organique est lente à prendre possession. Bientôt la terre ferme se constitue, et tandis que dans les mers une abondante population animale s'est déjà développée, la végétation s'installe, avec une puissance incomparable, sur les bords des lagunes continentales, purifiant l'atmosphère, jusqu'alors irrespirable, par le carbone qu'elle lui enlève et dont un mode particulier d'enfouissement va mettre en réserve, pour les âges futurs, toute la puissance calorique. Ensuite les continents se complètent par des adjonctions successives, et leur relief s'accentue peu à peu pendant que l'uniformité d'une température tropicale, d'abord commune à tout le globe, fait progressivement place à la variété des climats. Sous cette influence, le monde des animaux et des plantes terrestres se diversifie de plus en plus, les mammifères et les arbres à feuillage caduc font leur apparition ; et quand la venue des plantes à fleurs atteste que les rayons solaires ne rencontrent plus rien qui arrête leur éclat bienfaisant, une série de phénomènes grandioses vient imprimer aux montagnes leur relief définitif. D'abondantes précipitations s'y condensent et, par le travail d'érosion et de transport qui en résulte, étalent sur de larges surfaces un limon fertile qui n'attend plus que la culture. Les grandes vallées fluviales sont creusées ; les rivages des mers ont acquis ces formes profondément découpées qui conviennent au développement de la civilisation ; les fentes de l'écorce ont vu leurs parois se tapisser de matières utiles. L'homme peut venir ; la terre est mûre pour le recevoir; c'est à lui désormais d'exploiter toutes ces richesses que la Providence a partout accumulées pour son usage. » (De Lapparent, p. 21.)

La durée des temps géologiques, c'est-à-dire le nombre d'années révolues depuis la première manifestation de la vie sur le globe, ne saurait être appréciée exactement : les estimations varient de 20 à 100 millions d'années.

M. Dana, célèbre géologue américain, pense que si la part de ce temps attribuée à l'ère primaire est représentée par 12, l'ère secondaire aura pour indice 5 et l'ère tertiaire 4.

M. de Lapparent incline à diminuer la durée relative de l'ère primaire.

Tout cela, bien entendu, n'est qu'approximatif.

Cassures de l'écorce terrestre. — Par suite des actions mécaniques ou chimiques qu'ils ont subies *postérieurement à leur formation,* tous les terrains sont disloqués, sillonnés de nombreuses *cassures* que jadis on appelait des *joints.* A ce nom M. Daubrée a substitué celui de Lithoclases, baptisant ainsi toutes les cassures de l'écorce terrestre ; il a proposé la classification suivante :

I. Leptoclases (λεπτός, menu ; et κλάω, briser), de faibles dimensions, subdivisées en :

1° *Synclases,* régulières, dues au retrait provoqué par le refroidissement ou la contraction ; prismes des basaltes, polyèdres du gypse et des argiles desséchées ;

2° *Piésoclases,* sans régularité apparente, divisant en fragments très petits la surface de toutes les roches en dessous de la terre végétale, produisant presque l'effet d'un concassement, dues aux alternatives du gel et du dégel, à des tassements ou pressions, à des efforts mécaniques en un mot (de πιέζω, presser, comprimer); elles fendillent les roches en veines, où se rencontrent parfois des cristaux de quartz, de calcite, etc., ou même des minerais métalliques.

II. Diaclases, beaucoup plus grandes, caractérisées par la *verticalité des parois disjointes* et par leur *faible écartement,* causées par des efforts mécaniques très puissants, retraits, pressions, torsions, ploiements des couches sur des longueurs et hauteurs de 100 mètres et plus. Étant pratiquées dans tous les sens, leurs entrecroisements, leurs intersections mutuelles, débitent les terrains en polyèdres irréguliers. Ainsi des milliers de diaclases verticales ont provoqué les dentelures des falaises normandes dans la craie (100 m. d'extension moyenne), des grès crétacés du Cotatuero (450 m. de hauteur sur 1,000 m. de longueur, (*V.* p. 11-15) et des dolomies des Causses.

III. Les paraclases ou failles. — « Une faille est une fente (fracture, rupture, cassure, fissure, brisure, crevasse) ou une solution de continuité des roches, *accompagnée d'un déplacement relatif de ses deux parois ou* lèvres, appelé *rejet.* Ordinairement c'est un simple plan de division, de part et d'autre duquel les deux lèvres, bien qu'ayant glissé l'une par rapport à l'autre, sont cependant restées en contact[1]. » Cependant on appelle *faille ouverte* celle où les deux lèvres écartées ont laissé entre elles un espace béant ; ce vide peut se trouver rempli par des matières tombées de la surface du sol, ou par des filons métallifères ou des roches éruptives injectés de l'intérieur.

Le rejet, et c'est là la caractéristique des failles, est souvent indéfini en pro-

---

1. A. Heim et E. de Margerie, *les Dislocations de l'écorce terrestre.* Zurich, 1888, in-3°.

fondeur, c'est-à-dire que si bas que l'on suive une faille dans l'intérieur du sol on ne saurait en trouver la fin. Au contraire, les autres cassures du globe, sans rejet, ont des limites presque toujours faciles à rencontrer.

Cependant il arrive parfois qu'une faille soit limitée à une certaine couche et ne traverse pas les voisines; en outre les érosions souterraines, les glissements sur des masses argileuses peuvent, par voie d'écroulements, produire des dislocations qui auront superficiellement l'apparence de failles, mais qui ne se prolongeront jamais loin dans les entrailles de la terre. Les vraies failles « s'étendent horizontalement sur des dizaines et même des centaines de kilomètres, et pénètrent jusqu'à des profondeurs inconnues. » (Daubrée.)

« Les causes auxquelles est due, en dernière analyse, la production des failles sont encore assez obscures. Le plus grand nombre paraissent provenir directement d'un affaissement inégal des différentes parties de l'écorce terrestre vers le centre du globe; cependant on ne saurait nier la possibilité du cas contraire (soulèvement absolu).

« Les réseaux de failles ramifiées paraissent souvent provenir non de l'affaissement direct, mais bien du fendillement général d'une région de l'écorce terrestre, sous l'influence d'un mouvement de torsion. » (Heim et de Margerie, *loco cit.*, p. 44.)

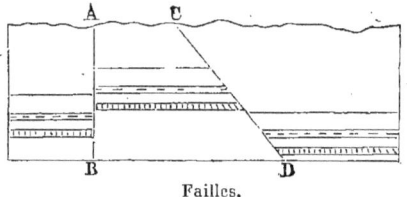
Failles.

« Le trait caractéristique qui se manifeste dans d'innombrables fissures de l'écorce terrestre, c'est un parallélisme qu'on retrouve dans les fractures de toutes dimensions. » (Daubrée.)

Les ingénieuses expériences de M. Daubrée sur des lames de verre et d'autres substances, ont démontré que les torsions produisaient deux systèmes de directions également inclinés sur l'axe de torsion et à peu près perpendiculaires l'un à l'autre[1].

Le savant professeur en a conclu que les lithoclases avaient joué un rôle prépondérant dans la direction des vallées; nous verrons, chapitre XXIII, comment l'aspect des cavernes et rivières souterraines des Causses prouve la justesse de cette déduction.

Formation des chaînes de montagnes. — Au phénomène des cassures se relie intimement celui de la formation des chaînes de montagnes.

Voici comment Elie de Beaumont l'a magistralement expliqué dès 1852 (*Notice sur les systèmes de montagnes*).

« Le phénomène lent et continu du refroidissement de la terre occasionne une diminution progressive de son rayon moyen, et cette diminution détermine, dans les différents points de sa surface, un mouvement centripète qui, en rapprochant chacun d'eux du centre, l'abaisse par degrés insensibles au-dessous de sa position initiale... Or, le poids de la croûte du globe l'a tenue constamment appliquée sur le liquide intérieur. Ce liquide intérieur n'étant plus assez volumineux pour pouvoir la remplir et pour la soutenir partout, elle s'est écartée par degrés de la figure sphéroïdale en se bosselant légèrement. Mais un pareil bosselement ne

---

1. V. Daubrée, *Études synthétiques de géologie expérimentale*. Paris, Dunod, 1879, in-8°. — Id., *Annuaire du Club alpin français*, t. VIII et IX, années 1881 et 1882.

pouvait avoir lieu sans que les diverses parties de l'enveloppe éprouvassent une déformation : cette déformation causa des ruptures et des écrasements... En outre, la tendance de la masse entière à revenir à une figure à peu près sphéroïdale a fini par réduire l'écorce de la planète à diminuer son ampleur incommode, par la formation d'une sorte de rempli ; ce rempli prenait la figure d'un fuseau latéralement comprimé. La formation des montagnes paraît pouvoir s'expliquer par la compression latérale subite d'un fuseau de l'écorce terrestre. Les matières que la compression transversale a forcées à chercher une issue au dehors ont passé à travers la surface auparavant unie du terrain (comme le doigt à travers une boutonnière), mais en crevant de bas en haut les assises superficielles, pour former des intumescences allongées. »

C'est ainsi (comparaison triviale mais parlante) que, dans un fruit trop mûr, si l'on exerce avec deux doigts une pression latérale sur les bords de la partie blette, on voit la peau se fendre en longueur et la pulpe gâtée saillir comme à travers une boutonnière.

Les dislocations du sol sont de deux sortes : les *plis* et les *cassures*. La cassure peut n'être qu'un pli brusquement rompu (voûte effondrée, voussoir brisé) quand les terrains qu'elle affecte ne sont pas assez souples pour se prêter à la flexion.

« Le refoulement latéral qui tend à faire occuper aux couches un espace horizontal moindre qu'auparavant a pour effet de les *plisser* : aussi cette action est-elle qualifiée de *plissement* ou *ridement*. Une coupe parallèle au sens du refoulement présentera alors une succession de courbures alternativement saillantes (convexes) ou creuses (concaves), dont chacune s'appelle un *pli* : un pli convexe est nommé *anticlinal* (voûte), parce que les couches plongent en sens contraire à partir du sommet ; un pli concave porte le nom de pli *synclinal* (fond de bateau), parce que les couches plongent des deux côtés vers le fond. » (HEIM et DE MARGERIE.)

« Le relief actuel des massifs de roches primitives provient, dans ses grandes lignes, d'un premier plissement des gneiss, résultant simplement de la difficulté qu'avait cette première croûte à continuer à s'appliquer sur le noyau intérieur de plus en plus condensé. » (L. DE LAUNAY.)

Dans les pays de montagnes l'influence des phénomènes de dislocation devient tout à fait apparente. Les couches stratifiées s'y montrent redressées, plissées, parfois renversées sur elles-mêmes, car les dislocations ont pour résultat de diminuer en projection horizontale l'espace primitivement occupé par les couches[1].

Il nous semble qu'on pourrait grouper les chaînes de montagnes en trois classes :

Celles que constituent des plissements simples, des sédiments non crevés au sommet ; elles affectent la forme de dômes ou de croupes arrondies, comme dans le Jura, par exemple : *montagnes de compression;*

Celles où la fracture a soulevé une ou plusieurs tranches de terrain : ce sont les arêtes des couches brisées et relevées qui deviennent les crêtes des aspérités ; il y a alors en général pente douce à l'extérieur du ridement, et escarpement à l'intérieur, vers la cassure : *montagnes de rupture* (mont Perdu, dans les Pyrénées) ;

---

1. Le développement des plis du Jura sur une surface plane donnerait, en projection horizontale, un accroissement de longueur de 7 kilomètres ; celui des plis des Alpes, un accroissement de 120 kilomètres. (M. BERTRAND, *Bull. de la Société de géologie*, 3ᵉ s., t. XV, p. 239.)

Enfin celles où les deux bords de la fracture se sont disjoints, écartés, et où une roche subjacente a vu le jour à travers la « boutonnière » ainsi ouverte : *montagnes d'écartement* (forêt Noire, Vosges, Morvan, Lozère, Aigoual, etc.).

En résumé, « le prélude de la formation d'une chaîne est un affaissement survenu sur l'emplacement même ou dans le voisinage immédiat de cette chaîne future. » (De Lapparent.)

Ce n'était pas l'opinion du célèbre Léopold de Buch, qui voyait dans les montagnes « le produit immédiat d'une impulsion verticale directe, du même ordre que celle à laquelle il attribuait la formation des cratères de soulèvement, mais dirigée suivant une ligne d'une certaine étendue, au lieu d'être concentrée sur un seul point. Cette impulsion avait sa source dans la force d'expansion des vapeurs volcaniques. L'idée de l'impulsion verticale, directement provoquée par la masse fluide interne, a presque entièrement disparu de la science [1]. »

Pli.

Même avant Élie de Beaumont, Constant Prévost avait opposé à cette théorie des *soulèvements* celle des affaissements, considérant les montagnes « comme la résultante locale du mouvement centripète général de l'écorce terrestre. »

On a reconnu à l'heure actuelle que dans aucun massif montagneux il ne serait possible de citer un seul exemple d'une roche d'origine interne ayant provoqué un soulèvement. Partout les roches cristallines apparaissent comme passives.

Ce n'est pas le phénomène éruptif qui est la cause de la surgescence des montagnes.

Mais si les géologues sont maintenant unanimes sur ce point, il en est un autre sur lequel l'entente n'est pas encore établie.

A propos des montagnes d'écartement où la masse centrale se trouve étreinte entre les lèvres disjointes du terrain disloqué, on n'est pas d'accord sur la manière dont vient s'intercaler la roche sous-jacente.

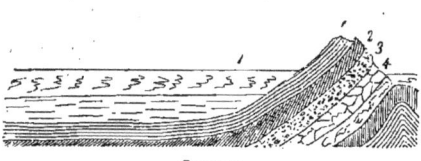

Cassure.

Pour Élie de Beaumont, Dana, Constant Prévost, de Richthofen et M. de Lapparent, la pression à la fois verticale et latérale exercée par les deux lèvres du terrain disloqué pendant leur mouvement de bascule sur la masse subjacente, a dû soulever cette dernière, la faire monter, jaillir presque, jusqu'à dépasser le niveau des lèvres; elle s'est haussée à travers la boutonnière, selon la si heureuse expression d'Élie de Beaumont. Pour MM. Bleicher, Suess et Neumayr, au contraire, les montagnes d'écartement sont des piliers, des *Horst*, mis en saillie par l'effondrement des roches encaissantes. Il y aurait donc là au contraire *affaissement*, mouvement de haut en bas, dû aux contractions de l'écorce terrestre. C'est la fameuse théorie des *Horst* (Suess, *Entstehung der Alpen;* Vienne, 1875; — id., *Autlitz der Erste;* Vienne, 1885 et 1887; — Neumayr, *Erdyeschichte;* Leipzig, 1886, t. Ier).

Filons métallifères. — Aux fractures du sol sont encore subordonnés les filons métallifères, où l'homme va chercher à grands frais les métaux précieux et autres.

« Ces métaux y existent soit à l'état natif, soit plus ordinairement combinés aux divers minéralisateurs, et formant alors des minerais tantôt oxydés (oxydes, carbonates, silicates, arséniates, phosphates, etc.), tantôt dépourvus d'oxygène (sulfures, arséniures, antimoniures, chlorures, fluorures, etc.). Les minerais sont d'ailleurs rarement à l'état de pureté dans les gîtes, et presque toujours on les trouve disséminés au milieu d'une certaine quantité de matières pierreuses appelées *gangues*. Les principaux gîtes sont les *filons* occupant des fentes bien caractérisées de l'écorce terrestre. Le remplissage d'une fente doit pouvoir s'opérer de trois manières : 1° par injection directe ; 2° par sublimation ; 3° par circulation d'eaux minérales. » (DE LAPPARENT, p. 1357.)

PHÉNOMÈNE SIDÉROLITHIQUE. — Sur beaucoup de plateaux calcaires on observe une formation très spéciale, que l'abondance du minerai de fer en grains a fait dénommer *terrain sidérolithique*. Le minerai (limonite) empâté dans une argile se présente soit en couches, soit en poches, dans le calcaire.

Les sources minérales ont dû jouer un rôle important dans la production de ces dépôts.

Quant à leur âge, voici ce que l'on peut en dire : « Les phosphorites du Quercy, qui sont une manière d'être particulière de ce terrain, offrent une faune de mammifères caractéristique de l'*oligocène* inférieur. Toutefois le phénomène sidérolithique a très bien pu commencer à se produire dès l'éocène ».

En somme il paraît certain que les actions internes ont puissamment contribué à la formation des phosphorites et des dépôts sidérolithiques. « Ce sont des dépôts mixtes, où les agents extérieurs ont eu leur part et où les fossiles sont venus dater, pour ainsi dire, des émissions dont l'abondance a sans doute été en rapport avec les grands mouvements qui se préparaient alors dans le sol de l'Europe. » (DE LAPPARENT.) (*V.* chap. XXII.)

LA DOLOMIE. — Il est dans les terrains stratifiés une roche spéciale, la *dolomie*, à laquelle sont dus tous les accidents si pittoresques des falaises et plateaux des Causses, escarpements et découpures ruiniformes.

C'est un calcaire où la magnésie est associée en très fortes proportions au carbonate de chaux, en deux mots un *calcaire magnésien*.

Elle a reçu le nom du célèbre minéralogiste français Dolomieu (1750-1802), qui l'a le premier étudiée et reconnue.

Ses deux caractères principaux sont l'*absence de fossiles* et le *défaut de stratification*. Quand elle est creuse et comme *cariée*, on l'appelle *cargneule*, surtout dans les Alpes, où elle forme les curieux massifs dolomitiques du Tirol.

Elle se trouve dans toutes sortes de terrains, et l'on a expliqué son origine de diverses manières[1].

DE LA COLORATION ROUGE ET NOIRE DES ROCHES CALCAIRES. — « Les roches calcaires sont très sensibles à l'action de l'air et de l'humidité : d'une part, en raison des matières organiques qu'elles contiennent généralement, elles subissent à l'air une combustion lente, qui leur donne une teinte plus claire ; d'autre part, les sels ferreux s'oxydent et communiquent à la roche une coloration brune ou rougeâtre.

---

1. JEANJEAN, *Étude sur l'oxfordien*, etc., dans les *Cévennes;* Association française pour l'avancement des sciences, Montpellier. — POTIER, *Bull. Soc. géol.*, 31 octobre 1877. — DE LAPPARENT, p. 331 et p. 898.

« Très souvent l'oxyde de fer est accompagné d'une notable proportion de peroxyde de manganèse, qui produit les veines noires, à surface brillante, qu'on voit si souvent circuler à travers la masse rocheuse. » (De Lapparent, p. 330.) Toutes les falaises des Causses sont ainsi colorées.

Phénomènes d'érosion. — Ruissellement. — Action des eaux. — « Le ruissellement est l'écoulement superficiel des eaux pluviales se rendant directement aux thalwegs, sans passer par l'intermédiaire des sources. Il se produit partout où le sol est imperméable. »

Le ruissellement effectue aux dépens des roches un travail de désagrégation, d'*enlèvement de substance*, que l'on appelle érosion (*erodere*, ronger).

« Ainsi se produisent des blocs perchés, des pierres branlantes, des accumulations souvent très pittoresques, des chapiteaux naturels couronnant des colonnes de roche plus friable, des arcades, des aiguilles, etc.

« C'est la force vive de l'eau, aidée par les matériaux transportés, qui constitue l'agent d'érosion. Nulle part ces analogies ne sont plus manifestes que dans les territoires de l'ouest des États-Unis, notamment dans le Colorado et les mauvaises terres du Nébraska. »

Dans les Alpes aussi, d'immenses surfaces ainsi corrodées, hérissées de monuments naturels et appelées *Karenfelder* (Autriche) ou *Lapiaz* (France et Suisse), « résultent de la désagrégation et de la dissolution, sous l'influence des eaux atmosphériques, de calcaires relativement purs, tels que ceux du jurassique supérieur et de l'argovien. Les parties les plus solubles sont dissoutes et entraînées par les eaux pluviales ; les autres résistent, dessinant un relief aux formes les plus capricieuses et les plus accidentées. » (De Lapparent, p. 188 et suivantes, et p. 331.)

Montpellier-le-Vieux, Païolive, Mourèze, le Rajol et tous les curieux rochers des Causses sont des *types* d'érosion non moins remarquables que ceux des États-Unis, mais restés inconnus jusqu'à ces dernières années.

CHAPITRE XXII

GÉOLOGIE DES CAUSSES ET DES CÉVENNES

Terrains de toutes les époques. — Géologues des Cévennes. — Gneiss et schistes. — Montagnes de granite. — Épanchement et soulèvement de la Lozère. — Terrains secondaires. — Subdivisions du lias et du jurassique. — Charbons secondaires de l'étage bathonien. — Controverse sur la transition au néocomien. — Coupes locales. — Fentes à bauxite. — Volcans basaltiques.

Toutes les époques géologiques sont représentées dans les terrains des Causses et des Cévennes, quelques-unes incomplètement il est vrai, assez bien toutefois pour que le mot *lacune* ne puisse être employé en général.

Les gneiss et schistes primitifs, les formations azoïques, ou archéennes, ou cristallophylliennes, composent le noyau même de la chaîne des Cévennes.

Arcade formée par érosion. — Ravin des Arcs. — Phot. Gaupillat.
(Communiqué par le Club alpin.)

Les roches éruptives sont les granites et les granulites de l'Aubrac, de la Margeride, du mont Lozère, du mont Aigoual et des monts du Vigan.

Même les produits volcaniques ne manquent pas, car les basaltes pliocènes se sont fait jour non seulement dans l'Aubrac et l'Escandorgue, mais encore sur quelques points du causse de Sauveterre et du Larzac, autour de Lodève et jusqu'au fond de la gorge du Tarn. (*V.* p. 66.)

Le cambrien se montre au nord de Lodève et entoure les monts du Vigan. Entre Alzon et le Vigan on trouve un lambeau du silurien, qui abonde, ainsi que le dévonien, dans les bassins de l'Orb et du Dourdou, au sud-ouest du Larzac.

Le carbonifère s'est déposé au pourtour de la région (bassins de Prades, Vals, Bessèges, Alais, Graissessac, Bédarieux, Aubin, Decazeville).

Les rivières de la Lergue (Lodève), de la Sorgues (Saint-Affrique) et du Lot (Saint-Laurent-d'Olt et Espalion) coulent dans le permien.

Le trias affleure principalement au sud et à l'ouest du Larzac, et s'allonge en bande de Privas à Anduze, au sud-est des Cévennes.

Les plateaux du lias et du jurassique sont la caractéristique du pays.

La craie pénètre jusqu'à Ganges et le long du Buèges : la vallée de l'Ardèche s'y est creusée.

Le tertiaire enfin (éocène et miocène) occupe diverses parties du bassin de l'Hérault à Saint-Bauzile-le-Putois, Saint-Martin-de-Londres et Aniane.

Les alluvions de l'Hérault et le remplissage des cavernes à ossements représentent le quaternaire.

Voilà pour l'ensemble des formations. Reprenons-en le détail, en compulsant les auteurs qui ont étudié la géologie des Causses et des Cévennes.

Les anciens s'appellent, dans la première moitié du siècle, Dufrénoy, Élie de Beaumont, Emilien Dumas, baron d'Hombres-Firmas, Marcel de Serres, Jules Teissier, marquis de Roys. — Les modernes, Hébert, Coquand, Boutin, Dieulafait, de Sarran, Parran, Collot, Pellet, Torcapel, Gourret, Lamoureux, Féminier, Ebray, de Malafosse, Boisse, Reynès, etc., ont publié leurs travaux dans les bulletins ou mémoires de la Société géologique de France, de la Société scientifique d'Alais, de la Société d'études des sciences naturelles de Nîmes, de l'Académie du Gard, de l'Association française pour l'avancement des sciences, etc.

Deux savants géologues de la région même, M. G. Fabre, inspecteur des forêts à Nîmes, et M. A. Jeanjean, à Saint-Hippolyte-du-Fort, se sont livrés aux études les plus récentes et les plus complètes. C'est à eux que nous allons faire la plupart de nos emprunts.

TERRAIN PRIMITIF. — Considérons d'abord les massifs schisteux des Cévennes entre la Bastide et Alais. M. Ebray (*Bull. de la Soc. géologique,* 3ᵉ série, t. Iᵉʳ, p. 132, 1872) en rapportait la partie nord au silurien et la partie sud au carbonifère. — C'est une erreur : tout l'ensemble en est cristallophyllien, azoïque, antésilurien (Dufrénoy et de Beaumont, Hébert, Dumas, Parran, Fabre).

De part et d'autre de la Bastide, les massifs de Mercoire et du Tanargue (*V.* p. 17) se composent de gneiss (épaisseur 6,000 m.) surmontés de micaschistes et talcschistes. « Il y a là absence complète de toute trace de débris organisés. » (FABRE, *Age et constitution des schistes du Gévaudan et des Cévennes : Bull. de la Soc. géologique,* 3ᵉ série, t. V, p. 399.) C'est la région des vallées ouvertes et peu profondes du Gévaudan.

Au sud de la Bastide règnent les schistes talqueux ou schistes micacés très fissiles, épais de 3,000 à 5,000 mètres : ils composent les vraies Cévennes, dont les vallées, creuses de 400 à 500 mètres, sont séparées par d'étroites crêtes rocheuses ; « ils forment à eux seuls toutes les gorges profondes et escarpées de la chaîne des Cévennes... Les versants, couverts d'éboulis schisteux et micacés, tantôt réfléchissant vivement les rayons du soleil, tantôt plongés dans l'ombre des hautes cimes, ne s'accusent que par la belle verdure des châtaigniers. De quelques sommets élevés (le Pompidou, Barre-des-Cévennes, Saint-Maurice-de-Ventalon, etc.), ces effets de lumière, se succédant sur une suite de crêtes aiguës et déchirées, rappellent, sous certains rapports et sauf la différence des masses, certains aspects des Pyrénées et des Alpes. » (FABRE, *Id.*)

Quelques auteurs ont appliqué à ces terrains le nom spécial de « schistes luisants des Cévennes ». Cordier en a fait son *étage* des *talcites phylladiformes*, « premier produit du refroidissement et de la consolidation de l'écorce terrestre ». Il est certain, en effet, que leur origine n'est nullement sédimentaire[1].

TERRAIN GRANITIQUE. — *Margeride, Lozère, Aigoual, monts du Vigan.* — Dans la partie septentrionale de ce terrain primitif, « tout l'ensemble de la formation gneissique est brusquement arrêté vers l'ouest par le grand épanchement de granite porphyroïde qui constitue la chaîne de montagnes de la *Margeride* et les hauts plateaux du Gévaudan... La postériorité du granite aux gneiss et aux micaschistes est évidente. Ainsi, des lambeaux assez importants de micaschistes ont été empâtés dans ce grand épanchement granitique, et forment des sortes d'îlots qui ont jusqu'à 400 mètres de long et qui se trouvent comme perdus dans la région granitique, à plusieurs kilomètres du massif schisteux auquel ils ont été arrachés... On peut conclure que la région gneissique de Mercoire et du Tanargue est exclusivement constituée par des roches azoïques cristallisées, antérieures à l'épanchement du granite porphyroïde de la Margeride[2]. »

Ajoutons que, par la découverte de lambeaux d'arkose infra-liasique sur les granites du plateau du Palais du Roi, à l'altitude de 1,350 mètres, M. Fabre encore a démontré que le soulèvement à son altitude actuelle du massif de la Margeride est dû à une faille postérieure à la mer jurassique, et que cette mer a recouvert les hauts plateaux du Palais du Roi[3].

Quant à la partie méridionale, les schistes primitifs des Cévennes ont « été en plusieurs points fortement disloqués par l'apparition du granite porphyroïde éruptif ». Les trois principaux massifs formés par cette roche injectée sont ceux du mont Lozère, du mont Aigoual et des monts du Vigan.

Comme dans la Margeride, le soulèvement de la Lozère a empâté, isolé ou relevé très haut des lambeaux du schiste préexistant (Tête de Bœuf [1,621 m.], Bois des Armes [1,576 m.], etc.). La vallée de Costeilades ne montre que refoulements, plissements et contournements qui prouvent la violence des efforts dynamiques réalisés par le granite quand il a percé les schistes en les brisant : la trace du soulèvement se retrouve aussi au nord et à l'ouest du massif, où « les schistes recouvrent la masse granitique *en s'imbriquant régulièrement autour d'elle*, comme les tuiles d'un toit, disposition aperçue pour la première fois en 1826 par M. Junius Castelnau ». (G. FABRE.)

C'est par une grande rupture est-ouest, parallèle à la chaîne du Bougès, que la Lozère a été portée au jour : le voussoir schisteux de l'écorce terrestre,

---

1. V. HÉBERT, *Schistes des Cévennes*, Bull. de la Soc. géologique, 2ᵉ série, t. XVI, p. 906.
2. G. FABRE, Bull. de la Soc. géologique, 3ᵉ série, t. V, p. 401, 19 mars 1877. — ID., *Ibid.*, 3ᵉ série, t. Iᵉʳ, p. 306. — ID., *Ibid.*, 3ᵉ série, t. III, p. 432.
3. *Comptes rendus des séances de l'Académie des sciences*, du 19 mars 1877.

bombé entre le Goulet et le Bougès, s'est fendu, et par la crevasse le granite, latéralement comprimé, a été mis à découvert.

« Tout fait présumer que le granite du mont Lozère est venu au jour à une température assez basse... car on n'observe pas que les cristaux diminuent de volume à mesure qu'on se rapproche des schistes, ce qui aurait certainement eu lieu si la matière fût venue au jour à l'état de fusion. Au surplus, son *épanchement* n'est pas postérieur à l'époque silurienne. » (FABRE.)

Dès 1846, Emilien Dumas émettait des opinions absolument analogues :

« Il résulte de toutes ces observations que le granit porphyroïde paraît avoir été éjecté à l'état pâteux, et qu'il n'est arrivé au jour que postérieurement au dépôt de schistes talqueux, dont il a plissé, soulevé et brisé les couches au moment de son apparition [1]. »

Ici doit se placer l'examen d'une question curieuse : celle de l'élévation du mont Lozère à son altitude actuelle. On va voir comment il faut, dans cette montagne, distinguer complètement la phase de l'*épanchement* du granite et celle du *soulèvement* du massif.

Beaucoup de géologues [2] ont déclaré que le haut plateau granitique du mont Lozère, qui a 400 kilomètres carrés de superficie et qui est la protubérance granitique la plus élevée de la France centrale, formait une île au milieu de la mer jurassique ; cette opinion, fondée principalement sur l'altitude du massif, n'est pas partagée par M. Fabre, qui croit, au contraire, au recouvrement du mont Lozère par les eaux aux époques de l'infra-lias et de l'oolithe inférieure. Avec beaucoup de vraisemblance, il appuie sa théorie sur des faits très bien observés, selon sa louable habitude.

D'abord, tout autour du plateau sont disséminés en ceinture discontinue, et jusqu'à l'altitude de 1,470 mètres, des lambeaux de terrains jurassiques, « témoins évidents d'un dépôt jadis continu ». Puis les altitudes d'une même couche sont très variables ; c'est ainsi que les grès infra-liasiques se rencontrent aux cotes suivantes : région de Villefort, 840; région du Bleymard, 1,140; mont de Mercoire, 1,470; col de la Loubière (faille), 1,185 et 870; col de Montmirat (faille), 550 et 1,045; château de Chaylard (Gard), 550, etc. ; cela démontre que les perturbations du sol et les failles « ont provoqué, depuis l'époque jurassique, des dénivellations considérables autour du mont Lozère; il serait surprenant, pour le moins, que la région centrale eût seule été à l'abri de ces mouvements » et affranchie de tout soulèvement. « Comme, d'autre part, le sommet de la montagne (1,702 m.) ne domine les dépôts sédimentaires les plus élevés (1,470 m.) que d'une quantité bien inférieure aux différences locales de niveau que présentent les dépôts eux-mêmes d'une région à l'autre, on est en droit de présumer que le plateau du mont Lozère a dû jadis supporter quelque dépôt jurassique. » Ensuite, « cette idée trouve une confirmation éclatante dans l'examen détaillé des relations de contact des couches jurassiques avec le massif cristallin ; partout ce contact se fait par faille... Au col de Montmirat, l'infra-lias se trouve au milieu des dolomies de l'oolithe inférieure; ce contact anormal permet de fixer à 500 mètres environ la dénivellation produite. » Enfin la haute ceinture jurassique du mont

---

1. *Notice sur la constitution géologique des Cévennes; Bull. de la Soc. géologique;* réunion extraordinaire à Alais en 1846, 2º série, t. III. — *V.* aussi, sur l'âge des granites, GRUNER, *Bull. de la Soc. géologique*, 2º série, t. XXV, p. 837.
2. *V.* JAUBERT, *Bull. de la Soc. géologique*, 2º série, t. XXVI, p. 216, 1868.

Lozère ne s'est pas formée sur un *rivage,* autour d'une île, car nulle part ses strates « n'offrent le facies littoral [1] ».

En résumé, il résulte des belles études de M. Fabre qu'il y a eu trois phases dans la genèse du mont Lozère :

1° Vers l'époque silurienne, et par une déchirure des schistes primitifs, le granite est monté au jour et a redressé sur ses flancs le terrain préexistant, sans s'élever lui-même très haut.

2° La mer jurassique l'a recouvert jusqu'à la fin de l'époque bajocienne, et depuis il n'a plus été submergé.

3° Vers le milieu de l'époque tertiaire, le développement de grandes failles parallèles (est-ouest) a produit un deuxième soulèvement du granite de 300 à 700 mètres à peu près, qui a atteint alors son niveau actuel, en disloquant ses revêtements jurassiques et en portant leurs lambeaux jusqu'à 1,470 mètres d'altitude.

Ces conclusions sont encore confirmées par les observations que voici :

« Si, d'autre part, on cherche, au moyen des témoins laissés çà et là, à se rendre compte de la grandeur des érosions qui auraient dépouillé le mont Lozère de son manteau jurassique, on arrive à des nombres qui ne dépassent guère 200 à 300 mètres. Or toute la région accuse des dénivellations bien autrement importantes ; le large *cirque du Valdonnès,* entre Lanuéjols, Saint-Bauzile et Saint-Etienne, montre une érosion de 300 mètres d'épaisseur sur 30 kilomètres carrés ; les vallées du Lot et du Tarn sont excavées jusqu'à 500 mètres de profondeur ; enfin les nombreuses vallées d'érosion qui sillonnent les deux versants du mont Lozère sont creusées dans un granite très résistant, sur une profondeur qui peut atteindre 300 mètres.

« On voit donc que l'hypothèse du revêtement ancien du mont Lozère par le terrain jurassique rend parfaitement compte de la disposition actuelle des témoins, que de grandes failles ont soustraits, pour ainsi dire, à la dénudation générale, en les protégeant par des falaises résistantes de roches cristallines. » (FABRE, *Matériaux,* 4° note.)

L'Aigoual et les monts du Vigan se sont formés exactement par le même mécanisme que la Lozère. Sur leur pourtour aussi, les schistes sont relevés, et parfois même recouverts par le granite, qui, en certains points, paraît avoir coulé dessus, par voie de débordement ou plutôt d'*extravasement.*

TERRAINS PRIMAIRES. — « Le *silurien* et le *dévonien* de l'Hérault reposent sur de puissantes assises de gneiss et de micaschiste, qui les séparent du granit sous-jacent et qui correspondent aux schistes et aux gneiss des Cévennes. » (FABRE, *Age des schistes du Gévaudan.*)

« Le *terrain houiller* se montre à découvert sur le versant oriental de la chaîne des Cévennes, où il forme une succession de bassins plus ou moins considérables. On observe que ce dépôt s'est opéré dans les dépressions de terrains talqueux, déjà disloqués par l'effet des soulèvements antérieurs... Le bassin du Vigan est peu important... mais celui d'Alais présente un beaucoup plus grand intérêt. » (E. DUMAS, *Notice sur la constitution des Cévennes.* — *V.* ce travail pour plus de détails.)

« Les grès et argiles rouges du Lot sont du *permien* supérieur, et synchroniques

---

1. G. FABRE, *Comptes rendus des séances de l'Académie des sciences,* 7 avril 1873.

du grès vosgien. » (Fabre, *Observations sur le terrain permien supérieur de la Lozère et de l'Aveyron, Matériaux,* 3ᵉ note.)

« La série *permienne* de Lodève offre, du haut en bas, les termes suivants : schistes de Lodève, 27 mètres ; dolomies, 22 mètres ; conglomérats et grès, 42 mètres.

« C'est dans le schiste ardoisier que se trouve la *flore* bien connue de Lodève, contenant les *Walchias* avec des fougères. D'après ses affinités, cette flore paraît correspondre à la partie moyenne de l'étage permien. On a également rencontré à Lodève un reptile *Aphelosaurus*. » (De Lapparent, p. 843.)

Terrains secondaires. — Trias. — « Près de Lodève, à Fozière, des empreintes d'un labyrinthodonte (*Chirosaurus Barthi*) se rencontrent dans un grès que les auteurs rapportent au grès bigarré. Un calcaire dolomitique caverneux et des calcaires schisteux séparent ce grès des marnes bariolées, contenant de puissants amas de gypse saccharoïde. A Roujan, les gypses sont recouverts par des cargneules. » (De Lapparent, p. 893[1].)

Les filons de blende (sulfure de zinc), à Saint-Laurent-le-Minier (près Ganges), se trouveraient dans le trias, d'après M. Sarran.

Lias et jura. — Les formations secondaires des Causses, épaisses de 1,000 mètres, se composent « d'une longue série de calcaires, de dolomies, de marnes et de schistes argilo-calcaires, alternant ensemble et formant un tout tellement lié qu'il est souvent très difficile d'y établir de bonnes coupes naturelles. » (E. Dumas.)

En beaucoup de points, les *failles* ont relevé le niveau du terrain, si bien que les causses où il y a le plus de couches différentes ne sont pas toujours les plus hauts, — que [certaines zones géologiques supérieures se trouvent à un bas niveau, — et que des strates d'âge plus ancien se rencontrent à une plus grande altitude.

La cause en est due aux dénivellations produites par les cassures.

Par exemple, entre Florac et le col de Montmirat, l'Eschino d'Ase, à 1,235 mètres d'altitude, sur la rive droite du Tarn, appartient au bajocien, tandis que, sur la rive gauche, le sommet du causse Méjean, à 1,070 mètres, en face du Mas-Rouchet, présente des assises oxfordiennes. (Fabre.)

L'inclinaison des couches, les différences de profondeur des mers jurassiques, l'inégalité des érosions postérieures, ont aussi beaucoup influé sur les grandes variations d'altitude d'une même couche.

C'est ainsi que le lias est 300 ou 400 mètres plus bas à Millau qu'à Florac, Meyrueis et Saint-Félix-de-l'Héras (Larzac), par exemple ; — que le corallien se trouve entre 500 et 900 mètres de part et d'autre de l'Hérault, tandis que l'oxfordien couronne le causse Méjean à 1,000 mètres et plus ; — que l'infra-lias de Camprieu et de Bramabiau s'élève à 1,028 mètres, alors que le bathonien tombe à 750 mètres sur le Larzac, etc. Mais bien peu de ces anomalies sont expliquées dans le détail d'une façon satisfaisante, et très nombreux restent les problèmes stratigraphiques à résoudre.

La dolomie est une des roches les plus caractéristiques de la région : ses escarpements et ses découpures font l'admiration du touriste.

Il y en a plusieurs niveaux : on en trouve dans le lias, le bajocien (oolithe inférieure), le bathonien (grande oolithe) et le corallien (à Ganges). Mais « avec

---

[1]. V. Coquand, *Bull. de la Soc. géologique,* 1ʳᵉ série, t. XII, p. 127.

la période jurassique finissent les émanations magnésiennes qui ont imprimé aux dépôts de cette période un caractère si particulier[1]. »

INFRA-LIAS. — « Dans toute la région des Causses, l'infra-lias est généralement caractérisé par la prédominance des sédiments chimiques : argiles vertes pures, calcaires magnésiens géodiques, cargneules barytiques, etc. ; ces dépôts ont un facies minéralogique qui rappelle celui des roches du trias et qui dénote un ensemble de circonstances peu favorables au développement de la vie. » (FABRE, *la Tessonne*.)

Aussi ces deux formations furent-elles longtemps confondues par les géologues : une petite coquille, l'*Avicula contorta*, les distingue.

L'Avicula contorta a été découverte en 1848 par le général Portlock, en Irlande. M. Hébert ne l'a trouvée en France qu'en 1862 : elle était donc inconnue à Emilien Dumas, qui comprit dans le trias la zone qu'elle caractérise[2].

L'INFRA-LIAS se compose des étages *rhétien* et *hettangien*.

Le *rhétien* comprend la zone à *Avicula contorta* (calcaires jaunes) : des grès, des marnes noires, des schistes ; il correspond au *grès infra-liasique* de Dufrénoy et d'Elie de Beaumont. La constitution minéralogique de ses roches est très variable : on y rencontre peu de fossiles. (JEANJEAN.)

Dans l'*hettangien* il y a : la zone à *Ammonites planorbis* (calcaires gris parfois dolomitiques), qui manque à la montagne de la Tessonne (causse de Blandas, près du Vigan), à Mende et au col de Montmirat ; — les *dolomies infra-liasiques* grises, épaisses de 100 à 200 mètres et abondantes dans les bassins des Gardons de Mialet et d'Anduze ; — un calcaire jaune foncé parfois dolomitique, métallifère, caverneux, nommé *brun de capucin* en 1854 par Kœchlin-Schlumberger[3] : c'est le terrain de Bramabiau ; ce calcaire est une vase solidifiée, chargée d'oxyde de fer et de petits grains de quartz, parfois dolomitique sans fossiles ou traversé de veines de chaux carbonatée.

LIAS (*sinémurien, liasien, toarcien*). — Le *sinémurien* (lias inférieur), épais de 200 mètres, est représenté par la zone à *Gryphæa arcuata* (lias bleu des Anglais, calcaires compacts gris) et par la zone à *Gryphæa obliquata* (calcaire compact dur).

Il atteint 300 mètres d'épaisseur près d'Alais et plus de 200 mètres vers Millau.

Le *liasien* (lias moyen) se subdivise en zone à *Ammonites fimbriatus* (calcaire compact à Mende, Meyrueis, Lanuéjols, du causse Noir) et en zone à *Ammonites margaritatus* (marnes noirâtres).

Au *toarcien* (lias supérieur) appartiennent : la zone à *Possidonia bronni* (schistes noirs bitumineux, lignites), la zone à *Ammonites bifrons* (marnes calcaires, ammonites pyriteuses) et la zone à *Ammonites aalensis* et *opalinus* (marnes grises). Dans le Gard, marnes noires bitumineuses et schisteuses avec bélemnites[4]. Les marnes bleues du toarcien atteignent 100 mètres à Meyrueis, Trèves, Millau, la Canourgue, Marvejols, Mende, Alais, pic Saint-Loup, etc. (marnes supra-liasiques de Dumas). Elles divisent quelquefois les parois des Causses en deux étages, séparant le lias de l'oolithe. (DUFRÉNOY et DE BEAUMONT.)

1. PARRAN, *Bull. de la Soc. géologique*, 6 mai 1878, 3ᵈ série, t. VI, p. 564.
2. V. DIEULAFAIT, *Zone à Avicula contorta et infra-lias* : *Bull. de la Soc. géologique*, 2ᵉ série, t. XXV, p. 428.
3. *Bull. de la Soc. géologique*. 2ᵉ série. t. XII. p. 608.
4. HÉBERT, *Bull. de la Soc. géologique*, 2ᵉ série, t. XVI, p. 905.

JURASSIQUE. — Le *bajocien* (oolithe inférieure) comporte :
1° La zone à *Ammonites Murchisoni* (calcaires à fucoïdes d'E. Dumas), calcaires gris foncé bien stratifié, avec veines de chaux carbonatée et des lits de marnes très argileuses, pauvre en fossiles ;
2° Des calcaires à *pentacrines* (calcaire à entroques) et des dolomies ; le tout gris, noir, jaune ou même rouge, à cassure cristalline et fétide.

Le *bathonien* (grande oolithe) débute par la zone à *Pholadomya Murchisoni*, calcaires gris clair mouchetés de blanc, à cassure conchoïde, contenant les stipites (*V.* ci-après), très développé dans les vallées du Trévesel, de la Dourbie, de la Jonte ; — se continue par les grandes dolomies massives, sans stratification et sans fossiles, puissantes de 100 à 200 mètres, qui forment les plus beaux escarpements des Causses ; — se termine par le calcaire à *Ammonites macrocephalus*, bancs minces à facettes nacrées. Calcaire oolithique coralligène.

Cet étage possède les fameux *lignites des Causses*, ou charbons de l'époque secondaire. — Sur le Larzac, « aux environs de Millau, notamment à la Cavalerie et à la Liquisse, des couches généralement minces, mais exploitables, d'une houille sèche ligniteuse s'observent dans l'étage bathonien. Ces lignites font partie d'un ensemble de couches fluvio-marines épais de 30 mètres et reposant sur une dolomie, tandis qu'il est recouvert par des calcaires compacts en dalles, probablement calloviens. Les lignites se trouvent à la fois dans l'Aveyron et dans le Gard, où on leur donne quelquefois le nom de *stipites*, créé par Brongniart, à cause des débris de tiges cycadées qui prédominent en général dans les combustibles de l'ère secondaire. » (E. DUMAS ; DE LAPPARENT, p. 989.) On en trouve aussi sur le pourtour du causse Noir, à Peyreleau, Lanuéjols, Trèves et Revens.

Dans le *callovien* s'observent trois zones de marnes diverses, différenciées par leurs ammonites (Macrocephalus, Anceps, Coronatus) et bélemnites respectives ; elles sont rudimentaires sur les Causses, et bien développées autour d'Alais et d'Anduze. — M. Fabre donne au callovien plus d'extension que M. Jeanjean. (V. *Bull. de la Soc. géologique,* 3ᵉ série, t. XVII, p. 331.)

Pour l'*oxfordien*, trois zones :
1° *Ammonites cordatus* et *transversarius :* calcaire gris marneux ;
2° *Ammonites bimammatus* (étage argovien inférieur : calcaire marneux et schisteux gris ou jaune, marnes bitumineuses, fossiles rares ;
3° *Ammonites polyplocus*[1] (étage argovien supérieur) : bancs minces à cassure abrupte, calcaire gris.

Ici, petite controverse : M. Jeanjean croit que l'ammonite polyplocus appartient à l'oxfordien supérieur. Au contraire M. Fabre, dans sa coupe de la Tessonne, le place au sommet du rauracien (corallien)[2].

Le *corallien* a deux zones, d'après M. Jeanjean :
1° *Terebratula janitor* et *cidaris glandifera,* calcaires massifs, ruiniformes, mal stratifiés (environs de Ganges), souvent dolomitiques[3] ;
2° *Terebratula moravica* et *diceras lucii,* calcaire compact jaune ou blanc crayeux avec polypiers et dolomies (200 m. à la Séranne), « le plus haut terme

---

1. V. HÉBERT, *Bull. de la Soc. géologique,* 18 novembre 1872 ; — DIEULAFAIT, *Bull. de la Soc. géologique,* 3ᵉ série, t. VI, p. 111 ; — JEANJEAN, *Oxfordien des Cévennes* : Association française pour l'avancement des sciences, Montpellier, 1879.
2. *Bull. de la Soc. géologique,* 3ᵉ série, t. XVII, p. 331, 1889.
3. DE ROUVILLE et TORCAPEL, *Bull. de la Soc. géologique,* 2ᵉ série, t. XXIX, p. 687.

de la formation jurassique des Cévennes. » (JEANJEAN.) Au contraire, Zittel et d'autres savants tiennent ce niveau pour tithonique[1].

En effet, à propos du *jurassique supérieur* (kimmeridgien, portlandien, purbeckien, virgulien, etc., ou tithonique), les géologues sont, pour les Cévennes, en désaccord complet.

MM. Dumas, Vélain, Coquand, Hébert, de Sarran, Parran, Jeanjean, etc., ont longuement discuté pour savoir si les calcaires blancs de Ganges étaient coralliens ou kimmeridgiens.

(*V.* l'étude de M. JEANJEAN sur l'*Oxfordien supérieur, corallien et néocomien des Cévennes :* Association française pour l'avancement des sciences, Montpellier, 1879.)

Nous nous garderons bien de prendre parti[2].

Après ces généralités sur les couches successives des formations secondaires, feuilletons un peu les descriptions et coupes locales.

M. Fabre a relevé l'erreur de la carte géologique de France de Dufrénoy et et d'Elie de Beaumont, qui indiquent comme granitique le plateau *entièrement jurassique* du *causse de Montbel;* il a en outre reconnu l'existence de l'infra-lias et du lias au nord de la montagne du Goulet, entre les sources de l'Allier et du Lot[3].

La coupe du *causse de Montmirat* (Fabre) présente un intérêt particulier, comme s'appliquant à peu près à tout le bassin du Valdonnès (causse de Balduc, etc). La voici :

Infra-lias......	Arkose. — Grès. — Calcaire capucin.
	Le calcaire bleu à Ammonites planorbis manque.
	Calcaires blancs magnésiens et cargneules; épaisseur, 110 mètres.
Lias inférieur...	Manque.
Liasien.........	Calcaire à Gryphæa obliq., 30 mètres.
	— — cymb., 30 mètres.
	Calcaires et marnes à Ammonites fimbriatus, 100 mètres.
Toarcien	Schistes bitumineux, 10 mètres (à posidonies, marnes bleues, 100 mètres).
Bajocien.......	Calcaire bleu marneux (à fucoïdes), 130 mètres.
	Calcaires à entroques, 50 mètres.
	Dolomie ruiniforme jaune, 110 mètres.
Bathonien	Calcaires blancs.

Au *sud de Mende* et dans le *bassin du Valdonnès,* M. Fabre encore a complété comme il suit la coupe précédente[4] :

Le jurassique a 500 mètres d'épaisseur. — Il manque la zone à *Ammonites planorbis* de l'hettangien (infra-lias), la zone à Gryphæa arcuata du sinémurien (lias inférieur) et tout le jurassique supérieur, ainsi que le corallien; le bathonien est très épais; le callovien et l'oxfordien sont fort minces. Il y a récurrence des

---

1. Rappelons que la création du tithonique est due au géologue allemand Oppel, qui, en 1865, supprima le corallien, mit la zone à Ammonites polyplocus dans le kimmeridgien et assimila le tithonique au portlandien.
2. *V.* DE SARRAN D'ALLARD, *Bull. de la Soc. géologique,* 3e série, t. IX, p. 552, 1881; — DUMAS, VÉLAIN, COQUAND, DE SARRAN, BOUTIN, HÉBERT, DE ROUVILLE, TORCAPEL, dans le *Bull. de la Soc. géologique,* 3 mai et 15 novembre 1869, 2e série, t. XXIX, p. 687; 3e série, t. II, p. 160.
3. *Matériaux,* etc., 2e note : *Bull. de la Soc. géologique,* 2e série, t. XXIX, p. 425.
4. *Bull. de la Soc. géologique,* 3e série, t. III, 432.

niveaux magnésiens (dolomies) dans l'infra-lias, le bajocien et le bathonien. Le lias, argilo-calcaire surtout, est une fertile terre à froment; les plateaux oolithiques, au contraire, sont stériles.

Voici la superposition générale des strates :

Infra-lias		Rhétien.......	Calcaires capucins. — Arkoses.
		Hettangien.....	Calcaires jaunes. — Cargneules.
Lias	Inférieur	Sinémurien........	Calcaires à encrines. — Zone à Gryphæa obliq.
	Moyen.....	Liasien........	Calcaires et marnes. — Zone à Gryphæus cym. Calcaires bruns, Ammonites fimbriatus, ammonite marg.
	Supérieur..	Toarcien........	Marnes et schistes bitumineux.
Oolithique inférieur.	Oolithique inférieur.	Bajocien.......	Calcaires à fucoïdes. Calcaires à entroques. Dolomies caverneuses.
	Grande oolithe.	Bathonien......	Calcaires blancs. — Dolomies de 120 mètres d'épaisseur.
Oolithique moyen. (Oxfordien)	Inférieur.	Callovien.	
	Moyen...	Oxfordien.	
	Supérieur.	Argovien.......	Zone à Ammonites polyplocus.

Les *causses de Sauveterre, Méjean, Noir* et *du Larzac*, où les cañons ont pratiqué tant d'admirables coupes naturelles, sont essentiellement jurassiques. Ils reposent sur le lias, au sommet duquel jaillissent les sources ; toutefois le Tarn, la Jonte, la Dourbie, ne coulent sur le toarcien même qu'en des points très limités de leurs cours (Ispagnac, les Vignes, Meyrueis, Peyreleau, Nant, Millau). Le lias n'est découvert en larges surfaces qu'aux environs de Mende et sur le flanc sud-ouest du Larzac, de Millau à Lunas. Le bajocien et le bathonien, épais de 300 à 500 mètres, se composent d'une alternance de calcaires compacts, de calcaires marneux et de dolomies dont la puissance n'est pas partout la même. Il y a généralement deux zones de dolomies escarpées : l'une inférieure (bajocien), haute de 50 à 100 mètres au bord même des rivières, contenant les galeries inconnues des sources (les Douzes, Saint-Chély, Castelbouc, etc.); l'autre supérieure, séparée de la précédente par 100 à 300 mètres de calcaires en talus, haute elle-même de 100 à 200 mètres, très élevée au-dessus des rivières et formant le plus beau et le principal rempart continu des cañons. (*V.* la gravure p. 109.) — Le callovien, peu épais, est très constant, comme l'a reconnu M. Fabre, et forme un précieux horizon d'ammonites. Il se distingue par sa disposition en corniche.

« Cette corniche qui surmonte toujours les dolomies bathoniennes, et aussi le contraste curieux qui existe entre les bancs réglés de l'oxfordien et les rochers massifs du bathonien, sont les deux traits distinctifs du profil des escarpements des Causses. » (G. FABRE.)

L'oxfordien, en effet, apparaît presque toujours en strates de calcaires gris, peu épaisses, disposées en retrait l'une au-dessus de l'autre, comme les marches d'un escalier. Il couvre presque toute la surface des quatre grands Causses : c'est la désagrégation de ces assises en petites plaquettes compactes et anguleuses qui rend si pénible la marche dans les « déserts de pierres ».

Sur le *causse Méjean*, le Mas-Saint-Chély, le Buffre, les Avens, Hures, sont au niveau d'une puissante masse de dolomie caverneuse, grise, pulvérulente, dite *grésou* ou *brésillière*, que l'on emploie en guise de sable pour le mortier des constructions ; cette dolomie appartient à l'oxfordien supérieur, étant superposée aux calcaires blancs fragmentaires à Ammonites plicatilis (Fabre).

Les formations coralliennes et tithoniques s'observent surtout dans l'est du *causse Méjean* (?), au petit *causse de Blandas*, à la *Séranne*, et au sommet des hauteurs, jurassiques aussi, qui encaissent le *cañon du moyen Hérault*.

Au bord des schistes primitifs, le *bassin de Meyrueis* est un remarquable *lieu* liasique riche en fossiles. Les failles ont aussi produit là, entre l'Aigoual et les causses Méjean et Noir, de tels dérangements, que le jurassique s'abaisse brusquement depuis le col de Perjuret, et que l'oxfordien se trouve presque au niveau du village [1].

Pour le *Larzac* méridional, M. Collot a donné la coupe suivante entre Saint-Étienne-de-Gourgas et le Caylar [2] :

Trias. — Types divers du lias. — Bajocien. — Dolomies bathoniennes, épaisses de 10 mètres à Saint-Pierre-la-Fage et de 120 mètres au pas de l'Escalette. — Oxfordien.

La *vallée de la Vis* montre l'oxfordien surmonté de dolomies coralliennes (Coquand et Boutin).

A Novacelle, voici la coupe : la Vis, par 300 mètres d'altitude, coule dans l'oxfordien (rauracien) ; au-dessus viennent le calcaire à Ammonites polyplocus et les dolomies coralliennes ; le sommet des causses est à 675 mètres sur la rive gauche et à 653 sur la rive droite (Fabre).

Au *défilé de l'Hérault*, entre Ganges et Saint-Bauzile, le profil de la *montagne de Thaurac* (V. p. 218) se présente ainsi :

Oxfordien, épais de 140 mètres. — Dolomies kimmeridgiennes (?), épaisses de 80 mètres (Coquand et Boutin).

La *montagne de la Séranne* a sa base formée par le corallien inférieur (zone à Terebratula janitor), calcaire compact gris clair, dolomitique, ruiniforme (correspondant aux dolomies brunes des pics d'Anjeau et de la Tude et du causse de Blandas), épais de 120 mètres (Jeanjean ; E. Dumas le rapporte à l'oxfordien supérieur, et Coquand à l'astartien). Le haut de la Séranne relève du corallien supérieur ; zone à Diceras lucii, calcaire compact blanc ou jaune, rarement dolomitique, plutôt oolithique ou crayeux, épais de 150 mètres (Jeanjean) ; débris organiques difficiles à obtenir intacts.

« La Séranne est corallienne, d'Elze (443 m.) au sommet (943 m.) [3]. »

Dans une très remarquable et toute récente étude, M. G. Fabre a constaté à la *montagne de la Tessonne* (roc des Pézouls [760 m.], vallée de l'Arre, au sud-ouest du Vigan et au bord septentrional du causse de Blandas) l'absence du lias inférieur ou sinémurien (zone à Gryphæa arcuata) et du lias supérieur ou toarcien (marnes bleues), ainsi que l'état rudimentaire du lias moyen (liasien) et du bajocien. Il en tire la déduction suivante : « On se trouve ici sur une sorte de haut-fond qui, à l'époque du lias, séparait le bassin des Causses de la pleine mer

---

1. V. Dieulafait, *Bull. de la Soc. géologique*, 11 janvier 1869.
2. *Bull. de la Soc. géologique*, 3e série, t. III, p. 390.
3. V. Sarran, *Note sur les sondages du Gard* : *Bull. de la Soc. industrielle minéralogique de Saint-Étienne*, t. IX, 1880, p. 453-535 ; — A. Jeanjean, *Terrains jurassiques des Cévennes* : *Mémoires de l'Académie de Nîmes*, 1880, p. 139-170 et 287-316.

ouverte vers le sud-est. Ce haut-fond se rattachait à un ridement de roches anciennes qui préludait entre le mont Lozère et l'Aigoual à l'axe des Cévennes, et qui se prolongeait au sud-ouest vers Lodève, sous la nappe des sédiments jurassiques du Larzac... A l'époque toarcienne, ce ridement s'était encore accentué et avait fermé toute communication directe entre le bassin des Causses et le Languedoc par-dessus l'axe des Cévennes, ne laissant libre qu'un détroit vers Lodève. Ce seuil ou bombement, déjà dessiné à la fin de l'hettangien, s'est maintenu pendant tout le temps du bajocien, laissant à peine une communication précaire entre les deux bassins maritimes[1]. »

M. Collot a relevé la même particularité aux environs de Lodève et exposé que « la période de l'infra-lias paraît répondre... à un mouvement lent de descente et... à une profondeur assez grande de la mer. A la fin de cette période, la sédimentation fut arrêtée, sans doute, par un relèvement rapide... Après que les dépôts du lias inférieur et de la zone à *Ammonites fimbriatus* se furent formés dans l'Aveyron et dans le Gard, une deuxième période de descente paraît avoir commencé pour les terres de l'Hérault... Le mouvement fut lent, et le sol paraît avoir longtemps encore formé un relief sur lequel les sédiments s'accumulaient, moins épais toutefois que ceux de l'Aveyron, avec lesquels ils sont continus. »

« A Saint-Pierre-de-la-Fage, le lias manque peut-être en entier. »

Voici la coupe de la Tessonne (Fabre) :

Trias : grès et marnes bariolées.
Rhétien : grès grossier ; facies littoral avec végétaux terrestres au lieu de fossiles marins.
Hettangien : zone à Ammonites planorbis sans fossiles ; calcaires blancs ; apparition de la dolomie, qui exclut toute vie animale (dolomie infra-liasique du Gard).
Manquent : zones à Ammonites fimbriatus, Gryph. obliq et Gryph. arc.
Liasien : rudimentaire, calcaire bleu à bélemmites (partie supérieure seulement).
Toarcien manque.
Bajocien : rudimentaire.
Bathonien : calcaires blancs oolithiques, épais de 100 mètres, fossiles informes ; dolomies.
Callovien : calcaire spathique miroitant (dalle nacrée du Jura) avec beaucoup d'ammonites.
Oxfordien : petite couche glauconieuse, marnes grises et calcaires marneux.
Rauracien glyplicien : 190 mètres de dolomies ruiniformes.
Calcaires à Ammonites polyplocus : calcaires lithographiques de Montdardier ; dolomie grises (synchroniques des calcaires blancs à Diceras lucii de la Séranne). C'est l'oxfordien supérieur de M. Jeanjean (car ici encore il y a des controverses).

Un ordre de faits particuliers, le *phénomène sidérolithique* (V. p. 327), est encore à signaler dans les formations jurassiques des Causses :

« Les Causses sont traversés par un réseau compliqué de fentes et de failles, remarquables au point de vue des minéraux qui les accompagnent constamment.

« Ces fractures n'ont pas été, en effet, de simples dislocations du sol ; elles ont servi de conduites d'ascension et d'écoulement à des sources thermales minéralisatrices, qui, d'une part, ont produit de singuliers effets de métamorphisme sur les calcaires encaissants, et, d'autre part, ont rempli de diverses substances minérales les vides où elles circulaient. Les failles ou fentes sont devenues ainsi de véritables filons.

« La substance qui les remplit est une sorte d'argile d'un rouge très vif qui trahit sa relation avec les émanations profondes par sa couleur même, due au

---

1. *Bull. de la Soc. géologique*, 3e série, t. XVII, p. 331, 18 février 1889.

peroxyde de fer anhydre ou fer oligiste. Cette argile, très peu plastique, est généralement à cassure lisse et conchoïde ; elle tache fortement les doigts et est utilisée dans le pays comme sanguine, pour marquer les moutons. La richesse en alumine indiquée par l'analyse montre qu'elle contient en proportions notables de la bauxite ou hydrate d'alumine ; seulement cette bauxite n'est pas isolée en grains, comme dans certaines argiles éruptives, mais paraît plutôt disséminée dans la masse, et lui imprime une partie de ses caractères.

« Parfois l'argile s'est épanchée à la surface supérieure des terrains et s'y est répandue en nappes. On voit alors l'argile devenir bulleuse, légère et comme scorifiée ; en cet état elle contient de nombreux grains d'hydroxyde de fer pisolithique. » (Fabre, *Matériaux*, 1re note.)

La composition de l'argile ferrugineuse, tout à fait indépendante de celle du sous-sol, est la suivante, d'après l'analyse faite par M. Paul de Gasparin d'un échantillon de terre rouge recueilli sur le causse de Campestre (*Statistique géologique du Gard*, p. 630) :

Silice..	41,38
Alumine..	24,45
Sesquioxyde de fer...	21,62
Carbonate de chaux..	2,63
Substances non dosées...	9,92
Total...........................	100,00

« La terre des Causses et des Garrigues est due généralement à des émissions geysériennes, à des espèces de volcans de boue qui déversent en tous sens des matières siliceuses et ferrugineuses, remaniées plus tard par les eaux et déposées sur tous les bas-fonds et les crevasses des roches oolithiques. Telle est aussi l'origine des phosphorites que l'on trouve dans les cavités des calcaires oxfordiens et coralliens des départements du Gard, de l'Hérault, du Tarn-et-Garonne, du Lot et de l'Aveyron. » (Jeanjean, *la Géologie agricole*, 1887, in-8°, p. 30.)

Aux failles et filons à bauxite est subordonnée une curieuse *brèche* de calcaire blanc lithographique, dont le ciment est une bauxite rouge, très dure et inaltérable à l'air. M. Fabre place le moment de *l'ouverture* de ces fentes au milieu de la période crétacée et pense que leur remplissage, c'est-à-dire l'émission des bauxites, a pu se prolonger jusqu'au début de l'époque tertiaire.

Ainsi s'expliquent encore « l'origine et le gisement primitif des masses de fer hydroxydé qu'on trouve partout éparses à la surface des Causses ». Ce sont les pisolithes ferrugineuses de l'argile à bauxite, agglomérées en rognons d'hématite brune (limonite), dégagées de leur gangue et arrachées aux filons-failles par le ruissellement. Avant le déboisement des Causses, on utilisait ces minerais, comme le prouve la découverte de scories de fer amoncelées, de creusets en terre cuite et de *forges à la catalane* faite sur le causse Méjean, entre Carnac et la Parade, et due à M. Poujol (de Meyrueis). M. Fabre en fait remonter l'âge aux Sarrasins seulement[1].

« Les dépôts de phosphorite ou phosphate de chaux, si répandus dans le Quercy (Lot), constituent un ensemble très analogue, à beaucoup d'égards, à la formation sidérolithique et paraissent, comme elle, appartenir, au moins

---
1. *Matériaux*, etc., 6e et 7e note.

en majeure partie, à l'oligocène inférieur. Ces dépôts occupent des fentes dans les calcaires jurassiques...

« Les ossements sont surtout abondants au milieu des argiles ; des reptiles, batraciens et ophidiens, ont été transformés en phosphate, y compris les tissus mous ; il a dû y avoir substitution rapide, à température peu élevée, dans des eaux d'une faible acidité.

« Quant au mode d'enfouissement des vertébrés dans les fentes à phosphate, il paraît avoir été immédiat, sans doute sous l'influence de vapeurs nuisibles qui asphyxiaient les animaux venus pour se désaltérer aux sources ; car de nombreux squelettes sont entiers, et ni les os des ruminants ni ceux des rongeurs n'offrent de traces d'incision par la dent des nombreux carnivores auxquels ils sont associés.

« Les poches sont très variables. Il y en a qui ont 35 mètres de diamètre, d'autres, comme celle de Pindaré, sont des crevasses de 3 à 6 mètres, se pour suivant en ligne droite sur 90 mètres.

« Les directions dominantes sont est-nord-est et ouest-nord-ouest. Toutes les poches connues se terminent en pointe dans la profondeur, tandis qu'elles s'évasent près de la surface[1]. »

Nous n'avons rien de particulier à dire du crétacé et du tertiaire, qui pénètrent à peine les Cévennes vers Ganges ; mais les éruptions volcaniques de basalte pliocène méritent une mention[2].

Les coulées de l'Aubrac (*V*. p. 284) ne sont pas les seules manifestations du feu central produites dans les Causses et les Cévennes.

« Il existe dans le département de l'Hérault plusieurs lambeaux volcaniques irrégulièrement distribués aux environs de Montpellier, de Pézénas, de Lodève et de Bédarieux... Les terrains volcaniques de Lodève sont de beaucoup les plus intéressants... Ils occupent des espaces considérables entre Lodève, Bédarieux et Clermont-l'Hérault. Le plateau d'Antignalet (Larzac, vers la source de l'Orb), qui s'étend depuis la terre de Pertus jusqu'à la forêt de Guilhomard, a au moins 2 lieues de long, et sa superficie est presque partout revêtue d'une nappe de prismes basaltiques. Ce vaste plateau n'est pas le produit d'une seule et même émission volcanique ; on voit, de distance en distance, les filons de basalte s'élever en gerbes à travers le calcaire jurassique et se répandre à sa surface... Entre Bédarieux et Clermont, le basalte forme des filons puissants qui, après avoir traversé le terrain de grès bigarré et le lias, se répandent en une nappe épaisse à la surface de ce dernier. » (Dufrénoy, *Explication de la carte géologique de la France*, t. III, p. 273.)

Sur le Larzac, entre le pas de l'Escalette et le Mas-Raynal, vers la Font-d'Orb, les champs sont couverts de débris basaltiques, et la terre, décomposée par l'éruption, est toute noire et rousse sur de grandes surfaces.

Les basaltes qui forment la chaîne de l'Escandorgue sont continus sur une longueur qui n'est pas moindre que 35 kilomètres. Le dernier volcan de France est, près d'Agde et de la mer, à l'embouchure de l'Hérault, le *pic Saint-Loup*, haut de 115 mètres, qu'il ne faut pas confondre avec son homonyme (oxfordien) de Saint-Martin-de-Londres. (*V*. p. 226.)

---

1. Filhol, *Annales des sciences géologiques*, 1876.
2. *V*. Poulett-Scrope, *Géologie et volcans éteints de la France centrale*, trad. Vimont ; Paris, 1864, in-8°, et 1. V des *Mémoires de l'Académie de Clermont-Ferrand*, 1863.

Chose très remarquable : sous les Causses semble exister une sorte de trait d'union entre ces petits volcans du midi de la France et les grands centres éruptifs du Velay, de l'Aubrac et de l'Auvergne. En trois points le basalte se montre, comme s'il avait inutilement tenté de s'épancher sur les plateaux jurassiques : en plein Larzac, au nord de la Pezade ; en plein causse de Sauveterre, par 1,040 mètres d'altitude; et surtout (fait que ne relate ni la carte géologique de Dufrénoy et E. de Beaumont, ni celle de Vasseur et Carez, ni celle, au 1,000,000°, des travaux publics) au fond même de la gorge du Tarn. On a vu (p. 66) quelle est la dimension du curieux dyke de basalte injecté en travers des cours d'eau.

Ces trois intrusions ne semblent-elles pas jalonner, sous les Causses, entre le plateau central et la Méditerranée, une immense fente épanouie en éventail vers le nord, qui aurait craché tous les volcans français, mais qui n'aurait pu cependant crever la lourde et épaisse croûte jurassique ?

Telle est, à grands traits, la géologie des Causses et des Cévennes.

BIBLIOGRAPHIE

Parran, *Essai d'une classification stratigraphique des terrains du Gard* : Bull. de la Soc. géologique, 2° série, t. XXVIII.
H. Lecoq, *Époques géologiques de l'Auvergne.* Paris, 1867, 5 vol. in-8°.
Lan, *Filons des Cévennes* : Annales des mines, t. VI, 5° série, 1854.
Gourret, *Géologie du Larzac* : Annales des sciences géologiques, t. XVI, 1884.
Magnan, *Études sur les formations secondaires des bords du plateau central.*
Reynès, *Essai de géologie et de paléontologie aveyronnaises.* Paris, J.-B. Baillière, 1868, in-8°, 110 p.
De Malafosse, *Lias de Marvejols* : Bull. de la Soc. d'histoire naturelle de Toulouse, t. VI, 1872.
Argeliez, *Notice géologique et paléontologique sur les terrains sédimentaires de l'Aveyron.* Congrès scientifique de France, à Rodez, 1874.
Émilien Dumas, *Statistique géologique du Gard.* Paris, A. Bertrand, 1876 (ouvrage posthume), 3 vol. in-8°.
Description géologique de la France, par Dufrénoy et Élie de Beaumont, t. II, ch. ix, p. 684, pour le terrain jurasique des Caussés. Paris, 1841-1873, 3 vol. in-4°.
Matériaux pour servir à la description géologique de la Lozère, par G. Fabre : Bull. de la Soc. d'agriculture de la Lozère, 1872, p. 36; Ibid., 1874, p. 19; Ibid., 1875, p. 23.
Ad. Boisse, *Esquisse géologique du département de l'Aveyron.* Paris, impr. nationale, 1871, in-8°.
Esquisse géologique du département de la Lozère, avec carte, 1860, par Dorlhac : Bull. de la Soc. d'agriculture de la Lozère, 1860, p. 375. (Travail important.)

CHAPITRE XXIII

LES EAUX SOUTERRAINES

Sols perméables et imperméables. — Infiltration. — Hydrologie souterraine. — Les sources. — Formation des cavernes. — Rivières souterraines. — Le Karst, la Recca, la Poik. — Les avens. — Leur formation. — Marmites des géants. — Hydrologie intérieure des Causses. — Creusement des cañons : théorie des anciennes grottes.

Toute l'eau qui tombe du ciel se comporte sur terre de deux façons différentes, selon la nature du sol qui la reçoit.

Si ce sol est *imperméable*, comme l'argile ou le granit, elle glisse de suite le long des pentes de la surface, conformément aux lois de la pesanteur, et forme goutte à goutte les ruisseaux, torrents, rivières et fleuves.

Si le terrain est perméable, au contraire, elle en pénètre l'intérieur; elle s'y infiltre, y reste emprisonnée plus ou moins longtemps et ressort sous forme de *sources, au contact de couches imperméables*, à des distances du point de chute fort variables.

L'étude des phénomènes d'infiltration, c'est-à-dire du mode souterrain de la transformation des pluies en source, est l'objet de l'*hydrologie souterraine*.

Nous allons voir dans ce chapitre comment cette étude est intimement liée à la grottologie.

« L'infiltration est la pénétration lente, à travers les fissures et les interstices du sol, de l'eau qui provient de la pluie, de la condensation des brouillards ou de la fonte des neiges. Ce phénomène ne peut se produire que dans les terrains perméables, que cette perméabilité soit inhérente à la roche, comme c'est le cas pour les sables, ou qu'elle résulte d'un grand nombre de fissures qui la traversent, comme dans la plupart des calcaires et des grès.

« Les eaux, en pénétrant dans le sol, finissent par s'y accumuler, en donnant naissance à des nappes d'infiltration. En effet, à mesure qu'elles s'enfoncent, elles deviennent de moins en moins accessibles à l'évaporation ; les parties de l'écorce situées à une certaine profondeur ne peuvent donc manquer, à la longue, de se saturer d'eau, et ainsi se constituent les nappes souterraines qui, toutes les fois que leur niveau est atteint par une dépression du sol, se répandent au dehors sous la forme de sources. » (De Lapparent, p. 140.)

Or ces accumulations d'eau affectent deux formes différentes, à raison même de ce qu'il y a deux sortes de roches perméables, les unes sans cohésion (sables), les autres compactes, mais fissurées (calcaires et grès). En effet, « il convient d'établir, au point de vue de la perméabilité, une distinction fondamentale entre les terrains sablonneux et ceux qui sont formés de calcaires ou de grès solides. Dans les sables, les nappes d'eau sont continues et régulières.

« Dans les calcaires et les grès, quand même la surface en serait fendillée au point d'agir comme un véritable crible, *il arrive généralement qu'en profondeur la roche est compacte.*

« L'eau n'y peut donc pas former de nappes continues ; elle se concentre dans des poches ou des fissures. Pour cette même raison, tandis que les sables offrent des suintements tout le long de la ligne d'affleurement de la nappe d'infiltration, l'écoulement des nappes des calcaires se fait par de véritables points d'élection, ce qui donne aux sources des régions correspondantes une importance spéciale. Souvent ces sources débitent de l'eau qui, avant de s'y rendre, a dû accomplir un long parcours souterrain. Quelquefois elles représentent le résultat combiné du ruissellement et de l'infiltration : lorsqu'un cours d'eau, coulant sur un sol argileux superposé à un calcaire, se perd tout à coup dans une crevasse de ce dernier, pour reparaître bien loin de là, à un niveau inférieur. Dans ce cas le volume des sources peut être considérable, et leur constance remarquable. Plus d'une source émergeant du sein des calcaires oolithiques, dans les Ardennes, a ainsi son origine dans la perte d'un cours d'eau qui avait commencé à couler sur les argiles oxfordiennes et qui est venu disparaître dans un abîme ou une fosse située à la jonction des argiles avec l'oolithe. » (De Lapparent, p. 245.)

Dans les premiers terrains (sables), il y a *imbibition ;* dans les seconds, *suintement* seulement. Les terrains *imbibables* possèdent les puits et les puits artésiens : nous ne nous en occuperons pas, car ils n'existent guère dans la région des Causses ; les sols *suintables* nous intéressent seuls, puisqu'ils émettent les magnifiques sources des vallées du Tarn, de la Jonte, de la Dourbie, de la Vis, de l'Hérault, etc.

Les terrains calcaires, tout disloqués, tout découpés en blocs par divers systèmes de fractures (lithoclases) (*V.* p. 323), qui constituent des lignes de moindre résistance, se prêtent mieux que tous autres au suintement des eaux pluviales; leur état fissuré favorise grandement l'*hydrognosie,* c'est-à-dire la tendance de l'eau de pluie à descendre à travers le sol jusqu'à ce qu'elle soit arrêtée par des couches de terrain imperméables ; de plus, étant tout percés de grottes, ils sont admirablement disposés pour la concentration de grandes masses liquides.

Dans les terrains jurassiques, entrecoupés de couches marneuses et argileuses, il arrive fréquemment qu'une couche imperméable s'interpose au milieu d'une ligne de hauteurs ; alors, l'infiltration étant limitée en profondeur à la couche qu'elle ne peut franchir, il se manifestera à flanc de coteau, tout le long des affleurements de la couche imperméable, des suintements et même de véritables sources (*V.* p. 127 : Montpellier-le-Vieux.) Ces sources à flanc de coteau, caractéristiques des régions où les terrains argileux alternent avec les sables, les grès et les calcaires, ne sont ni aussi abondantes ni aussi constantes que celles des basses vallées, dont la masse est beaucoup plus considérable.

Une couche imperméable affleurant sur les flancs d'une vallée forme un *niveau d'eau*, et l'importance de ce niveau est d'autant plus grande que la zone perméable qui la surmonte est elle-même plus étendue.

Les marnes supérieures du lias (toarcien), l'oxfordien, le néocomien, sont les grands niveaux d'eau des formations secondaires ; les marnes du bathonien inférieur donnent quelques minces filets d'eau. Nous allons voir ces principes généraux confirmés dans les avens des Causses.

Un célèbre chercheur de sources, l'abbé Paramelle, a parfaitement décrit le mode de descente de l'eau dans les terrains suintables :

« Les eaux pluviales qui tombent sur des roches à stratification à peu près horizontale et divisées par des fissures verticales en blocs de peu d'étendue, ne peuvent pas humecter l'intérieur de ces blocs; elles ne peuvent en mouiller que la superficie et les côtés. Comme il n'existe presque pas d'assises qui soient parfaitement de niveau, et que toutes celles d'une même stratification sont d'ordinaire concordantes, les eaux courent sur les blocs, en suivent la déclivité jusqu'à ce qu'elles rencontrent une fissure verticale qui leur permette de descendre sur l'assise inférieure. Chaque fissure verticale de l'assise supérieure tombant ordinairement vers le milieu d'un bloc de l'assise inférieure, les eaux suivent l'inclinaison des nouveaux blocs jusqu'à leur extrémité inférieure, où elles trouvent une nouvelle fissure verticale qui leur permet de descendre sur l'assise inférieure, et ainsi de suite, d'assise en assise, jusqu'à la couche imperméable qui supporte toute la masse stratifiée. » (*L'Art de découvrir les sources,* p. 112. Paris, in-8°, 1856.)

Comment se réunissent en courants notables, en sources, les gouttes d'eau ainsi enfuies à travers les fissures des roches ? C'est encore l'abbé Paramelle qui nous l'explique le plus clairement :

« Ces eaux pénètrent les premières couches de la terre, où elles portent le nom d'humidité, se mêlent intimement à elles, en remplissent tous les pores, et paraissent n'avoir aucun mouvement. Cependant toutes celles qui échappent à l'évaporation et à la succion des plantes ne restent pas un instant immobiles. En vertu de leur liquidité et de leur pesanteur, elles descendent continuellement. Leur mouvement est lent, insensible et dirigé par les interstices de la terre qu'elles rencontrent. Les particules d'eau, descendant avec des vitesses inégales, se rencontrent, s'associent les unes aux autres, forment d'abord d'innombrables et imperceptibles veinules, qui s'accroissent peu à peu et deviennent des filets perceptibles. Ces filets d'eau, continuant de s'enfoncer sous terre, en reçoivent d'autres à divers intervalles, rencontrent des couches imperméables qui leur font prendre une direction oblique de moins en moins inclinée, et finissent par former des *cours d'eau souterrains,* dont le volume augmente à mesure qu'ils s'éloignent du lieu de leur origine.

« En voyant sourdre une source, on ne doit donc pas, ainsi que le font un grand nombre de personnes, se la représenter comme formant sous terre un cours d'eau unique, horizontal et de même volume dans tout son parcours. Toute source est le produit d'une infinité de veinules et de petits filets d'eau que l'on voit se montrer à la surface du terrain. La formation d'une source et sa circulation sous terre sont assez semblables au mouvement de la sève dans la racine rampante d'un arbre » (p. 115).

Nos recherches de 1889 ont pratiquement démontré le bien fondé de cette remarquable théorie. Nous n'avons nulle part rencontré les immenses réservoirs ou sources mères dont l'abbé Paramelle a fait justice dans les termes suivants :

« Cette manière d'expliquer la formation et l'écoulement des sources sous terre est beaucoup plus naturelle, mieux confirmée par toutes les fouilles qui se font journellement, que la supposition de ces lacs, réservoirs, bassins et amas d'eau souterrains que personne n'a jamais vus fonctionner et dont parlent un grand nombre d'auteurs, sans en citer un exemple. Tout en admettant que ce sont les eaux pluviales qui produisent les sources, ces auteurs n'ont pu concevoir la formation et l'écoulement d'une source sans imaginer un réservoir rempli d'eau et placé dans l'intérieur de la montagne pour l'alimenter. Ils nous représentent ces réservoirs comme se remplissant au temps des pluies, percés dans leur fond pour laisser sortir peu à peu l'eau qu'ils contiennent, et entretenant chacun sa source jusqu'à ce qu'ils soient à sec. L'abondance et la durée de chaque source est proportionnée à la capacité de son bassin et au diamètre de l'orifice par lequel elle s'échappe. D'autres, en voyant plusieurs sources s'épancher autour de certaines montagnes, se sont imaginé qu'il y a, au cœur de chaque montagne, un réservoir unique qui fournit l'eau à toutes ses sources ; d'autres, sans se demander comment cela peut se faire, croient qu'une grande source, qu'ils appellent la *source mère,* existe au cœur de chaque montagne, qu'elle se divise et se subdivise en descendant, et fournit l'eau à toutes les sources qui surgissent à son pourtour.

« Tous ces réservoirs et toutes ces sources mères qu'on a supposés au cœur des montagnes pour alimenter les sources doivent donc être relégués parmi les chimères.

« Je ne nie pas, sans doute, que les sources, dans leurs cours souterrains, ne puissent quelquefois traverser des bassins remplis d'eau ; cela arrive principalement dans les terrains caverneux. Je ne nie pas non plus qu'une source, en sortant d'un de ces bassins, ne puisse être plus forte qu'en y entrant, parce que le bassin peut recevoir d'autres sources par ses côtés. C'est ainsi qu'un grand nombre de cours d'eau visibles traversent des lacs et s'y accroissent par des affluents latéraux; mais il y a loin de ces deux hypothèses, que j'admets sans peine, à l'existence de ces innombrables bassins qui se rempliraient tout à coup lors des pluies, et qui se videraient peu à peu pour entretenir les sources. Autant vaudrait dire que c'est le lac de Genève qui fournit les eaux du Rhône, le lac de Constance celles du Rhin, etc. » (p. 117).

Cette page a plus de trente ans d'existence : quand elle fut écrite, on ne connaissait rien des rivières souterraines de France, qui en confirment la justesse! En définitive, on peut résumer le régime hydraulique des formations suintables (perméabilité par les fissures) en disant que les eaux y occupent des poches inconnues, y forment des fleuves souterrains, et que des rivières s'y perdent pour reparaître plus loin au jour.

Notons en passant que les sources ont une température invariable, et à peu près égale à la moyenne annuelle de l'air au lieu où elles sourdent, si bien qu'en hiver elles semblent fumer, à cause de la brusque condensation de leurs vapeurs refroidies par l'atmosphère.

La formation des cavernes est en grande partie due aux eaux d'infiltration. Le premier rôle dans l'évidement des grottes revient aux cassures terrestres, (V. p. 145), le deuxième aux phénomènes d'érosion, le troisième à la puissance chimique des eaux.

« Il est facile de constater la liaison intime de ces cavités avec les fentes ou failles du terrain, c'est-à-dire avec des lignes de moindre résistance. Ainsi, dans les remarquables grottes de Han, en Belgique, encore parcourues par la rivière de la Lesse, on peut suivre, au plafond des galeries, des fentes alignées suivant la longueur des grottes, et le long desquelles le calcaire, malgré sa dureté habituelle, se débite plus facilement en blocs. Dans toutes les grandes chambres, dont l'une a plus de 50 mètres de hauteur, on voit clairement que la voûte est formée par l'élargissement progressif de la fente médiane, dont les parois se sont écroulées peu à peu, accumulant sur le plancher de gigantesques cônes d'éboulis. Quant à la cause de ces écroulements, le torrent souterrain qui mine encore le pied des voûtes est là pour l'indiquer. La formation des grottes apparaît donc bien comme l'œuvre d'une érosion souterraine, grandement facilitée par l'état de la roche, mais imputable en définitive à l'action de l'eau courante.

« Il est à remarquer que cette action a été puissamment aidée, dans la plupart des cas, par la pression hydrostatique. En effet, même aujourd'hui, dans les hautes eaux, on constate que certaines rivières souterraines gonflent au point non seulement de remplir leurs galeries jusqu'au plafond, mais de monter à une grande hauteur dans les gouffres de la surface. En s'accumulant ainsi derrière les cloisons qui contrarient leur écoulement, elles peuvent acquérir une pression considérable, et la conséquence doit être la rupture violente de ceux de ces barrages naturels qui offrent le moins d'épaisseur. Un tel effet devait s'exercer avec une énergie particulière à l'époque, voisine de la nôtre, où les pluies étaient incomparablement plus abondantes qu'aujourd'hui, en même temps que le régime hydrographique extérieur était encore mal fixé. Chacune des débâcles résultant d'une rupture de digues devenait ainsi, pour les eaux sauvages souterraines, l'occasion d'un redoublement de puissance, et dès lors il n'y a plus lieu de s'étonner du travail qu'elles ont accompli dans les calcaires fissurés. » (De Lapparent, p. 251.)

C'est parce qu'elles sont ou ont été parcourues par des rivières que les galeries des grottes tendent à s'écarter peu de l'horizontale.

L'action chimique des eaux, quoique assez faible relativement à leur travail mécanique, a été expliquée page 146.

« En résumé, les grottes des terrains calcaires semblent devoir être attribuées à l'action d'eaux sauvages amenées par voie d'infiltration dans les profondeurs du sol, bien qu'à un niveau supérieur à celui des vallées, et obligées de s'y frayer une route, en profitant de toutes les lignes de moindre résistance du terrain. C'est pourquoi, si c'est bien le phénomène général de l'infiltration qui préside à leur naissance, du moins le travail de leur creusement nous ramène à l'action torrentielle, dont il n'est qu'un cas particulier. De plus, les résultats de ce travail, tels qu'il nous est donné de les constater dans les grottes aujourd'hui accessibles, dépassent de beaucoup la portée du régime hydrographique qui prévaut actuellement dans les mêmes régions. Non seulement nombre de grottes sont étagées sur les flancs des vallées calcaires, à des hauteurs considérables au-dessus des thalwegs et en des points où il ne se produit même plus de suintements, mais celles que parcourent encore des rivières souterraines laissent clairement apercevoir les traces d'un régime tout différent. Leur creusement, dans les proportions qu'il a prises, a certainement exigé une beaucoup plus grande énergie de la part de l'agent liquide employé à ce travail. Ici donc, comme pour les torrents et les rivières, il faut admettre, à une époque antérieure, un notable excès des précipitations atmosphériques. » (De Lapparent, p. 252.)

Le phénomène des rivières souterraines est un des plus intéressants que nous présente la nature.

« Lorsque les eaux de pluie pénètrent en abondance, à la faveur de fissures, dans une formation de calcaires compacts, elles s'accumulent dans tous les vides ou fentes. Ces fentes communiquent souvent les unes avec les autres; et s'il arrive que l'onde trouve un écoulement au dehors par quelque coupure profonde, un courant s'établit dans ce réseau de fissures jusqu'à l'orifice de sortie. C'est ainsi que le sous-sol d'un plateau peut être parcouru par des cours d'eau souterrains, dont le débouché seul se révèle par une source puissante, capable de donner immédiatement naissance à quelque rivière importante.

« Rien n'est plus irrégulier, en général, que les lits de ces cours d'eau cachés, sortes de canaux tortueux qui résultent de l'élargissement des fentes primitives de la roche sous l'effort même des eaux qui s'y sont infiltrées, et où des chambres spacieuses ne communiquent ensemble que par d'étroits couloirs diversement ramifiés, coupés de cascades et de rapides. » (De Lapparent.)

« Les courants souterrains remplissent en certains endroits la section tout entière de la grotte, et sont retardés ainsi par les parois supérieures, qui pèsent sur la masse liquide. En effet, les espaces creusés par les eaux dans l'intérieur de la terre sont, en un bien petit nombre de lieux, des avenues régulières, comparables à nos tunnels de chemin de fer. Sur tous les points de son épaisseur, la roche oppose à l'action de l'eau des résistances inégales, à cause de la diversité de ses fissures, de ses couches, de ses molécules. Là où les failles sont nombreuses et les assises peu compactes, le courant se creuse peu à peu de vastes salles, dont les plafonds s'écroulent et sont emportés par l'eau, grain de sable à grain de sable; là où les bancs de pierre dure s'opposent au cours du ruisseau, celui-ci n'a pu se tailler, pendant le cours des siècles, qu'une étroite ouverture. Ces évasements et ces étranglements successifs forment une série de chambres, séparées les unes des autres par des parois de rochers. L'eau s'étale largement dans chaque salle, puis elle se rétrécit et se précipite à travers chaque défilé comme par une écluse. C'est à cause de ces cloisons qu'il est si difficile ou même impossible de naviguer à des distances considérables sur les cours d'eau souterrains. » (E. Reclus, *la Terre*, t. Ier, p. 351.)

Il y a deux sortes de rivivières souterraines :

1° Celles qui, nées et coulant d'abord sur un terrain imperméable, s'engouffrent en un certain point de leur parcours dans des calcaires qu'elles viennent à aborder, pour déboucher ensuite d'une caverne et retrouver un lit aérien;

2° Celles qui, produits directs de l'infiltration, se forment sous terre et voient le jour par ces puissantes sources qui sont rivières dès leur sortie.

Parmi les premières nous citerons[1] :

En France, Bramabiau; la Touvre, le Bandiat, la Tardoire, toutes trois dans les Charentes (*V.* Daubrée, *Eaux souterraines*, t. Ier, p. 311 et suiv.); — l'Iton (département de l'Eure); — divers cours d'eau du causse de Gramat, dans le Lot, etc. (Nous avons exploré le ruisseau de *Rignac,* près de Gramat, qui se perd sous la voûte dite *gouffre du Saut de la Pucelle :* la rivière se suit aisément pendant 200 mètres, sous une galerie deux fois coudée à angle droit et large de 3 à 6 mètres; puis le plafond s'abaisse au niveau de l'eau : le courant doit sortir 1,000 ou 1,300 mètres plus loin, au moulin de Tournefeuille [au sud-ouest], ou à celui du Saut [au sud], tous deux dans la vallée de l'Alzon [*V.* le plan, p. 360].)

En Belgique, la Lesse, qui traverse la grotte de Han.

En Autriche, la Recca, la Poïk et l'Unz, la Lueg, etc.

En Suisse, la Noiraigue et les Emposieux de Neuchâtel; les Estavelles de Porentruy, etc.

Celles d'Autriche sont les plus remarquables, et aucune n'est aussi étrange que la *Recca* (Carniole et Istrie), entre Trieste et Adelsberg.

Après environ 60 kilomètres de cours aérien, elle se perd dans une première grotte gigantesque (Mahorcic-Hœhle), qu'elle franchit, en formidables cascades, sous le village de Saint-Canzian; au delà elle reparaît au fond d'une dépression creuse de 80 à 160 mètres (*dolina*), produite par l'effondrement de la voûte de la caverne et où elle s'étale en un petit lac; puis elle se perd une deuxième fois dans une caverne encore plus grandiose, dont on ne connaissait qu'une petite partie jusqu'à ces dernières années. La première tentative de pénétration, due à J. Svetina, remonte au 24 juin 1840. En mars 1830, Schmidl et Rudolf poussèrent à 500 mètres de distance. Depuis 1884, de hardis Autrichiens, M. Hanke, Muller, Marinitsch, Schneider, etc., ont entrepris la très difficile et très dangereuse exploration du cours désormais entièrement souterrain de la Recca : les obstacles sont de telle nature qu'en sept ans ils n'ont pu pénétrer qu'à 2,600 mètres de distance, jusqu'à la vingt-cinquième cascade! C'est que la Recca à Saint-Cazian n'est

---

1. La plupart de ces eaux se perdent dans des fissures ou sous des voûtes basses impénétrables; d'autres s'engouffrent dans d'immenses portiques où la place ne manque pas, mais que l'on n'a guère osé explorer, de crainte d'être entraîné par le flot des cascades dans des gouffres inconnus. (*V.* p. 166.)

pas un humble torrent comme le Bonheur, mais bien une puissante rivière, déjà grossie de nombreux affluents. (Les voûtes de la nouvelle grotte de la Recca ont jusqu'à 80 m. de hauteur[1].)

Trois lieues plus au nord-ouest, on retrouve un instant la rivière perdue, au bas d'une grotte ou plutôt d'un puits de 322 mètres, la plus profonde caverne connue, celle de *Trebiciano;* l'eau s'étale en un lac long de 200 mètres, large de 80 mètres; mais cette expansion de la Recca ne peut être suivie ni en amont ni en aval, car le flot arrive et s'enfuit par le fond, confirmant ainsi la théorie des cloisons intercalaires. (*V.* p. 349.) Le gouffre de Trebiciano a été découvert en 1840-1841 par M. Lindner, qui tenta vainement d'en amener l'eau à Trieste par un aqueduc souterrain[2]. Le célèbre grottologue Schmidl a vu le niveau du lac s'y élever de 109 mètres pendant une crue : en octobre, l'eau monta de 120 mètres, soit à 202 mètres seulement de l'orifice; c'est alors que dut être colossale la pression hydrostatique expliquée p. 348. — On est donc certain qu'à moins d'écroulements formidables il ne sera jamais possible de parcourir en navigation souterraine les 12 kilomètres qui séparent Saint-Canzian de Trebiciano. Enfin tout fait présumer que le fameux Timavo de Virgile, qu'une fissure du sol crache à l'Adriatique près de San-Giovanni-di-Duino, est l'impénétrable débouché de la Recca, à 23 kilomètres nord-ouest de Trebiciano et à 35 kilomètres de Saint-Canzian.

La Poik aussi se perd dans la grotte d'Adelsberg : on l'y a suivie pendant 940 mètres (Reclus) ou 600 mètres (Schmidl)[3]; puis l'abaissement de la voûte au niveau de l'eau a empêché de pousser plus loin. Toutefois on retrouve ou l'on entend son cours caché dans plusieurs grottes du voisinage; à 3 kilomètres au nord d'Adelsberg on peut même accéder à un gouffre, la Poik-Hœhle ou Piuka-Jama, au fond duquel elle se laisse descendre pendant 250 mètres (Reclus; Schmidl, 300) et remonter pendant 450 mètres (Reclus, 1,000 m.; Schmidl, jusqu'à 1 kil. et demi en aval de la Poik d'Adelsberg), en bateau seulement, bien entendu; au nord-est, près de Planina, la Poik sort de la grotte d'Unz ou de Planina ou de Kleinhaüsel sous le nom de rivière d'Unz; là Schmidl, en 1850, a remonté son cours pendant 3,300 mètres, et celui d'un affluent souterrain, le Kaltenfelder, pendant 3,000 mètres, sans toutefois pouvoir atteindre la Poik-Hœhle. D'après Schmidl, on connaîtrait ainsi 8 kilomètres du cours souterrain de la Poik, et les solutions de continuité seraient de 1,200 mètres entre les bras d'Adelsberg et celui de Piuka-Jama, et de 3 et demi à 4 kilomètres entre celui-ci et la caverne de l'Unz. Enfin, après Planina l'Unz se dérobe de nouveau dans d'étroites fentes du calcaire où il n'y a place que pour elle; on suppose que 19 kilomètres plus loin elle va, en dernière analyse, alimenter les nombreuses sources du bassin marécageux de Laibach, la capitale de la Carniole. Sur 85 kilomètres de cours, la Poik-Unz-Laibach en aurait 20 souterrains.

Quant au torrent qui parcourt la grotte de Lueg (8 kil. nord-ouest d'Adelsberg), on ignore encore si son ténébreux voyage le conduit à l'Adriatique par la Recca ou à la mer Noire par l'Unz.

On voit que la région du Karst autrichien mérite bien le nom de terre promise des cavernes (terrain crétacé supérieur et calcaire nummulitique).

---

1. *V.* F. Muller, *Guide aux grottes de Saint-Canzian*. Trieste, 1887, in-12, avec gravures. — Le gouvernement autrichien organise en ce moment l'exploration méthodique et scientifique de la Recca souterraine.
2. *V. la Nature*, n° 776, 14 avril 1888. — 3. Beaucoup plus loin dans les recherches de 1889 et 1890.

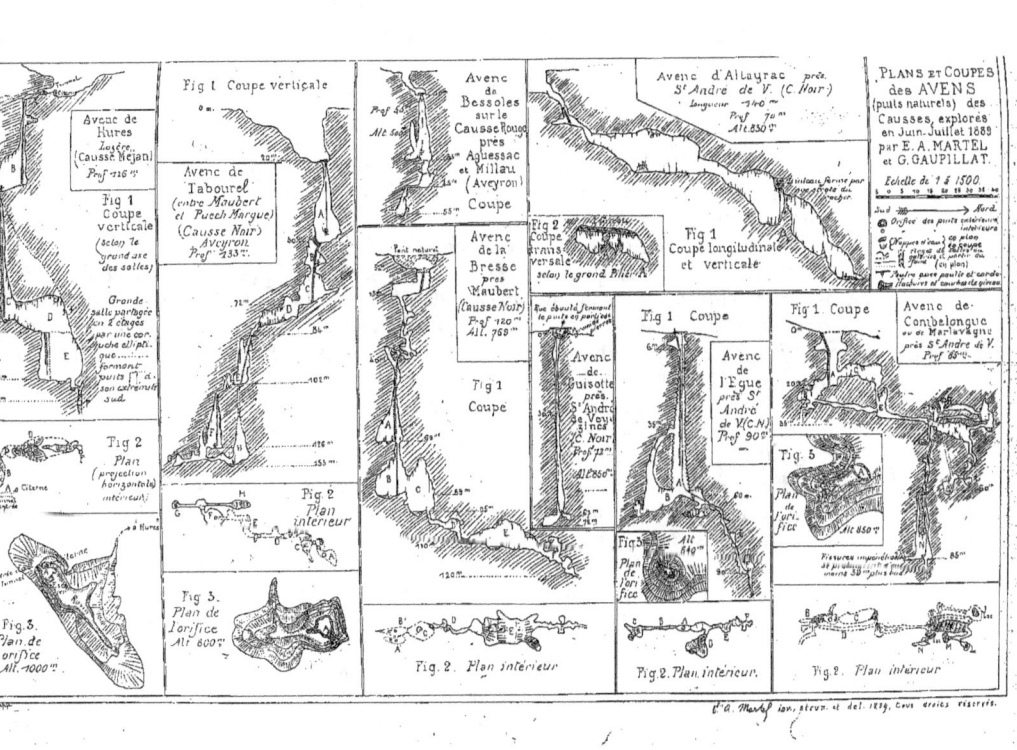

Comme sources-rivières formées sous terre (on ne sait au pas juste comment), il faut noter en France :

Vaucluse d'abord, l'illustre fontaine célébrée par Pétrarque et qui a fait nommer *sources vauclusiennes* tous les ruisseaux qui sortent comme elle d'une gueule de caverne[1] ;

Ensuite, en Dauphiné, dans les Alpes de l'Isère, Sassenage et la Balme ;

Dans le Jura et la Franche-Comté, la Loue, la Dessoubre, le Lison, la Cuissance, la Seille, etc. ;

Puis les sources des Causses : celles riveraines du Tarn (Castelbouc, Saint-Chély, etc.), les Douzes, la Sorgues, la Vis, le Durzon, etc. ;

Enfin celles du Quercy (causse de Gramat), tributaires de la Dordogne.

La rivière souterraine de Padirac est la première, croyons-nous, dont on ait trouvé la *source* INTÉRIEURE *même* dans les entrailles du sol. Mais elle est sans débouché. (*V.* p. 82.)

Quand on entreprendra, avec les moyens d'investigation nécessaires, la pénétration méthodique de toutes celles de ces sources qui peuvent donner passage à un bateau, on fera des découvertes aussi précieuses pour les savants qu'attrayantes pour le touriste.

Aux rivières souterraines se rattache l'étude de ces curieux trous qui, comme la Poik-Hœhle ou le puits de Trebiciano, sont pratiqués à la surface des plateaux calcaires : ce sont les *avens*[2] des Causses (*V.* p. 77), les *embues, boistout, anselmoirs, scialets, bétoires, tindouls, fontis, entonnoirs, ragagés, abîmes, gouffres, puits, igues* et *cloups* des diverses régions de France ; les *foibe, trichter* ou *dolinas* du Karst ; les *sink-holes* ou *swallow-holes* d'Angleterre et des États-Unis ; les *Ponors* des Slaves ; les *katavothres* de Grèce.

Voyons un peu ce que nous disent les auteurs à leur sujet :

Et d'abord Élisée Reclus :

« En amont des sources, le cours des ruisseaux souterrains est le plus souvent indiqué par une série de gouffres ou puits naturels ouverts au-dessus de l'eau courante. Les voûtes des grottes intérieures n'étant pas toujours assez fortes pour supporter le poids des masses surincombantes, elles doivent, en effet, s'écrouler çà et là. C'est ainsi que se forment, au-dessus des ruisseaux cachés, ces espèces de puits que l'on désigne dans chaque pays par les noms les plus divers.

« C'est par ces gouffres naturels que l'on peut atteindre les rivières souterraines et se rendre compte de leur régime. » (*La Terre*, t. Ier, p. 350.)

L'abbé Paramelle émet les mêmes idées sur la production de puits par effondrement et sur le *jalonnement* des cours d'eau souterrains par des *bétoires*. (*L'Art de découvrir les sources*, chap. XX.)

Il est constant que l'on a vu des gouffres se former dans des terrains notoirement caverneux et sillonnés de courants intérieurs inconnus : ainsi, en 1783 des affaissements se produisirent à neuf lieues en amont de Vaucluse, et pendant plusieurs jours la fontaine fut troublée. — En 1880, sur le causse de Mende, il s'est ouvert un vaste aven, « par l'enfoncement d'un rocher, sorte de clef de voûte

---

1. Beaucoup de ces cavernes sont impénétrables (Vaucluse, Sorgues de l'Aveyron, Pêcher de Florac, etc.), parce que l'eau occupe la section des galeries de projection : à Vaucluse, en 1878, un plongeur vêtu du scaphandre a pénétré à 20 mètres sous l'eau dans un siphon descendant. *V.* BOUVIER, *Assoc. franç. pour l'avancement des sciences*, p. 348 ; Montpellier, 1879. D'autres, au contraire, sont ouvertes en larges voûtes.

2. Le mot *aven* vient du celtique *avain*, qui veut dire ruisseau (*avin* en Écosse et Irlande, *awen* dans la basse Bretagne). (DAUBRÉE, *Eaux souterraines*, t. Ier, p. 297.)

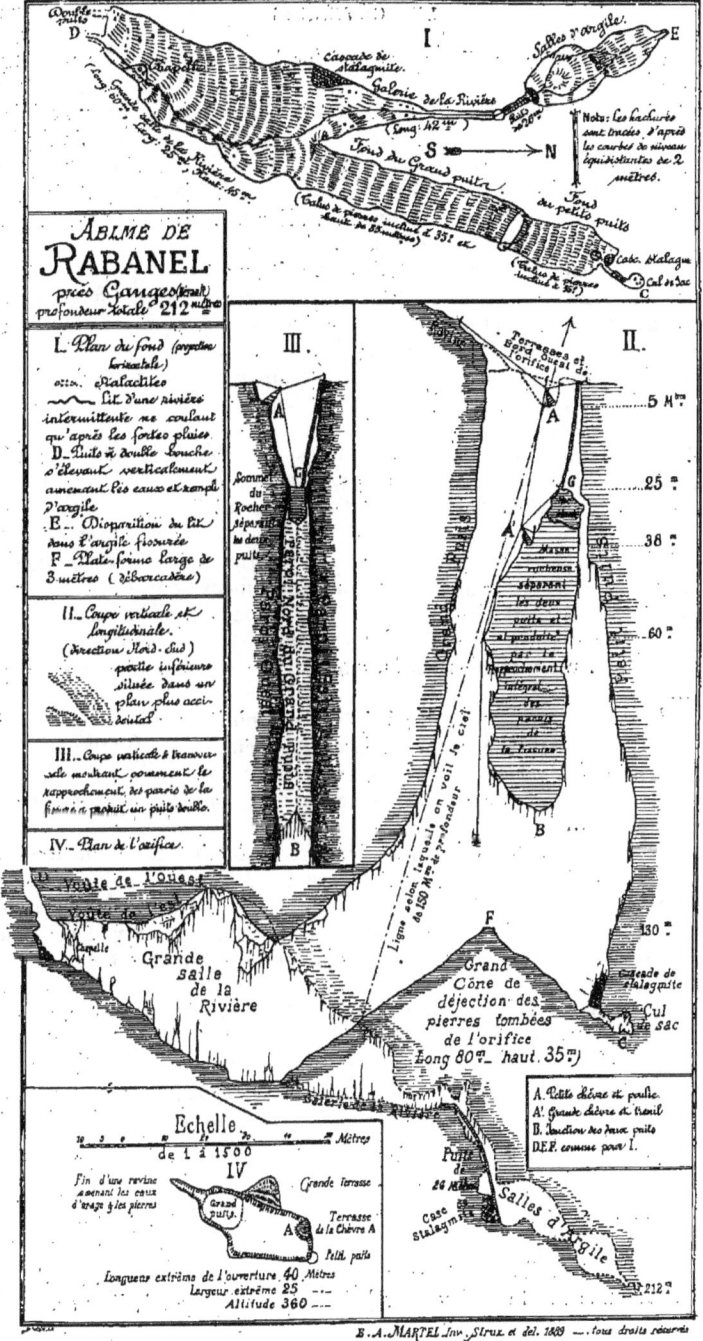

au-dessus de réservoirs que l'on savait exister dans les flancs de la montagne. » (L. DE MALAFOSSE.)

Pour le docteur Prunières, « l'eau des Causses filtre comme dans un crible pour aller former des réservoirs souterrains, dont on constate quelquefois l'existence par l'ouverture, à la surface des plateaux, d'abîmes d'une profondeur effrayante, de puits naturels appelés avens. Les eaux de ces réservoirs forment des rivières souterraines qui ont leur déversoir dans les vallées du Lot, du Tarn et la Jonte. » (Dr PRUNIÈRES, *Distribution des dolmens.*)

Les avens seraient dus, d'après H. Lecoq, soit au retrait (par dessiccation) des calcaires, soit au « trébuchement des couches non encore solidifiées et non supportées par-dessous », soit enfin à des explosions ou dégagements de gaz instantanés. (*Époques géologiques de l'Auvergne*, t. II, p. 254.)

La théorie des explosions n'est pas plus universelle que celle de d'Omalius d'Halloy, qui voyait dans les puits naturels les cheminées d'éjection des argiles et même des roches constitutives des terrains environnants!

M. L. de Malafosse adopte aussi l'hypothèse de l'effondrement au-dessus d'une caverne et d'un grand réservoir d'eau en dessous :

« L'aben mystérieux et légendaire est une spécialité des Causses. *La caractéristique de l'aben consiste en ce que l'ouverture qui communique avec les grands abîmes où s'engouffre l'eau est très petite par rapport au vide qu'il y a au-dessous.* C'est une sorte d'œil-de-bœuf ouvert sur une immense caverne. L'aben n'a été formé généralement que par la chute d'une partie plus ou moins grande de la voûte de l'un de ces grands réservoirs naturels. L'eau, en s'y engouffrant, les jours d'orage, en a modifié les bords, mais il est presque toujours l'effet d'une cassure...

« Ces abens, se rencontrant, en général, au fond d'une sorte d'entonnoir ou dans une déclivité quelconque de terrain, reçoivent, lorsqu'il fait un orage, une grande quantité d'eau, qui s'engouffre avec un bruit effroyable... Je crois que la moyenne de ces cavernes, au-dessous de l'aben ou orifice, peut être fixée entre 200 et 300 mètres...

« En des cas très rares, un aben ouvert dans la dolomie friable peut avoir pour cause de son ouverture un mouvement giratoire des eaux diluviennes... »

M. de Lapparent observe que cette théorie de l'effondrement est trop absolue :

« Il serait certainement excessif de vouloir attribuer au travail des eaux courantes tous les effondrements en forme d'entonnoirs qu'on remarque dans les régions calcaires.

« M. de Mojsisovics a fait observer que la plupart des karsttrichter, ou entonnoirs du Karst, présentent une régularité beaucoup trop grande pour avoir été produits par voie d'effondrement. Souvent il en existe deux contigus, séparés seulement par une mince paroi, qui n'eût certainement pas pu résister à un violent effort mécanique. Au contraire, la présence dans ces entonnoirs d'une terre rouge caractéristique permet de les rattacher à tout un ensemble de phénomènes de nature chimique.

« Il se pourrait donc qu'avant d'avoir servi de passage aux eaux souterraines bon nombre de cavités, originairement produites sous forme de fentes pendant les mouvements de l'écorce terrestre, eussent été en grande partie élargies et façonnées par un travail spécial de dissolution. » (DE LAPPARENT, p. 256.)

De son côté, un savant collaborateur de la carte géologique de France, M. Mouret, ingénieur des ponts et chaussées, adopte une manière de voir semblable à celle de M. de Mojsisovics, en pensant que le phénomène sidérolithique (*V.* p. 340) a pu chimiquement produire sur les Causses un certain nombre d'avens, et que des éruptions d'eaux acides sont capables d'avoir chimiquement foré ces tubes[1].

Quoi qu'il en soit, aucune de ces hypothèses n'est suffisante à elle seule pour expliquer la formation des puits naturels.

C'est ce qu'exprimait déjà Desnoyers en 1868 dans son excellent travail sur les grottes (*V.* p. 143), quand il faisait la part de trois actions : dislocation des couches (par retrait ou fractures), eaux torrentielles (par effondrement), actions dissolvantes intérieures (par réactions chimiques).

Nos explorations des avens des Causses de 1888 à 1892 nous font croire qu'il n'y a pas de loi générale dans la production de ces gouffres, que les circonstances locales et variées de terrain et d'altitude ont provoqué des résultats très différents les uns des autres, et que certains gouffres sont dus aux trois actions ci-dessus, tandis que d'autres n'en ont eu que deux ou même une seule pour facteur.

Il y a lieu, au surplus, de distinguer l'action des eaux superficielles (érosion) et celle des eaux intérieures (pression hydrostatique), si bien que quatre agents, en un mot, ont contribué à former les avens :

1° Dislocations du sol ;
2° Eaux superficielles ;
3° Eaux intérieures ;
4° Phénomènes chimiques internes.

De 1888 à 1892, nous sommes descendus dans cent avens. On a vu (chap. V) quelles sont les difficultés et les beautés de ces explorations : nous ne nous occuperons plus ici que de leur portée scientifique. Ils doivent être considérés sous deux points de vue successifs : leur formation d'abord, puis leur relation avec les eaux intérieures et les sources.

I. FORMATION DES AVENS. — Un surtout paraît devoir son origine à un simple effondrement : c'est le puits de Padirac (Lot) (*V.* p. 80) ; sa largeur (35 m. de diamètre à l'ouverture, 60 m. au fond), sa forme circulaire, sa profondeur relativement modérée (54 m. *minima*, 75 m. *maxima*), le cône d'éboulement qui en remplit le fond, la rivière qui passe en dessous, la disposition de strates rocheuses en encorbellement sur tout le pourtour interne, permettent de croire à la chute d'une voûte.

Beaucoup d'autres sont trop profonds et trop étroits ou trop allongés pour être dus à la même cause. D'ailleurs, quelques-uns aboutissent à de véritables cavernes, lesquelles même ne sont que de moyenne dimension (Altayrac, la Bresse, le Mas-Raynal, Rabanel, etc.). La plupart se terminent par un puits ou par des fissures où la tête d'un homme ne saurait passer (les Baumes-Chaudes, Dargilan, Hures, Tabourel, Guisotte, l'Ègue, Combelongue, Bessoles, etc.) (*V.* les plans.) Certains avens ne sont que des fractures du sol élargies par les eaux de la surface (1° et 2° forces). Nos coupes montrent comment l'érosion a procédé : elle a agrandi les fentes verticales ; puis, parvenue au bas de chacune de ces fentes, elle a pratiqué une galerie horizontale, sans doute en profitant du joint de deux strates, jusqu'à la rencontre d'une nouvelle fissure perpendiculaire, et ainsi de

---

1. *V.* Stanislas MEUNIER, *la Nature*, n° 127, 6 novembre 1875.

suite. Si bien que les avens ne sont pas « une craquelure du sommet du causse au terrain marneux du lias », mais bien une superposition et une succession de puits et de couloirs découpés selon les caprices du réseau des diaclases et des joints. Aussi n'y a-t-il point deux avens qui se ressemblent.

Celui d'Altayrac n'a qu'un petit puits vertical, à l'entrée, profond de 12 mètres. Le terrain stratifié étant incliné, le flot n'a eu qu'à disjoindre quelques couches

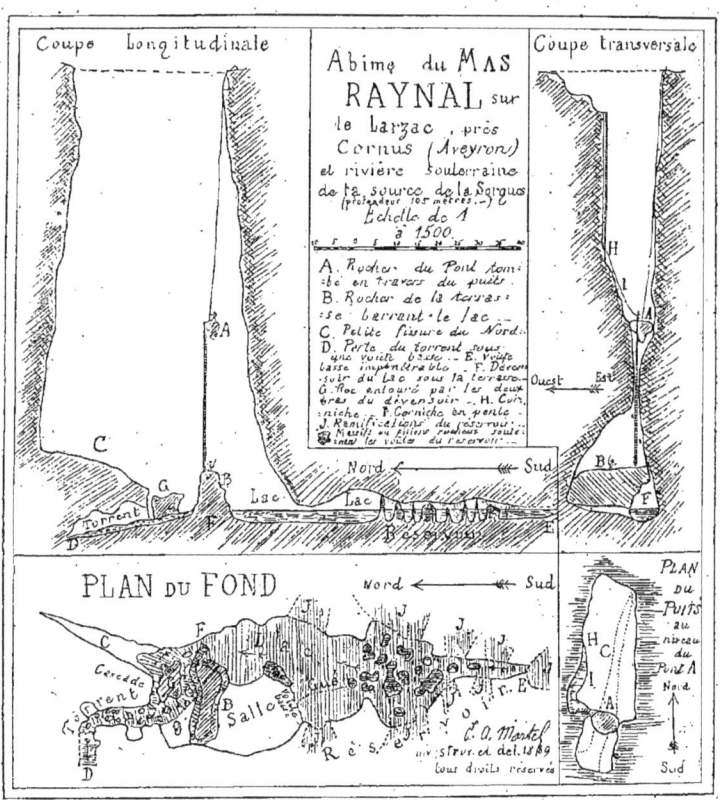

pour former une véritable grotte, longue de 140 mètres, large de 15 à 25 mètres, haute de 5 à 10 mètres, profonde en tout de 70.

Guisotte n'est qu'un simple puits, profond de 72 mètres, qui doit sa forme sans doute à la nature compacte et homogène du terrain (probablement une dolomie non stratifiée).

A la même cause sont dus les gouffres véritablement effrayants de l'Ègue, du Mas-Raynal et de Rabanel, dont le premier puits ou premier à-pic, absolument vertical, est respectivement de 60, 106 et 165 mètres (y compris, pour le dernier, la hauteur du cône de pierres accumulées en bas). Dargilan leur ressemble, avec 30 mètres de creux seulement. Quatre autres abîmes que nous avons sondés sans y descendre, sur le causse Noir (entre Maubert et Puech-Margue) et sur le causse Méjean (à Drigas, près Hures), ont donné aussi semblable résultat : Valat-Nègre, 55 mètres ; Péveral, 72 mètres ; Trouchiols, 130 mètres ; Drigas, 32 mètres.

Étroits, allongés et d'une seule venue, ces neuf avens ne sauraient être autre chose que des diaclases agrandies dans une formation non stratifiée.

Plus tourmentés de formes, à cause sans doute de l'alternance des terrains en couches et des dolomies compactes, se trouvent les Baumes-Chaudes, Bessoles, Hures, Tabourel, et surtout la Bresse et Combelongue.

On verra sur les coupes que tous les puits se présentent non pas comme des entonnoirs, mais comme des bouteilles, plus larges en bas qu'au sommet. Ceci fait penser qu'ils ont été creusés par un mécanisme analogue à celui des *Marmites de géants*, et qui est le suivant :

« Parmi les effets mécaniques les plus remarquables que produisent les gros galets au pied des falaises marines, il faut compter ces cavités cylindriques connues sous le nom de *Marmites de géants*. De distance en distance, le terrain est creusé de petits trous où de gros galets viennent se loger. Quand ils y sont assez enfoncés pour n'en plus pouvoir sortir, chaque retour de la vague leur imprime un tourbillonnement, à la faveur duquel ils approfondissent peu à peu la cavité, tout en polissant ses parois. C'est ainsi que, même dans le granit, se produisent des tubes cylindriques susceptibles d'atteindre plusieurs mètres de profondeur. Souvent leurs parois portent des rainures en spirales grossières, attestant la nature du travail qui les a creusées.

« De même que les galets marins creusent au pied des falaises des Marmites de géants, de même les eaux torrentielles exécutent dans le canal d'écoulement, à la faveur des cailloux transportés, un travail exactement semblable. On peut dire que la formation de ces Marmites est encore plus facile dans le lit des torrents que sur les plates-formes maritimes, car la composante verticale est plus puissante pour les eaux torrentielles que pour les vagues, et les tourbillonnements ont beaucoup plus de chances de s'y produire. » (De Lapparent, p. 164 et 196.)

Nous avons déjà constaté ce mode particulier d'érosion au ravin des Arcs.

Même chose s'est produite dans les *bouteilles* des avens : le flot venu d'en haut faisait tournoyer les pierres et galets au fond des cylindres, usait et taraudait leurs parois et, d'autant plus fort que sa chute était plus haute, il augmentait la violence du tourbillonnement et transformait les cylindres en cônes au fur et à mesure de l'approfondissement ; s'il finissait par rencontrer une fente, il se mettait à élargir un couloir ou à vilebrequiner un nouveau puits, selon qu'elle était horizontale ou verticale. (*V.* les coupes[1].)

La démonstration de ce travail est complète à l'Ègue, dont le grand puits ressemble du haut en bas au moule extérieur d'une gigantesque vis : une spirale polie comme une roche glaciaire se déroule tout le long des parois ; l'aspect de cette hélice colossale, de 60 mètres de hauteur et de 2 à 6 mètres de diamètre, est véritablement stupéfiant. L'aven de l'Ègue est certainement la plus belle Marmite de géants connue. Même son orifice supérieur, et surtout celui de Combelongue, prouvent, par l'élargissement latéral visible sur les coupes et formant corniche voûtée autour du puits proprement dit, que le premier travail d'érosion a dû être le plus puissant, qu'ensuite les eaux n'ont foré qu'un tube de moindre diamètre.

1. Nos récentes recherches de 1890 à 1892 ont grandement complété et modifié tout ce sujet. V. *Annuaires du Club alpin français* pour 1890, 1891 et 1892, et *Comptes rendus de l'Acad. des sciences* de 1892.

Cette diminution dans la puissance destructive du flot est établie encore par l'étroitesse des fissures inférieures, où parfois la main même ne peut pénétrer; on verra sur toutes les coupes les puits d'autant plus petits ou plus étroits qu'ils se trouveront plus profonds; d'où nous tirons cette conséquence que les fissures *absolument impénétrables* rencontrées au bas de tous les avens sont les *diaclases* originaires du terrain, à peine attaquées par une force érosive complètement déchue; et que si cette force eût duré plus longtemps, les avens auraient pu traverser toute l'épaisseur des grands causses, « par des fissures de plus de 500 mètres », comme le croyait M. de Malafosse. Or il n'en est rien, et nous ne pensons pas qu'aucun avenc puisse dépasser 150 à 200 mètres de creux, à moins que l'action sidérolithique ne soit plus influente dans certains cas. Rabanel paraît devoir son extrême profondeur et ses énormes dimensions à sa position dans des bas-fonds très propices à la concentration de grands torrents d'eau.

Ajoutons enfin que l'action des eaux superficielles trouve une confirmation dans les ravinements constatés aux abords de presque tous les grands avens et dans leur situation en contre-bas du plateau. (*V.* les plans des orifices de Hures, Tabourel, Combelongue et Marlavagne.) Les quatre plus petits (Dargilan, Bessoles, l'Ègue et Guisotte) s'ouvrent, au contraire, sur des points élevés et en pleins champs bien découverts.

D'immenses amas d'argiles rouges occupent le fond de tous les avens et bouchent leurs dernières fissures : aussi croyons-nous volontiers, comme MM. de Mojsisovics et Mouret, qu'une action chimique sidérolithique quelconque a pu provoquer l'élargissement de certaines fentes, surtout des plus longues; d'autant plus que, comme pour les poches à phosphate de chaux, la direction générale de toutes les fentes d'avens est nord-sud, et que la longueur oscille toujours aux environs de 100 mètres; dans aucun avenc, toutefois, cette force n'a été seule à agir, et son influence précise n'est pas encore exactement connue.

De plus, au Mas-Raynal et à Rabanel, comme à Padirac, les eaux intérieures ont certainement concouru aussi à l'œuvre, soit par érosion simple, soit par pression hydrostatique. La coupe transversale du Mas-Raynal, qui montre le bas de la fracture plus large que le haut avec, un étranglement au milieu, le prouve péremptoirement.

On voit comment les quatre forces susénoncées ont créé les avens des Causses, soit isolément, soit combinées ensemble. La question n'est pas tranchée.

II. — Etudions maintenant la relation des avens avec les eaux intérieures et les sources. Ici c'est toute l'hydrologie des Causses qui est mise en question.

Un problème des plus curieux, en effet, se pose à propos de ces plateaux : je rappelle, après MM. Onésime et Elisée Reclus, de Malafosse, Lequeutre, etc., comment les rivières du Tarn, de la Jonte, de la Dourbie, de la Vis, etc., au fond des gorges étroites (ou cañons) qui séparent les grands causses les uns des autres, ne reçoivent aucun affluent à ciel ouvert et se grossissent seulement de nombreuses et puissantes sources issues du pied même des falaises, au niveau des thalwegs; — comment les eaux de pluies précipitées sur les hauts plateaux s'engouffrent dans les fentes et les *avens* du calcaire, circulent dans des canaux intérieurs et cavités souterraines comme à travers une éponge, et rejaillissent à 500 mètres plus bas, au contact de couches de terrain imperméables, en fontaines filtrées et abondantes, seuls tributaires des rivières. Ce régime hydrographique est commun à tous les pays de chaux. A Bramabiau on avait même la preuve maté-

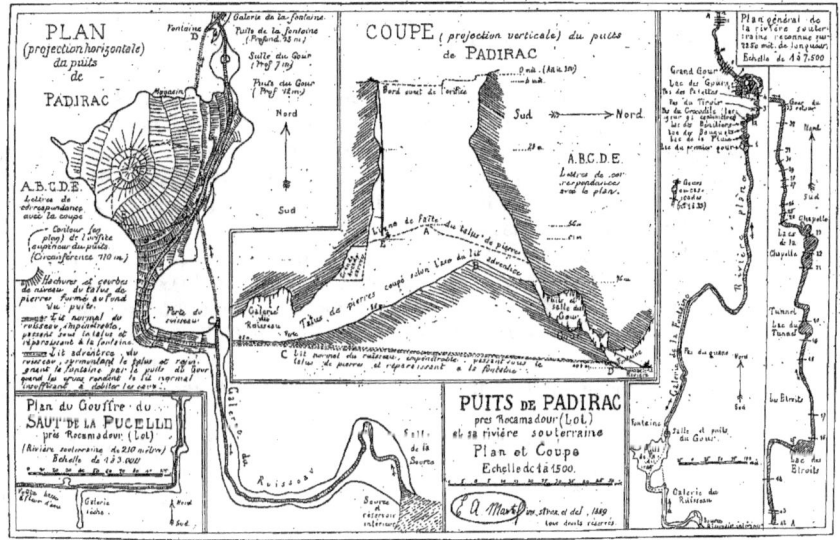

rielle d'une correspondance entre un gouffre d'en haut et une source d'en bas. Mais comment l'eau se conduit-elle à l'intérieur de la masse calcaire? Quel est son mode de circulation? S'écroule-t-elle brutalement en torrents et en cascades par des galeries et des puits verticaux? Suinte-t-elle goutte à goutte par de simples fissures d'infiltration? S'épanche-t-elle en grandes nappes sous d'immenses voûtes, formant ainsi des réservoirs dont les variations de niveau réglementent le débit irrégulier des sources? Tel est le problème que j'ai abordé et partiellement résolu.

Le résultat n'est pas le même partout; il est subordonné à l'épaisseur et à la nature du terrain qui sépare la surface du plateau de la vallée.

En effet, d'une part nous avons vu que le creusement des avens n'a guère dû dépasser 150 mètres de profondeur; d'autre part, plus un causse est épais, plus il renferme de couches de terrain, plus par conséquent la récurrence de lits marneux, argileux même, est fréquente et entrave le passage de l'eau; de telle sorte qu'*à priori* on pouvait penser que les rivières souterraines se rencontreraient au fond des avens là seulement où le causse serait peu épais. — C'est ce qui est arrivé.

Les neuf avens des causses de Sauveterre (Baumes), Méjean (Hures), Noir (Dargilan, Altayrac, Tabourel, la Bresse, Guisotte, Ègue et Combelongue), percés à 400 ou 500 mètres au-dessus des thalwegs voisins, n'ont donné ni lacs ni torrents.

Bramabiau dans l'infra-lias, Bessoles dans le lias, et Rabanel dans le corallien, avaient une situation particulière; ils différaient entièrement, comme position géologique, des avens des Causses.

Le Mas-Raynal et le puits de Padirac ont conduit aux rivières cherchées et attendues; c'était prévu: car le Larzac et le causse de Gramat n'ont là respectivement que 150 et 200 mètres d'épaisseur, et la formation jurassique s'y trouve bien moins puissante que sur les causses Méjean et Noir; partant, l'abîme pouvait atteindre l'eau, et le courant se former sur les marnes imperméables du lias; ainsi avons-nous découvert la source souterraine de la Sorgues et la splendide rivière inconnue de Padirac.

De tout cela nous tirons les conclusions que voici: abstraction faite de toute dénomination stratigraphique et à ne considérer que les généralités topographiques, l'épaisseur des Causses se partage, *en principe,* en quatre assises: calcaires et dolomies inférieures (20 à 100 m. d'épaisseur), bajocien; marnes (150 à 300 m.), bathonien; dolomies supérieures (100 à 200 m.), bathonien; bancs de calcaire gris (50 à 100 m.), oxfordien. Les dolomies sont compactes, résistantes et caverneuses; les marnes, tendres et friables; les calcaires gris, stratifiés en lits minces et sans cohésion. Quelle est l'allure des eaux dans ces quatre zones différentes?

Les calcaires gris, à la surface des Causses, soumis à toutes les intempéries, très facilement désagrégés par les eaux qu'absorbent leurs fentes, possèdent les bouches d'avens sur les causses de Sauveterre, Méjean et Noir. Les puits paraissent creusés dans les dolomies hautes; les petites flaques rencontrées *au fond de tous les avens* ainsi que dans la grotte de Dargilan, entre 50 et 150 mètres en dessous du sommet des plateaux, permettent d'énoncer en toute sûreté qu'*à la base des dolomies supérieures le couronnement argileux des marnes constitue une couche imperméable dont les dépressions recueillent comme des réservoirs les eaux distillées par les grottes et les avens.*

Comment ces réservoirs déversent-ils leur contenu à travers les *marnes?* Sans doute par les gerçures naturelles propres aux terrains argileux ou, comme l'a indiqué M. Fabre, par des failles qui, coupant les plans d'eau superposés aux marnes, favorisent l'écoulement latéral. On ne sera fixé pour cette zone que le jour où un heureux hasard (qui seul peut amener pareille découverte) y fera rencontrer des fentes assez larges pour livrer passage à l'homme. Toutefois, considérant la nature pâteuse, délayable, de ces marnes, on doit douter que semblable conduit s'y présente jamais : l'argile a dû boucher leurs moindres fissures, comme nous l'avons constaté *au fond de presque tous les avens visités*, et il est vraisemblable que le suintement goutte à goutte y est le seul mode de circulation de l'eau.

Ajoutons que les petites sources qui sourdent entre les dolomies et les marnes bathoniennes, et qui sont d'ailleurs très faibles (au pourtour de Montpellier-le-Vieux, par exemple), sont l'émission directe de ceux de ces petits réservoirs qui se trouvent rapprochés des parois ou coupures des cañons.

Enfin les dolomies inférieures, assurément caverneuses comme les autres, doivent récéler, à en juger par les sources qu'elles débitent, d'immenses retenues d'eau : sont-ce de grands lacs ou d'innombrables petites citernes? sont-ce des rivières comme à Bramabiau, ou des capillaires impénétrables comme au Grand-Duc? Ces retenues sont-elles accessibles à la curiosité humaine? C'est ce que nous diront un jour les sources basses où l'on aura pu pénétrer. Le Mas-Raynal nous montre un réservoir ramifié en plusieurs branches sous une voûte très basse que soutiennent des piliers de roches non détruits encore par les eaux, puis un torrent issu de ce réservoir et ne voulant pas se laisser suivre sous une arcade surbaissée.

A Padirac, le ruisseau originaire sourd d'un réservoir moins important encore, mais également emprisonné ; puis il se développe en vraie rivière dans sa galerie, haute de $0^m,50$ à 40 mètres, à travers des lacs multiples et des cascades nombreuses; il se grossit surtout par infiltration supérieure, puisque par places l'eau y tombe des voûtes en pluie abondante, si bien que cette source intérieure, née dans un bassin presque insignifiant, se gonfle tout le long de son parcours par la précipitation venue d'en haut. — Les sources des Causses, nous n'en doutons pas, auront toutes le même facies ou s'alimenteront par des veinules imperceptibles, selon que le terrain sera compact et *diaclasé*, ou stratifié et *perméable par fissuration*.

En résumé, trois modalités dans le voyage souterrain des eaux du Causse : 1° chute directe dans les puits profonds, étroits, allongés, des avens supérieurs; 2° suintement goutte à goutte à travers joints et fissures dans les marnes et calcaires stratifiés du bathonien; 3° circulation plus ou moins courante alimentée par le suintement d'en haut dans les dolomies inférieures ou les calcaires bajociens. Voilà l'hydrologie souterraine des Causses.

Ce n'est que *fortuitement, et là où l'épaisseur médiocre du terrain l'a permis,* que les avens ou gouffres se trouvent en relation *directe* avec les rivières souterraines.

Il faut noter aussi que le niveau des sources qui ne sortent pas d'une vraie caverne n'est pas constant : quand elles se font jour à travers des couches fissurées, c'est-à-dire à travers des joints où il serait impossible de les scruter, c'est plus ou moins haut, selon l'abondance des pluies précédentes, par conséquent selon le degré d'imbibition de la zone de roches qui surmonte la couche imperméable. Ainsi, aux environs du Monna (vallée de la Dourbie), aux alentours de Florac, dans la vallée du Buèges (source de Méjanel), beaucoup de fontaines voient la hauteur de leurs points de débit varier de plusieurs dizaines de mètres suivant la quantité d'eau tombée du ciel. Ce ne sont pas des sources intermittentes : c'est simplement l'effet de la variation de hauteur et de la quantité d'eau emmagasinée dans les fissures de la roche. Ceci explique pourquoi l'on voit souvent, au-dessus de la bouche normale d'une fontaine de

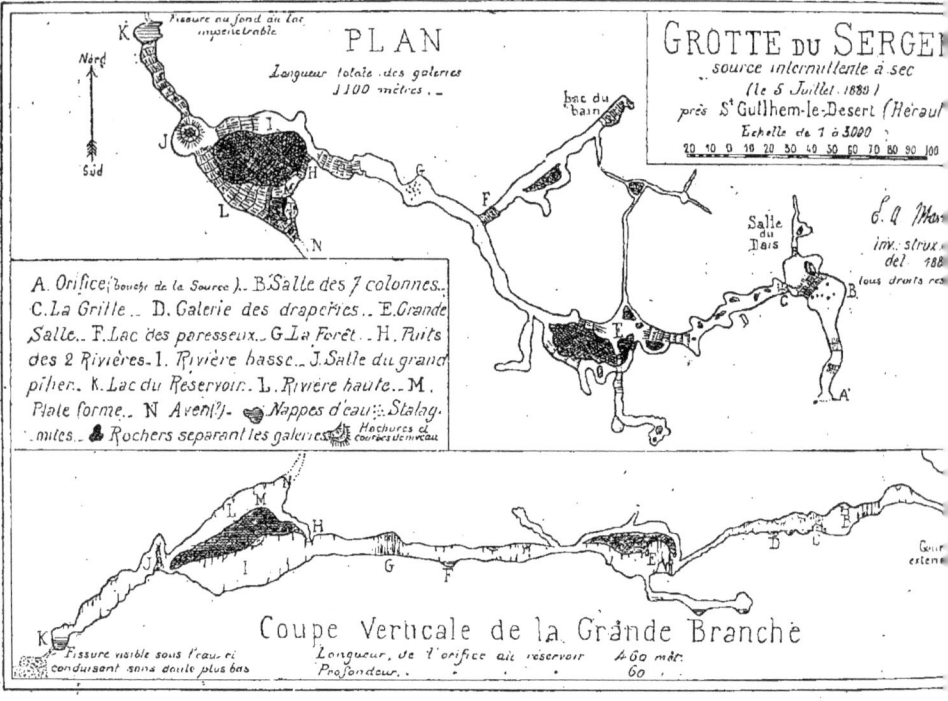

ce genre, une sorte de lit de torrent remonter, assez haut quelquefois, la pente du causse : ce lit à sec jalonne réellement les déversoirs adventices.

La grotte du Sergent (V. p. 222) démontre la justesse de cette hypothèse : c'est tout simplement la bouche supérieure d'une fissure où l'écoulement ne se manifeste (quatre à quinze jours par an) qu'après les grandes pluies d'hiver. En temps ordinaire, l'eau accumulée, emmagasinée dans la fracture, alimente la source de Cabrier (au bord de l'Hérault), à 120 mètres plus bas. Le Sergent n'est qu'un trop-plein que la nature du terrain et la disposition des lieux ont ouvert en grotte.

Dans une étude sur le causse de Mende, M. Fabre déclare qu' « on doit s'attendre à trouver sur le pourtour du causse une source partout où l'on rencontre une faille; et inversement la présence d'une source sera le signe infaillible de l'existence d'une faille correspondante. »

Le cas peut se présenter, mais il n'est sans doute pas général. Il faudrait étudier l'intérieur des galeries de rivières avec grand soin pour résoudre la question ; or la chose est très difficile, car les parois sont toujours couvertes de stalagmites ou d'argile, et le magnésium même n'éclaire pas suffisamment loin.

— A propos du Jura, M. Bertrand dit, au contraire, que les sources citées p. 358 sont le débouché de grandes cavités et de canaux souterrains *sans rapport avec les lignes de failles* de la région (carte géologique de France, feuille de Lons-le-Saulnier, n° 138, 1881-1882, publiée en 1884).

Les eaux intérieures peuvent aussi descendre plus bas que le niveau des grandes rivières, puis remonter et former dans leurs lits des sources de fond : telle est l'origine des *cabas* ou gouffres du Tarn, par exemple.

Tout ce régime hydrographique invisible a un très grave inconvénient, car « les crues n'ont pas lieu comme dans nos contrées : ici les affluents coulent à ciel ouvert, aussi peut-on savoir d'avance ce que sera une inondation ; là, au contraire, presque tous les affluents sortent des entrailles de la terre ; leurs eaux, comme la lave des volcans sous-marins, font irruption au fond même de la rivière et la grossissent sur place, sans qu'il soit possible de savoir au juste d'où elles viennent et d'apprécier leur volume. » (A. Lagrèze-Fossat).

Enfin M. Mouret croit qu'il peut y avoir des rivières souterraines, des *rigoles*, situées en plein dans la roche perméable, mais rendues étanches par des remplissages sidérolithiques.

On ne fera disparaître tous ces doutes et controverses que quand on entreprendra l'étude géologique raisonnée et méthodique des cavernes, dont nous n'avons qu'à peine commencé l'exploration purement topographique.

L'abîme de Rabanel, comme cas particulier, creusé dans le calcaire corallien, explique, nous l'avons vu p. 220, pourquoi certaines sources deviennent troubles après les orages : c'est à cause du remaniement temporaire des masses d'argile contenues dans des cavités voisines.

En résumé, la masse interne des Causses est bien moins caverneuse qu'on ne le croyait, et les eaux souterraines, au lieu de s'y étendre en grandes nappes, paraissent y circuler dans des galeries longues, étroites et hautes, ou sous des voûtes surbaissées, ce qui avait déjà été déduit de l'exploration de Bramabiau, de Dargilan et des Baumes-Chaudes en 1888.

Formation des cañons. — Les grottes et rivières souterraines des Causses expliquent lumineusement le mode de formation des cañons :

Étudions, pour commencer, le cours de Bramabiau.

De l'aspect des lieux comme de l'examen du plan et de la coupe, il ressort que les couloirs secondaires sont à peu près perpendiculaires à la galerie principale parcourue par la rivière, et qu'uniformément toutes ces conduites sont très étroites (1 à 6 m.) et fort élevées (10 à 40 m.). Ce faciès général prouve *à priori*, et surabondamment, que les eaux ont simplement suivi les cassures préexistantes (*diaclases*) de la masse calcaire ; si l'érosion n'a pas encore transformé en grottes spacieuses ces fentes intérieures qu'elle sape sans relâche, c'est faute de temps, l'enfouissement du Bonheur étant relativement récent, comme l'établit la conservation de ses anciens lits. (*V.* p. 180.) Or, ce que le Bonheur exécute actuellement aux dépens du plateau de Camprieu, des eaux plus anciennes et plus abondantes l'ont fait jadis dans les hautes dolomies des Causses pour former les vallées du Tarn, de la Jonte, de la Dourbie, etc.

A Padirac, il n'y a qu'une seule galerie, haute et étroite : les lacs (élargissements) et les abaissements des voûtes *se trouvent aux coudes*, qui sont tous angles à peu près droits. (*V.* le plan.) Tout cela est conforme aux expériences de M. Daubrée sur les cassures.

A la grotte du Sergent, même disposition rectangulaire des ramifications : élargissements aussi aux croisements des fentes, etc.

De tout cela nous déduisons ce que voici :

Les plus anciennes eaux courantes des Causses ont d'abord cherché leur voie parmi les fissures ou les dépressions des bancs supérieurs : pénétrant ensuite dans les diaclases des dolomies, suivant l'allure constatée à Bramabiau et à Padirac, elles ont élargi ces cassures et évidé des cavernes (c'est ce que font à notre époque les rivières souterraines du *Karst*, en Istrie); sous l'effort des courants ramifiés, les polyèdres de roches limités par les diaclases se sont par endroits amincis en piliers, à la mode de l'exploitation des carrières de gypse; rongés au pied, ces piliers entraînaient dans leur chute des voûtes immenses.

Dans leur descente à l'Océan, favorisée par l'inclinaison des couches vers le sud-ouest, les eaux adoptèrent sous terre des directions générales (esquisses des thalwegs futurs), coudées suivant le sens des principales diaclases ou la disposition des failles. Puis les marnes sous-jacentes furent attaquées à leur tour; la roche compacte, déjà toute corrodée, vint à perdre sa base et s'effondra petit à petit comme un plafond dont on enlèverait un à un les supports. Alors l'écoulement cessa d'être souterrain : l'érosion aérienne continua seule, par le délayement des marnes tendres, le travail commencé par le *cavernement* des dolomies résistantes, et l'approfondissement des cañons devint, de siècle en siècle, plus considérable.

La première phase de cette formation de vallées n'a donc pas consisté dans le simple sciage vertical des dolomies par des rivières creusant leur lit de plus en plus, mais bien dans le développement, puis l'écroulement des cavernes. Les Causses eux-mêmes nous en fournissent cinq preuves manifestes :

1° Bramabiau montre, sur une échelle réduite, le mode de transformation des diaclases en cavernes.

2° Les grottes hautes (300 m. à 400 m. au-dessus des vallées) ont trois sortes d'aspect : puits verticaux et étroits, grandes salles d'éboulements, longs couloirs élevés. Or, les puits et galeries des Baumes-Chaudes découpent la montagne en véritables polyèdres, et les subdivisions de Dargilan sont toutes perpendiculaires entre elles. Les diaclases ont donc été les directrices constantes des eaux souterraines. L'excavation de ces grottes est due aux dérivations latérales des courants primitifs intérieurs; leur extension s'arrêta dès que ces courants eurent trouvé, à un niveau inférieur, un écoulement normal et aérien dans les marnes friables.

Car les ruisseaux et torrents souterrains furent déplacés, *soutirés* par l'approfondissement graduel des vallées, qui jouèrent dès lors le rôle de drains.

3° Les accidents si pittoresques des falaises dolomitiques font voir leurs aiguilles et leurs tours hardiment détachées des parois par le seul effet des cassures.

4° A la surface même du causse Noir, sur des points où les bancs stratifiés de calcaires gris ne recouvrent plus la zone des dolomies, les cirques de Montpellier-le-Vieux, du Rajol, de Roquesaltes, de Madasse, etc., renferment des centaines d'obélisques et de pans de mur naturels; ce sont les témoins irrécusables du travail des eaux et de l'affaissement des voûtes, laissés debout parce que l'érosion s'est arrêtée avant d'entraîner leur socle de marnes, et capricieusement sculptés depuis par les agents atmosphériques.

5° Enfin, dans les vallées mêmes, des éboulements colossaux, obstruant le thalweg entier et barrant le cours des rivières, comme le chaos du *pas de Soucy*, à la perte du Tarn, achèvent de démontrer que les cassures (diaclases ou failles) des dolomies ont été le réseau de trous de mine utilisé par les eaux courantes pour pratiquer les cavernes, et que les écroulements de ces dernières ont tracé ensuite le sillon originaire, l'amorce des cañons actuels.

Telle est la cause qui a produit les admirables vallées françaises où vont s'extasier des visiteurs chaque année de plus en plus nombreux.

Les fractures du sol ont donc joué un rôle capital, conformément aux idées de M. Daubrée, dans la formation des thalwegs.

Tel n'est pas l'avis de MM. de La Noé et de Margerie dans leur remarquable ouvrage sur *les Formes du terrain*[1]. Pour eux, l'origine des vallées ne saurait être attribuée *généralement* à des fractures (p. 163). Il est vrai que l'emploi du mot *généralement* indique, dans la pensée de ces auteurs, qu'il y a des exceptions. La principale des exceptions doit être faite pour les terrains calcaires très fissurés : ils ne la concèdent pas cependant, puisqu'ils s'expriment ainsi :

« Les profondes vallées des Causses n'existeraient pas si les bassins des cours d'eau s'arrêtaient à la limite des calcaires perméables de la surface; les eaux de pluie s'infiltreraient dans le sol, au lieu de former des rivières assez volumineuses pour creuser d'aussi profondes dépressions. Au contraire... les cours d'eau, formés sur des terrains non perméables... ont abordé la région perméable avec un volume assez grand... pour approfondir leur lit... Les roches d'amont étaient découpées et entraînées par le ruissellement, tandis que les calcaires qui couronnent les Causses, grâce à leur perméabilité, échappaient à cette dégradation. Ainsi s'explique naturellement l'aspect de la région aux environs de Florac, où le Tarn et ses affluents semblent pénétrer, comme à travers un mur, dans l'épaisseur du plateau » (p. 170).

C'est laisser beaucoup trop large la part de l'érosion. Pourquoi refuser au Tarn d'avoir fait jadis, aux dépens des causses Méjean et de Sauveterre, ce que font actuellement la Lesse à Han, le Bonheur à Bramabiau, Padirac à Gramat, la Poïk à Adelsberg, la Recca à Saint-Canzian ?

Ce qu'il faut dire, c'est que les cañons des Causses ne seraient pas si profonds si la différence d'altitude était moindre entre les plateaux et le bas Tarn (bassin de la Garonne). Si la pesanteur n'avait pas attiré les torrents vers le niveau de la mer, les marnes bathoniennes n'eussent pas été emportées, et peut-être que les voûtes des cavernes supérieures, restant soutenues comme à Han et Adelsberg, ne se fussent pas écroulées. Le Karst, avec ses dolomies et ses jamas, nous montre également ainsi de vrais cañons en construction.

M. Fabre veut aussi que « les eaux, et les eaux seules, aient creusé ce sillon du Tarn profond de 600 mètres... qui n'est pas le résultat d'une fracture ou d'une série de fractures. »

Or, dans cette vallée même, comme à Bramabiau, Dargilan, Padirac, etc., tous

---

[1]. Paris, impr. nationale, et Hachette, 1888, in-8°, et atlas in-4°.

les grands coudes sont rectangulaires (Florac, Ispagnac, Montbrun, Sainte-Enimie, pas de Soucy, Peyreleau), si bien que M. de Malafosse avait supposé l'existence d'une unique fissure ou craquelure agrandie par les eaux et coupant tout le terrain jurassique [1].

Nous n'allons pas jusque-là; les calcaires marneux ont certainement été érodés.

En résumé, dans la région des Causses les eaux ont été assurément l'ouvrier actif du creusement des cañons; mais si elles en ont exécuté le travail matériel, les cassures du terrain leur en avaient d'avance tracé le plan.

Nous ne pouvons mieux finir qu'en citant M. de Lapparent :

« Ce qui rend possible la formation de ces gorges, dans les terrains composés de roches dures, c'est l'état plus ou moins fissuré de leur masse. Il n'est aucune roche, à la surface du globe, qui ne soit découpée par divers systèmes de crevasses et de joints; chacune de ces fentes est une ligne de moindre résistance, dont profitent les eaux torrentielles, et ainsi, par suite de la même loi qui oblige les torrents à diminuer peu à peu, par érosion, la pente de leur canal d'écoulement, les rivières torrentielles abaissent leur lit, *non par creusement direct d'une rigole dans la masse des roches dures,* mais par l'affouillement et l'écoulement progressif des quartiers fissurés qui affleurent dans les thalwegs.

« Mais il est peu de roches où la régularité des fentes et des plans de division soit plus grande que dans les calcaires compacts; et comme d'ailleurs ces derniers ne sont pas susceptibles de donner naissance à des talus d'éboulement offrant quelque résistance; comme, de plus, en raison de leur perméabilité, ils sollicitent, en quelque sorte, les eaux d'infiltration à descendre, on peut dire qu'ils sont prédestinés à la formation des gorges à parois verticales, comme les cañons américains. Les vallées du Jura, celle de la Meuse aux environs de Dinant, celle de la Vézère et les profonds ravinements qui entament le plateau des Causses en offrent d'excellents exemples.

« Ce n'est pas le travail de la goutte d'eau creusant la pierre; c'est celui d'une chute torrentielle débitant, à la faveur de sa puissance vive, des roches que la gelée, la chaleur, et aussi les agents internes, avaient préparées à cette action, en y faisant naître de nombreuses lignes de rupture.

« Ajoutons que les rivières qui circulent aujourd'hui au fond des cañons du Colorado, où l'œuvre de l'érosion s'est accomplie dans des proportions si gigantesques, ne sont qu'une image très affaiblie des courants par lesquels ces gorges étaient remplies à l'époque quaternaire. En voyant que, de nos jours, ces rivières ont encore la force d'approfondir leur canal, on est trop facilement tenté de croire que le travail a marché de tout temps dans les mêmes proportions, et qu'une longue suite de siècles a dû suffire pour amener les cañons à leur profondeur actuelle. Mais, là comme ailleurs, les preuves abondent d'un changement radical survenu dans le climat de la contrée; et quand on réfléchit à ce que devait être la puissance des eaux courantes à l'époque où, grâce à l'excès des précipitations atmosphériques, le Grand Lac Salé remplissait toute la plaine dont il n'occupe plus que le fond, on n'a pas de peine à comprendre que l'œuvre principale du creusement ait pu s'effectuer dans des conditions de rapidité beaucoup plus grandes » (p. 243 et suiv.).

---

[1]. V. Fabre et de Malafosse, *Bull. de la Soc. d'histoire naturelle de Toulouse,* 23 mai 1877.

CHAPITRE XXIV

LA FLORE [1]

Il existe entre la flore des terrains calcaires et celle des terrains *siliceux* (granitiques et schisteux) des différences tellement grandes, si nettement tranchées, qu'elles ne sauraient échapper à l'observation la plus superficielle. Le contraste est si marqué qu'il peut suffire à dénoncer avec certitude un changement dans la nature du sol.

Cette corrélation absolue, intime, définitivement acquise à la science, permet d'affirmer que *la distribution des plantes à la surface de la terre n'est pas le résultat de circonstances quelconques ou fortuites,* mais qu'elle doit être soumise à certaines lois résultant d'un ensemble de conditions ou d'influences dont nous devons dire quelques mots.

Ces diverses influences sont : la température, la lumière, l'eau, la nature du sol, l'action des êtres organisés, plantes ou animaux, et enfin le mode de répartition antérieure.

La physiologie végétale nous enseigne qu'il existe pour chaque plante une température *minima* au-dessous de laquelle ses fonctions ne s'accomplissent pas, une température *maxima* au-dessus de laquelle il n'y a pas non plus de développement possible, et une température *optima,* la plus favorable à son développement. Au-dessous du *minimum* comme au-dessus du *maximum* il existe des températures *inutiles,* pendant lesquelles la plante reste à l'état de *vie ralentie.* Ces températures inutiles se terminent à des *limites,* variables pour chaque espèce, au delà desquelles la mort survient. Ainsi la plante ne saurait vivre et se développer normalement qu'entre certaines limites de température; elle ne peut donc pas exister sous tous les climats.

Tout le monde sait que certaines espèces végétales ne croissent que dans les bois épais, à l'ombre; transportées en pleine lumière, elles languissent et ne tardent pas à mourir. D'autres, au contraire, et c'est le cas le plus général, réclament une quantité plus ou moins grande de lumière. Ces dernières diffèrent des plantes amies de l'ombre par divers caractères qui frappent au premier abord : vigueur, verdure intense, odeur aromatique.

L'eau joue aussi un rôle considérable dans le mode de distribution des plantes. Rappelons seulement, en passant, que certaines ne peuvent vivre qu'au sein de ce liquide (plantes aquatiques). Quant aux autres, il en est qui ont pour l'eau des exigences très considérables et ne sauraient vivre dans des sols qui ne seraient pas très humides; on les appelle *hygrophiles.* D'autres, au contraire, s'accommodent très bien de la sécheresse, ou même ne sauraient prospérer que presque complètement privées d'eau : ce sont les *xérophiles.*

---

1. Ce chapitre est dû tout entier à l'obligeante collaboration de M. Ivolas, professeur au lycée de Millau, qui, plus compétent que personne autre en la matière, a bien voulu le rédiger spécialement pour ce volume. Nous ne saurions trop l'en remercier.

Dans le règne végétal comme dans le règne animal, nous voyons se manifester la *lutte pour l'existence*. « L'espèce la plus vigoureuse et la moins exigeante relativement aux circonstances extérieures, ou celle qui s'accommode le mieux du sol dont elle s'est emparée, doit nécessairement avoir le dessus sur toutes les autres [1]. »

« C'est la conformité des besoins qui provoque cette lutte pour l'existence. Elle sera donc d'autant plus âpre que la conformité des besoins sera plus complète. C'est donc entre les plantes voisines que la concurrence est le plus active [2]. »

L'influence des animaux et de l'homme sur la distribution des plantes est aussi très évidente. Tout le monde sait que les oiseaux, par exemple, contribuent pour une large part à la dissémination des graines. La florule américaine du Port-Juvénal, près Montpellier, tire son origine des graines apportées en cet endroit avec des laines venues d'Amérique. L'homme lui-même, volontairement ou involontairement, est un agent de dissémination. Le *Datura stramonium* nous a été apporté en France par les bohémiens venus de l'Inde. Nous pourrions enfin citer le cas de Millois, jardinier en chef du jardin des plantes de Montpellier, qui, en 1830, introduisit dans le Lez le *Jussiæa grandiflora*, originaire de la Caroline, qui y est aujourd'hui très abondant.

Il est encore évident que la distribution actuelle des plantes est due en partie à leur répartition antérieure. Il s'est produit, en effet, à la surface de la terre, pendant les périodes géologiques, des changements de climat et des modifications considérables de relief qui ont dû fatalement entraîner des changements correspondants dans la répartition des végétaux.

Mais de toutes les influences qui agissent sur la distribution des végétaux à la surface de la terre, la plus considérable est, sans contredit, la nature du sol. A cet égard nous nous contenterons de reproduire ici les explications dans lesquelles nous sommes entré ailleurs [3] sur le même sujet :

Pour expliquer cette influence du sol sur la végétation qu'il nourrit, diverses théories ont été émises ; deux surtout méritent d'arrêter un instant notre attention : 1° la théorie de l'*action mécanique*, dont les principaux champions ont été Davy, de Candolle, Wahlenberg, Watson et *Thurmann*; 2° la théorie de l'*action chimique*, soutenue par de Saussure, Karl Sprengel, Link, de Brébisson, Unger, Bogenhard, Boreau, Dunal, Godron, Lecoq et Lamotte, Fliche, Grandeau, Weddel, et beaucoup d'autres, parmi lesquels il convient de citer surtout M. Contejean.

L'examen approfondi des deux théories exigerait un temps très considérable et dépasserait d'ailleurs le cadre que nous nous sommes tracé. Disons seulement que Thurmann [4], et avec lui les partisans de l'action mécanique, admettent que les raisons pour lesquelles un terrain donné accepte ou refuse telle ou telle plante dépendent de l'état physique des éléments qui le constituent, des dimensions de ses particules, de leur mode de cohésion, et, par suite, de leur aptitude plus ou moins grande à conserver ou à perdre l'humidité.

Quant à la théorie de l'action chimique, elle peut se résumer dans les propo-

---

1. P. Duchartre, *Éléments de botanique*, 2ᵉ édition, p. 1195.
2. Van Tieghem, *Éléments de botanique*, p. 466.
3. *Plantes calcicoles et calcifuges de l'Aveyron*, p. 3 et 4. : *Bull. de la Soc. botanique de France*, t. XXXIII, 1886.
4. *Essai de phytostatique appliquée à la chaîne du Jura*. Berne, 1849.

Dans le règne végétal comme dans le règne animal, nous voyons se manifester la *lutte pour l'existence.* « L'espèce la plus vigoureuse et la moins exigeante relativement aux circonstances extérieures, ou celle qui s'accommode le mieux du sol dont elle s'est emparée, doit nécessairement avoir le dessus sur toutes les autres [1]. »

« C'est la conformité des besoins qui provoque cette lutte pour l'existence. Elle sera donc d'autant plus âpre que la conformité des besoins sera plus complète. C'est donc entre les plantes voisines que la concurrence est le plus active [2]. »

L'influence des animaux et de l'homme sur la distribution des plantes est aussi très évidente. Tout le monde sait que les oiseaux, par exemple, contribuent pour une large part à la dissémination des graines. La florule américaine du Port-Juvénal, près Montpellier, tire son origine des graines apportées en cet endroit avec des laines venues d'Amérique. L'homme lui-même, volontairement ou involontairement, est un agent de dissémination. Le *Datura stramonium* nous a été apporté en France par les bohémiens venus de l'Inde. Nous pourrions enfin citer le cas de Millois, jardinier en chef du jardin des plantes de Montpellier, qui, en 1830, introduisit dans le Lez le *Jussiæa grandiflora,* originaire de la Caroline, qui y est aujourd'hui très abondant.

Il est encore évident que la distribution actuelle des plantes est due en partie à leur répartition antérieure. Il s'est produit, en effet, à la surface de la terre, pendant les périodes géologiques, des changements de climat et des modifications considérables de relief qui ont dû fatalement entraîner des changements correspondants dans la répartition des végétaux.

Mais de toutes les influences qui agissent sur la distribution des végétaux à la surface de la terre, la plus considérable est, sans contredit, la nature du sol. A cet égard nous nous contenterons de reproduire ici les explications dans lesquelles nous sommes entré ailleurs [3] sur le même sujet :

Pour expliquer cette influence du sol sur la végétation qu'il nourrit, diverses théories ont été émises ; deux surtout méritent d'arrêter un instant notre attention : 1° la théorie de l'*action mécanique,* dont les principaux champions ont été Davy, de Candolle, Wahlenberg, Watson et *Thurmann;* 2° la théorie de l'*action chimique,* soutenue par de Saussure, Karl Sprengel, Link, de Brébisson, Unger, Bogenhard, Boreau, Dunal, Godron, Lecoq et Lamotte, Fliche, Grandeau, Weddel, et beaucoup d'autres, parmi lesquels il convient de citer surtout M. *Contejean.*

L'examen approfondi des deux théories exigerait un temps très considérable et dépasserait d'ailleurs le cadre que nous nous sommes tracé. Disons seulement que Thurmann [4], et avec lui les partisans de l'action mécanique, admettent que les raisons pour lesquelles un terrain donné accepte ou refuse telle ou telle plante dépendent de l'état physique des éléments qui le constituent, des dimensions de ses particules, de leur mode de cohésion, et, par suite, de leur aptitude plus ou moins grande à conserver ou à perdre l'humidité.

Quant à la théorie de l'action chimique, elle peut se résumer dans les propo-

---

1. P. Duchartre, *Éléments de botanique,* 2° édition, p. 1195.
2. Van Tieghem, *Éléments de botanique,* p. 466.
3. *Plantes calcicoles et calcifuges de l'Aveyron,* p. 3 et 4. : *Bull. de la Soc. botanique de France,* t. XXXIII, 1886.
4. *Essai de phytostatique appliquée à la chaîne du Jura.* Berne, 1849.

sitions suivantes, que nous empruntons aux différents mémoires publiés par son apôtre le plus convaincu, M. Charles Contejean[1] :

« Le terrain agit en raison de sa composition chimique et de son état physique, quelle que soit d'ailleurs sa nature géologique. L'influence chimique l'emporte sur l'influence physique. Il y a une *flore maritime*, fixée par le chlorure de sodium, et une *flore terrestre*, repoussée par la même substance. Cette dernière flore se compose de plantes *calcicoles*, fixées par le carbonate de chaux, de *calcifuges*, repoussées par cette substance, et d'*indifférentes*, qui ne sont ni attirées ni repoussées par le calcaire et qui végètent dans toute espèce de milieu non salé. Rien ne prouve que la silice exerce la moindre influence ; jusqu'à plus ample informé, on doit la considérer comme un milieu neutre et inerte servant de refuge aux plantes expulsées par la chaux. »

Dans l'état actuel de nos connaissances, nous estimons que l'on doit admettre comme fondées, au moins dans leur ensemble, les propositions qui précèdent. La théorie de Thurmann, trop exclusive, ne fait, en quelque sorte, aucune part à l'action chimique ; celle de M. Contejean, au contraire, tout en attribuant la prépondérance à l'action chimique, admet cependant l'action mécanique ; elle est donc plus éclectique, et nous paraît plus facilement acceptable.

D'ailleurs, n'est-il pas évident que dans bien des cas, le plus souvent même, l'état physique du sol, le degré de cohésion des éléments qui le constituent est intimement lié à sa nature minéralogique ?

« De là très souvent, comme l'a dit notre très regretté confrère J.-E. Planchon, l'identité des résultats dans l'application de principes en apparence opposés ; de là cette facilité avec laquelle Thurmann a pu trouver dans les ouvrages mêmes de ses adversaires des exemples à l'appui de sa théorie[2]. »

Ajoutons que si la théorie de Thurmann ne nous paraît pas acceptable, c'est surtout parce qu'elle repose en grande partie sur des faits peu nombreux, exceptionnels en quelque sorte, dont l'inexactitude a été démontrée par M. Contejean[3], et en particulier sur l'observation trop superficielle du sol, dont la nature chimique a été souvent jugée sur de simples apparences. Aussi, on l'a dit, « c'est en se basant sur ces observations erronées que les adversaires de l'action chimique ont cru pouvoir y signaler de flagrantes contradictions »[4].

L'existence de nodules siliceux dans les calcaires oolithiques à Saint-Guilhem-le-Désert (Hérault), constatée par Dunal, celle d'une couche de calcaire dissimulée dans la silice, découverte par M. Planchon sur la hauteur du mail Henri IV, dans la forêt de Fontainebleau[5], et plusieurs autres constatations du même genre, ont fait depuis longtemps bonne justice de ces erreurs[6].

Nous estimons donc qu'il est difficile de ne pas admettre que l'influence chimique du sol sur le mode de distribution des plantes qu'il nourrit l'emporte de beaucoup sur l'influence purement mécanique. Cependant tous les botanistes ne

---

1. *De l'Influence du terrain sur la végétation*, 1er mémoire : *Annales des sciences naturelles; Botanique*, 5e série, t. XX, 1875 ; — 2o mémoire : *Ibid.*, 6e série, t. II, 1876.
2. *Sur la Végétation spéciale des dolomies dans les départements du Gard et de l'Hérault : Bull. de la Soc. botanique de France*, t. Ier, 1854, p. 218-225).
3. Contejean, *Géographie botanique*. Paris, 1881.
4. J.-E. Planchon, *loco cit.*
5. J.-E. Planchon, *sur la Végétation des terrains siliceux dans le Gard et l'Hérault : Bull. de la Soc. botanique de France*, t. XXVI, p. 338.
6. *V.* notamment les observations de M. l'abbé Boulay : *Bull. de la Soc. botanique de France*, 1884, session de Charleville, p. xlvi, xlvii, xcix et c.

sont pas absolument d'accord à cet égard, et certains pensent que telles espèces *calcicoles* dans une contrée peuvent être ailleurs *indifférentes* ou même *calcifuges*[1].

Par suite de toutes ces influences, les mêmes espèces végétales se groupent, se réunissent, et occupent des espaces parfaitement délimités, dont la surface totale constitue leur aire. Il est évident que dans toute l'étendue de son aire la même espèce n'est pas distribuée avec la même profusion. Généralement elle est plus abondante autour d'un point qu'on appelle le *centre de l'aire*, et elle diminue ensuite en nombre et en vigueur à mesure qu'elle s'en éloigne.

Enfin on appelle *stations* certains endroits particuliers où la plante trouve plus spécialement le *substratum* indispensable à son développement. C'est ainsi que les pelouses, les cultures, les bois, etc., sont autant de stations différentes.

Ce que nous venons de dire relativement aux influences qui président à la répartition des plantes nous permet de concevoir *à priori* quels seront les caractères de la végétation des Causses.

Tout d'abord, à cause de leur température moyenne, qui ne dépasse pas 8 degrés centigrades, nous aurons affaire à des plantes des régions montagneuses. Nous trouverons, en effet, sur les Causses quelques plantes alpines et un assez grand nombre de subalpines. Les plantes de la région méditerranéenne y seront très rares.

Ce seront aussi des plantes de pleine lumière, presque toujours vigoureuses, et souvent aromatiques.

De plus, ce seront des espèces *xérophiles,* ou amies de la sécheresse, les unes *lithiques,* c'est-à-dire amies des pierres, des rochers, — les autres *psammiques,* ou amies des sables. Les *hygrophiles* manqueront d'une façon presque absolue ; nous ne trouverons, en effet, que peu ou même point de cypéracées (joncs, carex, etc.).

Enfin et surtout ce seront des plantes *calcicoles* à des degrés divers, beaucoup même des calcicoles *exclusives* ou bien des *indifférentes,* les premières en nombre beaucoup plus grand.

La lecture des listes suivantes des plantes que nous avons observées sur les Causses confirme ces prévisions de la façon la plus absolue. Qu'on nous pardonne la longueur de ces listes ; nous les avons faites aussi courtes que possible ; les écourter davantage nuirait à l'idée exacte que l'on doit se faire du caractère tout spécial de la flore des Causses.

Nous énumérerons successivement les espèces que l'on rencontre habituellement dans les stations suivantes :

1° Cultures des plateaux ;
2° Pelouses des plateaux ;
3° Lieux pierreux ou arides des plateaux ;
4° Rochers.
5° Bois des plateaux et des pentes ;
6° Lieux arides et rocailleux, broussailles et pelouses des pentes.

1° Cultures des plateaux.

Adonis flammea Jacq.
Fumaria Vaillantii L.
Sinapis arvensis L.
Erysimum perfoliatum Crantz.
Camelina sylvestris Wallr.
Neslia paniculata Desv.

1. A. DE CANDOLLE, *Géographie botanique;* — Gast. BONNIER : *Bull. de la Soc. botanique de France,* t. XXVI, p. 338 ; — MALINVAUD : même recueil, t. XXXII, p. XLV, session de Charleville, 1884.

LA FLORE

Calepina Corvini Desv.
Iberis pinnata Gouan.
Raseda Phyteuma L.
Vicia onobrychioides L.
Lathyrus tuberosus L.
Asperula arvensis L.
Bupleurum rotundifolium L.
Banium bulbocastanum L.

Valerianella echinata DC.
— eriocarpa Desv.
— coronata DC.
— discoidea Lois.
Androsace maxima L.
Anchusa Italica Retz.
Ajuga chamœpitys Schreb.
Euphorbia papilloza Pous.

Sur les 22 noms qui composent la liste ci-dessus, nous relevons 17 calcicoles à des degrés divers et 5 indifférentes.

2° *Pelouses des plateaux.*

Anemone Pulsatilla L.
Ranunculus gramineus L.
Helleborus fetidus L.
Helianthemum vulgare Gaertn.
— canum Dun.
Silene Otite Smith.
Ononis striata Gouan.
Trinia vulgaris DC.
Linosyris vulgaris DC.
Aster Alpinus L.
Leucanthemum graminifolium L.
— corymbosum G.G.
Inula montana L.

Carduncellus mitissimus DC.
Scorzonera purpurea L.
Arcostaphyllos officinalis Wimm.
Veronica spicata L.
Brunella grandiflora Mœnch.
Teucrium montanum L.
— aureum Schreb.
Plantago argentea Chaix.
Armeria juncea Girard.
— plantaginea Wild.
Ornithogalum tenuifolium Gus.
Kœleria setacea Pers.
Bromus erectus Huds.

En résumé, sur 26 espèces, 22 calcicoles, 4 indifférentes.

3° *Lieux pierreux ou arides des plateaux.*

Helleborus fetidus L.
Helianthemum canum Dun.
Polygala calcarea Schultz.
Linum Alpinum L.
Rosa pimpinellifolia serin DC.
Sedum anopetalum DC.
Cephalaria leucantha Schrad.
Senecio Gallicus Chaix.
Leuzea conifera DC.
Stachelina dubia L.
Carlina acanthifolia All.
Catananche cærulea L.
Scorzonera hirsuta L.
Crepis albida Vill.
Convolvulus Cantabrica L.

Thymus vulgaris L.
— serpyllum L.
Salvia Æthiopis L.
Teucrium montanum L.
— aureum Schreb.
— Polium L.
Plantago serpentina Vill.
Globularia vulgaris L.
Euphorbia Gerardiana Jacq.
Buxus sempervirens L.
Ornithogalum tenuifolium Gus.
Allium flavum L.
Echinaria capitata Desf.
Stipa pennata L.
Botrychium Lunaria Sw.

Soit 30 espèces, sur lesquelles 25 sont calcicoles à des degrés divers et 5 indifférentes.

4° *Rochers.*

Arabis auriculata L.
— turrita L.
Alyssum spinosum L.
— macrocarpum DC.
Draba aizoides L.
Kernera saxatilis Rchb.

Æthionema saxatile R. Brown.
Hutchinsia petræa R. Brown.
— pauciflora Lor.
Arenaria hispida L.
— controversa L.
Linum campanulatum L.

Rhamnus saxatilis L.
— Alpina L.
Anthyllis montana L.
Potentilla caulescens L.
Cotoneaster vulgaris Lindl.
Amelanchier vulgaris Mœnch.
Saxifraga mixta Lapey.
Athamanta cretensis L.
Centranthus angustifolius DC.
Valeriana tripteris L.
Lactuca perennis L.
Crepis albida Vill.

Hieracium saxatile Vill.
— amplexicaule L.
Campanula speciosa Pourr.
— Erinus L.
Jasminum fruticans L.
Linaria serpyllifolia Lge.
Erinus Alpinus L.
Daphne Alpina L.
Sesleria cærulea Arduin.
Piptatherum paradoxum P. Beauv.
Melica Magnolii G. G.
Polypodium Robertianum Hoffm.

Ici, la proportion des calcicoles est notablement plus forte : nous trouvons, en effet, sur 35 espèces, 32 calcicoles et 4 indifférentes.

5° Bois des plateaux et des pentes.

Cytisus sessilifolius L.
Trifolium rubens L.
— Alpestre Rchb.
Lathyrus niger Wimm.
Coronilla Emerus L.
Spirea hypericefolia L.
Cotoneaster tomentasa Lindl.
Colutea arborescens L.
Leucanthemum maximum DC.
Centaurea montana L.
Senecio Gerardi G. G.
Scorzonera Hispanica L.

Campanula Erinus L.
Melitis melissophyllum L.
Digitalis lutea L.
Pinus sylvestris L.
Quercus sessiliflora Smith.
— pedunculata Ehrbg.
Juniperus communis L.
Lilium Martagon L.
Phalangium Liliago Schreb.
Polygonatum vulgare Desf.
Carex alba Scop.
Piptatherum paradoxum P. Beauv.

Sur 23 espèces, nous trouvons ici 14 calcicoles et 9 indifférentes.

6° Lieux arides et rocailleux, broussailles et pelouses des pentes.

Anemone Hepatica L.
Arabis brassicæformis Wallr.
Iberis linifolia L.
— Saxatilis L.
Helianthemum polifolium DC.
— canum Dun.
Polygala calcarea Schultz.
Saponaria ocymoides L.
Linum strictum L.
— tenuifolium L.
— Narbonense L.
Geranium sanguineum L.
— Pyrenaicum L.
Hypericum hyssopifolium Vill.
Acer monspessulanum L.
Pistacia Terebinthus L.
Spartium junceum L.
Genista Hispanica L.
Cytisus argenteus L.
Ononis rotundifolia L.
— Natrix.
Anthyllis vulneraria L.
Dorycnium suffruticosum Vill.
Astragalus Monspessulanus L.

Lathyrus latifolius L.
Coronilla varia L.
Hippocrepis comosa L.
Onobrychis supina DC.
Telephium Imperati L.
Bupleurum aristatum Bartl.
— falcatum L.
Cephalaria leucantha Schrad.
Helichrysum stœchas DC.
Crupina vulgaris Cass.
Leuzea conifera DC.
Stachelina dubia L.
Catananche cærulea L.
Leontodon crispus Vill.
Tragopogon australis Jord.
Lactuca perennis L.
Crepis pulchra L.
Jasminum fruticans L.
Onosma echioides L.
Lithospermum purpureo-cœruleum L.
Lavandula vera DC.
Origanum vulgare L.
Thymus vulgaris L.
— serpyllum L.

Salvia Æthiopis L.
— glutinosa L.
Stachys recta L.
Teucrium chamædrys L.
— montanum L.
— aureum Schreb.
— Polium L.
Rumex scutatus L.
Daphne Laureola L.
— Cneorum L.
Aristolochia Pistolochia L.
Euphorbia Gerardiana Jacq.
Buxus sempervirens L.
Pinus sylvestris L.
Quercus pedunculata Ehrbg.
— sessiliflora Smith.
— pubescens Willd.
Juniperus communis L.
— Phœnicea L.

Scilla autumnalis L.
Phalangium ramosum Lmk.
Aphyllanthes Monspeliensis L.
Asparagus acutifolius L.
Narcissus juncifolius Requien.
Cephalanthera ensifolia Rich.
— rubra Rich.
Aceras anthropophora R.Brown.
Orchis purpurea Huds.
Ophrys aranifera Huds.
— apifera Huds.
Carex Halleriana Asso.
Stipa pennata L.
Kœleria setacea Pers.
Melica Magnolii G.G.
Bromus erectus Huds.
Triticum ovatum G.G.
— triaristatum G.G.
— triunciale G.G.

Dans cette station, la proportion des indifférentes est plus considérable que dans les précédentes : sur 90 espèces que comprend la liste ci-dessus, nous comptons 54 calcicoles et 32 indifférentes.

Les Causses offrent aux botanistes un certain nombre de plantes très rares, et par cela même très intéressantes, qui méritent une mention spéciale. Disons quelques mots de chacune d'elles et des lieux où elles se rencontrent.

1° *Adonis vernalis* L. — Cette belle espèce est très rare en France. — Elle est cependant abondante dans la région des Causses. On la trouve aux environs de Lanuéjols, sur le causse Noir, et surtout sur le causse Méjean, entre la Parade et Hures, où elle s'étend en véritables prairies sur une surface de plusieurs kilomètres carrés. (Elle se rencontre surtout dans la Russie méridionale, en Sibérie, Hongrie, Autriche, Bavière, Alsace, Valais et Espagne.)

2° *Alyssum macrocarpum* DC. — Espèce tout à fait française et spéciale aux Cévennes, d'où elle s'est propagée dans les Corbières et autres lieux voisins. — On la trouve assez abondante sur les rochers calcaires de tous les Causses, particulièrement sur le Larzac.

3° *Hutchinsia pauciflora* Lor. — On la trouve assez souvent sous les encorbellements des roches dolomitiques à Montpellier-le-Vieux, mais surtout abondante sur les rochers du moulin du Truel, dans la gorge de la Jonte.

4° *Saponaria bellidifolia* Smith. — Rarissime plante, qui n'existe en France que dans un seul endroit et sur un espace très restreint, à la Devèze de la Panouse-de-Cernon (Aveyron), sur le Larzac.

5° *Arenaria lesurina* Lor. — Voici encore une rarissime espèce, qui n'a été jusqu'ici signalée que dans la Lozère et dans l'Aveyron. — On peut la trouver sur un contrefort du Larzac, à Roquefoulet près Sauclières (Aveyron), mais surtout sur les rochers du pas de Soucy, dans les gorges du Tarn.

6° *Laserpitium Nestleri* Soy. Willm. — En France on ne trouve guère cette espèce que dans les Pyrénées, les Corbières et les Cévennes. — Dans la région des Causses, c'est surtout sur le Larzac et ses contreforts qu'on la rencontre :

à l'Hôpital-du-Larzac, Boutinenque, Salbous, Campestre, au Caylar, etc. Beaucoup plus rare sur les autres Causses.

6° *Laserpitium Siler* L. — Existe généralement à côté de l'espèce précédente, dans les mêmes lieux. On la trouve aussi sur le causse Méjean, au-dessus du Truel, dans les gorges de la Jonte.

7° *Senecio Gerardi* G. G. — Espèce de la France méridionale, où elle est très rare. On la rencontre assez fréquemment sur les Causses : sur le Larzac, à Tournemire, à Sauclières, dans le bois de la Virenque, à Saint-Michel-de-Ser, à Pech-Tendre; sur le causse Méjean, au-dessus de Monteil.

9° *Cota Triumfetti* Gay. — Rare et belle espèce, signalée seulement en Autriche, en Syrie et en France, où elle est très rare. Nous l'avons observée dans nos Causses, à Salbous et au bois de la Virenque, sur les pentes du Larzac, à l'ouest.

10° *Jurinea humilis* DC. — Voici encore une très rare espèce, que nous rencontrons sur le plateau de Campestre, contrefort du Larzac, à l'ouest.

11° *Scorzonera Austriaca* Willd. — On la trouve sur le plateau du Larzac, entre la Panouse et le Viala-du-Pas-de-Jaux; sur les pelouses et au-dessus du bois de Fajas, et en haut du bois de Montclarat.

12° *Armeria juncea* Gir. — Très jolie plante et très rare, tout à fait spéciale aux Cévennes. Elle est assez commune sur le Larzac, dans les sables dolomitiques, au Caylar, à la Vacquerie, au Guilhomard, au plateau de Tournemire, à la Devèze de la Panouse, etc.

13° *Euphorbia papillosa* Pouz. — Spéciale aux Cévennes et aux Corbières. Elle abonde sur le plateau du Larzac, portion aveyronnaise, et existe aussi sur le causse Méjean, au-dessus de Florac.

14° *Ephedra Villarsii* G. G. — Espèce qui n'a été signalée en France que sur les murs de la citadelle de Sisteron et du château de Pierrepertuse (près Luchon). Dans l'Aveyron, on la trouve dans les fentes des rochers calcaires, sur les flancs du Larzac, ou aux environs : Millau, Creissels, Tournemire, Roquefort, etc.

La magnésie exerce-t-elle sur certaines plantes une action attractive ou répulsive comme le calcaire ? En d'autres termes, y a-t-il des plantes dolomitiques ? C'est l'opinion de certains botanistes, opinion qui a été formulée pour la première fois par Dunal[1], mais qui a été surtout développée à diverses reprises par J.-E. Planchon[2]. Cet éminent botaniste indique un certain nombre de plantes qui, d'après lui, appartiendraient exclusivement à la dolomie et seraient *caractéristiques* de cette substance, et, à côté de celles-là, d'autres plantes qui seraient *préférentes,* sinon absolument dépendantes des couches magnésiennes.

Cette théorie n'est cependant pas acceptée par tout le monde ; M. Contejean, en particulier, la combat énergiquement et nie l'influence de la dolomie sur la dispersion des plantes[3].

La question est donc litigieuse, et la discussion reste ouverte. De longues années d'herborisation sur les Causses nous permettent de verser au procès un élément d'instruction, que nous formulons de la manière suivante : sur les

---

1. *Mém. de l'Acad. des sciences et lettres de Montpellier*, 1848, p. 173.
2. *Sur la Végétation spéciale des dolomies dans les départements du Gard et de l'Hérault* : *Bull. de la Soc. botanique de France*, t. Ier, 1854. — *La Végétation de Montpellier et des Cévennes dans ses rapports avec la nature du sol* : *Bull. de la Soc. languedocienne de géographie*, Montpellier, 1879.
3. *Géographie botanique*, p. 109-110.

grands causses, nous n'avons jamais rencontré que parmi les dolomies, et par conséquent nous considérons comme caractéristiques de cette substance, les espèces suivantes :

Alyssum montanum L.
Draba aizoides L.
Kernera saxatilis Rchb.
Æthionema saxatilis R. Br.
Hutchinsia pauciflora Lor.

Arenaria hispida L.
— tetraquetra.
Athamanta Cretensis DC.
Aster Alpinus L.
Armeria juncea Girard.

De plus, les espèces dont les noms suivent :

Iberis saxatilis L.
Rhamnus Alpina L.
Potentilla caulescens L.
Sedum anopetalum DC.
Leucanthemum graminifolium Lmk.

Hieracium amplexicaule L.
Campanula speciosa Pour.
Erinus Alpinus L.
Daphne Alpina L.
Poa Alpina L. Var. Baldensis.

se rencontrent généralement, les unes sur les roches, les autres sur les sables dolomitiques.

Nous ne terminerons pas cette étude sans descendre un moment, des *hauteurs* où nous nous sommes tenu jusqu'à ce moment, dans les vallées qui les séparent, vallées presque partout abritées par les hauts escarpements jurassiques, et où règne une température si douce, parfois même si chaude, que le géographe A. Joanne a pu dire que leur climat rivalise de douceur même avec celui de la Provence [1].

Ces vallées donnent asile à bon nombre d'espèces méditerranéennes, qu'on est tout surpris d'y rencontrer à côté de plantes subalpines. Nous avons relevé la liste suivante de ces espèces méditerranéennes :

Nigella Damascena L.
Delphinium pubescens DC.
Malcomia maritima R. Br.
Iberis ciliata All.
Viola nemausensis Jord.
Linum campanulatum L.
Malva parviflora L.
Ruta angustifolia Pers.
Coriaria myrtifolia L.
Pistacia Terebinthus L.
Rhus Coriaria L.
Anagyris fetida L.
Medicago agrestis Ten.
Trifolium stellatum L.
Hippocrepis ciliata Willd.
Punica granatum L.
Paronychia argentea Lamk.
Scandix australis L.
Lonicera implexa Ait.
Valerianella echinata DC.
— discoidea Lois.
Conyza ambigua DC.
Pterotheca nemausensis Cass.

Achillea odorata L.
Cynara cardunculus L.
Centaurea pullata L.
Carlina corymbosa L.
Hedypnois polymorpha DC.
Urospermum Dalechampii Desf.
— picroides Desf.
Taraxacum obovatum DC.
Picridium vulgare Desf.
Erica arborea L.
Jasminum fruticans L.
Cuscuta monogyna Vahl.
Solanum villosum Lamk.
Lavandula Stœchas L.
— latifolia Vill.
Ajuga Iva Schreb.
Teucrium Polium L.
Plantago Psyllium L.
Osyris alba L.
Celtis australis L.
Euphorbia serrata L.
— Characias L.
Ficus Carica L.

1. A. Joanne, *Géographie de l'Aveyron*, p. 19.

Juniperus Oxycedrus L.
— Phœnicea L.
Aphyllauthes Monspeliensis L.
Asparagus acutifolius L.
Narcissus dubius Gouan.
Ophrys scolopax Cav.
Juncus striatus Schousb.

Juncus duvalii Lor.
Stipa juncea L.
Triticum ovatum G. G.
— triaristatum G. G.
— triunciale G. G.
Agropyrum Pouzolzii.

Nous ajouterons que le chêne vert (*Quercus Ilex*) s'avance assez haut dans la vallée du Tarn. Il en existe un bois de 8 hectares sur la rive droite de ladite rivière, à 14 kilomètres en amont de Millau.

Enfin l'*olivier*, qui est la caractéristique la plus parfaite de la région méditerranéenne, se maintient depuis près de vingt ans au Rozier, au confluent du Tarn et de la Jonte (22 kil. en amont de Millau), non greffé, il est vrai, mais donnant du fruit tous les ans, et ayant très bien résisté aux rudes hivers que nous avons subis depuis sa plantation.

Aux précédentes pages, dont nous sommes bien reconnaissant envers M. Ivolas, nous n'avons que peu de lignes à ajouter sur la végétation de la région qui nous occupe.

Comme arbres, on rencontre surtout, dans les Causses, le pin sylvestre et le buis, celui-ci souvent haut de plusieurs mètres ; les hêtres et chênes sont rabougris à la surface des plateaux, touffus et puissants seulement dans la haute montagne et dans les ravins un peu abrités des grands vents ; le châtaignier sert aux pauvres populations des Cévennes de véritable *arbre à pain ;* ses fruits séchés au four forment la principale ressource alimentaire des longs hivers, où chaque hameau, chaque masure même devient une cellule séparée des centres de ravitaillement et du monde extérieur par l'amoncellement des neiges. Dans quelques vallons des Causses, surtout le Riou-Sec de la Dourbie, on rencontre aussi des noyers séculaires et clairsemés que les ouragans de l'automne déracinent ou rompent trop souvent !

L'Aigoual enfin est fier de ses sapinières, malheureusement devenues la proie d'une exploitation industrielle en règle. (*V.* p. 143.)

Conformément aux décrets des 29 décembre 1888 (divisant la France en trente-deux conservations forestières) et 9 avril 1889, le Gard, l'Hérault et la Lozère forment la 27ᵉ conservation forestière (Nîmes); l'Aveyron dépend de la 28ᵉ (Aurillac)[1].

BIBLIOGRAPHIE

X., *Une Semaine dans la région des Causses* : Feuille des jeunes naturalistes, juillet-septembre 1885, nᵒˢ 177, 178, 179.

Bull. de la Soc. botanique de France; session extraordinaire à Millau en juin 1886, t. XXXIII (2ᵉ série, t. VIII), 1886, fascicule de 128 p. avec carte, contenant des mémoires de MM. Ivolas, Ch. Flahault, etc., sur la végétation des Causses.

OLD BOX, *Pérégrination de onze vieilles bottes dans les Cévennes :* Revue de botanique, t. IV, 1885-1886.

Antoine BAAS, *Catalogue des plantes vasculaires de l'Aveyron*. Villefranche-de-Rouergue, veuve Cestan, 1877, 1 vol. in-8ᵒ de 553 pages et une carte.

L'abbé Joseph REVEL, *Essai de la flore du sud-ouest de la France*, 1ʳᵉ partie (des Renonculacées aux Composées exclusivement), seule publiée. Villefranche-de-Rouergue, 1885, Dufour, éditeur. 1 vol. in-8ᵒ de 431 pages.

1. V. *Journal officiel*, 13 avril 1889.

Docteur B. Martin, *Catalogue des plantes vasculaires qui croissent spontanément dans la circonscription de Campestre (Gard)* : *Bull. de la Soc. botanique de France*, t. XXII, session d'Angers, p. xxxv-li.

Ivolas, *Note sur la flore de l'Aveyron* : *Ibid.*, t. XXXII, p. 286-292.

L'abbé H. Coste, *Plantes nouvelles pour la flore de l'Aveyron* : *Ibid.*, t. XXXIII, p. 20-25.

La *Flore de l'Hérault* de MM. Loret et Barrandon contient d'utiles indications, la plus grande partie du Larzac étant comprise dans les limites de ce département.

E. Malinvaud, 1873-1874, dans le *Bull. de la Soc. linnéenne de Normandie*, deux notes : 1° sur une *Excursion botanique dans les départements du Lot et de l'Aveyron*; 2° sur la *Végétation des environs de Millau*, qui renferment quelques renseignements sur la flore de l'Aveyron.

Hortus Monspeliensis, par Jouan. Montpellier, 1762. Cet ouvrage contient, outre la flore de Montpellier, la description de dix-huit cents espèces de plantes des Cévennes.

Flora Monspeliana, par Jouan. Montpellier, 1765.

Flore de Montpellier, ou analyse de plantes vasculaires de l'Hérault, par H. Loret et Barrandon. Montpellier, 1886, 1 vol. in-8°.

Catalogue raisonné des plantes vasculaires du plateau central de la France, comprenant l'Auvergne, le Velay, Lozère, Cévennes, par H. Lecocq et Martial Lamotte. Paris et Clermont-Ferrand, 1867, in-8°.

Étude sur la géographie botanique de l'Europe, et en particulier sur la végétation du plateau central de la France, par H. Lecocq, 1856, 6 vol. La végétation des Causses appartient presque entièrement à la zone du Midi et offre le plus grand contraste avec celle des Cévennes, de la crête granitique de la Lozère ou des groupes volcaniques de l'Aubrac. (Note de M. Lecocq.)

Notice sur la Flore de la Lozère, par Prost : *Mém. de la Soc. d'agriculture de la Lozère*, 1817, p. 98 (79 pages).

Liste des mousses hépatiques et lichens de la Lozère, par Prost : *Mém. de la Soc. d'agriculture de la Lozère*, Mende, 1878, p. 105.

L'Herbier de la Lozère et M. Prost, par H. Loret, broch. *Bulletin de la Soc. d'agriculture de la Lozère*, 1862, p. 81 à 134.

Notice sur les travaux bryologiques de Prost dans les environs de Mende (région du plateau central), par l'abbé Boulay : *Bulletin de la Soc. d'agriculture de la Lozère*, 1875, p. 5.

Gustave Planchon, *Matériaux pour la flore médicale de Montpellier et des Cévennes d'après Lobel*. Paris et Montpellier, 1869, in-8°.

CHAPITRE XXV

LA FAUNE

La chasse et la pêche. — La bartavelle. — Les oiseaux de proie. — Les braconniers de rivières. Poissons du Tarn.

Au plaisir du voyage et de la promenade les amateurs adjoindront, dans la région des Causses, ceux de la chasse et de la pêche.

Car le gibier, les oiseaux de proie et le poisson fourmillent sur la montagne, dans le ciel et sous l'onde.

En automne, les lièvres, les grives, les cailles, les perdreaux du causse, se donnent un fumet délicieux en se nourrissant exclusivement de genièvre et de thym. Les braconniers ont quelque peu décimé leurs troupes craintives; mais sur les grands plateaux découverts la chasse est facile et assez fructueuse pour faire oublier toute la fatigue que cause la marche parmi les cailloux anguleux du *désert de pierres*.

La délicieuse bartavelle (*Perdix Græca* ou *saxatilis*), devenue si rare en France, habite le massif de l'Aigoual. Elle ressemble beaucoup à la perdrix rouge, qui, elle, est très commune.

« Au milieu des affreux rochers où elle se réfugie, la bartavelle est presque inabordable pour le chasseur au chien d'arrêt. Les braconniers ont pour toutes les perdrix un genre de chasse aussi simple que meurtrier. Ils placent au haut de l'un de ces couloirs coupant de temps en temps la falaise, et devenus les chemins forcés de ces oiseaux, qui vont à la provende sur le causse, deux ou trois gerbes de blé noir ou sarrasin. Tous les gallinacés sont très friands de cette petite graine. La compagnie entière se jette sur ces gerbes, qu'elle becquète avidement. Pendant ce temps, le braconnier, caché à trente pas, tire ses deux coups en pleine bande, dont souvent la moitié reste sur le carreau. » (L. DE MALAFOSSE.)

Pendant la descente du Tarn en bateau, on peut massacrer à l'aise les margoules ou poules d'eau qui, sur les rives, rasent l'eau en fuyant de buisson en fourré.

Plus difficile est la destruction des grands oiseaux rapaces.

Le vautour surtout est défiant. Il y en a deux variétés : le vautour fauve ou commun, et le noir ou Arian. Ces oiseaux sont en très grand nombre.

A côté du vautour est un oiseau de même famille, mais un peu plus petit et facile à distinguer, même de loin, par son corps blanc et ses ailes absolument noires en dessus. C'est le *catharte* ou *percnoptère*, que les paysans nomment le *peyriblonc* (le père-blanc). Très rare dans le reste de la France, cet oiseau est commun dans toutes les falaises des divers causses. Il va à la provende avec le vautour et partage avec lui le même cadavre, mais niche séparément, et en général dans un creux de rocher.

Il a le bec allongé et le cou emplumé.

L'aigle royal (*Aquila fulva* ou *regia*) ou aigle brun ordinaire se rencontre moins souvent. On compte et on connaît les aires, peu nombreuses, où les couples cachent leurs aiglons sous des surplombs de roches ou des encorbellements inaccessibles. Quelquefois un hardi berger se fait suspendre au bout d'une corde et va quérir le jeune oiseau de proie, quand la mère ne plane pas au dessus du nid. Mais qu'il prenne garde de se laisser surprendre ; il devrait soutenir alors une lutte où il risquerait fort de succomber !

Les corvidés (corbeaux) abondent particulièrement. Le plus rare est le vrai corbeau, très grand, jamais en bande, toujours gîté par paire dans son nid.

Les variétés plus petites s'appellent corneilles, freux, chocards, craves (corneilles à bec rouge).

C'est un spectacle fort amusant que de voir des bandes innombrables de corneilles pourchasser quelque rapace de moyenne taille, un faucon par exemple : la poursuite tournoyante et croassante dure des heures, et souvent le faucon succombe à la fatigue ou à l'étourdissement, tandis que la foule de ses ennemis se renouvelle constamment par un véritable système de relais. On ne saurait se faire une idée du vacarme assourdissant qui tombe du ciel pendant ces curieuses chasses.

Le plus bel endroit de pêche des gorges du Tarn est au-dessous de la Malène.

Les gendarmes, qui font fonctions de gardes-pêche, ont mille peines à confisquer les filets à mailles trop étroites et les autres engins prohibés.

Souvent le touriste voit, de sa barque, une forme vague sortir au loin de l'eau

LA PRÉHISTOIRE ET LES FOUILLES DU DOCTEUR PRUNIÈRES 379

et disparaître dans les fourrés de la rive : c'est un braconnier de rivière, qui redoute toujours le déguisement de quelque autorité sous le costume du voyageur.

De 1879 à 1884, les ouvriers occupés à construire le chemin de fer de Mende ont presque dépeuplé les poissonneux réservoirs que forment les gouffres ou cabas du Tarn, en se servant de la dynamite.

L'explosion *tuait tout* dans un rayon de 10 à 15 mètres.

Il faudra plus de dix ans pour réparer le mal.

Comme espèces, le Tarn possède : 1° la truite franche; 2° la truite saumonée; 3° le barbeau; 4° le cabot; 5° la vandoise ; 6° l'ablette; 7° le goujon ; 8° le chabot; 9° la loche ; 10° le véron ; 11° l'anguille, assez rare, mais y parvenant à de belles grosseurs.

L'écrevisse y abonde aussi. Mais les pêcheurs ne s'en occupent pas, ne pouvant écouler ce produit dans la région.

La truite saumonée est bien moins répandue dans le Tarn et bien moins grosse que dans l'Hérault, où il n'est pas rare d'en pêcher du poids de 2 kilos.

Dans les eaux vives, fraîches et claires de la région des Causses, la truite atteint une finesse de goût sans égale ; aussi constitue-t-elle un des principaux éléments de l'alimentation locale, et un vrai régal pour l'étranger.

Il n'est point de pauvre auberge riveraine où l'on ne soit sûr de trouver toujours ce mets délicat ; et quand la chasse est ouverte, le gourmet est tout surpris de rencontrer menu soigné dans les plus petits villages des Causses.

CHAPITRE XXVI

LA PRÉHISTOIRE ET LES FOUILLES DU DOCTEUR PRUNIÈRES[1]

Pierre polie et pierre taillée. — L'hiatus. — Les cavernes de l'Homme-Mort et des Baumes-Chaudes. — Les conclusions de Broca et de M. de Quatrefages. — Les troglodytes et les dolméniques. — L'invasion et l'absorption. — Controverses. — La trépanation préhistorique. — Dolmens et tumuli.

Ce n'est pas seulement par ses beautés naturelles que la Lozère peut aspirer à la célébrité : un autre ordre de curiosités contribuera à porter au loin le renom du département reculé qui fut, jusqu'à ces dernières années, considéré comme le moins favorisé de France. Je veux parler des recherches et découvertes scientifiques qui relèvent de la *préhistoire*.

On sait que la préhistoire est cette science toute jeune, fondée par Boucher de Perthes, entre 1836 et 1863, officiellement reconnue depuis vingt-cinq ans à peine, et consacrée à l'étude des populations humaines antérieures non seulement

1. Par suite de l'addition de plusieurs grandes gravures et des résultats de notre campagne de 1889, au cours de l'impression de ce volume, les chapitres XXVI et XXVII ont dû être considérablement raccourcis.

à toute tradition historique, mais encore à toute légende héroïque. Déterminer et recueillir les ossements de l'homme et les objets travaillés par lui dans les terrains qui appartiennent à une époque géologique antérieure à la nôtre, prouver la contemporanéité de ces débris humains et des animaux quaternaires aujourd'hui anéantis, établir les caractères distinctifs des races primitives, trouver au fond des lacs et sous les dolmens des armes et des ustensiles dénotant déjà un degré de civilisation avancé, obtenir ainsi des transitions ménagées pour arriver jusqu'aux âges historiques, démontrer que les plus antiques dynasties d'Egypte, de Chine et d'Assyrie sont moins vieilles que l'homme des cavernes, en deux mots chercher quel âge géologique il faut assigner à l'espèce humaine, enfin reconstituer, à l'aide d'un os et d'un silex, le *modus vivendi* de ces peuplades âgées de mille siècles et plus, pour lesquelles le livre de l'histoire n'était pas encore ouvert, voilà ce que fait la préhistoire : le nom de cette science explique son but.

Les temps antéhistoriques ont été partagés en âges des métaux et âges de la pierre. Les premiers, subdivisés en âges du fer, âge du bronze et même âge du cuivre (?), touchent de bien près aux héros d'Homère, aux ancêtres des Celtes, etc., et certaines traditions religieuses ou mythologiques prétendent nous faire connaître l'inventeur des métaux. La Genèse (chap. IV, § 22) ne nous cite-t-elle pas Tubalcaïn, un descendant de Caïn, comme le premier homme « habile dans tous les ouvrages de fer et d'airain »? Les ères antérieures nous montrent quelque

Mammouth (*Elephas primigenius*).

chose de tout différent, une antiquité bien plus reculée, une époque où l'homme n'avait d'autre instrument tranchant qu'une pierre dure façonnée et aiguisée, le *silex*. Là aussi il y a une subdivision : la *pierre polie* et la *pierre taillée*.

A l'époque de la pierre polie ou époque *néolithique* (pierre nouvelle), nos aïeux, déjà instruits par l'expérience, savaient, au moyen du frottement, donner à leurs haches de silex ce poli inimitable qui fait l'admiration des archéologues ; alors ils habitaient les cavernes, ou des villages bâtis sur pilotis dans des eaux calmes peu profondes (*palafittes* des lacs suisses, tourbières et *Kjœkkenmœddings* [déchets de cuisine] du Danemark, etc.), ils ensevelissaient leurs morts d'abord dans les grottes et plus tard sous les *dolmens*, ces monuments *mégalithiques* (en grandes pierres) faits d'énormes dalles, connus de tout le monde, si abondants en Bretagne et considérés longtemps comme des *autels de druides* ; ils connaissaient l'usage des tissus, des ornements, le tour du potier, les *animaux domestiques*, les instruments aratoires, etc. La guerre et l'esprit de conquête avaient remplacé la chasse et la lutte pour l'existence contre les fauves redoutables.

Mais à cette époque néolithique vivaient les animaux mêmes qui nous nourrissent ou nous vêtissent encore de nos jours. La faune ne s'est pas modifiée depuis, et les espèces n'ont ni changé ni disparu.

Au contraire, à l'âge de la pierre taillée, pendant la période *archéolithique* ou *paléolithique* (pierre ancienne), le grand ours et le grand lion, le renne et le grand cerf, le mammouth et le rhinocéros, occupaient les cavernes, peuplaient les forêts, fréquentaient les rives des fleuves immensément larges. Plusieurs de ces espèces n'ont plus de représentants sur la terre actuelle ; d'autres ont émigré loin des contrées où l'on recueille aujourd'hui leurs ossements fossiles. La géologie démontre que de violents cataclysmes locaux (inondations diluviennes ou fontes de glaciers, débâcles lacustres ou névéennes) ont causé ces extinctions et ces déplacements ; les mythes populaires des premières nations historiques ont consacré le souvenir de ces grands bouleversements de la nature, les mentionnant partout sous la dénomination de *déluge* (Noé, Ogygès, Deucalion, etc.), dénomination trop générale, car il n'y pas eu de déluge universel. Le terme *antédiluvien* est donc une expression fausse ; on doit lui substituer celui de *quaternaire*, puisque les déluges partiels, auxquels n'ont pas survécu dans nos contrées l'*Ursus spelæus* (grand ours des cavernes), le *Felis spelæa* (grand chat des cavernes), le *Rhinocéros tichorhinus* (à narines cloisonnées), etc., ont clos, dans tous les pays où ils se sont manifestés, la période géologique dite quaternaire.

Grand ours des cavernes (*Ursus spælus*).

Ainsi l'âge du grand ours fait partie des temps paléontologiques et dépend de la géologie pure. Or il est universellement admis maintenant que l'homme existait alors ; pour faire reconnaître cette vérité, il a fallu à Boucher de Perthes vingt-sept années de luttes et

Renne (*Cervustarandus*).

de recherches infatigables (1836-1863) ; mais la lumière est faite, l'homme quaternaire a été trouvé dans presque toute l'Europe et jusqu'en Amérique ; ce que l'on discute à l'heure présente, ce n'est plus le contemporain du grand ours, c'est l'existence d'un être intelligent plus vieux de quelques milliers de siècles, l'*homme tertiaire*.

On se créerait une riche bibliothèque rien qu'avec les volumes innombrables publiés en toute langue sur la préhistoire depuis quarante ans ; une liste des traités les plus complets et les plus faciles à lire termine ce chapitre. Les curieux y trouveront les moyens de se procurer des renseignements qui ne sauraient figurer ici.

En une phrase seulement je rappellerai que l'homme quaternaire ou paléolithique, contemporain des espèces éteintes ou émigrées, n'a pas pratiqué le polissage des silex, qu'il a su seulement façonner cette pierre par la percussion, en la débitant par éclats (pierre taillée, pierre éclatée, forme la plus ancienne ou *paléolithique*); qu'il habitait soit en plein air, soit dans les cavernes; que l'agriculture, la *domestication des animaux*, le tour, le tissage, étaient choses inconnues pour lui, et que sa principale préoccupation a dû être la chasse et la lutte contre les bêtes féroces.

Ces divisions n'ont certes qu'une valeur régionale, puisque de nos jours encore certaines peuplades sauvages d'Océanie n'emploient que la pierre polie; mais la chronologie ci-dessus paraît bien définitive pour l'Europe.

On a même été plus loin, en partageant la période paléolithique en *chelléenne* ou *acheuléenne*, *moustérienne*, *solutréenne* et *magdalénienne* (la plus récente), noms tirés des localités de *Chelles* (Seine-et-Oise) et *Saint-Acheul* (Somme), *le Moustier* (Dordogne), *Solutré* (Saône-et-Loire) et la *Madelaine* (Dordogne), qui ont fourni des types de silex taillés très différents les uns des autres.

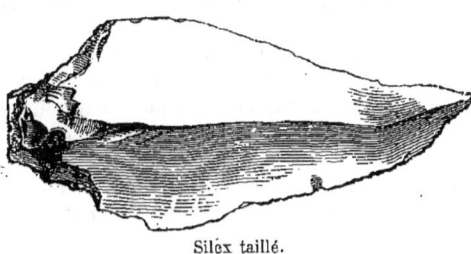

Silex taillé.

En Lozère ont été faites des découvertes très précieuses pour la science préhistorique.

Les plus belles sont dues au docteur Prunières, de Marvejols, qui paraît avoir notamment, par de patientes et fructueuses fouilles dans quinze cavernes sépulcrales et cent cinquante dolmens, établi un fait des plus remarquables : l'absorption d'une race autochtone (des cavernes) par une race d'envahisseurs (des dolmens) plus civilisés et plus forts. L'anthropologie et la préhistoire doivent beaucoup au modeste et éminent savant qui a su arracher aux ossuaires néolithiques de la vallée du Tarn et aux tombeaux des Causses tant de secrets précieux. Il serait injuste de ne pas citer au moins, à côté de son nom, ceux des zélés et expérimentés fouilleurs de cavernes et dolmens : MM. Louis de Malafosse, l'abbé Solanet, Jeanjean, l'abbé Cérès, Poujol, l'abbé Boissonnade, etc., auteurs aussi d'importantes trouvailles; tous ont recueilli des collections variées de poteries, de colliers en pierre et d'objets travaillés. Une publication spéciale serait nécessaire pour résumer même sommairement tous leurs travaux[1].

On a nié pendant longtemps que les Cévennes eussent été peuplées à l'époque quaternaire : nos recherches personnelles ont contribué à prouver le contraire, et cette question fera l'objet spécial du chapitre suivant.

Litige plus grave et d'un caractère plus général : de nombreux savants

---

1. Consulter, pour les dolmens et tumuli : l'abbé Vinas, *Mémoires sur les monuments druidiques de l'arrondissement de Lodève*; Lodève, 1866, in-8°; — *Mélange d'archéologie*, par Séb. Bottin; *Dolmens et pierres branlantes de la Lozère lithographiées d'après les dessins de M. Jorand, peintre*, p. 195, 199; Paris, 1831; — Dr Prunières, *Distribution des dolmens dans le département de la Lozère* : Revue d'anthropologie, t. II, et tous les mémoires du docteur Prunières épars dans les comptes rendus annuels de l'*Association française pour l'avancement des sciences* (depuis 1872); — X***, *Recherches sur le causse Noir* : Bulletin, section Lozère et Causses, Club alpin français, n° 2, 1886 (dolmens du causse Noir); — L. de Malafosse, *Etudes sur les dolmens de la Lozère* : Mém. de la Soc. archéologique du Midi, Toulouse, 1869 et 1872.

(Édouard Lartet, Cartailhac, de Mortillet, Jeanjean, Forel, etc.[1]) ont soutenu aussi et soutiennent encore qu'il y avait eu une solution de continuité, un manque de transition, un *hiatus,* entre les deux périodes paléolithique et néolithique, si dissemblables par leurs caractères.

Les découvertes du docteur Prunières à la caverne de l'*Homme-Mort*, près Saint-Pierre-des-Tripiers (causse Méjean [*V.* p. 90]), aux *Baumes-Chaudes* (*V.* p. 73), etc., auraient complètement battu en brèche, selon MM. Broca et de Quatrefages, cette doctrine de l'hiatus[2].

Broca, dans son célèbre mémoire *sur la Caverne de l'Homme-Mort*[3], a énoncé qu'en Lozère des troglodytes, descendants des primitifs chasseurs de rennes, avaient vécu à côté des constructeurs de dolmens : « La station de l'Homme-Mort appartient certainement à la pierre polie, et il est clair cependant qu'elle se rattache, par plusieurs caractères d'une haute importance, à l'époque de la pierre taillée.

« La race de l'Homme-Mort était un débris de l'une des races de l'époque de la pierre taillée. Celles-ci n'ont donc pas été subitement exterminées à la fin de l'âge du renne. »

De son côté, voici comment M. de Quatrefages résume les travaux du docteur Prunières :

« Dans plusieurs cavernes de la Lozère, cet infatigable chercheur a découvert de nombreux squelettes dont la race est caractérisée par une *dolichocéphalie*[4] constante... Ces représentarñs de la race quaternaire étaient habituellement en guerre avec les constructeurs de dolmens. La preuve en est que plusieurs squelettes portent encore, fichées dans les os où elles avaient pénétré, des flèches dont l'origine néolithique est indiscutable. Les deux populations ont donc vécu à côté l'une de l'autre et se sont disputé jusqu'aux plateaux de nos plus hautes Cévennes[5].

« Bientôt il y eut entre les deux races des alliances, qui s'accusent par le métissage constaté ; enfin la race brachycéphale a fini par prédominer, au moins sur certains points. »

D'autre part encore, les découvertes de M. de Baye dans les grottes du Petit-Morin (Marne) et de M. Louis Lartet et Chaplain-Duparc à la grotte de Duruthy, près Peyrehorade, paraissent avoir confirmé celle de l'Homme-Mort quant à la question de l'hiatus.

C'est du moins l'opinion de M. de Quatrefages et celle de M. de Lapparent,

---

1. Cartailhac, *Transition du paléolithique au néolithique.* — De Mortillet, *Congrès international d'anthropologie et d'archéologie préhistorique*, session de Bruxelles, 1873, p. 453 et 458.
2. Dr Prunières, *Cavernes de Beaumes-Chaudes : Bull. de la Soc. d'anthropologie de Paris*, 1878, p. 260 et 420. — Id. *Congrès de l'Association française pour l'avancement des sciences*, session de Bordeaux, 1872, p. 748. — Cazalis de Fondouce, *Pierre polie et pierre taillée, lacune qui aurait existé entre ces deux âges : Revue d'anthropologie*, 1874, t. III, p. 614.
3. Broca, *sur la Caverne de l'Homme-Mort : Congrès de Bruxelles*, p. 182, et *Revue d'anthropologie*, t. II.
4. On nomme *dolichocéphales* les crânes relativement *longs* et *étroits*, et *brachycéphales* les crânes relativement *courts* et *larges* (de deux mots grecs δολιχὸς et βραχύς). Une certaine école d'anthropologistes attache une grande importance, au point de vue de la distinction des races, à la largeur relative du crâne. Peut-être cette importance est-elle exagérée, car il y a entre les formes extrêmes des transitions indispensables et des subdivisions toutes conventionnelles. Toujours est-il que ladite école considère les crânes dolichocéphales comme plus anciens que les brachycéphales, comme distinctifs de races moins civilisées : c'est sur ce principe que Broca et M. de Quatrefages ont basé leurs déductions tirées des fouilles Prunières. D'autres savants ont établi, au contraire, que les Chinois, très anciennement civilisés, sont dolichocéphales, et les Lapons, Samoyèdes, Cambodgiens, etc., brachycéphales, quoique bien plus arriérés ; pour eux il ne saurait y avoir là un caractère de race précis.
5. De Quatrefages, *Hommes fossiles et hommes sauvages*. Paris, J.-B. Baillière, 1884, p. 99 et 105.

qui croit aussi à l'invasion ; mais il convient d'ajouter que l'accord n'est pas fait jusqu'ici parmi les savants : car, dans un ouvrage tout nouvellement paru, M. Cartailhac affirme encore qu' « entre les gisements paléolithiques les plus récents et les gisements néolithiques les plus anciens il y a une solution de continuité », et que l'immigration formidable invoquée par Broca « est un roman[1] ».

M. Cartailhac paraît cependant ébranlé dans sa croyance à l'*hiatus* par ses fouilles de la grotte de *Reilhac* (Lot). (*V. la Grotte de Reilhac,* par E. Cartailhac et M. Boule, p. 27 et 43. Lyon, Pitrat, 1889, in-4°.)

Il ne nous appartient pas de prendre un parti.

Les fouilles Prunières ont été les premières (en 1873) à faire connaître une bien curieuse pratique de ces temps si reculés : celle de la *trépanation préhistorique,* révélée par la découverte de *crânes perforés* et de *rondelles craniennes.*

'« Broca, examinant ces pièces avec l'œil d'un chirurgien expérimenté... formula les deux propositions suivantes :

« 1° On pratiquait, à l'époque néolithique, une opération chirurgicale consistant à ouvrir le crâne, pour traiter certaines maladies internes. Cette opération se faisait presque exclusivement, peut-être même exclusivement, sur les enfants (*trépanation chirurgicale*).

« 2° Les crânes des individus qui survivaient à cette trépanation étaient considérés comme jouissant de propriétés particulières, de l'ordre mystique ; et lorsque ces individus venaient à mourir, on taillait souvent, dans leurs parois craniennes, des rondelles ou fragments, qui servaient d'amulettes, et que l'on prenait de préférence sur les bords de l'ouverture cicatrisée (*trépanation posthume*). » (De Quatrefages, ouvrage cité, p. 128[2].)

Les *dolmens* abondent dans la Lozère, parce que la pierre n'était point rare.

Les *tumuli* ont succédé aux dolmens. Ce sont des amoncellements de cailloux et de terres rapportées élevés en forme de dômes, d'intumescences, et atteignant au maximum $1^m,50$ de hauteur et 28 mètres de diamètre. On y recueille des restes d'une civilisation plus avancée encore que celle des dolmens : armes de bronze, objets en jais, bracelets et boutons en métal, colliers de verre, poteries fines, etc.

On y constate aussi l'habitude de la crémation des morts[3].

Les tumuli touchent à l'antiquité historique. Ils appartiennent aux âges du bronze et du fer, et le docteur Prunières croit avoir constaté entre eux et les dolmens des transitions insensibles, comme entre les dolmens et les cavernes ; sur ce point, son opinion ne paraît guère discutable.

Nous ne saurions détailler davantage cet exposé de la préhistoire dans les Cévennes : il eût fallu parler des grottes des environs de Ganges, de Montpellier, de Lodève. Un volume entier n'y eût pas suffi.

Nous avons dû nous contenter de faire comprendre l'importance des découvertes préhistoriques faites dans les Causses, et surtout des travaux du docteur Prunières.

1. Cartailhac, *la France préhistorique,* p. 122 et suivantes.
2. *V.* Dr Prunières, *Association française pour l'avancement des sciences,* congrès de Lyon, Blois, etc., et *Bull. de la Soc. d'anthropologie* pour 1878, p. 420.
3. *V.* Dr Prunières, *Tumuli des causses lozériens : Association française pour l'avancement des sciences,* congrès de Rouen, 1883.

BIBLIOGRAPHIE

Principaux ouvrages récents et généraux sur la préhistoire.

De Baye, *Anthropologie préhistorique*. Paris, 1880, Leroux.
Alexandre Bertrand, *la Gaule avant les Gaulois*. Paris, Leroux, 1884, in-8°, 6 fr.
John Evans, *les Ages de la pierre*. Paris, Germer-Baillière (Alcan successeur), 1878, in-8°, 15 fr.
John Evans, *l'Age du bronze*. Paris, Germer-Baillière (Alcan successeur), 1882, in-8°, 15 fr.
Louis Figuier, *l'Homme primitif*. Paris, Hachette, 1872, etc., in-8°, 10 fr.
Dr Hamy, *Précis de paléontologie humaine*. Paris, J.-B. Baillière, 1870, in-8°, 7 fr.
N. Joly, *l'Homme avant les métaux*. Paris, Germer-Baillière, 1885, etc., in-8°, 6 fr.
Lubbock, *les Origines de la civilisation* (traduit de l'anglais : *Prehistoric times*). Paris, 1867, 1881, etc., Germer-Baillière, in-8°.
Ch. Lyell, *Ancienneté de l'homme* (traduit de l'anglais : *Antiquity of man*). Paris, J.-B. Baillière, 1867, 1870, in-8°, 10 fr.
G. de Mortillet, *le Préhistorique*. Paris, 1885, Reinwald, 5 fr.
De Nadaillac, *les Premiers Hommes et les temps préhistoriques*. Paris, Masson, 1881, 2 vol. in-8°, 25 fr.
De Quatrefages, *Hommes fossiles et hommes sauvages*. Paris, J.-B. Baillière, 1885, in-8°, 15 fr.
Cartailhac, *Matériaux pour servir à l'histoire primitive de l'homme*, revue mensuelle fondée par M. de Mortillet en 1865.
Zaborowski-Moindron, *de l'Ancienneté de l'homme*. Paris, Germer-Baillière, 1874, 2 vol. in-8°, 9 fr.
Zaborowski, *l'Homme préhistorique*. Paris, Germer-Baillière (Alcan successeur), 1884, in-18, 0 fr. 60.
Le Préhistorique en Europe, congrès, musées, excursions, par G. Cotteau, correspondant de l'Institut, Paris, J.-B. Baillière, 1889, 1 vol. in-16, avec 60 figures, 3 fr. 50 (*Bibliothèque scientifique contemporaine*).
L'Homme avant l'histoire, par Charles Debierre, professeur à la faculté de Lille. 1888, 1 vol. in-16 de 304 p. avec 84 figures, 3 fr. 50 (*Bibliothèque scientifique contemporaine*).
L'Archéologie préhistorique, par le baron de Baye, membre de la Société des antiquaires de France. 1888, 1 vol. in-16 de 340 p., avec 51 figures, 3 fr. 50 (*Bibliothèque scientifique contemporaine*).
Crania ethnica : les Crânes des races humaines, décrits et figurés d'après les collections du Muséum d'histoire naturelle de Paris et les principales collections de France et de l'étranger, par MM. de Quatrefages et Ernest Hamy, conservateur du Musée d'ethnographie du Trocadéro. 1 vol. in-4° de xi-528 p., avec 483 figures et un atlas in-4° de 100 pl. lithogr. par Formant, avec texte explicatif, ensemble 2 vol. cart., 160 fr. Paris, J.-B. Baillière.
Paléoethnologie; de l'Antiquité de l'homme dans les Alpes Maritimes, par Émile Rivière; planche en chromolithographie par J. Pilloy, gravures sur bois par Guzman. 1 vol. in-4° de 336 p., avec 24 pl. chromol ; cart., 65 fr. Paris, J.-B. Baillière.
Les Stations de l'âge du renne, dans les vallées de la Vézère et de la Corrèze, par P. Girod et Élie Massénat. Paraît depuis le 1er janvier 1889 en 10 fascicules de chacun 24 p. de texte et 10 pl. en couleur, in-4°. Prix de chaque fascicule, 5 fr. Paris, J.-B. Baillière.
Cartailhac, *les Ages primitifs de l'Espagne et du Portugal*. Paris, 1888, Reinwald, in-4°, 25 fr.
Ed. Dupont, *l'Homme pendant les âges de la pierre en Belgique*. Bruxelles, 1871.
Le Hon, *l'Homme fossile en Europe*. Bruxelles et Paris, in-8°.
De Nadaillac, *l'Homme tertiaire*. Paris, Masson, 1885, in-8°, 56 p.
Boucher de Perthes, *Antiquités celtiques et antédiluviennes*. Paris, 1847-1857, 3 vol. in-8°.
Sven Nilsson, *les Habitants primitifs de la Scandinavie*. Paris, 1868, in-8°.
S. Reinach, *Description raisonnée du Musée de Saint-Germain en Laye*, t. Ier ; *Époques des alluvions et des cavernes*. Paris, Firmin Didot, 1889, in-8°.
De Nadaillac, *Mœurs et monuments des peuples préhistoriques*. Paris, Masson, 1888, in-8°, 10 fr.
Du Cleuziou, *la Création de l'homme*. Paris, Marpon et Flammarion, 1887, in-8°, 10 fr.
E. Cartailhac, *la France préhistorique*. Paris, Alcan (Germer-Baillière), 1889, 6 fr.
Fergusson, *les Monuments mégalithiques*. Paris, Hatou, 1878, in-8°, etc., 10 fr.
V. les catalogues d'Alcan, J.-B. Baillière, Masson, etc.

CHAPITRE XXVII

LA GROTTE DE NABRIGAS ET LA POTERIE PALÉOLITHIQUE

L'homme quaternaire a-t-il connu la poterie ? — Géologie, préhistoire et anthropologie. — M. Joly à Nabrigas en 1835. — Nos fouilles de 1885. — Nouvelles découvertes en Belgique. — La poterie existait dès l'époque du grand ours.

Une des questions les plus débattues en préhistoire est celle de savoir si oui ou non l'homme de la pierre taillée, l'homme quaternaire, a connu la poterie, a pratiqué l'art, même rudimentaire, de la céramique.

Maintes fois déjà on a signalé des restes de poterie associés dans les cavernes aux animaux éteints de l'époque quaternaire. Les découvertes de Bize (Tournal, 1827), de Pondres (Christol, 1828), de Nabrigas (Joly, 1835), d'Aurignac (Lartet, 1862), etc., celles mêmes de M. Dupont en Belgique (trou de Frontal), ont été contestées; plusieurs, avouons-le, ont été victorieusement battues en brèche; mais les plus récentes ne sauraient l'être. Toutefois la discussion dure toujours. MM. de Mortillet, Cartailhac, Cazalis de Fondouce, Trutat, Evans, Lubbock, etc., affirment que l'homme de la pierre taillée n'a pas tenté le moindre essai de céramique. Ils ont pour adversaires Lartet, Christy (qui a fait mouler pour le *British Museum* un fragment trouvé en 1835 à Nabrigas), MM. de Quatrefages, Hamy, Joly, Dupont, de Ferry, Topinard, Garrigou, etc.; ceux-ci ont admis, après mûr examen, l'authenticité de ces rares trouvailles, dont M. de Nadaillac a donné le meilleur résumé[1], et l'embarras est grand réellement pour les juges impartiaux, qui voient ces deux opinions contraires adoptées par des savants aussi également compétents que ceux que nous venons de nommer de part et d'autre.

Or la grotte de *Nabrigas* a jeté une vive lumière sur la question.

Les trouvailles objet de ce chapitre ne sont pas des nouveautés absolues; elles corroborent seulement deux faits jusqu'ici contestés : l'un, particulier, géographique en quelque sorte, l'existence de l'homme dans la Lozère à l'époque du grand ours des cavernes; l'autre, général, la connaissance de la poterie à cette même époque.

De plus, on verra se dégager de ce qui va suivre le vrai caractère de la préhistoire; on comprendra comment cette science si jeune, qui cherche à connaître l'homme primitif si ancien, sert de liaison à deux autres : la *géologie* pure et l'*anthropologie* proprement dite, dont elle a besoin elle-même pour marcher avec succès dans la voie du progrès scientifique; car si la préhistoire tient à l'anthropologie par son but, qui est la recherche de l'antiquité de l'espèce humaine, elle touche à la géologie par ses moyens, puisque la contemporanéité de l'homme et des espèces éteintes ne peut être prouvée que par la stratigraphie des gisements, c'est-à-dire par l'observation géologique.

La grotte de Nabrigas (*V.* p. 139) est située à 5 kilomètres ouest de Meyrueis

---

1. *V.* De Nadaillac, *les Premiers Hommes*, t. Ier, p. 96. Masson, 1881, 2 vol. in-8°.

LA GROTTE DE NABRIGAS ET LA POTERIE PALÉOLITHIQUE

(Lozère), aux deux tiers de la hauteur du causse Méjean; elle s'ouvre largement sur la vallée de la Jonte, à 250 ou 300 mètres au-dessus de la rivière, au sommet et presque au bord des magnifiques escarpements dolomitiques qui encaissent le cañon. Son entrée, tournée au levant, mesure 7 mètres de largeur sur 3 de hauteur; une série de salles et couloirs sans stalactites dignes de remarque s'y développe sur 150 à 200 mètres d'étendue totale et horizontale. Elle ne mérite aucune visite au point de vue du pittoresque.

En 1835, M. Joly (mort en octobre 1885 professeur à la faculté des sciences de Toulouse) trouvait dans cette caverne un assez grand fragment de poterie

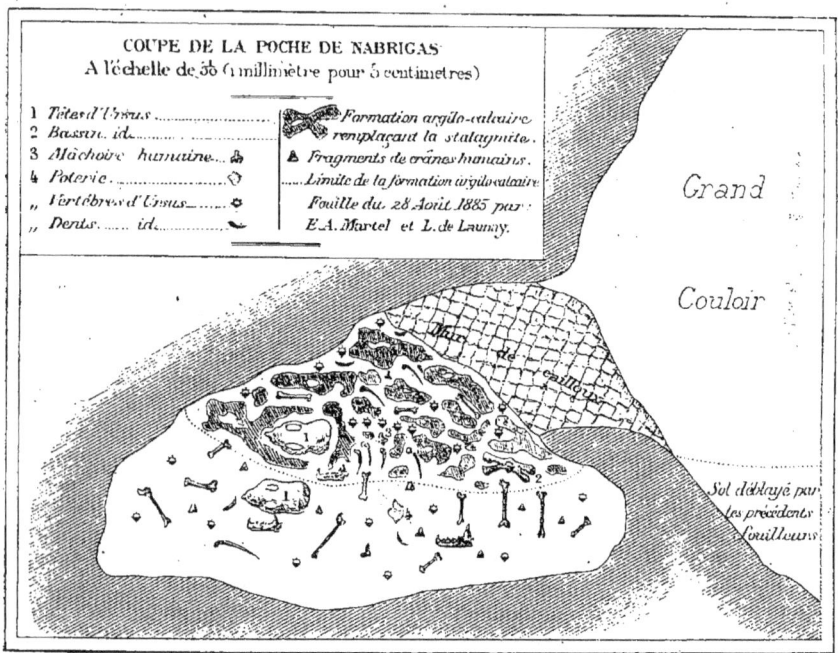

grossière (fond de vase) façonnée à la main, peu cuite au feu, mêlée à des ossements d'*Ursus spelæus*; sur un crâne de ce carnassier il vit, en même temps, la cicatrice d'une blessure qui paraissait faite avec un instrument tranchant (silex taillé); s'appuyant sur ces découvertes, M. Joly émit donc, l'un des premiers, l'idée que l'homme avait pu être contemporain du grand ours des cavernes, et pratiquer dès lors l'art du potier de terre. La proposition était hardie, et la note où le jeune savant décrivait Nabrigas et exposait, pièces et démonstrations en main, sa manière de voir, passa presque inaperçue[1]. Quoi d'étonnant à cela, puisqu'il fallut à Boucher de Perthes, qui ne devait commencer ses travaux sur l'homme quaternaire qu'un an après, vingt-sept années de lutte et de persévérance pour triompher de l'incrédulité?

1. *Bibliothèque universelle de Genève*, année 1835 t. Ier, p. 349.

M. Joly ne fut donc pas écouté; les faits eux-mêmes appuyèrent longtemps les objections. En effet, depuis que les preuves indéniables de l'existence de l'homme quaternaire se sont accumulées de tous côtés, on a exploité à outrance le riche ossuaire qui nous occupe; voilà cinquante ans que les fouilleurs s'y succèdent tous avec bonheur; or, pendant ce demi-siècle, rien de conforme aux trouvailles de 1835 n'avait été exhumé de cette fosse célèbre, bien que tout le sol en eût été bouleversé et que de nombreuses familles d'*Ursus* en fussent sorties; dans aucune grotte de la contrée on n'avait même recueilli de vestiges de l'homme paléolithique. Aussi les conclusions de M. Joly passèrent-elles dans la classe des conjectures hasardées; aussi MM. Jeanjean[1], Trutat, Cartailhac[2], l'abbé Cérès[3], etc., forts de cet argument négatif, en vinrent-ils à nier que l'homme quaternaire, incontestablement reconnu dans de nombreuses localités françaises et étrangères, eût jamais pénétré dans la Lozère ni même dans les Cévennes du Languedoc.

Or les preuves du contraire ont fini par être recueillies, bien tardivement il est vrai.

En 1883 seulement, une belle hache en silex taillé, rapportée au type de Saint-Acheul, devint un premier argument contre la négation absolue de l'homme quaternaire lozérien; elle fut rencontrée par M. le docteur Prunières à la grotte de la Caze, à côté d'un « fémur gigantesque d'*Ursus* qui avait longuement suppuré sans guérir ». Pourquoi cette blessure n'aurait-elle pas été faite par une *arme* tranchante? Cette fouille donna aussi, paraît-il, quelques menus fragments humains; mais M. Prunières, ne les ayant pas extraits de ses propres mains n'osa pas les produire à côté de sa hache, si convaincante : louable excès de prudence, souvent trop rare chez les fouilleurs.

Ces documents, tout restreints et isolés qu'ils fussent, constituaient véritablement le *commencement de preuve*. La confirmation devait se manifester bientôt.

Le 28 août 1885, mon ami L. de Launay, ingénieur des mines, et moi, nous trouvions dans la grotte de *Nabrigas,* au fond d'une poche vierge de fouilles et non remaniée par les eaux, une portion de mâchoire humaine avec trois dents, huit autres fragments de crânes humains, et un morceau de poterie très grossière[4], *en contact immédiat* avec les restes d'au moins deux squelettes d'*Ursus spelæus*. (*V.* la figure.)

Il y avait juste cinquante ans que le double problème de l'homme quaternaire en Lozère et de la poterie paléolithique était posé. Nous ne voulons pas reproduire ici la controverse soulevée alors par MM. Cartailhac et de Mortillet, ni les répliques faites : il suffira d'y renvoyer les spécialistes que cela pourrait intéresser[5].

Depuis notre trouvaille de Nabrigas, on a fait, récemment, des découvertes semblables en Belgique : elles sont dues à MM. Fraipont (grotte d'Engis), de Puydt et Lohest (grotte de Spy), et Braconnier (grotte du Petit-Modave)[6].

---

1. *Mémoires de l'Acad. du Gard* pour 1872, Nimes, 1874.
2. *Matériaux pour l'histoire de l'homme*, 2ᵉ série, t. III, avril-mai 1872.
3. *Mémoires de la Soc. des lettres, sciences et arts de l'Aveyron*, 15 septembre 1867.
4. Ces pièces sont aujourd'hui au laboratoire d'anthropologie du Muséum d'histoire naturelle de Paris.
5. *V.* E.-A. Martel et L. de Launay, *Comptes rendus des séances de l'Acad. des sciences*, 9 novembre 1885; *Bull. de la Soc. géologique*, 7 décembre 1885; *Bull. de la Soc. d'anthropologie*, 19 novembre 1885; — Cartailhac, *Comptes rendus de l'Acad. des sciences*, 23 novembre 1885; — de Mortillet, *l'Homme*, 10 avril 1885, n° 7; — Topinard, *Bull. de la Soc. d'anthropologie*, 1887, p. 600.
6. V. *Archives belges de biologie*, Gand, 1887, Mémoire de MM. Fraipont et Lohest; — *Revue d'anthropo-*

Nous regrettons, au lieu de simplement donner les sources, de ne pouvoir citer, faute de place, les curieux passages des mémoires de ces auteurs.

Mais nous maintenons fermement que la trouvaille de 1885 à Nabrigas démontre péremptoirement, par les conditions de son gisement :
1° L'existence de l'homme dans la Lozère à l'époque du grand ours;
2° La connaissance de la poterie à cette même époque.

CHAPITRE XXVIII

GAULOIS ET ROMAINS

Gabales, Volces et Ruthènes. — Les femmes galates : histoires de Chiomara et de Camma. — Conquête de la Gaule par les Romains. — Villes et voies antiques. — La table de Peutinger. — Bibliographie.

Trois peuples gaulois se partageaient le territoire des Causses et des Cévennes.

Au nord, les *Gabales*, entre la Truyère, le Lot et l'Allier, occupaient le Gévaudan actuel, ayant pour capitale *Anderitum* (Javols) et pour villes *Castrum Gredonense* (Grèzes) et *Mimate* (Mende). — A l'ouest, les *Ruthènes* ont donné leur nom au Rouergue, et Rodez a remplacé *Segoldum* ou *Segodunum*. — Au sud-est, les *Volces Arécomices* s'étendaient jusqu'à *Nemausus* (Nîmes) et à la mer, possédant *Condatemagus* (près Millau), *Vindomagus* (Valleraugue), *Luteva* (Lodève), *Aganticum* (Ganges), *Andutia* (Anduze), *Avicantus* (le Vigan).

Du temps de César, les Gabales dépendaient des Arvernes : *sub imperio Arvernorum esse consueverant*. Ils n'ont pas d'histoire spéciale, ayant suivi la fortune de leurs patrons et des Ruthènes.

Les Volces, originaires de Belgique, aimaient les expéditions lointaines. Dans la première moitié du IV° siècle avant Jésus-Christ, ils franchirent le Rhin et envahirent la Gaule septentrionale. « Deux de leurs tribus seulement, les *Arécomices* et les *Tectosages*, parvinrent à traverser le territoire gaulois dans toute sa longueur et s'emparèrent d'une partie du pays situé entre le Rhône et les Pyrénées orientales ; les Arécomices subjuguèrent l'Ibérie-Ligurie, entre les Cévennes et la mer; les Tectosages s'établirent entre ces montagnes et la Garonne et adoptèrent pour leur chef-lieu Tolosa. » (A. Thierry, *Histoire des Gaulois*, livre II, chap. 1er.) Leurs migrations ne s'arrêtèrent pas là : des bandes de Tectosages, vers l'an 281, s'en furent par la forêt Noire (Hercynienne), la vallée du Danube et l'Illyrie, guerroyer en Grèce sans succès.

En 278, une portion de ces bandes passa en Asie Mineure et se fit concéder par les rois de Bithynie d'immenses territoires : ainsi fut fondé le fameux royaume

---

logie, 4e fascicule de 1887, Mémoire de MM. Fraipont et Braconnier sur *la Poterie en Belgique à l'âge du mammouth* : Annales de la Soc. géologique de Belgique, Liège, t. XIII, p. 21 ; — *Exploration de la grotte de Spy*, par MM. de Puydt et Lohest, *Bull. de la Soc. d'anthropologie* pour 1887, p. 521 et 600.

de *Galatie* (Gaule asiatique), dont le nom rappelait la patrie lointaine et qui posa sa capitale à *Ancyra* (Angora). Puissants en eux-mêmes, ces Gaulois d'Orient se mirent successivement à la solde des souverains asiatiques, de Pyrrhus et de Carthage contre les Romains.

Leur prospérité ne dura que jusqu'en 189, jour où le consul Cn. Manlius les battit en un combat sanglant et assura ainsi à Rome la possession de l'Asie Mineure. Mais, loin d'user de rigueur envers cette race belliqueuse, énergique, les vainqueurs ne lui dictèrent que d'honorables conditions, voulant à tout prix se l'attacher : c'était assez de l'avoir humiliée, il ne fallait pas la pousser à un dangereux désespoir, car les Volces et Gaulois d'Asie avaient l'âme grande et le caractère fortement trempé.

« Il ne fut question ni de tribut ni de changements dans les lois ou le gouvernement des Galates. Tout ce qu'exigeait Manlius, c'était qu'ils rendissent les terres enlevées aux alliés de Rome, qu'ils renonçassent à leur vagabondage inquiétant pour leurs voisins, enfin qu'ils fissent une alliance intime et durable. Ces conditions furent acceptées. » (A. THIERRY.)

C'était en effet un rude peuple que ces Volces, venus de si loin et restés cependant, par leurs mœurs nobles et généreuses, frères des Gaulois des Cévennes.

Les historiens antiques (Valère-Maxime, Plutarque, Polybe) relatent une foule d'anecdotes qui font le plus grand honneur au beau caractère des Galates.

Nous n'en rapporterons qu'un exemple, l'admirable trait de constance de *Camma*, prêtresse de Diane, mariée au tétrarque *Sinat*. Aimée d'un autre tétrarque, *Sinorix*, elle le repousse; la passion conduisit Sinorix au meurtre de Sinat; sous la pression de sa propre famille, Camma fut contrainte d'accorder sa main à l'assassin du premier époux tant pleuré. Le jour des noces, la belle veuve, souriante et calme, tend à Sinorix, selon l'usage, la coupe de vin que tous deux vident ensemble : elle était empoisonnée ; Sinat se trouvait vengé, et Camma mourante eut la joie de voir sous ses yeux l'infâme Sinorix succomber avant elle.

C'est contre les fils de pareilles femmes que les Romains, pendant plusieurs siècles, eurent à lutter aux quatre coins de leur empire.

En 218, les volces livrèrent passage à Annibal.

Les Ruthènes sont, comme les Gabales, clients des Arvernes. Au IIe siècle, lors de la première guerre contre Rome, ils fournirent au célèbre *Bituit,* roi des Arvernes, vingt-deux mille archers ; les Allobroges s'étaient joints aux deux peuples. En 122 avant Jésus-Christ, le consul Q. Fabius Maximus et le proconsul Domitius vainquirent au bord du Rhône l'armée des Gaulois alliés, forte, dit-on, de deux cent mille hommes. Bituit, considérant le petit nombre des Romains, s'était écrié d'un ton méprisant : « Il n'y en pas assez pour nourrir mes chiens. » Il n'en fut pas moins battu : la charge des éléphants romains et la rupture d'un pont de bateaux mirent le désordre au comble dans les rangs gaulois ; les ennemis n'eurent qu'à égorger : douze mille hommes périrent selon Tite Live, cent cinquante mille suivant Orose. Bituit échappa d'abord, puis fut pris par trahison et transporté à Rome chargé de chaînes.

Alors le midi de la Gaule fut *province romaine*, et le peuple allobroge sujet romain. Deux ou trois ans après, et par extension insensible de la Province, les Ruthènes mêmes se trouvèrent divisés en deux parts : les indépendants, qui restèrent groupés autour de Segoldum, et les *provinciaux*, annexés avec leur ville d'*Al-*

biga (Albi). Les Volces devinrent seulement des *fédérés* ou alliés (118 av. J.-C.).
Soixante-dix ans plus tard, César acheva la conquête. A l'instigation des Arvernes et du noble patriote *Vercingétorix*, toute la Gaule s'était levée en masse (grande ligue des Arvernes). Les Gabales, les Ruthènes et leurs voisins les *Cadurques* (Cahors) se jetèrent sur la *Province*, ayant à leur tête *Lucterius*.

César fut repoussé à *Gergovia* (près Clermont-Ferrand), où la déroute des légions fut complète (52 av. J.-C.). La chute d'*Alesia* et la reddition de Vercingétorix le vengèrent, mais n'abattirent pas l'insurrection : une dernière fois elle éclata et prit pour boulevard suprême *Uxellodunum* (Puy-d'Issolu), sur la rive droite de la Dordogne, au bord même de la région des Causses, entre Brive et Figeac ; les Cadurques et les Ruthènes portaient tout le poids de la résistance. On sait comment César fit capituler la place en détournant, par des galeries souterraines, la source qui l'alimentait. Le chef gaulois *Drappès* « fait prisonnier... se laissa mourir de faim... César fit couper les mains à tous ceux qui avaient porté les armes ; mais il épargna leur vie, afin qu'ils fussent un témoignage visible des châtiments de Rome... La Gaule ainsi déposait, pour la dernière fois, les armes, ou du moins les armes lui tombaient des mains (51 av. J.-C.). » (Amédée Thierry, *Histoire des Gaulois*, l. VII, chap. III.)

L'occupation romaine a laissé comme traces de nombreuses inscriptions, l'important monument de Lanuéjols (*V.* p. 259), et quelques vestiges de voies antiques. Sur ces dernières il importe d'insister quelque peu.

Un monument des plus précieux de la géographie ancienne, la *table de Peutinger*, nous renseigne sur les routes romaines de la région des Causses [1].

Deux principales y sont indiquées.

La première, de Lyon à Bordeaux, traversait *Condate, Anderitum, Ad Silanum* et *Segondum*. C'était la voie d'Agrippa.

La deuxième, de Segondum à l'embouchure de l'Hérault, passait par *Condatemago* et *Loteva*.

Nous allons résumer brièvement les assimilations faites par les différents auteurs au sujet de ces noms.

Condate serait Monistrol-d'Allier (d'Anville), ou Chanteuge, près Langeac (Ukert), ou encore Chapeauroux, etc.

Anderitum fut, nous l'avons vu, la capitale des Gabales : tout porte à croire que c'est le Javols actuel (entre la Margeride et l'Aubrac (*V.* p. 262), car on a trouvé là de nombreux débris romains : colonnes, bains, aqueducs, médailles, vases, lampes, borne milliaire, etc. (D'Anville, *Commission des Gaules*.) Cependant Walckenaer et Desjardins voudraient placer Anderitum à Anterrieux (Cantal), où les vestiges romains n'ont pas manqué non plus ; ils font de Javols le site de *Gabali* ou *Urbs gabalitana*, qui serait alors distinct d'Anderitum. *Ad Silanum* passe pour n'avoir été qu'un relai, un poste peu important ; Walckenaer, d'Anville, Ukert, etc., se contredisent tous. Le docteur Prunières a cru trouver Ad Silanum au bord même du plateau d'Aubrac, entre Aubrac et le lac Saint-Andéol, à la ferme du *Mas-Crémat*. (*V.* p. 279.)

---

1. La table de Peutinger est la *copie*, faite au xiiie siècle par un moine de Colmar, d'une carte routière du monde romain dressée sans doute sous Théodose. Le document primitif est perdu, mais l'original du xiiie siècle est précieusement conservé à la bibliothèque impériale de Vienne. Il doit son nom à Conrad Peutinger, antiquaire d'Augsbourg, qui le découvrit à Spire à la fin du xve siècle. M. Ernest Desjardins a donné le meilleur commentaire et la plus belle reproduction de la *Table de Peutinger*.

Segodun, Segodunum, Segoldum ou Ruteni est Rodez, au carrefour de trois routes.

Condatomago, nom gaulois qui indique un confluent, donne à penser que la meilleure assimilation est celle d'Ukert, qui place Condatomago en face de Millau, au confluent du Tarn et de la Dourbie. (*V.* p. 185.)

Loteva, Luteva, représente Lodève sans conteste[1].

M. Germer-Durand, architecte départemental, a eu l'obligeance de nous signaler les voies accessoires suivantes :

De Millau en Auvergne par Rivière, le causse du Massegros, Chanac, Marvejols, Saint-Chély-d'Apcher et Saint-Flour ;

D'Alais à Langogne et Condate : c'est la *voie Regordane,* par Villefort.

De Villefort à Mende et à Chanac conduisait le *chemin Soubeyran* ou la Soubeiranne (*Superiorem*), par Bagnols, Lanuéjols et Chapieu.

La *Boulaine* allait de Mende à Javols. Mende était réuni aussi à Florac par Chapieu et le Valdonnès, à Ispagnac par le Choisal et l'Estrade, et même à Meyrueis par Sainte-Enimie et Hures.

Entre Florac et Alais, par Saint-Laurent-de-Trèves, le Pompidou et Anduze, étaient aussi des stations routières.

Les découvertes archéologiques effectuées dans la région des Causses font l'objet de nombreux et intéressants mémoires insérés dans les publications des diverses sociétés savantes de la Lozère, de l'Aveyron, du Gard, etc.

Ne pouvant les résumer tous, nous donnons au moins les titres des plus importants, ainsi que la liste des ouvrages généraux où il est parlé des Cévennes antiques.

BIBLIOGRAPHIE

Bull. de la Soc. des antiquaires de France. Paris, in-8°.
Communications de M. Fr. GERMER-DURAND, architecte départemental : juin 1880, *Inscription romaine d'Allenc;* novembre 1880, *Cippe funéraire d'Ispagnac transformé en autel chrétien.* — V. aussi : *Bull. de la Soc. d'agriculture de la Lozère* en 1875, p. 305 ; en 1882, *Fragment du tombeau chrétien en marbre trouvé à Mende, déposé au Musée* ; en 1884, *Inscription du tombeau de de Sainte-Enimie* ; en 1886, *Bas-reliefs et deux inscriptions latines de l'évêché de Rodez.* — Communications M. l'abbé CÉRÈS : en 1884, *Milliaire de Rodez ;* 1883-1884-1885, *Graffltis et inscription sur agrafe en bronze trouvée à Graufesenque* (Millau). — Communication de M. l'abbé Thédenat *sur une Inscription métrique existant à Chanac au dix-huitième siècle,* juillet 1885 ; communication de M. le docteur Prunières en 1886 *sur une Bague romaine trouvée à Marijoulet, près Chanac.*

Bulletin épigraphique de la Gaule, par MM. Florian VALENTIN et Robert MOWAT. Vienne (Isère), in-8°.

Communications de M. GERMER-DURAND, architecte départemental : en 1881, *Lecture de l'inscription romaine de Brugers.* — *Inscription posthume, à Javols* ; en 1882, *Nouvelle Inscription à Brugers, près Grèzes, et inscription romaine d'Embecque, près Montjésieu* ; en 1886, *Huit Inscriptions romaines ou fragments du Musée de Rodez.*

Revue épigraphique du Midi, dirigée par M. ALLMER. Vienne (Isère), in-8°. — En 1880, *Inscription de Saint-Laurent-de-Trèves.* — En 1881, *Inscription de Brugers.*

Le baron Charles-Athanase, WALCKENAER *Géographie ancienne historique et comparée des Gaules cisalpine et transalpine,* suivie de l'analyse géographique des itinéraires anciens, et accompagnée d'un atlas. 1839, 3 vol. in-8°.

D'ANVILLE, *Éclaircissements géographiques sur l'ancienne Gaule,* 1741, in-12. — *Notice de l'ancienne Gaule, tirée des monuments romains.* 1755, in-4° ; 1760, in-18.

---

[1]. Consulter pour plus de détails : E. DESJARDINS, *Géographie de la Gaule d'après la table de Peutinger.* Paris, Hachette, 1869, in-8° (1 vol. extrait du *commentaire général* du même auteur).

Mémoires de d'ANVILLE *sur les cartes de l'ancienne Gaule,* qu'il a dressées. 1779, in-4°.

Ancienne topographie des Gaules; projet d'un travail conçu par l'empereur et observations présentées à ce sujet en ce qui concerne le Gévaudan, par Th. ROUSSEL, 1858 : *Bulletin de la Lozère,* 1868, p. 177.

Le marquis Alexandre-Henri-Pierre de ROCHEMAURE, *Mémoires sur les Volces Arécomices et sur la ville de Nismes, leur capitale.* (Recueil des pièces de l'Acad. de Nismes, p. 89-108 ; in-8°, 1756.)

MÉNARD, *Recherches sur l'étymologie du nom d'Arécomiques donné aux Volces, dont Nismes était la capitale* : étendue et limites de leur pays, etc. (Liv. Ier de son *Histoire de Nimes,* in-4°, 1750.)

I.-A. CAYX, *Notice sur plusieurs tombeaux et autres monuments, tant antiques que du moyen âge, qui se trouvent dans le département de la Lozère* : *Mém. de la Soc. des antiquaires de France,* t. VIII, p. 228.

Notice sur les monuments antiques et du moyen âge du département de la Lozère, 1re partie ; *Antiquités gauloises ;* 2e partie, *Période romaine,* par J.-J.-M. IGNON : *Mém. de la Soc. d'agriculture de la Lozère,* 1839-1840, p. 137-184 ; 1840-1841, p. 129 ; et 1841-1842, p. 137.

Rapport sur les antiquités romaines de la Lozère, par M. E. DE MORÉ : *Congrès archéologique de France* de 1857.

Tombeaux et autres monuments antiques de la Lozère, ID., *ibid.,* t. VIII.

Dissertation sur Gabalum : *Mém. de l'Acad. roy. des inscriptions et belles-lettres,* t. V, p. 417.

Dissertation sur les Gabali : *Mém. de l'Acad. roy. des inscriptions et belles-lettres,* t. VIII, p. 386-408.

Nouvelles Recherches sur l'étendue du pays des Gabales et sur la position de leurs villes antiques, par M. CAYX, 1826, in-8°. (Extrait des *Mémoires de la Soc. des antiquaires de France,* t. VII.)

Étude de géographie ancienne du pays de Gévaudan dans le Propempticon *de Sidoine Apollinaire,* par l'abbé J.-B.-P. PASCAL : *Bulletin,* 1852, p. 122.

Mémoire sur l'étendue et les limites du territoire des Gabales et sur la position de leur capitale Anderitum, in-4° avec carte, 1821, par M. WALCKENAER, de l'Institut royal de France.

Dissertation sur Anderitum : *Mém. de l'Acad. roy. des inscriptions et belles-lettres,* t. V, p. 346-407.

Voies romaines et emplacement de la capitale des Gabales, par J.-J.-M. IGNON : *Mém. de la Soc. d'agriculture de la Lozère,* en 1847, 1848, 1849, p. 153.

Note sur l'emplacement d'Anderitum, par M. DELAPIERRE : *Bulletin,* 1850, p. 150.

Fouilles à Javols en 1829, par J.-J.-M. IGNON : *Mém. de la Soc. d'agriculture,* 1830, p. 28.

Des Voies romaines en Gévaudan, station de Condate, par F. ANDRÉ, archiviste : *Bulletin de la Lozère,* 1867, p. 275.

Notice sur les voies romaines de la Lozère, par E. DE MORÉ : *Congrès archéologique de France,* 1857.

Voies romaines de la Lozère, Rapport de M. ÉTIÉVANT, conducteur des ponts et chaussées, sur les fouilles de Condate : *Bulletin,* 1862, p. 15.

APPENDICE

ITINÉRAIRES ET RENSEIGNEMENTS

Il semble que la nature ait tout exprès combiné la situation réciproque des points saillants de la région des Causses de manière à y rendre très simple l'itinéraire que doivent suivre les voyageurs. Par exemple, Millau étant pour cette région le centre de convergence de tous les chemins de fer français, le programme de l'excursion des Causses se trouve ainsi fait tout seul : vallée de la Dourbie, Montpellier-le-Vieux, traversée du causse Noir, Peyreleau, tour du causse Méjean par les gorges de la Jonte, du Tarnon et du Tarn (avec crochets à Bramabiau, à l'Aigoual, au mont Lozère, etc.), retour à Peyreleau, basse vallée du Tarn et rentrée à Millau, point de départ. Rien de moins compliqué, on le voit, et surtout aucune portion de route faite en double. Même dans les détails, cette relation si commode des positions subsiste : l'ermitage Saint-Michel, par exemple, est ainsi placé qu'en le visitant le matin on peut, le soir, soit gagner Meyrueis par la vallée de la Jonte ou le causse Noir, soit se rendre à Maubert (Montpellier-le-Vieux) par Roquesaltes et le Riou-Sec ou réciproquement.

Mais ce plan ne concerne que les causses Méjean et Noir : or on peut prendre comme point de départ Mende, Florac, Ganges (le Vigan) ou Lodève au choix, et, si l'on a du temps, visiter en détail le Larzac, les Cévennes et l'Ardèche.

Il convient donc de présenter cinq séries d'itinéraires, chacune ayant pour origine une des cinq localités ci-dessus et comprenant plusieurs projets de durée différente : tous ces projets sont modifiables de cent façons, naturellement, selon les préférences du touriste.

I. — PREMIÈRE SÉRIE. — DE MENDE

A. — TROIS JOURS

Premier jour. De Paris (de nuit) ou de Clermont à Mende par Garabit, arrivée vers midi ; de Mende à Sainte-Énimie, en voiture. — *Deuxième jour*. Gorges du Tarn, de Sainte-Énimie à Peyreleau en bateau. — *Troisième jour*. De Peyreleau à Millau, par Montpellier-le-Vieux.

B. — SIX JOURS

Premier jour. Sainte-Énimie. — *Deuxième jour*. Gorges du Tarn. — *Troisième jour*. Vallée de la Jonte, Dargilan, Meyrueis. — *Quatrième jour*. Bramabiau (Camprieu), Trèves. — *Cinquième jour*. Saint-Jean-du-Bruel, Nant, la Dourbie, la Roque-Sainte-Marguerite. — *Sixième jour*, Montpellier-le-Vieux, Millau.

B *bis*. — VARIANTE

Troisième jour. Montpellier-le-Vieux. — *Quatrième jour*. Saint-Michel, Jonte, Meyrueis. — *Cinquième jour*. Bramabiau (Camprieu), Valleraugue. — *Sixième jour*. Ganges, Grotte de Ganges.

APPENDICE

C. — DIX JOURS

Premier au sixième jour. Comme B (Tarn, Jonte, Bramabiau, Dourbie). — *Septième jour.* Millau à Lunas, Caves de Roquefort (ou source de la Sorgues). — *Huitième jour.* Lunas, l'Escandorgue, Lodève, Clermont-l'Hérault, Mourèze. — *Neuvième jour.* Pas de l'Escalette, le Caylar, Madières. — *Dixième jour.* La Vis, Novacelle, source de la Foux, Ganges.

C bis. — VARIANTE

Comme B, ajoutant quatre jours pour Saint-Michel, etc., pas de l'Arc, etc., point 815, etc., le Rajol, etc.

D. — QUINZE JOURS

Premier jour. Mende, Chastel-Nouvel (pour les archéologues seulement). — *Deuxième jour.* tombeau de Lanuéjols, col de Montmirat, valats d'Ispagnac, Florac. — *Troisième jour.* Cascade de Runes, Pont-de-Montvert, haute gorge du Tarn (nouvelle route). — *Quatrième jour.* De Florac à la Malène; voir Castelbouc. — *Cinquième jour.* De la Malène à Peyreleau; voir le Point Sublime. — *Sixième jour.* Pas de l'Arc et corniches du causse Méjean. — *Septième jour.* Montpellier-le-Vieux. — *Huitième jour.* Roquesaltes, le Rajol, Madasse, Saint-Michel, Peyreleau. — *Neuvième jour.* Jonte. Dargilan, Meyrueis (si l'on dispose d'un seizième jour, point 815 et pont des Arcs). — *Dixième jour.* Bramabiau, Trèves. — *Onzième jour.* Trèves à Millau (par la Dourbie). — *Douzième au quinzième jour.* Comme du septième au dixième de C (Larzac et Vis).

E. — VINGT JOURS

Premier au quinzième jour. Comme D. — *Seizième jour.* Grotte de Ganges ou ravin des Arcs, coucher à Alais (partir de Ganges le soir). — *Dix-septième jour.* Bois-de-Païolive. — *Dix-huitième jour.* Ruoms, Vallon, pont d'Arc, Ardèche, Vals. — *Dix-neuvième et vingtième jour.* Environs de Vals.

F. — TRENTE JOURS

Premier au troisième jour. Comme du premier au troisième jour de D (Mende et Florac). — *Quatrième jour.* Le mont Lozère (Malpertus, Finiels, les Laubies). — *Cinquième au dixième jour.* Comme du quatrième au neuvième jour de D (Tarn, Peyreleau, Jonte). — *Onzième jour.* Meyrueis, avenc de Hures, causse Méjean, Florac. — *Douzième jour.* Vallée du Tarnon, Perjuret, Aigoual, la Sereyrède. — *Treizième jour.* Bonheur, Camprieu, Bramabiau, Trèves. — *Quatorzième jour.* Trèves, Millau. — *Quinzième jour.* Millau, Creissels, Caves de Roquefort, Tournemire. — *Seizième jour.* Montpaon, Cornus, sources de la Sorgues, avenc de Mas-Raynal, Lunas. — *Dix-septième jour.* Lodève, Clermont-l'Hérault, Mourèze. — *Dix-huitième jour.* Aniane et Saint-Guilhem-le-Désert. — *Dix-neuvième jour.* Lodève, pas de l'Escalette, la Couvertoirade, le Caylar. — *Vingtième jour.* Château de Sorbs, Vissec, la Foux, la Vis, Novacelle, Madières. — *Vingt et unième jour.* La Séranne, abîme de Rabanel, Ganges. — *Vingt-deuxième au vingt-quatrième jour.* Comme du seizième au dix-huitième jour de E (Païolive et Ardèche). — *Vingt-cinquième jour.* Vals, Jaujac, Thueyts, Montpezat. — *Vingt-sixième jour.* Montpezat, lac d'Issarlès, le Béage. — *Vingt-septième jour.* Le Mézenc, le Monastier, le Puy-en-Velay. — *Vingt-huitième jour.* Le Puy, Polignac. — *Vingt-neuvième jour.* Cratère de Bar, abbaye de la Chaise-Dieu. — *Trentième jour.* Lac du Bouchet, gorges de l'Allier, Clermont ou Alais.

G. — QUARANTE-DEUX JOURS (*six semaines*).

Premier jour. Saint-Flour, Garabit, Marvejols (collection Prunières). — *Deuxième jour.* Nasbinals, lacs de l'Aubrac. — *Troisième jour.* Aubrac, Mailhebiau, Saint-Germain-du-Teil, la Canourgue.

Le surplus comme F, en ajoutant *un* jour pour le pont des Arcs et le point 815 (environs de

Peyreleau), *trois* jours pour le Vigan (Saint-Guiral), le Buèges et le ravin des Arcs (environs de Ganges), *deux* jours pour les Gardons (Notre-Dame de Vallée-Française, collet de Dèze, etc.) aux environs d'Alais, *un* jour pour la Borne (aux Vans), *deux* pour la descente de toute l'Ardèche et le retour à Vals par le chemin de fer de la rive droite du Rhône (Viviers et le Teil).

En ajoutant quinze à vingt jours, ce qui n'est pas de trop pour l'Auvergne (les puys, le mont Dore, le Luguet, le Cantal), on aura l'emploi de deux mois complets, et l'on reconnaîtra que les curieuses montagnes de la France centrale sont bien dignes d'une aussi longue visite.

II. — DEUXIÈME SÉRIE. — DE MILLAU

A. — TROIS JOURS

Premier jour. Dourbie, Montpellier-le-Vieux, Peyreleau. — *Deuxième jour.* Jonte, Meyrueis, causse Méjean, la Parade et Sainte-Énimie. — *Troisième jour.* Gorges du Tarn, Peyreleau, Millau (tard le soir).

A *bis*. — VARIANTE

Premier jour. Mende, Sainte-Énimie. — *Deuxième jour.* Sainte-Énimie, Peyreleau. — *Troisième jour.* Peyreleau, Montpellier-le-Vieux, Millau. (Cette variante peut s'appliquer à tous les itinéraires de Millau, qui coïncideront alors avec ceux de Mende exactement.)

B. — SIX JOURS

Premier jour. Montpellier-le-Vieux, Maubert. — *Deuxième jour.* Le Rajol, la Dourbie, Saint-Jean-du-Bruel. — *Troisième jour.* Trèves, Bramabiau, Camprieu. — *Quatrième jour.* Camprieu, Meyrueis, Sainte-Énimie. — *Cinquième jour.* Gorges du Tarn, Peyreleau. — *Sixième jour.* Saint-Michel, Madasse (ou le pas de l'Arc), Millau.

C. — DIX JOURS

Premier au sixième jour. Comme II b (Dourbie, Bramabiau, Tarn, Peyreleau). — *Septième au dixième jour.* Comme I c (Larzac, Vis).

D. — QUINZE JOURS

Premier jour. Montpellier-le-Vieux. — *Deuxième jour.* Roquesaltes, le Rajol, la Roque. *Troisième jour.* La Dourbie, Saint-Véran, Saint-Jean-du-Bruel. — *Quatrième jour.* Trèves, Bramabiau, Camprieu. — *Cinquième jour.* Meyrueis, Dargilan. — *Sixième jour.* Perjuret, Tarnon, Florac. — *Septième jour.* Cascade de Runes, Florac. — *Huitième jour.* Sainte-Énimie, la Malène. — *Neuvième jour.* Point Sublime, Peyreleau. — *Dixième jour.* Corniches du causse Méjean, pas de l'Arc. — *Onzième jour.* Saint-Jean-de-Balmes, Madasse, Saint-Michel. — *Douzième au quinzième jour.* Comme du septième au dixième jour de I c (Larzac, Vis).

E. — VINGT JOURS

Premier au quinzième jour. Comme II d. — *Seizième au vingtième jour.* Comme I e (Païolive, Ardèche, Vals).

F. — TRENTE JOURS

Premier au quatrième jour. Comme II d (Dourbie, Bramabiau). — *Cinquième jour.* Aigoual, Meyrueis. — *Sixième jour.* Dargilan, Jonte, Meyrueis. — *Septième jour.* Perjuret, Tarnon, Florac. — *Huitième jour.* Cascade de Runes, Pont-de-Montvert. — *Neuvième jour.* Mont Lozère, Florac. — *Dixième au treizième jour.* Comme du huitième au onzième jour de II d (Tarn, Peyreleau). — *Quatorzième jour.* Pont des Arcs, point 815. — *Quinzième au trentième jour.* Comme I e (Larzac, Vis, Ganges, Païolive, Ardèche, Vals, Mézenc, le Puy).

APPENDICE

III. — TROISIÈME SÉRIE. — DE FLORAC

A, B, C. Comme I de Mende.

D. — QUINZE JOURS

Premier au sixième jour. Comme du troisième au huitième jour de I D (Runes, Tarn, Peyreleau). — *Septième jour.* Pont des Arcs et point 815. — *Huitième au quatorzième jour.* Comme du neuvième au quinzième jour de I D (Bramabiau, Dourbie, Larzac, Vis). — *Quinzième jour.* Grotte de Ganges (ou ravin des Arcs).

E. — VINGT JOURS

Comme III D (faire grotte de Ganges *et* ravin des Arcs, seizième jour). — *Dix-septième au vingtième jour.* Comme I E (Païolive, Ardèche, Vals).

F. — TRENTE JOURS

Premier jour. Cascade de Runes, Pont-de-Montvert. — *Deuxième jour.* Mont Lozère. — *Troisième jour.* Vallée du Lot, Mende. — *Quatrième jour.* Lanuéjols, Montmirat, Florac. — *Cinquième au trentième jour.* Comme I F.

IV. — QUATRIÈME SÉRIE. — DE GANGES OU DU VIGAN

A. — EN CINQ JOURS

Premier jour. Lespérou, Camprieu. — *Deuxième jour.* Bramabiau, Meyrueis. — *Troisième jour.* La Parade, Sainte-Enimie, la Malène. — *Quatrième jour.* Peyreleau, coucher à Maubert. — *Cinquième jour.* Montpellier-le-Vieux, Millau.

B. — DIX JOURS

Premier jour. Lespérou, Camprieu. — *Deuxième jour.* Bramabiau, Meyrueis. — *Troisième jour.* Dargilan, Jonte. — *Quatrième jour.* Florac, Sainte-Enimie. — *Cinquième jour.* Gorges du Tarn, Peyreleau. — *Sixième jour.* Montpellier-le-Vieux, Millau. — *Septième jour.* Montpaon, la Sorgues, Mas-Raynal. — *Huitième jour.* Lunas, Lodève, Mourèze. — *Neuvième jour.* L'Escalette, Madières. — *Dixième jour.* Vallée de la Vis.

C. — QUINZE JOURS

Comme IV B, en ajoutant : Runes (*un jour*), environs de Peyreleau (*trois jours*), Roquesaltes et le Rajol (*un jour*).

D. — VINGT JOURS

Premier jour. Alais et les Vans. — *Deuxième jour.* Bois-de-Païolive. — *Troisième jour.* Ruoms, Vallon, pont d'Arc, Vals. — *Quatrième au sixième jour.* Vals au Puy par le Mézenc. — *Septième jour.* Du Puy à Mende par Saint-Georges-d'Aurac et Langogne. — *Huitième jour.* Montmirat Ispagnac, Sainte-Enimie. — *Neuvième jour.* Gorges du Tarn, Peyreleau. — *Dixième au douzième jour.* Environs de Peyreleau. — *Treizième jour.* Dargilan, Meyrueis. — *Quatorzième jour.* Bramabiau, Trèves. — *Quinzième jour.* Saint-Jean-du-Bruel, la Dourbie, Saint-Véran. — *Seizième jour.* Le Rajol, Roquesaltes, Maubert. — *Dix-septième jour.* Montpellier-le-Vieux, Millau. — *Dix-huitième jour.* Montpaon, la Sorgues, Mas-Raynal. — *Dix-neuvième jour.* Lunas, Lodève, Mourèze. — *Vingtième jour.* Lodève à Ganges par Madières.

E. — TRENTE JOURS

Comme IV D, en ajoutant : environs de Vals, Florac, Runes et Lozère, Creissels et Roquefort, le Larzac et Sorbs, etc.

CINQUIÈME SÉRIE. — DE LODÈVE

Au choix, l'un des précédents itinéraires, en gagnant préalablement, soit en chemin de fer *Mende* ou *Millau*, soit en voiture *Millau* (par le Larzac) ou *Ganges* (par la Vis), en une journée.

Voici le tarif des bateaux du Tarn.

1° Service Saint-Jean (à Sainte-Énimie), Bernard (à Saint-Chély), Casimir Monginoux (à la Malène), et Alphonse Solanet (aux Vignes) :

De Sainte-Énimie à Saint-Chély	8 fr. 50
De Saint-Chély à la Malène	8 fr. 50
De la Malène aux Vignes	10 fr. »
Des Vignes au Rozier	15 fr. »
Total	42 fr. »

2° Service Justin Malaval (à Sainte-Énimie) et Justin Monginoux (à la Malène) :

De Sainte-Énimie à la Malène	13 fr. »
De la Malène aux Vignes	13 fr. »
Des Vignes au Rozier	16 fr. »
Total	42 fr. »

La descente totale du Tarn ne se fait pas sur la même barque, car les barrages forcent à en changer quatre fois (Pougnadoires, Hauterive, la Malène et les Vignes) ; en conséquence, il importe de prévenir vingt-quatre heures d'avance Saint-Jean ou Justin Malaval à Sainte-Énimie pour que les bateaux de *relai* se trouvent prêts d'avance : autrement on risquerait de prendre les bateliers au dépourvu et d'attendre plusieurs heures. *Cette précaution ne saurait en aucune façon être négligée.*

Quant aux routes praticables aux *voitures suspendues*, elles sont indiquées d'une façon précise sur la carte générale de la région des Causses jointe au présent volume.

Il y a des *courriers* ou voitures publiques *peu confortables* de Langogne à Mende, de Mende à Florac, de Florac à Anduze, de Florac à Meyrueis, de Meyrueis à Peyreleau et Millau, de Millau à Saint-Jean-du-Bruel et au Vigan, de Pont-d'Hérault (chemin de fer de Ganges et du Vigan) à Valleraugue, d'Aniane à Clermont-l'Hérault, de Saint-Paul-le-Jeune aux Vans (Bois-de-Païolive), du Monastier au Puy (Haute-Loire), etc., etc.

On verra dans le Guide *Miriam*, édité à Mende, en vente à Paris au Club alpin, l'indication des hôtels, qui ne saurait trouver place ici.

Pour Montpellier-le-Vieux, on se procurera un ou deux mulets à la Roque-Sainte-Marguerite et des chevaux à Peyreleau.

Les grottes de Ganges et de Dargilan sont fermées : si l'on veut les visiter, il faut prévenir un jour d'avance pour la première M. *Chanson*, à *Ganges* (Hérault) ; pour la deuxième *Louis Armand*, serrurier à *Aguessac* (Aveyron), qui a fait les travaux d'aménagement, ou *Émile Foulquier*, à *Peyreleau* (Aveyron).

Avis : s'éclairer avec des bougies et du fil de magnésium, *et non pas avec des torches et des feux de Bengale.* (V. p. 149.)

Cartes de l'état-major au 80,000° : feuilles 185, Saint-Flour (Garabit) ; 186, le Puy

(Mézenc); 196, Mende (Aubrac); 197, l'Argentière (Vals); 208, Sévérac (Tarn, Jonte, Dourbie, Montpellier-le-Vieux, Millau); 209, Alais (Montmirat, mont Lozère, Aigoual, Gardon, Païolive); 220, Saint-Affrique (Larzac, Trèves, Vis); 221, le Vigan (Vis, Ganges, l'Hérault, la Séranne, Saint-Guilhem); 232, Bédarieux (Lodève, Mourèze); 233, Montpellier (Aniane).

Carte au 500,000° du commandant Prudent (dépôt des fortifications) : feuilles XI (Toulouse, Montpellier, les Causses) et XII (Marseille [Ardèche] et Vals), à 1 fr 35 la feuille.

Toutes ces cartes en vente chez Baudoin, librairie militaire, passage Dauphine, Paris.

...Pour finir : peu de bagages, bon pied, bon œil, bon estomac et... bon voyage[1] !

1. Quelques modifications surviennent de temps à autre dans l'organisation des services. On les trouvera mentionnés au *Livret-Guide officiel* des compagnies de chemins de fer *P.-L.-M.* et *d'Orléans*. — En 1893, Justin Monginoux organisera un service de bateaux du pas de Souèy aux Vignes, etc., etc.

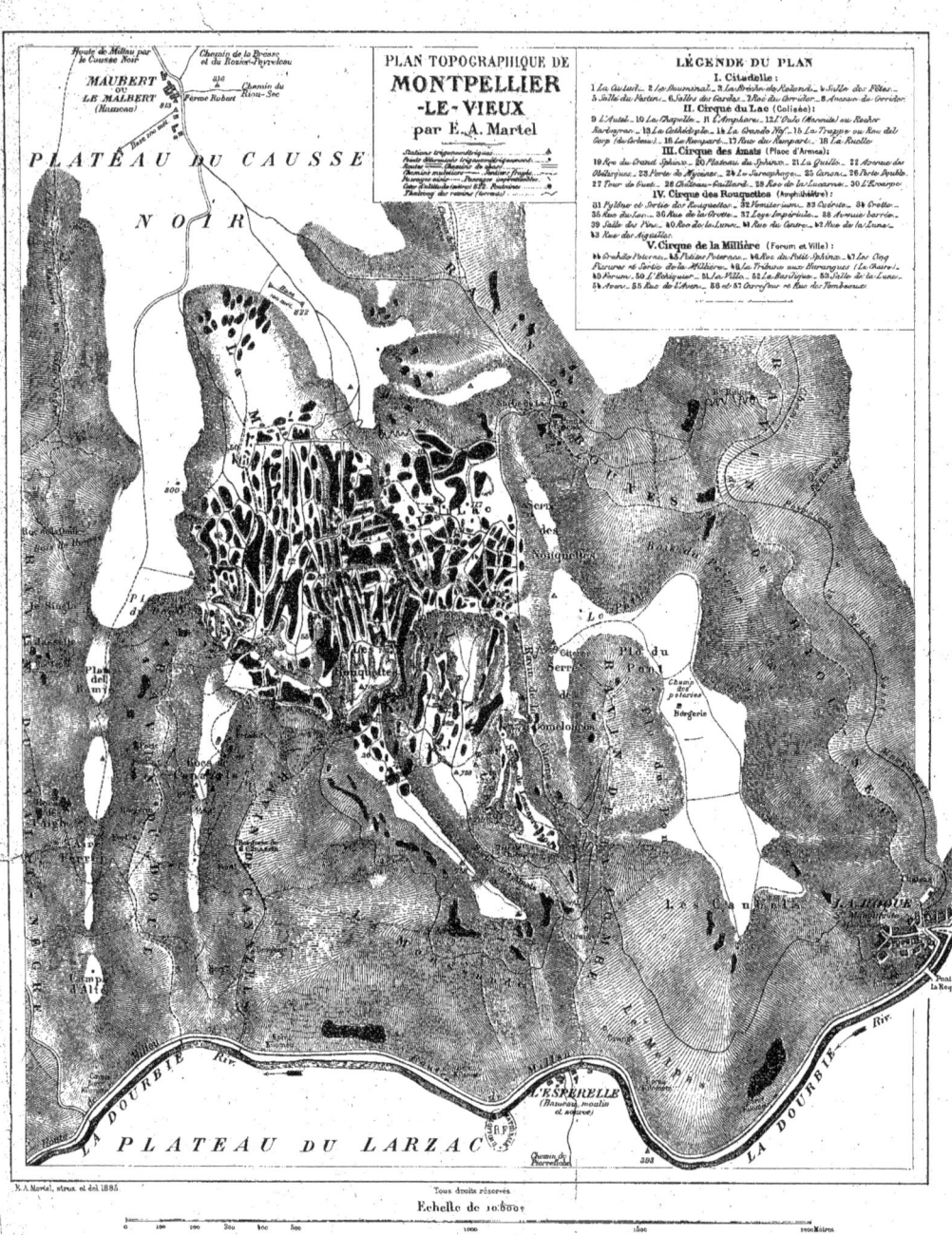

TABLE ALPHABÉTIQUE

Acide carbonique, 145, 148.
Adelsberg, grotte, 147, 163, 350.
Ad Silanum, 279, 391.
Agalysiens (Terrains), 305.
Aggtelek (Grotte d'), 163.
Aguessac, 98.
Aigle (Roc de l'), 258.
Aigoual (Mont), 18, 184, 227 et s.
Aiguesfolles, cascade, 224.
Aiguillette, château, 27.
Albignac, 95, 136.
Aleyrac, 104, 185.
Alignon, rivière, 246.
Allenc, 264.
Allier, rivière, 17.
Almières, 76.
Alos, 85.
Alpes, 2, 11, 293.
Altayrac, 185, 355, 356.
Altier, rivière, 17.
Aluech, grotte, 187.
Alzon, 194.
Amérique, 6, 98, 164.
Anderitum, 262, 391.
Anduze, 100, 143, 241.
Angle, source, 49.
Aniane, 94, 223.
Anilhac, 85.
Anjau (Pic d'), 210.
Antiparos, grotte, 140.
Antrenas, 276.
Arc (Pas de l'), 62, 88.
Arcs (Pont des), 98.
— (Ravin des), 224, 329.
Arcy-sur-Cure, grotte, 166.
Ardèche, rivière, 288.
Ardennes, source, 46.
Arigès, 244.
Armagnacs, 100 et s.
Arrasas (Vallée d'), 11, 13, 15.
Arre, rivière, 17, 194.
Arta, grotte, 163.
Arzenc, 277.
Aubrac, 264, 268.
Aulas (Mont d'), 18, 184.
Aumont, 276.
Auvergne, 292.
Avens, 7, 78, 185, 351 et s.

Bac (Le), 31, 70.
Baerenberg (Jan-Mayen), 231.
Bagnols, 260.
Balduc (Causse de), 68, 244.
Balset (Aven du), 167, 176.
Balsièges, 68.
Banassac, 70.
Baraque de Bon-Secours, 69.
— des Pis, 70.
Barque (Source de la), 42.
Barrancas, 7.
Barre-des-Cévennes, 235.
Basaltes, 66, 281, 342.
Bastide (Col de la), 17.
Bastides (Ravin des), 88, 135.
Bateau d'Osgood, 149.
Bateaux du Tarn, 35, 398.
Baume, grotte, 56, 144.
— (La), château, 276.
— Brune, 242.
— Cellier, 222.
— Rouge, 186.
— Saint-Firmin, 195.
Baumes (Cirque des), 53, 72.
Baumes-Chaudes, 73, 383.
Bauxite, 86, 341.
Bâville (Lamoignon de), 24, 236.
Bédouès, 244.
Béla (Grotte de), 163.
Bellecoste, 249.
Berrias-Beaulieu, 283.
Bès, rivière, 265, 276.
Bessoles (Avenc de), 355.
Bête du Gévaudan, 254.
Blajoux, 28.
Blandas (Causse de), 194, 208.
Blanquefort, 62.
Blaymard (Le), 259.
Bois-de-Païolive, 282 et s.
Bois Guilhomard, 18, 202.
Boissière de Molines, 22.
Boissonnade (L'abbé), 260, 279.
Bonald (De), 186.
Bonheur, rivière, 16, 166, 225.
Bonheur (chapelle), 225.
Bonnecombe, 270.
Bonneval, 102, 268.

Bon-Secours (Refuge de), 69.
Boraldes, rivières, 265.
Bord, lac, 270, 278.
Botanique, 126, 250, 280, 367.
Bougès (Mont du), 18, 242.
Bouillère (Roc de la), 85.
Bouldouire, source, 61.
Bourbon (Col de), 260.
Bourgarié (La), 62.
Bourguignons, 100 et s.
Bouteille (La), 92.
Boyne, 70, 98.
Brachycéphales, 383.
Bramabiau, 8, 16, 166, 184, 334, 349, 363.
Brèches osseuses, 147.
Bresse (La), avenc, 185, 355.
Brèze, rivière, 232.
Brissac, 218.
Brooklyn (Pont de), 262.
Buèges, rivière, 212, 218.
Buisson (Mont), 88.
Burle, source, 22, 32.
Butézon, rivière, 232.
Cabanis (Mont), 235.
Cabas (Les), 54.
Cabochiens, 102.
Cabrillac, 234.
Cabrunas, 42, 71.
Calmon, château, 60.
Cambon (Le), 62, 88.
Camisards, 235, 246.
Campestre (Causse de), 193, 208.
Camprieu, 166, 226.
Can de l'Hospitalet (La), 240.
Cañons, 5, 363.
Canourgue (La), 70.
Cantobre, 192.
Cap Combattut, 274.
Capelan (Moulin), 142.
Capluc, 76, 90.
Carbonate de chaux, 144.
Carbonique. V. Acide.
Carnac, 85, 86.
Caroux (Montagne), 19.
Carrabiniers, 24.
Cartes d'état-major, 398.
— géologiques, 3.

26

TABLE ALPHABÉTIQUE

Cassagnes, 93.
Cassini, 22, 27, 111, 249.
Castelbouc, 29.
Castors, 272.
Cauquenas, 72.
Causse Bégon, 183, 184.
— de Balduc, 68, 244.
— de Blandas, 194, 208.
— de Campestre, 193, 208.
— de Camprieu, 166, 226.
— de Changefège, 68, 275.
— de Gramat, 80.
— de la Roche, 68, 275.
— de Malavieille, 275.
— de Mende, 352.
— de Montbel, 17, 337.
— de Rocherousse, 68.
— de Saint-Affrique, 197.
— de Sauveterre, 3, 14, 22, 67.
— de Sévérac, 16, 68.
— du Massegros, 67.
— du Midi, 275.
— la Selle, 220.
— Méjean, 3, 22, 77, 82, 339.
— Noir, 3, 183.
Caussenards, 90, 185.
Causses, 1, 3, 8, 14, 20, 83, 320, 394.
— (Déboisement et dépopulation des), 68, 83, 84.
Caussou (Rocs de), 187.
Cavaladette, 87.
Cavalerie (La), 207.
Cavernes. *V.* Grottes.
— à ossements, 147, 382.
Caylar (Le), 206.
Caylus, 99.
Caze (La), château, 43.
—, grotte, 45.
Cénarète (Grotte de la), 40, 87.
Cernon, 16, 199.
Cévennes, 18, 20, 184, 234, 320.
Cère (La), rivière, 17.
Chaldette (La), 277.
Chalsio (Col de), 246.
Chambonnet, 28.
Chanac, 70.
Charbonnières, 28.
Charbons, 333.
Charrier (Antoine), 47.
Chassezac (Le), rivière, 17, 286.
Chastel-Nouvel, grottes, 260.
Châteauneuf-de-Randon, 264.
Chaudes-Aigues, 267.
Chaumette (La), rocher, 22.
Chazal ou Choizal, 69.
Chemins de fer, 19, 241.
Chevalos, ravin, 208.
Chèvres (Ilot des), 52.

Cibournios, 71.
Cinglegros, pic, 62, 76.
Clamouse (La), 223.
Clermont-l'Hérault, 203.
Clot (Rocher du), 93.
Clujade (La), source, 45.
Cluses, 7.
Cocumbattié, 274.
Cocurès, 245.
Colagne (La), rivière, 16, 275.
Collet-de-Dèze, 241.
Colorado (Grand cañon du), 6, 35, 366.
Combelongue, avenc, 185, 355.
Commayras, 76.
Compeyre, 98.
Condalemag, 185, 392.
Conroc, 39.
Convrines, avenc, 76.
Corniches du causse Méjean, 90.
Cornus, 200.
Corp, 192.
Corps simples, 298.
Cotatuero, cirque, 15, 323.
Cougouille, sommet, 198.
Coupiac, 196.
Cour de Louis XIV, 53.
Couronnes, 68.
Coussac (Le), source, 33.
Couvertoirade (La), 207.
Creissels, 199.
Cresse (La), 98.
Cristallins (Terrains), 306 et s.
Cristallo (Monte-), 11.
Cristallophylliens (Terrains), 305 et s.
Croix-de-Fer (La), 18, 181, 226, 233.
Croze (La), 52.
Curvelié (Rocher), 108.
Dakhel, oasis, 114.
Dargilan, avenc, 185, 356.
—, grotte, 139, 143, 154 et s.
Déboisement, 68, 83.
Déluges, 147, 381.
Demoiselles (Grotte des), 217.
Dépopulation, 69, 84.
Deroc (Cascade), 273.
Détroit (Le), 50, 72.
Deux-Cañons (Col des), 92.
Diaclases, 5, 323.
Diosaz (Gorges de), 178.
Dispersion, 295.
Dolan, 61.
Dolichocéphales (Races), 383.
Dolinas, 352.
Dolmens, 380, 384.
Dolomie, 126, 327, 334, 374.
Dolomitiques (Alpes), 11, 12, 327.

Domal (Le), 70.
Dourbie (La), rivière, 16, 183, 185.
Dourbie (La), ruisseau, 204.
Dourdou (Le), rivière, 16.
Douzes (Les), 186.
Drach (Grotte del), 46, 162.
Dragonnades, 236.
Drayes, 249.
Duguesclin, 264.
Durnant (Gorges de), 178.
Durzon (Le), rivière, 192.
Eaux souterraines, 343 et s., 361 et s.
Ecoutaz (Lés), 31.
Églazines (Les), 66, 76.
Égoutals (Les), 31.
Ègue (L'), avenc, 83, 185, 355, 356.
Embougette, 218.
Éraclée, 31.
Ergue (L'), rivière, 17, 206.
Érosions, 126, 328, 365.
Éruptifs (Terrains), 305 et s.
Escalette (Pas de l'), 42, 206.
Escandorgue (Chaine de l'), 197, 342.
Escayou (Roche de l'), 51.
Eschino d'Ase, 243.
Espaliès, 109.
Espalion, 267.
Esperelle (L'), source, 187.
Espérou (L'), 18, 225.
Espinassous (Château d'), 196.
Estrade (L'), 24, 69.
Étroits (Les), 50, 72.
Fabié (Rocher), 106.
Fageole (La), 233.
Fages, 31.
Failles, 5, 323, 334, 361.
Faisses (Col de), 235.
Famounet (Source), 54.
Faune, 377.
Fauvel (Col), 225.
Femme-Morte (Tunnel de la), 85.
Fier (Gorges du), 178.
Filons, 327.
Finiels (Signal de), 248, 250.
Florac, 87, 242.
Flore. *V.* Botanique.
Fontmaure (Source), 61.
Forêt de Mercoire, 263.
Forêts, 68, 83, 376.
Forth (Pont du), 262.
Fossiles, 301, 311 et s.
Foulquier (Emile), 132.
Fournels, 277.
Foux, 198.
Fraissinet-de-Fourques, 240.

TABLE ALPHABÉTIQUE

Fraissinet-de-Lozère, 246.
Franc-Bouteille (Roc de), 92.
Gabales, 253, 389.
Galatie, 390.
Galène (Source), 48.
Gall (Pierre), 37.
Ganges (Grotte de), 163, 217.
— (Marquise de), 214.
— (Ville de), 214.
Garabit (Viaduc de), 262.
Gard, 17, 235.
Gardons, 235, 240.
Garenne (La), rivière, 184.
Garrigues (Les), 19.
Géants (Marmites des), 60, 357.
— (Portique des), 93.
Gellone, 221.
Genolhac, 241.
Géogénie, 296.
Géognosie, 297.
Géologie, 296 et s.
Gévaudan, 253 et s.
Glaciers, 251.
Glaciers de l'Aubrac, 251.
Glaciers du mont Lozère, 251.
Gondin, 25.
Gorges du Tarn. *V.* Tarn.
Gorniès, 213.
Goulet (Montagne du), 17, 263.
Gozon, 191.
Grand Central français, 13, 262.
Grand-Duc (Grotte du), 40.
Grauffessenque (La), 95, 183.
Grèzes, 253, 275.
Grin (Jean), 108.
Grizac, 26.
Grotte obscure, 141, 196.
Grottes, 139, 143, 347, 364.
Grottologie, 82, 143, 148.
Guilhomard (Bois), 18, 202.
Guiole (La), 267.
Guisotte (Avenc de), 79, 185, 355, 356.
Habitarelle (L'), 264.
Han-sur-Lesse (Grotte de), 163, 347.
Hauterive, 46, 85.
Hérault, fleuve, 17, 216, 218, 225.
Homède, ruisseau, 199.
Homme-Mort (Grotte de l'), 90, 383.
Horizons, 231.
Horst, 326.
Hort-Dieu (L'), 228.
Hospitalet (Can de l'), 240.
Hures (Avenc de), 78, 82, 87, 355.
— (Village de), 78, 85, 87.
Hydrologie souterraine, 344 et s.

Hydrognosie, 345.
Inos, 70.
Ironselle (Source de l'), 62.
Ispagnac, 23, 243.
Jalcreste (Col), 235, 241.
Javols, 253, 262.
Jonquemerles, 192.
Jonte, rivière, 16, 93, 106, 134.
Jura, 325.
Karenfelder, 328.
Karst, 82, 148, 350, 364.
Kjœkkenmœddings, 380.
Klamme, 178.
Kreuzberg (Grotte de), 163.
Lagorce, 26.
Lamalou, 224.
Lamoignon de Basville, 24, 236.
Lanau (Côte de), 267.
Langogne, 264.
Lanuéjols (Gard), 184.
— (Lozère), 258.
Lapiaz, 328.
Laplace, 298.
Larzac, 4, 18, 197, 334 et s.
Laubies (Les), 248.
Laval-du-Tarn, 72.
Lavognes, 8, 78.
Lequeutre (A.), 10.
Lergue, rivière, 17, 206.
Lespérou, 18, 225.
Lévezou, 16, 183.
Liaucous, 76.
Liechtenstein-Klamme, 178.
Lignites, 336.
Lingas (Montagne du), 18, 184.
Liron (Montagne du), 235.
Lisson, source, 54.
Lithoclases, 323.
Lithologie, 297.
Lodève, 204, 334, 340.
Lodore cañon, 7, 9
Lot, 16, 259, 333.
Loubière (La), 259.
Lozère, département, 2, 10, 17.
— (Mont), 18, 247, 331.
Luc (Grotte de), 196.
Luech, rivière, 17, 246.
Lueg (Grotte de), 163, 350.
Madasse (Cirque de), 109.
Madières, 209.
Mailhebiau (Signal de), 270.
Mainial (La), 135.
Malabaisse (Ravin de), 234.
Malafosse (Louis de), 10, 111, 132, 265.
Malbouche (Ravin de), 107.
Malène (La), 46.
Malperius (Roc de), 248.
Mammouth (Grotte du), 148, 164.

Manche (Pont sur la), 262.
Marble cañon, 6.
Marchastel, 276.
Marcou (Mont de), 19.
Margeride (La), 16, 264, 331.
Marlavagne (Avenc), 185, 355.
Marmites des Géants, 60, 357.
Marqueirès (Col du), 235, 240.
Marvejols, 274.
Mas-Crémat, 279, 391.
Mas-de-la-Font, 37, 64, 76.
Mas-de-Val, 77.
Mas-Raynal (Avenc de), 79, 201 356.
Mas-Rouge, 54, 72.
Mas-Saint-Chély, 86.
Massegros (Le), 70.
Maubert, 112.
Maure-de-la-Gardille, 17.
Maynial (Le), source, 61.
Méjean. *V.* Causse.
Mende, 253.
Mercoire (Forêt de), 263.
Merle (Mathieu), 25, 31, 254.
Métamorphisme, 310.
Météorologie, 229, 246, 294.
Meuses, 214.
Meyrueis, 142, 232.
Mézenc (Mont), 231, 290.
Midi (Rocher du), 92.
Midi (Truc du), 275.
Millau, 182.
Mimente, rivière, 17, 241.
Minéralogie, 297.
Miral, 245.
Miremont (Grotte de), 163.
Moissac, 242.
Molines, 22, 27.
Momie (Grotte de la), 50.
Monna (Le), 186.
Mont Blanc, 231, 294.
— Perdu, 11.
Montagnes, 324.
Montalayrac, 277.
Montbel (Causse de), 17, 337.
Montbrun, 28.
Montcalm (Famille de), 190.
Montdardier, 212.
Monte-Cristallo, 11.
Montesquieu, 49.
Montferrand (Château de), 223.
Montjoie, 85, 276.
Montmėjean, 189.
Montmirat (Col de), 68, 243.
Montpaon, 18, 197, 200.
Montpellier, 115.
Montpellier-le-Vieux, 2, 110 et s.
Mostuéjouls, 43, 76, 98.
Moulinets (Les), 192.

TABLE ALPHABÉTIQUE

Mourèze, 203 et s.
Mourgues (Les), 108.
Moussous, 271.
Muse (La), 67.
Nabrigas (Grotte de), 139 et s., 386 et s.
Nant, 192.
Nasbinals, 276.
Naurouze, 19.
Néolithique (Époque), 380 et s.
Noir (Causse), 3, 183 et s.
Nonenque, 200.
Notre-Dame d'Antignalet, 202.
— de Bonheur, 225.
— de la Victoire, 242.
Novacelle, 210.
Oolithe, 315, 322.
Orb, fleuve, 17, 19, 202.
Osgood (Bateau d'), 149.
Osselles (Grotte d'), 166.
Oules (Les), avenc, 78.
Padirac (Puits de), 80, 355.
Padriciano (Grotte de), 163.
Pailhos (Serre de), 22.
Patolive (Bois-de-), 282 et s.
Palais du Roi, 17, 264, 331.
Palanges (Forêt des), 16, 71.
Paléolithique (Époque), 381 et s.
Paléontologie, 297 et s.
Paléophylologie, 297.
Palhères (Glacier de), 249, 251.
Paliès (Cirque de), 109.
Parade (La), 85 et s.
Paramelle (L'abbé), 345 et s.
Parayres (Les), source, 22, 61.
Parc aux Loups (Col du), 184, 227.
Paros, 69.
Pas de l'Arc, 62, 88.
— de l'Ase, 196.
— de l'Escalette, 42, 206.
— des Amours, 60.
— de Soucy, 57 et s., 72.
Payssels, 31.
Pêche, 378.
Pêcher (Source du), 242.
Pégairolles, 206.
Pégairolles-de-Buèges, 218.
Pelatan (Source), 28.
Pente de l'Hérault, 218.
— du Rhône, 35.
— du Tarn, 34.
Perjuret (Col du), 18, 77, 234, 240.
Perte du Tarn, 57.
Peutinger (Table de), 391.
Péveral (Avenc), 185.
Peyrelade, 99 et s.
Peyreleau, 94 et s.
Peyreverde, 64 et s.

Peyron (Le), montagne, 231.
Pezade (La), 206.
Phosphorites, 341.
Picouse (La), avenc, 78.
Pierres (Végétation des), 146.
Pin-Doliou, 271.
Plaisance, 66.
Planina (Grotte de), 163, 350.
Planiol (Le), 48.
Planiols, 34.
Plèches (Les), ruisseau, 274.
Polk (La), rivière, 350.
Point 815, 97.
— Sublime, 72.
Poiriers (Col des), 200.
Pompidou (Le), 240.
Pont-d'Hérault, 224.
Pont des Arcs, 98.
Pont-de-Montvert, 16, 236, 246.
Portique des Géants, 93.
Poterie préhistorique (La), 386.
Pougnadoires, 41.
Poujade (La), grotte, 187, 192.
Poujol (Le), 189.
Poujols, 28.
Prades, 31.
Prat-Claux, 18.
Prebischthor, 51.
Préhistoire, 379 et s.
Prieur (Grotte du), 186.
Prunet (Aiguille de), 32.
Prunières (Docteur), 71, 73, 90, 265, 279, 382,
Puech, 68.
Puéchabon, 219.
Puech-Buisson (Grotte de), 196.
Puech-d'Ondon, 183.
Puech-Margue, 180.
Puits naturels, 352.
Puits-Roc, 32.
Punche-Dagost, 185.
Puy-en-Velay (Le), 296.
Pyrénées, 11, 228.
Québec (Bataille de), 190.
Quézac, 26.
Rabanel, avenc, 79, 80, 218, 356.
Rajol (Rochers du), 188.
Ramponèche (Montagne de), 242.
Randavel (Grotte de), 196.
Ratchs, 34.
Reboisement, 84.
Recca (La), rivière, 349.
Recoulettes, 70.
Réfraction, 231.
Remouchamps (Grotte de), 166.
Revens, 184.
Rhodes (Serpent de), 191.
Rhône (Pente du), 35.
Rieisse, 77.

Rieutord, 214.
Riou-Sec, 188.
Rivière, 98.
Rivières souterraines, 348 et s.
Roc (Le), 206.
— de l'Aigle, 258.
— Gueil, 60.
Rocamadour, 80.
Rocaysou (Grotte de), 71.
Roche Aiguille, 57.
— Rouge, 57.
— Sourde, 57.
Rocheblave, 27.
Rochefort (Grotte de), 163.
Rochefort (Rocher de), 242.
Rocheuses (Montagnes), 6.
Roquedols, 143, 233.
Roquefeuil, 143.
Roquefort (Grotte de), 166, 199.
Roque-Sainte-Marguerite (La), 104, 187.
Roquesaltes, 187.
Rouergue, 95 et s.
Rousses, 234, 240.
Routes, 19, 34, 394 et s.
Rouverette (La), avenc, 48.
Rozier (Le), 93, 94, 376.
Ruas, 245.
Ruissellement, 126, 328.
Runes, 245.
Ruthènes, 389.
Sablière (La), 62.
Saint-Amans-la-Lozère, 265.
Saint-Andéol (Lac de), 270.
Saint-André-de-Buèges, 220.
Saint-André-de-Valborgne, 241.
Saint-André-de-Vézines, 184.
Saint-Bauzille-le-Putois, 217.
Saint-Canzian (Grottes de), 163, 349.
Saint-Chély-d'Apcher, 277.
Saint-Chély-d'Aubrac, 268.
Saint-Chély-du-Tarn, 39, 86.
Saint-Côme, 268.
Saint-Côme (Chapelle), 86.
Sainte-Cécile-d'Andorge, 241.
Sainte-Énimie, 32, 58, 70.
Sainte-Eulalie-du-Larzac, 199.
Saint-Étienne-de-Gourgas, 206.
Saint-Étienne-du-Valdonnès, 244.
Saint-Félix-de-l'Héras, 206.
Saint-Frézal, 71.
Saint-Georges-de-Lévéjac, 71 et s.
Saint-Germain-de-Calberte, 241.
Saint-Germain-du-Teil, 270.
Saint-Gervais (Rocher), 135.
Saint-Guilhem-le-Désert, 221, 369.
Saint-Guiral (Rocher), 18, 184.
Saint Hilaire, 46.

TABLE ALPHABÉTIQUE

Saint-Hilaire (Source), 61.
Saint Ilère (Ermitage de), 56.
Saint-Jean (La côte), 107.
Saint-Jean-de-Balmes, 104.
Saint-Jean-de-Buèges, 218.
Saint-Jean-du-Bruel, 193.
Saint-Jean-du-Gard, 241.
Saint-Jean-et-Saint-Paul, 200.
Saint-Jory, 72.
Saint-Juéry, 277.
Saint-Julien-de-Tournel, 260.
Saint-Laurent-de-Muret, 276.
Saint-Laurent-de-Trèves, 240.
Saint-Laurent-d'Olt, 16.
Saint-Laurent-le-Minier, 214.
Saint-Loup (Pic), 223.
Saint-Loup-d'Agde (Pic), 342.
Saint-Marcel (Grotte), 163.
Saint-Marcellin, 64, 76.
Saint-Martin-de-Londres, 224.
Saint-Martin-le-Vieux, 186.
Saint-Maurice (Signal de), 235, 242.
Saint-Maurice-de-Ventalon, 246.
Saint-Michel (Ermitage), 104.
Saint-Michel-de-Grammont, 204.
Saint-Pierre-des-Tripiers, 77, 85.
Saint-Pons, 92.
Saint-Préjet-du-Tarn, 61.
Saint-Privat, 253.
Saint-Rome-de-Cernon, 199.
Saint-Rome-de-Dolan, 61.
Saint-Sauveur-des-Pourcils, 196.
Saint-Véran, 189.
Salavas, 26.
Salhiens (Lac des), 270.
Salides (Col), 234.
Salpêtrière (Grotte de la), 214.
Sanaret ou Cénarète, 40.
Sartane (La), 66.
Sauclières, 193, 197.
Saut de la Pucelle (Gouffre du), 349.
Sauveterre, 68, 69.
Sauveterre. V. Causse.
Sédimentaires (Terrains), 301, 305 et s.
Séranne (La), 18, 197, 212, 339.
Séreyrède (Col de la), 18, 225, 233.
Sergent (Grotte du), 222, 362.
Sévérac (Causse de), 68.
Sévérac-le-Château, 68.

Sidérolithique (Phénomène), 327, 340, 355, 358.
Silanum (Ad), 279, 391.
Silex taillés, 380, 382.
Sioule (La), rivière, 267, 270.
Six-Échos (Ravin des), 93.
Solanet (L'abbé), 61, 73.
Somple (La), source, 49.
Sonnac, 186.
Sorbs (Château de), 208.
Sorèze (Grotte de), 166.
Sorgues (La), rivière, 16, 200.
Sotch, 68.
Soubès, 206.
Soucy (Pas de), 57.
Soucy (Source de), 61.
Soulsou (Le), rivière, 199.
Sourbettes, 186.
Sources, 22, 27, 84, 344, 352, 361.
Sourde (La), 57 et s.
Souverols (Lac de), 270.
Stalactites, 144.
Stalagmites, 144.
Statistique, 2.
Stipites, 336.
Stratigraphie, 297.
Suège (Roc de), 99.
Suisse saxonne, 124.
Suquet (Le), montagne, 184.
Tabourel (Avenc), 185, 355.
Tamina (Gorge de la), 178.
Tanargue (Le), montagne, 17.
Tarn (Gorges du), 5, 16, 22, 214.
— (Navigation sur le), 34, 398.
— (Pente du), 34.
— (Perte du), 57.
— (Routes du), 23, 34, 68.
— (Source du), 16, 249.
Tarnon, rivière, 16, 87, 234.
Tel (Le), fontaine, 93.
Téléphones, 149.
Templiers (Les), 207, 269.
Terrains, 301, 311 et s.
Tessonne (La), montagne, 330.
Thalweg, 5.
Thaurac (Montagne de), 216.
Tiaulas (La), 31.
Ticule (La), 71.
Tieure (La), source, 45.
Tombeaux des Polacres, 71.
Toroweap (Vallée de), 6.
Tour à l'Anglais, 186.

Tour d'Arre, 194.
Tournel (Château de), 259.
Tournemire, 199.
Transhumance, 198, 248, 279.
Trebiciano (Abime de), 163, 350.
Trépanation préhistorique, 384.
Tròves, 194.
Trévesel, 184, 225.
Triadou (Château de), 95 et s.
Tribes (Col de), 259.
Trient (Gorges du), 178.
Trouchiols, avenc, 185.
Truel (Le), 135.
Truyère (La), rivière, 267.
Tude (Rocher de la), 212.
Tumuli, 384.
Urbain V (Le pape), 26, 245.
Urugne, rivière, 70.
Uxellodunum, 391.
Vadène (La), 265.
Valdonnès, 333, 337.
Valat-Nègre, 130, 185.
Valats d'Ispagnac, 243.
Vallée-Française, 242.
Valleraugue, 224.
Vals (Ardèche), 289.
Vanels (Les), 234.
Vans (Les), 282.
Vase de Sèvres, 91, 93.
Vaucluse, 8, 168, 200, 352.
Vébron, 240.
Végétation des pierres, 116.
Verdus (Le), ravin, 221.
Veyreau, 184.
Vialas, 2, 17, 246.
Viaur (Le), rivière, 262.
Vigan (Le), 194.
Vigan (Monts du), 184.
Vignes (Les), 61.
Vigos (Le), source, 22, 27.
Villaret (Le), 28.
Villaret (Le), 62.
Villefort, 249.
Virenque (La), rivière, 193, 208 et s.
Vis (La), rivière, 17, 208 et s.
Visibilité lointaine, 229 et s.
Vissec, 209.
Vivarais, 289.
Volcans, 290, 342.
Volces, 389.
Yellowstone (Parc du), 6.

TABLE DES GRAVURES ET DES PLANS

	Pages.
1. Lac souterrain de Saint-Chély...	Frontispice.
2. Grand cañon du Colorado (coupe).	7
3. Grand cañon du Colorado (coupe).	7
4. Lodore cañon.	9
5. Monte-Cristallo.	11
6. Vallée d'Arrasas.	13
7. Vallée d'Arrasas (Colatuero).	15
8. Castelbouc.	29
9. Le Tarn à Saint-Chély.	41
10. Lac souterrain de Saint-Chély.	43
11. Château de la Caze.	45
12. Planiol de Montesquieu.	49
13. Entrée du Détroit.	51
14. Milieu du Détroit.	52
15. Sortie du Détroit.	53
16. Entrée du cirque des Baumes.	55
17. Cirque des Baumes.	57
18. Chaos du pas de Soucy.	59
19. Sous la Roche Sourde.	63
20. L'Ironselle.	65
21. Descente du puits du Lac.	75
22. Abîme du Mas-Raynal.	81
23. Descente d'un avenc (l'Ègue).	83
24. Promontoire du causse Méjean.	89
25. Le Vase de Sèvres.	91
26. Le pont des Arcs.	99
27. Peyrelade: le donjon.	101
28. Peyrelade, vu du Tarn.	103
29. Ermitage Saint-Michel.	105
30. Saint-Jean-de-Balmes.	107
31. Vallée de la Jonte.	109
32. La Citadelle.	113
33. L'Amphore.	118
34. La Quille.	119
35. Porte de Mycènes.	120
36. Roc Camparolié	121
37. Cirque des Rouquettes.	122
38. L'Échiquier.	123
39. Le Douminal.	125
40. Montpellier-le-Vieux, ensemble.	129
41. Le guide Foulquier.	133
42. Source des Douzes.	137
43. Grotte de Fingal.	145
44. Stalactites.	149
45. Bateau d'Osgood monté.	150
46. Stalagmites.	151
47. Bateau d'Osgood démonté.	153
48. Salle de la Mosquée: le Minaret.	157
49. Le Clocher.	159
50. Salle de l'Église: l'autel.	161
51. Le Cimetière; l'accident.	165
52. Bramabiau: le tunnel.	167
53. Bramabiau et plateau de Camprieu.	169
54. Bramabiau: l'alcôve et la sortie.	171
55. Bramabiau: deuxième cascade.	173
56. Gorges de la Diosaz.	179
57. Vallée de la Dourbie: roc troué.	186
58. Vallée de la Dourbie.	187
59. Roche trouée de Caussou.	188
60. Roquesaltes.	189
61. Roquesaltes.	190
62. Le Rajol: Colonne égyptienne.	191
63. Le Rajol: dromadaire.	193
64. Le Rajol: ensemble.	195
65. Rochers du Larzac.	199
66. Mourèze.	201
67. Mourèze.	202
68. Mourèze.	203
69. Mourèze.	205
70. Le Roc (Larzac).	207
71. La Vis en aval de sa foux.	211
72. Cascade de la Vis.	213
73. Gorge de l'Hérault: Thaurac.	215
74. Gorge de l'Hérault: Puéchabon.	217
75. Château de Brissac.	219
76. Abside de l'église de Saint-Guilhem.	220
77. Saint-Jean-de-Buèges.	221
78. Ravin des Arcs: Grand Arc.	222
79. Ravin des Arcs: un gour.	223
80. Observatoire de l'Aigoual.	229
81. Cascade de Runes.	247
82. Clochers de Mende.	255
83. Viaduc de Garabit.	263
84. Cascade des Salhiens ou Deroc.	273
85. Marvejols, vieille porte.	275
86. Un coude de l'Ardèche.	283
87. Cañon de l'Ardèche.	285
88. Château des Trois-Seigneurs.	287
89. Chapelle Saint-Eugène.	288
90. Gorge du Chassezac.	289
91. Le pont d'Arc.	291
92. La Gleizasse.	293
93. Cristaux de quartz.	302
94-95. Empreintes géologiques.	304

TABLE DES GRAVURES ET DES PLANS

	Pages.
96. Polypiers du corail.	305
97. Terrains.	305
98. Dyke de basalte.	309
99-102. Fossiles primaires.	311
103-108. Plantes permo-carbonifères.	314
109-115. Fossiles du lias.	315
116-121. Fossiles de l'oolithe.	315
122-130. Fossiles de la craie.	318
131-140. Fossiles tertiaires.	319
141. Failles	324
142. Pli.	326
143. Cassure.	326
144. Arcade formée par érosion.	329
145. Mammouth.	380
146. Grand ours des cavernes.	381
147. Renne.	381
148. Silex taillé.	382
Carte des Cévennes à l'échelle du 320,000ᵉ.	Verso du titre.
Plan en couleurs de Montpellier-le-Vieux à l'échelle du 10,000ᵉ.	Fin du volume.
Grotte des Baumes-Chaudes.	73
Grotte de Dargilan	155
Bramabiau.	177
Plans et coupes de huit avens.	351
Abîme de Rabanel.	353
Abîme du Mas-Raynal.	356
Gouffre du puits de Padirac.	359
Grotte du Sergent	362
Grotte de Nabrigas.	387

TABLE DES MATIÈRES

Au lecteur		v
Introduction géographique. — Les Causses, les cañons, la carte		1
Chapitre premier.	— Le Cañon du Tarn. — D'Ispagnac à Sainte-Énimie	22
— II.	— Le cañon du Tarn. — De Sainte-Énimie à la Malène	34
— III.	— Le cañon du Tarn. — De la Malène au Rozier	48
— IV.	— Le causse de Sauveterre	67
— V.	— Le causse Méjean. — Les avens	77
— VI.	— Autour de Peyreleau	93
— VII.	— Montpellier-le-Vieux	110
— VIII.	— La vallée de la Jonte	134
— IX.	— La grottologie	143
— X.	— Grotte de Dargilan	154
— XI.	— Bramabiau	166
— XII.	— Causse Noir. — Dourbie. — Monts du Vigan	182
— XIII.	— Le Larzac	197
— XIV.	— La Vis et l'Hérault	208
— XV.	— L'Aigoual	224
— VI.	— Cévennes et Camisards	234
— XVII.	— Le mont Lozère	244
— XVIII.	— Le Gévaudan	252
— XIX.	— L'Aubrac	264
— XX.	— Bois-de-Païolive et mont Mézenc	282
— XXI.	— Principes de géologie	296
— XXII.	— Géologie des Causses et des Cévennes	329
— XXIII.	— Les eaux souterraines	343
— XXIV.	— La flore	367
— XXV.	— La faune	377
— XXVI.	— La préhistoire et les fouilles du docteur Prunières	379
— XXVII.	— La grotte de Nabrigas et la poterie paléolithique	386
— XXVIII.	— Gaulois et Romains	389
Appendice.	— Itinéraires et renseignements	394
Tables		401

SOCIÉTÉ ANONYME D'IMPRIMERIE DE VILLEFRANCHE-DE-ROUERGUE
Jules Bardoux, Directeur.

www.ingramcontent.com/pod-product-compliance
Lightning Source LLC
Chambersburg PA
CBHW052120230426
43671CB00009B/1058